21世纪法学系列教材

刑事法系列

# 刑法分论精解

王 新 著

## 图书在版编目(CIP)数据

刑法分论精解/王新著. —北京:北京大学出版社,2023.3
ISBN 978-7-301-33704-2

Ⅰ.①刑… Ⅱ.①王… Ⅲ.①刑法—分则—研究—中国 Ⅳ.①D924.304

中国国家版本馆CIP数据核字(2023)第015041号

| 书　　　名 | 刑法分论精解<br>XINGFA FENLUN JINGJIE |
|---|---|
| 著作责任者 | 王　新　著 |
| 责任编辑 | 冯益娜 |
| 标准书号 | ISBN 978-7-301-33704-2 |
| 出版发行 | 北京大学出版社 |
| 地　　　址 | 北京市海淀区成府路205号　100871 |
| 网　　　址 | http://www.pup.cn |
| 电子信箱 | law@pup.pku.edu.cn |
| 新浪微博 | @北京大学出版社　@北大出版社法律图书 |
| 电　　　话 | 邮购部 010-62752015　发行部 010-62750672　编辑部 010-62752027 |
| 印　刷　者 | 天津中印联印务有限公司 |
| 经　销　者 | 新华书店 |
|  | 730毫米×980毫米　16开本　27印张　540千字 |
|  | 2023年3月第1版　2023年3月第1次印刷 |
| 定　　　价 | 68.00元 |

未经许可,不得以任何方式复制或抄袭本书之部分或全部内容。
**版权所有,侵权必究**
举报电话:010-62752024　电子信箱:fd@pup.pku.edu.cn
图书如有印装质量问题,请与出版部联系,电话:010-62756370

初为繁,渐成类,类生精,精后则简矣。

——矸习刑法分论之感悟

# 作者简介

　　**王　新**　男，江苏镇江人。1986年、1992年和1995年在北京大学法律学系分获法学学士、硕士和博士学位，2005年在加拿大麦吉尔大学获得法学硕士（LL. M.）学位。1995年至今，在北京大学法学院任教。现为北京大学法学院教授、博士生导师，北京大学法学院学位委员会副主席、刑法学科召集人；国家检察官学院、兰州大学兼职教授。主要研究领域为中外刑法、国际刑法、金融犯罪与刑事合规。

　　兼任中国刑法学研究会常务理事、中国行为法学会金融法律行为研究会副会长、中国互联网金融协会反洗钱专业委员会委员，入选中央政法委和教育部"双千计划"，担任十几家检察院、法院的专家咨询委员会委员。曾挂职担任最高人民法院刑事审判第三庭副庭长（2021年）、北京市昌平区人民检察院副检察长（2007年至2020年）。

　　出版《反洗钱：概念与规范诠释》《国际刑事实体法原论》《金融刑法导论》等专著，主编《北大金融犯罪司法实务15讲》《基层检察实践探究》，参著《案例刑法学》《中国刑法论》《刑法学概论》《金融犯罪研究》等；合译《犯罪学》（加罗法洛著）；在核心期刊等刊物上发表论文100余篇；主持和参加起草"两高"关于反洗钱、非法集资、证券犯罪等司法解释的制定；担任国家社科基金重大项目《金融犯罪的立法与司法研究》首席专家，完成教育部人文社科基金项目《国际视野中的我国反洗钱立法与完善》等课题。

# 目　　录

## 第1章　刑法分则体系的建立 …………………………………………（1）
### 1.1　刑法分则与总则的关系论要 ………………………………（1）
#### 1.1.1　紧密相存:林山田教授的"喻林论" ……………………（1）
#### 1.1.2　反思:由"重总则,轻分则"的现象说起 ………………（2）
### 1.2　分则条文的规范构造:罪状+法定刑 ………………………（3）
#### 1.2.1　罪状 ………………………………………………………（3）
#### 1.2.2　法定刑 ……………………………………………………（4）
#### 1.2.3　非典型的规范构造 ………………………………………（5）
### 1.3　罪名:称谓、组合与排列 ……………………………………（7）
#### 1.3.1　罪名的称谓 ………………………………………………（7）
#### 1.3.2　罪名的组合 ………………………………………………（10）
#### 1.3.3　罪名的排列 ………………………………………………（11）

## 第2章　危害国家安全罪 ………………………………………………（13）
### 2.1　刑事立法变迁和特点 …………………………………………（13）
### 2.2　煽动型的犯罪:煽动分裂国家罪、煽动颠覆国家政权罪 …（15）
#### 2.2.1　前身和变迁:反革命宣传煽动罪 …………………………（15）
#### 2.2.2　定性因素:煽动的内容和手法 ……………………………（16）
#### 2.2.3　分则中的煽动型罪名:归纳和适用 ………………………（17）
### 2.3　间谍罪 …………………………………………………………（19）
#### 2.3.1　刑事立法变迁 ………………………………………………（19）
#### 2.3.2　定性因素和价值分析 ………………………………………（20）
#### 2.3.3　法律认定与司法适用:间谍罪与第111条的竞合 …………（21）
### 2.4　资助类的犯罪 …………………………………………………（23）
#### 2.4.1　概念和规范构造 ……………………………………………（23）
#### 2.4.2　法律认定与司法适用 ………………………………………（25）

## 第3章　危害公共安全罪 ………………………………………………（27）
### 3.1　公共安全的界定:质与量的统一 ……………………………（27）
### 3.2　学理分类 ………………………………………………………（28）

3.3 以危险类方法危害公共安全的犯罪 …………………………………（29）
　　3.3.1 定性因素:借助破坏机能+故意或过失 …………………………（30）
　　3.3.2 以危险方法危害公共安全罪:相当性原则的限制 ………………（31）
　　3.3.3 定量标准:危险犯与实害犯 ………………………………………（34）
　　3.3.4 法律认定:手段行为与目的行为的竞合关系 ……………………（34）
　　3.3.5 司法适用:新疆"7·5事件"后针刺群众案件 …………………（35）
3.4 破坏公共类设施的犯罪 …………………………………………………（37）
　　3.4.1 定性因素:犯罪对象的定位+故意或过失 ………………………（37）
　　3.4.2 定量标准:危险犯与实害犯 ………………………………………（39）
　　3.4.3 法律认定:法条竞合的适用 ………………………………………（39）
3.5 具有恐怖性质的犯罪 ……………………………………………………（40）
　　3.5.1 源头性犯罪:组织、领导、参加恐怖组织罪 ……………………（42）
　　3.5.2 劫持航空器罪 ………………………………………………………（43）
3.6 涉枪、危爆品类犯罪 ……………………………………………………（47）
　　3.6.1 规制对象:两次扩张和内涵 ………………………………………（47）
　　3.6.2 广泛的行为形态:16+1 种 ………………………………………（49）
　　3.6.3 定量标准和适用:"数量+情节" …………………………………（53）
3.7 交通肇事罪 ………………………………………………………………（56）
　　3.7.1 犯罪客体:狭义的交通安全 ………………………………………（56）
　　3.7.2 犯罪主体:宽泛性 …………………………………………………（57）
　　3.7.3 入罪定量标准:"闯大祸" …………………………………………（59）
　　3.7.4 法定刑的适用:三个档次 …………………………………………（60）
　　3.7.5 认定:与他罪的界分 ………………………………………………（62）
3.8 危险驾驶罪 ………………………………………………………………（64）
　　3.8.1 规范构造与认定 ……………………………………………………（64）
　　3.8.2 司法适用:"醉驾"入罪 ≠ 入刑 …………………………………（66）
3.9 其他重大责任事故类犯罪 ………………………………………………（67）
　　3.9.1 同质性:业务过失犯罪 ……………………………………………（67）
　　3.9.2 竞合适用:特别罪名与普通罪名的关系 …………………………（68）

**第4章 破坏社会主义市场经济秩序罪** …………………………………（70）
4.1 生产、销售伪劣商品罪 …………………………………………………（70）
　　4.1.1 类罪名体系的建立:二分法 ………………………………………（70）
　　4.1.2 生产、销售伪劣产品罪:普通罪名 ………………………………（72）

4.1.3　源头的危害食品安全犯罪:有毒、有害和不符合安全标准的食品……（75）
　　4.1.4　危害药品安全犯罪:涉假药、劣药以及妨害药品管理罪…………（77）
　　4.1.5　简表:本节的其他四罪……………………………………………（80）
4.2　走私罪……………………………………………………………………（81）
　　4.2.1　罪名体系的变迁和共性:个罪→类罪…………………………（81）
　　4.2.2　走私特殊货物、物品:本节9个特殊罪名………………………（84）
　　4.2.3　走私普通货物、物品罪:普通罪名………………………………（87）
4.3　妨害对公司、企业的管理秩序罪………………………………………（89）
　　4.3.1　妨害公司设立管理的犯罪………………………………………（90）
　　4.3.2　妨害公司经营、终止管理的犯罪…………………………………（95）
　　4.3.3　公司贿赂犯罪……………………………………………………（101）
　　4.3.4　公司渎职犯罪……………………………………………………（106）
4.4　破坏金融管理秩序罪……………………………………………………（108）
　　4.4.1　罪名体系的设立和学理分类……………………………………（108）
　　4.4.2　假币类犯罪:5个罪名+9种行为形态……………………………（110）
　　4.4.3　危害金融机构设立类犯罪………………………………………（115）
　　4.4.4　存贷类犯罪………………………………………………………（117）
　　4.4.5　作用于金融票证的犯罪…………………………………………（124）
　　4.4.6　证券类犯罪………………………………………………………（130）
　　4.4.7　金融渎职类犯罪…………………………………………………（142）
　　4.4.8　外汇类犯罪………………………………………………………（150）
　　4.4.9　洗钱罪……………………………………………………………（152）
4.5　金融诈骗罪………………………………………………………………（157）
　　4.5.1　集资诈骗罪………………………………………………………（158）
　　4.5.2　贷款诈骗罪………………………………………………………（161）
　　4.5.3　票据诈骗罪………………………………………………………（163）
　　4.5.4　金融凭证诈骗罪…………………………………………………（166）
　　4.5.5　信用证诈骗罪……………………………………………………（166）
　　4.5.6　信用卡诈骗罪……………………………………………………（168）
　　4.5.7　有价证券诈骗罪…………………………………………………（171）
　　4.5.8　保险诈骗罪………………………………………………………（172）
4.6　危害税收征管罪…………………………………………………………（175）
　　4.6.1　罪名体系的变迁和特点…………………………………………（175）
　　4.6.2　逃税罪……………………………………………………………（176）

4.6.3 抗税罪 …………………………………………………………（179）
　　　4.6.4 逃避追缴欠税罪 …………………………………………………（180）
　　　4.6.5 骗取出口退税罪 …………………………………………………（181）
　　　4.6.6 发票类犯罪:3种发票与5种行为之筛选组合 …………………（183）
　4.7 侵犯知识产权罪 ………………………………………………………（191）
　　　4.7.1 假冒注册商标罪 …………………………………………………（191）
　　　4.7.2 销售假冒注册商标的商品罪 ……………………………………（194）
　　　4.7.3 非法制造、销售非法制造的注册商标标识罪 …………………（194）
　　　4.7.4 假冒专利罪 ………………………………………………………（195）
　　　4.7.5 侵犯著作权罪 ……………………………………………………（196）
　　　4.7.6 销售侵权复制品罪 ………………………………………………（198）
　　　4.7.7 侵犯商业秘密罪 …………………………………………………（199）
　　　4.7.8 为境外窃取、刺探、收买、非法提供商业秘密罪 ……………（200）
　4.8 扰乱市场秩序罪 ………………………………………………………（201）
　　　4.8.1 损害商业信誉、商品声誉罪 ……………………………………（201）
　　　4.8.2 虚假广告罪 ………………………………………………………（202）
　　　4.8.3 串通投标罪 ………………………………………………………（204）
　　　4.8.4 合同诈骗罪 ………………………………………………………（205）
　　　4.8.5 组织、领导传销活动罪 …………………………………………（207）
　　　4.8.6 非法经营罪 ………………………………………………………（209）
　　　4.8.7 强迫交易罪 ………………………………………………………（213）
　　　4.8.8 涉有价票证、证明文件的犯罪 …………………………………（214）
　　　4.8.9 非法转让、倒卖土地使用权罪 …………………………………（216）
　　　4.8.10 逃避商检罪 ………………………………………………………（216）

第5章 侵犯公民人身权利、民主权利罪 ………………………………………（218）
　5.1 侵犯身体权的犯罪 ……………………………………………………（218）
　　　5.1.1 故意杀人罪 ………………………………………………………（219）
　　　5.1.2 过失致人死亡罪 …………………………………………………（221）
　　　5.1.3 故意伤害罪 ………………………………………………………（222）
　　　5.1.4 组织出卖人体器官罪 ……………………………………………（224）
　　　5.1.5 过失致人重伤罪 …………………………………………………（225）
　　　5.1.6 强奸罪 ……………………………………………………………（226）
　　　5.1.7 负有照护职责人员性侵罪 ………………………………………（230）

5.1.8　强制猥亵、侮辱罪 …………………………………（230）
　　5.1.9　猥亵儿童罪 ………………………………………（231）
5.2　侵犯人身自由权的犯罪 …………………………………（232）
　　5.2.1　非法拘禁罪 ………………………………………（232）
　　5.2.2　绑架罪 ……………………………………………（233）
　　5.2.3　涉及拐卖妇女、儿童的犯罪 ……………………（237）
　　5.2.4　涉及劳动权的犯罪 ………………………………（241）
　　5.2.5　与司法活动相关联的侵犯人身自由犯罪 ………（243）
5.3　侵犯人格权和名誉权的犯罪 ……………………………（247）
　　5.3.1　侮辱罪 ……………………………………………（247）
　　5.3.2　诽谤罪 ……………………………………………（248）
　　5.3.3　诬告陷害罪 ………………………………………（249）
5.4　侵犯公民民主权利的犯罪 ………………………………（250）
　　5.4.1　侵犯民族权利的犯罪 ……………………………（250）
　　5.4.2　侵犯通信权利的犯罪 ……………………………（251）
　　5.4.3　其他侵犯公民民主权利的犯罪 …………………（252）
5.5　妨害婚姻家庭的犯罪 ……………………………………（254）
　　5.5.1　妨害婚姻的犯罪 …………………………………（255）
　　5.5.2　虐待类犯罪 ………………………………………（256）
　　5.5.3　遗弃罪 ……………………………………………（257）
　　5.5.4　针对儿童的犯罪 …………………………………（258）

## 第 6 章　侵犯财产罪 …………………………………………（260）

6.1　抢劫罪 ……………………………………………………（261）
　　6.1.1　抢劫罪的构成要素 ………………………………（261）
　　6.1.2　抢劫罪的认定 ……………………………………（263）
　　6.1.3　抢劫罪的法定加重处罚情形 ……………………（265）
6.2　抢夺罪 ……………………………………………………（268）
6.3　敲诈勒索罪 ………………………………………………（270）
6.4　盗窃罪 ……………………………………………………（272）
　　6.4.1　盗窃罪的构成要素 ………………………………（272）
　　6.4.2　盗窃罪的定量标准 ………………………………（276）
　　6.4.3　盗窃罪的司法适用 ………………………………（278）
6.5　诈骗罪 ……………………………………………………（279）

  6.5.1 基本构造：交付型侵财的互动关系 …………………………………（279）
  6.5.2 诈骗罪的定量标准 ………………………………………………（281）
  6.5.3 诈骗罪的司法适用 ………………………………………………（282）
 6.6 侵占罪 ……………………………………………………………………（283）
 6.7 毁损型侵财犯罪 …………………………………………………………（285）
  6.7.1 故意毁坏财物罪 …………………………………………………（285）
  6.7.2 破坏生产经营罪 …………………………………………………（285）
 6.8 拒不支付劳动报酬罪 ……………………………………………………（286）

## 第7章 妨害社会管理秩序罪 …………………………………………………（288）
 7.1 扰乱公共秩序罪 …………………………………………………………（288）
  7.1.1 妨害公务罪 ………………………………………………………（288）
  7.1.2 招摇撞骗罪 ………………………………………………………（290）
  7.1.3 涉公文、证件、印章、身份证件的犯罪 …………………………（290）
  7.1.4 计算机信息系统（网络）犯罪 ……………………………………（292）
  7.1.5 聚众型犯罪 ………………………………………………………（300）
  7.1.6 寻衅滋事罪 ………………………………………………………（301）
  7.1.7 组织、领导、参加黑社会性质组织罪 …………………………（303）
  7.1.8 赌博类犯罪 ………………………………………………………（305）
 7.2 妨害司法罪 ………………………………………………………………（307）
  7.2.1 伪证罪 ……………………………………………………………（307）
  7.2.2 虚假诉讼罪 ………………………………………………………（308）
  7.2.3 窝藏、包庇罪 ……………………………………………………（310）
  7.2.4 掩饰、隐瞒犯罪所得、犯罪所得收益罪 ………………………（311）
 7.3 妨害国（边）境管理罪 ……………………………………………………（314）
  7.3.1 偷越国（边）境类犯罪 ……………………………………………（314）
  7.3.2 涉出入境证件犯罪 ………………………………………………（317）
  7.3.3 破坏界碑、界桩和永久性测量标志犯罪 ………………………（318）
 7.4 妨害文物管理罪 …………………………………………………………（318）
  7.4.1 损毁文物型犯罪 …………………………………………………（319）
  7.4.2 出售、赠送、倒卖文物型犯罪 …………………………………（320）
  7.4.3 盗掘文物型犯罪 …………………………………………………（322）
  7.4.4 涉国有档案类犯罪 ………………………………………………（323）
 7.5 危害公共卫生罪 …………………………………………………………（324）

  7.5.1 妨害传染病防治罪 …………………………………………（324）
  7.5.2 涉血液类犯罪 ……………………………………………（326）
  7.5.3 医疗事故罪 ………………………………………………（328）
  7.5.4 非法行医罪 ………………………………………………（329）
 7.6 破坏环境资源保护罪 …………………………………………（330）
  7.6.1 污染环境罪 ………………………………………………（330）
  7.6.2 涉固体废物类犯罪 ………………………………………（334）
  7.6.3 涉野生动物类犯罪 ………………………………………（335）
  7.6.4 涉保护地类犯罪 …………………………………………（339）
  7.6.5 涉采矿类犯罪 ……………………………………………（340）
  7.6.6 涉植物林木类犯罪 ………………………………………（343）
 7.7 毒品类犯罪 ……………………………………………………（346）
  7.7.1 走私、贩卖、运输、制造毒品罪 …………………………（347）
  7.7.2 非法持有毒品罪 …………………………………………（351）
  7.7.3 包庇毒品犯罪分子罪 ……………………………………（352）
  7.7.4 窝藏、转移、隐瞒毒品、毒赃罪 …………………………（353）
  7.7.5 涉制毒物品类犯罪 ………………………………………（353）
  7.7.6 涉吸毒的关联犯罪 ………………………………………（357）
 7.8 卖淫类犯罪 ……………………………………………………（359）
  7.8.1 两个重罪：组织卖淫罪和强迫卖淫罪 …………………（359）
  7.8.2 协助组织卖淫罪 …………………………………………（360）
  7.8.3 本节的其他三个罪名 ……………………………………（361）
 7.9 淫秽物品类犯罪 ………………………………………………（362）
  7.9.1 制作、复制、出版、贩卖、传播淫秽物品牟利罪 ………（363）
  7.9.2 本节的其他四个罪名 ……………………………………（365）

**第8章 贪污贿赂罪** …………………………………………………（367）
 8.1 贪污罪 …………………………………………………………（367）
  8.1.1 构成要素 …………………………………………………（368）
  8.1.2 定量标准：入罪与量刑标准 ……………………………（372）
  8.1.3 司法认定 …………………………………………………（373）
 8.2 挪用公款罪 ……………………………………………………（374）
  8.2.1 构成要素 …………………………………………………（374）
  8.2.2 司法认定 …………………………………………………（378）

8.3 其他贪污挪用型犯罪 …………………………………………（379）
8.4 受贿罪 …………………………………………………………（382）
　　8.4.1 构成要素 ………………………………………………（382）
　　8.4.2 援引式法定刑与适用 …………………………………（387）
　　8.4.3 司法适用 ………………………………………………（388）
8.5 其他贿赂犯罪 …………………………………………………（389）

# 第9章　渎职罪 …………………………………………………（394）

9.1 概述 ……………………………………………………………（394）
9.2 滥用职权罪 ……………………………………………………（396）
9.3 玩忽职守罪 ……………………………………………………（398）
9.4 涉保守国家秘密类犯罪 ………………………………………（399）
9.5 司法机关工作人员的渎职罪 …………………………………（400）
9.6 特定国家机关工作人员的渎职罪 ……………………………（405）

# 第1章 刑法分则体系的建立

## 1.1 刑法分则与总则的关系论要

刑法分则,是指国家刑事立法关于各种具体犯罪的罪状和法定刑的体系性规范。刑法总则是关于犯罪、刑罚和行刑的基本原则和一般制度的系统性规定。对于刑法分则与总则的逻辑关系,刑法学界已经基本上达成共识,但仍需进行一定程度的反思。

### 1.1.1 紧密相存:林山田教授的"喻林论"

关于刑法分则与总则的逻辑关系,刑法学界的通说认为:总则与分则是一般与个别、抽象与具体的关系,总则指导分则,分则是将总则规定的一般原理、原则予以具体化。① 林山田教授从"喻林论"的角度,对两者之间的关系作出如下形象的论述:

> 刑法总则有如树根连树干加上粗枝,刑法分则则有如细枝加上树叶。两者彼此互为依存,而且必须相互配合,刑法才能有如一颗具有生命力与光合作用的大树。
>
> 刑法分则好似一片方圆数万公顷的森林,其中长满各种不同种类的树木,再加上茂密的矮灌木,假如没有刑法总则的帮助,经由刑法总则理论的概念化和系统化的导引,则无论是学习刑法的人或适用刑法的司法者,往往不是发生见树不见林的谬误,就是在茂密的森林中迷失方向,而不知要走向何方或可能走上错误之路。②

林山田教授上述的第一段论述,鲜明地揭示了刑法总则与分则的紧密相存关系,而第二段话则形象地描述了总则对分则的指导作用。

相对于刑法总则,由于刑法分则的规范内容是关于具体罪名的构成要件和法定刑,刑法分则的规定更加具有具体性和明确性。然而,对于犯罪和刑罚中的共性内容和一般规律,需要进行提炼和总结,以总则的方式作出统领性的一般规定,否则会导致刑法的规定过于繁琐。例如,刑法分则规定的故意犯罪之罪状,基本上是以单独犯和既遂犯为模板设立的。在此背景下,如果将共同犯罪以及

---

① 参见郭自力主编:《中国刑法论》(第六版),北京大学出版社2016年版,第205—206页。
② 林山田:《刑法各罪论》(上册)(修订五版),北京大学出版社2012年版,第7页。

在故意犯罪过程中出现的预备、未遂等形态的处罚规定,分别列举在每个个罪的条款中,则会导致刑法分则内容的极度膨胀和重复规定。因此,一般性、抽象性的总则内容,有其存在的必要性。然而,仅以刑法总则为依据,并不能对案件进行正确的定罪量刑,而必须首先在刑法分则中找寻与案件相关的条款(俗称"找法"),然后再结合总则中的一般规定进行。刑法定性分析的逻辑进路应该是:分则评价先于总则评价,再以总则评价检验和弥补分则评价。由此可见,刑法分则和总则共同构成完整的刑法规范体系,缺一不可。

### 1.1.2 反思:由"重总则,轻分则"的现象说起

在我国刑法学界的早期研究中,将哲学的一般原理运用到刑法学领域,是一种流行的方法,例如在研究刑法中的因果关系问题上就有鲜明的体现。从一定意义上看,刑法学通说对于刑法总则与分则之间关系的认识,实质上是以哲学中的抽象与具体、一般与个别的辩证范畴关系为底蕴的。在宏观层面看,这种认识视角有助于提炼两者之间的关系,但也会将两者间的关系简单化,易于据此认为总则应当指导分则、分则只是总则的具体化和展开,从而在一定程度上导致刑法理论研究上的"重总则,轻分则"的现象。另外,在司法适用上,也易于据此认为鉴于总则是一般性规定,理应适用于所有的分则条款,由此简单地以总则规定来排除分则条款的适用。对此,我们需要反思刑法总则与分则之间的关系。

首先,通说认为"分则是将总则规定的一般原理、原则予以具体化"的认识,蕴含着"先有总则,再有分则"的含义。然而,从刑法立法史的角度看,关于具体犯罪的构成要件和法定刑规定,要早于对犯罪的一般性规定。刑事立法的基本规律也是从个别立法到一般立法,先有分则性的规定、再有总则性的规定。

其次,从基本犯罪构成与修正犯罪构成的关系来看,刑法分则规定的是单独犯和必要共犯的基本构成要件,而总则中共同犯罪的规定属于任意共犯,是对分则中基本构成要件的修正(修正构成要件)和处罚范围的扩张(扩张处罚事由)。从"基本"与"修正"的辩证关系看,刑法总则须以分则为基础,总则的基本内容是从刑法分则的具体内容中提炼概括出来的。若无分则为依托,总则的修正即为无源之水。

最后,刑法总则并不绝对地指导分则,分则存在着排除总则有关条款适用的例外情形。关于总则的效力问题,我国《刑法》第101条明确规定:"本法总则适用于其他有刑罚规定的法律,但是其他法律有特别规定的除外。"如果分则条款具有例外或者特别的规定,根据特别法优于一般法的基本原理,分则具有优先适用的地位,应排除刑法总则相关条款的适用。例如我国《刑法》第358条第4款规定的"协助组织卖淫罪",实质上是指在组织他人卖淫的共同犯罪中起帮助作用的行为。从刑法总则的共犯规定看,对此帮助行为,可以组织卖淫罪的共犯论

处。但由于刑法分则将协助组织卖淫行为独立成罪，其就不再是刑法总则一般意义上的共犯行为，故应单独通过刑法分则中关于本罪的基本犯罪构成对其进行定罪处罚，而不能适用刑法总则关于从犯的处罚原则对其实现评价和制裁。

综上分析，我们在肯定刑法总则与分则紧密相存的关系之基础上，不应简单地将刑法总则与分则定义为上位法与下位法的关系，不能绝对地认为刑法总则指导分则，而应重视分则在刑法理论和司法适用中的重要性和特殊位置。关于刑法分则与总则的逻辑关系，本书拟对林山田教授的"喻林论"进行以下的重新解读：

> 刑法的规范之树有着自己别致的风景。其中，刑法分则是叶，而刑法总则是根和茎，两者共同构成一个完整的生命之树。在这棵大树上，繁茂的叶总是先于根和茎承接阳光和晨露的分量。若失去叶，则根和茎就无法吸取阳光。但是，叶通过茎渗透着根的营养。倘若失去根和茎，叶便无以生存。

## 1.2 分则条文的规范构造：罪状+法定刑

我国刑法分则条文的规范构造，在总体上是由罪状与法定刑组成。例如，我国《刑法》第102条第1款规定："勾结外国，危害中华人民共和国的主权、领土完整和安全的，处无期徒刑或者10年以上有期徒刑。"该款的前一部分是罪状，是以"……的"为范式的描述；而后一部分是法定刑，其以"处……"为标识。但是，我国刑法分则中的条文并不全部由罪状与法定刑结合构成，也存在着非典型的规范构造。

### 1.2.1 罪状

所谓"罪状"，是指刑法分则对某一犯罪构成特征的描述状况。依据分则条文对罪状描述方式的不同为标准，可以将罪状的类型划分为如下情形：

**1. 简单罪状**：这是指分则条文对犯罪的构成特征进行简单的表述。例如，我国《刑法》第232条规定："故意杀人的，处……"此外，第170条的伪造货币罪、第233条的过失致人死亡罪等，均属于简单表述本罪的构成特征。这是考虑到这种罪状所描述的犯罪特征易于为公众所共知，不需要在条文中进行具体的描述，以避免条文内容的繁琐。

**2. 叙明罪状**：这是指分则条文对犯罪的构成特征进行详细的表述。例如，我国《刑法》第109条规定："国家机关工作人员在履行公务期间，擅离岗位，叛逃境外或者在境外叛逃的，处……"该条不仅规定了叛逃罪的主体，而且还规定本罪的客观要件。本罪状体现出罪刑法定的明确性原则，给适用刑法规范提供具体的标准,有助于在司法实践中避免认识上的歧义。

**3. 空白罪状**:这是指分则条文不直接描述某一犯罪的构成特征,而指明通过其他相关法律规范来确定具体的犯罪构成要件。例如,我国《刑法》第 132 条规定:"铁路职工违反规章制度,致使发生铁路运营安全事故,造成严重后果的,处……"本条规定的是铁路运营安全事故罪,要求在认定本罪时,必须参照有关规章制度的规定。从空白罪状所规定的范式看,都属于"违反……"的类型,其中"违反"的对象涉及"法律""法规""规定""规章制度"等。本罪状是表述法定犯构成特征的常见方式,不仅有助于简化刑法分则的条文,而且具有稳定刑法典、严密刑事法网的特点。但是,本罪状也会带来其是否违反法律专属性原则和罪刑法定的明确性原则之争议,需要加以科学的界定。

**4. 引证罪状**:这是指引用刑法的其他条款来确定某罪的构成特征。例如,我国《刑法》第 115 条第 1 款规定了放火罪、决水罪、爆炸罪、投放危险物质罪、以危险方法危害公共安全罪的罪状和法定刑,同时该条第 2 款又规定:"过失犯前款罪的,处……"该款规定的是失火罪、过失决水罪、过失爆炸罪、过失投放危险物质罪、过失以危险方法危害公共安全罪,并没有表述以上过失型犯罪的构成特征,而是要求引用第 1 款的罪状来确定。这种罪状形式可以避免具有共性内容的重复规定,简化刑法分则的条文。

### 1.2.2 法定刑

所谓"法定刑",是指刑法分则对于具体犯罪所确定的刑罚种类和刑罚幅度,是国家司法机关对犯罪人适用刑罚的法律依据。

在刑法发展史中,作为罪刑法定原则的重要内容之一,法定刑出现过以下三种形态:绝对不确定的法定刑、绝对确定的法定刑和相对确定的法定刑。这与罪刑法定原则的诞生和变迁是保持同步的。其中,相对确定的法定刑,是指在刑法分则条文中对某罪规定一定的刑罚种类和幅度,并且明确规定法定的最高刑和最低刑。这种相对确定的法定刑形式,既具有统一的刑罚种类和明确的量刑限度,又赋予司法人员一定的刑罚裁量权,体现出原则性与灵活性的相统一,避免了绝对不确定和绝对确定的法定刑之弊端,故为我国以及世界各国和地区所普遍采用。

在我国《刑法》分则中,相对确定的法定刑主要表现为以下几种方式:

(1) 规定法定刑的最高限度。至于最低限度,则依据刑法总则的有关规定。例如,我国《刑法》第 245 条规定:"非法搜查他人身体、住宅,或者非法侵入他人住宅的,处 3 年以下有期徒刑或者拘役。"该条规定非法搜查罪、非法侵入住宅罪的法定最高刑是有期徒刑 3 年,再结合《刑法》总则第 45 条关于有期徒刑的法定最低刑为 6 个月的规定,司法机关应在 6 个月以上 3 年以下的有期徒刑幅度内量刑。

（2）规定法定刑的最低限度。关于最高限度的确定，则依据刑法总则的有关规定。例如，我国《刑法》第103条第2款规定："煽动分裂国家、破坏国家统一的，处5年以下有期徒刑、拘役、管制或者剥夺政治权利；首要分子或者罪行重大的，处5年以上有期徒刑。"对于煽动分裂国家罪的首要分子或者罪行重大的犯罪分子，该条款明确规定法定最低刑是有期徒刑5年，再结合《刑法》总则第45条关于有期徒刑的法定最高刑为15年的规定，司法机关应在5年以上15年以下的幅度内适用刑罚。

（3）同时规定法定刑的最高限度和最低限度。例如，我国《刑法》第108条规定："投敌叛变的，处3年以上10年以下有期徒刑；……"

（4）规定一种主刑。至于法定刑的最低限度和最高限度的确定，则依据刑法总则的有关规定。例如，在我国《刑法修正案（八）》（2011年）所增设的"危险驾驶罪"（第133条之一）中，仅规定了单一的主刑刑种"拘役"，这需要司法机关结合《刑法》总则第42条关于拘役期限的规定，在1个月以上6个月以下的法定幅度内适用刑罚。

（5）规定两种以上的主刑，并同时规定附加刑。例如，我国《刑法》第148条规定："生产不符合卫生标准的化妆品，或者销售明知是不符合卫生标准的化妆品，造成严重后果的，处3年以下有期徒刑或者拘役，并处或者单处销售金额50%以上2倍以下罚金。"在该条中，规定了两种主刑和一种附加刑。司法机关在量刑时，可选择其中的一种主刑，并按照规定确定具体的刑期，然后再确定相应数额的罚金。

（6）规定援引法定刑，即对于某条或某款的犯罪，明确规定依照其他条款的法定刑处罚。例如，我国《刑法》第102条第2款规定："与境外机构、组织、个人相勾结，犯前款罪的，依照前款的规定处罚。"再比如，我国《刑法》第386条规定："对犯受贿罪的，根据受贿所得数额及情节，依照本法第383条的规定处罚。……"

### 1.2.3 非典型的规范构造

在我国刑法分则中，基于立法背景和立法技术的考量，有的条文并不是由罪状与法定刑结合而成的典型结构，还存在着一些其他形态的规范构造。这主要表现为以下几种类型：

（1）罪状与法定刑相分离的条文结构。这表现为条文仅是罪状规定，或者只是关于法定刑的规定。例如，我国《刑法》第382条、第385条、第389条分别只是关于贪污罪、受贿罪、行贿罪的罪状规定，而第383条、第390条则是专条规定了贪污罪、行贿罪的法定刑。这是因为在1997年《刑法》的修订过程中，立法机关决定将《关于惩治贪污罪贿赂罪的补充规定》(1988年)以及最高人民检察院正在起草的《反贪污贿赂法》合并编为刑法的"贪污贿赂罪"一章,故目前我国《刑法》分则第八章的"贪污贿赂罪"具有浓郁的单行刑法的痕迹,在此背景下也就出现了上述条文中罪状与法定刑相分离的形态。

(2)专门以独立的条文对"关键词"进行界定,以澄清适用中的歧义。例如,我国《刑法》第357条关于毒品的概念和数量计算、第367条关于淫秽物品的界定,以及分则第十章"军人违反职责罪"中对军人违反职责罪的定义(第420条)、本章的适用对象(第450条)、战时的界定(第451条)等专条的规定。在形式上,这些规定具有单行刑法中的条文色彩。①

(3)对于死刑适用和单位犯处罚等具有共性内容的规定,为了避免条文内容的繁琐,在某章或者某节中以专条作出统领性的规定。例如,我国《刑法》第113条关于危害国家安全罪中死刑、没收财产的适用;第150条关于单位犯生产、销售伪劣商品罪的处罚;第200条关于金融诈骗罪中单位犯罪的处罚②;第211条关于单位犯危害税收征管罪的处罚;第220关于单位犯侵犯知识产权罪的处罚;第231条关于单位犯扰乱市场秩序罪的处罚;第346条关于单位犯破坏环境资源保护罪的处罚。

(4)对于从重处罚、法条竞合、共同犯罪、刑罚执行等问题的适用,进行专条的引导性规定。例如,我国《刑法》从重处罚的专条规定表现在:第106条的勾结境外机构、组织、个人,实施危害国体、颠覆政体的行为,从重处罚;第157条的武装掩护走私的,依照规定从重处罚;第356条的因走私、贩卖、运输、制造、非法持有毒品罪被判过刑,又犯本节规定之罪的,从重处罚。另外,第149条规定了生产、销售伪劣商品罪的法条竞合适用;至于第156条,规定与走私罪犯通谋,为其提供贷款、资金、账号、发票、证明,或者为其提供运输、保管、邮寄或其他方便的,以走私罪的共犯论处。同时,第212条规定了税务机关追缴优先的原则,对于犯危害税收征管罪中的特定之罪,被判处罚金、没收财产的,在执行前,应当先由税务机关追缴税款和所骗取的出口退税款。

(5)对于特殊主体实施的特定犯罪,以专门条款提示司法人员,注意应以刑法的有关规定进行定罪处罚。例如,我国《刑法》第183条规定:保险公司的工作人员利用职务上的便利,故意编造未曾发生的保险事故进行虚假理赔,骗取保

---

① 在1997年《刑法》的修订过程中,经中央军委法制局研究并经中央军委同意,将中央军委已经提交全国人大常委会审议的《中华人民共和国惩治军人违反职责犯罪条例(草案)》改为刑法的一章。参见王汉斌在八届全国人大五次会议上所作的《关于〈中华人民共和国刑法(修订草案)〉的说明》(1997年3月6日)。

② 我国《刑法》第199条原本是关于金融诈骗罪中适用死刑的规定。在我国对非暴力犯罪废除死刑的大背景下,经过《刑法修正案(八)》第30条和《刑法修正案(九)》第12条的两次修改,对金融诈骗罪均已废除死刑的适用,故《刑法》第199条呈现"有序号,无内容"的现象。

险金归自己所有的,依照职务侵占罪定罪处罚;国有保险公司工作人员和国有保险公司委派到非国有保险公司从事公务的人员有前款行为的,依照贪污罪定罪处罚。此外,第184条是关于银行或者其他金融机构的工作人员,依照非国家工作人员受贿罪或者受贿罪定罪处罚的规定;第185条规定了对于商业银行、证券交易所、期货交易所、证券公司、期货经纪公司、保险公司或者其他金融机构的工作人员,依照挪用资金罪或者挪用公款罪定罪处罚的情形;第361条是关于特定单位的人员,利用本单位的条件,组织、强迫、引诱、容留、介绍卖淫的处理规定;第362条规定了对于旅馆业、饮食服务业、文化娱乐业、出租汽车业等单位的人员,在公安机关查处卖淫、嫖娼活动时,依照窝藏、包庇罪定罪处罚的情形;第388条是关于国家工作人员利用本人职权或者地位形成的便利条件,通过其他国家工作人员职务上的行为,为请托人谋取不正当利益,索取请托人财物或者收受请托人财物的,以受贿论处的规定;第394条规定了国家工作人员在国内公务活动或者对外交往中接受礼物,依照国家规定应当交公而不交公,数额较大的,依照贪污罪定罪处罚。

（6）对于一般主体实施的特定犯罪,专条提示司法人员,注意应以刑法的有关规定进行定罪处罚。例如,我国《刑法》第265条规定:以牟利为目的,盗接他人通信线路、复制他人电信码号或者明知是盗接、复制的电信设备、设施而使用的,依照盗窃罪定罪处罚;第287条规定了利用计算机实施金融诈骗、盗窃、贪污、挪用公款、窃取国家秘密或者其他犯罪的,依照本法有关规定定罪处罚;第289条是关于对聚众"打砸抢"行为的处理规定,如果致人伤残、死亡的,依照故意伤害罪、故意杀人罪定罪处罚。毁坏或者抢走公私财物的,除判令退赔外,对首要分子,依照抢劫罪定罪处罚。

## 1.3 罪名:称谓、组合与排列

所谓"罪名",是指对罪状所描述的犯罪构成特征予以高度概括后的称谓。在我国刑法未将罪名立法化的情形下,我国是以司法解释的形式对罪名作出规定,以便规范罪名的统一适用和指导刑事司法实务。在数学中,"组合"与"排列"是一对重要的逻辑范畴,有助于我们深入认识类型化的事物或者现象。我们在理解罪名的类型化图像时,也可以将其运用在刑法分则之中。

### 1.3.1 罪名的称谓

（一）章罪名、节罪名和个罪名

所谓章罪名和节罪名,是立法机关以犯罪的同类客体为标准,对罪名进行组合后的结果。它们只具有立法技术的分类价值,司法机关不能据此定罪。具体而言,对于我国刑法分则规定的所有罪名,立法机关进行第一次"组合"之后,划分为如下10个章罪名:危害国家安全罪;危害公共安全罪;破坏社会主义市场经济秩序罪;侵犯公民人身权利、民主权利罪;侵犯财产罪;妨害社会管理秩序罪;危害国防利益罪;贪污贿赂罪;渎职罪;军人违反职责罪。

立法机关对于第一次组合后出现的两章"大肚子"罪[①],考虑到其明显与其他章的罪名比重不相协调,而且检索起来依然不方便,故对于第三章和第六章中的罪名,以犯罪的同类客体为依据进行第二次"组合",出现了"8+9=17个"节罪名。

至于个罪名,是以犯罪的直接客体为标准确定的罪名。我国现行刑法中的483个具体罪名[②],均为个罪名,这是司法机关进行定罪工作所引用的唯一罪名依据。需要注意的是,在我国刑法分则中,存在着节罪名与个罪名的称谓相一致的现象,例如"走私、贩卖、运输、制造毒品罪",既是我国刑法分则第六章第七节所规定的节罪名,也是《刑法》第347条所规定的个罪名。在司法适用时,要注意区分节罪名与个罪名所具有的不同价值。

### (二) 法定罪名和学理罪名

从确定主体看,章罪名和节罪名是国家立法机关对于刑法分则规定的罪名进行组合后的称谓;个罪名是最高人民法院、最高人民检察院(全书简称为"两高")根据刑法分则中罪状的描述,以司法解释的形式,在确定罪名的规定中针对具体罪名的称谓。由于三者在司法实务中具有法律效力,故称为法定罪名。

在司法实务中,适用主体对罪状的理解和认识不一致,会导致对个罪名的称谓不统一,从而严重地影响司法实践。例如,1997年修订的《刑法》实施后,由于"两高"均单独颁布关于适用刑法分则罪名的司法解释,故对罪名的数量认识不同,在罪名的称谓上也存在4个不统一。[③] 直至"两高"在2002年3月联合颁布《关于执行〈中华人民共和国刑法〉确定罪名的补充规定》,以上问题才得以解

---

[①] 在1997年《刑法》的修订过程中,第三章的"破坏社会主义市场经济秩序罪"有近100个罪名,而第六章的"妨害社会管理秩序罪"有近120个罪名,分别约占到分则总罪名的25%和30%。

[②] 参见喻海松:《罪名司法确定的实践逻辑与理论探究》,载《法学》2021年第10期。

[③] 关于1997年修订的《刑法》分则的罪名数量,最高人民法院于1997年12月9日通过的《关于执行〈中华人民共和国刑法〉确定罪名的规定》中,确定了413个罪名。而最高人民检察院于1997年12月25日通过的《关于适用刑法分则规定的犯罪的罪名的意见》,则认定了414个罪名。关于罪名称谓的4个不统一,主要表现在"渎职罪"中:(1) 对于第397条第2款,最高人民法院没有确定为独立的罪名,而最高人民检察院认定为"国家机关工作人员徇私舞弊罪";(2) 对于第399条第1款,最高人民法院确定为"徇私枉法罪",而最高人民检察院认定为"枉法追诉、裁判罪";(3) 对于第399条第2款,最高人民法院确定为"枉法裁判罪",而最高人民检察院认定为"民事、行政枉法裁判罪";(4) 对于第406条,最高人民法院确定为"国家机关工作人员签订、履行合同失职罪",而最高人民检察院认定为"国家机关工作人员签订、履行合同失职被骗罪"。最后,为了化解认识上的分歧,对于前两个不统一,采纳了最高人民法院的意见;而后两个不统一,则吸取了最高人民检察院的规定。

决。此后,"两高"在 2003 年 8 月、2007 年 10 月、2009 年 10 月、2011 年 4 月、2015 年 10 月和 2021 年 2 月,又陆续颁布了 6 个关于确定罪名的补充规定,以便司法机关的统一和规范执法。此外,法定罪名的出台,应该与立法同步进行,退而求其次也不应出现过大的"时间差"①,以利于司法适用。

所谓"学理罪名",是理论界学者对于罪状所描述的犯罪构成特征进行归纳和提炼后的罪名称谓。这不具有法律效力,只对司法实务理解罪名起到参考作用。从注释刑法学的角度看,学理罪名应与法定罪名保持一致。在另一方面,当司法解释所确定的法定罪名不能充分反映罪状所描述的犯罪构成特征时,学理罪名对于罪名的完善和发展是有引领作用的。例如,我国《刑法》第 197 条的法定罪名为"有价证券诈骗罪"。但是,从该条文所保护的对象范围看,刑事立法是严格限定为"国家有价证券",即国库券或者国家发行的其他有价证券,并没有包括股票或者公司、企业债券,故不应统称为有价证券,否则违反了种属概念的逻辑关系。实际上,我国《刑法》第 178 条已经考虑到有价证券的不同种类和功能,故依照发行主体的不同,将"伪造、变造有价证券"的犯罪对象划分为两种类别,分别在第 1 款和第 2 款设置"伪造、变造国家有价证券罪"和"伪造、变造股票、公司、企业债券罪",并且规定不同档次的法定刑②。因此,从准确反映犯罪的本质特征和避免可能产生歧义的角度看,《刑法》第 197 条的罪名称谓应为"(国家)有价证券诈骗罪"。

(三)动宾结构和主谓结构的罪名

在汉语语法的语序上,动词之后一般应接宾语,从而组成属于强势结构的动宾词组。从动宾结构的组合方式来看,立法机关要使某个罪名具有刑法的禁止性,就必须在动词或者宾语上融入否定性的评判因素。具体而言,罪名称谓中的动词表现为危害行为,而宾语体现为行为对象,即行为所直接作用的主体(人)或者物质(物),其直接或者间接地反映了刑法所保护的不同法益。我国刑法规定的罪名类型,基本上属于动宾结构,这表现为以下两种类型:(1)危害行为+保护的法益:例如危害国家安全罪、破坏交通工具罪等。关于"危害行为",一般表现为"危害""破坏""侵犯""妨害""扰乱"等术语。(2)如果罪名使用的"动词"是中性词,则在其所接的宾语(行为对象)上加入谴责性的评判词语,例如"生产、销售伪劣产品罪""持有假币罪"等。

---

① 《刑法修正案(七)》和《刑法修正案(八)》于 2009 年 2 月和 2011 年 2 月分别颁布实施后,"两高"才在 2009 年 10 月和 2011 年 4 月分别通过的《关于执行〈中华人民共和国刑法〉确定罪名的补充规定》中,确定了新增 9 个和 7 个罪名的称谓。可谓"新生儿"的"出生"与"起名"存在着明显的"时间差",导致司法适用中的盲区。

② 从我国《刑法》第 178 条所设置的不同档次的法定刑来看,我国对于国家发行的有价证券与公司、企业发行的股票、债券,在实质上采取区别对待的政策。这在我国《刑法》第 197 条将"有价证券诈骗罪"的行为对象严格限定为"国家有价证券"中得以再次体现。

至于主谓结构的罪名,主要有两种表现类型:(1)明示的主体+危害行为:例如军人违反职责罪、非国家工作人员受贿罪等。(2)隐含的主体+危害行为:例如贪污贿赂罪、渎职罪、故意杀人罪、抢劫罪、盗窃罪、受贿罪等。

(四)单一性罪名和选择性罪名

对动宾结构和主谓结构的构成要素进行组合,可以将罪名划分为单一性罪名和选择性罪名。所谓"单一性罪名",是指组成罪名的结构要素具有唯一性,不能任意拆分适用的罪名形式,例如劫持航空器罪、非法经营罪、绑架罪、军人叛逃罪等,这是我国刑法分则中罪名表现的最主要形式。至于"选择性罪名",是指组成罪名的结构要素具有多样性,可以进行拆分和组合适用的罪名形式,例如我国《刑法》第125条第1款规定的"非法制造、买卖、运输、邮寄、储存枪支、弹药、爆炸物罪"就是一个最典型的选择性罪名,该动宾结构的罪名包括了五种危害行为和三种行为对象的选择性要素,司法机关应当根据特定的危害行为和指向的对象来确定适用的罪名。

### 1.3.2 罪名的组合

刑法分则是由众多罪名所组成的庞大集合体,可以形象地比喻为"罪名的杂货铺"。为了便于检索罪名和把握罪名之间的内在联系,首要的刑事立法任务就是对分则中众多的罪名进行"组合"。

任何组合都需要确立一定的标准。关于对分则罪名进行组合的标准,主要有客体分类法和行为分类法。所谓客体分类法,是指以犯罪行为所侵害的客体(或法益)为依据,对犯罪进行组合的方法。该分类法有利于组合结果的系统化、简洁化,但不利于直接揭示犯罪的行为特征。行为分类法是以犯罪的行为特征为标准,对犯罪进行组合的方法。这有利于揭示某类犯罪的行为特征,但由于犯罪的行为方式纷繁多样,会出现数量众多的组合结果。

在我国,刑事立法是沿袭地采用客体分类法,对刑法分则所规定的罪名进行组合。具体而言,在1979年《刑法》中,分则是以犯罪的同类客体为标准,将150多个罪名组合为八大类,依次规定在以下八章中:反革命罪;危害公共安全罪;破坏社会主义经济秩序罪;侵犯公民人身权利、民主权利罪;侵犯财产罪;妨害社会管理秩序罪;妨害婚姻、家庭罪;渎职罪。

在1997年《刑法》的修订过程中,关于分则的体例设置,曾经出现了小章制与大章制之争。例如,在1988年的草案文本中,曾将分则中的罪名组合为28个类罪(小章制)。后经过讨论,决定依然沿用1979年《刑法》大章制的立法传统,将分则中的410多个罪名组合为十大类,依次规定在十章中。如前所述,鉴于以上组合结果中出现了两章"大肚子"罪,故再次按照客体分类法进行组合,分别将第三章和第六章分为8节和9节。在此之后,在全国人大常委会于1998年12

月通过的《关于惩治骗购外汇、逃汇和非法买卖外汇犯罪的规定》和后续的十一个《刑法修正案》中,依然以客体分类法为标准,将新增和修改的罪名分别归入相应的章节。

需要指出的是,在我国刑法分则第三章"破坏社会主义市场经济秩序罪"中,对于金融犯罪的组合,实际上采取了混合分类法,既以犯罪行为所侵害的客体"金融管理秩序"为主要根据,又以诈骗行为特征为标准,从而将金融犯罪划分为"破坏金融管理秩序罪"和"金融诈骗罪"两种类型。

### 1.3.3 罪名的排列

在对个罪进行"组合"之后,如何依据一定的标准,对组合后的罪名进行"排列",就成为刑事立法者针对刑法分则的第二步工作。罪名的体系排列,并不纯粹是一个立法技术问题,还折射出国家立法机关的刑法价值理念和认识标准。

(一) 章罪名和节罪名的排列标准:犯罪的社会危害程度

在我国重视国家安全和集体利益的背景下,我国刑法分则对于所组合的十大类犯罪,按照具有中国特色的社会危害程度的认识,确定前七章罪名所侵害法益的程度依次为:国家安全→公共安全→经济秩序→人身权利和民主权利→财产权→社会管理秩序→国防利益,最终形成了前七章罪名的先后排序。至于分则中最后三章的贪污贿赂罪→渎职罪→军人违反职责罪,原本依照客体分类法,可以将其中的个罪归类在前七章的有关章节中。例如,在1979年《刑法》中,贪污罪被划入侵犯财产罪中,受贿罪、行贿罪和介绍贿赂罪被列入渎职罪。但鉴于最后三章的犯罪主体均为国家工作人员、国家机关工作人员和军人等特殊主体,1997年修订的《刑法》将它们单独归类为章罪名,并且根据社会危害程度的大小进行排列。

与我国形成对比的是,在1994年生效的《法国刑法典》中,共有4卷对类罪名进行规定:第二卷是侵犯人身之重罪与轻罪;第三卷是侵犯财产之重罪与轻罪;第四卷是危害民族、国家及公共安宁罪;第五卷是其他重罪与轻罪。由此可见,《法国刑法典》关于类罪名所侵害法益的程度依次是:人身→财产→民族、国家及公共安宁→其他。另外,《法国刑法典》第六卷关于违警罪的排序,也是按照上述体例进行的。在我国澳门地区,1996年《刑法典》分则共有5篇,对于类罪名的排序依次是:侵犯人身罪→侵犯财产罪→危害和平及违反人道罪→妨害社会生活罪→妨害本地区罪。

(二) 个罪名的排列标准:犯罪的社会危害程度+内在联系

刑法分则在排列各类犯罪中的个罪名时,一般是以社会危害程度的大小为标准,将罪行最为严重的罪名排在首位,然后依次"排座次"。例如,在我国《刑法》分则第四章"侵犯公民人身权利、民主权利罪"中,关于个罪名的排序依次为:故意杀人罪→过失致人死亡罪→故意伤害罪→过失致人重伤罪→强奸罪……这首先是基于罪行的危害程度之考虑,将社会危害性最大的故意杀人罪列在该章的首位。原本按照此标准的惯性,理应将故意伤害罪排在第二位,但是鉴于故意杀人罪与过失致人死亡罪均属于侵犯生命权犯罪的内在联系,故将过失致人死亡罪安排在该章的次席。同理,反映在过失致人重伤罪排序在强奸罪之前。可以说,"内在联系"作为分则排列个罪名的补充标准,打破了章罪名中按照法定刑轻重来排列个罪名的表象。

# 第 2 章 危害国家安全罪

危害国家安全罪,也称为"国事罪",其危害国家赖以生存和发展的主权独立、领土完整和安全、政体稳固等根本性政治基础和物质基础,故任何国家和地区都无一例外地对危害国家安全的行为人进行严厉的刑事处罚。我国《刑法》将其列为最为严重的犯罪类型,排序在刑法分则的第一章。所谓"国家安全",依据我国《国家安全法》第 2 条,是指"国家政权、主权、统一和领土完整、人民福祉、经济社会可持续发展和国家其他重大利益相对处于没有危险和不受内外威胁的状态,以及保障持续安全状态的能力"。这与过去将"国家安全"界定为政权和国土安全相比较,明显扩大了其外延,将经济安全、文化安全、科技安全、网络空间安全等纳入范围,具有"大安全"的特征,符合总体国家安全观的理念。

## 2.1 刑事立法变迁和特点

在我国,"反革命罪"曾长期是危害国家安全罪的代名词。在新中国成立以前的革命根据地,先后颁布过一些惩治和打击反革命的刑事条例,例如 1934 年 4 月的《中华苏维埃共和国惩治反革命条例》。中华人民共和国成立以后不久,在 1951 年 2 月颁布《惩治反革命条例》,这对维护新成立的政权起到了重要的作用。在 1979 年《刑法》中,"反革命罪"被编排在分则中章罪名的首位,表明我国立法者认为该罪是最为严重的犯罪。由于"反革命"是一个政治术语,易与政治犯相混淆,已经不适应我国政治、经济和社会情况的发展需要,故在 1993 年 2 月的《国家安全法》中不再使用该词,而以危害国家安全罪取而代之。在 1997 年修订的《刑法》的第一章中,延续地采用该术语。

在危害国家安全罪的条文数量上,由 1979 年《刑法》的 15 条降为目前的 12 条,但这只是表面上的减少和立法技术的调整,并不意味着国家立法者放松了对国家安全的刑法保护。这具体表现为:

(1) 取消 1979 年《刑法》第 90 条关于"反革命罪"的法定概念:"以推翻无产阶级专政的政权和社会主义制度为目的的、危害中华人民共和国的行为,都是反革命罪。"该条将反革命罪确定为法定目的犯,在司法实践中有时难以确定,徒增讼累而无实益,而且会导致其中的反革命杀人罪、反革命伤人罪与故意杀人罪、故意伤害罪等普通刑事犯罪的区别难题。

(2) 调整或者修改某些罪名,将其变为普通罪名。例如,将"聚众劫狱罪和组织越狱罪"调整到第六章;修改"组织、利用封建迷信、会道门进行反革命罪",并且将其纳入第六章的第300条"组织、利用会道门、邪教组织、利用封建迷信破坏法律实施罪"。

（3）拆分(实际上取消)"反革命破坏罪",将其原来的五种形态(爆炸等方法破坏公共设施等;抢劫国家档案等;劫持舰船、飞机等;为敌人指示轰击目标;制造、抢夺、盗窃枪支、弹药)单独设置罪名或加以调整,并且纳入其他章节。

（4）取消"反革命杀人罪""反革命伤人罪",而以普通罪名认定原行为。

（5）为了配套适用1993年《国家安全法》第23条关于对资助他人实施危害国家安全的犯罪依法追究刑事责任之抽象规定,增设"资助危害国家安全犯罪活动罪"。

在《刑法修正案（八）》中,对危害国家安全罪中的两个罪名的罪状进行了修改:(1)鉴于《刑法》第107条"资助危害国家安全犯罪活动罪"仅限定为资助境内组织或者个人的原有规定,已不能完全适应新形势和打击犯罪的需求,故废除了被资助对象身份的限制性术语"境内组织或者个人",从而将资助境外组织或者个人实施危害我国国家安全相关犯罪的行为也纳入本罪的适用范围,有力地体现了保护主义的管辖原则。(2)为了加强对"叛逃罪"的打击力度,删除本罪要求国家机关工作人员在叛逃后须实施危害国家安全的行为,才能构成犯罪的原有规定。

透析以上刑事立法的变迁,我国危害国家安全罪的规定具有以下鲜明的特点:(1)严厉打击:在12个罪名中,共有7个罪挂有死刑。相对而言,无死刑的5个罪名分别是:煽动分裂国家罪、颠覆国家政权罪①、煽动颠覆国家政权罪、资助危害国家安全犯罪活动罪、叛逃罪。这主要是考虑到以上各罪的行为人没有采取暴力性手段,尚未达到罪行极其严重的程度。(2)配置较重的法定刑:法定刑的起刑点高,一般为3年以上有期徒刑,而且刑种的排序基本上是由重到轻,提示司法人员在法定刑已作基本规定的情形下,应在维护国家核心利益的前提下适用刑罚。(3)从严惩治勾结境外机构、组织、个人,危害国体、颠覆政体的行为,在第106条专门将其规定为法定的从重处罚情节。

根据我国《刑法》分则第一章的第102条至第112条,危害国家安全罪共有12个个罪。为了便于综合理解,我们可以将其进行如下的学理分类:

（1）危害国体、颠覆政体的犯罪,包括第102条至第105条的6个罪名:背

---

① 与分裂国家罪一样,颠覆国家政权罪也是严重危害政体和颠覆政权稳固的犯罪形式。但是,我国《刑法》没有采取与分裂国家罪相对应的立法立场,并未对颠覆国家政权罪设置死刑,这主要是考虑到该罪的行为人是以"和平演变"和非武装叛乱、暴乱的非法形式进行活动。如果行为人以武装叛乱、暴乱的形式颠覆国家政权,则以武装叛乱、暴乱罪论处(该罪挂有死刑,可以同样达到严厉惩罚的功效)。

叛国家罪[①];分裂国家罪;煽动分裂国家罪;武装叛乱、暴乱罪;颠覆国家政权罪;煽动颠覆国家政权罪。

（2）资助类的犯罪,包括 2 个罪名:资助危害国家安全犯罪活动罪、资敌罪。

（3）变节类的犯罪,包含 2 个罪名:投敌叛变罪[②]、叛逃罪[③]。

（4）间谍类的犯罪,包括 2 个罪名:间谍罪;为境外窃取、刺探、收买、非法提供国家秘密、情报罪。

## 2.2 煽动型的犯罪:煽动分裂国家罪、煽动颠覆国家政权罪

在我国《刑法》设置的危害国家安全罪中,出现了两个煽动型的罪名:煽动分裂国家罪和煽动颠覆国家政权罪。在学理分类上,两罪可以划入危害国体、颠覆政体的犯罪中,与分裂国家罪、颠覆国家政权罪形成对应的关系。但是,两罪对国家安全的危害手法具有特殊性,在刑事立法上也存有特别的考量,而且在我国刑法分则中还规定了其他形式的煽动型犯罪,需要一并予以考察。

### 2.2.1 前身和变迁:反革命宣传煽动罪

煽动分裂国家罪和煽动颠覆国家政权罪的前身,是 1979 年《刑法》的"反革命宣传煽动罪"。在 1951 年颁布的《惩治反革命条例》第 10 条的基础上,1979 年《刑法》第 102 条规定:"以反革命为目的,进行下列行为之一的,处 5 年以下有期徒刑、拘役、管制或者剥夺政治权利;首要分子或者其他罪恶重大的,处 5 年以上有期徒刑:（一）煽动群众抗拒、破坏国家法律、法令实施的;（二）以反革命标语、传单或者其他方法宣传煽动推翻无产阶级专政的政权的和社会主义制度的。"

在修订 1979 年《刑法》的过程中,如何有效地规定反革命宣传煽动罪,是刑事立法工作的重点内容之一。考虑到本罪具有现实价值,在大方向上需要予以保留。但是,本罪的规定偏重于煽动的行为方式,在规定煽动的内容上过于笼统,导致司法操作的随意性大,影响了我国的国际声誉。同时,原有的规定没有涉及煽动分裂国家的内容,而且煽动群众抗拒、破坏国家法律、法令实施的危害性在于妨害社会管理秩序,应按照普通罪名处理,不宜作为"反革命宣传煽动

---

① 背叛国家罪的必备构成要件,是勾结外国或者境外,可以俗称为"里通外国罪"。

② 该罪俗称"汉奸罪",是指中国公民背叛祖国、投靠敌对阵营的行为。但是,如果作为特殊主体的军人,在战场上贪生怕死,自动放下武器投降敌人的,则以《刑法》第 423 条的"投降罪"论处。

③ 例如,某市原副市长、公安局原局长王某某,作为掌握国家秘密的国家机关工作人员,在履行公务期间,擅离岗位,叛逃某国驻华领馆,其行为已构成叛逃罪,情节严重。鉴于其具有自首和重大立功两个法定可以从轻、减轻处罚情节,某市中级人民法院判处其有期徒刑 2 年,剥夺政治权利 1 年。与徇私枉法罪、滥用职权罪、受贿罪进行数罪并罚,决定执行有期徒刑 15 年。

罪"的行为方式之一。因此,在最终的刑事立法上,在表象上取消"反革命宣传煽动罪",但在立法技术上,将原有的规定分解为具体的罪名,并且归入不同的条文和章节。

从广义上讲,煽动分裂国家罪和煽动颠覆国家政权罪是一种教唆行为。在我国《刑法》已经规定分裂国家罪、颠覆国家政权罪的情形下,将上述正犯的教唆行为提升为独立的罪名,主要是考虑到被教唆犯罪的特殊性质。凡独立成罪的教唆行为,其所对应的正犯罪名均是严重危害国家安全和重大利益的行为,一旦被教唆人具体实施正犯罪名,就会对国家安全造成极大的危害,故需要把保护阵地前移,从而实现"法益保护的前置化"。另外,在长期的司法实践中,分裂国家罪和颠覆国家政权罪的教唆行为已经常态化,倘若独立成罪,更有利于立法的明确化和司法操作。在适用刑罚时,这可以提示司法人员从保护国家安全的前提出发,对作为独立罪名的教唆行为进行从重处罚。

### 2.2.2 定性因素:煽动的内容和手法

在犯罪关系上,煽动分裂国家罪、煽动颠覆国家政权罪与分裂国家罪、颠覆国家政权罪形成对应的关系,均属于危害国体、颠覆政体的犯罪。但是,在危害行为的作用机制上,煽动类犯罪的直接对象是被煽动人,由被煽动人去组织、策划、实施分裂国家、颠覆国家政权的具体行为,并不是本人直接去实施所煽动的行为。从煽动行为的内容来看,煽动分裂国家罪是针对国体的犯罪,表现为分裂国家、破坏国家统一;煽动颠覆国家政权罪则体现为颠覆国家政权、推翻社会主义制度,是针对政体的煽动型犯罪。这是以上两个煽动型犯罪之间的主要区别点。

在汉语语义中,"煽动"是指怂恿和鼓动。根据我国长期的司法实践,煽动分裂国家罪、煽动颠覆国家政权罪的行为人既可以是直接煽动,也可以进行间接的煽动,其煽动的手法主要表现为:

**(1) 传统方式**:以语言、文字等方式对他人进行鼓动、宣传,例如发表演讲、呼喊口号;张贴、书写、散发反动的传单、标语、大小字报、信件、漫画等。在以往的司法实践中,这约占据反革命宣传煽动案件的 2/3。

**(2) 利用信息网络**:"工具属性"是信息网络的基本属性之一。在目前的信息网络时代,利用信息网络等高科技工具进行煽动,具有传播速度快、影响范围广泛、隐匿性强的特点,故愈发为煽动型的犯罪分子所青睐。依据 2014 年最高人民法院、最高人民检察院、公安部《关于办理暴力恐怖和宗教极端刑事案件适用法律若干问题的意见》(以下简称《办理暴力恐怖和宗教极端刑案的意见》)的规定,通过建立、开办、经营、管理网站、网页、论坛、电子邮件、博客、微博、即时通讯工具、群组、聊天室、网络硬盘、网络电话、手机应用软件及其他网络应用服务,或者利用手机、移动存储介质、电子阅读器等登载、张贴、复制、发送、播放、演示载有宗教极端、暴力恐怖思想内容的图书、文稿、图片、音频、视频、音像制品及相关网址,宣扬、散布、传播宗教极端、暴力恐怖思想,来煽动分裂国家、破坏国家统一的,以煽动分裂国家罪定罪处罚。

**(3) 利用广播、电视、电台、出版物等文化传媒**:根据1998年最高人民法院《关于审理非法出版物刑事案件具体应用法律若干问题的解释》第1条规定,明知出版物中载有煽动分裂国家、破坏国家统一或者煽动颠覆国家政权、推翻社会主义制度的内容,而予以出版、印刷、复制、发行、传播的,以煽动分裂国家罪或者煽动颠覆国家政权罪定罪处罚。该规定在有利于打击利用出版物进行煽动型犯罪的同时,在客观上也会导致"出版界头上悬着利剑"的效应。另外,依据《办理暴力恐怖和宗教极端刑案的意见》的规定,出版、印刷、复制、发行载有宣扬宗教极端、暴力恐怖思想内容的图书、期刊、音像制品、电子出版物或者制作、印刷、复制载有宣扬宗教极端、暴力恐怖思想内容的传单、图片、标语、报纸,或者制作、编译、编撰、编辑、汇编或者从境外组织、机构、个人、网站直接获取载有宣扬宗教极端、暴力恐怖思想内容的图书、文稿、图片、音像制品等,供他人阅读、观看、收听、出版、印刷、复制、发行、传播,来煽动分裂国家、破坏国家统一的,以煽动分裂国家罪定罪处罚。

**(4) 与时俱进的方式**:在我国反"法轮功"(1999年)、"非典"(2003年)、反暴力恐怖和宗教极端案件(2014年)等特殊历史时期,我国颁布了一系列的司法解释,规定对于以下煽动行为,以煽动分裂国家罪或者煽动颠覆国家政权罪定罪处罚:其一,组织和利用邪教组织,煽动分裂国家、破坏国家统一或者颠覆国家政权、推翻社会主义制度的(1999年);制作、传播邪教宣传品,煽动分裂国家、破坏国家统一,或者煽动颠覆国家政权、推翻社会主义制度的(2001年);其二,利用突发传染病疫情等灾害,制造、传播谣言,煽动分裂国家、破坏国家统一,或者煽动颠覆国家政权、推翻社会主义制度的(2003年);其三,组织、纠集他人,宣扬、散布、传播宗教极端、暴力恐怖思想,或者设计、制造、散发、邮寄、销售、展示含有宗教极端、暴力恐怖思想内容的标识、标志物、旗帜、徽章、服饰、器物、纪念品,或者以其他方式宣扬宗教极端、暴力恐怖思想,来煽动分裂国家、破坏国家统一的(2014年)。

### 2.2.3 分则中的煽动型罪名:归纳和适用

为了保护不同的法益,针对煽动行为的不同内容,在我国刑法分则中,除了煽动分裂国家罪和煽动颠覆国家政权罪,还规定其他类型的煽动型犯罪,共有以下位于不同章节的6个独立的煽动型罪名:

(1) 煽动分裂国家罪(第103条第2款)、煽动颠覆国家政权罪(第105条第

2款),位于第一章的"危害国家安全罪"。

(2)煽动实施恐怖活动罪:这是《刑法修正案(九)》新增设的罪名,在体例上作为《刑法》第120条之三,位于第二章的"危害公共安全罪"。

(3)煽动民族仇恨、民族歧视罪:这是指公开煽动民族仇恨或者民族歧视,情节严重的行为。这是1997年修订的《刑法》第249条新设立的罪名,归类在第四章的"侵犯公民人身权利、民主权利罪"。

(4)煽动暴力抗拒法律实施罪:这是指煽动不特定的群众以暴力方法抗拒国家法律、行政法规的实施,扰乱社会管理秩序的行为。其前身是1979年《刑法》中"反革命宣传煽动罪"的行为方式之一,经修改后规定在第278条,纳入第六章的"妨害社会管理秩序罪"。

(5)煽动军人逃离部队罪:这是指以语言、文字或者其他方式鼓动军人擅自离开部队,情节严重的行为。本罪规定在第七章"危害国防利益罪"中的第373条。

在刑法性质上,以上6个煽动型罪名属于独立成罪的法定情形,已经成为单独个罪的实行行为,而不是刑法总则中一般意义上的共犯。如果行为人以煽动方式实施正犯的罪名,应直接适用刑法分则关于本罪的罪状进行定罪处罚,不再适用总则的共犯规定。例如,"煽动军人逃离部队罪"作为《刑法》第435条逃离部队罪的教唆犯,在一般意义上本可作为逃离部队罪的共犯论处,但既然分则将其单独成罪,就应排除总则的相关规定,不能将其作为逃离部队罪的共犯论处,而应单独定罪处罚。但是,如果煽动行为人与分裂国家罪、颠覆国家政权罪、逃离部队罪的分子有通谋,或者作为上述犯罪的成员,其被指派的分工任务是直接煽动或者间接煽动,则应以上述犯罪的共犯论处,不构成单独的煽动型犯罪。另外,如果煽动型行为同时构成煽动民族仇恨、民族歧视罪与煽动分裂国家罪的,则依照处罚较重的规定定罪处罚。

需要注意的是,当刑事立法只对一定形式的共犯行为规定了独立罪名,则其他共犯行为依然应当援用正犯罪名、比照正犯的刑罚定罪量刑。例如,由于《刑法》只将煽动分裂国家、煽动颠覆国家政权的行为独立成罪,如果行为人以煽动以外的形式实施帮助他人分裂国家、颠覆国家政权的行为,仍应认定为分裂国家罪或者颠覆国家政权罪。

煽动型犯罪的构成,不需要以正犯的实施为前提,仅在客观方面要求行为人针对特定的煽动内容向他人进行怂恿或鼓动,这是刑事立法将正犯的煽动型行为提升为独立罪名的必然要求。例如,煽动分裂国家罪和煽动颠覆国家政权罪的构成,在客观方面不需要被煽动的人开始实施具体的分裂或颠覆行为,也不以国家被分裂或国家政权被颠覆为必要条件。

## 2.3 间 谍 罪

### 2.3.1 刑事立法变迁

（一）1979年《刑法》："大间谍罪"

在1951年颁布的《惩治反革命条例》第6条和第7条的基础上，1979年《刑法》第97条规定了三种行为方式：（1）为敌人窃取、刺探、提供情报的；（2）供给敌人武器军火或者其他军用物资的；（3）参加特务、间谍组织或者接受敌人派遣任务的。该条实质上是"大间谍罪"的规定，包括了三个罪名：间谍罪、特务罪、资敌罪。

（二）1988年全国人大常委会《关于惩治泄露国家秘密犯罪的补充规定》：拆分

该补充规定仅有一项内容："为境外的机构、组织、人员窃取、刺探、收买、非法提供国家秘密的，处5年以上10年以下有期徒刑；情节较轻的，处5年以下有期徒刑、拘役或者剥夺政治权利；情节特别严重的，处10年以上有期徒刑、无期徒刑或者死刑，并处剥夺政治权利。"通过该规定，我国将1979年《刑法》关于间谍罪的第一种行为方式独立成罪，经修改确定为"为境外窃取、刺探、收买、非法提供国家秘密罪"。尽管该补充规定将此罪确定为危害国家秘密的属性，实际上是拆分1979年《刑法》的"大间谍罪"。

（三）1993年《国家安全法》：修改

为了维护国家安全，全国人大常委会在1993年2月通过《国家安全法》①。通过该法第4条所列举的五种危害国家安全的行为，可以看出对间谍罪进行了以下修改：

（1）取消"特务罪"：特务是我国长期的习惯性称谓，一般是指为国内敌特组织（特指台湾）进行情报收集、离间、爆破、暗害、扰乱以及其他各种破坏等活动的行为人。由于特务与间谍在本质上是相同的，只是在派遣的区域和任务范围上有所差别，而且世界上大多数国家只规定间谍罪，故取消特务罪，统称为"间谍罪"。

（2）对于"接受敌人派遣任务"，考虑到在我国和平建设时期，认定"敌人"的标准较难，实践中有许多间谍是以合法身份执行任务，故将"敌人"修改为相对中性的词语"间谍组织及其代理人"。

（3）对于最典型的间谍行为"窃取、刺探、收买、非法提供国家秘密"，没有

---

① 依据我国《反间谍法》第40条，自该法公布施行之日起，该《国家安全法》同时废止。后来，在2015年颁行了新的《国家安全法》。

细分服务对象,概括地规定为危害国家安全的行为方式之一。

(四) 1997 年修订的《刑法》:吸纳和调整

1997 年修订的《刑法》在基本上吸收《关于惩治泄露国家秘密犯罪的补充规定》和《国家安全法》相关内容的基础上,对间谍罪作出如下的规定:

(1) 取消特务罪。

(2) 鉴于资敌行为与间谍行为存在着本质的区别,不宜纳入间谍罪中,故对于 1979 年《刑法》第 97 条规定的第二种行为方式,经过修改而专条规定在第 112 条。

(3) 将最典型的间谍行为"为境外窃取、刺探、收买、非法提供国家秘密",在第 111 条独立成罪,只是在犯罪对象上增加"情报",从而形成"为境外窃取、刺探、收买、非法提供国家秘密、情报罪"。

(4) 将"为敌人指示轰击目标"列为间谍罪的一种行为方式。在 1979 年《刑法》中,其属于"反革命破坏罪"的一种行为方式。由于 1997 年修订的《刑法》取消了"反革命破坏罪",故又轮回借鉴 1951 年颁布的《惩治反革命条例》第 6 条将其列为间谍方式的规定,而把它简单地照搬到间谍罪中,依然保留使用"敌人"一词。这与将"接受敌人派遣任务"中的"敌人"修改为"间谍组织及其代理人"的变化,形成鲜明的反差。

(五) 2014 年《反间谍法》:扩张行为类型

依据我国《反间谍法》第 38 条,间谍是指下列行为:(1) 间谍组织及其代理人实施或者指使、资助他人实施,或者境内外机构、组织、个人与其相勾结实施的危害中华人民共和国国家安全的活动;(2) 参加间谍组织或者接受间谍组织及其代理人的任务的;(3) 间谍组织及其代理人以外的其他境外机构、组织、个人实施或者指使、资助他人实施,或者境内机构、组织、个人与其相勾结实施的窃取、刺探、收买或者非法提供国家秘密或者情报,或者策动、引诱、收买国家工作人员叛变的活动;(4) 为敌人指示攻击目标的;(5) 进行其他间谍活动的。

对比可见,我国《反间谍法》在完全保留《刑法》第 110 条关于间谍罪行为方式的基础上,又增设第(1)、(3)、(5)三种类型,这具有新型的"大间谍罪"的特色。

### 2.3.2 定性因素和价值分析

(一) 行为方式

(1) 参加间谍组织(俗称"入伙"):是指通过一定的手续,加入境外政府或势力建立的间谍组织。所谓间谍组织,是指由国家安全部确认的、从事收集和提供我国国家秘密或情报,或者进行颠覆、破坏等其他危害我国国家安全活动的境外组织。只要行为人加入间谍组织,即使其长期潜伏而没有接受任务或者实施间谍活动,也构成间谍罪。

(2) 接受间谍组织及其代理人的任务(简称为"接受任务"):是指在手续上尚未成为间谍组织的成员,但答应或者接受间谍组织以及间谍组织代理人的派遣、指使,收集和提供我国国家秘密或情报,或者进行颠覆、破坏等其他危害我国国家安全的活动。根据《反间谍法实施细则》,"间谍组织代理人"是指受间谍组织或者其成员的指使、委托、资助,进行或者授意、指使他人进行危害国家安全活动的人。间谍组织和间谍组织代理人由国务院国家安全主管部门确认。只要行为人答应或者接受间谍组织及其代理人的任务,无论其是否履行手续而"入伙",或者是否具体实施该任务,皆在所不问。

(3) 为敌人指示轰击目标:在新中国成立初期,这是来自国内敌特组织破坏我国政权稳定的一种典型手段,具有鲜明的时代痕迹。从严格意义上讲,该行为方式可以包纳在"接受任务"中。

(二) 间谍罪行为方式的价值分析

间谍罪的前两种行为方式"入伙"和"接受任务",并不是诸如"搞情报"、破坏等最典型的间谍活动,实际上是间谍活动的先前行为或者预备行为。但鉴于间谍活动一旦具体实施和完成,就会对国家安全造成极大的危害,故需要把保护阵地前移,实行"法益保护的前置化",将上述两种行为方式单独规定为间谍罪的行为方式。这意味着行为人在"入伙"和"接受任务"后,即使没有实施具体的间谍活动,也依然构成间谍罪的既遂,国家安全机关可以提前收网打击,而不必等到其从事具体的间谍行为,从而体现出明显的立法意义和司法价值。

### 2.3.3 法律认定与司法适用:间谍罪与第111条的竞合

如前所述,我国《刑法》第111条规定的为境外窃取、刺探、收买、非法提供国家秘密、情报罪(俗称"搞情报"),是从1979年《刑法》中的间谍罪分离出来而独立成罪的,其立法目旨在加强对关系到国家安全和利益的秘密之保护;同时,实践中为境外"搞情报"的行为复杂多样,不仅有间谍所为,而且某些行为是发生在经济贸易活动中,并不全是间谍所为,若冠以间谍罪则不准确。

从构成要件看,我国《刑法》第111条规定的服务对象是"境外的机构、组织、人员"。根据《反间谍法实施细则》,"境外机构、组织"包括境外机构、组织在我国境内设立的分支(代表)机构和分支组织;"境外人员"包括居住在我国境内不具有我国国籍的人。由此可见,本罪服务对象的时空特征是"境外"。如果行为人是为"境内"服务,则涉嫌《刑法》第282条第1款的"非法获取国家秘密罪"或者第431条第1款的"非法获取军事秘密罪"。

本罪的行为对象是"国家秘密、情报"①，在性质上应当关系到国家安全和利益。这是区分本罪与侵犯商业秘密罪（第 219 条）②以及为境外窃取、刺探、收买、非法提供商业秘密罪（第 219 条之一）之间的界限。但是，如果行为对象是更为特定的"军事秘密"，即使其危及国家安全和利益，行为人服务的对象也在"境外"，也应按照特别罪名优于普通罪名的原理，涉嫌《刑法》第 431 条第 2 款的"为境外窃取、刺探、收买、非法提供军事秘密罪"。可以说，通过以上罪名的设置，我国建立起对秘密、情报的刑法保护体系。

关于我国《刑法》第 111 条规定的"境外的机构、组织、人员"之外延问题，有观点认为"不含间谍组织机构和间谍人员"。③ 该观点有利于清晰和简易地界分《刑法》第 111 条与间谍罪之间的界限，但是不恰当地限缩该条的适用范围，并不符合独立设置本条的立法旨趣。实际上，在 2001 年最高人民法院《关于审理为境外窃取、刺探、收买、非法提供国家秘密、情报案件具体应用法律若干问题的解释》中并没有这样的规定；而且从语义上看，"境外的机构、组织、人员"应当包含间谍组织和间谍人员。因此，本书认为，"境外的机构、组织、人员"包括间谍组织机构和间谍人员，这就引申出第 111 条与间谍罪的竞合适用问题，可从以下不同的组合方面予以考察适用：

（1）只有为境外"搞情报"的行为＋没有"入伙"或者"接受任务"：适用第 111 条，不构成间谍罪。

（2）没有为境外"搞情报"的行为＋只有"入伙"或者"接受任务"：仅构成间谍罪。

（3）先"入伙"或者"接受任务"＋"任务"的内容是为境外"搞情报"：应采取择一重罪处断的原则，认定为一罪。虽然两罪均有死刑，但是间谍罪的起刑点更高，故一般应认定为间谍罪。

---

① 根据 2001 年最高人民法院《关于审理为境外窃取、刺探、收买、非法提供国家秘密、情报案件具体应用法律若干问题的解释》第 1 条的援引规定，"国家秘密"是指关系国家的安全和利益，依照法定程序确定，在一定时间内只限一定范围的人员知悉的事项，具体包括：（1）国家事务的重大决策中的秘密事项；（2）国防建设和武装力量活动中的秘密事项；（3）外交和外事活动中的秘密事项以及对外承担保密义务的事项；（4）国民经济和社会发展中的秘密事项；（5）科学技术中的秘密事项；（6）维护国家安全活动和追查刑事犯罪中的秘密事项；（7）其他经国家保密工作部门确定应当保守的国家秘密事项。"国家秘密"分为绝密、机密和秘密三个密级。所谓"情报"，是指关系国家安全和利益、尚未公开或者依照有关规定不应公开的事项。

② 力拓集团间谍门事件的"降格"处理：2009 年 7 月，胡某某（澳大利亚籍）等四名力拓集团（澳大利亚的矿产公司）员工，涉嫌在进出口铁矿石贸易谈判期间，通过拉拢、收买中国内部人员为境外刺探、窃取国家秘密，对我国国家经济安全和利益造成重大损害，被某市国家安全局刑事拘留。2010 年 2 月，某市检察院第一分院以非国家工作人员受贿、侵犯商业秘密罪，对胡某某等人提起公诉。2010 年 3 月，某市第一中级人民法院认定胡某某构成非国家工作人员受贿罪、侵犯商业秘密罪，数罪并罚判处有期徒刑 10 年。

③ 参见郭自力主编：《中国刑法论》（第六版），北京大学出版社 2016 年版，第 223 页。

（4）先为境外"搞情报"+再"入伙"或者"接受任务"：如果两个行为均已经完成，符合独立的两个构成要件，则应数罪并罚。但是，如果两个行为是一个整体而不可分割，则应采取择一重罪处断的原则，认定为一罪。

（5）先"入伙"或者"接受任务"+"任务"的内容不是为境外"搞情报"（例如爆破、暗杀、破坏等）：只认定为间谍罪。

## 2.4 资助类的犯罪

危害国家安全分子和恐怖分子为了保障其生存、发展、壮大和从事具体的危害活动，必须要以物质基础为前提。例如，恐怖组织在招募和培训恐怖分子、维持恐怖训练营的运转、购买和改善武器装备、伪造身份证和旅行文件、收集各类情报、购买通讯和宣传设施、拉拢或援助那些庇护他们的政府组织时，都需要强有力的资金支持。根据估算，仅"基地组织"维持全球恐怖网络的总费用就高达数十亿美元之巨。可以说，危害国家安全活动和恐怖行为的次数和严重性，依赖于行为人可以获得多少资助，这已经成为国际共识。为了有效地切断危害国家安全活动和恐怖行为的资金供应链，断除其赖以生存的经济命脉，必须严厉打击对危害国家安全犯罪和恐怖活动的资助行为。有鉴于此，我国《刑法》在危害国家安全罪中，规定了两个资助类的犯罪：资助危害国家安全犯罪活动罪和资敌罪，加上分则第二章中第120条之一的"帮助恐怖活动罪"，我国《刑法》出现了3个资助型罪名，有必要进行归纳分析。

### 2.4.1 概念和规范构造

**（1）资助危害国家安全犯罪活动罪**：这是指对于实施背叛国家、分裂国家、煽动分裂国家、武装叛乱或暴乱、颠覆国家政权、煽动颠覆国家政权的犯罪，境内外机构、组织或者个人进行资助的行为。所谓"资助"方式，是指行为人提供金钱、财物、器材、交通工具、场所或者其他物品。在《反间谍法实施细则》第6条中，将"资助"的媒质界定为"经费、场所和物资"。这里的"资助"对象，不是泛指一般意义的危害国家安全的章罪名，特指背叛国家罪、分裂国家罪、煽动分裂国家罪、武装叛乱或暴乱罪、颠覆国家政权罪、煽动颠覆国家政权罪等危害国家（国体）、颠覆政权（政体）的6个罪名。

**（2）资敌罪**：这是指战时向敌人供给武器装备、军用物资，进行资敌的行为。这里的"资助"对象，是指与我国交战的敌方。至于"资助"方式，特指武器装备和军用物资。同时，构成资敌罪的时空特征必须是"战时"。若是非战争时期，不构成本罪。根据我国《刑法》第451条，"战时"是指"国家宣布进入战争状态、部队受领作战任务或者遭敌突然袭击时。部队执行戒严任务或者处置突发性暴力事件时,以战时论。"

**(3) 帮助恐怖活动罪**:这是我国基于反恐形势而增设的罪名。在"9·11事件"发生后仅3个月,面对我国日益严峻的反恐态势,为了严厉打击恐怖融资犯罪活动,我国《刑法修正案(三)》作出相应和快速的立法反应,增设了"资助恐怖活动罪",在体例上作为第120条之一,其罪状表述为"资助恐怖活动组织或者实施恐怖活动的个人"。后来,《刑法修正案(九)》在该条的罪状中,增设"资助恐怖活动培训的""为恐怖活动组织、实施恐怖活动或者恐怖活动培训招募、运送人员的",据此,最高人民法院、最高人民检察院(简称为"两高")将罪名称谓从"资助恐怖活动罪"修改为"帮助恐怖活动罪",这实际上是将"资助"行为界定为"帮助"的重要类型。在规范构造上,本罪表现如下:

其一,在客观方面,行为人实施了资助的行为。

这里的"资助",是指为恐怖活动组织或者实施恐怖活动的个人筹集、提供经费、物资或者提供场所以及其他物质便利的行为。在《刑法修正案(九)》施行后,根据2018年最高人民法院、最高人民检察院、公安部、司法部《关于办理恐怖活动和极端主义犯罪案件适用法律若干问题的意见》的有关规定,具有下列情形之一的,以帮助恐怖活动罪定罪处罚:以募捐、变卖房产、转移资金等方式为恐怖活动组织、实施恐怖活动的个人、恐怖活动培训筹集、提供经费,或者提供器材、设备、交通工具、武器装备等物资,或者提供其他物质便利的;以宣传、招收、介绍、输送等方式为恐怖活动组织、实施恐怖活动、恐怖活动培训招募人员的;以帮助非法出入境,或者为非法出入境提供中介服务、中转运送、停留住宿、伪造身份证明材料等便利,或者充当向导、帮助探查偷越国(边)境路线等方式,为恐怖活动组织、实施恐怖活动、恐怖活动培训运送人员的;其他资助恐怖活动组织、实施恐怖活动的个人、恐怖活动培训,或者为恐怖活动组织、实施恐怖活动、恐怖活动培训招募运送人员的情形。至于恐怖活动组织或者实施恐怖活动的个人是如何使用所提供或募集的资金,诸如用于建立和维持恐怖活动基地、训练和培训恐怖分子、准备或实施具体的恐怖行为,甚至用于恐怖分子实施恐怖活动之外的日常生活或奢侈消费等,则在所不问,这均不影响资助行为的成立。

其二,关于资助的对象,必须是恐怖活动组织、实施恐怖活动的个人以及恐怖活动的培训。

这是本罪有别于"资助危害国家安全犯罪活动罪"和"资敌罪"的界限。所谓"实施恐怖活动的个人",根据上述《关于办理恐怖活动和极端主义犯罪案件适用法律若干问题的意见》的有关规定,包括已经实施恐怖活动的个人,也包括准备实施、正在实施恐怖活动的个人;包括在我国领域内实施恐怖活动的个人,也包括在我国领域外实施恐怖活动的个人;包括我国公民,也包括外国公民和无国籍人。因此,关于帮助恐怖活动罪的成立,不以被资助的对象是否实施具体的恐怖活动为条件。即使恐怖组织或恐怖分子尚未实施恐怖活动,但行为人的资助行为已经实施,也在客观方面符合帮助恐怖活动罪的构成要件。

其三,至于资助的方式,只能是资金等物质性支持,而不是精神上的支持。

所谓"资金",根据1999年《制止向恐怖主义提供资助的国际公约》第1条第1项的规定,是指所有的各种资产,这既可以是有形或无形的资产,也可以是动产或不动产,无论是以何种方式取得,其表现形式包括电子或数字形式证明这种资产的产权或权益的法律文件或证书,包括但不限于银行贷记、旅行支票、银行支票、邮政汇票、股票、证券、债券、汇票和信用证等。

其四,关于犯罪主体,既可以是自然人,也可以由单位构成。

需要注意的是,如果行为人作为恐怖活动组织的一员,其被指派的分工任务是负责为恐怖组织募集资金或者寻求物质性的帮助,则不能构成帮助恐怖活动罪,应以恐怖活动犯罪的共犯论处。

其五,在主观方面,行为人必须是出于故意,即明知自己所提供或募集的资金将被全部或部分地用于恐怖活动犯罪或者培训,依然决意实施资助的行为。过失不构成本罪。

关于帮助恐怖活动罪的主观故意,应当根据案件具体情况,结合行为人的具体行为、认知能力、一贯表现和职业等综合认定。为掩饰、隐瞒恐怖活动犯罪所得及其产生的收益,提供资金账户,将财产转换为现金、金融票据、有价证券,通过转账或者其他结算方式转移资金,跨境转移资产的,以洗钱罪定罪处罚。事先通谋的,以相关恐怖活动犯罪的共同犯罪论处。

### 2.4.2 法律认定与司法适用

在汉语语义中,"资助"是指以财物予以帮助。从广义上讲,为特定犯罪提供资助的犯罪类型,是一种正犯的帮助行为,可以根据刑法总则关于共同犯罪的规定,将其作为正犯的共犯处理。但是,如果刑法将资助行为提升为一种犯罪,其在属性上就成为一种独立的实行行为,则不能依据总则规定将其作为共同犯罪论处,而应直接适用分则的规定进行定罪处罚。对于"资助危害国家安全犯罪活动罪",由于《刑法》第107条明确将资助他人实施背叛国家等6种犯罪的行为单独规定为犯罪,就应当排除适用总则关于共同犯罪的规定,直接以资助危害国家安全犯罪活动罪论处。同样地,对于资助恐怖组织、恐怖活动或者培训的行为,也不能援引刑法总则关于共同犯罪的规定,将其作为组织、领导、参加恐怖组织罪或者具体恐怖活动犯罪的共犯处理,而应单独以帮助恐怖活动罪论处。

在另一方面,行为人与危害国家安全的罪犯、恐怖组织或恐怖分子通谋,为其提供资金等物质便利资助的,则应以上述犯罪的共犯论处。需要引起注意的是,为了更加严厉地打击恐怖活动犯罪,我国许多审判机关对于行为人没有通谋、为恐怖组织和恐怖分子单纯地筹集资金或者提供资金的行为,大多是以处罚更重的恐怖活动犯罪的共犯论处,而未定性为帮助恐怖活动罪,这在很大程度上削减了帮助恐怖活动罪的认定。

关于法定刑的设置,可以从资助类犯罪的个罪来进行"点对点"的考察。若仅从资助危害国家安全犯罪活动罪被归类在"危害国家安全罪"的体例来看,其法定刑应重于被归类在"危害公共安全罪"中的帮助恐怖活动罪。但通过比较,这两种资助型的罪名在法定刑的设置上是持平的,这说明我国立法者是用较重的刑法手段来打击帮助恐怖活动的犯罪分子的。

# 第3章 危害公共安全罪

危害公共安全罪,是指针对不特定的多数人的生命、健康或者公私财产的安全,故意或者过失地实施危害行为的类型化犯罪。由于危害公共安全罪是以公共利益为侵害内容的犯罪,犯罪对象具有涉众性和影响广泛性、危害结果具有不确定性和不可控制性,故会严重危害社会的安宁,成为普通刑事犯罪中危害最大的一种类型,历来是我国刑法重点打击的犯罪。

从刑事立法变迁看,在1979年《刑法》中,危害公共安全罪排序在反革命罪之后,包括23个罪名。在吸纳全国人大常委会《关于严惩严重危害社会治安的犯罪分子的决定》《关于惩治劫持航空器犯罪分子的决定》等"补充规定"的基础上,1997年修订的《刑法》在保留章罪名的排序和称谓之基础上,在本章设置了42个个罪。后来,若干个《刑法修正案》又增设十几个罪名,并且修改某些罪名的罪状,形成了目前分则第二章的规范体系。

## 3.1 公共安全的界定:质与量的统一

从危害行为针对的内容看,危害公共安全罪侵犯的客体是"公共安全",这是该类犯罪的核心特征,一般表现为不特定的多数人的生命、健康或者公私财产的安全。由此可见,"公共安全"的属性体现为"不特定"与"多数"的质与量之统一,它们是界定公共安全内涵的关键要素,对于危害公共安全罪的认定至关重要。

在汉语语义中,"多数"是与"少数"相对应的术语,指在整体中占较大比例的数量。"多数"是"公共"的必然量化表现,若不以其为依托,则"公共"的整体就会被架空而无从体现。因此,作为与"个人安全"相对应的概念,"公共安全"是指多数人的安全,天然地具有受害人多、影响范围广的特性。在刑法意义上,正是通过"多数"这个量的属性,我们将侵犯少数人的生命、健康或财产之行为,排除在危害公共安全罪的范畴之外。例如,甲因争执持刀将乙杀死。由于甲的杀人行为是针对少数人,其造成的危害后果不会引起公共危险,故不应认定为危害公共安全罪,只能定性为侵犯公民人身权利罪中的故意杀人罪。

在另一方面,仅以"多数"作为公共安全的属性,还难以区分危害公共安全罪与侵犯公民人身权利罪等他类犯罪的界限。例如:甲在公司里经常受到同事的排挤而不得志,故在公司组织的内部郊游野炊锅内投毒,造成公司的五人身亡。在这种情况下，仅以"多数"的属性为切入点，甲仿佛构成了危害公共安全罪。但是，从甲投毒所针对的对象和影响范围来看，犯罪对象和危害结果都是特定的，并不会对公司以外的其他人产生现实侵害，不具有危害公共安全的影响范围广的本质特性，故不应以危害公共安全罪论处，只能认定为故意杀人罪。因此，"多数"只是认定公共安全的充分条件，尚不足以据此来界定公共安全的本质，还需要以"不特定"的属性作为必要条件。

所谓"不特定"，是与"特定"相对应的概念，指危害行为不是针对特定的对象，或者危害后果也是行为人事先难以确定和控制的。这是公共安全的**质**的属性。在刑法意义上，通过"不特定"的要素界定，我们可以将侵犯特定的多数人的生命（例如上个段落的案例）、健康或财产之行为，排除在危害公共安全罪的范畴之外。

综上所述，"不特定"与"多数"的质与量之统一关系，构成公共安全的充要条件。通过这两个要素的组合，我们可以在危害公共安全罪的范围中，排除针对"不特定的少数""特定的少数"以及"特定的多数"之危害情形。但是，在司法实践中，会出现行为人针对特定的个人实施危害行为，却造成不特定的危害后果之复杂情况。

**又如**：甲与乙产生纠葛，想杀死乙，就在食堂投毒，结果毒死十几个人。在这个案件中，行为人是涉嫌构成"故意杀人罪"还是"投放危险物质罪"？对此，我们须注意："不特定"的内容包括对象的不特定和危害结果的不特定，只要两者具备其一，就可以满足"不特定"的成立要求。具体到该案件，尽管行为人针对的犯罪对象是特定的个人，这在表象上没有危害公共安全，但危害结果却侵犯不特定多数人的人身权利，而且行为人对可能造成或者随时增加、影响范围广的危害结果采取放任的心理态度，导致潜在受害对象的范围扩大和危害结果的不可控制性，这符合公共安全的属性，故应以投放危险物质罪论处，而不应认定为故意杀人罪。

需要强调的是，关于公共安全的外延，不仅包括人身安全，还包含公私财产的安全，例如炸毁矿山、放火烧油田、破坏交通工具或交通设施、造成重大责任事故等危害行为，这不仅导致公私财产遭受重大的损失，还严重威胁到不特定多数人的人身安全。

## 3.2 学理分类

根据我国1997年修订的《刑法》第114条至第139条的规定，分则第二章规定了42个危害公共安全的罪名。之后，第三、第六、第八、第九和第十一个《刑法修正案》分别在该章增设1个、3个、1个、5个和2个罪名，故危害公共安全罪共有54个罪名。在分则没有对第二章进行法定分类的背景下,为了便于理解其中众多罪名之间的内在联系,我们可以对其进行如下的学理分类:

**1. 以危险类方法危害公共安全的犯罪(5种危险方法×2种主观心态=10个罪名)**

【放火罪;决水罪;爆炸罪;投放危险物质罪;以危险方法危害公共安全罪】+【失火罪;过失决水罪;过失爆炸罪;过失投放危险物质罪;过失以危险方法危害公共安全罪】[《刑法修正案(三)》修改]。

**2. 破坏公共类设施的犯罪(5种破坏对象×2种主观心态=10个罪名)**

【破坏交通工具罪;破坏交通设施罪;破坏电力设备罪;破坏易燃易爆设备罪;破坏广播电视设施、公用电信设施罪】+【过失损坏交通工具罪;过失损坏交通设施罪;过失损坏电力设备罪;过失损坏易燃易爆设备罪;过失损坏广播电视设施、公用电信设施罪】。

**3. 具有恐怖性质的犯罪(4+1+5=10个罪名)**

【组织、领导、参加恐怖组织罪;劫持航空器罪;劫持船只、汽车罪;暴力危及飞行安全罪】+【帮助恐怖活动罪】[《刑法修正案(三)》增设,《刑法修正案(九)》修改]+【准备实施恐怖活动罪;宣扬恐怖主义、极端主义、煽动实施恐怖活动罪;利用极端主义破坏法律实施罪;强制穿戴宣扬恐怖主义、极端主义服饰、标志罪;非法持有宣扬恐怖主义、极端主义物品罪】[《刑法修正案(九)》增设]。

**4. 涉枪、危爆品(弹药、爆炸物和危险物质)类犯罪(9个罪名):**

非法制造、买卖、运输、邮寄、储存枪支、弹药、爆炸物罪;非法制造、买卖、运输、储存危险物质罪;违规制造、销售枪支罪;盗窃、抢夺枪支、弹药、爆炸物、危险物质罪;抢劫枪支、弹药、爆炸物、危险物质罪;非法持有、私藏枪支、弹药罪;非法出租、出借枪支罪;丢失枪支不报罪;非法携带枪支、弹药、管制刀具、危险物品危及公共安全罪。

**5. 重大责任事故类犯罪(9+3+1+2=15个罪名):**

【重大飞行事故罪;铁路运营安全事故罪;交通肇事罪;重大责任事故罪;重大劳动安全事故罪;危险物品肇事罪;工程重大安全事故罪;教育设施重大安全事故罪;消防责任事故罪】+【强令、组织他人违章冒险作业罪;大型群众性活动重大安全事故罪;不报、谎报安全事故罪】[《刑法修正案(六)》增设,《刑法修正案(十一)修改》]+【危险驾驶罪】[《刑法修正案(八)》增设,《刑法修正案(九)》修改]+【妨害安全驾驶罪;危险作业罪】[《刑法修正案(十一)》增设]。

## 3.3 以危险类方法危害公共安全的犯罪

在我国《刑法》第114条和第115条,并列规定了行为人利用火、水、爆炸物、危险物质等五种以危险类方法来危害公共安全的危害行为形式,而且相对应地在主观方面划分为故意和过失两种形态,从而形成【5 种危险方法×2 种主观心态=10 个罪名】的以危险类方法危害公共安全的罪名体系。

### 3.3.1 定性因素:借助破坏机能+故意或过失

俗话说"水火无情"。从客观方面看,放火罪、决水罪、爆炸罪、投放危险物质罪、以危险方法危害公共安全罪,均表现为行为人借助火、水、爆炸物、危险物等物质或方法的破坏力量,来实施危害公共安全的行为,都属于传统意义的自然犯。同时,行为人所借助物质或方法的破坏机能之不同,也决定着它们之间的区别。这具体表现为:

(1) **放火罪**:这是指行为人使用火的燃烧力,制造火灾,危害公共安全的行为。

(2) **决水罪**:这是指行为人通过释放水的冲击力,造成水灾,危害公共安全的行为。

(3) **爆炸罪**:这是指行为人利用各种物体的爆炸力,危害公共安全的行为。例如引爆雷管、炸药、炸弹、锅炉、高压锅等爆炸物。

(4) **投放危险物质罪**①:这是指行为人投放毒害性、放射性、传染病病原体等物质,危害公共安全的行为。这里的"毒害性物质",是指砒霜、剧毒农药等含有毒质、具有破坏人体和动物的生理机能的有机物或者无机物,它是 1997 年修订的《刑法》中"投毒罪"所限定的唯一物质,范围比较狭窄,故《刑法修正案(三)》将投放的对象拓展到放射性、传染病病原体等物质。这里的"放射性物质",是指能够自然地向外辐射能量、对人体和动物具有损害作用的物质;"传染病病原体",是指病毒、细菌等能引起相互传播疾病的微生物和寄生虫的统称。此外,由于《刑法修正案(三)》在列举所投放的三种具体物质之后加入"等"字,故本罪的投放物质还应包括"其他与毒害性、放射性、传染病病原体物质的危险性相当的物质"。至于危险物质的物理形态,无论是固态、液态或者气态等,则在所不问。

(5) **以危险方法危害公共安全罪**:这是指行为人使用放火、决水、爆炸、投放危险物质之外的其他危险方法,危害公共安全的行为。鉴于行为人实施放火罪、决水罪、爆炸罪、投放危险物质罪所依托的物质是相对具体的,不能涵盖所有的以危险类方法来危害公共安全的行为形态,故我国《刑法》第 114 条将本罪并列规定在所列举的四罪之后,作为该条的"兜底"罪名。

---

① 该罪的原先称谓是"投毒罪"。根据《刑法修正案(三)》第 1 条和第 2 条的规定,"两高"在 2002 年关于确定罪名的补充规定中,将该罪更名为"投放危险物质罪"。

从客观方面看,上述五种犯罪成立的关键点在于:行为人针对行为对象,施加不同物质或方法的破坏机能,从而导致危害公共安全的结果。至于行为人所针对的行为对象,不应限定其范围,关键是要透析其与公共安全之间的关系。[①]即使某种犯罪对象在表面上具有公共属性,若其与公共安全没有实质的关系(例如废弃的工厂、仓库、住宅等),也不应划入危害公共安全罪的范畴。另外,在客观认定时,也无需强调和细化行为人所利用的方式和载体。例如,放火罪不应限定在行为人使用引火物去点燃财物,重点在于行为人使用火的燃烧力来制造火灾,否则会排除以点燃财物以外的方法(例如自焚)制造火灾的情形,从而限缩放火罪的范围。

在主观方面,上述五种犯罪均属于"故意类"的以危险方法来危害公共安全的犯罪形态,即行为人明知自己所实施的放火、决水等危险行为会发生危害公共安全的结果,并且希望或者放任这种结果的发生。

在现实生活中,行为人利用火、水、爆炸物、危险物质等危险类方法来危害公共安全的主观心态,不仅表现为故意,而且会出于过失。有鉴于此,为了严密刑事法网和简化刑法分则的条文,我国《刑法》第115条第2款设置了"过失类"的以危险类方法来危害公共安全的犯罪形态,包括失火罪、过失决水罪、过失爆炸罪、过失投放危险物质罪、过失以危险方法危害公共安全罪5种犯罪,从而与故意类的犯罪形态形成了鲜明的对应关系。

### 3.3.2 以危险方法危害公共安全罪:相当性原则的限制

(一)体系性定位

在立法体例上,我国《刑法》第114条将以危险方法危害公共安全罪与放火罪、决水罪、爆炸罪、投放危险物质罪等四罪并列规定在一起,在性质上属于概括性的规定,意图覆盖所列举的放火、决水、爆炸、投放危险物质之外的"其他危险方法",避免"挂一漏万"的立法缺陷。因此,在体系性位置上,本罪只属于《刑法》第114条关于以危险类方法来危害公共安全的"兜底"罪名,不能因为其称谓中含有"危害公共安全罪"的字样而将其作为第二章的"兜底"罪名,故不应泛化地扩大本罪的适用范围。

具体而言,在适用顺序上,只有在行为人运用的危险类方法不符合水、火、爆炸力、危险物质等破坏力的本质属性时,才能轮到以危险方法危害公共安全罪的"出台",这是适用"兜底"罪名的应有之义。同时,本罪中的"其他危险方法"是原则性的规定,但也不能超越该条的逻辑关系和前后术语来理解,它是对前四种

---

① 正是有鉴于此,《刑法修正案(三)》删除了《刑法》第114条原有的列举式的特定犯罪对象:"工厂、矿场、油田、港口、河流、水源、仓库、住宅、森林、农场、谷场、重要管道、公共建筑物或者其他公私财产。"

列举方法的补充归纳,并不是无所不包的,不能进行无限制的扩大解释和任意扩张适用。在危险性质上,它必须与所列举的放火、决水、爆炸、投放危险物质等典型危险手段具有"相当性",这是适用本罪的限制条件。

(二) 表现形式

在我国司法实践中,已经认定为以危险方法危害公共安全罪中"其他危险方法"的表现形式包括但不限于:

(1) 在公共场所私设电网。

(2) 在公共场所驾驶车辆冲撞众人。①

(3) 制造、输送坏血、病菌血。

(4) 向公众人群开枪。

(5) 以骗取被害人财物为目的,在城市交通干道和高速路上,故意制造交通事故(俗称"碰瓷")。

(6) 在行驶中的公交车上与司机争夺方向盘,导致车辆失控,造成人员伤亡和财产损失。②

(7) 邪教组织人员以自焚、自爆或者其他危险方法危害公共安全。

从理论的应然关系看,以自焚、自爆的危险方法危害公共安全的,符合放火罪、爆炸罪的客观构成要件,无需以"兜底"性质的以危险方法危害公共安全罪论处。"两高"在2017年《关于办理组织、利用邪教组织破坏法律实施等刑事案件适用法律若干问题的解释》第12条中,规定对于该种情形,依照以危险方法危害公共安全罪定罪处罚。这种定性的实然规定,实际上是将"人肉炸弹"的情形,排除在爆炸罪的范畴之外,即认为放火罪、爆炸罪不能以行为人自身作为危害行为的载体。

(8) 故意传播突发传染病病原体。

在2003年"非典"时期,"两高"《关于办理妨害预防、控制突发传染病疫情等灾害的刑事案件具体应用法律若干问题的解释》第1条规定:故意传播突发传染病病原体,危害公共安全的,按照以危险方法危害公共安全罪定罪处罚。需要指出的是,该规定在实质上认为投放危险物质罪不能以患有突发传染病的行为人自身("毒肉炸弹")作为危害公共安全的载体。这与上述(7)的情形一样,也存在着实然规定与应然关系之间的冲突,将本应以投放危险物质罪定性的情况按照具有"兜底"性质的以危险方法危害公共安全罪论处,不恰当地扩大后罪的适用范围。

---

① 在1982年,北京市出租汽车公司女司机姚锦云驾车闯入天安门广场,向密集人群横冲直撞,致使在场群众5人死亡、19人受伤。法院认定其构成以危险方法危害公共安全罪,处以死刑。

② 这种情形与《刑法修正案(十一)》增设的"妨害安全驾驶罪"产生竞合适用问题。依据《刑法》第133条之二第3款规定:"有前两款行为,同时构成其他犯罪的,依照处罚较重的规定定罪处罚。"

（9）盗窃窨井（下水井）盖。①

据不完全统计，自1992年以来，有近十个案例将这类案件认定为以危险方法危害公共安全罪。然而，对此类案件应具体考察下水井盖的"功能属性"和侵害法益，分别具体情况而定性，不能一概而论：其一，盗窃正在使用中的社会机动车通行道路上的井盖的，应将井盖视为交通设施的有机组成部分，以破坏交通设施罪或者过失损坏交通设施罪定罪处罚；其二，盗窃社会机动车通行道路以外的其他公共场所（例如人员密集往来的非机动车道、人行道以及车站、码头、公园、广场、学校、商业中心、厂区、社区、院落等生产生活、人员聚集场所）的井盖的，涉嫌构成以危险方法危害公共安全罪或者过失以危险方法危害公共安全罪；其三，盗窃上述两种情形以外的其他场所的井盖，不会危及公共安全，但构成犯罪的，以盗窃罪定罪处罚。

（10）在醉酒驾车肇事后继续冲撞，造成重大伤亡。

**孙某铭醉酒驾车案**：2008年12月，孙某铭大量饮酒后驾车行至某路口时，从后面冲撞与其同向行驶的某轿车车尾。其后，孙某铭继续驾车向前超速行驶，并违章越过道路中心的黄色双实线，与对面车道正常行驶的两辆轿车发生碰撞，导致4人死亡和1人重伤，造成共计5万余元的公私财产损失。经鉴定，孙某铭案发时血液中的乙醇含量为135.8/100毫升，驾车碰撞前瞬间的行驶速度为134—138公里/小时。2009年7月23日，某市中级人民法院一审认定孙某铭构成以危险方法危害公共安全罪，判处其死刑。2009年9月8日，某省高级人民法院二审判决维持孙某铭构成以危险方法危害公共安全罪，但在量刑时，考虑其系间接故意犯罪，主观恶性不是很深，人身危险性不是很大；其犯罪时处于严重醉酒状态，对自己行为的认识和控制能力有所减弱；归案后，其真诚悔罪，并通过被害人亲属出具了谅解书，故认为孙某铭尚不属于罪行极其严重的罪犯，按照以危险方法危害公共安全罪判处无期徒刑。同日，最高人民法院召开新闻发布会，认为孙某铭明知饮酒驾车违法、醉酒驾车会危害公共安全，却无视法律、醉酒驾车，特别是在肇事后继续驾车冲撞，造成重大伤亡，说明行为人主观上对持续发生的危害结果持放任态度，具有危害公共安全的故意，故对此类醉酒驾车造成重大伤亡的，应按照以危险方法危害公共安全罪定罪处罚。

在审理此案和采纳新闻发布会精神的基础上，2009年9月11日，最高人民法院颁布《关于印发醉酒驾车犯罪法律适用问题指导意见及相关典型案例的通知》，对"醉酒驾车"犯罪的法律适用问题予以统一规范。

需要指出的是，在1997年修订的《刑法》实施之前，司法机关对于"出售

---

① 为了维护群众"脚底下的安全"，在2020年3月，最高人民法院、最高人民检察院、公安部印发《关于办理涉窨井盖相关刑事案件的指导意见》，对于涉及窨井盖相关犯罪的法律适用进行类型化规定。

以病害猪肉加工的食品""制造、贩卖毒酒"等情形,按照以危险方法危害公共安全罪定罪处罚。目前,对于此类案件,应依照特别法优于普通法的适用原则,分别定性为"生产、销售不符合安全标准的食品罪""生产、销售有毒、有害食品罪"。

(三) 扩张适用的变异现象

需要引起特别注意的是,在司法实践中,以危险方法危害公共安全罪逐渐出现了扩张适用的现象。例如,在明知矿井不符合作业条件的情况下,却强令矿工下井作业,结果发生了重大的矿难事件。对于此类案件的责任人员,可以依据《刑法修正案(六)》所增设的"强令、组织他人违章冒险作业罪"进行处理,但有的司法机关迷信以危险方法危害公共安全罪挂有死刑的重罪效能而予以适用,意图通过重刑打击来遏制矿难频发的事件。在法律适用上,这就突破本罪的体系性定位,也背离了相当性原则对本罪的限制适用条件。

### 3.3.3 定量标准:危险犯与实害犯

鉴于放火、决水等故意以危险类方法来危害公共安全是危害性极大的行为,我国《刑法》第114条将该类五种犯罪设置为危险犯,不要求危害行为造成严重后果即可构成犯罪,处3年以上10年以下有期徒刑;如果造成致人重伤、死亡或者使公私财产遭受重大损失的实害结果,第115条第1款规定了更重档次的法定刑,处以10年以上有期徒刑、无期徒刑或者死刑。

对于过失类的以危险类方法来危害公共安全的五种犯罪,第115条第2款设置为实害犯,要求危害行为造成他人伤亡或者公私财产重大损失等严重结果,规定处3年以上7年以下有期徒刑;情节较轻的,处3年以下有期徒刑或者拘役。

### 3.3.4 法律认定:手段行为与目的行为的竞合关系

在司法实践中,行为人经常会以放火、决水、爆炸等危险类方法为手段,以实现其他犯罪目的。这会带出以下手段行为与目的行为的竞合认定问题:

(1) 以放火、决水、爆炸、投放危险物质为手段,实施故意杀人、故意伤害、故意毁坏财物、破坏生产经营等目的行为。

对此,应分别不同的情形进行认定:其一,针对特定的人或物实施,没有危及公共安全的:应认定为故意杀人罪、故意伤害罪、故意毁坏财物罪或者破坏生产经营罪;其二,针对不特定的多数人或物实施,或者针对特定的人或物实施,但结果却危害了不特定的多人的生命、健康和公私财产,并且主观上对造成不特定的危害后果持放任态度的:应认定为放火罪、决水罪、爆炸罪或者投放危险物质罪。

（2）以放火、决水、爆炸等危险类方法为手段，以实现其破坏诸如交通工具、交通设施等公共类设施的目的。

在此情形下，系一个行为触犯两个罪名，属于想象竞合犯，应择一重罪处断。由于所涉及的相关罪名均危害到公共安全，在法定刑相同的情况下，由于我国刑法对破坏型犯罪进行了专门规定，故应采取特别法优于普通法的原则，分别认定为破坏交通工具罪、破坏交通设施罪等犯罪。

（3）以危险类方法危害公共安全的犯罪之间的手段行为与目的行为之竞合关系。

例如，行为人故意使用爆炸的手段，制造出火灾、水患，从而达到烧毁油库、决溃堤坝的目的。在此情形下，应择一重罪处断，不能实行数罪并罚。由于三罪规定在同一条款中，法定刑均相同，若在其他衡量因素也持平的情况下，最终应以目的行为（放火罪、决水罪）来定性。

（4）手段行为与目的行为之间的其他竞合关系。

在具体认定时，也存在数罪并罚的"法定例外情形"，例如保险诈骗罪：对于不法的投保人、被保险人以放火、爆炸等危险手法，故意造成财产损失的保险事故，或者采用放火、投放危险物质等方法，造成被保险人的死亡、伤残，并据此骗取保险金的情形，应依据《刑法》第198条第2款的实然规定，依照数罪并罚的规定予以处罚，而不能采取理论上的择一重罪处断原则。

### 3.3.5　司法适用：新疆"7·5事件"后针刺群众案件

**背景和案件的定性争议**：2009年新疆"7·5事件"之后不久，在乌鲁木齐市连续发生多起"针刺"无辜群众的案件，这表现为不法分子使用注射器、大头针或其他针状物扎刺他人，从而造成群众的心理恐慌，严重破坏当地的社会稳定。2009年8月28日，伊某某木在乌鲁木齐市某巷道内的水果摊前，持注射器扎刺正在买水果的刘某某臀部。对此案，检察机关按照"以危险方法危害公共安全罪"提起公诉，但法院并没有采纳检察机关的意见，判决认定被告人构成"投放虚假危险物质罪"，造成严重后果，顶格判处有期徒刑15年。

在此案中，为什么检法两家的定性认识不统一？这需要从司法适用的法律效果和社会效果的统一来予以分析：

首先，从法律适用看，该案涉及两种类型的犯罪：以危险类方法危害公共安全的犯罪和扰乱公共秩序的犯罪，由此面临以下司法适用难点：

（1）"针刺"能否归入刑法意义的"投放"？在汉语语义中，"投放"体现为投掷、置放、传递、邮寄、遗留等形式。被告人用注射器扎刺他人的行为，表现为其通过作为的形式，将注射器内的物质置放于被害人的体内，这在广义上可以理解为刑法意义的"投放"。①

（2）投放物质的属性如何？在我国刑法，含有"投放"术语的罪名有三个：投放危险物质罪、过失投放危险物质罪、投放虚假危险物质罪。前两罪均属于危害公共安全罪的个罪，在客观方面基本相同，区别点在于两罪的主观心态；《刑法修正案（三）》在增设"投放虚假危险物质罪"后，将其归类在第六章"妨害社会管理秩序罪"之中。由此可见，前两罪在投放物质的属性上必须是真实的，而"投放虚假危险物质罪"的对象是虚假的，这也决定了三罪的体系性定位之不同。在新疆"7·5事件"后针刺群众案件发生后，关于投放物质的属性，经军事医学科学院的样本分析检测：在注射器中，未发现人工放射性物质和有毒化学物质，也未检测出炭疽杆菌、鼠疫菌、肉毒毒素、艾滋病等病毒，排除了中毒、感染病毒及死亡病例。这表明投放的危险物质是虚假的，不具有真实性，不会对被害人身体健康造成明显伤害后果，行为人只是想借此来造成社会恐慌，严重扰乱正常秩序，故法院认定为投放虚假危险物质罪是恰当的。

（3）如果从狭义角度认为"针刺"不是典型的投放行为，能否将该案定性为以危险方法危害公共安全罪？如前所述，在适用该"兜底"罪名时，必须受到"相当性原则"的限制，即"针刺"行为应具有与放火、决水、爆炸、投放危险物质等手段相当的危险性。只有行为人使用含有真实的毒害性等物质的注射器扎刺他人，才能危害公共安全。而在本案中，由于注射器内的危险物质是虚假的，故应排除以危险方法危害公共安全罪的定性处理。

其次，从社会效果考虑，将该案定性为"投放虚假危险物质罪"，可以借此告知群众该类案件只属于扰乱公共秩序的犯罪，并没有危害到公共安全，有利于迅速消除因针刺群众事件所产生的恐慌气氛，恢复正常的生产、生活和社会秩序，由此取得良好的社会效果。可以说，检察机关的出发点是想运用以危险方法危害公共安全罪的重罪效能来严厉打击犯罪分子，但这不仅在法律适用上存在着瑕疵，而且会逆反地加重群众本已存在的恐慌心理，造成很大的被动局面，并不能取得迅速稳定社会的政治效果。②

---

① 这在最高人民法院关于"陈美娟投放危险物质案"（第276号）的指导案例中得到确认：被告人使用注射器抽取半针筒甲胺磷农药后，将农药注入被害人家中丝瓜棚上所结的多条丝瓜中，导致两人中毒、其中一人死亡的严重后果。法院认定被告人的行为构成投放危险物质罪，判处死刑，缓期两年执行。参见中华人民共和国最高人民法院刑事审判第一、二、三、四、五庭主办：《中国刑事审判指导案例》（第1卷），法律出版社2009年版，第41页。

② 后来，为依法严厉打击针刺伤害群众等犯罪活动，维护社会秩序，乌鲁木齐市中级人民法院、人民检察院、公安局在2009年9月6日联合发布《关于依法严厉打击针刺伤害群众等犯罪活动的通告》，规定：对使用有毒害性物质的注射器或吸食毒品后废弃的注射器扎刺他人的，以投放危险物质罪定罪，依法处3年以上有期徒刑、无期徒刑或者死刑；对使用无毒害性物质的注射器扎刺、喷射他人的，以投放虚假危险物质罪定罪处罚，造成群众恐慌等严重后果的，依法处5年以上有期徒刑。使用大头针等其他针状物扎刺无辜群众，制造恐怖气氛的，依照刑法规定，以投放虚假危险物质罪论处。

## 3.4 破坏公共类设施的犯罪

在我国《刑法》第 116 条至第 119 条、第 124 条等 5 个条文中,分别规定了行为人破坏五种公共类工具、设施和设备,以此来危害公共安全的客观行为形式,而且相对应地在主观方面划分为故意和过失两种形态,从而形成了【5 种破坏对象×2 种主观心态 = 10 个罪名】通过破坏公共类设施来危害公共安全的罪名体系。该类犯罪在立法技术和定量标准方面,与上一节关于以危险类方法危害公共安全的犯罪具有共性。

### 3.4.1 定性因素:犯罪对象的定位+故意或过失

依据与公共安全相联系的本质属性,以破坏公共类设施来危害公共安全的行为对象包括五种类型,这具体表现为:

**(1) 交通工具**:这是指作为交通运输载体的器械。我国《刑法》第 116 条采取"列举式"的方法,将其范围限定为以下五种机动交通工具:火车、汽车、电车、船只和航空器。这明显排除自行车、摩托车、三轮车、畜力车、残疾人代步车等非机动交通工具。同时,交通工具须与公共安全紧密相连,才能纳入危害公共安全罪的范畴,故其在时空特征上必须体现为"正在使用中"的形态。即使行为对象在表象上属于交通工具,若其处于正在制造、停放维修、储存等尚未交付使用或者废弃的状态,或者属于交通工具上的生活设施、一般性附属设施等非重要部位,则不符合危害公共安全罪的罪质,不能构成本罪。

**(2) 交通设施**:这是指为了交通工具的安全运营而装置的相关设施。我国《刑法》第 117 条采取"列举式+概括式"的方法,规定以下九种交通设施:轨道、桥梁、隧道、公路、机场、航道、灯塔、标志以及足以使交通工具倾覆或毁坏的其他设施。由于破坏候车室、候船室、候机室以及交通设施中的生活设施、一般性附属设施等非重要部位,不会导致交通工具的倾覆或毁坏,故应排除出本罪的适用范围。如果交通设施属于废弃的,或者处于正在安装、修理等过程中,也不能构成本罪。

**(3) 电力设备**:在我国三个版本的《电力设施保护条例》(1987 年、1998 年和 2011 年)第 2 条中,均规定电力设施包括:发电厂设施、变电所设施和电力线路设施及其附属设施,并且在第二章明确电力设施的保护范围。由于该条例所保护的范围过于宽泛,有些电力设施的附属设施遭受破坏并不会危害到公共安全,故《刑法》第 118 条的规制对象没有与该条例完全重合,而是采用"电力设备"一词以区别"电力设施",是指用于发电、供电、输电、变电的各种设备,排除了条例中三种设施的附属设施。这具体包括:其一,发电厂设施、变电所设施,包括厂所内与发、变电生产有关的设施；厂所外各种专用的管道（沟）、水井、泵站等设施；水力发电厂使用的水库、大坝、取水口等设施；其二，电力线路设施，包括架空电力线路、电力电缆线路、电力线路上的变压器等设施。

同时，上述电力设备在时空特征上必须是"正在使用中"。如果犯罪对象是废弃不用，或者正在制造、运输、安装、架设、修理过程中，或者尚在库存中的电力设备，则不具有危害公共安全的可能性，不能构成本罪。

**（4）易燃易爆设备：** 所谓"燃气设备"，是指生产、储存、输送各种燃气的机器或设施，例如煤气发生炉、天然气锅炉、燃气净化装置、煤气或天然气管道、储气罐、煤气罐等设备；至于"其他易燃易爆设备"，是指除电力、燃气设备以外的其他用于生产、储存、输送和使用易燃易爆物品的其他设备，例如石油管道、加油站、火药和易燃易爆化学物品的生产、储存、运输设备等。

同时，从危害公共安全罪的罪质出发，在认定易燃易爆设备时还须注意以下三个内容：一是从本罪的关键词"设备"切入，本罪的犯罪对象不包括易燃易爆物品本身；二是由于易燃易爆设备中的一般性附属设备（例如为防盗而安装的防盗装置）或非重要部位遭受破坏，也不会影响到设备主体部分的使用效能，应排除出本罪的适用范围；三是如果设备处于正在制造、运输、安装、检修的过程中，或者暂停使用、废弃的，则不能构成本罪。

**（5）广播电视设施、公用电信设施：** 所谓"广播电视设施"，根据我国《广播电视设施保护条例》第2条，是指广播电视信号的发射设施、专用传输设施和监测设施；至于"公用电信设施"，是指用于社会公用事业以及其他公用的通信设施。从广义上讲，行政办公设施、日常生活设施、闭路电视网络、公用电话亭、民用家庭电话等也属于广播电视、公用电信设施的范围，但破坏它们不能影响到公共安全，故应排除出本罪的适用范围。此外，对于正在制造、安装、调试等未交付使用或者废弃的上述设施进行破坏，也不能构成本罪。

综上所述，破坏公共类设施的犯罪对象在外延上具有法定性，而且需要在内涵上考察它们"正在使用中"的时空特征以及被破坏部位的属性，以便确定其符合危害公共安全罪的罪质要求。同时，如果行为人破坏的上述对象属于军事类设施，则应依据特别法优于普通法的原则，认定为《刑法》第369条的破坏军事设施、军事通信罪。

针对以上五种法定对象，"破坏"成为该类罪名的行为特征，表现为行为人摧毁或毁坏上述犯罪对象的物理形态，或者使其丧失固有的性能，足以危害到公共安全。至于"破坏"的具体方式，无论是表现为放火、决水、爆炸、盗窃等犯罪方法，或者体现为切割、打孔、撬砸、拆卸等传统手段，或者截断通信线路、损毁通信设备、非法使用"伪基站"设备而干扰公用电信设施，或者删除、修改、增加电信网计算机信息系统中的数据和应用程序等花样翻新的手段，还是故意违反操作规程而损毁设备设施的不作为方式,则在所不问。

在主观方面,上述五种犯罪均属于"故意类"的通过破坏公共类设施来危害公共安全的犯罪形态,即行为人明知自己所实施的破坏行为会发生危害公共安全的结果,并且希望或者放任这种结果的发生。

在现实生活中,行为人通过破坏公共类设施来危害公共安全的主观心态,不仅表现为故意,而且也可以出于过失。有鉴于此,为了严密刑事法网和简化分则的条文,同时考虑到"破坏"一词含有故意心态的内容,我国《刑法》第119条第2款和第124条第2款设置了"过失类"的犯罪形态,并且用"损坏"来替换"破坏"的术语,从而形成了通过损坏公共类设施来危害公共安全的过失类犯罪体系,包括过失损坏交通工具罪;过失损坏交通设施罪;过失损坏电力设备罪;过失损坏易燃易爆设备罪;过失损坏广播电视设施、公用电信设施罪五种犯罪,这与故意类的犯罪形态形成了鲜明的对应关系。

### 3.4.2 定量标准:危险犯与实害犯

与设置以危险类方法危害公共安全的犯罪之定量标准一样,鉴于破坏交通工具、交通设施、电力设备、易燃易爆设备等四种"故意类"犯罪是危害性极大的行为,我国《刑法》第116条、第117条、第118条将它们设置为危险犯,不要求危害行为造成严重后果即可构成犯罪,处3年以上10年以下有期徒刑;如果造成严重后果的,《刑法》第119条第1款规定了更重档次的法定刑,处以10年以上有期徒刑、无期徒刑或者死刑。需要注意的是,对于破坏广播电视设施、公用电信设施罪,《刑法》第124条第1款也如同上述四种破坏型犯罪,设置了两个档次的法定刑,只是法定最低刑和最高刑的内容发生了变化,第一档次的法定刑为3年以上7年以下有期徒刑;造成严重后果的,处7年以上有期徒刑。

对于"过失类"的通过损坏公共类设施来危害公共安全的五种犯罪,我国《刑法》第119条第2款和第124条第2款设置为实害犯,要求危害行为"造成严重结果"[①]才能构成犯罪,规定处3年以上7年以下有期徒刑;情节较轻的,处3年以下有期徒刑或者拘役。

### 3.4.3 法律认定:法条竞合的适用

在司法实践中,破坏型犯罪的危害方式具有概括性,其表现方式宽泛。不法分子经常会以放火、爆炸、盗窃、毁坏等方法为手段,破坏交通工具等公共类设施。这就引申出法条竞合的适用问题,应抓住行为对象与公共安全的本质联系,

---

① 关于具体的定量标准,请参见最高人民法院2007年《关于审理破坏电力设备刑事案件具体应用法律若干问题的解释》、2011年《关于审理破坏广播电视设施等刑事案件具体应用法律若干问题的解释》等司法解释的相关内容。

区别不同情形进行处理。

(1) 以放火、决水、爆炸为手段来破坏公共类设施。

如果被破坏的对象不是"正在使用中"的,或者被破坏设施的方位属于非重要的部位,则只能构成放火罪、决水罪或者爆炸罪;倘若是针对"正在使用中"的公共类设施的重要部位进行破坏,在此情形下,系一个行为触犯两个罪名,属于想象竞合犯,应择一重罪处断。由于所涉及的相关罪名均危害到公共安全,在法定刑相同的情况下,由于破坏公共类设施犯罪属于特别法条,故应采取特别法优于普通法的原则,认定为破坏交通工具罪、破坏交通设施罪等犯罪。

(2) 在盗窃公共类设施的行为过程中,行为人采取的手段破坏了公共类设施的性能。

例如,在实施盗窃油气等行为过程中,采用切割、打孔、撬砸、拆卸、开关等手段破坏正在使用中的油气设备的。依据 2018 年最高人民法院、最高人民检察院、公安部《关于办理盗窃油气、破坏油气设备等刑事案件适用法律若干问题的意见》、2013 年"两高"《关于办理盗窃刑事案件适用法律若干问题的解释》以及 2007 年"两高"《关于办理盗窃油气、破坏油气设备等刑事案件具体应用法律若干问题的解释》的有关规定,对此应区分三种情况处理:

第一,如果行为对象具备"正在使用中"的时空特征,而且被破坏设施的方位属于重要性的部位,危害公共安全的,依照破坏公共类设施的犯罪定罪处罚;

第二,倘若行为对象不符合危害公共安全罪的罪质要求,尚未危害公共安全,但构成犯罪的,以盗窃罪定罪处罚;

第三,同时构成盗窃罪和破坏公共类设施犯罪的,属于想象竞合犯,应择一重罪处断;同时,破坏性手段还是从重处罚的情节,故最终应"择一重罪从重处罚"。

(3) 行为人不是以盗窃公共类设施为目的,其采取的手段却破坏公共类设施的性能。

如上所述,如果危害公共安全的,依照破坏公共类设施的犯罪定罪处罚;尚未危害公共安全,但造成财物损失数额较大或者有其他严重情节,构成犯罪的,可以根据案件的不同情况,以破坏生产经营罪、故意毁坏财物罪等侵犯财产罪处理。倘若同时构成侵犯财产罪和破坏公共类设施犯罪的,则择一重罪处断。

## 3.5 具有恐怖性质的犯罪

恐怖主义具有不同的政治和法律的含义。在过去的八十多年内,国际社会试图对恐怖主义达成一个共同的概念,也不断地进行编纂反恐怖主义公约的努力①,但由于缺乏共同的价值观、目标和方式,以及遭遇到不同国家的政治阻力,没有一个关于恐怖主义的概念被普遍地接受。然而,由于恐怖主义行为危害各地无辜人民的生命、尊严和安全,威胁所有国家的社会和经济发展,破坏全球稳定和繁荣,是对国际和平与安全的最严重的威胁,故国际社会断然谴责一切恐怖主义行为、方法和做法,认为任何恐怖主义行为都是不可开脱的犯罪行为,而不论其动机为何、采取何种形式和表现、发生在何处、由谁所为,强调必须加强与反恐怖主义的斗争②。在联合国以及其他国际组织的主导下,国际社会通过了一系列的国际公约③,确认了所有缔约国都认可的具体恐怖主义行为,以此作为关于恐怖主义的一般概念之争的替代物。

在国际社会共同打击恐怖活动的大背景下,我国依据所缔结的国际公约,在1997年修订的《刑法》中设立了以下4个具有恐怖性质的罪名:组织、领导、参加恐怖组织罪;劫持航空器罪;劫持船只、汽车罪;暴力危及飞行安全罪。在"9·11"事件发生后仅3个月所制定的《刑法修正案(三)》中,我国又增设了资助恐怖活动罪;在《刑法修正案(九)》,对"资助恐怖活动罪"进行修改,"两高"据此将其更名为"帮助恐怖活动罪"④,并且增设了准备实施恐怖活动罪;宣扬恐怖主义、极端主义、煽动实施恐怖活动罪;利用极端主义破坏法律实施罪;强制穿戴宣扬恐怖主义、极端主义服饰、标志罪;非法持有宣扬恐怖主义、极端主义物品罪5个罪名,从而形成了拥有10个罪名的反恐怖性质的罪名体系。

为了表明我国打击恐怖主义的基本立场,我国《反恐怖主义法》第2条规定:"国家反对一切形式的恐怖主义,依法取缔恐怖活动组织,对任何组织、策划、准备实施、实施恐怖活动,宣扬恐怖主义,煽动实施恐怖活动,组织、领导、参加恐怖活动组织,为恐怖活动提供帮助的,依法追究法律责任。"同时,第3条明

---

① 例如,早在1937年,国际联盟为了阐释和惩治恐怖主义行为,专门制定《预防和惩治恐怖主义公约》。由于没有得到足够的签字国批准,该公约并没有生效和实施。

② 分别参见联合国第1269(1999)号决议和第1377(2001)号决议。

③ 这些反恐怖主义的国际公约主要包括:(1)《公海公约》(1958年);(2)《关于在航空器内的犯罪和犯有某些其他行为的公约》(1963年)(简称《东京公约》);(3)《关于制止非法劫持航空器的公约》(1970年)(简称《海牙公约》);(4)《关于制止危害民用航空安全的非法行为的公约》(1971年)(简称《蒙特利尔公约》);(5)《关于防止和惩处侵害受国际保护的人员包括外交代表的罪行的公约》(1973年);(6)《反对劫持人质国际公约》(1979年);(7)《核材料实物保护公约》(1980年);(8)《联合国海洋法公约》(1982年);(9)《制止在为国际民用航空服务的机场上的非法暴力行为的议定书,作为"关于制止危害民用航空安全的非法行为的公约"的补充》(1988年)(简称《蒙特利尔公约补充议定书》);(10)《制止危及海上航行安全非法行为公约》(1988年);(11)《制止危及大陆架固定平台安全非法行为议定书》(1988年);(12)《关于在可塑炸药中添加识别剂以便侦测的公约》(1991年);(13)《关于联合国及有关人员安全公约》(1994年);(14)《制止恐怖主义爆炸的国际公约》(1997年);(15)《制止向恐怖主义提供资助的国际公约》(1999年);(16)《制止核恐怖行为国际公约》(2005年)。

④ 关于"帮助恐怖活动罪"的具体内容,请参见本书"2.4 资助类的犯罪"中相应的内容。

确规定:"恐怖主义"是指通过暴力、破坏、恐吓等手段,制造社会恐慌、危害公共安全、侵犯人身财产,或者胁迫国家机关、国际组织,以实现其政治、意识形态等目的的主张和行为;"恐怖活动人员"是指实施恐怖活动的人和恐怖活动组织的成员。

### 3.5.1 源头性犯罪:组织、领导、参加恐怖组织罪

作为本罪称谓的动宾词组中的关键词"恐怖组织",依据我国《反恐怖主义法》第 3 条①,是指三人以上为实施恐怖活动而组成的犯罪组织。例如,"基地组织""东突厥斯坦"(简称为"东突")②等国际和国内恐怖组织。从人员构成来看,恐怖组织通常是由一群复杂、耐心、纪律性强和不吝惜自己生命的个体所组成,为了实现其政治或宗教目的,或者为制造社会恐慌、危害公共安全或者胁迫国家机关、国际组织,往往经过精心组织、策划,蓄意甚至通过牺牲自己成员的生命去实施极端的暴力行为,完全忽略不特定多数人的生命和财产安全,具有多人性、严密性、稳定性和最大的社会危险性,已成为我国和国际社会一致谴责和严厉打击的对象。

本罪是恐怖性质犯罪的源头性犯罪,在客观方面表现为组织、领导、参加恐怖组织的几种行为形态:

(1) 组织、领导:根据 2018 年《关于办理恐怖活动和极端主义犯罪案件适用法律若干问题的意见》的有关规定,指发起、建立恐怖活动组织,或者在恐怖活动组织成立后,对组织及其日常运行负责决策、指挥、管理,或者组织、策划、指挥该组织成员进行恐怖活动的情形。

(2) 积极参加:指纠集他人共同参加恐怖活动组织,或者多次参加恐怖活动组织,或者曾因参加恐怖活动组织、实施恐怖活动被追究刑事责任或者两年内受过行政处罚,又参加恐怖活动组织,或者在恐怖活动组织中实施恐怖活动且作用突出,或者在恐怖活动组织中积极协助组织、领导者实施组织、领导行为的情形。

(3) 其他参加:指不具有前两项规定的情形而参加恐怖活动组织,带有"兜底"的性质。

本罪属于选择性罪名,即使行为人实施上述两种以上形态的行为,也只能构成一罪,而不实行数罪并罚。

鉴于恐怖组织具有极大的社会危险性,在刑事立法上需要把保护阵地前移,将其实施恐怖活动之前的行为予以犯罪化,以实行"法益保护的前置化"。只要

---

① 在该法第 3 条对核心术语的界定中,对此使用的措辞是"恐怖活动组织"。
② 以"东突厥斯坦伊斯兰运动"(简称为"东伊运")为代表的"东突"恐怖势力是中国面临的直接现实恐怖威胁。其中,"东伊运"被国际社会认为是最具暴力化的组织之一。2002 年 9 月 11 日,联合国安理会正式将该组织列入恐怖组织名单。

行为人有组织、领导或者参加恐怖组织的行为，就可构成本罪，无需等到其开展具体的恐怖活动才能收网打击。倘若其进一步实施杀人、放火、爆炸、投放危险物质、劫持、非法制造爆炸物、绑架、抢劫等犯罪的，则依据我国《刑法》第 120 条第 2 款，依照数罪并罚的规定处罚。在立法技术上，这就可以在形式上不对本罪设置死刑，从而减少一个死刑条文，并且实质上在规定数罪并罚后，还可以对行为人适用死刑。即使对所实施的具体恐怖活动没有判处死刑，数罪并罚后执行的实际刑罚也比不并罚更重，以起到严厉惩治本罪行为人的法律效果。

在刑事处罚上，对本罪的行为人采取"区别对待、分化打击"的政策，设置三个不同档次的法定刑：(1) 组织者、领导者：为了严厉打击这两种类型的行为人，《刑法修正案(三)》对此设置更严厉的法定刑，将之前的 3 年以上 10 年以下有期徒刑之规定，修改为"处 10 年以上有期徒刑或者无期徒刑"。(2) 积极参加者：在 1997 年修订的《刑法》中，对于该方式的法定刑设置是与组织、领导恐怖活动罪并列规定的。《刑法修正案(三)》现将其单列规定，"处 3 年以上 10 年以下有期徒刑"。(3) 其他参加者："处 3 年以下有期徒刑、拘役、管制或者剥夺政治权利"。同时，《刑法修正案(九)》又对组织者、领导者增设没收财产刑，对于积极参加者和其他参加者增设罚金刑。由此可见，本罪打击的重点对象是组织、领导恐怖组织的首要分子和积极参加者。

### 3.5.2　劫持航空器罪

航空安全是航空业的基本出发点和目标，是现代国际航空法中最重要的内容之一。然而，在 1930 年，在国际社会发生"处女劫"，秘鲁革命军劫持一架泛美邮运飞机，并且强迫飞行员在首都利马的上空投放宣传单。自 1947 年开始，劫持航空器的活动呈波浪式的趋势发展，出现许多新的现象和特征，不仅危害到旅客的人身、财产和航空器的安全，而且严重危及航空运输的安全和发展，日益成为现代航空业的噩梦。同时，出于政治目的而劫持航空器的情形急剧增加，这以恐怖分子劫持航空器进行"9·11"恐怖袭击为最显著的例证。因此，若干专门的国际公约将劫持航空器列为遏制和打击的恐怖行为。目前，国际和国内法律标准均通行地认为：劫持航空器是一项必须引起高度关注的恐怖主义行为，应当纳入国际和国内法律的调整范围。

依据我国《刑法》第 121 条规定，劫持航空器罪是指自然人以暴力、胁迫或者其他方法，劫持正在使用中的航空器的行为。

（一）在我国的刑事立法变迁

在我国，由于空中劫持活动很少发生，1979 年《刑法》没有专门规定劫持航空器罪，只是在"反革命罪破坏罪"的第 3 项中，将"劫持飞机"列为本罪的一种表现形式，而且以反革命目的作为犯罪构成的必备要件。然而，在司法实践中，劫持航空器的情形较为复杂,许多劫机犯是出于非政治目的,例如为了钱财、逃避惩罚,或者患有精神疾病等。这给司法操作带来了很大的困难,司法机关只能依据其他有关的罪名来认定。对于实在无法以普通刑事罪名予以惩处的劫机犯,就只能依照类推的规定,比照破坏交通工具罪的规定定罪判刑。

在1992年,为了确保航空安全和将我国所缔结的三个关于反航空器方面犯罪的国际公约①体现在国内法中,全国人大常委会通过《关于惩治劫持航空器犯罪分子的决定》,规定:"以暴力、胁迫或者其他方法劫持航空器的,处10年以上有期徒刑或者无期徒刑;致人重伤、死亡或者使航空器遭受严重破坏或者情节特别严重的,处死刑;情节较轻的,处5年以上10年以下有期徒刑。"

在1997年修订的《刑法》第121条中,完全保留1992年"补充决定"关于劫持航空器罪的罪状描述,只是为了更严厉地惩治犯罪分子,在法定刑方面作出两个调整:一是废除"情节较轻"的法定刑档次;二是删去死刑适用中"情节特别严重"的规定。

概而言之,我国惩治劫持航空器罪的刑事立法变迁表现为以下特点:(1)从他罪的一个表现形式,发展到独立的个罪;(2)从简单罪状变化到叙明罪状,详细叙述本罪的构成特征;(3)关于罪刑的法定刑档次,从过去的三个档次,发展到如今的两个档次;(4)法定最低刑由最早的3年,发展到5年,最后增加到10年,打击的力度不断地增强;(5)关于死刑的适用规定,从过去的相对死刑法定刑,发展到绝对死刑法定刑。②

(二) 行为对象:航空器的界定

关于本罪的行为对象,"航空器"是指在大气层中依靠空气反作用力作为支撑的任何器械,其范围不能仅局限于1979年《刑法》所使用的术语"飞机",还应包括飞船、热气球、飞艇、氢气球、氦气球等其他航空工具。至于航空器的所属国家和地区,则在所不问。

同时,航空器必须具有"正在使用中"的时空特征,才能符合危害公共安全罪的罪质要求。根据《蒙特利尔公约》(1971年)第2条(乙)款的规定,"正在使用中"是指"从地面人员或机组为某一特定飞行而对航空器进行飞行前的准备时起,直到降落后24小时止"。从该规定来看,"正在使用中"的内涵已经完全

---

① 1978年11月14日,全国人大常委会批准我国加入《东京公约》(1963年),并且于1979年2月12日在我国生效;在1980年9月10日,《海牙公约》(1970年)和《蒙特利尔公约》(1971年)也被同时批准加入,并且于1980年10月10日在我国施行。

② 对于目前关于劫持航空器罪的绝对死刑之设置,可以借鉴《刑法修正案(九)》第14条对绑架罪关于绝对死刑的修改思路。

覆盖《海牙公约》(1970年)第3条第1款所规定的"正在飞行中"①的内容,两者是包含与被包含的关系。为此,《蒙特利尔公约》第2条(乙)款还同时强调:"在任何情况下,使用的期间应包括本条(甲)款②所规定的航空器是在飞行中的整个时间。"这是《蒙特利尔公约》对《海牙公约》的发展内容之一,意图在时间的起止点上大幅度地拓展航空器的认定范围,故不应再以《海牙公约》关于"正在飞行中"的规定来界定航空器的时空特征。例如,行为人在机组人员已进入航空器、还未关闭机舱外门时,以暴力、胁迫或者其他方法非法控制了航空器。对于此种情形,若以《海牙公约》关于"正在飞行中"的规定为依据,行为人不能构成劫持航空器罪。但是,行为人的劫持对象完全符合《蒙特利尔公约》中"正在使用中"的航空器的时空特征,故应认定为劫持航空器罪。

另外,以该特征为标准,如果行为人劫持的航空器不是"正在使用中"的,而是停航休整、没有交付使用、停用检修或者废弃的航空器,则不可能危及航空安全,不应构成劫持航空器罪,只能涉嫌构成抢劫等犯罪。

(三) 危害行为方式:暴力、胁迫或者其他方法

依据《海牙公约》第1条,劫持航空器的方式包括三种:暴力或者用暴力威胁,或者用任何其他恐吓方式。这叙述了当时典型形态的劫持行为,并没有包括劫持航空器的所有形态。③ 相比而言,我国《刑法》除了规定暴力和胁迫这两种典型的劫持方式之外,还规定"其他方法"的劫持行为方式,这具体表现为以下使被害人处于"三不境地"的手段行为:

(1) "暴力":这是指以暴力袭击航空器,或者对航空器内的驾驶人员、机组人员或者其他人员实施捆绑、禁闭、殴打、伤害、杀害等不法有形行为,使之处于"不能反抗"的境地。

(2) "胁迫":这是指对航空器内的驾驶人员、机组人员或者其他人员,以暴力相威胁或者实行精神强制,使之处于"不敢反抗"的境地。

(3) "其他方法":是指使用除暴力、胁迫以外的,但与其具有相当性的其他劫持方法,例如干扰、麻醉驾驶人员等,使之陷于"不知反抗"的境地。

只要行为人实施上述任何一种方式来强制控制航空器,或者强制变更航空

---

① 《海牙公约》第3条第1款规定:"在本公约中,航空器从装载完毕、机舱外部各门均已关闭时起,直至打开任一机舱门以便卸载时为止,应被认为是在飞行中。航空器强迫降落时,在主管当局接管对该航空器及其所载人员和财产的责任前,应被认为仍在飞行中。"

② 该条(甲)款的规定实际上就是《海牙公约》关于"正在飞行中"的内容。

③ 在海牙会议上,对于"非法劫持航空器"的概念进行了激烈的争论。事实上,在《海牙公约》起草委员会的最初草案中,并不包括"其他恐吓方式"一词。英国代表团在讨论时,主张在草案第1(a)条中加入"以其他强制方式"。后来,经过争论,委员会以24票赞成、2票反对的表决结果,同意采纳英国代表团的提议。但是,在最终的英文文本中,"强制"一词被"恐吓"取代。另外,在海牙会议上,日本代表团主张在公约草案中增加"以其他手段使他人陷于不能抵抗的状态",但未获通过。

器的预定航向,无论是否发生危害结果,均可构成本罪,应依据我国《刑法》第121条,处10年以上有期徒刑或者无期徒刑。但是,倘若行为人不是采取上述强制方法而非法变更航空器的预定航向,例如机组人员为了让航空公司满足其提高薪水的要求,以目的地的天气不适合降落为借口,擅自改变目的地的航向而返航,则不能构成劫持航空器罪,这是因为该情形在行为方式上不符合暴力、胁迫或者其他方法的强制性限定要求,在罪质上也没有危害到航空器的飞行安全。

(四) 法律适用:与相关犯罪的界分

1. 与劫持船只、汽车罪的界分

劫持航空器罪与劫持船只、汽车罪两罪的区别鲜明地体现在行为对象上。依据我国《刑法》第122条,劫持船只、汽车罪的行为对象,必须是正在使用中的船只、汽车。需要注意的是,在我国《刑法》第116条"破坏交通工具罪"所列举的5种交通工具中,其中的"航空器""船只、汽车"已被单列成为劫持型犯罪的对象,排除了火车、电车之适用。因此,行为人以暴力、胁迫或者其他方法劫持"火车、电车"的,只能考察劫持是否符合"破坏"或者"毁坏"的内质,以破坏交通工具罪或者故意毁坏财物罪论处。

2. 与暴力危及飞行安全罪的界分

我国《刑法》第123条规定的暴力危及飞行安全罪,是指对飞行中的航空器上的人员使用暴力,危及飞行安全的行为。[①] 尽管劫持航空器罪与暴力危及飞行安全罪两罪都发生在飞行中的航空器内,但它们的区别体现在危及航空器飞行安全的方式和犯罪意图上:劫持航空器罪是行为人以暴力、胁迫或者其他方法来非法控制航空器,或者非法变更航空器的航向,从而导致航空器在不安全的状态下飞行,危及乘客和机组人员的生命安全;暴力危及飞行安全罪的行为人不是意图控制航空器或者变更航空器的航向,只是表现在行为人对航空器内的驾驶人员、机组人员、乘客或者其他人员采取暴力手段,对飞行安全构成危害。由此可见,暴力危及飞行安全罪是具体危险犯,其行为方式仅限定为暴力,不包括胁迫和其他方法。

3. 竞合适用

由于劫持航空器罪的危害手段和犯罪对象具有涵盖性,在具体适用时会出现与其他犯罪的竞合适用问题,需要区分不同情形进行处理:

(1) 行为人在劫持正在使用中的航空器的过程中,为了制服他人的反抗和控制航空器,采取暴力手段而故意杀人、伤害他人,导致他人重伤、死亡或者致使

---

① 《蒙特利尔公约》第1条(甲)款规定:任何人非法地和故意地对飞行中的航空器内的人实施暴力行为,危及该航空器安全的,即犯有罪行。

航空器遭受严重破坏的:这属于加重处罚的事由,应直接依据《刑法》第 121 条的规定,以劫持航空器罪定罪,处死刑,而不能与故意杀人罪、故意伤害罪、破坏交通工具罪、暴力危及飞行安全罪等实行数罪并罚,也不存在与上述犯罪的想象竞合的关系。

(2) 行为人以劫持正在使用中的航空器为手段,进行恐怖活动(诸如"9·11"事件的攻击行为):在此情形下,手段行为与目的行为存在竞合关系,应择一重罪处断。

(3) 行为人为了劫持正在使用中的航空器,对航空器为的人员使用暴力:这属于一个行为触犯了劫持航空器罪和暴力危及飞行安全罪,应认定为想象竞合犯,以劫持航空器罪论处,而不实行数罪并罚。

## 3.6 涉枪、危爆品类犯罪

在我国,枪支、弹药、爆炸物、危险物质是与公共安全紧密相连的管制物品。为了加强对该类物品的管理,从源头上保障公共安全,经过刑事立法变迁,在我国《刑法》第 125 条至第 130 条等 6 个条文中,分别规定 9 个涉枪、危爆品类罪名,而且在罪状结构上采取选择性罪名的形式,以便严密该类犯罪的刑事法网和简化条文数量。

### 3.6.1 规制对象:两次扩张和内涵

1979 年《刑法》第 112 条规定了非法制造、买卖、运输或者盗窃、抢夺枪支、弹药罪,并未将"爆炸物"列为规制对象,而且在盗窃、抢夺枪支、弹药罪的行为对象上,是限定在国家机关、军警人员和民兵的持有范围内。在 1983 年全国人大常委会通过的《关于严惩严重危害社会治安的犯罪分子的决定》中,"爆炸物"被增列为犯罪对象,并且增设死刑。在沿袭以上立法的基础上,1997 年修订的《刑法》将涉枪、危爆品类犯罪的规制对象限定为三种:枪支、弹药和爆炸物,而且为了拓宽规制对象的范围,取消了盗窃、抢夺枪支、弹药、爆炸物的持有者之身份限制。

《刑法修正案(三)》(2001 年)进一步扩大该类犯罪的对象范围,在以往三种行为对象的基础上,在某些罪名上增设"危险物质",这具体表现在以下三个罪名:非法制造、买卖、运输、储存危险物质罪[①];盗窃、抢夺枪支、弹药、爆炸物、

---

① 根据《刑法修正案(三)》第 5 条,"两高"在 2002 年关于确定罪名的补充规定中,取消非法制造、买卖、运输、储存核材料罪,修改为非法制造、买卖、运输、储存危险物质罪。

危险物质罪①;抢劫枪支、弹药、爆炸物、危险物质罪②。

关于涉枪、危爆品类犯罪的规制对象,其内涵具体表现为:

(1) **枪支**:为了加强枪支管理,我国对枪支的配备和配置、制造和配售、日常管理、运输、入境和出境、法律责任予以明确规定,其中我国对枪支的制造、配售实行特别许可制度,禁止任何单位或者个人违反法律规定持有、制造、买卖、运输、出租、出借枪支,严厉惩处违反枪支管理的违法犯罪行为。依据我国《枪支管理法》的规定,这里的"枪支",是指"以火药或者压缩气体等为动力,利用管状器具发射金属弹丸或者其他物质,足以致人伤亡或者丧失知觉的各种枪支"。弓箭、强弩、弹弓、不能击发子弹的仿真枪等器械,不具备枪支的基本结构或者杀伤力属性,故均不属于枪支的范畴。

根据枪支使用人身份的不同,枪支可分为:军用枪支:指解放军、武装警察部队和民兵装备的枪支;非军用枪支:包括公务枪支和民用枪支。公务枪支是指警察、司法警察、担负案件侦查任务的检察人员、海关的缉私人员以及专职守护、押运人员配备的枪支;民用枪支包括射击运动枪支、猎枪、麻醉注射枪等,还包括自制的具有一定杀伤力的火药枪、钢珠枪、土枪等。根据2009年最高人民法院《关于审理非法制造、买卖、运输、枪支、弹药、爆炸物等刑事案件具体应用法律若干问题的解释》的规定,关于枪支的散件,属于成套枪支散件的,以相应数量的枪支计;非成套枪支散件的,以每30件为1成套枪支散件计。

考虑到不同类别枪支的性能、威力与公共安全的联系,在某些涉枪类的罪名中,我国刑法采取特殊保护的立场。例如,对于盗窃、抢夺国家机关、军警人员、民兵的枪支、弹药、爆炸物之法定刑,设置单独的款项(第127条第2款),与抢劫枪支、弹药、爆炸物罪持平,以有别于该条第1款的盗窃、抢夺枪支、弹药、爆炸物罪的法定刑。另外,丢失枪支不报罪的犯罪主体,只能由依法配备公务用枪的人员构成。此外,在涉枪类犯罪的司法解释中,以"军用"与"非军用"的标准进行枪支类别的划分,并且在定量标准上有所区别。

(2) **弹药**:这是指通过武器或其他工具发射后能毁伤目标的制式物品,包括各种枪支使用的子弹,以及炮弹、炸弹、导弹等。

至于手榴弹、地雷、手雷等,在2008年最高人民检察院、公安部《关于公安机关管辖的刑事案件立案追诉标准的规定(一)》第4条中,被定性为"杀伤性弹药"。但在学理上,这些物品不具有通过武器或其他工具发射的属性,并不是严格意义上的弹药,应归入爆炸物的范围。

---

① 根据《刑法修正案(三)》第6条第1、2款,"两高"在2002年关于确定罪名的补充规定中,将盗窃、抢夺枪支、弹药、爆炸物罪,修订为盗窃、抢夺枪支、弹药、爆炸物、危险物质罪。

② 根据《刑法修正案(三)》第6条第2款,"两高"在2002年关于确定罪名的补充规定中,将抢劫枪支、弹药、爆炸物罪,修订为抢劫枪支、弹药、爆炸物、危险物质罪。

（3）**爆炸物**：这是指能够引起爆炸反应、对周围环境造成破坏的物品和装置。从广义上看，"弹药"也属于爆炸物。但自1983年以来，我国刑事立法将"爆炸物"与"弹药"并列规定为规制对象，故这里的"爆炸物"是狭义的范畴，其范围限缩在未通过武器或其他工具发射的、不符合制式规格的爆炸物品和爆炸装置，包括炸药、发射药、黑火药、烟火药、雷管、导火索、导爆索等。

关于民用爆炸物的范围，根据我国《民用爆炸物品安全管理条例》的规定，参见《民用爆炸物品品名表》所列入的各类火药、炸药及其制品和雷管、导火索等点火、起爆器材。为了严惩非法生产、经营烟花爆竹违法犯罪行为，对于非法生产、经营烟花爆竹及相关行为涉及非法制造、买卖、运输、邮寄、储存黑火药、烟火药，构成非法制造、买卖、运输、邮寄、储存爆炸物罪的，应当依照《刑法》第125条的规定定罪处罚。①

（4）**危险物质**：这是指毒害性、放射性、传染病病原体等物质。鉴于该词是《刑法修正案（三）》引入的术语，并且成为危爆品类犯罪与投放危险物质罪的共同规制对象，故请参阅本书中关于"投放危险物质罪"对该词内涵的界定。需要指出的是，关于本类犯罪中的"非法携带枪支、弹药、管制刀具、危险物品危及公共安全罪"，从《刑法》第130条的罪状描述看，"危险物品"的范围包括爆炸性、易燃性、发射性、毒害性、腐蚀性物品，它不仅包含爆炸物、易燃物在内，还涵盖了危险物质。在"爆炸物""危险物质"均没有被单列为第130条的犯罪对象的情形下，为了简化罪名的称谓，故使用"危险物品"一词，以有别于"危险物质"。两词一字之差，但在外延和罪名称谓上有显著的区别。

### 3.6.2 广泛的行为形态：16+1种

1979年《刑法》将涉及枪支、弹药类的罪名，限定在制造、买卖、运输、盗窃、抢夺等5种行为方式上。在1997年修订的《刑法》中，涉枪、危爆品类的罪名体系只包括9个罪名，但在罪状结构采取选择性罪名的形式，行为形态得以大幅度地拓宽，以强化对涉枪、危爆品类犯罪的刑法规制，这具体表现为16种广泛的行为方式与犯罪对象的组合搭配上。其中，枪支是我国严格管制的对象，故成为16种行为方式均规制的对象。从广义上看，我国《刑法》第151条第1款规定的"走私武器、弹药罪"违反我国枪支的入境和出境管理制度，也属于涉枪类的犯罪，只是在体系上归入"走私罪"。

（1）**非法制造枪支、弹药、爆炸物、危险物质**：这是指未经国家有关主管部门的许可，自然人或者单位擅自制作、变造、组装、加工等行为。枪支、弹药、爆炸物

---

① 参见最高人民法院、最高人民检察院、公安部、国家安全监管总局：《关于依法加强对涉嫌犯罪的非法生产经营烟花爆竹行为刑事责任追究的通知》（2012年9月）。

和危险物质均可以成为该行为的犯罪对象。

**(2) 非法买卖枪支、弹药、爆炸物、危险物质**：这是指未经国家有关主管部门的许可，自然人或者单位擅自购买或者出售的行为。枪支、弹药、爆炸物和危险物质均可以成为该行为的犯罪对象。

关于刑法中的"买卖"，应当理解为具有交易性质的行为，具体表现为以出卖为目的的购买行为、出售行为、购买后的出售行为。对于不以出卖为目的的购买枪支行为，例如仅是为自己使用而单纯买进枪支的行为，不宜认定为非法买卖枪支罪，而是涉嫌非法持有枪支罪。如果军人非法出卖军队武器装备的，应以《刑法》第439条规定的"非法出卖武器装备罪"认定。根据相关司法解释的规定，"介绍"枪支、弹药、爆炸物的，以非法买卖枪支、弹药、爆炸物罪的共犯论处。

**(3) 非法运输枪支、弹药、爆炸物、危险物质**：这是指未经国家有关主管部门的许可，自然人或者单位使用各种运送工具或者方式，将枪支、弹药、爆炸物、危险物质进行较大距离的空间位移的行为。

至于"运输"的界定，不必偏重于强调通过火车、航空器、汽车、船只等工具来转移管制的对象，这存在挂一漏万和限制解释的弊端，重点应放在考察对象存放地点的物理空间的转移上。

**(4) 非法邮寄枪支、弹药、爆炸物**：这是指自然人或者单位违反法律规定，私自通过邮政部门、快递机构等方式，将枪支、弹药、爆炸物寄往目的地。虽然危险物质尚未成为该行为的犯罪对象，但可以纳入"（通过他人）运输"的行为形态。

**(5) 非法储存枪支、弹药、爆炸物、危险物质**：根据2009年最高人民法院《关于审理非法制造、买卖、运输枪支、弹药、爆炸物等刑事案件具体应用法律若干问题的解释》第8条，这是指自然人或者单位明知是他人非法制造、买卖、运输、邮寄的枪支、弹药而为其存放的行为，或者非法存放爆炸物、危险物质的行为。至于存放的地点，则在所不问，只要具有非法性即可。

从严格意义讲，明知是他人非法制造、买卖、运输、邮寄的枪支、弹药而为其存放的，应以非法制造、买卖、运输、邮寄枪支、弹药罪的共犯论处。但是，在1997年修订的《刑法》将"非法储存"独立设置成罪的背景下，"非法储存"的内涵就与"非法持有""私藏"具有竞合之处，很难在行为形态上予以区分。依据上述司法解释第8条的实然规定，"非法储存"的对象是特定的，特指来自他人非法制造、买卖、运输、邮寄的枪支、弹药，不包括他人实施盗窃、抢夺、抢劫等犯罪获得以及来源不明的枪支、弹药。可见，在实务中，"非法储存"与"非法持有""私藏"的主要区别界限，是在于对象的来源和范围。如果行为人存放、控制上述特定对象之外的枪支、弹药，则符合非法持有、私藏枪支、弹药罪的定性标准。另外，在我国刑法未将爆炸物独立设置为非法持有、私藏的对象之情形下，该司法解释没有刻意区分爆炸物的来源，而是概括性地规定："'非法储存'（爆炸物),是指非法存放爆炸物的行为",这虽有同义反复的嫌疑,但没有限缩非法储存爆炸物罪的适用范围。因此,在我国刑法没有将"爆炸物""危险物质"列为"非法持有""私藏"的犯罪对象之情形下,对于持有、私藏爆炸物、危险物质的,可以评价为非法储存爆炸物、危险物质罪。

**(6) 违规制造枪支**:这是指依法被指定、确定的枪支制造企业,违反枪支管理规定,以非法销售为目的,超过限额或者不按照规定的品种制造、配售枪支,或者制造无号、重号、假号的枪支的行为。

违规制造枪支罪是纯正的单位犯罪,犯罪主体是有资格制造枪支的企业,这是本罪与非法制造枪支罪的主要区别。

**(7) 违规销售枪支**:这是指依法被指定、确定的枪支销售企业,违反枪支管理规定,非法销售枪支,或者在境内销售为出口制造的枪支的行为。

违规销售枪支罪是纯正的单位犯罪,犯罪主体是有资格销售枪支的企业,这是本罪与非法买卖枪支罪的主要区别。

**(8) 盗窃枪支、弹药、爆炸物、危险物质**:这是指窃取枪支、弹药、爆炸物、危险物质的行为。关于盗窃枪支、弹药、爆炸物、危险物质罪中"盗窃"的理解,请参阅本书中关于盗窃罪的相关论述。① 盗窃枪支、弹药、爆炸物、危险物质罪的犯罪主体是一般主体,犯罪对象也是一般意义的范畴,无须进行军用与非军用的界分。需要注意的是,我国《刑法》第438条第2款规定:"盗窃、抢夺枪支、弹药、爆炸物的,依照本法第127条的规定处罚。"由此产生了本罪与"盗窃武器装备罪"的法条竞合问题。根据《刑法》第438条第2款使用"处罚"(并非"定罪处罚")的术语表述,如果军人盗窃枪支、弹药、爆炸物,在罪名上应以《刑法》第438条的规定认定为"盗窃武器装备罪",但在刑事处罚时应区分犯罪对象的不同性质:军人盗窃"军用"的枪支、弹药、爆炸物的,应适用《刑法》第438条第1款的法定刑;军人盗窃"非军用"的枪支、弹药、爆炸物的,应依据《刑法》第127条"盗窃枪支、弹药、爆炸物罪"进行处罚。

**(9) 抢夺枪支、弹药、爆炸物、危险物质**:这是指公然夺取枪支、弹药、爆炸物、危险物质的行为。关于抢夺枪支、弹药、爆炸物、危险物质罪中"抢夺"的理解,请参阅本书中关于抢夺罪的相关论述。由于在涉枪、危爆品类犯罪中,"抢夺"与"盗窃"是并列规定的行为形态,对于抢夺枪支、弹药、爆炸物、危险物质罪的其他内容,请参见上段关于盗窃类的界定。

**(10) 抢劫枪支、弹药、爆炸物、危险物质**:这是指以暴力、胁迫或者其他方法,劫取枪支、弹药、爆炸物、危险物质的行为。这里所说的"暴力、胁迫和其他

---

① 盗窃枪支、弹药、爆炸物、危险物质罪与侵犯财产罪中的盗窃罪,是特别罪名与普通罪名的关系。在法条竞合的情形下,前者优于后者的适用。同理反映在抢夺、抢劫枪支、弹药、爆炸物、危险物质罪与侵犯财产罪中的抢夺罪、抢劫罪之间的关系。

方法",请参阅本书中关于抢劫罪的相关界定。

**(11) 非法持有枪支、弹药**:这是指不符合配备、配置枪支、弹药条件的人员,违反枪支管理法律法规的规定,将枪支、弹药置于其实际支配、控制的状态。如果接受枪支质押而构成犯罪的,应以非法持有枪支罪追究刑事责任。非法持有枪支、弹药罪属于我国刑法中的"持有型罪名",请参阅本书4.4.2中的具体阐述。

如果行为人通过制造、买卖、运输、盗窃、抢夺、抢劫等先前行为而非法持有枪支、弹药的,则依据"作为吸收持有"的吸收犯处理原理,对非法持有枪支、弹药的行为不再单独定罪处罚。需要指出的是,有关司法解释将"手榴弹""地雷""手雷"列为非法持有、私藏弹药罪的犯罪对象,打破了这些对象属于爆炸物的属性。

**(12) 非法私藏枪支、弹药**:这是指依法配备、配置枪支、弹药的人员和单位,在配备、配置枪支、弹药的法定条件消除后,违反枪支管理法律法规的规定,私自藏匿所配备、配置的枪支、弹药,而且拒不交出的行为。

在行为形态上,"私藏"与"持有"具有竞合之处。非法私藏枪支、弹药罪与非法持有枪支、弹药罪的区分界限,一方面在于犯罪主体是否属于符合配备、配置枪支、弹药条件的人员,而非藏匿枪支、弹药的地点之不同;另一方面还在于如果私藏者在事后能够主动交出,则不构成犯罪,而非法持有者则不具备该形式要件,即使其主动交出也构成犯罪。

**(13) 非法出租枪支**:这是指依法配备公务用枪和依法配置枪支的人员和单位,违反法律规定,将自己配备的枪支有偿地供给他人使用的行为。

非法出租枪支罪的犯罪主体是依法持有公务枪支和民用枪支者。非法持有枪支者出租枪支的,不能构成本罪,可能涉嫌非法持有枪支罪。军人非法出租军用枪支的,应以《刑法》第439条规定的"非法转让武器装备罪"认定。如果行为人打着有偿供给他人使用的幌子,却在事实上将枪支出售给他人,则构成非法买卖枪支罪。

**(14) 非法出借枪支**:这是指依法配备公务用枪和依法配置枪支的人员和单位,擅自将自己配备的枪支供给他人的行为。在非法出借枪支罪与非法出租枪支罪并列规定在同一条款(第128条第2款、第3款)的背景下,"出借"是指行为人无偿地供给他人使用自己配备的枪支,包括赠与在内。依法配备公务用枪的人员将公务用枪用作借债质押物,严重危害公共安全的,应以非法出借枪支罪追究刑事责任。如果军人非法出借军用枪支的,应以《刑法》第439条规定的"非法转让武器装备罪"认定。

**(15) 丢失枪支不报**:这是指依法配备公务用枪的人员,在发现枪支丢失后不及时报告,造成严重后果的行为。

丢失枪支不报罪是不作为犯。从构成规范看,丢失枪支是先行行为,是指行为人失去对枪支的控制,这产生了及时报告的义务,以最大限度地防止枪支失控所可能带来的严重后果。如果行为人不履行该义务、造成严重后果的,则构成本罪。但是,军人遗失军用枪支,不及时报告或者有其他严重情节的,应以《刑法》第441条规定的"遗失武器装备罪"认定。

**(16) 非法携带枪支、弹药、管制刀具、危险物品危及公共安全**:这是指非法携带枪支、弹药、管制刀具或者危险物品,进入公共场所或者公共交通工具,危及公共安全,情节严重的行为。在具体认定本罪时,应注意以下几点内容:

第一,在犯罪对象上,"管制刀具"和"危险物品"是本罪和涉枪、危爆品类犯罪中特有的对象。所谓"管制刀具",是指国家依法进行管制,只能由特定人员持有、使用的刀具,例如匕首、弹簧刀等;这里的"危险物品",是指爆炸性、易燃性、发射性、毒害性、腐蚀性物品,其外延要大于一字之差的"危险物质",还包含爆炸物、易燃物、腐蚀物在内。

第二,本罪的成立须以"时空特征"为必要条件,即行为人携带特定的管制物品,进入公共场所或者公共交通工具。如果行为人在进入公共场所或者公共交通工具后,拾得枪支而私自隐藏在身的,不成立非法携带枪支危及公共安全罪,只涉嫌非法持有枪支罪。

第三,"携带"是本罪在客观方面的行为形态,这与"持有""运输"具有竞合之处。在枪支、弹药成为以上行为共有的犯罪对象的前提下,是否具备"时空特征",是本罪与非法持有枪支、弹药罪的本质区别。至于携带者的身份或者是否为非法持有者,则在所不问。例如,军人、警察等合法的持枪人员,若未经许可,私自携带枪支进入公共场所或者公共交通工具,则符合本罪的定性标准。如果是非法持有枪支的人员,携带枪支进入公共场所或者公共交通工具,则属于想象竞合犯,应在非法持有枪支罪与本罪之间,择一重罪处断。

第四,倘若行为人非法运输枪支、弹药、危险物质,并且携带它们进入公共交通工具的,应择一重罪处断,定性为非法运输枪支、弹药、危险物质罪。

### 3.6.3 定量标准和适用:"数量+情节"

在设置涉枪、危爆品类犯罪成立的定量标准上,相关司法解释立足于不同对象对公共安全的实际和潜在的危害程度,并且以"军用"与"非军用"的区分标准为辅助红线,采取了"数量+情节"的模式,从而体现出"区别对待、重点打击"的旨趣。这可以通过下述表格一目了然地反映出:

| | 枪支 | 弹药 | 爆炸物 | 危险物质 |
|---|---|---|---|---|
| 非法制造 | (1)军用枪支:1支以上;(2)以火药为动力发射枪弹的非军用枪支:1支以上;(3)以压缩气体等为动力的其他非军用枪支:2支以上。 | (1)军用子弹:10发以上;(2)气枪铅弹:500发以上;(3)其他非军用子弹:100发以上。 | (1)手榴弹:1枚以上;(2)爆炸装置;(3)炸药、发射药、黑火药:1000克以上;(4)烟火药3000克以上,雷管30枚以上或者导火索、导爆索30米以上。另外,具有生产爆炸物品资格的单位:违规制造的定量标准为上述(3)、(4)种情形的10倍。 | (1)造成人员重伤或者死亡;(2)造成直接经济损失10万元以上;(3)毒鼠强、氟乙酰胺、氟乙酰钠、毒鼠硅、甘氟原粉、原液、制剂50克以上,或者饵料2000克以上;(4)造成急性中毒、放射性疾病或者造成传染病流行、暴发;(5)造成严重环境污染。 |
| 非法买卖 | 同上 | 同上 | (1)、(2)、(3)、(4)种情形:如同"非法制造"。另外,具有销售、使用爆炸物品资格的单位:超过限额买卖的定量标准为上述(3)、(4)种情形10倍。 | 同上 |
| 非法运输 | 同上 | 同上 | (1)、(2)、(3)、(4)种情形:等同"非法制造"。 | 同上 |
| 非法邮寄 | 同上 | 同上 | 同上 | 不成为犯罪对象 |
| 非法储存 | 同上 | 同上 | 同上 | 等同"非法制造" |
| 违规制造 | 5支以上 | 不成为犯罪对象 | 不成为犯罪对象 | 不成为犯罪对象 |
| 违规销售 | 2支以上 | 不成为犯罪对象 | 不成为犯罪对象 | 不成为犯罪对象 |
| 盗窃 | (1)以火药为动力的发射枪弹的非军用枪支:1支以上;(2)以压缩气体等为动力的其他非军用枪支:2支以上。 | (1)军用子弹:10发以上;(2)气枪铅弹:500发以上;(3)其他非军用子弹:100发以上。 | 如同"非法制造"形态中的(2)、(3)、(4)情形。 | 无规定 |
| 抢夺 | 如同"盗窃"形态 | 如同"盗窃"形态 | 如同"盗窃"形态 | 无规定 |
| 抢劫 | 抽象危险犯 | 抽象危险犯 | 抽象危险犯 | 抽象危险犯 |

（续表）

|  | 枪支 | 弹药 | 爆炸物 | 危险物质 |
|---|---|---|---|---|
| 非法持有 | （1）军用枪支:1支;（2）以火药为动力发射枪弹的非军用枪支:1支;（3）以压缩气体等为动力的其他非军用枪支:2支以上。① | （1）军用子弹:20发以上;（2）气枪铅弹:1000发以上;（3）其他非军用子弹:200发以上。（4）手榴弹、炸弹、地雷、手雷等具有杀伤性弹药:1枚以上;（5）造成人员伤亡、财产损失。② | 不成为犯罪对象 | 不成为犯罪对象 |
| 非法私藏 | 如同"非法持有" | 如同"非法持有" | 不成为犯罪对象 | 不成为犯罪对象 |
| 非法出租 | （1）造成人员轻伤以上伤亡事故;（2）造成枪支丢失、被盗、被抢。 | 不成为犯罪对象 | 不成为犯罪对象 | 不成为犯罪对象 |
| 非法出借 | 如同"非法出租" | 不成为犯罪对象 | 不成为犯罪对象 | 不成为犯罪对象 |
| 丢失枪支不报 | 丢失的枪支被他人使用造成人员轻伤以上伤亡事故。 | 不成为犯罪对象 | 不成为犯罪对象 | 不成为犯罪对象 |
| 非法携带枪支、弹药、管制刀具、危险物品危及公共安全 | 枪支1支以上。 | （1）手榴弹、炸弹、地雷、手雷等具有杀伤性弹药:1枚以上;（2）携带的弹药在公共场所或者公共交通工具上发生爆炸或者燃烧,尚未造成严重后果。 | （1）爆炸装置:1套以上;（2）炸药、发射药、黑火药500克以上或者烟火药1000克以上、雷管20枚以上或者导火索、导爆索20米以上,或者虽未达到上述数量标准,但拒不交出;（3）如同左列标准的第(2)种情形。 | （1）管制刀具20把以上,或者虽未达到上述数量标准,但拒不交出,或者用来进行违法活动尚未构成其他犯罪;（2）如同左列标准的第(3)种情形。 |

---

① 在立案标准上,非法持有、私藏枪支罪与非法制造、买卖、运输、邮寄、储存枪支罪之间是持平的。

② 在2008年最高人民检察院、公安部《关于公安机关管辖的刑事案件立案追诉标准的规定（一）》第4条中,非法持有、私藏军用子弹、气枪铅弹和其他非军用子弹的立案数量标准,是非法储存形态的2倍。然而,对于手榴弹、地雷、手雷,该规定将其归类在"弹药",这有待商榷。

从总体上看,在确定涉枪、危爆品类犯罪的定量标准时,相关司法解释是以"数量"为主线,兼辅以"情节"为补充。例如,对于非法制造、买卖、运输、邮寄、储存、违规制造和销售、盗窃、抢夺的行为类型,除了列举出以上表格之中的"数量"标准之外,还规定具有下列情形之一的,应当定罪处罚:(1) 多次非法制造、买卖、运输、邮寄、储存弹药、爆炸物的;(2) 虽未达到上述最低数量标准,但具有造成严重后果等其他恶劣情节的。另外,在非法出租和出借枪支、丢失枪支不报,以及以"危险物质"为犯罪对象的行为形态中,均将犯罪对象被他人利用进行违法犯罪活动、其他造成严重后果的情形,作为定罪处罚的标准。

为了避免"唯数量论"和体现宽严相济的刑事政策,2009 年最高人民法院《关于审理非法制造、买卖、运输、枪支、弹药、爆炸物等刑事案件具体应用法律若干问题的解释》第 6 条规定:行为人非法携带爆炸物进入公共场所或者公共交通工具,虽携带的数量达到最低数量标准,但能够主动、全部交出的,可不以犯罪论处。在适用刑罚上,该解释第 9 条还规定:因筑路、建房、打井、整修宅基地和土地等正常生产、生活需要,以及因从事合法的生产经营活动而非法制造、买卖、运输、邮寄、储存爆炸物,数量达到解释的规定标准,没有造成严重社会危害,并确有悔改表现的,可依法从轻处罚;情节轻微的,可以免除处罚。

依据 2004 年最高人民法院、最高人民检察院、公安部《关于办理暴力恐怖和宗教极端刑事案件适用法律若干问题的意见》的规定,为制造社会恐慌、危害公共安全或者胁迫国家机关、国际组织,组织、纠集他人,制造、买卖、运输、储存枪支、弹药、爆炸物的,造成或者意图造成人员伤亡、重大财产损失、公共设施损坏、社会秩序混乱的,以组织、领导、参加恐怖组织罪定罪处罚。

## 3.7 交通肇事罪

依据我国《刑法》第 133 条,交通肇事罪是指违反交通运输管理法规,造成重大事故,致人重伤、死亡或者使公私财产遭受重大损失的行为。在罪状描述上,本罪采取空白罪状的形式,其所违反的交通运输管理法规,包括国家有关交通运输管理的法律和国家有关主管部门制定的交通运输安全规章制度。

### 3.7.1 犯罪客体:狭义的交通安全

从广义讲,"交通"包括以下三个领域:路面(道路和铁路)交通、水面交通和航空交通,即俗称的"地上跑的、水上漂的、空中飞的"运输层次,交通管理部门的管辖领域也是上述陆水空的"大交通"概念。但是,在刑法意义上,对于航空人员、铁路职工违反规章制度、造成严重后果的行为,我国《刑法》第 131 条和第 132 条分别专门规定"重大飞行事故罪"和"铁路运营安全事故罪",据此,从特殊罪名与普通罪名的关系看,《刑法》第 133 条交通肇事罪侵害的客体不再包括航空和铁路交通安全。有鉴于此,交通肇事罪侵犯的客体是特指道路[①]和水面的交通安全,是"狭义的"交通运输的正常秩序和安全。

随着新型交通工具的不断出现,交通肇事罪也会面临新的适用问题,例如地铁。从技术运营和称谓看,铁路、地铁、轻轨、有轨电车都属于轨道交通,在表象上均符合"铁路运营安全事故罪"的特征。然而,铁路与地铁等其他轨道交通工具的标准轨距,并不相同;从行政隶属关系看,地铁、轻轨、有轨电车的运营人员是被纳入市政交通管理的范畴,其直接管理部门多为各地国有资产管理委员会或者地铁办,并不属于铁路交通系统,致使犯罪主体并不完全符合"铁路运营安全事故罪"的构成特征。另外,从理论表象看,地铁仿佛可以纳入交通肇事罪的适用范畴,但在 2000 年最高人民法院《关于审理交通肇事刑事案件具体应用法律若干问题的解释》(以下简称《审理交通肇事刑案的解释》)中,交通警察关于事故责任的认定、机动车辆[②]被驾驶的特殊形态均成为交通肇事罪的构成要素,这表明该司法解释是以"道路交通"为模板制定的,实质上将"地铁交通"排除在《刑法》第 133 条的适用范围之外。有鉴于此,在我国刑法未将地铁人员和其他人员违反交通运输管理法规、造成重大事故的情形独立成罪,又不能适用《刑法》第 133 条关于交通肇事罪的情形下,如果行为人构成犯罪的,可以依照重大责任事故罪或者重大劳动安全事故罪定性处罚。

### 3.7.2　犯罪主体:宽泛性

对于交通肇事罪的犯罪主体,1979 年《刑法》第 113 条列举为"从事交通运输的人员"和"非交通运输人员"。尽管 1997 年修订的《刑法》在交通肇事罪的空白罪状中没有列明犯罪主体,《审理交通肇事刑案的解释》依然回归 1979 年《刑法》的主体细分模式,以体现出交通肇事罪主体构成的宽泛性。在另一方面,为了维护交通秩序,预防和减少交通事故,我国《道路交通安全法》要求境内的车辆驾驶人、行人、乘车人以及与道路交通活动有关的单位和个人,都应当遵守道路交通安全法,并且对交通安全违法行为承担法律责任,这同样具有主体适用的宽泛性。

具体而言,交通肇事罪的主体是一般主体,包括以下两类人员:
(1) 从事交通运输的人员:主要是指道路和水面交通工具的驾驶人员。根

---

① 关于"道路"的内涵,根据我国《道路交通安全法》第 119 条,是指公路、城市道路和虽在单位管辖范围但允许社会机动车通行的地方,包括广场、公共停车场等用于公众通行的场所。
② 依据我国《道路交通安全法》第 119 条,作为我国《道路交通安全法》的适用对象,"车辆"是指机动车和非机动车。"机动车"是指以动力装置驱动或者牵引,上道路行驶的供人员乘用或者用于运送物品以及进行工程专项作业的轮式车辆;"非机动车"是指以人力或者畜力驱动,上道路行驶的交通工具,以及虽有动力装置驱动但设计最高时速、空车质量、外形尺寸符合有关国家标准的残疾人机动轮椅车、电动自行车等交通工具。依据上述界定,这从技术特点上排除了该法对轨道、水面和航空交通工具的适用。

据《道路交通安全法》第 22 条和第 57 条,机动车驾驶人应当遵守道路交通安全法律、法规的规定,按照操作规范安全和文明驾驶;驾驶非机动车在道路上行驶,应当遵守有关交通安全的规定。从适用范围看,这既包括机动车、船舶的驾驶人员,也包含自行车、三轮车、人力车、畜力车、残疾人专用车等非机动车驾驶员,还包括道路和水面交通运输的其他直接经营人员和管理人员。

(2)非交通运输人员:是指与道路和水面交通运输的经营和管理没有关系的人员,主要是指行人、乘车人。在实际生活中,虽然行人和乘车人不驾驶车辆,也经常是作为交通事故的受害人出现,但若其不遵守交通规则,则会结合他人驾驶的机动车而导致严重的交通事故,从而成为事故的引发者。根据我国《道路交通安全法》第 89 条,行人、乘车人违反道路交通安全法律、法规关于道路通行规定的,处警告或者 5 元以上 50 元以下罚款。如果造成人员伤亡或者重大公私财产损失的,应以交通肇事罪追究行人、乘车人的刑事责任。另外,根据有关司法解释的规定,在偷开机动车辆过程中因过失撞死、撞伤他人或者撞坏车辆的,以交通肇事罪论处。

依据《审理交通肇事刑案的解释》第 7 条,单位主管人员、机动车辆所有人或者机动车辆承包人,指使、强令他人违章驾驶,造成重大交通事故,达到交通肇事罪入罪标准的,"以交通肇事罪定罪处罚"。尽管该规定在刑法理论上引申出"过失共同犯罪"的争议命题,但在法律后果上并未使用"以共犯论处"的术语①。为了避免歧义,在司法认定时仍应遵循《刑法》第 25 条第 2 款的规定,对于主管人员、机动车辆所有人或者承包人所犯的交通肇事罪,应当分案分别处理,而不能与被指使、强令的违章驾驶人员以交通肇事罪的共同犯罪论处。

**梁某金、周某金等交通肇事案**②:被告人梁某金系某客船的所有人,聘请不具有驾船资格的被告人周某金驾驶,安排被告人梁某兵、石某任船员。1996 年该客船在试航时,曾因严重超载等违章行为被责令停止试航。后来梁某金为了多载客,决定对该船驾驶室等进行改装。2000 年某日晨,被告人周某金、梁某兵驾驶客船从某码头出发,由本应负责轮机工作的石某售票,载客 218 名,已属严重超载。在河面起大雾、能见度不良的情形下,周某金仍冒雾航行而迷失了方向,急忙叫梁某兵操舵,自己到船头观察水势,因指挥操作不当,梁某兵错误地操舵,造成客船急速右旋翻沉,导致 130 人溺水死亡。法院审理认为:作为客船所

---

① 《审理交通肇事刑案的解释》第 5 条第 2 款规定:"交通肇事后,单位主管人员、机动车辆所有人、承包人或者乘车人指使肇事人逃逸,致使被害人因得不到救助而死亡的,以交通肇事罪的共犯论处。"相比而言,该规定在法律后果上明确使用"以共犯论处"的术语,更加引起刑法理论界关于该规定是否符合共犯原理的争论。

② 最高人民法院(第 84 号)指导案例。参见中华人民共和国最高人民法院刑事审判第一、二、三、四、五庭主办:《中国刑事审判指导案例》(第 1 卷),法律出版社 2009 年版,第 92—95 页。

有人,被告人梁某金负有管理职责,但却擅自改造客船,并且不为客船配足船员,所聘驾驶员不具有驾驶资格,使之长期违章作业和超载运输,故认定其与周某金、梁某兵、石某违反交通运输管理法规,造成严重的水上交通事故,情节特别恶劣,均已构成交通肇事罪,分别判处被告人梁某金、周某金、梁某兵7年有期徒刑,石某5年有期徒刑。

### 3.7.3　入罪定量标准:"闯大祸"

在主观方面,交通肇事罪体现为过失,表现为结果犯的形态。因此,交通肇事罪的行为人必须违反交通运输管理法规,发生重大事故(俗称"闯大祸")的,才能构成交通肇事罪。如果行为人仅仅违反交通运输的规章制度,危害后果尚不严重("闯小祸")的,则属于一般的交通违章行为,不予追究刑事责任。这是区分交通肇事罪与非罪的定量分水岭。

关于"闯大祸"的入罪认定,按照《审理交通肇事刑案的解释》第2条,是指交通肇事致人重伤、死亡或者使公私财产遭受重大损失,表现为具有下列情形之一:

(1) 死亡1人或者重伤3人以上+负事故全部或者主要责任;

(2) 死亡3人以上+负事故同等责任;

(3) 财产直接损失+负事故全部或者主要责任+无能力赔偿数额在30万元以上;

(4) 1人以上重伤+负事故全部或主要责任+具有下列情形之一:① 酒后、吸食毒品后驾驶机动车辆的;② 无驾驶资格驾驶机动车辆的;③ 明知是安全装置不全或者安全机件失灵的机动车辆而驾驶的;④ 明知是无牌证或者已报废的机动车辆而驾驶的;⑤ 严重超载的;⑥ 为逃避法律追究逃离事故现场的。

若拆分上述交通肇事罪的入罪定量规定,可看出是以下四条认定红线的搭配组合:

(1) 死亡、重伤、(直接)财产损失:这三个层次的后果规定,是完全沿用《刑法》第133条规定。

(2) 事故责任的认定:这贯穿于"闯大祸"认定的所有情形,但仅纳入事故责任范围中的"全部责任、主要责任、同等责任"三个等次,不包括次要责任和无责任。依据我国《道路交通安全法》第73条和《道路交通安全法实施条例》第91条的规定,公安机关交管部门及时制作的交通事故认定书,作为处理交通事故的证据;应当根据交通事故当事人的行为对发生交通事故所起的作用以及过错的严重程度,确定当事人的责任。

(3) 无能力赔偿:这仅适用于造成"财产直接损失"的情形,但带有经济能力与入罪挂钩的嫌疑,有悖于公民在法律面前人人平等的基本理念。

(4) 违章驾驶机动车辆的六种特殊形态:这只适用于造成"1人以上重伤"

的情形,而且限定在特定的违章驾驶机动车辆形态中,并没有涵盖《道路交通安全法》所规定的所有违章情形,诸如疲劳驾驶、患有妨碍安全驾驶的疾病等。

### 3.7.4 法定刑的适用:三个档次

我国《刑法》第133条对交通肇事罪设置以下三个档次的法定刑:(1)犯交通肇事罪的,处3年以下有期徒刑或者拘役;(2)交通运输肇事后逃逸或者有其他特别恶劣情节的,处3年以上7年以下有期徒刑;(3)因逃逸致人死亡的,处7年以上有期徒刑。

(1)**第一档次的法定刑**:适用于交通肇事罪的基本犯,即行为人交通肇事达到上节所述"闯大祸"的四种入罪标准之一。

(2)**第二档次的法定刑**:根据《审理交通肇事刑案的解释》第3条和第4条,其所适用的两种法定情形之含义是:

第一,"交通运输肇事后逃逸":指行为人具有交通肇事的入罪标准之一的情形[1],在发生交通事故后,为逃避法律追究而逃跑的行为。若拆分该规定,此情形的构成具有以下缺一不可的三个要素:一是"逃逸":这应从广义理解,即"肇事后"之用语体现的是逃跑时间的起始,并非逃跑的地点,故不能将逃逸只限定于事故现场。肇事者将被害人送往医院抢救或者在投案途中改变主意逃跑,依然符合逃逸的客观特征。二是在客观方面的定量限制:要求行为人逃离事故现场之前的肇事行为,已经构成交通肇事罪的基本犯,这并不是说只要逃离现场就构成逃逸。例如,在行为人驾驶机动车导致一人死亡、只负事故同等责任或者次要责任的情况下,由于违章者不具有全部或主要的事故责任认定要素,即使其逃离事故现场,也不属于逃逸。三是行为人逃跑的主观目的是"为了逃避法律追究":一方面,这意味着行为人在主观方面已经意识到自己发生了交通事故。如果有确凿证据证明行为人没有察觉到自己有肇事行为而驶离事故现场,则不能认定为逃逸。[2]

---

[1] 这不包括第四种交通肇事入罪标准中的"为逃避法律追究逃离事故现场"之情形。虽然《审理交通肇事刑案的解释》第2条将该情形列为交通肇事入罪的组合要素之一,但为了防止对一个行为进行重复评价,该解释第3条明确排除该情形作为"交通运输肇事后逃逸"的适用前提。

[2] 例如,最高人民法院(第176号)指导案例"周某杰交通肇事案:如何认定交通肇事后逃逸":被告人周某杰在驾驶大货车行过某路口时,在右转弯时刮倒了骑自行车的鲁某,右后侧车轮碾轧鲁的身体,致鲁当场死亡。周某杰当时已感觉车身颠了一下,但其没有停车,而是驾车离开事故地点,继续到工地拉渣土。当其返回经过事故地点时,见有交通民警正在勘查现场,即向单位领导报告自己可能撞了人,并于当日向公安交管部门投案。经交管部门认定,周某杰对此次事故负全部责任。法院审理后认为:被告人周某杰驾驶大型货车,在行驶过程中发现情况不及时,处理不当,造成1人死亡的重大交通事故,且在发生交通事故后没有立即停车保护现场,而是肇事逃逸,其行为已构成交通肇事罪。鉴于其案发后能主动投案自首,积极赔偿被害人亲属的经济损失,可予减轻处罚,判处有期徒刑1年6个月。在述评该案时,执笔人和审编人认为:本案的判决在定性上是正确的,在量刑上也是适当的,但认定被告人系肇事后逃逸值得商榷,因为从现有情况看,被告人在离开事故现场当时,并不确知其已肇事。参见中华人民共和国最高人民法院刑事审判第一、二、三、四、五庭主办:《中国刑事审判指导案例》(第1卷),法律出版社2009年版,第99—101页。

另一方面,如果肇事人离开事故现场是出于抢救伤员、正去投案、躲避被害人亲友的报复殴打等原因,则不符合逃跑的主观目的,也不能认定为逃逸。

第二,"有其他特别恶劣情节":是指交通肇事具有下列情形之一:死亡2人以上或者重伤5人以上+负事故全部或者主要责任;死亡6人以上+负事故同等责任;财产直接损失+负事故全部或者主要责任+无能力赔偿数额在60万元以上。对比可见,上述所列的三种情形在结构上完全沿用"闯大祸"的前三种入罪标准,只是在数量标准上有所提升。

(3) **第三档次的法定刑**:适用于"因逃逸致人死亡"的情形,这是1997年修订的《刑法》增设的款项,《审理交通肇事刑案的解释》第5条将其含义界定为:"行为人在交通肇事后为逃避法律追究而逃跑,致使被害人因得不到救助而死亡的情形"。

在适用该情形时,应抓住"致"这个关键字,其蕴含着"逃逸"(原因)与"死亡"(结果)之间须有因果关系的存在。据此,若出现以下两种组合,则不能认定为该情形,只能考察是否入罪或者适用第二档次:第一,有因无果:具有"逃逸"行为,但被害人未"死亡";第二,有果无因:被害人死亡了,但不是"逃逸"而是先前的肇事行为当场导致的,或者虽驾车离开事故现场,但不能认定为交通肇事后的"逃逸"①。

需要指出的是,在交通肇事罪的第二档次和第三档次法定刑中,均出现"逃逸"一词。相比而言,第三档次法定刑中的"逃逸",不需要具备构成交通肇事罪基本犯的定量限制,但肇事人逃跑的主观目的同样是"为了逃避法律追究"。另外,关于第三档次法定刑中"死亡"的原因,从我国《刑法》第133条的语义上看,是限定为"逃逸"这个唯一的原因力,但《审理交通肇事刑案的解释》第5条将死亡的原因界定为"两个原因力":"逃逸"+"被害人得不到救助",以提倡和鼓励

---

① 例如,最高人民法院(第342号)指导案例"钱某平交通肇事案:交通肇事逃逸致人死亡的司法认定":2002年某日凌晨,被告人钱某平持证驾驶中型自卸货车运石头,因遇情况采取措施不当而撞到前方公路上的一名行人,致该人受伤。钱某平下车查看并将被告人扶到路边,经与其交谈后,认为该人没有大的伤害,故驾车离开现场。后钱某平开车再次路过此处时,看见该人还坐在路边。当天下午,被害人因腹膜后出血引起失血性休克死亡(经了解,若及时抢救被害人可避免死亡)。经交警认定,钱某平负该起事故的全部责任。一审法院经审理后认为:被告人钱某平因违反交通运输法规,发生交通事故,因逃逸致一人死亡,且负事故的全部责任,已构成交通肇事罪。在事故发生后,钱应当保护现场,积极抢救伤者,但并未履行上述义务,反而驾车离开现场,导致伤者因未得到及时救治而死亡,符合"因逃逸致人死亡"的情形,判处其有期徒刑8年。二审法院经审理后认为:上诉人钱某平在发生交通事故后,仅看到被撞人背部有皮肤擦伤,看不出其他伤情,且伤者当时能够讲话、在他人搀扶下能行走,即认为被害人不需要抢救治疗而驾车离开现场。虽然上诉人没有履行法定义务,但其主观上没有为逃避法律追究而逃跑的故意,其行为不属于交通肇事后的"逃逸"行为,进而不能认定为"因逃逸致人死亡",故维持一审判决对上诉人的定罪部分,撤销一审判决对上诉人的量刑部分,认定上诉人犯交通肇事罪,判处有期徒刑2年6个月。参见中华人民共和国最高人民法院刑事审判第一、二、三、四、五庭主办:《中国刑事审判指导案例》(第1卷),法律出版社2009年版,第118—121页。

肇事方对被害人的及时救助①。据此,如果肇事者已经将被害人送往医院抢救,却在抢救过程中改变主意而逃跑,即使被害人不幸死亡,但由于该肇事人对被害人及时实施了救助,仅具备逃逸的行为,没有同时具备导致被害人死亡的两个原因,故不能适用第三档次的法定刑,只能考虑是否认定为第二档次的情形。

### 3.7.5　认定:与他罪的界分

(一) 与以危险方法危害公共安全罪、过失以危险方法危害公共安全罪的界分

如本书"3.3.2　以危险方法危害公共安全罪"中所述,如果行为人利用车辆等交通工具在公共场所冲撞众人,造成不特定多人的伤亡或财产损失,或者在醉态驾车肇事后继续冲撞,造成重大伤亡的,涉嫌构成以危险方法危害公共安全罪。本罪在犯罪手段上是行为人驾驶车辆,这与交通肇事罪具有一定的竞合之处,但两罪在主观方面存在根本的区别:前罪是故意犯,而交通肇事罪是典型意义的过失犯。这是区分认定两罪的主要界限。

**杭州"5·7"交通肇事案**:2009 年 5 月 7 日晚,被告人胡某驾驶经非法改装的轿车,与同伴驾驶的车辆"飙车"。当晚 8 时许,浙江大学毕业生谭某走在人行横道时,被胡某驾驶的轿车撞弹起,落下时头部先撞上该轿车前挡风玻璃,再跌至地面。事发后,胡某拨打 120 急救电话和 122 交通事故报警电话。谭某经送医院抢救无效而死亡。事发路段标明限速为每小时 50 公里。经鉴定,胡某当时的行车速度在每小时 84.1 至 101.2 公里之间,对事故负全部责任。

经审理,法院认为被告人胡某违反道路交通安全法规,驾驶机动车辆在城市道路上严重超速行驶,造成 1 人死亡并负事故全部责任,构成交通肇事罪。其在案发后未逃避法律追究,其亲属也积极赔偿被害人家属的经济损失,但驾驶非法改装的车辆在城市主要道路上严重超速行驶,沿途与同伴相互追赶,在住宅密集区域的人行横道上肇事并致人死亡,造成恶劣的社会影响,犯罪情节严重,应从重处罚,故依据第一档次的法定刑,顶格判处有期徒刑 3 年。在判决宣判后的新闻发布会上,审判长陈述判决理由,认为:被告人胡某没有注意观察前方路面情况而撞上被害人,但在撞人后立即踩刹车并下车查看伤势情况,随即拨打急救电话和报警电话,并留在现场等候处理,这一系列行为均反映出胡某在肇事时主观上既不希望事故发生,也不放任事故的发生,对被害人的死亡是持否定和排斥的

---

① 我国《道路交通安全法》第 70 条规定:"在道路上发生交通事故,车辆驾驶人应当立即停车,保护现场;造成人身伤亡的,车辆驾驶人应当立即抢救受伤人员,并迅速报告执勤的交通警察或者公安机关交通管理部门。"如果发生交通事故后当事人逃逸的,依据《道路交通安全法实施条例》第 92 条,逃逸的当事人承担全部责任。但是,有证据证明对方当事人也有过错的,可以减轻责任。

态度,是一种过失心态,故认定胡某不构成以危险方法危害公共安全罪。①

在主观方面,过失以危险方法危害公共安全罪和交通肇事罪都是过失犯,在广义上均属于过失类危害公共安全的行为,但交通肇事罪属于特别法,故应采取特别法优于普通法的原则,对于驾驶机动车辆在公共交通管理的范围内过失致人死亡的,应认定为交通肇事罪,而不能适用过失以危险方法危害公共安全罪。

(二) 与故意杀人罪、故意伤害罪的界分

行为人利用和驾驶车辆杀害、伤害特定的人,构成故意杀人罪、故意伤害罪。然而,在交通肇事的先前行为发生后,如果肇事人不履行救助义务,反而实施隐藏或者遗弃被害人的第二次行为,导致被害人死亡或者严重残疾的结果发生,这表明行为人在主观上具有放任危害结果发生的犯罪故意,故交通肇事罪转化为故意杀人罪、故意伤害罪。有鉴于此,《审理交通肇事刑案的解释》第6条规定,行为人在交通肇事后为逃避法律追究,将被害人带离事故现场后隐藏或者遗弃,致使被害人无法得到救助而死亡或者严重残疾的,应当分别以故意杀人罪或者故意伤害罪定罪处罚,而不实行数罪并罚。

**韩某连故意杀人案**:2005年某日晚21时许,被告人韩某连酒后驾驶货车,行驶至某市岛山巷时,将在路边行走的徐某花撞倒。韩某连发现撞伤人后,为逃避法律追究,将徐某花转移到岛山巷10号楼藏匿,致使徐某花无法得到救助而死亡。当夜,韩某连又将徐某花的尸体捆绑在水泥板上沉入河中。法院审理后认为,被告人韩某连驾车撞伤人,又将被害人隐藏导致其死亡,其行为已构成故意杀人罪。

(三) 与过失致人死亡罪、重大责任事故罪或者重大劳动安全事故罪的界分

依据《审理交通肇事刑案的解释》第8条,在实行公共交通管理的范围内发生重大交通事故,依照交通肇事罪的有关规定办理;在公共交通管理的范围外,驾驶机动车辆或者使用其他交通工具致人伤亡或者致使公共财产或者他人财产遭受重大损失,构成犯罪的,分别依照重大责任事故罪、重大劳动安全事故罪或者过失致人死亡罪等规定定罪处罚。由此可见,在"闯大祸"的情形下,肇事地

---

① 参见新华网中的新华法治:《胡斌为啥判三年:杭州飙车案审判长详解审判结果》,at http://news.xinhuanet.com/legal/2009-07/20/content_11740050.htm。另外,在《刑法修正案(八)》增设"危险驾驶罪"之前,也有观点认为"飙车"致使他人死伤的案件,不宜按交通肇事罪处理,而应当按照"以危险方法危害公共安全罪"论处,其理由如下:(1)"交通运输"的本质特征是指驾驶人员为了特定的运输目的而驾驶机动车或船舶,故"飙车"行为已超出了"交通运输"的范畴,不能适用刑法有关交通肇事罪的规定;(2) 在公共交通区域相互穿插追逐飙车,绝不亚于放火、决水、爆炸、投放危险物质给人们带来的危险与恐惧,符合以危险方法危害公共安全罪的客观构成要件;(3)"飙车"行为人认识到其行为可能危及他人生命、财产安全而仍然在交通道路上大幅度超速飙车,其至少存在间接故意,符合以危险方法危害公共安全罪的主观构成要件。参见谢望原:《"飙车"致人死伤行为如何定性》,载《检察日报》2009年8月4日第3版。

点是否处于"公共交通管理的范围",是区分交通肇事罪与他罪的重要标准。但是,何谓"公共交通管理的范围",该解释并未界定含义,但将关键词落在"公共性"上,这应依据《道路交通安全法》关于"道路"的有关规定予以界定,一般以是否"允许社会车辆通行"作为判断标准,尤其需要注意区分相对封闭的、可以进行交通运输的"准"公共场所之性质,例如住宅小区、学校等。

**伍某过失致人死亡案**:2010 年某日 11 时许,被告人伍某驾驶宝马 X6 越野车,在某市某住宅小区 10 号楼门前道路上倒车时,因对车后路面状况疏于观察,将 3 岁半幼童李某某撞倒、碾压,后因判断失误向前提车时又一次碾压被害人,其下车查看时又因操作不当将停车挡位挂入倒挡致使车辆后退,导致该车左侧前后轮再次碾压被害人,致被害人受伤,经抢救无效于当日死亡。法院审理后认为,被告人伍某驾驶机动车辆在公共交通管理范围之外的居民小区内道路倒车时,应当预见其行为可能危害他人的安全,因对车后路面状况疏于观察,将在车后玩耍的幼童李某某撞倒、碾压,致使被害人死亡,构成过失致人死亡罪,判处有期徒刑 4 年。

**李某铭交通肇事案**:2010 年某日晚 9 时许,李某铭在河北大学新校区生活区内醉酒驾车,将两名女生撞飞,导致 1 人受伤和 1 人死亡。在被拦截后,李某铭叫嚣道:"你们有本事告我,我爸爸是李刚"。法院经审理,认定李某铭醉酒驾驶,致 1 人死亡 1 人受伤,肇事后逃逸,构成交通肇事罪。鉴于李某铭家属积极赔偿死者和伤者,取得对方谅解,酌情从轻处罚,判处李某铭有期徒刑 6 年。

## 3.8 危险驾驶罪

针对醉酒、追逐驾驶成为人们深恶痛绝的道路"杀手"的情况,我国《刑法修正案(八)》第 22 条规定:"在道路上驾驶机动车追逐竞驶,情节恶劣的,或者在道路上醉酒驾驶机动车的,处拘役,并处罚金。"在有针对性地将"危险驾驶罪"入罪后三年来,公安机关累计查处酒驾 127.3 万余起和醉驾 22.2 万余起,全国因酒驾、醉驾导致交通事故起数和死亡人数较法律实施前分别下降 25% 和 39.3%,取得良好的社会效果。[①]《刑法修正案(九)》又增加了两种入罪情形:"从事校车业务或者旅客运输,严重超过额定乘员载客,或者严重超过规定时速行驶的;违反危险化学品安全管理规定运输危险化学品,危及公共安全的。"

### 3.8.1 规范构造与认定

在我国《道路交通安全法》中,违章驾驶机动车的规定情形有多种,诸如无

---

[①] 参见白阳、邹伟:《"醉驾入刑"三年来酒驾事故下降四分之一》,载《检察日报》2014 年 10 月 20 日第 1 版。

证驾驶、疲劳驾驶、严重超载驾驶、超速驾驶以及饮酒、服用国家管制的精神药品或者麻醉药品、患有妨碍安全驾驶的疾病、明知是安全装置不全或安全机件失灵的机动车辆而驾驶等。然而,《刑法修正案(八)》和《刑法修正案(九)》仅选择出追逐竞驶、醉酒驾驶等四种情形入罪,这本身已经综合考虑刑法的规制面问题,体现出刑法的谦抑原则。具体而言,危险驾驶罪的四种法定情形如下:

**(1) 追逐竞驶**(俗称"飙车"):这是指机动车驾驶人以其他机动车辆为目标,在道路上快速追赶行驶的行为。关于"道路""机动车"的内涵,适用我国《道路交通安全法》的有关规定,详见本书 3.7.1 的相关内容。一方面,"追逐竞驶"须以追逐竞驶对象的存在为前提,其有别于单纯的违章超速驾驶。后者是在没有追逐竞驶对象的情况下单独进行,并不具有追逐竞驶的特征;另一方面,"追逐竞驶"并不限定于两个以上驾驶者之间的意思联络而进行,也可以在对方不知情的情况下单独实施,例如甲见前方的乙开着跑车,在乙正常行驶的情况下,甲驾车进行追逐竞驶。

在定量要素上,并非一切追逐竞驶的行为都以犯罪论处,其属于具体危险犯,须以"情节恶劣"为成立要件。

**(2) 醉酒驾驶**(俗称"醉驾"):这是指驾驶人在醉酒状态下,在道路上驾驶机动车的行为。行为人醉酒而在道路上驾驶未超标电动自行车的,不构成危险驾驶罪。在定性上认定醉酒驾驶时,需要注意以下三个问题:

第一,驾驶人是否处于醉酒状态:关于认定犯罪嫌疑人是否醉酒的依据,是血液中酒精含量的检验鉴定意见,并不是行为人的意识状态,这具有"一刀切"的严格客观属性。根据《车辆驾驶人员血液、呼气酒精含量阈值与检验》的规定,驾驶人血液中的酒精含量大于或者等于 80 毫克/100 毫升的,属于醉酒驾车。犯罪嫌疑人经呼气酒精含量检验达到醉酒标准,在抽取血样之前脱逃的,可以以呼气酒精含量检验结果作为认定其醉酒的依据;犯罪嫌疑人在公安机关依法检查时,为逃避法律追究,在呼气酒精含量检验或者抽取血样前又饮酒,经检验其血液酒精含量达到醉酒标准的,应当认定为醉酒。需要注意的是,吸毒后驾驶机动车(俗称"毒驾")同样会对道路安全造成高度危险的状态,这与醉酒驾车并无差别。但是,既然《刑法修正案(八)》关于危险驾驶入罪的罪状描述是"醉酒",而非因酒精、国家管制的精神药品或麻醉药品,或者其他手段而产生的"醉态",这就将"毒驾"排斥在危险驾驶罪的适用之外。[①]

第二,在主观方面,犯罪嫌疑人是有意识地醉酒,却依然在道路上驾驶机动车,放任酒后驾驶的危险发生。在非自愿醉酒的情形下,可以排除驾驶人犯罪意

---

① 如果在刑事立法上要将"毒驾"入罪,可以借鉴英美法系之规定,将这里的"醉酒"修改为"醉态"。

图的成立。例如,甲明知乙要驾驶机动车,在乙拒绝饮酒的情况下,却暗中在其饮料中加入白酒,导致乙在醉酒状态下驾车。在此情形下,乙不构成危险驾驶罪,但对甲可以间接正犯论处。

第三,在定量要素上,"醉驾"有别于"飙车",其属于抽象危险犯,不需要考虑情节是否恶劣的情形,只要存在醉酒驾车的危险状态即可以入罪。

**(3)严重超载或者超速**:这是指从事校车业务或者旅客运输,严重超过额定乘员载客,或者严重超过规定时速行驶的行为。

**(4)违反危险化学品安全管理规定运输危险化学品,危及公共安全**:依据我国《危险化学品安全管理条例》第3条,"危险化学品"是指具有毒害、腐蚀、爆炸、燃烧、助燃等性质,对人体、设施、环境具有危害的剧毒化学品和其他化学品。在定量要素上,本情形属于具体危险犯,须以"危及公共安全"为成立要件。

### 3.8.2 司法适用:"醉驾"入罪 ≠ 入刑

"追逐竞驶"和"醉酒驾车"的危害性,源于行为人驾驶状态所导致的潜在危险性,将其入罪是为了前移交通安全的保护阵地,有利于"防患(闯祸)于未然"。同时,在法定刑上设置轻刑,是综合平衡已然闯祸的"交通肇事罪"和"以危险方法危害公共安全罪"的标准,起到严密刑事法网的作用。依据我国《刑法》第133条之一第2款,危险驾驶同时构成其他犯罪的,依照处罚较重的规定定罪处罚。如果行为人醉酒驾驶机动车,以暴力、威胁方法阻碍公安机关依法检查,又构成妨害公务罪等其他犯罪的,依照数罪并罚的规定处罚。

需要注意的是,鉴于《刑法修正案(八)》将"醉驾"设置为抽象危险犯,"醉驾入罪"并没有情节是否恶劣的限制,原则上只要行为人达到醉酒标准而在道路上驾驶机动车的,就一律入罪。在2014年,全国法院新收危险驾驶案件11.1万件,比2013年上升22.5%,跃居各类刑事案件的第三位。[①] 在2020年,全国检察机关起诉危险驾驶罪29万多人,占比18.5%,位于刑事案件的第一位。[②] 但是,"入罪"并不等同于"入刑",两者在罪刑关系上并不必然形成"有罪即有刑"的线性逻辑关系。在某一行为被刑法评价为犯罪的情形下,基于特定事由可以对有罪之人排除刑罚处置措施的运用。简而言之,在司法实践中处理醉驾问题时,可以考虑"入罪不处刑"的罪刑关系,无需将醉驾的行为一律入刑。具体而言,对符合醉驾构成要件的行为,首先在定性上入罪,这是罪刑法定原则的基本要求;但在适用刑罚环节,可以根据个案的特点,考虑犯罪情节的轻重。例

---

① 参见袁春湘:《2014年全国法院受理刑事案件情况分析》,载《人民法院报》2015年5月7日第5版。

② 参见张军:《最高人民检察院工作报告》(2021年3月8日在第十三届全国人民代表大会第四次会议上)。

如在情节轻微的情况下,司法机关对于没有必要判处刑罚的醉驾案件,可以考虑作出相对不起诉或者免予刑事处罚的决定。

## 3.9 其他重大责任事故类犯罪

我国《刑法》从第 131 条至第 139 条,设置了拥有 15 个罪名的重大责任事故类犯罪,从而在整体上形成我国规制重大责任事故类的罪名体系。在学理上可以划分为两种类型:

(1)交通肇事型责任事故犯罪:包括如下 5 个罪名:重大飞行事故罪、铁路运营安全事故罪、交通肇事罪、危险驾驶罪和妨害安全驾驶罪;

(2)其他重大责任事故类犯罪:这是指《刑法》第 134 条至第 139 条之一规定的以下 10 个罪名:重大责任事故罪;强令、组织他人违章冒险作业罪;危险作业罪;重大劳动安全事故罪;大型群众性活动重大安全事故罪;危险物品肇事罪;工程重大安全事故罪;教育设施重大安全事故罪;消防责任事故罪;不报、谎报安全事故罪。

### 3.9.1 同质性:业务过失犯罪

从规范意义上看,造成重大责任事故类型的罪名具有同质性:均是行为人在生产、作业活动中,违反业务或者职务上的注意义务,过失导致重大伤亡事故或者造成其他严重后果。这具体拆分为以下关键词:

**(1)时空特征**:该类重大责任事故的犯罪,发生在生产、作业活动中。这鲜明地表现在"危险作业罪"的罪状描述中,要求行为人在生产、作业中违反有关安全管理规定。另外,根据我国《刑法》第 136 条的规定,"危险物品肇事罪"必须发生在对爆炸性、易燃性、放射性、毒害性、腐蚀性物品的生产、储存、运输、使用活动之中。如果发生在与生产、作业活动无关的场合,只能涉嫌构成过失爆炸罪、失火罪或者过失投放危险物质罪。

**(2)业务犯罪**:行为人违反业务或者职务上的注意义务,即违反以下有关安全管理的规定:国家颁布的有关安全生产的法律、法规;单位及其上级管理部门制定的各种规章制度;安全操作的规程和惯例。如果行为人没有违章行为,重大责任事故属于自然现象导致的事故,或者是在技术条件受限的情况下发生的,则不能认定为重大责任事故类的犯罪。

**(3)实害犯**:"造成严重后果"或者"发生重大伤亡事故或者造成其他严重后果"。根据 2015 年"两高"《关于办理危害生产安全刑事案件适用法律若干问题的解释》第 6 条,对于重大责任事故罪、重大劳动安全事故罪、大型群众性活动重大安全事故罪、危险物品肇事罪和消防责任事故罪,具体表现为下列情形之一:造成死亡1人以上,或者重伤3人以上;造成直接经济损失100万元以上;其他造成严重后果或者重大安全事故的情形。

**(4) 过失犯**:行为人应当预见到自己的违章行为可能导致重大事故的发生,但由于疏忽大意而没有预见,或者已经预见而轻信能够避免,以致发生了重大事故。尽管在我国《刑法》第138条的"教育设施重大安全事故罪"的罪状中,关于直接责任人员的主观心态运用了"明知"一词,但本罪的主观构成要件在实质上表现为过失,即行为人已经预见到校舍或者教育教学设施有危险。需要指出的是,《刑法》第139条之一的"不报、谎报安全事故罪"属于故意犯,只是《刑法修正案(六)》在增设本罪时,将其编排在重大责任事故的罪名体系中,这属于该类业务过失犯罪中的特例。同理,《刑法修正案(十一)》所增设第134条之一的"危险作业罪",也属于特例情形。

**"央视大火"危险物品肇事案**:被告人徐某在任中央电视台新台址建设工程办公室主任期间,擅自决定和组织在中央电视台新址施工区内燃放烟花,并指派央视新址办综合处的被告人邓某某等人负责筹办工作。2009年2月9日晚,燃放的礼花弹爆炸后的高温星体引燃易燃材料后导致火灾,造成1名消防队员死亡、8人受伤,直接经济损失达1.6亿余元。法院经审理后认为:被告人徐某等21人目无国法,违反爆炸性物品管理规定,未经相关部门批准,擅自在国家重点工程施工工地燃放烟花致使发生重大事故,后果特别严重,均已构成危险物品肇事罪,其中判处徐某有期徒刑7年。

### 3.9.2 竞合适用:特别罪名与普通罪名的关系

由于涉及安全生产、作业的领域和行业非常广泛,立法者在设置重大责任事故的罪名体系时,采取了特别罪名与普通罪名的"二分法":对关系到重要生产领域和行业的安全,独立设置罪名予以特殊保护;同时,对于上述领域之外的重大责任事故,以一个普通罪名进行"兜底"。

具体而言,我国《刑法》第134条第1款规定的"重大责任事故罪",属于普通罪名,适用于一般性的生产、作业领域,这以《刑法修正案(六)》删除本罪原有的列举式的适用领域"工厂、矿场、林场、建筑企业或者其他企业、事业单位"为明证。为了严密"重大责任事故罪"的刑事法网,根据《关于办理危害生产安全刑事案件适用法律若干问题的解释》第1条,本罪的犯罪主体包括对生产、作业负有组织、指挥或者管理职责的负责人、管理人员、实际控制人、投资人等人员,以及直接从事生产、作业的人员。这涵盖以他人名义投资入股公司、企业的"隐名持股人"。

相对而言,本罪名体系中的其他犯罪则属于特别罪名,适用于予以特殊保护的生产、作业领域和活动,这鲜明地反映在罪名的称谓上。例如,重大飞行事故罪、铁路运营安全事故罪和交通肇事罪,分别适用于航空运营、铁路运营和交通运输中发生的重大责任事故;关于其他类型的重大责任事故犯罪,发生在危险作业(第134条之一)、劳动安全(第135条)、大型群众性活动(第135条之一)、危险物品(第136条)、工程(第137条)、教育设施(第138条)、消防(第139条)等特定领域和活动之中。在重大责任事故类型的罪名出现竞合的情况下,应采取特别法优于普通法的适用原则。

在我国1979年《刑法》和1997年修订的《刑法》中,"强令违章冒险作业"均是"重大责任事故罪"的一种表现情形,两个档次的法定最高刑分别为3年和7年。鉴于"强令违章冒险作业"的行为人明知存在事故隐患、继续作业存在危险,却依然违反有关安全管理的规定,利用组织、指挥、管理职权,或采取威逼、胁迫、恐吓等手段强制他人违章作业,或者故意掩盖事故隐患,组织他人违章作业,由此体现出更大的主观恶性和社会危害性,故《刑法修正案(六)》将其设置为独立的罪名,编排在《刑法》第134条第2款,并且将法定最高刑分别提高到5年和15年。后来,《刑法修正案(十一)》再次对本罪进行修订,增加了"明知存在重大事故隐患而不排除,仍冒险组织作业"的法定情形。关于本罪与"以危险方法危害公共安全罪"的界分,请参见本书3.3.2中最后一段的内容。

# 第 4 章　破坏社会主义市场经济秩序罪

　　市场经济是一种以市场机制作为配置社会资源的基本手段之经济体系和运行形态,涉及生产、交换、分配、消费的各个环节。我国《宪法》第 15 条明确规定:"国家实行社会主义市场经济。……国家依法禁止任何组织或者个人扰乱社会经济秩序。"为了维护社会主义市场经济的正常秩序和运行,我国《刑法》分则在第三章设置了破坏社会主义市场经济秩序的类罪名,它是指违反我国的市场经济管理法律法规,破坏市场经济的运行和管理,严重损害社会主义市场经济的类型化犯罪,简称为"经济犯罪"。

　　在我国长期实行计划经济体制的背景下,1979 年《刑法》仅以 15 个条文规制经济犯罪,而且类罪名的称谓是"破坏社会主义经济秩序罪"。随着我国经济体制改革的深入发展,与我国逐步确立的市场经济体制相适应,1997 年修订的《刑法》废除了"投机倒把罪",在经济犯罪的侵犯法益中加入"市场"两字,规范的条文数量也大幅度增加到 92 条,是原先的 6 倍之多。鉴于本章所规范的罪名接近 100 个,呈现出"大肚子"的态样,为了便于归类检索,立法者再次以同类犯罪客体为标准,将本章的罪名划分为以下 8 节犯罪,从而形成一个完整的罪刑结构体系:生产、销售伪劣商品罪;走私罪;妨害对公司、企业的管理秩序罪;破坏金融管理秩序罪;金融诈骗罪;危害税收征管罪;侵犯知识产权罪;扰乱市场秩序罪。

　　在 1997 年修订的《刑法》施行一年有余之际,为了惩治日益多发的外汇类犯罪,全国人大常委会采用以往的单行刑法模式,通过《关于惩治骗购外汇、逃汇和非法买卖外汇犯罪的决定》,对该章的罪名进行修订。1999 年第一个《刑法修正案》[①],就是专门针对本章的罪名而修改刑法。之后颁行的许多刑法修正案,也都对本章的罪名进行了修订和增设。

## 4.1　生产、销售伪劣商品罪

### 4.1.1　类罪名体系的建立:二分法

　　我国《刑法》分则第三章在第一节规定了以下 10 个涉及生产、销售伪劣商

---

① 1999 年 12 月 25 日颁行的第一个《刑法修正案》,没有编排(一)的序号。

品的罪名:(1) 生产、销售伪劣产品罪;(2) 生产、销售、提供假药罪;(3) 生产、销售、提供劣药罪;(4) 妨害药品管理罪;(5) 生产、销售不符合安全标准的食品罪;(6) 生产、销售有毒、有害食品罪;(7) 生产、销售不符合标准的医用器材罪;(8) 生产、销售不符合安全标准的产品罪;(9) 生产、销售伪劣农药、兽药、化肥、种子罪;(10) 生产、销售不符合卫生标准的化妆品罪。

从动宾词组的罪名结构看,以上罪名的差异体现为宾语(行为对象)的不同。由于药品、食品、医用器材、农药、兽药、化肥、种子、化妆品等商品与国计民生紧密相关,必须达到国家安全标准方可生产、销售。为了加强对这些特殊商品的刑法保护,立法者对它们单独设置了9个罪名;对于该范围之外的普通商品,则设立一个"兜底"的罪名,并且在行为对象上冠以"产品",以示其与该节节罪名中"商品"的区别,从而形成了"二分法"的"9+1"类罪名体系。参见以下图示:

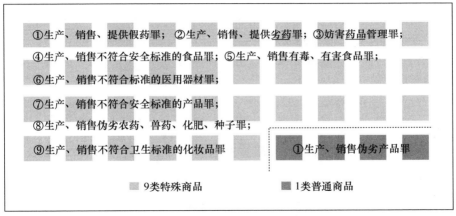

鉴于本节罪名是采取"二分法"而建立,在适用罪名时,须注意特别罪名与普通罪名的竞合适用关系。根据我国《刑法》第149条,行为人生产、销售的对象是第141条至第148条所列的特殊商品,不构成各该条规定的犯罪(例如生产、销售不符合安全标准的食品,没有达到或者无证据证明"足以造成严重食物中毒事故或者其他严重食源性疾病"),但销售金额在5万元以上的,则依照"兜底"的生产、销售伪劣产品罪予以定罪处罚。如果行为人生产、销售第141条至第148条所列的特殊商品,不仅构成各该条规定的犯罪,销售金额在5万元以上,同时也构成生产、销售伪劣产品罪时,则应择一重罪处断。另外,实施生产、销售伪劣商品犯罪,同时构成侵犯知识产权、非法经营等其他犯罪的,也采取择一重罪处断的原则定罪处罚。如果实施本节规定的犯罪,又以暴力、威胁方法抗拒查处,构成其他犯罪的,依照数罪并罚的规定处罚。

在主观方面,行为人必须是出于故意,过失不构成本类犯罪。如果销售者不明知是伪劣商品而销售的,不构成销售伪劣商品型犯罪;生产者因疏忽大意或者玩忽职守而生产出伪劣商品的,也不能构成生产伪劣商品型犯罪,只能涉嫌构成重大责任事故等犯罪。但是,生产者在因疏忽大意或者玩忽职守而生产出伪劣商品后,为了减少成本而继续生产或者依然将明知是伪劣的商品进行销售的,若符合犯罪的其他构成要件,则构成生产、销售伪劣商品犯罪。

关于犯罪主体,生产、销售商品的自然人和单位均可以构成本节"9+1"罪名。至于生产者、销售者是否取得生产许可证或者营业执照,并不影响本节之罪的成立。国家机关工作人员参与生产、销售伪劣商品犯罪的,从重处罚。虽然用户、消费者不能构成本节之罪,但根据2001年"两高"《关于办理生产、销售伪劣商品刑事案件具体应用法律若干问题的解释》第9条,知道或者应当知道他人实施生产、销售伪劣商品犯罪,而为其提供贷款、资金、账号、发票、证明、许可证件,或者提供生产、经营场所或者运输、仓储、保管、邮寄等便利条件,或者提供制假生产技术的,以生产、销售伪劣商品犯罪的共犯论处。

在法定刑的设置上,针对该节犯罪的贪利性质,对全部罪名均设置罚金刑。为了合理地加大对危害食品安全犯罪的惩治力度,《刑法修正案(八)》对于生产、销售不符合安全标准的食品罪和生产、销售有毒、有害食品罪中的罚金刑,从倍比罚金制修改为无限额罚金制。同时,为了废除非暴力犯罪的死刑,《刑法修正案(八)》和《刑法修正案(九)》废除了该章许多罪名的死刑,目前仅保留两个罪名的死刑:(1) 生产、销售、提供假药罪;(2) 生产、销售有毒、有害食品罪。

### 4.1.2 生产、销售伪劣产品罪:普通罪名

本罪是指生产者、销售者在产品中掺杂、掺假,以假充真,以次充好或者以不合格产品冒充合格产品,销售金额数额较大的行为。

**1. 行为对象**:"伪劣的+产品"

根据我国《产品质量法》第2条,"产品"是指经过加工、制作,用于销售的产品,不包括建筑工程。但是,建设工程使用的建筑材料、建筑构配件和设备,仍属于产品的范畴。同时,为了保护用户和消费者的合法权益,我国《产品质量法》第5条和第12条明确规定:"禁止在生产、销售的产品中掺杂、掺假,以假充真,以次充好"。"产品质量应当检验合格,不得以不合格产品冒充合格产品。"在语义学上,鉴于"产品"是个中性词,为了使得本罪的行为对象具有刑法的禁止性,须通过前置的定性词语"伪劣的"予以限定,即没有达到国家产品质量标准。其中,"伪产品"是指伪造、变造的以假充真的产品;"劣产品"是指掺杂、掺假、以次充好等不符合质量要求的不合格产品。

**2. 危害行为**:生产、销售伪劣产品的行为

根据我国《刑法》第140条和上述"两高"《关于办理生产、销售伪劣商品刑

事案件具体应用法律若干问题的解释》第1条,这主要表现为以下四种情形:

(1) 在产品中掺杂、掺假:这是指在产品中掺入杂质或者异物,致使产品质量不符合国家法律、法规或者产品明示质量标准规定的质量要求,降低、失去应有使用性能的行为,例如在酒中掺水、在羊毛中掺入砂子等。

(2) 以假充真:这是指以不具有某种使用性能的产品冒充具有该种使用性能的产品的行为,例如以自来水冒充矿泉水、将党参冒充人参等。

(3) 以次充好:这是指以低等级、低档次产品冒充高等级、高档次产品,或者以残次、废旧零配件组合、拼装后冒充正品或者新产品的行为,例如以二级产品冒充一级产品、以二锅头酒冒充茅台酒等。

(4) 以不合格产品冒充合格产品:这是指以不符合我国《产品质量法》第26条第2款①规定的质量要求的产品,冒充符合产品质量管理标准的产品的行为。

行为人只要实施上述四种行为之一,即符合本罪在客观方面的构成要件,在罪质上具有诈骗的成分。需要注意的是,这里的"生产、销售"发生的环节应作广义的理解,还应包括加工、种(养)殖、流通、运输、储存等环节。

**3. 定量标准**:销售金额在5万元以上②

根据2001年"两高"《关于办理生产、销售伪劣商品刑事案件具体应用法律若干问题的解释》第2条,所谓"销售金额",是指"生产者、销售者出售伪劣产品后所得和应得的全部违法收入"③。伪劣产品尚未销售,但货值金额达到《刑法》第140条规定的销售金额3倍以上的,以生产、销售伪劣产品罪(未遂)定罪处罚。货值金额以违法生产、销售的伪劣产品的标价计算;没有标价的,按照同类合格产品的市场中间价格计算。货值金额难以确定的,委托指定的估价机构确定。多次实施生产、销售伪劣产品行为,未经处理的,伪劣产品的销售金额或者货值金额累计计算。

**某某集团生产、销售伪劣产品案**:2007年12月以来,被告单位某某集团陆续收到消费者投诉,反映有部分婴幼儿食用该集团生产的婴幼儿系列奶粉后尿液中出现红色沉淀物等症状。经送检证实奶粉样品中含有三聚氰胺。2008年8月1日,被告人田某某(系该集团董事长、法定代表人)召开被告人王某某(系副

---

① 该条款的规定如下:"产品质量应当符合下列要求:(一) 不存在危及人身、财产安全的不合理的危险,有保障人体健康和人身、财产安全的国家标准、行业标准的,应当符合该标准;(二) 具备产品应当具备的使用性能,但是,对产品存在使用性能的瑕疵作出说明的除外;(三) 符合在产品或者其包装上注明采用的产品标准,符合以产品说明、实物样品等方式表明的质量状况。"

② 1997年修订的《刑法》对生产、销售伪劣产品罪的入罪标准规定,属于"死数额",这会导致在司法适用中单纯考虑数额,难以根据案件的不同情况以体现罪刑相适应,故有必要借鉴已有的刑法修正案对走私普通货物、物品罪以及逃税罪、贪污受贿犯罪关于具体数额的修改经验,以数额较大或者情节较重作为入罪标准。

③ 在全国人大常委会1993年通过的《关于惩治生产、销售伪劣商品犯罪的决定》中,该罪的入罪标准是以"违法所得数额"为单位的,其外延要小于"销售金额"。

总裁)、被告人杭某某(系副总裁)参加的集团经营班子扩大会进行商议,会议决定:暂时封存仓库产品,暂时停止产品出库;王某某负责对库存产品、留存样品及原奶、原辅料进行三聚氰胺含量的检测;杭某某加强日常生产工作的管理,特别是对原奶收购环节的管理。2008年8月13日,田某某、王某某召开集团经营班子扩大会议,决定对经检测三聚氰胺含量在10mg/kg以下的产品准予出厂销售。经检测和审计,2008年8月2日至9月12日,被告单位某某集团共生产含有三聚氰胺婴幼儿奶粉904吨,销售含有三聚氰胺婴幼儿奶粉813吨,销售金额4756万余元。在2008年8月3日,杭某某经田某某同意,根据扩大会议决议,找到被告人吴某某,指示其对于加工三厂拒收的含"非乳蛋白态氮"超标的原奶,转送到其他加工厂以保证奶源,共计180多吨。这些原奶与其他原奶混合后进入加工程序,分别生产出原味酸奶等含有三聚氰胺的液态奶。经对其中12个批次液态奶检测,均含有三聚氰胺,共计269吨多,并已经全部销售,销售金额合计180万余元。

2008年12月31日,某市中级法院审理后认为:被告单位某某集团、被告人田某某、王某某明知其生产的某某牌婴幼儿奶粉中含有三聚氰胺,且明知三聚氰胺是对人体有害的非食品原料,仍不停止含有三聚氰胺的婴幼儿奶粉的生产、销售;被告单位某某集团、被告人田某某、杭某某、吴某某明知其收购的原奶中含有三聚氰胺,且明知三聚氰胺是对人体有毒、有害的非食品原料,仍将原奶调配到本集团下属企业,生产、销售含三聚氰胺的液态奶。被告单位及各被告人的行为均已构成地址生产、销售有毒食品罪。同时,其行为又符合生产、销售伪劣产品罪的构成要件,依法应当依照处罚较重的规定定罪处罚。因现有证据不足以证实被告单位及各被告人在2008年8月1日得知其产品中含有三聚氰胺以后,继续生产、销售的奶制品流入市场造成了危害结果,故应以生产、销售伪劣产品罪对被告单位及各被告人定罪处罚,故判处被告单位某某集团罚金4900万余元,对被告人田某某处以无期徒刑,分别判处被告人王某某、杭某某、吴某某有期徒刑15年、8年和5年。某省高级法院裁定维持原判。

**案件的焦点问题:**(1)犯罪主体:自然人和单位均可以构成生产、销售伪劣产品罪;(2)主观方面:以2008年8月1日召开集团经营班子扩大会议为分水岭,某某集团的行为可分为两个阶段:第一,在之前的阶段,由于该集团尚不明知是伪劣产品而生产、销售,属于过失的主观心态,不构成生产、销售伪劣产品罪,但其直接负责的主管人员涉嫌构成重大责任事故罪(法院并没有涉及对此阶段的定性);第二,在开会之后的阶段,行为人的主观方面已经发生变化,明知是伪劣产品而继续生产、销售,已经具备故意的主观构成要件;(3)行为定性:在表象上存在生产、销售有毒食品罪与生产、销售伪劣产品罪的法条竞合问题,应该择一重罪处断,依照处罚较重的生产、销售有毒食品罪(挂有死刑)进行定罪处罚。

但是,由于无证据证实伪劣产品流入市场后对致人死亡或者对人体健康造成特别严重的危害结果,故难以认定生产、销售有毒食品罪①,致使该案实际上依照"兜底"的生产、销售伪劣产品罪予以定罪处罚。

### 4.1.3 源头的危害食品安全犯罪:有毒、有害和不符合安全标准的食品

"民以食为天"。为了保证食品安全,保障公众身体健康和生命安全,我国《刑法》在本节设置了两个源头性的危害食品安全犯罪②:生产、销售有毒、有害食品罪(第144条)和生产、销售不符合安全标准的食品罪(第143条),形成递进式的刑法"打击圈"。

根据我国《食品安全法》第150条,"食品"是指"各种供人食用或者饮用的成品和原料以及按照传统既是食品又是中药材的物品,但是不包括以治疗为目的的物品"。从外延看,作为行为对象的"食品",不限于生产加工制作的食物,还包括食品原料、食用农(水)产品、保健食品等。由于食品添加剂和用于食品的包装材料、容器、洗涤剂、消毒剂,以及用于食品生产经营的工具、设备等产品,不具有可食用的食品属性,在一般情况下不成立本类罪,涉嫌构成生产、销售伪劣产品罪。但是,依据2021年"两高"《关于办理危害食品安全刑事案件适用法律若干问题的解释》第5条和第12条,如果在食品生产、销售、运输、贮存等过程中,使用不符合食品安全标准的上述产品,足以造成严重食物中毒事故或者其他严重食源性疾病的,或者造成食品被污染的,即在符合时空特征和定量标准的法定情形下,则以生产、销售不符合安全标准的食品罪或者生产、销售有毒、有害食品罪定罪处罚。

**1. 行为对象**:有毒、有害和不符合安全标准的食品

这具体包括三种行为对象,由两个罪名来进行刑事规制。其中,前两种食品是生产、销售有毒、有害食品罪的行为对象,也是本罪有别于生产、销售不符合安全标准的食品罪之重要界限。由于生产、销售有毒、有害食品罪是选择性罪名,在行为对象上划分为有毒与有害的食品两种,这就要求我们在适用本罪时应辨明两者的内涵,而不能笼统地将它们堆砌在一起。③

从类型学意义上说,食品安全是以上两个犯罪共同侵害的客体。根据我国《食品安全法》第150条,"食品安全"是指"食品无毒、无害,符合应当有的营养

---

① 在审理本案时,《刑法修正案(八)》尚未施行,还没有对生产、销售有毒、有害食品罪进行修改。
② 在2021年"两高"《关于办理危害食品安全刑事案件适用法律若干问题的解释》中,危害食品安全犯罪是作为一个宽泛的类罪名使用的,其涉及的罪名主要有:生产、销售有毒、有害食品罪;生产、销售不符合安全标准的食品罪;生产、销售伪劣产品罪;非法经营罪;虚假广告罪;诈骗罪;食品监管渎职罪。
③ 在某某集团生产、销售伪劣产品案中,法院认为含有三聚氰胺的婴幼儿奶粉和液态奶属于有毒食品(此前新闻媒介称之为"毒奶粉"),而非有害食品,判决被告单位及各被告人的行为构成生产、销售有毒食品罪,故带出法条竞合的适用问题。参见本书上一节的具体案情。

要求,对人体健康不造成任何急性、亚急性或者慢性危害"。这实质上是以医学认定危害程度的标准,将危害食品安全的行为划分为"急性、亚急性或者慢性危害"三种类型,这有助于我们理解两个源头性的危害食品安全犯罪的行为对象。具体而言,"有毒的""有害的"和"不符合安全标准的"食品,分别对应着对人体健康造成急性、亚急性、慢性危害的食品,形成了危害程度的"金字塔"层次格局,其中"不符合安全标准的食品"带有"兜底"的性质。① 我国刑事立法者也正是以行为对象为切入点,考虑到对食品安全的危害程度不同,从而将危害食品安全的源头犯罪划分为不同层次,并且设置不同的罪名和法定刑。具体到实际案件中,关于行为对象属于何种类型的危害食品安全的侵害对象,需要根据检验报告并结合专家意见等相关材料进行认定。

根据"两高"《关于办理危害食品安全刑事案件适用法律若干问题的解释》第13条,生产、销售不符合食品安全标准的食品,有毒、有害食品,符合刑法有关规定的,以生产、销售不符合安全标准的食品罪或者生产、销售有毒、有害食品罪定罪处罚。同时构成其他犯罪的,依照处罚较重的规定定罪处罚。

**2. 危害行为**:在食品的生产、种(养)殖、销售、运输、贮存等环节中,实施生产、销售有毒、有害和不符合安全标准的食品的行为

关于生产、销售有毒、有害食品罪,我国《刑法》第144条细致地描述犯罪构成的生产流程,即"在生产、销售的食品中掺入有毒、有害的非食品原料,或者销售明知掺有有毒、有害的非食品原料的食品"。这实质上限定了纷繁多样的行为形态。为了体现对食品安全的全程控制需要和扩大本罪的适用范围,"两高"《关于办理危害食品安全刑事案件适用法律若干问题的解释》第11条将以下几种情形列为本罪的行为方式:(1) 使用有毒、有害的非食品原料生产食品,例如利用"地沟油"加工所谓的食用油之"反向添加"行为。(2) 在食用农产品种植、养殖、销售、运输、贮存等过程中,使用禁用农药、食品动物中禁止使用的药品及其他化合物等有毒、有害的非食品原料。这实质上是采用了"大生产"流程的定性,不再局限于过去认定的"制造"环节("小生产")。(3) 在保健食品或者其他食品中非法添加国家禁用药物等有毒、有害的非食品原料。

**3. 犯罪主体**:一般主体,自然人和单位均可构成本罪

面对我国日趋严峻的食品安全新形势,"两高"《关于办理危害食品安全刑

---

① 在1997年修订的《刑法》中,该罪的行为对象是"不符合卫生标准的食品",《刑法修正案(八)》将其中的关键词"卫生"修改为"食品安全"。另外,我国《食品安全法》第34条禁止生产经营12种食品,其中"其他不符合食品安全标准或者要求的食品、食品添加剂、食品相关产品"(第13种)属于"兜底"的规定。需要注意的是,该规定是从广义的角度规范食品安全,而《刑法》第143条生产、销售不符合安全标准的食品罪的行为对象是狭义的,虽然两者的用语一致,但在外延上并不一致,不能简单地认为"不符合安全标准的食品"就是特指《食品安全法》第34条的内容。

事案件适用法律若干问题的解释》第 14 条规定：明知他人生产、销售不符合食品安全标准的食品，有毒、有害食品，具有下列情形之一的，以生产、销售不符合安全标准的食品罪或者生产、销售有毒、有害食品罪的共犯论处：(1) 提供资金、贷款、账号、发票、证明、许可证件的；(2) 提供生产、经营场所或者运输、贮存、保管、邮寄、销售渠道等便利条件的；(3) 提供生产技术或者食品原料、食品添加剂、食品相关产品或者有毒、有害的非食品原料的；(4) 提供广告宣传的；(5) 提供其他帮助行为的。与 2001 年颁布的《关于办理生产、销售伪劣商品刑事案件具体应用法律若干问题的解释》第 9 条关于共犯的规定相比较，该规定不仅对第 2 种和第 3 种情形进行与时俱进的修改，而且新列入第 4 种和第 5 种"兜底"的情形。

**4. 定量标准**

鉴于生产、销售有毒、有害食品罪具有更为严重的社会危害性，我国《刑法》第 144 条将其设置为抽象危险犯，只要行为人实施了生产、销售有毒、有害食品的行为，即可构成本罪。

相比较而言，对于生产、销售不符合安全标准的食品罪，我国《刑法》第 143 条将其设置为具体危险犯，要求行为必须达到"足以造成严重食物中毒或者其他严重食源性疾病"的程度，依据"两高"《关于办理危害食品安全刑事案件适用法律若干问题的解释》第 1 条，这表现为具有下列情形之一：(1) 含有严重超出标准限量的致病性微生物、农药残留、兽药残留、生物毒素、重金属等污染物质以及其他严重危害人体健康的物质的；(2) 属于病死、死因不明或者检验检疫不合格的畜、禽、兽、水产动物肉类及其制品的；(3) 属于国家为防控疾病等特殊需要明令禁止生产、销售的；(4) 特殊医学用途配方食品、专供婴幼儿的主辅食品营养成分严重不符合食品安全标准的；(5) 其他足以造成严重食物中毒事故或者严重食源性疾病的情形。

根据上述司法解释第 13 条，如果无证据证明"足以造成严重食物中毒事故或者其他严重食源性疾病"，不构成生产、销售不符合安全标准的食品罪，但构成生产、销售伪劣产品罪，妨害动植物防疫、检疫罪等其他犯罪的，依照该其他犯罪定罪处罚。

### 4.1.4　危害药品安全犯罪：涉假药、劣药以及妨害药品管理罪

药品安全，是人命关天的重大民生问题。我国《药品管理法》第 44 条规定："药品应当按照国家药品标准和经药品监督管理部门核准的生产工艺进行生产。"该法在第 98 条明确规定：禁止生产、销售、使用假药、劣药。为了保证药品质量，保障人体用药安全和维护公众身体健康，维护药品管理秩序，我国《刑法》在本节设置了三个危害药品安全的犯罪：生产、销售、提供假药罪（第 141 条）、

生产、销售、提供劣药罪(第142条)和妨害药品管理罪(第142条之一)。

所谓"药品",依据《药品管理法》第2条,是指"用于预防、治疗、诊断人的疾病,有目的地调节人的生理机能并规定有适应症或者功能主治、用法和用量的物质,包括中药、化学药和生物制品等。"从外延看,其只局限于人用药品,不包括兽用药品和其他动植物用药。

所谓生产、销售、提供假药罪,是指违反药品管理法规,生产、销售假药,或者药品使用单位的人员明知是假药而提供给他人使用的行为;生产、销售、提供劣药罪,则是指生产、销售劣药,或者药品使用单位的人员明知是劣药而提供给他人使用,对人体健康造成严重危害的行为。由此可见,两罪的主要区别点在于行为对象和定量标准的不同。

**1. 行为对象**:假药和劣药

《刑法修正案(十一)》删除了原先第141条和第142条第2款关于假药和劣药的定义。依据2022年"两高"《关于办理危害药品安全刑事案件适用法律若干问题的解释》第19条,对于假药和劣药,依照《药品管理法》的规定认定。

关于"假药",依据我国《药品管理法》第98条第2款,有下列情形之一的,为假药:(1)药品所含成份与国家药品标准规定的成份不符;(2)以非药品冒充药品或者以他种药品冒充此种药品;(3)变质的药品;(4)药品所标明的适应症或者功能主治超出规定范围。

所谓"劣药",依据我国《药品管理法》第98条第3款,是指成份的含量不符合国家药品标准的药品。即有下列情形之一的,为劣药:(1)药品成份的含量不符合国家药品标准;(2)被污染的药品;(3)未标明或者更改有效期的药品;(4)未注明或者更改产品批号的药品;(5)超过有效期的药品;(6)擅自添加防腐剂、辅料的药品;(7)其他不符合药品标准的药品。

**2. 危害行为**:生产、销售、提供假药或者劣药的行为。

从时空特征看,这里的"生产""销售"发生的环节应作广义的理解,不局限于制造药品本身,还应包括加工、配制、流通、运输、储存、包装等环节,即应采用"大生产"流程的定性。

所谓"生产",是指非法制造、加工、配制、采集药品的行为;"销售"是指非法地有偿提供假药或者劣药的行为,至于是批发或者零散、公开或者秘密、直接或者间接地进行销售的方式,则在所不问。针对假药、劣药出现了产、供、销"一条龙"的链条化现象,依据2022年"两高"《关于办理危害药品安全刑事案件适用法律若干问题的解释》第6条第1款规定,以生产、销售、提供假药、劣药为目的,合成、精制、提取、储存、加工炮制药品原料,或者在将药品原料、辅料、包装材料制成成品过程中,进行配料、混合、制剂、储存、包装的,应当认定为"生产"。

所谓"提供",是《刑法修正案(十一)》在第141条和第142条第2款中新增的行为方式,是指药品使用单位的人员明知是假药或者劣药而提供给他人使用的行为。为了防止假药、劣药从药品使用单位直接进入消费环节,2022年"两高"《关于办理危害药品安全刑事案件适用法律若干问题的解释》第6条第2款以有偿或者无偿提供(是否支付对价)为界分标准,作出区分认定的规定:药品使用单位及其工作人员明知是假药、劣药,有偿提供给他人使用的,应当认定为"销售";无偿提供给他人使用的,应当认定为"提供"。

**3. 犯罪主体**:一般主体,自然人和单位均可构成本罪

根据"两高"《关于办理危害药品安全刑事案件适用法律若干问题的解释》第9条,明知他人实施危害药品安全犯罪,而有下列情形之一的,以共同犯罪论处:(1)提供资金、贷款、账号、发票、证明、许可证件的;(2)提供生产、经营场所、设备或者运输、储存、保管、邮寄、销售渠道等便利条件的;(3)提供生产技术或者原料、辅料、包装材料、标签、说明书的;(4)提供虚假药物非临床研究报告、药物临床试验报告及相关材料的;(5)提供广告宣传的;(6)提供其他帮助的。

**4. 定量标准**

对于生产、销售假药罪,1997年修订的《刑法》将其规定为具体危险犯,要求达到"足以严重危害人体健康"的条件才构成犯罪。鉴于生产、销售假药罪具有更为严重的社会危害性,《刑法修正案(八)》删除了本罪的入罪条件,将其设置为抽象危险犯。只要行为人实施了生产、销售、提供假药的行为,在原则上就构成犯罪。

相比而言,生产、销售、提供劣药罪则属于具体危险犯。只有生产、销售、提供劣药的行为达到"对人体健康造成严重危害"的程度,才能构成犯罪。依据"两高"《关于办理危害药品安全刑事案件适用法律若干问题的解释》第5条,这表现为具有下列之一的情形:(1)造成轻伤或者重伤的;(2)造成轻度残疾或者中度残疾的;(3)造成器官组织损伤导致一般功能障碍或者严重功能障碍的;(4)其他对人体健康造成严重危害的情形。由于"假药"对药品安全造成的危害要大于"劣药",故生产、销售、提供假药罪的法定刑重于生产、销售、提供劣药罪,这体现为前罪的法定最高刑为死刑,而后罪的法定最高刑为无期徒刑。

依据"两高"《关于办理危害药品安全刑事案件适用法律若干问题的解释》第18条,根据民间传统配方私自加工药品或者销售上述药品,数量不大,且未造成他人伤害后果或者延误诊治的,或者不以营利为目的实施带有自救、互助性质的生产、进口、销售药品的行为,不应当认定为犯罪。这是办理此类案件的刑事政策"出罪口"。

**5. 妨害药品管理罪**

本罪是指违反药品管理法规,生产、销售国务院药品监督管理部门禁止使用的药品,或者未取得药品相关批准证明文件生产、进口药品或者明知是上述药品

而销售,或者药品申请注册中提供虚假的证明、数据、资料、样品或者采取其他欺骗手段,或者编造生产、检验记录,足以严重危害人体健康的行为。这是《刑法修正案(十一)》第7条新设立的罪名,在体系编排上作为《刑法》第142条之一。

与生产、销售、提供假药和劣药罪相比较,本罪在行为对象上存在显著的不同:本罪所规制的药品属于"真药",但鉴于行为人违反药品管理法和药品生产质量管理规范,破坏药品管理秩序,故为了严密保护药品管理的刑事法网,用具有"类罪"性质的本罪来予以刑事规制。

### 4.1.5 简表:本节的其他四罪

本节的其他四罪均属于特别罪名,在具备普通罪名(生产、销售伪劣产品罪)的基本属性之时,也具有自身的特殊构成要件,这主要表现在"行为对象"和"入罪的定量标准",如下图所示:

| 罪名 | 行为对象 | 入罪的定量标准 |
| --- | --- | --- |
| **生产、销售不符合标准的医用器材罪**(第145条) | 不符合保障人体健康的国家标准、行业标准的医疗器械、医用卫生材料。 | 危险犯:"足以危害人体健康的"。 |
| **生产、销售不符合安全标准的产品罪**(第146条) | 不符合安全标准的电器、压力容器、易燃易爆产品或者其他产品。 | "**造成严重后果**":(1)造成人员重伤或者死亡的;(2)造成直接经济损失10万元以上的;(3)其他造成严重后果的情形。 |
| **生产、销售伪劣农药、兽药、化肥、种子罪**(第147条) | 伪劣的农药、兽药、化肥、种子。 | "**使生产遭受较大损失**":(1)使生产遭受损失2万元以上;(2)其他使生产遭受较大损失的情形。 |
| **生产、销售不符合卫生标准的化妆品罪**(第148条) | 不符合卫生标准的化妆品。 | "**造成严重后果**":(1)造成他人容貌毁损或者皮肤严重损伤;(2)造成他人器官组织损伤导致严重功能障碍;(3)致使他人精神失常或者自杀、自残造成重伤、死亡;(4)其他造成严重后果的情形。 |

对于"销售不符合标准的医用器材罪"中危害行为"销售"的认定,2001年"两高"《关于办理生产、销售伪劣商品刑事案件具体应用法律若干问题的解释》第6条界定为"医疗机构或者个人,知道或者应当知道是不符合保障人体健康的国家标准、行业标准的医疗器械、医用卫生材料而购买、使用",这具有类推解释的倾向,值得商榷。在2008年最高人民检察院、公安部《关于公安机关管辖的刑事案件立案追诉标准的规定(一)》第21条中,则将"销售"的含义限缩修订为

"购买并有偿使用",要求"购买"与"使用"两种行为同时兼有,并且具有逐利性才能成立"销售"。但是,从严格意义上讲,这理应纳入"提供"的涵摄范畴,这也表现在《刑法修正案(十一)》对于生产、销售假药和劣药罪,在行为方式上增加"提供"的类型。

## 4.2 走 私 罪

### 4.2.1 罪名体系的变迁和共性:个罪→类罪

为了维护国家的主权和利益,对于进出境的货物、物品,任何一个主权国家均实行准许、限制或禁止进出口的对外贸易管理制度,并且由海关依法征收关税。所谓"走私罪",是指违反海关法规,逃避海关监管,偷逃数额较大的应缴税额,或者逃避国家有关进出境的禁止性或限制性管理的行为。

在我国,走私罪经历了由"个罪"向"类罪"的刑事立法变迁过程,并且在罪状和法定刑上也发生多次变化:

**(1) 1979 年《刑法》**:走私罪被设立为个罪,而且法定最高刑为 10 年有期徒刑。

**(2) 两个"补充规定"**:在 1982 年全国人大常委会《关于严惩严重破坏经济的罪犯的决定》中,走私罪的法定最高刑被提高到死刑;在 1988 年 1 月,针对走私犯罪猖獗的形势,为了严惩严重的走私犯罪,全国人大常委会专门通过《关于惩治走私罪的补充规定》,依据 1987 年施行的《海关法》关于对走私罪予以行为分类和增设准走私、单位犯罪的新规定,对走私罪的定罪量刑标准进行修订。

**(3) 1997 年修订的《刑法》**:在立法体例上,走私罪被设立为类罪名,包括 10 个个罪,其中对 7 个罪名设置了死刑。

**(4) 五个"刑法修正案"**:对走私罪进行以下两次"手术":

首先,为了扩大行为对象,《刑法修正案(四)》将"走私固体废物罪"修订为"走私废物罪",以便将固体、液态和气态废物均纳入行为对象;对于古植物化石、来自境外疫区的动植物及其产品等国家禁止进出口的非涉税货物、物品,由于难以认定它们的完税价格及涉税额,无法以走私普通货物、物品罪论处,为了将它们纳入行为对象,《刑法修正案(七)》将"走私珍稀植物、珍稀植物制品罪"修订为"走私国家禁止进出口的货物、物品罪"。

其次,为了废除非暴力犯罪的死刑,《刑法修正案(八)》废除 4 个走私个罪(走私文物罪;走私贵重金属罪;走私珍贵动物、珍贵动物制品罪;走私普通货物、物品罪)的死刑。《刑法修正案(九)》则进一步废除了剩余 3 个罪名(走私武器、弹药罪;走私核材料罪;走私假币罪)的死刑,至此走私罪不再保留死刑。

经过上述的刑事立法变化,《刑法》分则第三章在第二节规定了以下10个涉及走私的罪名:(1)走私武器、弹药罪;(2)走私核材料罪;(3)走私假币罪;(4)走私文物罪;(5)走私贵重金属罪;(6)走私珍贵动物、珍贵动物制品罪;(7)走私国家禁止进出口的货物、物品罪;(8)走私淫秽物品罪;(9)走私废物罪;(10)走私普通货物、物品罪。

从广义上看,"走私毒品罪"(第347条)和"走私制毒物品罪"(第350条)也属于走私类犯罪,只是在体系上归入在第六章第七节的毒品犯罪类别中。另外,《刑法修正案(十一)》增设的"走私人类遗传资源材料罪"(第334条之一),也属于广义的走私类犯罪,在体系上归入第六章第五节的危害公共卫生罪。

从动宾词组的罪名结构看,走私类罪的以上13个罪名差异体现为宾语,即走私货物、物品的种类之不同。鉴于(武器、弹药;核材料;假币;文物;贵重金属;珍贵动物、珍贵动物制品;国家禁止进出口的货物、物品;淫秽物品;废物)+(毒品;制毒物品)+(人类遗传资源材料)等货物、物品,是与国计民生紧密相关,为了加强对这"(9+2+1)=12"种特殊货物、物品的刑法保护,立法者对它们单独设置了走私罪名;对于该范围之外的普通货物、物品,则设立一个"兜底"的走私罪名,从而形成了以下图示的"(9+2+1)+1=13"类罪名体系:

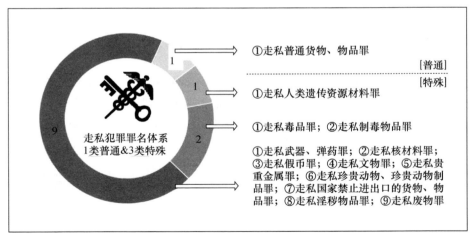

在客观方面,走私罪表现为违反海关法规或者逃避海关监管。所谓"海关法规",主要是指我国《海关法》及其实施细则以及相关的规定。海关是国家的进出关境的监督管理机关,依法监管进出境的运输工具、货物和物品,征收关税和其他税费。"逃避海关监管",是指逃避海关的监督、管理和检查,运输、携带、邮寄国家禁止或者限制进出境货物、物品或者依法应当缴纳税款的货物、物品进出境,这可以表现为:(1)"通关走私":以合法形式经过海关,但采取伪装、假报、隐匿过境物品的方法蒙混过关;(2)"绕关走私":未经有关部门的批准,不经过设立海关的地点而将货物非法进出境;(3)"间接走私(准走私)":依据《刑法》第 155 条,有下列行为之一的,以走私罪论处:"(一)直接向走私人非法收购国家禁止进口物品的,或者直接向走私人非法收购走私进口的其他货物、物品,数额较大的;(二)在内海、领海、界河、界湖运输、收购、贩卖国家禁止进出口物品的,或者运输、收购、贩卖国家限制进出口货物、物品,数额较大,没有合法证明的。"

对于进出境的货物、物品,我国实施禁止性和限制性管理的区分制度,海关总署分别颁布了《禁止进出境物品表》和《限制进出境物品表》。在司法适用上,根据 2014 年"两高"《关于办理走私刑事案件适用法律若干问题的解释》第 21 条,实质上将限制进出口的货物、物品视同为禁止进出口的货物、物品,这表现在对于走私国家限制进出口的货物、物品:(1)未经许可而进出口的,应以走私国家禁止进出口的货物、物品罪等罪名定罪处罚;(2)取得许可,但超过许可数量进出口的,构成犯罪的,以走私普通货物、物品罪定罪处罚;(3)对于租用、借用或者使用购买的他人许可证,进出口国家限制进出口的货物、物品的,应纳入走私国家禁止进出口的货物、物品犯罪处理。

关于主观方面,行为人只能是出于故意,即明知自己的行为是偷逃进出境货物、物品的应缴税额,或者逃避国家有关进出境的管理,并且希望或者放任危害结果的发生。其中的"明知",是指行为人知道或者推定知道。过失和有证据证明行为人确属被蒙骗的,不能构成走私罪。

从犯罪主体看,自然人和单位均可以构成走私罪。对于单位犯走私普通货物、物品罪的定罪量刑标准,按照自然人犯罪标准的 2 倍适用;如果单位走私特殊货物、物品构成犯罪的,则依照与自然人犯罪相同的标准定罪处罚。依据《刑法》第 156 条的规定:"与走私罪犯通谋,为其提供贷款、资金、账号、发票、证明,或者为其提供运输、保管、邮寄或者其他方便的,以走私罪的共犯论处。"这里的"通谋",是指在走私行为人之间,事先或者事中形成的共同的走私故意。如果是在走私行为(上游犯罪)完成之后而为走私犯罪分子提供上述帮助的,则涉嫌构成洗钱罪等其他罪名。

关于特别罪名与普通罪名的竞合,依据 2014 年"两高"《关于办理走私刑事案件适用法律若干问题的解释》第 21 条和第 22 条,行为人构成走私国家禁止进出口的货物、物品罪等特殊的走私犯罪,同时偷逃应缴税额,又构成走私普通货物、物品罪的,择一重罪处断。如果在走私的货物、物品中藏匿 11 种特殊货物、物品,构成犯罪的,以实际走私的货物、物品定罪处罚;构成数罪的,实行数罪并罚。根据《刑法》第 157 条,武装掩护走私的,无论走私何种货物、物品,均应从重处罚。以暴力、威胁方法抗拒缉私的,以走私罪和妨碍公务罪进行数罪并罚。

对于走私犯罪是否存在未遂以及认定标准,在实务中长期存在分歧。根据

2014年"两高"《关于办理走私刑事案件适用法律若干问题的解释》第23条,实施走私犯罪,具有下列情形之一的,应当认定为犯罪既遂:(1)在海关监管现场被查获的;(2)以虚假申报方式走私,申报行为实施完毕的;(3)以保税货物或者特定减税、免税进口的货物、物品为对象走私,在境内销售的,或者申请核销行为实施完毕的。

在法定刑的设置上,针对走私犯罪的贪利性质,对全部罪名均规定罚金刑,还对部分罪名设立没收财产。《刑法》第151条第1款将武器、弹药、假币、核材料并列规定为走私的一类行为对象,并且在《刑法修正案(九)》实施之前均设置死刑,法定最低刑也重于其他走私犯罪,由此体现出对该类走私罪的最严厉否定评价。

在走私物品的数量没有达到入罪标准时,若属于犯罪集团的首要分子、使用特种车辆从事走私活动,也以犯罪论处,这两种状态情形是所有走私犯罪成立和加重处罚的通行定量标准。除此之外,2014年"两高"《关于办理走私刑事案件适用法律若干问题的解释》还对特定的走私个罪设置了成立和加重处罚的结果情形,例如走私的武器、弹药被用于实施犯罪,走私的伪造货币流入市场,造成文物或者珍贵动物严重毁损或死亡、无法追回,造成环境严重污染,或者引起甲类传染病传播、重大动植物疫情等。

### 4.2.2　走私特殊货物、物品:本节9个特殊罪名

从动宾词组的罪名结构看,本节9个走私特殊货物、物品犯罪的区别,主要体现在行为对象的不同,也表现在走私进境和走私出境的行为态样之选择不同。这具体表现如下:

(1)**走私武器、弹药罪**:在我国《禁止进出境物品表》中,各种武器、仿真武器、弹药及爆炸物品,属于禁止进境和出境的物品,故本罪的走私方式包括将武器、弹药走私进境和走私出境两种行为态样。

关于"武器、弹药"的种类,参照我国《进口税则》及《禁止进出境物品表》的有关规定确定。同时,关于本罪中"武器、弹药"的界定,请参阅本书"3.6 涉枪、危爆品类犯罪"的相关论述。对于走私爆炸物的行为,在我国刑法未将"爆炸物"列为走私武器、弹药罪的对象之情形下,不能以本罪认定,但鉴于其在行为对象上涉嫌走私普通货物、物品罪,而在行为形态上又触犯了非法运输、邮寄、储存爆炸物罪,应择一重罪处断。

关于走私武器、弹药罪的行为对象,原先的司法解释将枪支、子弹分类为"军用枪支"与"非军用枪支"及"军用子弹"和"非军用子弹",考虑到该规定不尽合理且在实践中难以操作,2014年"两高"《关于办理走私刑事案件适用法律若干问题的解释》将它们调整为"以火药为动力发射枪弹的枪支"和"以压缩气

体等非火药为动力发射枪弹的枪支"及"气枪铅弹"和"其他子弹",并且确定不同的定罪量刑标准。

走私枪支散件,构成犯罪的,以走私武器罪定罪处罚。成套枪支散件以相应数量的枪支计,非成套枪支散件以每 30 件为一套枪支散件计。对于走私仿真枪,须区分两种情形处理:第一,走私的仿真枪经鉴定为枪支,构成犯罪的,以走私武器罪定罪处罚;第二,走私国家禁止或者限制进出口的仿真枪、管制刀具,构成犯罪的,以走私国家禁止进出口的货物、物品罪定罪处罚。不以牟利或者从事违法犯罪活动为目的,且无其他严重情节的,可以依法从轻处罚;情节轻微不需要判处刑罚的,可以免予刑事处罚。

走私各种弹药的弹头、弹壳,需要区分不同的情形处理:第一,达到 5 倍于标准弹药的入罪数量而构成犯罪的,以走私弹药罪定罪处罚;第二,走私报废或者无法组装并使用的各种弹药的弹头、弹壳,构成犯罪的,以走私普通货物、物品罪定罪处罚;第三,属于废物的,以走私废物罪定罪处罚。

(2) **走私核材料罪**:所谓"核材料",是指能产生裂变或聚变核反应,并释放巨大核能量的物质。《核材料实物保护公约》第 1 条对"核材料"给予专业的定义,将其界定为:"钚,但同位素钚—238 含量超过 80%者除外;铀—233;同位素 235 或 233 浓缩的铀;含有天然存在但非矿砂或矿渣形式的同位素混合物的铀;任何含有上述一种或多种成分的材料。"

本罪的走私方式包括将核材料走私进境和走私出境两种行为态样。

(3) **走私假币罪**:在我国《禁止进出境物品表》中,伪造的货币及伪造的有价证券,属于禁止进境和出境的物品,故本罪的走私方式包括将假币走私进境和走私出境两种行为态样。这里的"货币",包括正在流通的人民币和境外货币。伪造的境外货币数额,折合成人民币计算。

(4) **走私文物罪**:为了加强对文物的保护,我国《文物保护法》第 2 条规定:在中华人民共和国境内,下列文物受国家保护:第一,具有历史、艺术、科学价值的古文化遗址、古墓葬、古建筑、石窟寺和石刻、壁画;第二,与重大历史事件、革命运动或者著名人物有关的以及具有重要纪念意义、教育意义或者史料价值的近代现代重要史迹、实物、代表性建筑;第三,历史上各时代珍贵的艺术品、工艺美术品;第四,历史上各时代重要的文献资料以及具有历史、艺术、科学价值的手稿和图书资料等;第五,反映历史上各时代、各民族社会制度、社会生产、社会生活的代表性实物。文物认定的标准和办法由国务院文物行政部门制定,并报国务院批准。具有科学价值的古脊椎动物化石和古人类化石同文物一样受国家保护。依据 2005 年全国人大常委会《关于〈中华人民共和国刑法〉有关文物的规定适用于具有科学价值的古脊椎动物化石、古人类化石的解释》,文物包括具有科学价值的古脊椎动物化石、古人类化石。

在我国《禁止进出境物品表》和《限制进出境物品表》中,珍贵文物及其他禁止出境的文物,属于禁止出境的物品,一般文物属于限制出境物品。根据《刑法》第151条第2款,本罪的行为对象限定于"国家禁止出口"的文物,故本罪的走私方式仅指将文物走私出境的一种行为态样。如果将文物走私进境,只能涉嫌构成走私普通货物、物品罪。同时,2014年"两高"《关于办理走私刑事案件适用法律若干问题的解释》将国家禁止出口的文物分为一级、二级和三级文物,并且确定不同的定罪量刑标准。

（5）**走私贵重金属罪**：所谓"贵重金属",是指黄金、白银以及属于铂族金属的钌、铑、钯、锇、铱、铂等8种金属元素,可用于国际储备、保值和增值需要、工业与高新技术产业、制作首饰品等用途。

在我国《限制进出境物品表》中,金银等贵重金属及其制品,属于限制出境物品,而且根据《刑法》第151条第2款,本罪的行为对象是"国家禁止出口"的贵重金属,故本罪的走私方式仅限于将贵重金属走私出境的一种行为态样。如果将贵重金属走私进境,只能涉嫌构成走私普通货物、物品罪。

（6）**走私珍贵动物、珍贵动物制品罪**：所谓"珍贵动物",是指列入《国家重点保护野生动物名录》中的野生动物和《濒危野生动植物种国际贸易公约》（1975年7月生效,我国于1981年正式加入）附录一、附录二中的野生动物以及驯养繁殖的上述动物。根据我国《刑法》第151条第2款,本罪的行为对象是"国家禁止进出口"的珍贵动物及其制品,故本罪的走私方式包括未经批准擅自将珍贵动物及其制品走私进境和走私出境两种行为态样。

如果行为人不以牟利为目的,为留作纪念而走私珍贵动物制品进境,数额不满10万元的,可以免予刑事处罚。珍贵动物及其制品价值2万元以上不满20万元的,可以认定为犯罪情节轻微,不起诉或者免予刑事处罚;情节显著轻微危害不大的,不作为犯罪处理。

（7）**走私国家禁止进出口的货物、物品罪**：如前所述,《刑法修正案（七）》为了扩大走私特殊货物、物品犯罪的适用,将本罪的行为对象修正为概括性的内容,包括:珍稀植物及其制品、古生物化石、禁止进出口的有毒物质、来自境外疫区的动植物及其产品、妨害环境资源保护的货物、物品以及旧机动车、切割车、旧机电产品或者其他禁止进出口的货物、物品。其中,这里的"珍稀植物",包括列入《国家重点保护野生植物名录》《国家重点保护野生药材物种名录》《国家珍贵树种名录》中的国家一级、二级保护野生植物、国家重点保护的野生药材、珍贵树木和列入《濒危野生动植物种国际贸易公约》附录Ⅰ、附录Ⅱ中的野生植物以及人工培育的上述植物。这里的"古生物化石",依照《古生物化石保护条例》第2条,是指"地质历史时期形成并赋存于地层中的动物和植物的实体化石及其遗迹化石。古猿、古人类化石以及与人类活动有关的第四纪古脊椎动物化石的保护,依照国家文物保护的有关规定执行"。据此,古生物化石受保护的范围需考察其种类。如果走私具有科学价值的古脊椎动物化石、古人类化石,构成犯罪的,以走私文物罪定罪处罚。只有走私该范围之外的其他古生物化石,才能涉嫌构成本罪。

（8）**走私淫秽物品罪**:所谓"淫秽物品",依据我国《刑法》第 367 条,是指"具体描绘性行为或者露骨宣扬色情的诲淫性的书刊、影片、录像带、录音带、图片及其他淫秽物品。有关人体生理、医学知识的科学著作不是淫秽物品,包含有色情内容的有艺术价值的文学、艺术作品不视为淫秽物品"。关于淫秽物品的载体,还包括"具体描绘性行为或者露骨宣扬色情的诲淫性的视频文件、音频文件、电子刊物、图片、文章、短信息等互联网、移动通讯终端电子信息和声讯台语音信息"①。如果走私非淫秽的物品,构成犯罪的,以走私普通货物、物品罪定罪处罚。

与其他走私犯罪不同,本罪在主观方面抬高了入罪门槛,要求行为人必须以牟利或者传播为目的。所谓"以牟利为目的",是指行为人走私淫秽物品是为了贩卖、出租或者通过其他方式获取非法利润。"以传播为目的",是指行为人走私淫秽物品是为了在社会扩散。如果行为人不具有上述目的之一,而是走私少量物品为自己使用、赠友等,则是一般的违法行为,不宜以走私淫秽物品罪论处。

关于本罪法定目的之认定,依据 2014 年"两高"《关于办理走私刑事案件适用法律若干问题的解释》第 13 条,可通过走私的次数或者下述之一的客观外化的事实予以推定:走私淫秽录像带、影碟 50 盘（张）以上的;走私淫秽录音带、音碟 100 盘（张）以上的;走私淫秽扑克、书刊、画册 100 副（册）以上的;走私淫秽照片、画片 500 张以上的;走私其他淫秽物品相当于上述数量的。至于行为人的目的是否实现,并不影响本罪的构成。

（9）**走私废物罪**:所谓"废物",是指国家禁止进口的废物或者国家限制进口的可用作原料的废物,即俗称的"洋垃圾",在物理形态上包括固体废物、液态废物以及置于容器中的气态废物。根据我国《刑法》第 152 条第 2 款,本罪的走私方式仅指将废物走私进境的一种行为态样。

### 4.2.3　走私普通货物、物品罪:普通罪名

本罪是指违反海关法规,逃避海关监管,走私普通货物、物品,偷逃数额较大的应缴税额,或者一年内曾因走私被给予两次行政处罚后又走私的行为。

---

① 参见 2004 年"两高"《关于办理利用互联网、移动通讯终端、声讯台制作、复制、出版、贩卖、传播淫秽电子信息刑事案件具体应用法律若干问题的解释》第 9 条。

**1. 行为对象:"普通货物、物品"**

这是指《刑法》第 151 条、第 152 条、第 347 条和第 350 条[①]规定的 11 种特殊走私对象之外的货物、物品。这属于带有"兜底"性质的涵盖式对象,使得本罪成为走私类罪中的普通罪名。

**2. 危害行为**

除了具有走私类罪共同的走私方式之外,走私普通货物、物品罪还表现出特殊形式的走私方式。根据我国《刑法》第 154 条,下列两种走私行为构成犯罪的,以走私普通货物、物品罪论处:

(1)未经海关许可并且未补缴应缴税额,擅自将批准进口的来料加工、来件装配、补偿贸易的原材料、零件、制成品、设备等保税货物,在境内销售牟利的。

这里的"保税货物",依据 2014 年"两高"《关于办理走私刑事案件适用法律若干问题的解释》第 19 条,是指经海关批准,未办理纳税手续进境,在境内储存、加工、装配后应予复运出境的货物,包括通过加工贸易、补偿贸易等方式进口的货物,以及在保税仓库、保税工厂、保税区或者免税商店内等储存、加工、寄售的货物。

(2)未经海关许可并且未补缴应缴税额,擅自将特定减税、免税进口的货物、物品,在境内销售牟利的。

上述两种走私方式的特殊性体现在:由于保税货物的去向是出口创汇,故简化其入关手续;对于特定进口货物、物品减免关税,是对国际惯例、用于特定用途等因素的考量。两种货物的共性是基于特殊的政策考虑,均已处在境内,但在入境时未缴纳税额,并且禁止在未经海关许可时在境内销售牟利。由此可见,上述两种行为在实质上都偷逃应缴的关税额,均应纳入走私的范畴。

除上述规定以外,2014 年"两高"《关于办理走私刑事案件适用法律若干问题的解释》第 21 条规定:取得许可,但超过许可数量进出口国家限制进出口的货物、物品,构成犯罪的,以走私普通货物、物品罪定罪处罚。

**3. 定量标准**

《刑法修正案(八)》取消过去以具体数额为入罪门槛的单一规定,采取"数额+情节"的模式:

(1)偷逃应缴税额较大。

依据 2014 年"两高"《关于办理走私刑事案件适用法律若干问题的解释》第 16 条和第 24 条,自然人走私普通货物、物品偷逃应缴税额 10 万元、50 万元和 250 万元,分别为偷逃应缴税额较大、巨大、特别巨大的起点数额,这较之 1997

---

[①] 我国《刑法》第 153 条在列举走私普通货物、物品罪的行为对象时,并没有列出第 350 条,这属于立法上的重大瑕疵。《刑法修正案(八)》在对该条进行修改时,也忽略该漏洞。这有待于在以后的刑法修正案中予以完善。

年修订的《刑法》的规定①有大幅度的提升。单位走私普通货物、物品所对应的偷逃应缴税额,则是自然人的 2 倍,分别是 20 万元、100 万元和 500 万元。这里的"应缴税额",根据上述司法解释第 18 条,包括进出口货物、物品应当缴纳的进出口关税和进口环节海关代征税的税额。应缴税额以走私行为实施时的税则、税率、汇率和完税价格计算;多次走私的,以每次走私行为实施时的税则、税率、汇率和完税价格逐票计算;走私行为实施时间不能确定的,以案发时的税则、税率、汇率和完税价格计算。"多次走私未经处理的",应累计计算,这包括未经行政处理和刑事处理。

(2) 一年内曾因走私被给予两次行政处罚后又走私。

这是《刑法修正案(八)》新设立的入罪条件,以惩治多次走私但每次数额未达到入罪标准的走私方式(俗称"蚂蚁搬家")。根据 2014 年"两高"《关于办理走私刑事案件适用法律若干问题的解释》第 17 条,这里的"一年内",是以因走私第一次受到行政处罚的生效之日与"又走私"行为实施之日的时间间隔计算确定,而不是以自然年为单位;"被给予两次行政处罚"里的走私行为,是指广义的走私行为,包括走私普通货物、物品以及其他货物、物品;"又走私"行为仅指走私普通货物、物品。

**某金属再生有限公司等走私普通货物、物品案**:2009 年 12 月至 2011 年 8 月,被告单位某金属再生有限公司在进口废五金贸易过程中,时任公司经理的被告人王某某自己或指派公司关务人员制作低于实际成交价格和虚假成交方式的商业单证,以一般贸易方式向海关申报进口废五金 12 票,走私进口货物近 750 万公斤,偷逃应缴税款人民币 160 多万元,全部归该公司所有。法院经审理后认为,被告单位在一般贸易货物进口贸易过程中,采用低报货物价格、瞒报成交方式的方法,逃避海关监管,偷逃国家税款,情节严重;被告人王某某作为被告单位的负责人,决定并实施上述犯罪行为,其行为均构成走私普通货物、物品罪,判处被告单位罚金 200 万元,被告人王某某有期徒刑 3 年,缓刑 3 年。

## 4.3 妨害对公司、企业的管理秩序罪

经过四个刑法修正案的修订,我国《刑法》分则第三章在第三节的第 158 条至第 169 条之一,对"妨害对公司、企业的管理秩序罪"设立了 17 个罪名。为了便于综合理解,根据公司设立、经营、清算的时空特征以及特定的职务犯罪,我们

---

① 在 1997 年修订的《刑法》第 153 条,对于自然人偷逃的应缴税额,是采取"死数额"的立法规定,明确规定 5 万元、15 万元、50 万元为三个量刑档次的起刑点;司法解释对单位犯罪设置的对应数额,是自然人的 5 倍,分别是 25 万元、75 万元和 250 万元。

可以将其进行如下的学理分类：

（1）妨害公司设立管理的犯罪，包括3个罪名（简称为"两虚一逃一欺"犯罪）：虚报注册资本罪；虚假出资、抽逃出资罪；欺诈发行证券罪。

（2）妨害公司经营、终止管理的犯罪，包括4个罪名：违规披露、不披露重要信息罪；妨害清算罪；隐匿、故意销毁会计凭证、会计账簿、财务会计报告罪；虚假破产罪。

（3）公司贿赂犯罪，包括3个罪名：非国家工作人员受贿罪；对非国家工作人员行贿罪；对外国公职人员、国际公共组织官员行贿罪。

（4）公司渎职犯罪，包括7个罪名：非法经营同类营业罪；为亲友非法牟利罪；签订、履行合同失职被骗罪；国有公司、企业、事业单位人员失职罪；国有公司、企业、事业单位人员滥用职权罪；徇私舞弊低价折股、出售国有资产罪；背信损害上市公司利益罪。

在法定刑的设置上，本节罪名的法定最高刑是有期徒刑15年。此外，针对该节犯罪的贪利性质，对全部罪名均规定了罚金刑。

### 4.3.1　妨害公司设立管理的犯罪

公司、企业是社会主义市场经济的重要主体。为了规范公司的组织和行为，维护社会经济秩序，我国确立了公司设立的管理制度。我国《公司法》第6条规定："设立公司，应当依法向公司登记机关申请设立登记。"公司只有经过公司登记机关依法核准登记，领取营业执照，方可取得企业法人资格，开展经营活动。同时，对于有限责任公司和股份有限公司的设立条件、程序，《公司法》在第二章和第四章用专节分别进行规范。例如，第23条规定设立有限责任公司，应当具备下列条件：(1)股东符合法定人数；(2)有符合公司章程规定的全体股东认缴的出资额；(3)股东共同制定公司章程；(4)有公司名称，建立符合有限责任公司要求的组织机构；(5)有公司住所。关于设立股份有限公司的条件，在第76条规定了六种情形。如果违反《公司法》规定设立公司的，依据该法第十二章"法律责任"的规定，需要承担相应的行政法律责任和民事赔偿责任；构成犯罪的，依法追究刑事责任。

**（一）虚报注册资本罪**

本罪是指在申请公司登记时，使用虚假证明文件或者采取其他欺诈手段虚报注册资本，欺骗公司登记主管部门，取得公司登记，虚报注册资本数额巨大、后果严重或者具有其他严重情节的行为。

**（1）危害行为**：从动宾结构的罪名和时空特征看，本罪表现为以下三个不可分割的客观要件：

第一,行为对象:必须是注册资本。

如果行为人虚报公司登记的事项与注册资本无关,如虚报股东的法定人数、虚构公司住所等,则不构成本罪。"注册资本"是指股东在公司登记机关登记的出资总额,它是公司承担风险、偿还债务的基本保证和公司经营资本的组成部分,也是公司章程、验资证明的主要内容和前提。依据我国《公司法》的规定,有限责任公司的注册资本为在公司登记机关登记的全体股东认缴的出资额。对于股份有限公司,如果采取发起设立方式设立的,注册资本为在公司登记机关登记的全体发起人认购的股本总额;采取募集方式设立的,注册资本为在公司登记机关登记的实收股本总额。法律、行政法规以及国务院决定对有限责任公司、股份有限公司注册资本实缴、注册资本最低限额另有规定的,从其规定。这表明我国《公司法》实施"法定资本制",注册资本在实质上是公司设立的"门槛"条件。在一定意义上说,现行注册资本制度是滋生本节中"两虚一逃"违法行为的土壤,关于注册资本最低限额的法律规定实际上决定了本罪适用的犯罪圈大小。①

第二,行为人在申请公司登记时,使用虚假证明文件或者采取其他欺诈手段虚报注册资本,欺骗公司登记主管部门。

本罪行为人欺骗的对象是特定的,必须是公司登记主管部门,这是区分虚报注册资本罪与其他犯罪的重要界限。依据我国《公司登记管理条例》的规定,工商行政管理机关是公司登记机关。如果行为人使用虚假证明文件或者采取其他欺诈手段虚报注册资本,是为了欺骗对方当事人,而没有去公司登记主管部门申请公司登记,则不构成本罪,只能涉嫌构成诈骗罪等。所谓"使用虚假证明文件",是指使用虚假的法定验资机构所出具的验资证明、验资报告、资产评估报告等证明文件。至于该虚假的证明文件是行为人自己制作的,还是他人制作的,在所不问。至于"其他欺诈手段",是指采用其他隐瞒真相、虚构事实的方法,如冒充某级机关或领导的批文来虚报注册资本。

第三,在时空特征上,行为人已经取得了公司登记。

本罪是结果犯。如果在申请公司登记的过程中,公司登记机关发现其使用的是虚假的证明文件或者采取其他欺诈手段,没有予以登记,则不构成本罪。

---

① 我国现行《公司法》放宽了公司准入条件,表现在大幅度地降低了公司设立的最低注册资本数额,将有限责任公司注册资本的最低限额统一规定为3万元人民币,股份有限公司注册资本的最低限额为500万元。而依据1993年《公司法》的规定,根据经营的性质,有限责任公司的注册资本不得少于下列最低限额:以生产经营为主和以商品批发为主的公司为50万元,以商业零售为主的公司为30万元,科技开发、咨询、服务性公司为10万元;股份有限公司最低注册资本是1000万元。关于出资的缴纳,1993年《公司法》采取的是一次缴纳制;现行《公司法》规定有限责任公司和股份有限公司的股东和发起人可以在公司成立两年之内分期缴纳注册资本,但首次出资额不得低于注册资本的20%。

**(2) 犯罪主体**：特殊主体，必须是申请公司登记的自然人或者单位。

根据我国《公司法》第 29 条和第 92 条，在设立有限责任公司时，申请公司登记的人是全体股东指定的代表或者共同委托的代理人；股份有限公司的登记申请人是董事会。

**(3) 定量标准**：本罪是以"数额巨大、后果严重或者有其他严重情节"作为入罪门槛。依据 2022 年最高人民检察院、公安部《关于公安机关管辖的刑事案件立案追诉标准的规定（二）》第 3 条，涉嫌下列情形之一的，应予立案追诉：① 法定注册资本最低限额在 600 万元以下，虚报数额占其应缴出资数额 60% 以上的；② 法定注册资本最低限额超过 600 万元，虚报数额占其应缴出资数额 30% 以上的；③ 造成投资者或者其他债权人直接经济损失累计数额在 50 万元以上的；④ 虽未达到上述数额标准，但具有下列情形之一的：第一，二年内因虚报注册资本受过二次以上行政处罚，又虚报注册资本的；第二，向公司登记主管人员行贿的；第三，为进行违法活动而注册的。⑤ 其他后果严重或者有其他严重情节的情形。同时本条只适用于依法实行注册资本实缴登记制的公司。

**（二）虚假出资、抽逃出资罪**

本罪是指公司发起人、股东违反公司法的规定，未交付货币、实物或者未转移财产权，虚假出资，或者在公司成立后又抽逃其出资，数额巨大、后果严重或者有其他严重情节的行为。本罪是选择性罪名。

有限责任公司和股份有限公司的股东、发起人出资的多少以及是否实缴出资额，不仅关系到股东所享受的权利和承担责任的大小，而且关系着公司能否正常运转以及承担责任的大小。为了保护公司、股东和债权人的合法权益，维护社会经济秩序，我国《公司法》明确规定公司的出资方式以及相应的法律责任，要求有限责任公司的股东应当按期足额缴纳公司章程中规定的各自所认缴的出资额，并且在第 35 条规定"公司成立后，股东不得抽逃出资"。对于股份有限公司，发起人应当书面认足公司章程规定其认购的股份，并按照公司章程规定缴纳出资。若在公司成立后未按照公司章程的规定缴足出资的，应当补缴，其他发起人承担连带责任。发起人、认股人缴纳股款或者交付抵作股款的出资后，除未按期募足股份、发起人未按期召开创立大会或者创立大会决议不设立公司的情形外，不得抽回其股本。我国《公司法》第 199 条、第 200 条禁止虚假出资、抽逃出资的行为，规定构成犯罪的，应依法追究刑事责任。

**(1) 危害行为**：依据相关法律规定，"虚假出资"的危害行为体现为下列三种情形之一：

第一，未交付货币。依据我国《公司法》第 27 条和第 28 条，股东可以用货币出资，并应当将货币出资足额存入有限责任公司在银行开设的账户。如果行为人完全不交付其作为出资的货币数额，或者没有按照规定足额交付其所认缴的货币额,则属于违反公司法规定的"未交付货币"的行为。

第二,未交付实物。我国《公司法》准许股东用实物出资,但应当依法交付。如果行为人安全不交付其作为出资的实物,则符合"未交付实物"的情形。

第三,未转移财产权。根据我国《公司法》第27条和第28条,用实物、知识产权、土地使用权等可以用货币估价并可以依法转让的非货币财产作价出资的,应当评估作价,核实财产,不得高估或者低估作价,并应当依法办理其财产权的转移手续。如果行为人不办理其作为出资的非货币财产的转移手续,则属于违反公司法规定的"未转移财产权"的行为。此外,行为人在对非货币财产进行评估作价或核实时,故意高估或者低估作价,然后再作为出资的,也属于"虚假出资"。如果行为人以贪污、受贿、侵占、挪用等违法犯罪所得的货币出资后取得股权的,不具有法律效力,在对违法犯罪行为予以追究、处罚时,应当采取拍卖或者变卖的方式处置其股权。[①]

在实践中,"抽逃出资"一般是指行为人在设立公司时,首先缴纳了公司章程中规定的自己所认缴的出资额,但在公司成立后,违反公司法的规定,分配或者转出自己出资额的全部或一部分的行为,例如制作虚假财务会计报表虚增利润进行分配,通过虚构债权债务关系将其出资转出,利用关联交易将出资转出,或者未经法定程序以其他方式将出资抽回。

**(2)犯罪主体**:特殊主体,必须是公司发起人或者股东。

根据我国《公司法》第79条,"公司发起人"是指依法承担股份有限公司筹办事务的人。在公司成立之后,其角色就转变为股东;"股东"是指有限责任公司和股份有限公司的出资人。如果明知股东抽逃出资,其他股东、董事、高级管理人员或者实际控制人予以协助的,以共犯论处。[②]

**(3)定量标准**:本罪是以"数额巨大、后果严重或者有其他严重情节"作为入罪门槛。依据2022年最高人民检察院、公安部《关于公安机关管辖的刑事案件立案追诉标准的规定(二)》第4条,涉嫌下列情形之一的,应予立案追诉:① 法定注册资本最低限额在600万元以下,虚假出资、抽逃出资数额占其应缴出资数额60%以上的;② 法定注册资本最低限额超过600万元,虚假出资、抽逃出资数额占其应缴出资数额30%以上的;③ 造成公司、股东、债权人的直接经济损失累计数额在50万元以上的;④ 虽未达到上述数额标准,但具有下列情形之一的:第一,致使公司资不抵债或者无法正常经营的;第二,公司发起人、股东合

---

① 参见2020年修正的最高人民法院《关于适用〈中华人民共和国公司法〉若干问题的规定(三)》第7条。

② 2020年修正的最高人民法院《关于适用〈中华人民共和国公司法〉若干问题的规定(三)》第14条规定:"股东抽逃出资,公司或者其他股东请求其向公司返还出资本息、协助抽逃出资的其他股东、董事、高级管理人员或者实际控制人对此承担连带责任的,人民法院应予支持。"

谋虚假出资、抽逃出资的;第三,二年内因虚假出资、抽逃出资受过二次以上行政处罚,又虚假出资、抽逃出资的;第四,利用虚假出资、抽逃出资所得资金进行违法活动的。⑤ 其他后果严重或者有其他严重情节的情形。同时本条只适用于依法实行注册资本实缴登记制的公司。

**(4) "两虚一逃"犯罪的区分**:虚报注册资本罪、虚假出资罪和抽逃出资罪三罪的界限主要表现在时空特征上。具体而言,虚报注册资本罪与虚假出资罪(简称为"两虚"犯罪)均发生在交付出资资本的环节,但是前罪欺骗的对象必须是公司登记主管部门,而后罪欺骗的对象是公司的其他股东、发起人和债权人。至于抽逃出资罪,是发生在注册资本已经到位、公司成立之后,这是区分本罪与"两虚"犯罪的关键点。

### (三) 欺诈发行证券罪

本罪是指在招股说明书、认股书、公司、企业债券募集办法等发行文件中隐瞒重要事实或者编造重大虚假内容,发行股票或者公司、企业债券、存托凭证或者国务院依法认定的其他证券,或者控股股东、实际控制人组织、指使实施上述行为,数额巨大、后果严重或者有其他严重情节的行为。

**(1) 危害行为**:从动宾词组的罪名结构看,表现为以下三个不可分割的客观要件:

第一,行为对象:股票、债券、存托凭证或者国务院依法认定的其他证券。"股票"是股份公司为筹集资金而发行给股东的持股凭证,并借以取得股息和红利的有价证券;根据我国《公司法》第153条,"公司债券"是指公司依照法定程序发行、约定在一定期限还本付息的有价证券。至于"存托凭证"和"国务院依法认定的其他证券",是《刑法修正案(十一)》依据我国《证券法》新增加的两类规制对象。

第二,犯罪载体:招股说明书、认股书或者公司、企业债券募集办法等发行文件。我国《公司法》第85条和第154条规定:"发起人向社会公开募集股份,必须公告招股说明书,并制作认股书。""发行公司债券的申请经国务院授权的部门核准后,应当公告公司债券募集办法。"

第三,行为手段:隐瞒重要事实或者编造重大虚假内容,可概括为"欺诈"。我国《证券法》第19条规定:"发行人报送的证券发行申请文件,应当充分披露投资者作出价值判断和投资决策所必需的信息,内容应当真实、准确、完整。"这是本罪有别于《刑法》第179条"擅自发行股票、公司、企业债券罪"的界限。虽然两罪均属于非法集资犯罪体系中的罪名,也表现为以股票、债券的对应性回报为对价来非法吸收公众资金,但后罪的关键词是"擅自",表现为未经国家有关主管部门批准而发行股票或者公司、企业债券。

**(2) 定量标准**:本罪是以"数额巨大、后果严重或者有其他严重情节"作为入罪门槛。依据《关于公安机关管辖的刑事案件立案追诉标准的规定(二)》第5条,涉嫌下列情形之一的,应予立案追诉:① 非法募集资金金额在1000万元以上的;② 虚增或者虚减资产达到当期资产总额30%以上的;③ 虚增或者虚减营业收入达到当期营业收入总额30%以上的;④ 虚增或者虚减利润达到当期利润总额30%以上的;⑤ 隐瞒或者编造的重大诉讼、仲裁、担保、关联交易或者其他重大事项所涉及的数额或者连续12个月的累计数额达到最近一期披露的净资产50%以上的;⑥ 造成投资者直接经济损失数额累计在100万元以上的;⑦ 为欺诈发行证券而伪造、变造国家机关公文、有效证明文件或者相关凭证、单据的;⑧ 为欺诈发行证券向负有金融监督管理职责的单位或者人员行贿的;⑨ 募集的资金全部或者主要用于违法犯罪活动的;⑩ 其他后果严重或者有其他严重情节的情形。

同时,《刑法修正案(十一)》为了加大刑事打击力度,对本罪增加第二档次的法定刑。

### 4.3.2 妨害公司经营、终止管理的犯罪

从学理角度看,该类罪包括4个罪名,可以归入以下两个类型:

第一类:违规披露、不披露重要信息罪;隐匿、故意销毁会计凭证、会计账簿、财务会计报告罪。两罪均是以财务会计报告等公司经营中的重要信息作为行为对象。财务会计报告、会计凭证、会计账簿和其他重要信息,是记录和反映公司财务和经营状况的重要资料,需要依照规定客观、真实、完整地制作、提供和披露。① 如果公司在依法向有关主管部门提供的财务会计报告等材料上作虚假记载或者隐瞒重要事实的,则依据《公司法》第202条的规定,由有关主管部门对直接负责的主管人员和其他直接责任人员处以法定幅度的罚款;构成犯罪的,依法追究刑事责任。同时,我国《会计法》第43条和第44条规定,编制虚假财务会计报告,或者隐匿或者故意销毁依法应当保存的会计凭证、会计账簿、财务会计报告,构成犯罪的,依法追究刑事责任。

第二类:妨害清算罪;虚假破产罪。在时空特征上,两罪均发生在公司终止的环节。公司基于解散和宣告破产的情形而终止,这涉及众多利益主体的切身权益,必须依法在清算和破产程序中公平地清理债权债务关系。如果公司在进行清算时,隐匿财产,对资产负债表或者财产清单作虚假记载或者在未清偿债务

---

① 我国《会计法》制定的宗旨之一是为了保证会计资料真实、完整,并且要求各单位必须根据实际发生的经济业务事项进行会计核算,填制会计凭证,登记会计账簿,编制财务会计报告(第9条);任何单位和个人不得伪造、变造会计凭证、会计账簿及其他会计资料,不得提供虚假的财务会计报告(第13条)。同时,我国《公司法》第164条规定:"公司应当在每一会计年度终了时编制财务会计报告,并依法经会计师事务所审计。财务会计报告应当依照法律、行政法规和国务院财政部门的规定制作。"

前分配公司财产的,则按照《公司法》第204条的规定,由公司登记机关责令改正,对公司以及直接负责的主管人员和其他直接责任人员处以法定幅度的罚款;构成犯罪的,依法追究刑事责任。《企业破产法》第131条也规定,违反本法规定,构成犯罪的,依法追究刑事责任。

## (一) 违规披露、不披露重要信息罪

本罪是指依法负有信息披露义务的公司、企业向股东和社会公众提供虚假的或者隐瞒重要事实的财务会计报告,或者对依法应当披露的其他重要信息不按照规定披露,严重损害股东或者其他人利益,或者有其他严重情节的行为。

本罪是《刑法修正案(六)》对1997年修订的《刑法》第161条的规定修订而成,这具体表现为以下三个方面的变化:(1) 在沿袭犯罪主体是纯正的单位犯、处罚上实行单罚制、仅由直接负责的主管人员和其他直接责任人员承担刑事责任的基础上,将过去笼统称谓的"公司"限缩为"依法负有信息披露义务的公司、企业";(2) 在危害行为上,保留了"向股东和社会公众提供虚假的或者隐瞒重要事实的财务会计报告"的作为类型,同时增设"对依法应当披露的其他重要信息不按照规定披露"的不作为类型,严密了刑事法网。有鉴于此,2007年"两高"在《关于执行〈中华人民共和国刑法〉确定罪名的补充规定(三)》中,将过去单一的作为类型的罪名称谓("提供虚假财会报告罪")改称为如今的"作为+不作为"的形态;(3) 在定量特征上,在保留"严重损害股东或者其他人利益"的同时,又增加"其他严重情节"的"兜底"类型。

为了强化信息披露制度、严厉打击信息披露不充分的行为,2019年修订的《证券法》在第五章专门设立"信息披露"的章节,其中第78条要求发行人及法律、行政法规和国务院证券监督管理机构规定的其他信息披露义务人,应当及时依法履行信息披露义务。信息披露义务人披露的信息,应当真实、准确、完整,简明清晰,通俗易懂,不得有虚假记载、误导性陈述或者重大遗漏。同时,第197条规定,信息披露义务人未按照本法规定报送有关报告或者履行信息披露义务的,或者报送的报告或者披露的信息有虚假记载、误导性陈述或者重大遗漏的,责令改正,给予警告,并处以一定幅度的罚款。在此基础上,《刑法修正案(十一)》为了加大刑事打击力度,不仅对本罪增加第二档次的法定刑,而且将第一档次的法定最高刑由3年提高到5年。同时,将公司、企业的控股股东、实际控制人增设为犯罪主体。

至于定量标准,本罪是以"严重损害股东或者其他人利益,或者有其他严重情节"作为入罪门槛。依据2022年《关于公安机关管辖的刑事案件立案追诉标准的规定(二)》第6条,涉嫌下列情形之一的,应予立案追诉:(1) 造成股东、债权人或者其他人直接经济损失数额累计在100万元以上的;(2) 虚增或者虚减资产达到当期披露的资产总额30%以上的;(3) 虚增或者虚减营业收入达到当

期披露的营业收入总额30%以上的;(4)虚增或者虚减利润达到当期披露的利润总额30%以上的;(5)未按照规定披露的重大诉讼、仲裁、担保、关联交易或者其他重大事项所涉及的数额或者连续12个月的累计数额达到最近一期披露的净资产50%以上的;(6)致使不符合发行条件的公司、企业骗取发行核准或者注册并且上市交易的;(7)致使公司、企业发行的股票或者公司、企业债券、存托凭证或者国务院依法认定的其他证券被终止上市交易的;(8)在公司财务会计报告中将亏损披露为盈利,或者将盈利披露为亏损的;(9)多次提供虚假的或者隐瞒重要事实的财务会计报告,或者多次对依法应当披露的其他重要信息不按照规定披露的;(10)其他严重损害股东、债权人或者其他人利益,或者有其他严重情节的情形。

(二)隐匿、故意销毁会计凭证、会计账簿、财务会计报告罪

本罪是指隐匿或者故意销毁依法应当保存的会计凭证、会计账簿、财务会计报告,情节严重的行为。这是《刑法修正案》第1条增设的罪名,在体例上作为《刑法》第162条之一。

**(1) 行为对象**:从动宾词组的罪名结构看,本罪的行为对象是依法应当保存的会计资料,包括:

第一,"会计凭证":这是指记录经济业务、按一定格式编制的据以登记会计账簿的书面证明,包括原始凭证(例如销货发票、款项收据)和记账凭证(例如收款凭证、付款凭证、转账凭证)。

第二,"会计账簿":这是指以会计凭证为依据、由一定格式的账页所组成、用以全面记录一个单位经济业务事项的会计簿籍,包括总账、明细账、日记账和其他辅助性账簿。

第三,"财务会计报告":这是指根据经过审核的会计账簿和有关会计核算资料编制并对外提供的、反映单位财务状况和经营成果的报告文书,由会计报表、会计报表附注和财务情况说明书组成。

**(2) 危害行为**:本罪表现为以下两种行为之一:

第一,隐匿:我国《会计法》第35条规定:"各单位必须依照有关法律、行政法规的规定,接受有关监督检查部门依法实施的监督检查,如实提供会计凭证、会计账簿、财务会计报告和他会计资料以及有关情况,不得拒绝、隐匿、谎报。"所谓"隐匿",是指采取非法隐瞒、转移、藏匿等各种方式致使他人不能或者难以知道的行为。

第二,故意销毁:我国《会计法》第23条规定:"各单位对会计凭证、会计账簿、财务会计报告和其他会计资料应当建立档案,妥善保管。会计档案的保管期限和销毁办法,由国务院财政部会同有关部门制定。"所谓"销毁",是指通过损坏、毁灭、抛弃等手段灭失对象效用的行为。对于过失销毁的行为,不应作为犯

罪处理,故立法者在此行为形态上加入"故意"一词而形成注意规定。

**(3)犯罪主体**:2002年全国人大常委会法制工作委员会在《关于对"隐匿、销毁会计凭证、会计账簿、财务会计报告构成犯罪的主体范围"问题的答复意见》中明确指出,任何单位和个人在办理会计事务时对依法应当保存的会计凭证、会计账簿、财务会计报告进行隐匿、销毁,情节严重,构成犯罪的,应当依法追究刑事责任。因此,所有依照《会计法》的规定而办理会计事项的单位和个人,均可以构成本罪,不能基于本罪在体系上列入"妨害对公司、企业管理秩序罪"中而片面地理解为本罪的主体仅限于公司、企业人员。此外,根据我国《会计法》第45条,授意、指使、强令会计机构、会计人员及其他人员隐匿、故意销毁依法应当保存的会计凭证、会计账簿、财务会计报告,情节严重的,也可以构成本罪。

**(4)定量标准**:本罪是以"情节严重"作为入罪门槛。依据2022年《关于公安机关管辖的刑事案件立案追诉标准的规定(二)》第8条,涉嫌下列情形之一的,应予立案追诉:① 隐匿、故意销毁的会计凭证、会计账簿、财务会计报告涉及金额在50万元以上的;② 依法应当向监察机关、司法机关、行政机关、有关主管部门等提供而隐匿、故意销毁或者拒不交出会计凭证、会计账簿、财务会计报告的;③ 其他情节严重的情形。

**(5)竞合适用**:在司法实践中,行为人可能通过隐匿、故意销毁会计凭证、会计账簿、财务会计报告的手段来实施贪污、职务侵占、逃税、妨害清算、虚假破产等犯罪。在以上手段行为与目的行为存在牵连关系的情况下,应采取择一重罪处断的原则定罪处罚,不宜实行数罪并罚。

(三)妨害清算罪

本罪是指公司、企业进行清算时,隐匿财产,对资产负债表或者财产清单作虚伪记载或者在未清偿债务前分配公司、企业财产,严重损害债权人或者其他人利益的行为。

**(1)时空特征**:发生在公司、企业进入清算的过程中。

所谓"清算",是指基于公司、企业的解散、破产事由,依照法律规定对公司、企业的财产和债权债务等法律关系进行清理、处分的活动。依据我国《公司法》第183条,公司因法定情形而解散的,应当在解散事由出现之日起15日内成立清算组,开始清算。

**(2)危害行为**:体现为下列三种情形之一:

第一,隐匿财产:是指采取各种方式非法隐瞒、转移、藏匿公司、企业的资金、实物、无形资产等各种财物。

第二,对资产负债表或者财产清单作虚伪记载:是指对于资产负债表或者财产清单等进行公司、企业清算的重要文件,在制作时予以不实在、不真实的虚报或者隐瞒重要事实。

第三,在未清偿债务前分配公司、企业财产:是指违反法律规定,在依照财产处分程序清偿债务之前,擅自分配公司、企业的财产。①

**(3)犯罪主体**:纯正的单位犯,只能由单位实施,在处罚上实行单罚制,仅由直接负责的主管人员和其他直接责任人员承担刑事责任。根据我国《公司法》第183条和第189条,有限责任公司的清算组由股东组成,股份有限公司的清算组由董事或者股东大会确定的人员组成。清算组成员应当忠于职守,依法履行清算义务。

**(4)定量标准**:本罪是以"严重损害债权人或者其他人利益"作为入罪门槛。依据《关于公安机关管辖的刑事案件立案追诉标准的规定(二)》第7条,涉嫌下列情形之一的,应予立案追诉:隐匿财产价值在50万元以上的;对资产负债表或者财产清单作虚伪记载涉及金额在50万元以上的;在未清偿债务前分配公司、企业财产价值在50万元以上的;造成债权人或者其他人直接经济损失数额累计在10万元以上的;虽未达到上述数额标准,但应清偿的职工的工资、社会保险费用和法定补偿金得不到及时清偿,造成恶劣社会影响的;其他严重损害债权人或者其他人利益的情形。

**(四)虚假破产罪**

本罪是指公司、企业通过隐匿财产、承担虚构的债务或者以其他方法转移、处分财产,实施虚假破产,严重损害债权人或者其他人利益的行为。这是《刑法修正案(六)》第6条增设的罪名,在体例上作为《刑法》第162条之二。

**(1)时空特征**:发生在进入破产程序之前。

所谓"破产",是指基于债务人、债权人或者清算组的申请,在债务人不能清偿到期债务,并且财产不足以清偿债务或者明显缺乏清偿能力时的情形下,法院依照法定程序强制清算债务人的全部财产的一种法律制度。关于如何界定"进入破产程序",应分三种情形来认定:一是债务人提出破产清算申请的,申请之日即属于进入破产程序;二是债权人提出破产清算申请的,如果债务人对申请没有提出异议,则应当以异议期满之日起为进入破产程序;三是债务人对债权人的破产清算申请提出异议的,则应以人民法院裁定受理之日起为进入破产程序。②

**(2)危害行为**:体现为下列三种情形之一,实施虚假破产:

第一,隐匿财产:这是指采取各种方式非法隐瞒、转移、藏匿公司、企业的资

---

① 我国《公司法》第186条第2款、第3款规定:"公司财产在分别支付清算费用、职工的工资、社会保险费用和法定补偿金,缴纳所欠税款,清偿公司债务后的剩余财产,有限责任公司按照股东的出资比例分配,股份有限公司按照股东持有的股份比例分配。……公司财产在未依照前款规定清偿前,不得分配给股东。"

② 参见潘家永:《虚假破产罪探析》,载《政法论坛》2008年第2期。

金、实物、无形资产等各种财物。例如,采用不报、低报的手段,故意缩小财产的实际数额;故意对无形资产不评估作价或者低估;以改制的名义转移财产,造成原企业资不抵债的事实(空壳破产)。

第二,承担虚构的债务:这是指本身没有债务而捏造、承认不真实或不存在的债务,或者虽负有债务但夸大负债的状况,以造成资不抵债的假象。

第三,以其他方法转移、处分财产:该"兜底"方式主要是指我国《企业破产法》第31条规定的可撤销的破产无效行为,包括人民法院受理破产申请前一年内涉及债务人财产的下列行为:无偿转让财产、以明显不合理的价格进行交易、对没有财产担保的债务提供财产担保、对未到期的债务提前清偿、放弃债权。① 对比可见,实施虚假破产罪的前两种行为方式,是与《企业破产法》第33条规定的两种自始无效的行为相对应的。所谓"虚假破产",是指债务人在不具备破产条件的情况下,虚构破产原因而申请进入破产程序,以达到逃债目的,即"假破产,真逃债"。对于确实已经发生破产原因,在真实的破产中非法隐匿、转移、处分财产,严重损害债权人或者其他人利益的行为,不构成本罪。

**(3) 犯罪主体**:纯正的单位犯,只能由公司、企业实施,在处罚上实行单罚制,仅由公司、企业直接负责的主管人员和其他直接责任人员承担刑事责任。

**(4) 妨害清算罪与虚假破产罪的区别**:两罪在犯罪主体、行为方式和定量特征上基本相同,但两罪在时空特征上存在显著的区别点。具体而言,妨害清算罪发生于公司、企业进入清算程序之后清理债权债务的活动期间;而虚假破产罪发生在公司、企业进入破产程序之前。按照清算程序的不同,公司清算可分为破产清算与非破产清算,即破产也会引起公司的清算。在此破产与清算相互交融的情形下,如果在破产程序开始之后而进行破产清算的期间实施非法隐匿、转移、处分财产等行为的,应认定为妨碍清算罪;对于公司、企业在破产程序开始之前、尚未开始清算时而采取非法隐匿、转移、处分财产等手段,实施虚假破产的,则应认定为虚假破产罪。由此可见,是否进入清算程序,是区分两罪的关键点。同时,虚假破产罪只能存在于实施虚假破产的过程中,而妨害清算罪可以存在于虚假和真实的破产之中。

**(5) 定量标准**:本罪是以"严重损害债权人或者其他人利益"作为入罪门槛。依据《关于公安机关管辖的刑事案件立案追诉标准的规定(二)》第9条,涉嫌下列情形之一的,应予立案追诉:① 隐匿财产价值在50万元以上的;② 承担虚构的债务涉及金额在50万元以上的;③ 以其他方法转移、处分财产价值在50万元以上的;④ 造成债权人或者其他人直接经济损失数额累计在10万元以上

---

① 在我国《企业破产法》中,破产无效行为分为两种类型:(1) 自始无效的行为,是指第33条规定的涉及债务人财产的两种无效行为:第一,为逃避债务而隐匿、转移财产;第二,虚构债务或者承认不真实的债务。(2) 可撤销的行为,主要是指第31条规定的情形。

的;⑤ 虽未达到上述数额标准,但应清偿的职工的工资、社会保险费用和法定补偿金得不到及时清偿,造成恶劣社会影响的;⑥ 其他严重损害债权人或者其他人利益的情形。

### 4.3.3 公司贿赂犯罪

在市场经济下,经营者应当按照平等、公平、诚实信用的原则从事商品经营或者营利性服务。我国《反不正当竞争法》第 8 条和第 22 条规定,经营者不得采用财物或者其他手段进行贿赂以销售或者购买商品,若构成犯罪的,依法追究刑事责任。我国《公司法》第 147 条也要求董事、监事、高级管理人员应当对公司负有忠实义务和勤勉义务,不得利用职权收受贿赂或者其他非法收入。如果公司、企业或者其他单位的工作人员以其职务行为与行贿人进行不正当的交易,不仅侵犯职务行为的公正性,而且妨害公平竞争等市场经济的原则,破坏国家对公司、企业的管理活动。有鉴于此,我国《刑法》在第三章第三节中设立了 3 个公司贿赂犯罪:非国家工作人员受贿罪;对非国家工作人员行贿罪;对外国公职人员、国际公共组织官员行贿罪。

需要指出的是,在 2008 年"两高"《关于办理商业贿赂刑事案件适用法律若干问题的意见》的标题中使用了"商业贿赂"的称谓,并且在第 1 条将其范围界定为以下 8 种罪名:非国家工作人员受贿罪、对非国家工作人员行贿罪、受贿罪、单位受贿罪、行贿罪、对单位行贿罪、介绍贿赂罪以及单位行贿罪。这实质上是从广义角度进行定义的,带有鲜明时代色彩的"大贿赂罪"的意蕴。本书所使用的"公司贿赂"一词,是以我国《刑法》第三章中贿赂犯罪主体所在的单位为标准进行学理归类的,其范围小于"商业贿赂",但两者均不是严格意义的刑法罪名。

(一) 非国家工作人员受贿罪

本罪是指公司、企业或者其他单位的工作人员,利用职务上的便利,索取他人财物或非法收受他人财物,为他人谋取利益,或者在经济往来中,违反国家规定,收受各种名义的回扣、手续费,归个人所有,数额较大的行为。

随着各种私立的医疗、教育、科研、体育、文化等非国有事业单位、社会团体在数量和活动领域的扩展,这些单位的工作人员利用职务上的便利,索贿或者收受贿赂的行为日趋蔓延。由于这些人员所处的单位与公司、企业的法律性质相距甚远,在业务活动上也不具有从事公务的属性,这就导致司法实践的尴尬局面。例如,对于医生收受药品回扣、"红包"的行为,既难以适用《刑法》第 163 条定性处罚,也不能以第 385 条的受贿罪认定。为了有效打击日益严重的商业贿赂行为,在《刑法修正案(六)》第 7 条中,立法者通过简要地增加"或者其他单位"六个字,扩大了第 163 条的犯罪主体范围。据此,"两高"在 2007 年通过的《关于执行〈中华人民共和国刑法〉确定罪名的补充规定(三)》中,将原先的"公司、企业人员受贿罪"更名为"非国家工作人员受贿罪",从而与《刑法》第 385 条规定的"(国家工作人员)受贿罪"形成对应的关系,共同构成我国反受贿犯罪的罪名体系。《刑法修正案(十一)》第 10 条为了加大对本罪的刑事打击力度,对该罪增设了第三档次的法定刑。

**(1) 危害行为**:本罪的客观构成包括以下三个要素:

第一,利用职务上的便利:这是指行为人利用自己职务上主管、管理、经手或者参与某项工作的便利条件。

第二,索取或者非法收受他人财物的行为。本罪的具体行为方式有两种:一是索取贿赂,是指行为人用为他人谋取利益作为交易条件,以公开或暗示的形式,主动地向请托人索要财物的行为;二是收受贿赂,是指行为人利用职务上的便利,接受请托人主动送给的财物的行为。这里的"财物",依据 2008 年"两高"《关于办理商业贿赂刑事案件适用法律若干问题的意见》第 7 条,既包括金钱和实物,也包括可以用金钱计算数额的财产性利益,如提供房屋装修、含有金额的会员卡、代币卡(券)、旅游费用等。具体数额以实际支付的资费为准。

另外,依据我国《刑法》第 163 条第 2 款,公司、企业或者其他的工作人员在经济往来中,利用职务上的便利,违反国家规定,收受各种名义的回扣、手续费,归个人所有的,也属于本罪在客观方面的表现形式之一。依据原国家工商行政管理局在 1996 年 11 月公布实施的《关于禁止商业贿赂行为的暂行规定》,所谓"回扣",是指经营者销售商品时在账外暗中以现金、实物或者其他方式退给对方单位或者个人的一定比例的商品价款;"手续费"是指在经济活动中,违反国家规定,以各种名义支付给公司、企业或者其他单位工作人员除了回扣之外的其他款项,如顾问费、劳务费、信息费、好处费等。需要注意的是,"回扣"与"折扣"是不同的概念,区分的关键点在于是否如实入账。我国《反不正当竞争法》第 8 条准许经营者在销售或者购买商品时,可以以明示方式给对方折扣和给中间人佣金,但必须如实入账。接受折扣、佣金的经营者也必须如实入账。因此,只有公司、企业或者其他单位的工作人员在账外暗中接受各种名义的回扣、手续费而归自己所有的,才可能构成本罪。

第三,为他人谋取利益:这是指行为人索取或收受他人财物,利用职务之便为他人或允诺为他人实现某种利益。至于该利益是合法、正当的还是非法、不正当的,或者是否已经实际谋取到利益,均不影响本罪的成立。

**(2) 犯罪主体**:是特殊主体,必须是"公司、企业或者其他单位的工作人员",并且不具有"从事公务"的职能属性:

第一,"公司、企业的工作人员":这是本罪设立以来传统的犯罪主体,是指在公司、企业中从事领导、组织、管理工作的人员以及其他受聘从事管理事务的人员,例如有限责任公司、股份有限公司的董事、监事、高级管理人员等。关于

"国有公司、企业"的工作人员能否成为本罪的犯罪主体,还需要结合其是否具有"从事公务"的职能属性进行"二分法"的判定:首先,国有公司、企业以及其他国有单位中的非国家工作人员,可以成为本罪的犯罪主体;其次,国有公司、企业中从事公务的人员,以及国有公司、企业委派到非国有公司、企业以及其他单位从事公务的人员,可以构成《刑法》第 385 条规定的受贿罪。

第二,"其他单位的工作人员":这是《刑法修正案(六)》新增设的犯罪主体,带有"兜底"的性质。这里的"其他单位",依据 2008 年"两高"《关于办理商业贿赂刑事案件适用法律若干问题的意见》第 2 条,既包括事业单位、社会团体、村民委员会、居民委员会、村民小组等常设性的组织,也包括为组织体育赛事、文艺演出或者其他正当活动而成立的组委会、筹委会、工程承包队等非常设性的组织。需要强调的是,医疗机构、学校和其他教育机构以及依法组建的评标委员会、竞争性谈判采购中的谈判小组、询价采购中的询价小组,在表象上可归入"其他单位"的范畴。但是,并非上述"其他单位"的工作人员一律成为本罪的犯罪主体,尚需考察其是否具有"从事公务"的职能属性,这也是区分本罪与受贿罪的重要界限。具体而言,依据上述《意见》第 4 条至第 6 条的规定,这些单位中的国家工作人员,以及其中的国家机关或者其他国有单位的代表,在相关采购或者评标等活动中,利用职务上的便利,索取他人财物,或者非法收受他人财物,为他人谋取利益,构成犯罪的,依照《刑法》第 385 条的规定,以受贿罪定罪处罚。与此相对应的,这些单位中的非国家工作人员实施上述行为,数额较大的,则依照《刑法》第 163 条的规定,以本罪定罪处罚。至于公司、企业或者其他单位的法律性质、存在状态以及所隶属的国家或者地区,则在所不问,既可以是处于筹建中的状态,也包括外国的公司、企业和其他单位以及国际组织机构。

**(3) 定量标准**:本罪是以"数额较大"作为入罪门槛。根据《关于公安机关管辖的刑事案件立案追诉标准的规定(二)》第 10 条,数额在 3 万元以上的,应予立案追诉。

**(4) 共犯问题**:非国家工作人员与国家工作人员通谋,共同收受他人财物,构成共同犯罪的,依据《关于办理商业贿赂刑事案件适用法律若干问题的意见》第 11 条,根据双方利用职务便利的具体情形,分别定罪追究刑事责任:利用国家工作人员的职务便利为他人谋取利益的,以受贿罪追究刑事责任;利用非国家工作人员的职务便利为他人谋取利益的,以非国家工作人员受贿罪追究刑事责任;分别利用各自的职务便利为他人谋取利益的,按照主犯的犯罪性质追究刑事责任,不能分清主从犯的,可以受贿罪追究刑事责任。概而言之,判定的标准是采取"职能依附说(前两种情形)+主犯说(第三种情形)"。

(二) 对非国家工作人员行贿罪

本罪是指为谋取不正当利益,给予公司、企业或者其他单位的工作人员以财物,数额较大的行为。

**(1) 危害行为**:本罪的客观构成包括以下三个要素:

第一,行贿的对象:公司、企业或者其他单位的工作人员,但不包括国有公司、企业以及其他国有单位中从事公务的人员,以及国有公司、企业委派到非国有公司、企业以及其他单位从事公务的人员。这是本罪与行贿罪、对单位行贿罪以及对外国公职人员、国际公共组织官员行贿罪的重要区别点。

第二,贿赂的行为方式:"给予"。这包括直接或者间接地给予贿赂。在司法实践中,贿赂的给付形式包括实际给予、许诺给予和提议给予三种类型。对于实际给予,无疑可以作为贿赂的行为方式;但对于许诺给予或者提议给予,只有在约定是具体、确定的情形下才应认定。

第三,贿赂的范围:"财物"。《刑法修正案(六)》对本罪的修改,仅仅体现在增加"或者其他单位"六个字以扩大行贿对象的范围,在贿赂范围的表述上依然沿用"财物"一词,但这并不意味着贿赂仅限定于具体的金钱和实物,其范围应参见非国家工作人员受贿罪的内容,有关司法解释已经将其拓宽至财产性利益。

**(2) 犯罪主体**:是一般主体,自然人和单位均可构成本罪。行贿人在被追诉前主动交待行贿行为的,可以减轻处罚或者免除处罚。

**(3) 主观方面**:行为人必须出于故意,并且具有谋取不正当利益的目的。所谓"不正当利益",依据《关于办理商业贿赂刑事案件适用法律若干问题的意见》第9条,是指行贿人谋取违反法律、法规、规章或者政策规定的利益,或者要求对方违反法律、法规、规章、政策、行业规范的规定而提供帮助或者方便条件。在招标投标、政府采购等商业活动中,违背公平原则,给予相关人员财物以谋取竞争优势的,属于"谋取不正当利益"。至于行为人谋取的不正当利益是否实现,不影响本罪的成立。

**(4) 定量标准**:本罪是以"数额较大"作为入罪门槛。根据《关于公安机关管辖的刑事案件立案追诉标准的规定(二)》第11条,个人行贿数额在3万元以上的,单位行贿数额在20万元以上的,应予立案追诉。

(三) 对外国公职人员、国际公共组织官员行贿罪

本罪是指为谋取不正当商业利益,给予外国公职人员或者国际公共组织官员以财物,数额较大的行为。这是《刑法修正案(八)》第29条新设立的罪名。

**(1) 行贿的对象**:为了履行我国于2005年10月27日批准加入的《联合国反腐败公约》所承担的相关条约义务,体现我国反国际商业贿赂犯罪的严明立场,规范我国公民、法人和其他组织在国际活动中的行为,《刑法修正案(八)》增设此罪,并且在体例上置于刑法对"对非国家工作人员行贿罪"规定的第164条项下,作为该条的第2款规定,因而本罪在"给予财物"的客观构成要素、犯罪主

体、定量特征以及法定刑等内容上,与"对非国家工作人员行贿罪"具有相同之处。但是,两罪在行贿的对象上存在显著的区别:本罪的行贿对象是外国公职人员或者国际公共组织官员。在《联合国反腐败公约》第2条"术语的使用"中的第2项和第3项,分别对这两类人员的内涵予以界定:所谓"外国公职人员",是指外国通过任命或者选举而担任立法、行政、行政管理或者司法职务的任何人员,以及为外国,包括为公共机构或者公营企业行使公共职能的任何人员。"国际公共组织官员"包括两种类型:一是国际公务员;二是虽没有受国际组织聘用,但经此组织授权而代表该组织行事的人员。

**(2) 主观方面**:行为人必须出于故意,并且具有"谋取不正当商业利益"的目的。

依据该要件中的关键词"商业利益"的限定,行为人为谋取商业利益之外的其他利益(诸如政治利益)而行贿的,则不能构成本罪。此外,基于其中另一关键词"不正当"的限制,行为人谋取正当的商业利益而行贿的,也不能构成本罪。至于如何认定"谋取不正当商业利益",不仅应参考《关于办理商业贿赂刑事案件适用法律若干问题的意见》第9条对行贿犯罪关于"谋取不正当利益"的规定,更应结合本罪行贿对象的涉外特征而判定,这是指行贿人谋取违反外国的法律、法规、政策或者国际组织规章制度所规定的利益,或者要求外国公职人员、国际公共组织官员违反外国的法律、法规、政策或者国际组织规章制度、行业规范的规定而提供帮助或者方便条件。至于行贿者是否实际上实现商业利益,并不影响本罪的成立。

**(3) 外国公职人员、国际公共组织官员受贿的问题。**

本罪是我国反贿赂罪名体系中的一环,但我国刑法没有基于行贿与受贿的对合关系而设立"外国公职人员、国际公共组织官员受贿罪"。在此立法背景下,不能简单地认为外国公职人员、国际公共组织官员的受贿行为在我国就不构成犯罪,须在我国刑法管辖原则的基础上,再结合行为人的国籍和是否具有"从事公务"的职能属性予以判定:第一,对于在国际公共组织中担任官员的拥有中国国籍的国家工作人员,如果其收受贿赂而构成犯罪的,应以受贿罪追究刑事责任;第二,对于在国际公共组织中担任官员的拥有中国国籍的非国家工作人员,以及符合我国刑法关于保护管辖条件的外国人,若其收受贿赂而构成犯罪的,可以依照非国家工作人员受贿罪的规定定罪处罚。

**(4) 定量标准**:本罪是以"数额较大"作为入罪门槛。根据《关于公安机关管辖的刑事案件立案追诉标准的规定(二)》第12条,个人行贿数额在3万元以上的,单位行贿数额在20万元以上的,应予立案追诉。

### 4.3.4 公司渎职犯罪

为了保护公司、股东和债权人的合法权益,我国《公司法》第 21 条规定公司的控股股东、实际控制人、董事、监事、高级管理人员不得利用其关联关系损害公司利益,并且在第六章对"公司董事、监事、高级管理人员的资格和义务"予以专门规定。例如在第 147 条要求董事、监事、高级管理人员应当遵守法律、行政法规和公司章程,对公司负有忠实义务和勤勉义务,并且在第 148 条规定董事、高级管理人员不得有下列行为:未经股东会或者股东大会同意,利用职务便利为自己或者他人谋取属于公司的商业机会,自营或者为他人经营与所任职公司同类的业务;违反对公司忠实义务的其他行为。如果国有公司、企业、事业单位的董事、监事、高级管理人员或者其他工作人员,在履行职务的活动中滥用职权、玩忽职守或者徇私舞弊,则会违背其应尽的忠实和勤勉义务,亵渎赋予其的职权,导致国家或公司的利益遭受重大损失,妨害国家对公司、企业的管理秩序。有鉴于此,我国《刑法》在第三章第三节中设立了公司渎职犯罪,包括以下 7 个罪名:非法经营同类营业罪;为亲友非法牟利罪;签订、履行合同失职被骗罪;国有公司、企业、事业单位人员失职罪;国有公司、企业、事业单位人员滥用职权罪;徇私舞弊低价折股、出售国有资产罪;背信损害上市公司利益罪。

从规范意义上看,该类的渎职犯罪具有同质性,这具体表现在以下几个方面:

**(1) 犯罪主体**:是特殊主体,必须是在国有公司、企业、事业单位的商业经营(而非从事公务)的活动中拥有组织、管理、经手职权的工作人员,否则就是"无职可渎"。这也是该类别的公司渎职犯罪有别于"(公务)渎职罪"的重要界限。

在我国《刑法》分则第九章规定的"渎职罪"中,犯罪主体是国家机关工作人员,他们是代表国家机关在履行公务职权的活动中构成犯罪,侵害的客体是国家机关的正常公务活动,故我们可以将第九章的犯罪理解为"(公务)渎职罪"。例如,本类别中的"签订、履行合同失职被骗罪"(第 167 条)与第九章渎职罪中的"国家机关工作人员签订、履行合同失职被骗罪"(第 406 条),是立法者针对在诈骗互动关系中对失职的被害方所设立的罪名,均属于渎职类的罪名。除了犯罪主体之外,两罪在罪状和法定刑的设计上完全相同。

**侯某某签订、履行合同失职被骗案**:被告人侯某某是某大型国有(集团)总公司的董事和综合管理部主任,其在 1992 年至 1995 年期间,擅自越权批准总公司为北京某公司提供贷款担保 50 笔,共计人民币 5 亿多元、港币 2000 万元和美元 6770 万元。由于该公司不能如期还贷,某国有(集团)总公司须承担连带责任,共损失人民币 2000 多万元。1996 年 12 月,检察机关以玩忽职守罪提起公诉;1997 年 12 月,某中级法院认为被告人不属于国家机关工作人员,不符合玩忽职守罪的主体资格,故判决其不构成犯罪。在上级检察机关提出抗诉的情形下,1998年11月,某高级法院认定被告人构成"签订、履行合同失职被骗罪",判处有期徒刑5年。

对于该类别7个罪名的犯罪主体,可分为以下两种类型:

第一,高级管理人员:包括董事、经理和直接负责的主管人员等,这体现在非法经营同类营业罪;签订、履行合同失职被骗罪;徇私舞弊低价折股、出售国有资产罪;背信损害上市公司利益罪4个罪名。所谓"董事",是由公司股东会选举产生的、对内管理公司业务和对外代表公司进行经济活动的常设性执行机构的成员。"经理"是在董事会的聘任和授权下,执行董事会的决策和负责公司日常经营的高级管理人员,但不包括项目经理、部门经理、业务经理等称谓也是经理的中层管理人员。

第二,一般工作人员:这不只限定于董事、经理等高级管理人员,是指在国有公司、企业、事业单位工作的所有人员,这体现在为亲友非法牟利罪,国有公司、企业、事业单位人员失职罪以及国有公司、企业、事业单位人员滥用职权罪3个罪名。其中对于"国有公司、企业、事业单位人员失职罪"和"国有公司、企业、事业单位人员滥用职权罪"[①],1997年修订的《刑法》所规定的犯罪主体是"直接负责的主管人员"。为了扩大适用范围,《刑法修正案》将它们修订为现今的"(一般)工作人员"。

**(2) 时空特征**:从该类犯罪主体所任职的领域来看,除了背信损害上市公司利益罪之外,均身处典型的"国字号"单位:国有公司、企业和事业单位。所谓"国有公司、企业",是指全部资产隶属于国有的公司、企业,不包括国有资产参股的公司和企业在内,更勿论国有单位之外的其他所有制的公司、企业。关于作为例外的"背信损害上市公司利益罪",是《刑法修正案(六)》第9条增设的罪名,在体例上作为《刑法》第169条之一。本罪所保护的利益对象"上市公司",依据我国《公司法》第120条,是指其股票在证券交易所上市交易的股份有限公司,这并不只限定于国有的公司、企业。在一定程度上说,本罪名的设立拓展了我国刑法在公司渎职犯罪类别中所规制的对象范围。

**杨某某非法经营同类营业案**:某发动机有限公司系中国某国有公司与日本某株式会社等额出资(各50%)组建的合资公司。2000年4月,被告人杨某某被该合资公司董事会聘任为营业部副部长,主管销售零件和售后服务。2000年7月,杨某某拟增加某润滑油公司生产的机油为指定用油予以销售。2000年8月,杨某某以其母亲为法定代表人,其妻谭某某、岳母刘某某等为股东注册成立

---

① 这两个罪名是"两高"根据《刑法修正案》第2条的规定,在2002年"两高"《关于执行〈中华人民共和国刑法〉确定罪名的补充规定》中所确定的新称谓,其前身是我国《刑法》第168条的"徇私舞弊造成破产、亏损罪"。

某物资销售公司。随后,杨某某指使其下属以该合资公司营业部的名义,委托物资销售公司在销售网络中向客户销售机油。同年9月,杨某某以合资公司营业部的名义,在销售网络中发出通知,要求用户大力推广该机油,并指定汇款直接汇入物资销售公司的账户。9月至11月,该物资销售公司共向合资公司的用户销售机油38万多元,获利11万余元。某区法院审理后认为,被告人杨某某系合资公司的管理人员,利用职务之便,让其亲属经营与其任职公司业务范围同类的经营活动,从中谋取非法利益,其行为损害了合资公司的利益,系违法行为。但鉴于其任职的合资公司不属于国有公司,其所担任的职务不是国有公司董事、经理,故不应认定为"非法经营同类营业罪",判处被告人无罪。在检察机关提出抗诉的情形下,某中级法院审理后裁定维持原判。

(3) **行为类型**:该类别7个罪名的行为类型可分为以下三种:一是滥用职权型:指行为人利用职务便利,违反对公司负有的忠实义务,从事与公司的非法竞业行为、自利交易和其他损害公司利益的行为,以谋求自己或者第三者利益的行为。这体现在非法经营同类营业罪;为亲友非法牟利罪;国有公司、企业、事业单位人员滥用职权罪;背信损害上市公司利益罪4个罪名上。二是玩忽职守型:指行为人违反对公司负有的勤勉义务的行为。这表现在签订、履行合同失职被骗罪;国有公司、企业、事业单位人员失职罪2个罪名上。三是徇私舞弊型:指行为人违反对公司应尽的公正廉明的行为,体现在徇私舞弊低价折股、出售国有资产罪上。

(4) **实害犯**:公司渎职行为只有达到法定危害的程度,才能构成犯罪。至于定量标准,要求"非法经营同类营业罪"的行为人获取非法利益,数额巨大;"背信损害上市公司利益罪"是行为人致使上市公司利益遭受重大损失。至于其他5个罪名,以"致使国家利益遭受重大损失"为入罪标准。

## 4.4 破坏金融管理秩序罪

### 4.4.1 罪名体系的设立和学理分类

破坏金融管理秩序罪,是指违反金融管理法律法规,严重危害货币管理、金融机构设立、存贷管理、票据管理、证券管理、外汇管理以及其他金融管理制度,破坏国家金融管理活动的行为。

金融是货币流通和资金融通的一切经济活动,对国民经济具有造血机能和血液循环机能,启动并运载着整个社会经济的发展,其重要性正如邓小平所说:

"金融很重要,是现代经济的核心。金融搞好了,一着棋活,全盘皆活。"①金融市场的核心是金融秩序,它是金融市场存在和发展中所表现出来的有序状态,具体表现为以下三个方面:一是金融市场运行的稳定性;二是金融结构的均衡性;三是融资行为的有规则状态。若要实现以上有序的金融状态,国家必须对金融市场实行有效的调控和管理。由于在金融市场活动中隐含着发生犯罪的原生动因,并且金融犯罪与金融业的发展呈正比关系,其所造成的极大的物质损失和诸多非物质方面的损害,对国家金融管理秩序具有高度的破坏性和危险性,故必须采用刑罚手段予以打击和遏制。

我国 1979 年《刑法》是在实行计划经济体制的背景下制定,其中涉及金融犯罪的条文寥寥无几,仅有伪造国家货币罪、贩运伪造的国家货币罪、伪造有价证券罪、(违反金融法规的)投机倒把罪等。1995 年 6 月 30 日,针对我国金融犯罪日趋猖獗、危害严重的情况,全国人大常委会通过《关于惩治破坏金融秩序犯罪的决定》,对伪造国家货币罪、贩运伪造的国家货币罪等罪名进行补充和修改,同时大幅度地增设了许多新的罪名,涉及货币类犯罪、擅自设立金融机构罪、非法吸收公众存款罪、金融渎职类犯罪、金融诈骗罪等方面,其所增加的罪名之多,是以往的"补充规定"中所罕见的。在总结该《决定》的基础上,我国 1997 年修订的《刑法》分则在第三章中设立专节"破坏金融管理秩序罪",在第四节的第 170 条至第 191 条设立了 24 个罪名。后来,经过全国人大常委会《关于惩治骗购外汇、逃汇和非法买卖外汇犯罪的决定》和六个《刑法修正案》的修订,本节共有 30 个罪名。

为了便于综合理解,根据本节犯罪所发生的领域和侵害法益,我们可以将其进行如下的学理分类:

(1)假币类犯罪,包括 5 个罪名:伪造货币罪;出售、购买、运输假币罪;金融工作人员购买假币、以假币换取货币罪;持有、使用假币罪;变造货币罪。

(2)危害金融机构设立类犯罪,包括 2 个罪名:擅自设立金融机构罪;伪造、变造、转让金融机构经营许可证、批准文件罪。

(3)存贷类犯罪,包括 3 个罪名:高利转贷罪;骗取贷款、票据承兑、金融票证罪;非法吸收公众存款罪。

(4)作用于金融票证的犯罪,包括 3 个罪名:伪造、变造金融票证罪;妨害信用卡管理罪;窃取、收买、非法提供信用卡信息罪。

(5)证券类犯罪,包括 8 个罪名:伪造、变造国家有价证券罪;伪造、变造股票、公司、企业债券罪;擅自发行股票、公司、企业债券罪;内幕交易、泄露内幕信息罪;利用未公开信息交易罪;编造并传播证券、期货交易虚假信息罪;诱骗投资

---

① 《邓小平文选》(第三卷),人民出版社 1993 年版,第 366 页。

者买卖证券、期货合约罪;操纵证券、期货市场罪。

（6）金融渎职类犯罪,包括6个罪名:背信运用受托财产罪;违法运用资金罪;违法发放贷款罪;吸收客户资金不入账罪;违规出具金融票证罪;对违法票据承兑、付款、保证罪。

（7）外汇类犯罪,包括2个罪名:逃汇罪;骗购外汇罪。

（8）洗钱罪。

在本节法定刑的设置上,原先对伪造货币罪设置了死刑,后经过《刑法修正案（九）》废除。同时,注重在经济方面制裁金融犯罪分子,对大部分罪名规定了罚金刑,还对个别罪名设置了没收财产。

### 4.4.2　假币类犯罪:5个罪名+9种行为形态

货币管理制度是国家财政和经济制度的一个重要组成部分,它的独立、统一和稳定,直接关系到国民经济的发展、市场的繁荣和人民生活的安定。假币类犯罪不仅损害货币的公共信用和严重破坏金融管理秩序,甚至会动摇国家的经济基础,危及政权的稳定。1951年4月,我国公布《妨害国家货币治罪暂行条例》,这对稳固新中国成立初期的金融秩序乃至政权起到重要的作用。依据我国《中国人民银行法》第19条的规定,"禁止伪造、变造人民币。禁止出售、购买伪造、变造的人民币。禁止运输、持有、使用伪造、变造的人民币。"如果构成犯罪的,依法追究刑事责任。我国1997年修订的《刑法》除了在走私罪中设置"走私假币罪"之外,还在第170条至第173条集中设立了**5个假币类的罪名**,从而与附属在金融法律规范中的刑事责任条款相对应,共同构成了打击假币类犯罪分子的刑事法律体系。

（一）罪名体系的共同构成要素

**(1) 行为对象**:正在流通的货币。

第一,从外延看,包括"人民币"和"境外法定货币"。根据我国《中国人民银行法》第16条,人民币是我国的法定货币。同时,保护货币的信用已成为世界各国的共同义务,1929年通过的《防止伪造货币国际公约》对伪造货币犯罪实行普遍管辖的原则,要求缔约国应通力合作以惩治伪造货币（包括外币）的犯罪行为。有鉴于此,2000年最高人民法院《关于审理伪造货币等案件具体应用法律若干问题的解释》第7条规定,货币包括可在国内市场流通或者兑换的人民币和境外货币。而在2010年最高人民法院《关于审理伪造货币等案件具体应用法律若干问题的解释（二）》第3条和第4条中,扩大了假币类犯罪的对象,将"正在流通的境外货币"和"中国人民银行发行的普通纪念币和贵金属纪念币"纳入保护对象。

第二,从时空特征看,只有"正在流通的"货币才能成为行为对象。如果行为人以使用为目的,伪造停止流通的货币,或者使用伪造的停止流通的货币的,则依据2010年最高人民法院《关于审理伪造货币等案件具体应用法律若干问题的解释(二)》第5条,以《刑法》第266条规定的诈骗罪定罪处罚。

**(2) 主观方面**:假币类犯罪的行为人必须出于故意,过失不构成本罪。如果行为人在没有认识到是假币的情况下,误运、持有、使用假币,则不能构成运输、持有、使用假币罪,否则会陷入客观归罪的泥潭。但是,如果行为人明知是假币却依然继续运送、持有、使用,则具备主观方面的构成条件。

关于伪造货币罪的犯罪目的,我国《刑法》没有规定,但一般认为是以流通为目的。如果行为人客观上实施了伪造货币的行为,但不是为了流通,只是为了鉴赏或收藏,则不构成犯罪。另外,只要行为人以流通为目的,事实上进行了伪造活动,即使尚未使用或将伪造的货币置于流通,也应视为犯罪的既遂。

**(3) 犯罪主体**:只能由自然人构成。

(二) 个罪之差异:行为形态

从称谓为动宾词组的罪名结构看,5个假币类犯罪的区别,主要体现在9种行为形态的不同,其内涵具体表现如下:

**(1) 伪造货币罪**:这是指无权设计和印制货币的自然人,仿照真实的人民币或外币的样式,使用各种方法非法制造假货币的行为。

制作、发行货币是一项极其重要的国家行为。为了确保货币的规范性、严肃性和有效性,我国《中国人民银行法》第18条第1款规定:"人民币由中国人民银行统一印制、发行。"因此,任何无权制造货币的行为人擅自伪造货币,都是对国家货币管理制度的侵犯。假币的出现往往源于伪造行为,这是假币类犯罪的源头,是该类犯罪中危害性最为严重的行为方式。

所谓"伪造货币",是指仿照国家银行印制发行的、正在流通的纸币或硬币的形状、图案、色彩、质地等特征,非法制作货币的行为。至于伪造的方式,无论是采用手工临摹、拓印等传统方法实施,还是制造货币版样而进行机器印制等,则在所不问。只要行为人实施了伪造货币的行为,不论其是否完成全部印制工序,即构成伪造货币罪。关于伪造的标准,一般应在外观或形式上足以使一般人误信为真实的货币。至于是否达到足以欺骗具有专门货币知识的人,则不是构成本罪的必要条件。

同时,本罪的行为对象是"货币",这是本罪与伪造国家有价证券、伪造金融票证、伪造增值税专用发票、伪造有价票证等伪造型犯罪[①]相区别的对象条件。

---

① 在我国《刑法》中,"伪造型"罪名包括:(1) 伪造货币罪(第170条);(2) 伪造、变造金融机构经营许可证、批准文件罪(第174条第2款);(3) 伪造、变造金融票证罪(第177条);(4) 伪造、变造国家有价证券罪(第178条第1款);(5) 伪造、变造股票、公司、企业债券罪(第178条第2款);(6) 伪造增值税专用发票罪(第206条);(7) 伪造有价票证罪(第227条第1款);(8) 伪造、变造国家机关公文、证件、印章罪(第280条第1款);(9) 伪造公司、企业、事业单位、人民团体印章罪(第280条第2款);(10) 伪造、变造身份证件罪(第280条第3款)。

至于本罪的定量标准,我国《刑法》第170条并未予以设置,但依据《关于公安机关管辖的刑事案件立案追诉标准的规定(二)》第14条,伪造货币涉嫌下列情形之一的,应予立案追诉:① 总面额在2000以上或者币量在200张(枚)以上的;② 总面额在1000以上或者币量在100张(枚)以上,二年内因伪造货币受过行政处罚,又伪造货币的;③ 制造货币版样或者为他人伪造货币提供版样的;④ 其他伪造货币应予追究刑事责任的情形。

(2) **出售、购买、运输假币罪**:这是指自然人出售、购买伪造的货币或者明知是伪造的货币而运输,数额较大的行为。

假币是一种危害严重的物品,一旦进入流通领域,对国家货币管理制度的危害是相当严重的。即使尚未进入流通领域,也存在着潜在的危害性。行为人出售、购买或者运输假币的行为,则使得这种危害性处于随时可能加剧的状态,会直接导致假币的蔓延和流转,其已从伪造货币罪中游离出来,成为具有自身行为特征和危害特点的犯罪类型。

所谓"出售假币",是指行为人有偿地转让伪造的货币之行为;"购买假币",是指行为人有偿地获取伪造的货币之行为。至于有偿地转让或者获取的方式,既包括行为人以假币与真币进行交易,也包含行为人用假币与实物互易;"运输假币",是指行为人明知是伪造的货币而利用各种运送工具或者方式,将伪造的货币进行较大距离的空间位移的行为。本罪是选择性罪名,行为人只要实施出售、购买或者运输伪造的货币行为之一的,即符合本罪在客观方面的构成条件。

至于定量标准,本罪是以"数额较大"作为入罪门槛。依据《关于公安机关管辖的刑事案件立案追诉标准的规定(二)》第15条,涉嫌下列情形之一的,应予立案追诉:① 总面额在4000元以上或者币量在400张(枚)以上的;② 总面额在2000元以上或者币量在200张(枚)以上,二年内因出售、购买、运输假币受过行政处罚,又出售、购买、运输假币的;③ 其他出售、购买、运输假币应予追究刑事责任的情形。

(3) **金融工作人员购买假币、以假币换取货币罪**:这是指银行或者其他金融机构的工作人员购买伪造的货币,或者利用职务上的便利,以伪造的货币换取货币的行为。与普通人相比,金融工作人员出于工作性质和经营存款、放贷、汇兑等业务的需要,有更多的机会去接触货币。如果他们购买假币,或者利用职务上的便利条件以假币换取货币,就会导致该特殊条件的异化,给银行的资金和信用安全构成威胁,并且严重损害银行和其他金融机构的声誉,其社会危害性要远远大于普通人员实施的同种行为。因此,1997年修订的《刑法》第171条第2款有针对性地设立本罪,而且设置了比普通人员实施同种犯罪更为严厉的法定刑,以体现对金融工作人员的特殊要求。本罪具有典型的时代背景色彩。

(4) **持有、使用假币罪**:这是指自然人明知是伪造的货币而持有、使用,数额较大的行为。

所谓"持有假币",是我国刑法中持有型犯罪[①]的类型之一,是指行为人将伪造的货币置于其实际支配、控制的状态。这既包括行为人直接拥有假币的情形,也包含委托他人代为保管假币而实际上控制假币的情况。至于控制的地点,可以是在行为人的现场,也包括行为人住所、交通工具或者其他藏匿地等;"使用假币",是指行为人将伪造的货币置于流通之行为。至于行为人使用的方式,无论是行为人以储蓄、支付、消费等表面上合法的途径予以使用,还是将假币用于行贿、赌博等非法活动,则在所不问。

至于定量标准,本罪是以"数额较大"作为入罪门槛。对本罪的立案追诉标准,与出售、购买或者运输假币罪相同。

(5) **变造货币罪**:这是指自然人变造货币,数额较大的行为。所谓"变造货币",是指行为人以真币为基本材料,采用剪贴、挖补、揭层、涂改、移位、重印、修描等方法进行加工处理,从而非法地改变真币的形态或者价值,这也是假币类犯罪的源头之一。与此相对应,伪造货币是行为人将非货币的一些物质经过加工处理后制造为货币,已不具有货币的成分,这是伪造与变造货币在行为方式上的关键不同点。由于变造货币是在真币的基础上进行,在一般情况下数量不可能很大,故其社会危害性要小于伪造货币罪,对其设置的法定刑明显地轻于伪造货币罪。

依据2010年最高人民法院《关于审理伪造货币等案件具体应用法律若干问题的解释(二)》第2条,行为人同时采用伪造和变造手段,制造真伪拼凑货币的行为,以伪造货币罪定罪处罚。

至于定量标准,本罪是以"数额较大"作为入罪门槛。依据《公安机关管辖的刑事案件立案追诉标准的规定(二)》第18条,变造货币,涉嫌下列情形之一的,应予立案追诉:① 总面额在2000元以上或者币量在200张(枚)以上的;② 总面额在1000元以上或者币量在100张(枚)以上,二年内因变造货币受过行政处罚,又变造货币的;③ 其他变造货币应予追究刑事责任的情形。

(三) 假币类犯罪的罪名适用:两条红线

根据2001年《全国法院审理金融犯罪案件工作座谈会纪要》,在确定假币类犯罪分子实施数个相关行为的罪名时,应以行为对象是否为"同一宗假币"、实施的行为是否为"选择性罪名"为两条红线,进行以下的组合认定:

---

[①] 在我国《刑法》中,典型的"持有型"罪名包括:(1)非法持有宣扬恐怖主义、极端主义物品罪(第120条之六);(2)非法持有枪支、弹药罪(第128条第1款);(3)持有假币罪(第172条);(4)持有伪造的发票罪(第210条之一);(5)非法持有国家绝密、机密文件、资料、物品罪(第282条第2款);(6)非法持有毒品罪(第348条);(7)非法持有毒品原植物种子、幼苗罪(第352条)。此外,在第177条之一的"妨害信用卡管理罪"中,也包括持有伪造的信用卡和非法持有他人信用卡的持有行为类型。

（1）同一宗假币+选择性罪名：应根据行为人所实施的数个行为，按相关罪名刑法规定的排列顺序并列确定罪名，数额不累计计算，不实行数罪并罚。

（2）同一宗假币+非选择性罪名：择一重罪从重处罚。

（3）不同宗假币+选择性罪名：并列确定罪名，数额按全部假币面额累计计算，不实行数罪并罚。

（4）不同宗假币+非选择性罪名：分别定罪，实行数罪并罚。例如，行为人在伪造货币后，又出售或者运输自己伪造的同一宗假币的，应依照《刑法》第171条第3款的注意规定，以伪造货币罪的规定定罪从重处罚；同理适用于行为人在伪造货币后，又使用自己伪造的同一宗货币之情形。但是，如果行为人在伪造货币后，又出售、运输或者使用的假币是他人伪造的不同宗假币，则应当分别定罪，实行数罪并罚。

（四）司法适用的问题

行为人在进行假币类犯罪时，通常会实施若干其他相关的行为，这就带出以下司法适用的问题：

（1）从广义角度讲，出售假币也属于使用假币的范畴。但是，在我国刑法将此两种行为均独立成罪的情形下，需要以出售或者使用假币的相对方是否对假币有认识为界限来区分两罪：知情的为出售，不知情的为使用。① 从这种意义上讲，使用假币的行为人是"以假充真"，带有诈骗罪的影子，但基于使用假币罪属于特别罪名，其应优先于隶属一般罪名的诈骗罪而适用。另外，依据2000年最高人民法院《关于审理伪造货币等案件具体应用法律若干问题的解释》第2条，行为人购买假币后使用，以购买假币罪定罪，从重处罚；行为人出售、运输假币构成犯罪，同时有使用假币行为的，实行数罪并罚。

（2）行为人在实施假币类犯罪时，通常伴有持有假币的状态。如果根据现有的证据能够证明行为人持有假币的来源行为（例如伪造、变造、走私、购买、运输等），或者流向行为（例如出售、使用等），则依据"作为吸收持有"的吸收犯处理原则，应该分别情况直接以假币的来源或者流向行为定罪处罚。只有在无法查证认定假币的来源或者流向行为时，并且达到定量标准时，才能以持有假币罪定罪处罚，以体现持有型罪名的立法和司法价值。

（3）走私、出售、购买、运输、持有、使用等后续假币类犯罪的成立，是与源头性的伪造、变造货币类犯罪紧密相关联的。然而，我国刑法将上述后续假币类犯罪的对象均明确限定为"伪造的货币"，故从我国刑法将变造货币罪设置为独立的犯罪类型进行严格的推论，"变造的货币"不应成为上述后续假币类犯罪的对象。如果行为人明知是变造的货币而使用，并且数额较大的，则不能构成使用假

---

① 参见黎宏：《刑法学》，法律出版社2012年版，第540页。

币罪,只能涉嫌构成诈骗罪。

### 4.4.3 危害金融机构设立类犯罪

作为金融体系的重要组成部分,金融机构是专门从事货币信用活动的组织,具有聚集社会财富和配置货币资金的枢纽功能,因此,犯罪分子总是对金融机构怀有浓厚的"兴趣",从而使得金融机构成为持续性的被害对象。为了明确我国金融机构的涵盖范围,界定各类金融机构的具体组成,中国人民银行在2010年发布《金融机构编码规范》,其中除了具有金融机构监管地位的货币机构(中国人民银行和国家外汇管理局)和监督管理机构(中国银行保险监督管理委员会、中国证券监督管理委员会)之外,我国的金融机构包括:银行业存款类金融机构(银行、城市信用合作社等);银行业非存款类金融机构(信托公司、金融资产管理公司、金融租赁公司等);证券业金融机构(证券公司、证券投资基金管理公司、期货公司等);保险业金融机构(财产保险公司、人身保险公司、再保险公司等);交易及结算类金融机构(交易所、登记结算类机构);金融控股公司(中央金融控股公司、其他金融控股公司);其他(小额贷款公司)。

为了加强对金融机构的监督管理,规范金融机构的经营活动,保护客户的合法权益和社会公共利益,我国对于金融机构的设立采取特许批准制。只有取得有关金融监督管理机构的经营许可证、批准文件的,才能从事相关金融业务。与此相适应,我国刑法对危害金融机构设立的行为设置了2个罪名:擅自设立金融机构罪;伪造、变造、转让金融机构经营许可证、批准文件罪。

(一) 擅自设立金融机构罪

本罪是指未经国家有关金融监督管理部门的批准,自然人或者单位擅自设立商业银行、证券交易所、期货交易所、证券公司、期货经纪公司、保险公司或者其他金融机构的行为。

从称谓为动宾词组的罪名结构看,本罪的客观构成要素为:

(1) 擅自设立:未经国家有关主管部门的批准。

根据我国有关法律法规的规定,某种金融机构的设立必须经过相应金融监督管理机构的审查批准。中国银行保险监督管理委员会、中国证券监督管理委员会是分别对银行保险业、证券业行使金融监督管理职能的机构。以银行业为例,为了保护商业银行、存款人和其他客户的合法权益,保障商业银行的稳健运行,我国《商业银行法》规定:设立商业银行,应当经国务院银行业监督管理机构审查批准(第11条);未经国务院银行业监督管理机构批准,擅自设立商业银行,构成犯罪的,依法追究刑事责任(第81条)。关于"未经批准"的时空认定,应截止在行为人没有获得主管机构的正式批准前,这包括没有提出和已经提出设立申请的情形。

(2) 行为对象：金融机构。

在1997年修订的《刑法》第174条第1款,仅列出商业银行或者其他金融机构为本罪的行为对象。《刑法修正案》第3条对此进行了修改,将证券交易所、期货交易所、证券公司、期货经纪公司、保险公司予以纳入。根据《关于公安机关管辖的刑事案件立案追诉标准的规定(二)》第19条,金融机构的"筹备组织"也可以成为本罪的行为对象。

本罪属于行为犯,只要行为人擅自设立金融机构就构成本罪,不以进行具体的金融活动为成立条件。在司法实践中,本罪通常与非法集资犯罪存在密切的联系。如果行为人擅自设立金融机构是为了进行非法吸收公众存款、集资诈骗等犯罪活动,则应择一重罪处断。

(二)伪造、变造、转让金融机构经营许可证、批准文件罪

本罪是指自然人或者单位伪造、变造、转让商业银行、证券交易所、期货交易所、证券公司、期货经纪公司、保险公司或者其他金融机构的经营许可证或者批准文件的行为。

**(1) 行为对象**：金融机构经营许可证、批准文件。

它们均是我国加强金融机构的准入管理和促进金融机构依法经营的重要组成内容。在1997年修订的《刑法》第174条第2款,金融机构经营许可证是本罪的唯一行为对象。《刑法修正案》第3条对此进行了修改,将"批准文件"列入。

所谓"金融机构经营许可证",是指国家有关金融监督管理机构依法颁发的特许金融机构经营金融业务的法律文件。例如,根据我国《商业银行法》第16条,经批准设立的商业银行,由国务院银行业监督管理机构颁发经营许可证；"金融机构批准文件"是指国家有关金融监督管理机构对金融机构的设立申请进行审查后作出的相关批准决定。例如,《金融许可证管理办法》第6条规定,金融机构领取金融许可证时,应提供银保监会或其派出机构的批准文件。依据《证券公司监督管理条例》第17条,公司登记机关应当凭证监会的批准文件,办理证券公司及其境内分支机构的设立、变更、注销登记。证券公司在取得公司登记机关颁发或者换发的营业执照后,应当向证监会申请颁发或者换发经营证券业务许可证。

鉴于本罪的行为对象具有专属性,如果行为人伪造、变造、转让其他非金融机构的经营许可证或者批准文件,例如《烟草专卖经营许可证》等,则不能以本罪论处；构成犯罪的,应当依照非法经营罪或者伪造、变造、买卖国家机关公文、证件罪等定罪处罚。

**(2) 危害行为**：对于金融机构经营许可证、批准文件的使用,我国有关法律法规均有严格的规定。例如,我国《商业银行法》规定：商业银行应当依照法律、行政法规的规定使用经营许可证。禁止伪造、变造、转让、出租、出借经营许可证

(第 26 条);构成犯罪的,依法追究刑事责任(第 81 条)。

在危害行为上,本罪表现为以下三种形态:

第一,伪造:本罪是我国刑法中伪造型犯罪的类型之一,是指无权设计和印制的自然人或者单位,仿照真实的金融机构经营许可证、批准文件的样式,使用各种方法非法制造的行为。

第二,变造:是指行为人采取剪贴、挖补、涂改、修描等方法对真实的金融机构经营许可证、批准文件进行加工处理,从而非法地改变其记载内容的行为,例如金融机构名称与住所、发证机关、注册资本、业务范围、批准成立日期和编号等。

第三,转让:是指行为人将合法取得的金融机构经营许可证、批准文件让与他人使用的行为。至于转让的方式,既包括出售、出租等有偿的形式,也包括出借、赠予等无偿的方法。

本罪属于行为犯,只要行为人实施了伪造、变造、转让金融机构经营许可证、批准文件的行为,就构成本罪。

### 4.4.4 存贷类犯罪

吸收公众存款和发放贷款,是商业银行的最为基础的业务类型。信贷是体现一定经济关系的不同所有者之间的货币借贷行为,包括金融机构的存款、贷款、结算等活动。其中,信贷资金是采取有偿的存款和贷款的方式进行筹集和运用,其对国民经济的发展具有重要意义。为了规范信贷活动和加强对信贷资金的刑法保护,我国刑法设置了 3 个存贷类的罪名:高利转贷罪;骗取贷款、票据承兑、金融票证罪;非法吸收公众存款罪。需要说明的是,集资诈骗罪和贷款诈骗罪是典型意义的存贷类犯罪,为了与刑法将它们编入"金融诈骗罪"的体系保持一致,在此不再详述。另外,违法发放贷款罪、吸收客户资金不入账罪也属于存贷类的犯罪,但鉴于其犯罪主体的特殊性,本书将它们编入金融渎职类的犯罪。

(一)高利转贷罪

本罪是指自然人或者单位以转贷牟利为目的,套取金融机构信贷资金高利转贷他人,违法所得数额较大的行为。

在我国刑法修订的历次草案中均未出现本罪,直至在 1997 年 3 月第八届全国人大第五次会议审议刑法修订草案的过程中,有的人大代表提出许多不具有信贷资金经营权的单位和个人在获得金融机构信贷资金后,并不按照规定的用途使用,而是利用人们急需资金的心理用于转贷牟利,致使自己成为"准银行",不仅严重影响信贷资金的优化使用,导致信贷资金处于高风险状态,而且严重危害国家对信贷资金的管理秩序,故建议增设本罪,进而为《刑法》第 175 条所设置。

**(1) 危害行为**：行为人实施了以下两种行为的复合，缺一不可：

第一，先决要件：套取金融机构的信贷资金。

关于"套取"，在汉语语义上是指通过实施计谋骗取。在法律层面，1996年中国人民银行发布的《贷款通则》规定：借款人申请贷款应当符合贷款条件（第17条）；借款人应当按借款合同约定用途使用贷款（第19条），不得套取贷款用于借贷牟取非法收入（第20条）。有鉴于此，"套取"在本罪中一般表现为行为人申请贷款的虚假性或者使用贷款的欺骗性。同时，本罪的行为对象特指"信贷资金"，包括信用贷款资金和担保贷款资金。如果行为人将自有的资金以高利贷形式放给他人，则不构成本罪，只能涉嫌非法经营罪。

第二，延伸要件：高利转贷他人。

如果行为人没有将所套取的信贷资金转贷给他人，而是改变贷款的用途甚至用于其他违法犯罪活动，则不能构成本罪。同时，从转贷的刑法否定评价来看，本罪的成立要求转贷必须以"高利"的程度进行。如果行为人以平利或略高于金融机构贷款利率转贷给他人，则不能构成本罪。根据《贷款通则》第13条，贷款人应当按照中国人民银行规定的贷款利率的上下限，确定每笔贷款利率，并在借款合同中载明。因此，关于"高利"的判断，应以在借款合同中所载明的贷款利率为标准。至于转贷的对象"他人"，既可以是个人，也可以是单位。

**(2) 主观方面**：本罪是法定的目的犯，即行为人在主观上具有以转贷牟利为目的。

如果行为人套取信贷资金的目的是用于自己生产经营，或者进行行贿、赌博等其他违法犯罪活动，则不能构成本罪。关于"转贷牟利"的目的产生时间，一般表现为行为人在申请信贷资金之前即具有犯意，也可以产生在套取金融机构信贷资金之后。至于牟利的表现形式，既可以是金钱，也可以是实物和其他非金钱物质利益。至于目的是否达到，并不影响犯罪的成立。

**(3) 定量标准**：本罪是以"违法所得数额较大"作为入罪门槛。依据《关于公安机关管辖的刑事案件立案追诉标准的规定（二）》第21条，违法所得数额在50万元以上的，应予立案追诉。这里的"违法所得"，是指行为人实施高利转贷行为所获得的实际收益和孳息。这既包括已经实际取得的非法利益，也包括约定取得的非法利益。

**(4) 与他罪的界分**。

本罪与贷款诈骗罪、骗取贷款罪均属于危害国家对信贷资金管理秩序的犯罪。但是，本罪与上述两罪存在明显的区别：第一，本罪和贷款诈骗罪均是法定的目的犯，但是目的的内容有所不同：本罪的行为人是借以改变贷款的用途而用于高贷牟利，并没有占有该贷款的目的；贷款诈骗罪行为人是以非法占有贷款为目的。从这个意义上说，本罪属于营利犯，贷款诈骗罪属于占有犯。第二，本罪和骗取贷款罪在获取金融机构信贷资金的手法上,行为人均带有欺骗的性质,但高利转贷罪并不限于欺骗手段,而且必须具备"高利转贷他人"的延伸条件,即对所获得的信贷资金之用途具有特殊的要求,这是骗取贷款罪所不具有的构成要素。同时,与高利转贷罪相比较,骗取贷款的构成没有法定目的之要求。从一定意义上讲,高利转贷罪与骗取贷款罪是特别罪名与普通罪名的关系。

(二) 骗取贷款、票据承兑、金融票证罪

本罪是指自然人或者单位以欺骗手段取得银行或者其他金融机构的贷款、票据承兑、信用证、保函等,给银行或者其他金融机构造成重大损失的行为。这是《刑法修正案(六)》第10条新设立的罪名,在体系编排上作为《刑法》第175条之一;《刑法修正案(十一)》又再次对本罪的定量标准予以了修订。

**(1) 危害行为**:骗取。

依据《贷款通则》第19条和第20条,借款人应当如实提供贷款人要求的资料,不得采取欺诈手段骗取贷款;《商业汇票承兑、贴现与再贴现管理暂行办法》第34条也规定:申请人采取欺诈手段骗取金融机构承兑、贴现,情节严重并构成犯罪的,依法追究其刑事责任。然而,《刑法修正案(六)》没有沿用上述民商法规中的"欺诈"一词,也没有采取诸如贷款诈骗罪详叙行为手段的立法例,而是采用"欺骗"术语来概括地界定本罪的行为态样,这是指行为人使用虚构事实或者隐瞒真相的方法,致使金融机构作出错误的意思表示,从而获取金融机构的贷款或信用。

**(2) 行为对象**:特指贷款、票据承兑、信用证、保函等。

依据《贷款通则》的规定,作为银行的一项重要业务,"贷款"是指贷款人对借款人提供的并按约定的利率和期限还本付息的货币资金;"票据承兑"属于银行的一项授信业务,是指商业汇票的承兑人在汇票上记载一定事项、承诺到期负担票据债务的行为。在银行承兑商业汇票后,银行必须承担到期无条件付款的责任;"信用证"是一种银行开立的、有条件承诺付款的书面保证凭证;"银行保函"又称为银行保证书,是银行以自己的信用为他人开立的承担付款责任的一种书面担保凭证。除了以上所列举的四种行为对象之外,鉴于立法者在罪状的表述中加入"等"字,本罪的行为对象还包括其他与金融机构的信用具有相当性的金融工具或者服务。需要指出的是,"两高"在本罪的称谓中,将信用证、保函等笼统地简称为"金融票证",但其外延要大于《刑法》第177条"伪造、变造金融票证罪"的行为对象,两者之间并不形成完全对等的关系。

**(3) 主观方面**:行为人必须出于故意,过失不构成本罪。

本罪不以非法占有贷款的目的为构成要素,只要证明行为人出于故意的心态,就满足主观方面的举证责任。这是本罪与贷款诈骗罪的最大区别点:尽管两罪的渊源关系非常密切,但贷款诈骗罪的成立必须以非法占有为目的,两者从不同的侧面,共同构筑起保护银行贷款资金安全的刑事法网,而这正是《刑法修正案(六)》增设本罪的旨趣,以降低打击骗取金融机构贷款和信用行为的入罪门槛条件。此外,在本罪与信用证诈骗罪中,信用证是两罪的共同行为对象,而且"骗取信用证"也成为两罪的犯罪行为形态。尽管在我国《刑法》第 195 条关于信用证诈骗罪的罪状中没有写入"以非法占有为目的",区分两罪还是应以行为人是否具有犯罪目的为界限,这是从信用证诈骗罪被列入金融诈骗罪的体系性定位、设置很重的法定刑所得出的应有结论。

**(4) 定量标准**:本罪以"造成重大损失"作为入罪门槛。① 依据《关于公安机关管辖的刑事案件立案追诉标准的规定(二)》第 22 条,给银行或者其他金融机构造成直接经济损失数额在 50 万元以上的,应予立案追诉。对比可见,依据《刑法修正案(十一)》,该追诉标准删除了原先基本犯中情节犯的情形。

(三) 非法吸收公众存款罪

本罪是指自然人或者单位非法吸收公众存款或者非法变相吸收公众存款,扰乱金融秩序的行为。《刑法修正案(十一)》第 12 条对本罪进行修订,增设了第三档次的法定刑和法定的从宽处罚规定,还将限额罚金刑修改为无限额罚金刑,以加大刑事惩罚的力度。

**(1) 危害行为**:表现为非法吸收公众存款或者变相吸收公众存款。

在形式要件层面,依据 2010 年最高人民法院《关于审理非法集资刑事案件具体应用法律若干问题的解释》第 1 条,本罪的成立需要同时具备"四性"特征:非法性、公开性、利诱性和社会性。这也是民间融资的刑事法律风险边界。

第一,非法性:存款是银行最早的经营业务之一和主要的资金来源,被认为是"银行的生命线"。我国《商业银行法》第 11 条规定:未经国务院银行业监督管理机构批准,任何单位和个人不得从事吸收公众存款等商业银行业务。而非法或变相吸收公众存款的行为人与银行争夺公众的存款,严重侵害银行吸收存款这项最为基础的业务,扰乱国家金融管理秩序,而且极易诱发社会的不稳定。依据 2022 年修订的《关于审理非法集资刑事案件具体应用法律若干问题的解释》,关于"非法性"的认定,适用二元的标准:一是形式认定标准:未经有关部门依法许可。对比可见,为了与《防范和处置非法集资条例》关于"非法性"的

---

① 在《刑法修正案(十一)》之前,本罪的定量标准是"造成重大损失或者有其他严重情节",属于"实害犯 + 情节犯"的二元门槛条件范畴。据此,在 2010 年最高人民检察院、公安部《关于公安机关管辖的刑事案件立案追诉标准的规定(二)》第 27 条,规定涉嫌下列情形之一的,应予立案追诉:(1) 骗取数额在 100 万元以上的;(2) 给银行或其他金融机构造成直接经济损失数额在 20 万元以上的;(3) 虽未达到上述数额标准,但多次骗取的;(4) 其他给银行或其他金融机构造成重大损失或者有其他严重情节的情形。《刑法修正案(十一)》为了寻求解决民营企业融资难、融资贵问题与依法慎重处理贷款类犯罪的平衡,确保刑事制裁范围的合理性,删除了原先定量标准中的"或者有其他严重情节的",将本罪严格限定在"实害犯"的一元标准范畴。

规定①相契合,这里有"批准"向"许可"的用语转变过程。二是实质认定标准:借用合法经营的形式吸收资金。鉴于形式认定标准具有一定的局限性,需要在无法以形式标准认定"非法性"时,进行穿透式的审查。该标准的外延更为宽泛,其关键不在于是否经过许可,而在于考察是否以生产经营和商品销售为名,行非法集资之实。

在认定"非法性"时,关于其中"法"的外延,直接关系到违法性认识的核心问题。对此,2010年《关于审理非法集资刑事案件具体应用法律若干问题的解释》明确规定是"违反国家金融管理法律规定"。后来,考虑到"国家金融管理法律"的规定过于概括和抽象,2019年最高人民法院、最高人民检察院、公安部《关于办理非法集资刑事案件若干问题的意见》第1条要求司法机关在认定非法集资的"非法性"时,应当以国家金融管理法律法规作为依据,对于国家金融管理法律法规仅作原则性规定的,可以根据法律规定的精神并参考中国人民银行等行政主管部门依照国家金融管理法律法规制定的部门规章,或者国家有关金融管理的规定、办法、实施细则等规范性文件的规定予以认定。

第二,公开性:即向社会公开宣传,这是判断是否向社会公众吸收资金的重要依据。② 该特性的成立包括以下两种宣传模式:一是以各种途径向社会公众传播吸收资金的信息,这表现为"主动宣传"的方式。2010年《关于审理非法集资刑事案件具体应用法律若干问题的解释》在第1条第2款设置注意性的规定:"未向社会公开宣传,不属于非法吸收或者变相吸收公众存款"。同时,该条款采取"列举式"的规定,将当时比较典型的"通过媒体、推介会、传单、手机短信等途径"予以明列。后来,面对互联网成为非法集资宣传主渠道的态势,在2014年最高人民法院、最高人民检察院、公安部《关于办理非法集资刑事案件适用法律若干问题的意见》中,改用目前"概然式"的方式,具有很强的针对性,也可以容纳将来新出现的宣传手段。随后,2022年修订的《关于审理非法集资刑事案件具体应用法律若干问题的解释》将其规定为"通过网络、媒体、推介会、传单、手机信息等途径向社会公开宣传"。二是明知吸收资金的信息向社会公众扩散而予以放任。这是2014年《关于办理非法集资刑事案件适用法律若干问题的意见》增设的内容,主要是考虑纳入"口口相传"这种消极放任的宣传方式。

---

① 我国《防范和处置非法集资条例》第2条规定:"本条例所称非法集资,是指未经国务院金融管理部门依法许可或者违反国家金融管理规定,以许诺还本付息或者给予其他投资回报等方式,向不特定对象吸收资金的行为。"

② 值得注意的是,我国《防范和处置非法集资条例》关于非法集资的认定只有三个特性,并没有"公开性"。这是因为该条例要体现"打早打小"的精神,即在行为人公开宣传之前就要及时制止和预防非法集资。

第三,利诱性:从非法集资的产生和发展过程看,其必然伴随着高利率的有偿回报,诱使广大公众参与到集资活动中,这直接地促成和加速非法集资规模的扩张。以是否有经济回报为标准,非法集资属于有偿集资,不适用于无偿集资。从 2010 年颁行的《关于审理非法集资刑事案件具体应用法律若干问题的解释》开始,"利诱性"是指集资人承诺在一定期限内以货币、实物、股权等方式还本付息或者给付回报。具体而言,非法集资具有承诺性,不是现时给付回报,而是承诺在将来给付回报;至于给付回报的名义,除了较为常见的利息、分红之外,还有工资、佣金、奖金、提成、代理费、好处费、返点费等。关于回报的形式,除货币之外,还有实物、消费、股权等形式。

第四,社会性:非法吸收公众存款属于最为典型的涉众型金融犯罪,天然地具有参与人多、影响范围广的属性。根据 2010 年《关于审理非法集资刑事案件具体应用法律若干问题的解释》,这是指集资人"向社会公众即社会不特定对象吸收资金",包含以下两个层面的内容,体现了量与质的辩证统一:一是广泛性。非法吸收或者变相吸收公众存款对象在 150 人以上的,应当依法追究刑事责任,这是该行为入罪的门槛条件之一。二是不特定性。在 2010 年《解释》第 1 条第 2 款,设置注意性的规定:"在亲友或者单位内部针对特定对象吸收资金的,不属于非法吸收或者变相吸收公众存款"。这意味着将特定对象的外延细化为"亲友"和"单位内部人员"两种类型,但是,在现实生活中,有的集资人利用上述司法解释排除对特定对象适用的"除却规定",开始进行"曲线救国"式的非法集资。正是针对这种"借壳"式的集资现象,2014 年《关于办理非法集资刑事案件适用法律若干问题的意见》在第 3 条中,附条件地修订了关于依托特定对象吸收资金的情形,规定下列两种情形应认定为向社会公众吸收资金:一是在向亲友或者单位内部人员吸收资金的过程中,明知亲友或者单位内部人员向不特定对象吸收资金而予以放任的;二是以吸收资金为目的,将社会人员吸收为单位内部人员,并向其吸收资金的。

需要强调指出的是,上述"四性"特征只是在规范层面确立了本罪成立的形式要素。但是,我们还需要在此基础上进行价值层面的实质判断。2022 年修订的《关于审理非法集资刑事案件具体应用法律若干问题的解释》第 6 条规定:"非法吸收或者变相吸收公众存款,主要用于正常的生产经营活动,能够在提起公诉前清退所吸收资金,可以免予刑事处罚;情节显著轻微危害不大的,不作为犯罪处理。"具体而言,为了防止将在形式标准上已涉嫌非法吸收公众存款罪的行为均入罪打击,故从 2010 年《关于审理非法集资刑事案件具体应用法律若干问题的解释》开始,在刑事政策的角度,将"集资用途"和"清退所吸收资金"并列地设置为追究刑事责任的两个条件。其中,主要用于正常的生产经营活动之"集资用途",是从集资是否具有正当性切入;对于"清退所吸收资金",则主要考察不会产生影响社会稳定的压力,两者共同地从"后端"给该罪的认定提供了一个"出罪口"。这在一定程度上有助于防止非法吸收公众存款罪的扩大适用,体现了宽严相济的刑事政策。

此外,2022年修订的《关于审理非法集资刑事案件具体应用法律若干问题的解释》第2条规定了12项非法吸收或者变相吸收公众存款的行为方式。这不仅沿用了2010年起的原先规定,还凸显出对新型的网络借贷、虚拟币交易、融资租赁、养老领域等非法集资手段的刑事打击导向。

(2) **犯罪主体**:一般主体,自然人和单位均可构成。

(3) **主观方面**:行为人必须出于故意,但不要求以非法占有为目的。这是本罪与其他非法集资犯罪的界分点。本罪与集资诈骗罪在客观方面均表现为向社会公众非法募集资金,区别的关键在于行为人是否以非法占有为目的。

(4) **定量标准**:本罪是以"扰乱金融秩序"作为入罪门槛。

依据2022年修订的《关于审理非法集资刑事案件具体应用法律若干问题的解释》第3条,非法吸收或者变相吸收公众存款,具有下列情形之一的,应当依法追究刑事责任:一是非法吸收或者变相吸收公众存款数额在100万元以上的;二是非法吸收或者变相吸收公众存款对象150人以上的;三是非法吸收或者变相吸收公众存款,给存款人造成直接经济损失数额在50万元以上的。

同时,该解释施行"打折条款",采取"数额减半+情节"的模式,规定:非法吸收或者变相吸收公众存款数额在50万元以上或者给存款人造成直接经济损失数额在25万元以上,同时具有下列情节之一的,应当依法追究刑事责任:曾因非法集资受过刑事追究的;二年内曾因非法集资受过行政处罚的;造成恶劣社会影响或者其他严重后果的。

在非法集资的罪名体系中,非法吸收公众存款罪是基础罪名。根据该解释第13条,行为人通过传销手段向社会公众非法吸收资金,构成非法吸收公众存款罪或者集资诈骗罪,同时又构成组织、领导传销活动罪的,依照处罚较重的规定定罪处罚。

**杨某国等人非法吸收公众存款案**[①]:被告人杨某国是某某集团的法定代表人、董事长。2014年,杨某国利用其实际控制的公司又先后成立其他公司,根据理财产品的不同期限约定7%—15%不等的年化利率募集资金。在线下渠道,某某集团在全国多个省、市开设门店,采用发放宣传单、举办年会等方式进行宣传,理财客户或者通过与杨某国签订债权转让协议,或者通过匹配某某集团虚构的信贷客户借款需求进行投资,将投资款转账至杨某国名下42个银行账户,被某某集团用于还本付息、生产经营等活动。在线上渠道,某某集团及其关联公司以

---

① 最高人民检察院第十七批指导性案例(检例第64号):杨某国等人非法吸收公众存款案。

网络借贷信息中介活动的名义进行宣传,理财客户根据某某集团的要求在第三方支付平台上开设虚拟账户并绑定银行账户。理财客户选定投资项目后将投资款从银行账户转入第三方支付平台的虚拟账户进行投资活动,某某集团、杨某国及其实际控制的担保公司为理财客户的债权提供担保。某某集团对理财客户虚拟账户内的资金进行调配,划拨出借资金和还本付息资金到相应理财客户和信贷客户账户,并将剩余资金直接转至杨某国在第三方支付平台上开设的托管账户,再转账至杨某国开设的银行账户,与线下资金混同,由某某集团支配使用。因资金链断裂,某某集团无法按期兑付本息。截止到2016年4月,某某集团非法吸收公众存款共计64亿余元,未兑付资金共计26亿余元,涉及集资参与人1.34万余人。其中,通过线上渠道吸收公众存款11亿余元。2017年2月,某区检察院以非法吸收公众存款罪对杨某国等4名被告人依法提起公诉。2018年2月,某区法院作出一审判决,以非法吸收公众存款罪,判处被告人杨某国等人有期徒刑九年零六个月不等,并处罚金50万元。宣判后,被告人没有上诉。

该案的"要旨"认为:"单位或个人假借开展网络借贷信息中介业务之名,未经依法批准,归集不特定公众的资金设立资金池,控制、支配资金池中的资金,并承诺还本付息的,构成非法吸收公众存款罪。"从具体内容看,这是以"四性"特征为纲要,对应地解析其在网络借贷领域认定非法吸收公众存款罪的具体适用问题。同时,该案的"指导意义"指出:(1)向不特定社会公众吸收存款是商业银行专属金融业务,任何单位和个人未经批准不得实施。这是判断吸收公众存款行为合法与非法的基本法律依据。任何单位或个人,包括非银行金融机构,未经国务院银行业监督管理机构批准,面向社会吸收公众存款或者变相吸收公众存款均属非法。(2)金融创新必须遵守金融管理法律规定,不得触犯刑法规定,必须遵守金融管理法律法规,尤其是依法须经许可才能从事的金融业务,不允许未经许可而以创新的名义擅自开展。(3)网络借贷信息中介机构依法只能从事信息中介业务,为借款人与出借人实现直接借贷提供信息搜集、信息公布、资信评估、信息交互、借贷撮合等服务。信息中介机构不得提供增信服务,不得直接或间接归集资金,包括设立资金池控制、支配资金或者为自己控制的公司融资。网络借贷信息中介机构利用互联网发布信息归集资金,不仅超出信息中介业务范围,同时也触犯了我国《刑法》第176条的规定。

### 4.4.5 作用于金融票证的犯罪

所谓"金融票证",是证明债权债务关系的合法书面凭证,它是商品经济和信用活动的产物,具有偿还性、流动性、安全性和收益性等一系列的经济功能,日益成为现代经济交易中最重要的信用支付或结算工具。为了维护金融票证的公共信用,我国刑法设置了金融票证类的罪名体系,这在学理上可以分为以下两类：

（1）作用型：即犯罪行为直接作用于金融票证本身的类型，包括在此节论述的以下 3 个罪名：伪造、变造金融票证罪；妨害信用卡管理罪；窃取、收买、非法提供信用卡信息罪。

（2）利用型：即以金融票证为载体进行犯罪的类型，主要是指票据诈骗罪、金融凭证诈骗罪、信用证诈骗罪、信用卡诈骗罪等 4 个罪名，这在刑事立法体系上被编入"金融诈骗罪"，请参见本书 4.5 的内容，在此不再赘述。

（一）伪造、变造金融票证罪

本罪是指自然人或者单位伪造、变造汇票、本票、支票、委托收款凭证、汇款凭证、银行存单和其他银行结算凭证、信用证或者附随的单据、文件，以及伪造信用卡的行为。

**（1）行为对象**：特指狭义的金融票证。

在金融学上，金融票证的外延比较广泛，既包括票据、银行结算凭证、信用证、信用卡等信用证券，也包括股票、债券等有价证券。由于我国刑法针对国库券、债券、股票等有价证券而单独设置了罪名（伪造、变造国家有价证券罪和伪造、变造股票、公司、企业债券罪），故本罪的行为对象是狭义的金融票证，不包括有价证券在内，其范围包括以下四种：

第一，汇票、本票、支票。

这是《票据法》范畴中的三种票据。依据我国《票据法》第 19 条、第 73 条和第 81 条，"汇票"分为银行汇票和商业汇票，是指出票人签发的，委托付款人在见票时或者在指定日期无条件支付确定的金额给收款人或者持票人的票据；"本票"是出票人签发的，承诺自己在见票时无条件支付确定的金额给收款人或者持票人的票据；"支票"是出票人签发的，委托办理支票存款业务的银行或者其他金融机构在见票时无条件支付确定的金额给收款人或者持票人的票据。

第二，委托收款凭证、汇款凭证、银行存单等其他银行结算凭证。

所谓"委托收款凭证"，是指收款人委托银行向付款人收取款项的结算凭据和证明；"汇款凭证"是指汇款人委托银行将其款项支付给收款人的结算凭据和证明；"银行存单"是一种重要的信用和结算凭证，是由储户向银行交存款项、办理开户手续后，银行签发的载有户名、账号、存款金额、存期、存入日、到期日、利率等内容的存单，储户以此办理存款的取存。需要说明的是，《支付结算办法》第四章规定的"结算方式"包括委托收款、汇兑和托收承付。前两种结算方式所使用的结算工具分别是委托收款凭证、汇款凭证，这已被我国《刑法》第 177 条第 1 款第 2 项所列举。鉴于第 177 条对该项行为对象所表述的"等"之术语，"托收承付凭证"理应成为本罪的行为对象。所谓"托收承付"，是根据购销合同由收款人发货后委托银行向异地付款人收取款项，由付款人向银行承认付款的结算方式。

第三,信用证或者附随的单据、文件。

关于信用证的内涵,参见本书4.4.4中关于"骗取贷款、票据承兑、金融票证罪"中"行为对象"的相关内容。

第四,信用卡。

依据2004年全国人大常委会通过的《关于〈中华人民共和国刑法〉有关信用卡规定的解释》,"刑法规定的'信用卡'是指由商业银行或其他金融机构发行的具有消费支付、信用贷款、转账结算、存取现金等全部功能或者部分功能的电子支付卡。"

**(2) 危害行为**:伪造、变造。

本罪是我国刑法中伪造型犯罪的类型之一。根据1997年中国人民银行颁布的《支付结算办法》第9条和第256条,票据和结算凭证是办理支付结算的工具。单位、个人和银行办理支付结算,必须使用按中国人民银行统一规定印制的票据凭证和统一规定的结算凭证;汇票、本票、支票、汇兑凭证、托收承付凭证、委托收款凭证、信用卡结算凭证由中国人民银行总行统一格式、联次、颜色、规格。其中,汇票、本票、支票在中国人民银行总行批准的印制厂印制,信用卡按中国人民银行的有关规定印制。依据我国《票据法》第102条,对于作为票据欺诈之一的伪造、变造票据的行为,依法追究刑事责任。

所谓"伪造",是指无权制作金融票证的自然人或者单位,仿照真实的金融票证的样式,使用各种方法非法制造的行为;"变造"是指行为人采取剪贴、挖补、涂改、修描等方法对真实的金融票证进行加工处理,从而非法地改变除签章以外[①]的其他记载事项的行为。伪造是一种完全的造假行为,变造则以真实的金融票证为基础进行造假。

需要注意的是,在我国《刑法》第177条的罪状描述中,均将"伪造、变造"并列地列为前三种行为对象的危害行为形态,唯独在该条第1款第4项中只将"伪造"规定为"信用卡"的唯一危害类型。对此,立法机关认为:"变造"信用卡的形式多样,例如在过期卡、作废卡、盗窃卡、丢失卡等各种信息完整的真实信用卡上修改关键要素,如重新压印卡号、有效期和姓名,甚至对信用卡磁条重新写磁;对非法获取的发卡银行的空白信用卡进行凸印、写磁,制成信用卡,但这种所谓的"变造",除了只保留有信用卡的外形以外,其信用卡的内容与银行发行的真实信用卡已经有很大不同,其实质就是一张伪造的信用卡,应当按伪造信用卡定性,故没有对"变造"信用卡予以规定。[②] 另外,本罪针对金融票证的危害行为是

---

① 依据《支付结算办法》第14条,对票据和结算凭证上的签章的变造,属于伪造。
② 参见黄太云:《〈刑法修正案(五)〉的理解与适用》,载《人民检察》2005年第6期。

伪造、变造，而不是利用伪造、变造的金融票证进行诈骗的形态。对于后类行为，我国立法者并没有对应和笼统地设立金融票证诈骗罪，而是将金融票证拆分为票据、金融凭证、信用证和信用卡等 4 种类型，分别设置了票据诈骗罪、金融凭证诈骗罪、信用证诈骗罪和信用卡诈骗罪等 4 个罪名，并且在刑事立法体系上归入"金融诈骗罪"，从而在罪名数量上与本罪形成"1∶4 的对应关系"。请参见如下示意图：

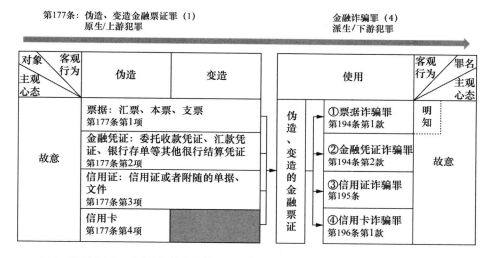

**(3) 定量标准**：我国《刑法》第 177 条并未予以设置，但依据 2022 年《关于公安机关管辖的刑事案件立案追诉标准的规定（二）》第 24 条，伪造、变造金融票证涉嫌下列情形之一的，应予立案追诉：一是伪造、变造汇票、本票、支票，或者伪造、变造委托收款凭证、汇款凭证、银行存单等其他银行结算凭证，或者伪造、变造信用证或者附随的单据、文件，总面额在 1 万元以上或者数量在 10 张以上的；二是伪造信用卡 1 张以上，或者伪造空白信用卡 10 张以上的。

**(4) 竞合适用**：行为人在伪造、变造票据、金融凭证、信用证或者伪造信用卡而构成伪造、变造金融票证罪之后，又使用自己伪造的同一宗金融票证，同时构成票据诈骗罪、金融凭证诈骗罪、信用证诈骗或者信用卡诈骗罪的，应择一重罪处断。但是，如果行为人在伪造、变造金融票证罪之后，又使用明知是他人伪造的不同宗金融票证，分别构成犯罪的，则应当实行数罪并罚。

（二）妨害信用卡管理罪

本罪是指自然人在信用卡的发行、使用等环节中，通过法定的非法手段，妨害国家对信用卡管理的行为。这是《刑法修正案（五）》第 1 条新设立的罪名，在体系编排上作为《刑法》第 177 条之一第 1 款。

**(1) 危害行为**：自然人实施以下 4 种妨害信用卡管理的行为类型之一：

第一,明知是伪造的信用卡或者伪造的空白信用卡而持有、运输。

"伪造的信用卡"和"伪造的空白信用卡"是该种行为类型的作用对象。其中,前者是指已经载入个人信用卡磁条信息的完整假卡;后者是指可用作信用卡磁条信息载体的假卡,其处于半成品的状态,只有将个人信用卡磁条信息载入,才能成为可以使用的信用卡。至于"持有",是指行为人将伪造的信用卡或者伪造的空白信用卡置于其实际支配、控制的状态;"运输",是指行为人利用各种运送工具或者方式,将伪造的信用卡或者伪造的空白信用卡进行较大距离的空间位移之行为。

第二,非法持有他人信用卡。

这是指行为人未经持卡人本人的同意而实际支配、控制他人信用卡的状态。其中,"未经持卡人本人的同意"是该种行为类型违法性的本质特征。这里"持有"的对象,是他人真实的信用卡,这是该种行为类型有别于第一种"持有"类别的不同点。

第三,使用虚假的身份证明骗领信用卡。

根据《银行卡业务管理办法》第 28 条和第 54 条,个人申领银行卡(储值卡除外),应当向发卡银行提供公安部门规定的本人有效身份证件,经发卡银行审查合格后,为其开立记名账户;申请人应当向发卡银行提供真实的申请资料和遵守发卡银行的章程。这里的"虚假的身份证明",既包括伪造、变造的虚假他人身份证件,也包含盗窃、骗取、捡拾的他人真实身份证件以及通过招生、招工等名义所收集的他人真实身份资料。依据 2018 年"两高"《关于办理妨害信用卡管理刑事案件具体应用法律若干问题的解释》第 2 条,违背他人意愿,使用其居民身份证、军官证、士兵证、港澳居民来往内地通行证、台湾居民来往大陆通行证、护照等身份证明申领信用卡的,应当认定为本种情形。但是,如果申领人为了获得较高的信用卡授信额度,向发卡行提供自己真实的身份证明,却在财产、工资收入等方面提供不实信息,则不属于本项所规定的危害行为类型。

第四,出售、购买、为他人提供伪造的信用卡或者以虚假的身份证明骗领的信用卡。

"伪造的信用卡"和"以虚假身份骗领的信用卡"是该种行为类型的作用对象,其本身是可用于实施进一步犯罪的工具,不允许任何人为了谋利或者为己所用而有偿地转让、获取或者提供给他人,否则会致使它们在社会上广泛地流通。

上述第三、四种行为类型的犯罪手段,是使用"虚假的身份证明"。对于为信用卡申请人制作、提供虚假的财产状况、收入、职务等资信证明材料,应当追究刑事责任的情形,依据《关于办理妨害信用卡管理刑事案件具体应用法律若干问题的解释》第 4 条,如果涉及伪造、变造、买卖国家机关公文、证件、印章,或者涉及伪造公司、企业、事业单位、人民团体印章,则分别以伪造、变造、买卖国家机关公文、证件、印章罪和伪造公司、企业、事业单位、人民团体印章罪定罪处罚;对于承担资产评估、验资、验证、会计、审计、法律服务等职责的中介组织或其人员,则分别以提供虚假证明文件罪和出具证明文件重大失实罪定罪处罚。

**(2) 定量标准**:关于本罪前两种行为的定量标准,是以"数量较大"作为入罪门槛。这里的"数量较大",是指非法持有、运输的信用卡的数量,而不是指信用卡内的钱款额和授信额度。依据 2022 年《关于公安机关管辖的刑事案件立案追诉标准的规定(二)》第 25 条,明知是伪造的空白信用卡而持有、运输,数量累计在 10 张以上的,或者非法持有他人信用卡,数量累计在 5 张以上的,应予以立案追诉。

**(3) 竞合适用**:行为人在伪造信用卡后,继而又持有、运输伪造的信用卡或者伪造的空白信用卡,或者出售、购买、为他人提供伪造的信用卡:虽然后种行为符合妨害信用卡管理罪的第 1 项和第 4 项行为类型,但鉴于其是伪造信用卡行为的延续和自然结果,应以伪造信用卡的情形追究其"伪造金融票证罪"的刑事责任。只有在确实无法查清后种行为的原因力是伪造信用卡的情形下,才应以妨害信用卡管理罪定性,以体现增设本罪的立法意义和司法价值。

(三) 窃取、收买、非法提供信用卡信息罪

本罪是指自然人窃取、收买或者非法提供他人信用卡信息资料,足以伪造可进行交易的信用卡,或者足以使他人以信用卡持卡人名义进行交易的行为。这是《刑法修正案(五)》第 1 条新设立的罪名,在体系编排上作为《刑法》第 177 条之一第 2 款。

**(1) 行为对象**:特指信用卡信息。

这是指由发卡行在发卡时使用专用设备写入信用卡磁条中的加密电子数据,包括发卡行代码、账号、持卡人姓名、有效期和密码等内容。如果缺少信用卡信息,信用卡是无法识别和使用的。有鉴于此,信用卡信息是信用卡的"软件",是伪造信用卡犯罪的最为关键环节。

**(2) 危害行为**:窃取、收买或者非法提供。

所谓"窃取",是指通过盗取、秘密复制等非法手段取得信用卡信息;"收买"是指通过金钱、物质或者其他利益换取信用卡信息;"非法提供"是指违反有关法律法规的规定而使得信用卡信息为他人获得。这些是信用卡犯罪活动的源头行为。如果行为人在窃取、收买他人的信用卡信息资料后,继而自己进行伪造信用卡的,则应以伪造信用卡的情形追究其"伪造金融票证罪"的刑事责任,而不能实行数罪并罚。

**(3) 主观方面**:行为人必须出于故意,过失不构成本罪。

如果行为人与伪造信用卡的罪犯通谋,为其窃取、收买或者非法提供他人信用卡信息资料的,则应以"伪造金融票证罪"的共犯论处。

**(4) 定量标准**：依据 2022 年《关于公安机关管辖的刑事案件立案追诉标准的规定（二）》第 26 条，窃取、收买或者非法提供他人信用卡信息资料，足以伪造可进行交易的信用卡，或者足以使他人以信用卡持卡人名义进行交易，涉及信用卡 1 张以上的，应予立案追诉。

与普通人相比，银行或者其他金融机构的工作人员出于工作性质的需要，有更多的便利条件接触到客户的信用卡信息资料。如果他们非法提供他人的信用卡信息资料，其社会危害性更大。为了体现对他们的特殊要求，我国《刑法》第 177 条之一第 3 款有针对性地规定：银行或者其他金融机构的工作人员利用职务上的便利，窃取、收买或者非法提供他人信用卡信息资料的，从重处罚。

### 4.4.6 证券类犯罪

证券是商品经济和信用经济发展的产物，它的正常运行会给国民经济发展带来巨大的促进作用。为了规范证券发行和交易行为，使证券的募集、发行、买卖等市场行为能在公平、合理、规范、有序的环境下完成，保护证券投资者的合法利益，防止证券交易中的欺诈、操纵等不法行为，我国《刑法》在第三章第四节"破坏金融管理秩序罪"中设置了 8 个证券类的罪名。[①] 在我国期货市场出现和发展的背景下，立法者通过《刑法修正案》的形式，将"期货交易"纳入该类犯罪的调控范围。

（一）伪造、变造国家有价证券罪

本罪是指自然人或者单位伪造、变造国库券或者国家发行的其他有价证券，数额较大的行为。

从称谓为动宾词组的罪名结构看，本罪的客观构成要素为：

（1）危害行为：伪造、变造。

本罪是我国刑法中伪造型犯罪的类型之一。关于本罪中"伪造""变造"的理解，请参阅本书 4.4.2"假币类犯罪"的相关论述。

（2）行为对象：特指国家有价证券。

在金融学上，有价证券一般包括股票、债券和投资基金证券三大类。按照发行主体的不同，国家或中央政府发行的债券又称为国家债券（简称国债）。其中，"国库券"是国家发行并且由国家财政作为还本付息保证的一种政府债券，它是我国国家债券的主体部分，也是历史最为悠久的一种国债。"国家发行的其他债券"包括国家重点建设债券、财政债券、国家建设债券、特种国债等。

我国十分注重对国家发行的有价证券的保护，这也鲜明地体现在刑法之中。

---

① 在我国《刑法》第三章第三节"妨害对公司、企业的管理秩序罪"中，也有以下 3 个与证券类犯罪相关的罪名：欺诈发行证券罪；违规披露、不披露重要信息罪；背信损害上市公司利益罪。

《刑法》第 178 条依照发行主体的不同,将"有价证券"划分为两种类别而区别设置本罪与伪造、变造股票、公司、企业债券罪,并且规定不同档次的法定刑,这具体表现在:(1)量刑的档次不同。本罪有三个量刑档次,而后罪仅有两个量刑幅度,并无"数额特别巨大"这个量刑档次。(2)在自由刑的规定方面,本罪的最高刑挂有无期徒刑,而后罪的法定最高刑是 10 年有期徒刑。(3)在罚金刑的量刑幅度和处罚的数额方面也明显不同。由此可见,对于国家发行的有价证券与公司、企业发行的股票、债券,我国刑法是采取"区别对待"的政策。从宏观角度说,这体现我国对国库券或者国家发行的其他有价证券的重点保护,但在一定意义上讲,也将公司、企业发行的股票、债券放在一个变相的"不对等"的位置上,这不符合金融学的基本原理和国际上的一般惯例,实属不必要。

至于定量标准,本罪是以"数额较大"作为入罪门槛。依据 2022 年《关于公安机关管辖的刑事案件立案追诉标准的规定(二)》第 27 条,伪造、变造国库券或者国家发行的其他有价证券,总面额在 2000 元以上的,应予立案追诉。

(二)伪造、变造股票、公司、企业债券罪[①]

本罪是指自然人或者单位伪造、变造股票或者公司、企业债券,数额较大的行为。

从危害行为看,本罪也是我国刑法中伪造型犯罪的类型之一。行为对象是本罪与其他相关犯罪的最大区别,其特指股票和公司、企业债券。所谓"股票",是指股份有限公司公开发行的、用以证明投资者的股东身份和权益、并据以获取股息和红利的一种有价证券;"债券"是社会各类经济主体为筹措资金而向债券投资者出具的、承诺按一定利率定期支付利息,并按约定条件到期偿还本金的债权债务凭证。按照发行主体的不同,"债券"可以分为政府债券与公司、企业债券。鉴于政府债券属于国家发行的有价证券,这已经成为伪造、变造国家有价证券罪的行为对象,故本罪中的"债券"特指公司、企业债券。

至于定量标准,本罪是以"数额较大"作为入罪门槛。依据 2022 年《关于公安机关管辖的刑事案件立案追诉标准的规定(二)》第 28 条,伪造、变造股票或者公司、企业债券,总面额在 3 万元以上的,应予立案追诉。

(三)擅自发行股票、公司、企业债券罪[②]

本罪是指未经国家有关主管部门批准,自然人或者单位擅自发行股票或者

---

[①] 关于我国《刑法》第 178 条第 2 款的罪名称谓,"两高"将其确定为"伪造、变造股票、公司、企业债券罪",这并没有贴切地体现该条罪状中所描述的两个行为对象"股票或者公司、企业债券"。按照现有的称谓和行为对象之间以两个顿号相间隔,从表象上看,该罪的行为对象有三个,甚至"公司"也成为该罪的行为对象,并不简洁和科学。在《刑法修正案(十一)》颁行后,"两高"将《刑法》第 160 条的罪名,由"欺诈发行股票、债券罪"更名为"欺诈发行证券罪"。以此为思路,该罪名应称之为"伪造、变造证券罪"。

[②] 鉴于在《刑法修正案(十一)》颁行后,"两高"将《刑法》第 160 条的罪名,由"欺诈发行股票、债券罪"更名为"欺诈发行证券罪"。同理,该罪名应称之为"擅自发行证券罪"。

公司、企业债券,数额巨大、后果严重或者有其他严重情节的行为。

从称谓为动宾词组的罪名结构看,本罪的客观构成要素是:

(1)擅自发行:未经国家有关主管部门批准。

发行证券是募集资金的一种重要手段。为了充分发挥股票或者债券的固有功能,维护证券发行的正常秩序,确保发行证券的质量,杜绝欺诈性的证券混入证券市场,保护广大投资者的利益,我国《证券法》第9条和第219条规定:公开发行证券,必须符合法律、行政法规规定的条件,并依法报经国务院证券监督管理机构或者国务院授权的部门注册。未经依法注册,任何单位和个人不得公开发行证券;违反本法规定,构成犯罪的,依法追究刑事责任。这里所说的"发行",不仅包括向社会不特定对象发行、以转让股权等方式变相发行股票或者公司、企业债券的行为,也包括向特定对象发行、变相发行股票或者公司、企业债券,累计超过200人的行为。

(2)行为对象:股票和公司、企业债券。

关于其内涵,请参阅"伪造、变造股票、公司、企业债券罪"中的相关论述。

至于定量标准,本罪是以"数额巨大、后果严重或者有其他严重情节"作为入罪门槛。依据《关于公安机关管辖的刑事案件立案追诉标准的规定(二)》第29条,涉嫌下列情形之一的,应予立案追诉:非法募集资金金额在100万元以上的;造成投资者直接经济损失数额累计在50万元以上的;募集的资金全部或者主要用于违法犯罪活动的;其他后果严重或者有其他严重情节的情形。

关于本罪与非法经营等犯罪的区分界限,应当把握本罪中关于"发行"的界定。依据2008年最高人民法院、最高人民检察院、公安部、中国证监会《关于整治非法证券活动有关问题的通知》的规定,公司、公司股东违反规定,擅自向社会公众转让股票,应当追究其擅自发行股票的责任;所代理的非上市公司涉嫌擅自发行股票,构成犯罪的,应以擅自发行股票罪追究刑事责任。非上市公司和中介机构共谋擅自发行股票,构成犯罪的,以擅自发行股票罪的共犯论处。需要注意的是,"经营"和"买卖"的内涵有别于"发行"。因此,上述通知规定:任何单位和个人经营证券业务,必须经证监会批准。未经批准的,属于非法经营证券业务,涉嫌犯罪的,以非法经营罪追究刑事责任;对于中介机构非法代理买卖非上市公司股票,涉嫌犯罪的,以非法经营罪追究刑事责任。另外,未经依法核准,以发行证券为幌子,实施非法证券活动,涉嫌犯罪的,以非法吸收公众存款罪、集资诈骗罪等罪名追究刑事责任。

本罪与欺诈发行证券罪具有许多相似之处,即发行人在发行环节,采取不正当的手段发行股票或者公司、企业债券,情节严重的行为。但是,两罪在行为方式上却不尽相同:本罪一般表现为作为形式,即行为人为了募集资金而故意规避国家有关主管部门的监管,故可将本罪归入"规避型";欺诈发行证券罪的行为方式,包括作为与不作为两种形式:作为表现在发行人编造重大的虚假内容,不作为则体现为隐瞒重要事实。简言之,欺诈发行证券罪的骗局载体是在招股说明书、认股书、公司或企业的债券募集办法等发行文件中传达虚假的信息,可归入"欺诈型"。

(四) 内幕交易、泄露内幕信息罪

本罪是指证券、期货交易内幕信息的知情人员或者非法获取证券、期货交易内幕信息的人员,在涉及证券的发行,证券、期货交易或者其他对证券、期货交易价格有重大影响的信息尚未公开前,买入或者卖出该证券,或者从事与该内幕信息有关的期货交易,或者泄露该信息,或者明示、暗示他人从事上述交易活动,情节严重的行为。

在我国《证券法》颁布之前,1997年修订的《刑法》第180条前瞻性地设立本罪。后来,《刑法修正案》将"期货交易"纳入本罪的调控范围,《刑法修正案(七)》则增加"明示、暗示他人从事上述交易活动"的行为类型。

**(1) 行为对象**:内幕信息。

知悉内幕信息是进行内幕交易的基础,也是构成本罪的前提要件。证券市场是一个高度依赖信息的市场,每一个投资者应对证券信息的获取享有同等权利。然而,内幕人员利用不正当的信息优势去从事本不应当进行的交易,则违反资本市场的信息公平原则,违背证券交易的公平、公正和公开原则,将导致投资者对证券市场的不信任,从而阻碍证券的融资渠道,最终扰乱和破坏证券交易秩序,故世界各国证券管理制度均禁止内幕交易。我国《证券法》"禁止证券交易内幕信息的知情人和非法获取内幕信息的人利用内幕信息从事证券交易活动"(第50条);"证券交易内幕信息的知情人和非法获取内幕信息的人,在内幕信息公开前,不得买卖该公司的证券,或者泄露该信息,或者建议他人买卖该证券"(第53条第1款);构成犯罪的,依法追究刑事责任。另外,我国《期货和衍生品法》也明令"禁止欺诈、操纵市场和内幕交易的行为"(第6条)。

对于证券交易的内幕信息,我国《证券法》第52条第1款规定:"证券交易活动中,涉及发行人的经营、财务或者对该发行人证券的市场价格有重大影响的尚未公开的信息,为内幕信息。"关于内幕信息的范围,依据该条第2款的规定,是指投资者尚未得知的"重大事件",具体包括:发生可能对上市公司、股票在国务院批准的其他全国性证券交易场所交易的公司的股票交易价格产生较大影响的12项重大事件(第80条第2款),以及可能对上市交易公司债券的交易价格产生较大影响的11项重大事件(第81条第2款)。

关于期货交易的内幕信息,我国《期货和衍生品法》第14条界定为:"可能对期货交易或者衍生品交易的交易价格产生重大影响的尚未公开的信息。期货交易的内幕信息包括:(一)国务院期货监督管理机构以及其他相关部门正在制定或者尚未发布的对期货交易价格可能产生重大影响的政策、信息或者数据；（二）期货交易场所、期货结算机构作出的可能对期货交易价格产生重大影响的决定；（三）期货交易场所会员、交易者的资金和交易动向；（四）相关市场中的重大异常交易信息；（五）国务院期货监督管理机构规定的对期货交易价格有重大影响的其他信息。"

由此可见，"内幕信息"具有以下两大特点：第一，未公开性：即有关的重要信息和资料尚未通过法定的方式向社会公众和投资者公开，该信息尚处于保密的状态。这不包括运用公开的信息和资料，对证券、期货市场作出的预测和分析。第二，重要性：证券、期货市场对信息的反应非常敏感。可能引起证券价格的波动，正是内幕信息的利用价值之所在，其重要性体现在一旦公开，就可能导致证券价格的波动。如果对证券价格毫无影响，则不能称为内幕信息。

**内幕信息敏感期的形成和公开时点**：这是指内幕信息自形成至公开的期间。依据2012年"两高"《关于办理内幕交易、泄露内幕信息刑事案件具体应用法律若干问题的解释》第5条，内幕信息的"形成之时"，一般是指重大事件的发生时间，以及计划、方案、政策、决定等的形成时间。鉴于能够影响内幕信息形成的动议、筹划、决策或者执行人员的特殊性，应当有别于普通的内幕信息知情人员，因此，认定这些特殊人员的内幕信息的敏感期，应当自其动议、筹划、决策或者执行初始时间开始起算；至于内幕信息的"公开之时"，是指内幕信息在国务院证券、期货监督管理机构指定的报刊、网站等媒体披露时间。

**（2）危害行为**：行为人利用内幕信息，实施以下三种行为类型之一：一是买入或者卖出与该内幕信息有关的证券，或者从事与该内幕信息有关的期货交易；二是泄露该内幕信息；三是明示、暗示他人从事与该内幕信息有关的交易活动。

**除外情形**：依据2012年"两高"《关于办理内幕交易、泄露内幕信息刑事案件具体应用法律若干问题的解释》第4条，具有下列情形之一，不属于从事与内幕信息有关的证券、期货交易：第一，持有或者通过协议、其他安排与他人共同持有上市公司5%以上股份的自然人、法人或者其他组织收购该上市公司股份。该情形是我国《证券法》第53条第2款的内容，在性质上属于该条第1款禁止性规定的除外规定。第二，按照事先订立的书面合同、指令、计划从事相关证券、期货交易。这是指行为人出于正当的理由而从事交易，但不包括利用虚假的书面合同、指令、计划来规避内幕交易的情形。第三，依据已被他人披露的信息而交易。根据我国《证券法》第86条，依法披露的信息，应当在证券交易场所的网站和符合国务院证券监督管理机构规定条件的媒体发布，同时将其置备于公司住所、证券交易场所，供社会公众查阅。如果行为人从非指定报刊、媒体获取相关信息而交易，则可以作为抗辩事由，但这不包括从内幕信息的知情人员处非法获取的内幕信息。第四,交易具有其他正当理由或者正当信息来源。这是具有"兜底"性质的条款,例如行为人根据自己的经验、知识判断或者通过其他正当途径获悉内幕信息而交易。

**(3) 犯罪主体**:是特殊主体,必须是证券、期货交易内幕信息的知情人员以及非法获取证券、期货交易内幕信息的人员。如果非内幕人员与内幕人员内外勾结,进行内幕交易的,构成本罪的共犯。

证券交易内幕信息的"知情人员",在我国《证券法》第51条中列举为以下9种人:第一,发行人及其董事、监事、高级管理人员;第二,持有公司5%以上股份的股东及其董事、监事、高级管理人员,公司的实际控制人及其董事、监事、高级管理人员;第三,发行人控股或者实际控制的公司及其董事、监事、高级管理人员;第四,由于所任公司职务或者因与公司业务往来可以获取公司有关内幕信息的人员;第五,上市公司收购人或者重大资产交易方及其控股股东、实际控制人、董事、监事和高级管理人员;第六,因职务、工作可以获取内幕信息的证券交易场所、证券公司、证券登记结算机构、证券服务机构的有关人员;第七,因职责、工作可以获取内幕信息的证券监督管理机构工作人员;第八,因法定职责对证券的发行、交易或者对上市公司及其收购、重大资产交易进行管理可以获取内幕信息的有关主管部门、监管机构的工作人员;第九,国务院证券监督管理机构规定的可以获取内幕信息的其他人员。

对于期货交易内幕信息的"知情人员",我国《期货和衍生品法》第15条界定为:"由于经营地位、管理地位、监督地位或者职务便利等,能够接触或者获得内幕信息的单位和个人。期货交易的内幕信息的知情人包括:(一)期货经营机构、期货交易场所、期货结算机构、期货服务机构的有关人员;(二)国务院期货监督管理机构和其他有关部门的工作人员;(三)国务院期货监督管理机构规定的可以获取内幕信息的其他单位和个人。"

由此可见,上述知情人员具有特定的身份,是基于与证券、期货交易的职务、业务或合同关系而能够合法地接触或者获得内幕信息,属于"合法获取型"人员。

所谓"非法获取型"人员,依据《关于办理内幕交易、泄露内幕信息刑事案件具体应用法律若干问题的解释》第2条,是指具有下列行为的人员:第一,利用窃取、骗取、套取、窃听、利诱、刺探或者私下交易等手段获取内幕信息的;第二,内幕信息知情人员的近亲属或者其他与内幕信息知情人员关系密切的人员,在内幕信息敏感期内,从事或者明示、暗示他人从事,或者泄露内幕信息导致他人从事与该内幕信息有关的证券、期货交易,相关交易行为明显异常,且无正当理由或者正当信息来源的;第三,在内幕信息敏感期内,与内幕信息知情人员联络、接触,从事或者明示、暗示他人从事,或者泄露内幕信息导致他人从事与该内信息有关的证券、期货交易,相关交易行为明显异常,且无正当理由或者正当信息来源的。

通过上述界定,可以看出第一种人员属于典型意义的非法获取内幕信息人员,其在获取内幕信息的手段上具有非法性和主动性;第二种和第三种人员则属于基于特定身份、关系而被动地获取内幕信息,但在内幕信息敏感期内从事明显异常的特定交易行为。同时,为了避免绝对化和出于严谨、审慎的考虑,对于第二种和第三种人员的构成还冠以"无正当理由或者正当信息来源"的特殊限定。由此可见,对于"非法获取型"人员,不是局限在获取内幕信息的非法手段,而是采取"客观的不法说",范围包括知情人员之外知悉内幕信息的人员,其与"知情人员"形成对应的二分法关系。

**(4)主观方面**:本罪表现为故意,即行为人明知所利用的信息是尚未公开并且对证券、期货的价格有重大影响的信息,不得为个人或他人利益而利用或者泄露该信息,但为了获利或者避免损失,依然实施内幕交易或者泄露内幕信息行为。行为人出于过失而泄露内幕信息的,不构成本罪。

**(5)定量标准**:本罪是以"情节严重"作为入罪门槛。

依据2022年《关于公安机关管辖的刑事案件立案追诉标准的规定(二)》第30条,涉嫌下列情形之一的,应予立案追诉:第一,获利或者避免损失数额在50万元以上的;第二,证券交易成交额在200万元以上的;第三,期货交易占用保证金数额在100万元以上的;第四,二年内三次以上实施内幕交易、泄露内幕信息行为的;第五,明示、暗示三人以上从事与内幕信息相关的证券、期货交易活动的;第六,具有其他严重情节的。

同时,该追诉规定施行"打折条款",采取"数额减半+情节"的模式,规定:内幕交易获利或者避免损失数额在25万元以上,或者证券交易成交额在100万元以上,或者期货交易占用保证金数额在50万元以上,同时涉嫌下列情形之一的,应予立案追诉:第一,证券法规定的证券交易内幕信息的知情人实施或者与他人共同实施内幕交易行为的;第二,以出售或者变相出售内幕信息等方式,明示、暗示他人从事与该内幕信息相关的交易活动的;第三,因证券、期货犯罪行为受过刑事追究的;第四,二年内因证券、期货违法行为受过行政处罚的;第五,造成其他严重后果的。

二次以上实施内幕交易或者泄露内幕信息行为,未经行政处理或者刑事处理的,应当对相关交易数额依法累计计算。

### (五)利用未公开信息交易罪

本罪是指证券交易所、期货交易所、证券公司、期货经纪公司、基金管理公司、商业银行、保险公司等金融机构的从业人员以及有关监管部门或者行业协会的工作人员,利用因职务便利获取的内幕信息以外的其他未公开的信息,违反规定,从事与该信息相关的证券、期货交易活动,或者明示、暗示他人从事相关交易活动,情节严重的行为。该罪俗称为"老鼠仓"犯罪,是《刑法修正案(七)》第2条新设立的罪名,在体系编排上作为《刑法》第180条第4款。

**(1) 行为对象**:内幕信息以外的其他未公开的信息。

为了维护证券交易的公平、公正和公开原则,禁止利用信息优势是一个基本准则。我国《证券法》第54条明确规定:禁止证券交易场所、证券公司、证券登记结算机构、证券服务机构和其他金融机构的从业人员、有关监管部门或者行业协会的工作人员,利用因职务便利获取的内幕信息以外的其他未公开的信息,违反规定,从事与该信息相关的证券交易活动,或者明示、暗示他人从事相关交易活动。利用未公开信息进行交易给投资者造成损失的,应当依法承担赔偿责任。

从行为对象看,本罪与内幕交易罪均属于利用未公开的信息优势而实施的违法犯罪类型。但是,我国《证券法》以及《期货和衍生品法》等法律法规详细地界定"内幕信息"的种类,并没有覆盖全部的未公开信息,致使对于利用内幕信息之外的其他未公开信息从事相关交易行为,无法认定为内幕交易罪,从而出现法律适用上的盲区。对此,《刑法修正案(七)》增设本罪,在行为对象上使用"其他未公开的信息"概念,以弥补内幕信息的不周延,其与内幕交易罪共同构筑起保护未公开信息的刑法防线,具有普通罪名的性质。如前所述,由于相关法律、行政法规已经确定"内幕信息"的范围,以内幕交易罪中"内幕信息"的范围为标准,通过排除法即可确定本罪的行为对象。

**(2) 危害行为**:表现为以下两个不可分割的要件:

第一,获取未公开信息的前提条件:利用职务便利。

我国刑法规定若干"利用职务便利"型的罪名,例如职务侵占罪、贪污罪、受贿罪等,即行为人在行为手段上利用与特殊身份密切相关的职务之便。在本罪中,行为人是利用自己主管、管理、经手与证券、期货交易活动相关事务的便利条件,获取其他未公开的信息。据此,如果行为人通过与工作相关的条件,例如利用熟悉工作环境的条件,或者无意间而获取未公开信息,则不符合本罪的构成要件。

第二,充分条件:"利用"未公开信息从事相关交易活动。

行为人在利用职务便利而获取未公开信息后,如果没有进一步的"利用"行为,则不具备本罪成立的充分条件。依据本罪罪状的规定,"利用"的行为方式有两种:一是"从事与该信息相关的证券、期货交易活动",例如基金公司、期货经纪公司等资产管理机构的从业人员利用机构的内部信息,在用客户资金买入证券、期货等金融产品前,自己先行低价买入而抢先建仓,然后待用客户资金拉升到高位后个人率先撤仓,以"偷食"金融产品的上涨盈利,故俗称为"老鼠仓"行为;二是"明示、暗示他人从事相关交易活动",这主要是针对行为人在自己提前建仓之时,也以直接或者间接的方式示意他人同时建仓的情形。据此,在行为方式上,本罪的行为人不属于擅自运用受托的客户资金,其投资购买金融产品的决策行为并不与受托义务相违背,这是本罪与"背信运用受托财产罪"的主要区别点。

**(3) 犯罪主体**:特殊主体,包括以下两类人员:

第一,证券交易所、期货交易所、证券公司、期货经纪公司、基金管理公司、商业银行、保险公司等金融机构的从业人员。他们基于本身的职责权限和经营业务的需要,有更多的便利条件去知悉和利用未公开的信息进行相关交易活动,故成为本罪的主要犯罪主体。

第二,有关监管部门或者行业协会的工作人员。在实务中,这些人员基于职务便利也有可能获取和利用未公开信息进行相关交易。

**(4) 主观方面**:本罪表现为故意,即行为人明知自己所利用的是因职务便利获取的内幕信息以外的其他未公开的信息,不得为个人或他人利益而从事相关交易活动,但为了获利或者避免损失,依然违反规定进行交易。

**(5) 定量标准**:本罪是以"情节严重"作为入罪门槛。

依据2022年《关于公安机关管辖的刑事案件立案追诉标准的规定(二)》第31条,涉嫌下列情形之一的,应予立案追诉:第一,获利或者避免损失数额在100万元以上的;第二,二年内三次以上利用未公开信息交易的;第三,明示、暗示三人以上从事相关交易活动的;第四,具有其他严重情节的。

同时,该追诉规定施行"打折条款",采取"数额减半+情节"的模式,规定:利用未公开信息交易,获利或者避免损失数额在50万元以上,或者证券交易成交额在500万元以上,或者期货交易占用保证金数额在100万元以上,同时涉嫌下列情形之一的,应予立案追诉:第一,以出售或者变相出售未公开信息等方式,明示、暗示他人从事相关交易活动的;第二,因证券、期货犯罪行为受过刑事追究的;第三,二年内因证券、期货违法行为受过行政处罚的;第四,造成其他严重后果的。

**(六) 编造并传播证券、期货交易虚假信息罪**

本罪是指自然人或者单位编造并且传播影响证券、期货交易的虚假信息,扰乱证券、期货交易市场,造成严重后果的行为。为了将"期货交易"纳入本罪的调控范围,《刑法修正案》第5条对《刑法》第181条第1款进行了修改。

**(1) 危害行为**:编造并且传播。

所谓"编造",是指对不存在的事实进行无中生有的捏造,或者对客观存在的事实进行篡改、隐瞒;"传播"是指采用各种方式使行为对象为多数人知悉或可能知悉的状态。至于传播的方式和途径,并非关键。鉴于立法者在上述两种行为之间采用"并且"一词,这表明两者并非是选择性关系,必须同时具备才能成立本罪的实行行为。① 对于行为人只有编造而没有加以传播的行为,或者虽然传播而行为对象不是自己编造的,则不应以本罪论处。

**(2) 行为对象**:影响证券、期货交易的虚假信息。

信息公开制度是证券市场得以存在的基石,而信息的真实性是信息公开的基本法律标准,它是指所公开的信息应当准确、真实,不得虚伪记载、误导或欺诈。我国《证券法》明确规定:编造、传播虚假信息或者误导性信息,扰乱证券市场的,没收违法所得,并处以一定幅度的罚款(第193条);构成犯罪的,依法追究刑事责任(第219条)。

从定性上看,本罪行为人所作用的信息是在证券、期货交易市场中编造的信息,其显著的特点是"虚假性",这不包括证券、期货预测人依据一定事实进行的推测并发表的善意观点。而在内幕交易罪中,行为人所作用的未公开性信息具有真实性,这是本罪与内幕交易罪的显著差异。同时,从定量上看,该虚假信息属于影响证券、期货交易的信息,例如发行人的增资、减资、发生重大债务、合并、破产、解散等。如果所编造并传播的信息与证券、期货交易无关,不会对交易价格、交易量等产生影响,则不能以本罪论处。

**(3) 定量标准**:本罪是以"造成严重后果"作为入罪门槛。依据2022年《关于公安机关管辖的刑事案件立案追诉标准的规定(二)》第32条,涉嫌下列情形之一的,应予立案追诉:第一,获利或者避免损失数额在5万元以上的;第二,造成投资者直接经济损失数额在50万元以上的;第三,虽未达到上述数额标准,但多次编造并且传播影响证券、期货交易的虚假信息的;第四,致使交易价格或者交易量异常波动的;第五,造成其他严重后果的。

**(七) 诱骗投资者买卖证券、期货合约罪**

本罪是指证券交易所、期货交易所、证券公司、期货经纪公司的从业人员,证券业协会、期货业协会或者证券期货监督管理部门的工作人员,故意提供虚假信息或者伪造、变造、销毁交易记录,诱骗投资者买卖证券、期货合约,造成严重后果的行为。为了将"期货交易"纳入本罪的调控范围,《刑法修正案》第5条对《刑法》第181条第2款进行了修改。

**(1) 危害行为**:我国《证券法》禁止证券交易场所、证券公司、证券登记结算机构、证券服务机构及其从业人员,证券业协会、证券监督管理机构及其工作人员,在证券交易活动中作出虚假陈述或者信息误导(第56条第2款);构成犯罪的,依法追究刑事责任(第219条)。为了与上述附属在金融法律规范中的刑事责任条款相对应,我国刑法设置了"诱骗投资者买卖证券、期货合约罪"。

---

① 需要注意的是,我国《证券法》第56条第1款规定:"禁止任何单位和个人编造、传播虚假信息或者误导性信息,扰乱证券市场。"这表明在《证券法》中,"编造"与"传播"之间是选择性关系。

在危害行为上,本罪表现为行为人诱骗投资者买卖证券、期货合约。所谓"诱骗",是指引诱、误导或者欺骗投资者,使他们产生买卖证券、期货合约的认识错误。在实际中,诱骗投资者的行为手段很多,但本罪的罪状仅将诱骗的手段限定为以下两种情形:

第一,故意提供虚假信息。

本罪与"编造并传播证券、期货交易虚假信息罪"均以虚假的信息为行为对象,诱使投资者在不知真相的情况下进行证券、期货交易。但是,本罪在行为形态上表现为"故意提供",这是指行为人主动或者应他人的要求而使他人获得行为对象的状态,而且没有关于"影响证券、期货交易的信息"的定量因素之要求。

第二,伪造、变造、销毁交易记录。

该种危害行为是以"交易记录"作为行为对象。依据我国《证券法》第133条和第137条的规定,证券公司接受证券买卖的委托,应当根据委托书载明的证券名称、买卖数量、出价方式、价格幅度等,按照交易规则代理买卖证券,如实进行交易记录;证券公司应当妥善保存客户开户资料、委托记录、交易记录和与内部管理、业务经营有关的各项信息,任何人不得隐匿、伪造、篡改或者毁损。上述信息的保存期限不得少于20年。

**(2) 犯罪主体**:特殊主体,包括以下两类人员:一是证券交易所、期货交易所、证券公司、期货经纪公司的从业人员;二是证券业协会、期货业协会或者证券期货监督管理部门的工作人员。单位也可构成本罪。

**(3) 定量标准**:本罪是以"造成严重后果"作为入罪门槛。由于本罪与"编造并传播证券、期货交易虚假信息罪"处于同一体系性位置,故依据2022年《关于公安机关管辖的刑事案件立案追诉标准的规定(二)》第33条,两罪在立案追诉标准上基本保持一致。

(八) 操纵证券、期货市场罪

本罪是指自然人或者单位通过法定的非法手段,操纵证券、期货市场,影响证券、期货交易价格或者交易量,情节严重的行为。

证券、期货交易价格或者交易量,是由市场上的供需关系等多种因素决定的。但是,操纵证券、期货市场的投机者却人为控制价格或者交易量,使得它们不能以价值规律为基础,从而通过损害其他投资者的利益来谋求私利。鉴于该行为的本质是欺诈,具有很大的社会危害性,它是全球所有国家和地区均禁止的证券违法犯罪行为,也是我国打击证券犯罪的重要罪名之一。我国《证券法》第55条禁止任何人以列举的8种手段操纵证券市场,影响或者意图影响证券交易价格或者证券交易量,给投资者造成损失的,应当依法承担赔偿责任;并且在第192条大幅度提高了对操纵证券市场的罚款额度,构成犯罪的,依法追究刑事责任。同时,在我国《期货和衍生品法》第12条中,明确规定任何单位和个人不得操纵期货市场或者衍生品市场。禁止以列举的10种手段操纵期货市场,影响或者意图影响期货交易价格或者期货交易量。

在我国1997年修订的《刑法》第182条,本罪的行为对象仅是"证券交易价格",故罪名称谓为"操纵证券交易价格罪"。后来,三个刑法修正案对本罪进行与时俱进的修订:第一,为了将"期货交易价格"纳入本罪的调控范围,《刑法修正案》第6条对《刑法》第182条进行第一次修改,罪名变更为"操纵证券、期货交易价格罪"。第二,《刑法修正案(六)》第11条对本罪予以第二次修订,删除了原罪状中"获取不正当利益或者转嫁风险"的要件,并且加入"情节特别严重"的第二档次法定刑。相应地,该条的原有罪名称谓也发生变化,不再仅局限为"交易价格"。第三,为了与2019年修订的《证券法》进行联动修订,《刑法修正案(十一)》将2019年"两高"《关于办理操纵证券、期货市场刑事案件适用法律若干问题的解释》第1条关于细化"以其他方法操纵证券、期货市场"中的"谎骗交易操纵""蛊惑交易操纵""抢帽子交易操纵"等三项行为方式,升格和扩充为《刑法》第182条的独立客观行为形态,以强化对新型操纵市场行为的刑事打击。同时,在文字用语方面,将过去散落在前三项列举行为形态中的共同术语"证券、期货交易价格或者证券、期货交易量",上调到第1款的句首,以便简化条文。

**(1) 危害行为**:采取"列举+兜底"的模式,自然人或者单位实施以下七种操纵证券、期货市场的行为类型之一:

第一,单独或者合谋,集中资金优势、持股或者持仓优势或者利用信息优势联合或者连续买卖的。该方式也称为"连续交易",是指行为人以自己的名义或利用他人的名义,或者与他人通谋,集中各自的优势,共同或者连续多次地买入或者卖出某种证券、期货,以造成该证券、期货的交易价格暴涨或者暴跌的假象,从而诱使他人跟风操作而从中牟利。对于近期新兴的信息型操纵市场模式,可以归入到该种类型之中。

第二,与他人串通,以事先约定的时间、价格和方式相互进行证券、期货交易的。该行为方式也称为"联合操纵"或者"相对委托",是由相对委托的两个以上行为人共同实施,在实质上属于必要的共同犯罪形式。"串通""约定"等术语表明行为人之间存在着意图影响某种证券、期货的交易价格或交易量之犯意联系。这里所说的"事先约定",既包括明示的约定,也包含默示的承诺。

第三,在自己实际控制的账户之间进行证券交易,或者以自己为交易对象,自买自卖期货合约的。该方式也称为"虚买虚卖"或者"洗售",是最古老的操纵形式,是指行为人进行不真实转移所有权的自买自卖的交易行为,意图影响某种证券、期货的交易价格或交易量,制造市场上某种证券、期货交易繁荣的假象,诱使其他投资者盲目跟进而坐收渔利。

第四,不以成交为目的,频繁或者大量申报买入、卖出证券、期货合约并撤销申报的。该方式也称为"谎骗交易(虚假申报)操纵"。

第五,利用虚假或者不确定的重大信息,诱导投资者进行证券、期货交易的。该方式也称为"蛊惑交易操纵"。

第六,对证券、证券发行人、期货交易标的公开作出评价、预测或者投资建议,同时进行反向证券交易或者相关期货交易的。该方式也称为"抢帽子交易操纵"。

第七,以其他方法操纵证券、期货市场的。这属于"概括性"的"兜底"刑事立法方式,是指上述所列举的典型操纵方式之外的其他操纵证券、期货市场的行为。

对比可见,本罪上述七种操纵证券、期货市场的行为类型,实际上是有机地吸纳和兼容我国《证券法》和《期货和衍生品法》关于操纵行为手段的规定,行为对象主要是针对证券、期货的交易价格或者交易量。

**(2)定量标准**:本罪是以"情节严重"作为入罪门槛。关于具体的立案追诉标准,2022年《关于公安机关管辖的刑事案件立案追诉标准的规定(二)》第34条予以了详细的规定。

**(3)竞合适用**:为了操纵证券、期货市场,行为人会采取编造并传播证券、期货交易虚假信息的行为手段。对于后行为,许多国家和地区是以操纵证券市场罪予以追究刑事责任。鉴于我国刑法将后行为设置为一种独立的犯罪,对于这种情形的认定应采取择一重罪处断的原则。

另外,本罪中的信息型操纵市场方式,与内幕交易罪、利用未公开信息交易罪一样,均属于行为人以信息为载体而实施的违法犯罪类型。但是,本罪作用于信息的机理是将信息作为间接性获利的手段,例如通过控制信息发布的内容和节奏,造成市场活跃的假象而吸引其他投资者跟风交易,从而人为地操纵证券、期货的价格;与此相对应,内幕交易罪、利用未公开信息交易罪则是行为人直接通过信息本身而牟利。

### 4.4.7 金融渎职类犯罪

在行为人方面,危害金融机构管理的犯罪不是只来自金融机构的外部人员,也出自内部的工作人员,甚至表现为内外勾结,对金融机构的资金和信用安全构成严重的危害。对此,我国《刑法》和《刑法修正案(六)》设置了金融渎职类犯罪,包括以下6个罪名:背信运用受托财产罪;违法运用资金罪;违法发放贷款罪;吸收客户资金不入账罪;违规出具金融票证罪;对违法票据承兑、付款、保证罪。另外,我国《刑法》从第183条至第185条,将保险公司、银行等金融机构划分为国有与非国有两类,对其中工作人员实施的职务犯罪予以专门的注意规定,要求分别按照职务侵占罪与贪污罪、非国家工作人员受贿罪与受贿罪、挪用资金罪与挪用公款罪进行定罪处罚。

在犯罪主体上,背信运用受托财产罪和违法运用资金罪只能由单位构成。上述后四种犯罪的主体是特殊主体,包括银行或者其他金融机构及其工作人员,自然人和单位均可构成本罪。

从实际情况看,骗取贷款或者金融诈骗犯罪是否成功,与金融机构及其工作人员的违规行为之间成正相关关系。为了严密贷款和金融票证保护的刑事法网,我国刑法不仅对于骗取贷款或者金融诈骗的加害方设立了罪名,而且对金融机构及其工作人员违法发放贷款等四类违规行为也增设了罪名。从法律角度分析,上述后四种犯罪在一定程度上属于玩忽职守性质的犯罪。为了促使金融机构及其工作人员恪尽职守,严格按照国家规定进行发放贷款、出具金融票证等行为,保障信贷资金和金融票证的安全,我国《刑法》对上述后四种犯罪采取从严惩处的方针,设置了比玩忽职守罪更为严厉的法定刑,对他们提出更高的谨慎义务要求。

(一) 背信运用受托财产罪

本罪是指商业银行、证券交易所、期货交易所、证券公司、期货经纪公司、保险公司或者其他金融机构,违背受托义务,擅自运用客户资金或者其他委托、信托的财产,情节严重的行为。这是《刑法修正案(六)》第12条新设立的罪名,在体系编排上作为《刑法》第185条之一的第1款。

**(1) 行为对象**:客户资金或者其他委托、信托的财产。

这不仅包括客户存放在金融机构的资金,还包括客户委托或信托金融机构经营的资金和财产,例如证券和期货投资业务中的客户交易资金、受委托理财业务中的客户资产、信托业务中的信托财产、证券投资基金等。

**(2) 危害行为**:表现为以下两个不可分割的要件:

第一,成立前提:违背受托义务。

为了保护信托当事人的合法权益,我国《信托法》第25条规定:受托人管理信托财产,必须恪尽职守,履行诚实、信用、谨慎、有效管理的义务。背信罪的本质是行为人违背诚实信用义务,致使他人财产遭受损失。在我国刑法尚未设立背信罪的背景下,本罪是一种发生在金融领域的特殊背信罪,其严重损害委托人的利益,动摇公众对金融机构受托理财的信任。"受托义务"的存在是本罪成立的基本前提,只有金融机构在与客户之间存在委托关系的情况下才有可能构成本罪。关于"受托义务"的外延,不仅包括受托人与客户之间的约定义务,也包括受托人基于法律、行政法规、部门规章的规定而应尽的法定义务。

第二,行为方式:擅自运用。

这是指未经委托人或受益人的授权,私自动用受托客户资产的行为。关键词在于"运用",表现为作为的形式。对于受托人消极地履行受托义务的不作为行为,虽然有违诚实信用义务,却不能构成本罪。如果受托人占有、侵占客户的资产,也不能构成本罪,应视其主体身份涉嫌贪污罪或者职务侵占罪。

**(3) 犯罪主体**:本罪是纯正的单位犯,犯罪主体只能由商业银行、证券交易所、期货交易所、证券公司、期货经纪公司、保险公司、其他金融机构等单位构成。

由于自然人不能从事委托理财业务,故不能构成本罪。如果上述单位的工作人员具有挪用客户资金等行为,则视其主体身份涉嫌挪用资金罪或者挪用公款罪。在法定刑上,对单位实行"双罚制",不仅对单位设置罚金刑,并且规定对单位直接负责的主管人员和其他直接责任人员追究刑事责任。

**(4) 主观方面**:本罪表现为故意,并且经过单位的集体决定。

如果以单位的名义擅自运用客户受托财产,其结果是为了个人利益,则不能构成本罪,只能涉嫌单位工作人员的自然人犯罪。

**(5) 定量标准**:本罪是以"情节严重"作为入罪门槛。依据2022年《关于公安机关管辖的刑事案件立案追诉标准的规定(二)》第35条,涉嫌下列情形之一的,应予立案追诉:第一,擅自运用客户资金或者其他委托、信托的财产数额在30万元以上的;第二,虽未达到上述数额标准,但多次擅自运用客户资金或者其他委托、信托的财产,或者擅自运用多个客户资金或者其他委托、信托的财产的;第三,其他情节严重的情形。

(二) 违法运用资金罪

本罪是指社会保障基金管理机构、住房公积金管理机构等公众资金管理机构,以及保险公司、保险资产管理公司、证券投资基金管理公司,违反国家规定运用资金的行为。这是《刑法修正案(六)》第12条新设立的罪名,在体系编排上作为《刑法》第185条之一的第2款。

**(1) 危害行为**:违法运用。

这里的"违法"是指"违反国家规定",特指全国人大及其常委会、国务院等国家级别的机关对运用社会保障基金、住房公积金等公众资金的规定,不包括国务院各部委、各地方人大及其常委会、地方政府制定的法规和规章。在体系位置上,本罪与背信运用受托财产罪出于同一条款,也属于不适当地运用资产的犯罪类型。但是,背信运用受托财产罪的违法性体现在"违背受托义务",其内容包括部门规章规定的法定义务、委托人与受托人之间的约定义务,其外延要远远大于本罪。

**(2) 行为对象**:资金。

从本罪特定的犯罪主体看,社会保障基金、住房公积金等公众资金是本罪的行为对象,这直接关系到社会保障制度和广大群众的切身利益,而非一般意义上的资金。所谓"社会保障基金",是指通过依法向劳动者和所在用人单位征缴,或者由国家财政拨款而集中的一种专项基金,用于社会保险、社会福利、社会救济和公费医疗事业等社会保障事业;"住房公积金"是指国家机关、事业单位、社会团体、各类企业、民办非企业单位及其在职职工缴存的长期住房储金。这是本罪与背信运用受托财产罪、挪用公款罪和非法经营罪的重要区别点。

**(3) 犯罪主体**:是特定单位,包括以下两类:

第一,社会保障基金管理机构、住房公积金管理机构等公众资金管理机构。这是我国对公众资金实行相对独立和集中管理模式下的"专门机构"。

第二,保险公司、保险资产管理公司、证券投资基金管理公司。这是我国对公众资金实行多元分散型管理和投资营运的"其他机构"。自然人不能从事公众资金的管理,故不能构成本罪。在法定刑上,对单位实行"单罚制",未对单位设置罚金刑,只规定对单位直接负责的主管人员和其他直接责任人员追究刑事责任。这是本罪与背信运用受托财产罪的区别点。

**(4) 定量标准**:《刑法》第185条之一第2款并未设置定量标准,但依据2022年《关于公安机关管辖的刑事案件立案追诉标准的规定(二)》第36条,涉嫌下列情形之一的,应予立案追诉:第一,违反国家规定运用资金数额在30万元以上的;第二,虽未达到上述数额标准,但多次违反国家规定运用资金的;第三,其他情节严重的情形。

(三) 违法发放贷款罪

本罪是指银行或者其他金融机构及其工作人员违反国家规定,发放贷款,数额巨大或者造成重大损失的行为。

在全盘吸收1995年《关于惩治破坏金融秩序犯罪的决定》的基础上,1997年修订的《刑法》以发放贷款的对象是否为关系人为标准,在第186条第1款和第2款分别设置"违法向关系人发放贷款罪"和"违法(向关系人以外的其他人)发放贷款罪"。《刑法修正案(六)》第13条将上述两个罪名合并为"违法发放贷款罪"。

**(1) 危害行为**:行为人违反国家规定,发放贷款。

为了规范贷款行为,保障信贷资金的安全,我国《商业银行法》等法律法规对贷款的基本原则、发放贷款的条件、程序和审查等予以规定。例如我国《商业银行法》要求:商业银行开展信贷业务,应当严格审查借款人的资信,实行担保,保障按期收回贷款(第7条);商业银行贷款,应当对借款人的借款用途、偿还能力、还款方式等情况进行严格审查(第35条);商业银行应当对保证人的偿还能力、抵押物、质物的权属和价值以及实现抵押权、质权的可行性进行严格审查(第36条);应当与借款人订立书面合同(第37条)。

为了规范金融机构贷款业务,加强贷款的审慎经管,原中国银监会发布《固定资产贷款管理暂行办法》《流动资金贷款管理暂行办法》《个人贷款管理暂行办法》和《项目融资业务指引》(通称为"三个办法一个指引"),将贷款的全流程细分为申请、受理与调查、风险评价、审批、合同签订、发放与支付、贷后管理等环节,改变传统的贷前、贷中、贷后的粗放式贷款管理模式,并且对关键环节提出风险评价要求。但需要指出的是,在违反的法律规范层面,本罪由1997年修订的《刑法》设置的"违反法律、行政法规规定",修订为现行的"违反国家规定",强调是"国字号"层面的法律规范,由此排除了中国人民银行、中国银保监会等颁行的部门规章。

所谓向关系人发放贷款中的"关系人",是指商业银行的董事、监事、管理人员、信贷业务人员及其近亲属,或者是上述人员投资或者担任高级管理职务的公司、企业和其他经济组织。由于他们在商业银行中处于一种特殊的地位,在申请和获取贷款时容易得到优惠,这不仅加大了贷款资金的风险,而且侵犯了其他借款人的利益,扰乱了正常的金融秩序,故我国《商业银行法》第40条和第74条第8项规定:商业银行不得向关系人发放信用贷款;向关系人发放担保贷款的条件不得优于其他借款人同类贷款的条件;构成犯罪的,依法追究刑事责任。对于违法向关系人发放贷款的危害行为,1997年修订的《刑法》第186条第1款单独设立"违法向关系人发放贷款罪";《刑法修正案(六)》则将其作为违法发放贷款罪的法定从重处罚情节,不再予以独立设罪。

**(2)定量标准**:1997年修订的《刑法》仅以违法放贷是否"造成较大损失"作为入罪门槛条件。为了避免认识分歧和扩大适用范围,《刑法修正案(六)》将其更改为"数额巨大或者造成重大损失",这明显地提高了本罪的入罪门槛条件。这一变化的实质,是在贷款融通流动和贷款政策保护之间寻求平衡。依据2022年《关于公安机关管辖的刑事案件立案追诉标准的规定(二)》第37条,违法发放贷款涉嫌下列情形之一的,应予立案追诉:数额在200万元以上的;造成直接经济损失数额在50万元以上的。

(四)吸收客户资金不入账罪

本罪是指银行或者其他金融机构及其工作人员吸收客户资金不入账,数额巨大或者造成重大损失的行为。这是《刑法修正案(六)》第14条对《刑法》第187条原先的"用账外客户资金非法拆借、发放贷款罪"修订而成。

**(1)危害行为**:表现为在吸收客户的资金后,并不记入金融机构的法定存款账目,以逃避国家金融监管。

至于是否记入法定账目以外设立的账目,并不影响本罪成立。对于已经记入账户的客户资金,如果金融机构的工作人员利用职务上的便利予以侵吞,或者挪用归个人使用的,则不符合本罪的行为对象,只能涉嫌贪污罪或职务侵占罪、挪用公款罪或挪用资金罪。

在实务中,吸收客户资金是上游行为,之后会衍生出不记入账目、侵吞、挪用、非法拆借、私自发放贷款等下游违法行为形态。其中,本罪规制的仅是"不入账"的金融违法行为,其危害性表现为在金融机构的账户中不能反映出新增加的客户资金,中国人民银行和上级金融机构就无法进行稽核、检查监督,其结果会形成巨额资金的"体外循环",严重扰乱正常的金融秩序,而且容易引发其他的犯罪。为了惩处金融违法行为,防范金融风险,《金融违法行为处罚办法》第11条规定:金融机构在办理存款、贷款等业务时,不得从事账外经营行为,例如不按照会计制度记账、登记,或者不在会计报表中反映,否则给予警告、没收违法所得、罚款等处罚;构成犯罪的,依法追究刑事责任。尽管1997年修订的《刑法》第186条对此违法行为予以刑事规制和处罚,但要求"将资金用于非法拆借、发放贷款"作为复合的客观构成条件,这在一定程度上限缩了刑事惩治范围。《刑法修正案(六)》第14条则删除该复合行为要素,将客户资金入账的保护阵地前移,只要金融机构工作人员实施了吸收客户资金不入账的行为,即具备本罪在客观方面的构成条件。如果行为人实施客户资金不入账的行为构成本罪时,又对不入账的资金进行侵吞、挪用、私自发放贷款等后续行为,同时构成贪污罪或职务侵占罪、挪用公款罪或挪用资金罪、违法发放贷款罪的,应择一重罪处断。

**(2) 主观方面**:本罪表现为故意。

为了解决司法认定困难的问题,《刑法修正案(六)》删除"以牟利为目的"的构成要素,本罪不再是法定的目的犯。

**(3) 定量标准**:1997年修订的《刑法》第187条仅以吸收客户资金不入账是否"造成重大损失"作为入罪门槛。《刑法修正案(六)》则在此基础上,增加"数额巨大"为入罪条件,以扩大适用范围。依据2022年《关于公安机关管辖的刑事案件立案追诉标准的规定(二)》第38条,吸收客户资金不入账涉嫌下列情形之一的,应予立案追诉:数额在200万元以上的;造成直接经济损失数额在50万元以上的。

(五) 违规出具金融票证罪

本罪是指银行或者其他金融机构及其工作人员违反规定,为他人出具信用证或者其他保函、票据、存单、资信证明,情节严重的行为。这是《刑法修正案(六)》第15条对《刑法》第188条的"非法出具金融票证罪"修订而成。

**(1) 危害行为**:违反规定为他人出具。

出具金融票证是金融机构的重要中介业务,也是风险较大的业务,一旦出具就要承担连带补偿或者赔偿责任。例如,出票是基本的票据行为,是指出票人签发票据并将其交付给收款人的行为,由此而创设票据和确定票据上的权利和义务。一旦银行出具票据并交付给他人,银行必须按照票据所记载的事项承担向持票人支付票据金额的法定义务,而持票人便取得向银行请求支付的权利,包括付款请求权和追索权。正因如此,我国《票据法》和有关行政法规对出票人出具票据的行为,规定严格的程序和操作要求。例如,我国《票据法》第21条第1款规定:"汇票的出票人必须与付款人具有真实的委托付款关系,并且具有支付汇票金额的可靠资金来源。"

从司法实践中看,银行或者其他金融机构的工作人员有章不循或者违章操作,违反规定为他人出具信用证、票据、资信证明等行为,不仅可能为实施金融诈骗的犯罪分子所利用,给金融机构带来重大财产损失,而且破坏金融机构的信誉。这里的"违反规定",是一个广义的概念,还包括金融机构行业规范和内部规章制度。

**(2) 行为对象**:信用证或者其他保函、票据、存单、资信证明。

在本罪的称谓中使用的是"金融票证"的统称,但其外延有别于《刑法》第177条"伪造、变造金融票证罪"的行为对象,还包括保函和资信证明在内,它们均属于金融机构的信用工具。关于信用证、票据和存单的内涵,请参见4.4.5中对于"伪造、变造金融票证罪"的相关阐述。

在本罪中,"保函"是重要的银行资信文件,是指银行应申请人的请求,以其自身的信用向第三方开立的一种书面信用担保凭证。如果申请人违约,受益人则可以依据保函向银行要求支付赔偿;所谓"资信证明",是指由银行或其他金融机构出具的、能够证明他人资产和信用状况的各种书面凭证或文件,这有广义和狭义之分:广义的资信证明包括信用证、保函、票据、存单、房契、地契以及其他各种产权证明等。鉴于信用证、保函、票据、存单等银行所出具的金融资信证明已经为本罪的前四项行为对象所调整,这里所说的"资信证明"是狭义的性质。

**(3) 定量标准**:1997年修订的《刑法》第188条以非法出具金融票证是否"造成较大损失"作为入罪门槛,《刑法修正案(六)》则修改为"情节严重",以扩大适用范围。依据2022年《关于公安机关管辖的刑事案件立案追诉标准的规定(二)》第39条,涉嫌下列情形之一的,应予立案追诉:数额在200万元以上的;造成直接经济损失数额在50万元以上的;多次违规出具金融票证的;接受贿赂违规出具金融票证的;其他情节严重的情形。

(六) 对违法票据承兑、付款、保证罪

本罪是指银行或者其他金融机构及其工作人员在票据业务中,对违反票据法规定的票据予以承兑、付款或者保证,造成重大损失的行为。

**(1) 行为对象**:票据。

这是指我国《票据法》所规范的汇票、本票和支票。在票据法上,票据行为通常分为两类：一是出票：这是主票据行为，是创设票据的原始行为。对此，我国刑法已经设立"违规出具金融票证罪"予以刑法保护。二是承兑、付款和保证：这是附属票据行为，也称从票据行为，是以出票为前提并在票据上所进行的行为。我国《票据法》第104条规定："金融机构工作人员在票据业务中玩忽职守，对违反本法规定的票据予以承兑、付款或者保证的，给予处分；造成重大损失，构成犯罪的，依法追究刑事责任。"由于我国1979年《刑法》对这类行为没有进行专门的规定，司法机关只能以玩忽职守罪追究刑事责任。鉴于在票据业务中出现的这类玩忽职守的犯罪，会对金融机构和国家造成重大损失，又给犯罪分子进行票据诈骗犯罪创造条件，危害很大，1997年修订的《刑法》予以专门的规定，在客观方面表现在行为人对违反票据法规定的票据予以承兑、付款或者保证的行为。

**（2）危害行为**：违法承兑、付款、保证。

关于本罪的危害行为，需要依托于票据法意义上的界定。在票据法，因票据的种类不同，其附属票据行为也不完全相同，这具体表现为：

第一，"承兑"：是汇票所特有的制度，依据我国《票据法》第38条和第44条，是指汇票付款人承诺在汇票到期日支付汇票金额的票据行为。付款人承兑汇票后，应当承担到期付款的责任。为了保证承兑行为的规范和汇票流通的安全，《票据法》明确规定汇票承兑应当进行的步骤，否则就是违法的承兑行为。

第二，"付款"：是汇票、本票和支票所共有的制度，是指付款人依法支付票据金额，从而消灭票据关系的行为。其中，付款是支票中最重要的问题。依据《票据法》第二章第五节和第四章的有关规定，在付款程序上应当遵循法定的步骤。如果银行或者其他金融机构及其工作人员违反上述规定而对票据予以付款，则会影响票据的正常流通，并且给票据权利人和银行带来经济损失。

第三，"保证"：是汇票、本票所共有的制度，是指汇票、本票债务人以外的他人，为了担保票据债务的履行，以负担同一内容的票据债务为目的而进行的票据行为。根据我国《票据法》第二章第四节的规定，对于被保证的汇票、本票，保证人应当与被保证人对持票人承担连带责任，故银行或者其他金融机构及其工作人员在进行票据的保证业务时，应当严格遵守票据法的有关规定。当汇票、本票到期后得不到付款的，持票人有权向保证人请求付款，而保证人应当足额付款。

**（3）定量标准**：与我国《票据法》第104条的规定相配套，《刑法》第189条是以"造成重大损失"作为入罪门槛。依据2022年《关于公安机关管辖的刑事案件立案追诉标准的规定（二）》第40条，这是指造成直接经济损失数额在50万元以上的情形。

### 4.4.8 外汇类犯罪

为了维持本国货币汇率,促进国际收支平衡,许多国家和地区对进出本国(地区)境内的外汇收付、借贷、买卖、汇进汇出、汇率、储蓄、携带进出境等活动进行一定程度的管理。我国属于实行部分外汇管制的国家,对经常性国际支付和转移不予限制,但对资本项目的外汇交易进行一定的限制。为了加强对外汇的刑事保护,1988年全国人大常委会《关于惩治走私罪的补充规定》设立了"逃汇、套汇罪"。随着我国外汇储备的增加和外汇管理体制的变化,我国1997年修订的《刑法》在第190条保留逃汇罪,取消套汇罪。但是,面对之后不久在实务中再次涌现的骗购外汇、非法买卖外汇的猖獗态势,1998年全国人大常委会专门通过单行刑法《关于惩治骗购外汇、逃汇和非法买卖外汇犯罪的决定》,新设立"骗购外汇罪",以严密打击外汇类犯罪的刑事法网,维护国家外汇管理秩序。

该类罪的行为对象,是"外汇",这是指以外币表示的可以用作国际清偿的支付手段和资产。根据我国《外汇管理条例》第3条,外汇是指下列以外币表示的,可以用作国际清偿的支付手段和资产:(1)外币现钞,包括纸币、铸币;(2)外币支付凭证或者支付工具,包括票据、银行存款凭证、银行卡等;(3)外币有价证券,包括债券、股票等;(4)特别提款权;(5)其他外汇资产。

**(一)逃汇罪**

本罪是指公司、企业或者其他单位,违反国家规定,擅自将外汇存放境外,或者将境内的外汇非法转移到境外,数额较大的行为。这是《关于惩治骗购外汇、逃汇和非法买卖外汇犯罪的决定》第3条修改《刑法》第190条而成。

**(1)危害行为:** 为了防止外汇资金的大量外流,我国《外汇管理条例》第39条规定:有违反规定将境内外汇转移境外,或者以欺骗手段将境内资本转移境外等逃汇行为的,由外汇管理机关责令限期调回外汇,处一定比例逃汇金额的罚款;构成犯罪的,依法追究刑事责任。在客观方面,逃汇罪表现在行为人实施以下两种行为类型之一:

第一,擅自将外汇存放境外。

这是针对从境内携带出境、汇出的外汇以及在境外取得的外汇而设置的危害行为方式。这里的"存放",是指将外汇留置在境外的事实状态;至于外汇在境外的用途,则在所不问。

第二,将境内的外汇非法转移到境外。

这是针对携入、汇入境内的外汇以及在境内取得的外汇而设置的危害行为方式。至于转移的方式,包括随身携带、邮寄出境等多种形式。

从行为性质看,逃汇罪是行为人故意规避外汇管理部门对自己拥有外汇的监管,可将本罪归入"规避型"的犯罪类型。

**（2）犯罪主体**：纯正的单位犯，只能由公司、企业或者其他单位构成。

为了扩大本罪的适用范围，全国人大常委会《关于惩治骗购外汇、逃汇和非法买卖外汇犯罪的决定》删除了1997年修订的《刑法》对单位的"国有"限制条件，将犯罪主体扩大至所有的公司、企业或其他单位，但依然将自然人排除在外。根据我国《外汇管理条例》第4条和第52条，我国外汇管理的内容包括境内机构、境内个人的外汇收支，或者外汇经营活动，以及境外机构、境外个人在境内的外汇收支，或者外汇经营活动。境内机构是指我国境内的国家机关、企业、事业单位、社会团体、部队等，外国驻华外交领事机构和国际组织驻华代表机构除外。在法定刑上，对单位实行"双罚制"，不仅对单位设置罚金刑，并且规定对单位直接负责的主管人员和其他直接责任人员追究刑事责任。

**（3）定量标准**：1997年修订的《刑法》第190条以逃汇是否"情节严重"作为入罪门槛，《关于惩治骗购外汇、逃汇和非法买卖外汇犯罪的决定》则修改为"数额较大"，并且增设"数额巨大或者有其他严重情节"的第二档次法定刑。依据2022年《关于公安机关管辖的刑事案件立案追诉标准的规定（二）》第41条，逃汇单笔在200万美元以上或者累计数额在500万美元以上的，应予立案追诉。

（二）骗购外汇罪

本罪是指自然人或者单位使用伪造、变造的海关报关单、进口证明文件或者重复使用海关报关单、进口证明文件或者以其他方式骗购外汇，数额较大的行为。

根据我国《外汇管理条例》第40条，以虚假、无效的交易单证等向经营结汇、售汇业务的金融机构骗购外汇等非法套汇行为，构成犯罪的，依法追究刑事责任。由此可见，骗购外汇被定性为"非法套汇"的行为方式之一。在我国1997年修订的《刑法》取消套汇罪的大背景下，为了惩治骗购外汇的犯罪行为，《关于惩治骗购外汇、逃汇和非法买卖外汇犯罪的决定》第1条增设了骗购外汇罪。作为单行刑法，该《决定》在体系编排上没有给本罪编排刑法条文的序号，这是我国刑法分则中唯一的特例。

**（1）危害行为**：表现为行为人实施以下三种行为之一来骗购外汇指定银行的外汇：

第一，使用伪造、变造的海关报关单、进口证明文件。这是以虚假的文单作为使用的对象。

第二，重复使用海关报关单、进口证明文件。这是以真实的文单作为使用的对象。

上述两种行为均以"海关报关单"和"进口证明文件"作为骗购外汇的载体。前者是办理外汇核销和退税手续的重要凭证，申请人必须根据出货情况来真实地填写,做到单证相符和单货相符,然后据此办理报关手续;后者是海关对已实际监管验放的进口货物所开具的证明文书,申请人必须证明货物是已经海关监管的合法进口货物。

第三,以其他方式骗购外汇。

这属于"兜底"的刑事立法方式,是指上述所列举两种骗购外汇方式之外的其他行为类型。

从行为性质看,本罪是行为人利用骗局载体、在外汇指定银行骗购外汇,属于"欺诈型"的犯罪类型。依据《关于惩治骗购外汇、逃汇和非法买卖外汇犯罪的决定》第4条,行为人在国家规定的交易场所以外非法买卖外汇,扰乱市场秩序,情节严重的,依照"非法经营罪"予以定罪处罚。由此可见,本罪与非法经营罪的重要区别体现在犯罪场所、行为类型和外汇的属性方面。

**(2) 犯罪主体**:自然人和单位均可构成本罪。

从加害与被害的互动关系看,本罪是我国刑法对骗购外汇的加害方设立的罪名。对于被害方而言,依据《关于惩治骗购外汇、逃汇和非法买卖外汇犯罪的决定》第7条,如果金融机构、从事对外贸易经营活动的公司、企业的工作人员严重不负责任,造成大量外汇被骗购或者逃汇,致使国家利益遭受重大损失的,依照"签订、履行合同失职被骗罪"定罪处罚。

对于伪造、变造海关签发的报关单、进口证明、外汇管理部门核准件等凭证和单据,并用于骗购外汇的情形,鉴于前者的手段行为与后者的目的行为之间存在牵连关系,依据上述《决定》第1条,依照骗购外汇罪从重处罚。明知用于骗购外汇而提供人民币资金的,以共犯论处。

**(3) 定量标准**:《关于惩治骗购外汇、逃汇和非法买卖外汇犯罪的决定》以骗购外汇是否"数额较大"作为入罪门槛。依据2022年《关于公安机关管辖的刑事案件立案追诉标准的规定(二)》第42条,骗购外汇数额在50万美元以上的,应予立案追诉。

### 4.4.9 洗钱罪

本罪是指为掩饰、隐瞒毒品犯罪、黑社会性质的组织犯罪、恐怖活动犯罪、走私犯罪、贪污贿赂犯罪、破坏金融管理秩序犯罪、金融诈骗犯罪的所得及其产生的收益的来源与性质,实施法定的掩饰、隐瞒的行为。

自1997年修订的《刑法》在第191条专门设立洗钱罪以来,三个刑法修正案对该罪进行了如下修订:(1)《刑法修正案(三)》第7条将"恐怖活动犯罪"增设在洗钱罪的上游犯罪范围中,并且对于单位犯增加"情节严重"的档次;

(2)《刑法修正案(六)》第 16 条在既有的四类上游犯罪的基础上继续扩张范围,增加了贪污贿赂犯罪、破坏金融管理秩序犯罪、金融诈骗犯罪等三种类型的犯罪,至此形成目前洗钱罪的七类上游犯罪框架;(3)《刑法修正案(十一)》第 14 条在本罪原先模式的基础上,在自洗钱、行为方式、明知要件和罚金刑等具体内容上予以重大的修订。特别是在立法技术上,通过删除客观行为方式中三个"协助"以及"明知"等术语,改变了原先洗钱罪的帮助型结构,解除了洗钱罪只能由第三方构成的限制性框架,从而将自洗钱纳入该罪的适用范围,体现出履行反洗钱国际组织对我国进行互评估后的后续整改义务和落实国内顶层设计的刑事立法立场。

**1. 行为对象**

本罪的行为对象是指法定七类上游犯罪的所得及其产生的收益。

所谓"犯罪所得",是指通过犯罪直接得到的赃款、赃物,俗称"第一桶黑金";至于"犯罪产生的收益",是指对犯罪所得进行处理后获得的任何资产,俗称"第二桶乃至 N 桶黑金"。两者统称为"黑钱"或者"脏钱",均可以成为洗钱的行为对象。

洗钱作为下游犯罪,其衍生于产生犯罪所得及其犯罪收益的上游犯罪。经过刑事立法发展,洗钱罪的上游犯罪包括以下法定的七类:毒品犯罪、黑社会性质的组织犯罪、恐怖活动犯罪、走私犯罪、贪污贿赂犯罪、破坏金融管理秩序犯罪和金融诈骗犯罪。这是本罪与《刑法》第 312 条掩饰、隐瞒犯罪所得、犯罪所得收益罪的主要区别。在我国反洗钱的罪名体系中,两罪均属于重要的组成部分,但本罪规制的上游犯罪对象是法定的七种犯罪类型,而《刑法》第 312 条是规制除此之外的其他犯罪类型,范围更为宽泛,两罪由此形成特殊罪名与普通罪名之间的关系。如果行为人掩饰、隐瞒犯罪所得及其产生的收益,构成洗钱罪,同时又构成掩饰、隐瞒犯罪所得、犯罪所得收益罪,依照洗钱罪定罪处罚。

在认定洗钱罪时,虽然在"所得"和"收益"之前均冠以"犯罪"的限定,但在刑事程序上,对于查处与洗钱罪紧密相关的上游犯罪,应赋予处理程序的相对独立性,采取"事实成立说"的立场。如果上游犯罪事实可以确认,对于洗钱犯罪的查处和认定,可以与上游犯罪同步进行,并非要坐等到上游犯罪经过生效的判决。

陈某枝洗钱案[①]:在 2018 年年中,陈某波将非法集资款中的 300 万元转账至被告人陈某枝(无业)的个人银行账户。2018 年 8 月,为转移财产,掩饰、隐瞒犯

---

① 参见最高人民检察院、中国人民银行联合发布的 6 个惩治洗钱犯罪典型案例(2021 年 3 月 19 日)。

罪所得,陈某枝、陈某波二人离婚。2018年10月底至11月底,陈某枝明知陈某波因涉嫌集资诈骗罪被公安机关调查、立案侦查并逃往境外,仍将上述300万元转至陈某波的个人银行账户,供陈某波在境外使用。另外,陈某枝按照陈某波指示,将陈某波用非法集资款购买的车辆以90余万元的低价出售,随后在陈某波组建的微信群中联系比特币"矿工",将卖车钱款全部转账给"矿工"换取比特币密钥,并将密钥发送给陈某波,供其在境外兑换使用。陈某波目前仍未到案。某区检察院经审查认为,陈某枝以银行转账、兑换比特币等方式帮助陈某波向境外转移集资诈骗款,构成洗钱罪;陈某波集资诈骗犯罪事实可以确认,其潜逃境外不影响对陈某枝洗钱犯罪的认定,于2019年10月以洗钱罪对陈某枝提起公诉。2019年12月,某区法院作出判决,认定陈某枝犯洗钱罪,判处有期徒刑2年,并处罚金20万元。陈某枝未提出上诉,判决已生效。

本案属于利用虚拟货币跨境兑换,将犯罪所得及收益转换成境外法定货币或者财产,是洗钱犯罪新手段,洗钱数额以兑换虚拟货币实际支付的资金数额计算。本案的典型意义还在于,在追诉犯罪过程中,可能存在上游犯罪与洗钱犯罪的侦查、起诉以及审判活动不同步的情形,或者因上游犯罪嫌疑人潜逃、死亡、未达到刑事责任年龄等原因出现暂时无法追究或者依法不追究刑事责任等情形。虽然洗钱罪是下游犯罪,但仍然是独立的犯罪,从惩治犯罪的必要性和及时性考虑,在存在上述情形时,可以将上游犯罪作为洗钱犯罪的案内事实进行审查,根据相关证据能够认定上游犯罪的,即使上游犯罪未经刑事判决确认,不影响对洗钱罪的认定。

**2. 危害行为**

本罪的危害行为是指为掩饰、隐瞒法定七类上游犯罪的所得及其产生的收益的来源和性质,实施下列行为方式之一:

(1)提供资金账户。

(2)将财产转换为现金、金融票据、有价证券。

(3)通过转账或者其他支付结算方式转移资金。①

(4)跨境转移资产。②

---

① 《刑法修正案(十一)》在此项增加"支付"一词,将通过地下钱庄进行洗钱的突出问题纳入打击范围,具有极为鲜明的针对性。

② 此项的原先规定是"协助将资金汇往境外"。《刑法修正案(十一)》对本项的修改,内容更加丰富:第一,在过去,这仅是指把非法资金从中国国内转移到境外,属于单向的转移;对比可见,目前的规定则属于双向的转移,意味着行为人将境外获取的非法资产转移到中国国内也符合洗钱罪的行为要件,有利于应对打击跨国犯罪的洗钱问题。第二,从转移的行为对象看,"资金"一词被修订为"资产"。虽然两者是一字之差,但"资产"的外延要远大于"资金",使得打击面扩张。第三,从转移的手段看,"汇往"一词被修订为不强调具体手段的"转移",这不仅包含通过金融机构的正规汇兑途径进行的"汇往",还包括替代性兑换、国际运输和国际邮寄等途径。

（5）以其他方法掩饰、隐瞒犯罪所得及其收益的来源和性质。这属于"兜底"的行为方式。从时空特征和手段看，列举的前四种行为方式是发生在通过金融机构的载体进行金融交易的过程中，但在实践中广泛地存在"绕开"金融机构进行洗钱的行为方式，例如：行为人为了转移、转换犯罪所得及其产生的收益，会通过典当、租赁、买卖、投资、拍卖等方式，或者通过与商场、饭店、娱乐场所等现金密集型场所的经营收入相混合的方式，或者通过虚构交易、虚设债权债务、虚假担保、虚报收入等方式，或者通过买卖彩票、奖券、黄金等贵金属等方式，或者通过赌博方式，或者通过虚拟资产交易、金融资产兑换方式等。对此，司法解释可以将它们细化规定在该项，以便指导司法实践。

透析上述"列举式+兜底式"的立法技术所规定的洗钱方式，我们可以看出，行为人对法定七类上游犯罪的所得及其收益的处置方式，在本质上是实施了掩饰、隐瞒、转移、转换等动态的"漂白"行为，切断了"黑钱"的来源和性质，使其呈现出"化学反应"。这是洗钱行为的罪质构造，表现为完全有别于上游犯罪的行为特征，不再是上游犯罪的自然延伸，超出传统赃物罪的特征。相反地，如果行为人对"黑钱"实施了获取、持有、窝藏等处置行为，并没有实行动态的"漂白"行为，"黑钱"还处于上游犯罪实施后的"物理反应"之自然延伸状态，这符合传统赃物罪的特征，属于"不可罚的事后行为"，不应认定为洗钱。

### 3. 犯罪主体

本罪的犯罪主体是一般主体，自然人和单位都可以构成。《刑法修正案（十一）》将自洗钱行为入罪后，上游犯罪的行为人（本犯）也可以构成本罪，不再局限于第三方行为人（他犯）。

### 4. 主观方面

本罪的主观方面表现为行为人必须是出于故意，即对源于法定七类上游犯罪的所得及其收益具有主观认识。

从我国反洗钱的司法实践看，"明知"一直是取证难和认定难的最为棘手问题，严重制约了司法机关对洗钱犯罪的查处；从立法技术上看，《刑法修正案（十一）》对"明知"术语的删除，主要是出于将自洗钱入罪的立法考量。但是，这并不意味着对洗钱罪的认定就不需要考虑主观要件，否则会陷入"客观归罪"的泥潭。在我国目前将自洗钱入罪的法定情形下，鉴于"自洗钱"与"他洗钱"的行为模式和犯罪主体有所差异，对于洗钱行为人的主观认识，我们应分为以下两种模式来理解适用：

（1）"自洗钱"：本犯在实施法定七类上游犯罪时，必然会认识到洗钱对象的来源和性质，这是应有之义，故不存在对主观认识的证明问题。

（2）"他洗钱"：由于行为人并没有亲自实施法定的七类上游犯罪，其对自己为他人洗钱的对象来源和性质并不必然成立主观认识，从主客观相统一的刑法原则出发，依然需要证明行为人主观认识的成立。这可以根据行为人所接触的信息，接受他人犯罪所得及其收益的情况，犯罪所得及其收益的种类、数额和转移、转换方式，交易行为、资金账户的异常情况，行为人与上游犯罪人之间的关系、认知能力以及其供述和辩解，同案人指证和证人证言等情况，进行综合审查判断。

行为人将法定七类上游犯罪的某一类犯罪所得及其收益，误认为是七类上游犯罪范围内的其他犯罪所得及其收益的，不影响主观认识的认定。

另外，《刑法修正案（十一）》在删除"明知"术语的同时，又将原规定中的"为掩饰、隐瞒"之表述，调整至现在该条规定之首，这主要是加强适用该条的法律指示效果，提示司法机关在认定洗钱罪时，不能忽视对行为人掩饰、隐瞒犯罪所得及其收益的认识把握。对于"为掩饰、隐瞒"的理解，本书认为这属于客观构成要素，同理于受贿罪构成要件中的"为他人谋取利益"，不应据此将洗钱罪划定在"目的犯"的范畴。

**5. 司法认定**

关于洗钱罪与上游犯罪的竞合适用问题，本书认为，根据自洗钱入罪的刑事立法目的和刑法教义学理论，为了提升打击洗钱罪的司法效果，我们应全面认识和评价洗钱罪的法益侵害性，突破传统赃物罪理论的限制，在司法实践中实行数罪并罚，不再被上游犯罪吸收。具体而言，随着洗钱活动的发展，洗钱已被国际社会公认为是冷战之后典型的"非传统安全问题"之一，其危害性已经上升到威胁国家安全和国际政治稳定的战略高度。洗钱在当今所蔓延和裂变出的危害性，已超越早期的附属于上游犯罪的单一属性，在一定程度上甚至超越了对上游犯罪的法律否定评价，其所侵害法益的新型特征并不能为上游犯罪所覆盖和全面评价。因此，作为上游犯罪的事后行为，洗钱与上游犯罪的规范保护目的也不具有同一性，故不能为上游犯罪所完全评价，因而不存在违反"禁止重复评价"和"禁止双重惩罚"的问题，进而不存在传统赃物罪理论所带来的法理障碍。《刑法修正案（十一）》将自洗钱入罪，可谓是突破了传统赃物罪的理论思路，这是立法层面的重大进步，也是刑事立法理念的新发展。我们不应再保守和机械地封闭于传统赃物罪的教条限制，需要对洗钱罪进行与时俱进的理解和司法适用。

在司法实践中，我们还应该看到，具备洗钱罪在客观方面的罪质构造，只是认定洗钱罪成立的必要条件，还需要考察充分条件。鉴于洗钱罪作为下游犯罪，其与上游犯罪存在紧密的联系，我们必须遵循"禁止重复评价原则"，防止不适当地扩大洗钱罪的适用范围。例如，"挪用公款罪归个人使用"，是挪用公款罪的客观构成要件之一。其中，以购买房屋、理财产品和贵重金属等典型的洗钱方式进行个人使用，虽然在行为方面符合自洗钱的罪质构造，但鉴于这种以洗钱形态出现的归个人使用的情形,是成立挪用公款罪的组成部分,已经被上游犯罪评价完毕,就不应再认定为洗钱罪,否则有违"禁止重复评价原则"。

**潘某民等洗钱案**:2006 年 7 月,被告人潘某民认识了阿元(另案处理),阿元向他推介一笔"赚钱快的买卖":由阿元获取他人网上银行信息后窃取其中的资金,随后由潘某民将阿元从网上银行获取的客户资金提现、转账,按转移钱款数额 10%的比例提成。此后,潘某民等人动用几十个人的身份证,在多家银行办理 90 余张银行卡。7 月至 8 月期间,阿元通过非法手段获取网上银行客户黄某、芦某等人的牡丹灵通卡卡号和密码等资料,然后将资金盗划入潘某民办理的上述银行卡内,并通知潘某民取款。潘某民等 4 人轮番手持 90 余张银行信用卡,前往 ATM 提取共计 108 万余元的现金。其间,4 人还通过柜面提取共计 7 万余元的现金。在扣除事先约定的份额后,将剩余资金再汇入阿元指定的账户内。2007 年 10 月,某区法院一审判决认定:被告人潘某民等 4 人明知是金融诈骗犯罪所得,为掩饰、隐瞒其来源和性质,仍提供资金账户并通过转账等方式协助近 120 万元的资金转移,故认定其行为共同构成洗钱罪,判处被告人潘某民有期徒刑 2 年,并处罚金 6 万元。

## 4.5 金融诈骗罪

随着我国金融业的迅速发展,金融机构逐渐成为诈骗犯罪的首要目标。在 20 世纪 90 年代,金融诈骗成为一种发案率高、牵涉面广、影响极大的恶性案件,不仅给国家造成巨大的经济损失,而且严重破坏金融管理秩序。为了严惩金融诈骗犯罪分子,在 1995 年 6 月全国人大常委会通过的《关于惩治破坏金融秩序犯罪的决定》中,我国大幅度地增设了集资诈骗罪、贷款诈骗罪、票据诈骗罪、金融凭证诈骗罪、信用证诈骗罪、信用卡诈骗罪、保险诈骗罪等 7 个罪名。在充分吸纳该《决定》关于金融诈骗的上述罪名的基础上,我国 1997 年修订的《刑法》又设立"有价证券诈骗罪",将上述 8 个罪名纳入"金融诈骗罪"的体系之下,并在分则第三章中专门设立一节(第五节)予以规定,从而将金融犯罪划分为"破坏金融管理秩序罪"和"金融诈骗罪"两种法定类型。

从罪名分类的严格意义上讲,"金融诈骗罪"属于以行为为分类标准的罪名体系,可以纳入"破坏金融管理秩序罪"。但是,立法者为了彰显对金融诈骗犯罪的重点打击,将"金融诈骗罪"单独设置为一种法定的罪名体系,打破了我国刑法分则以同类客体为罪名分类的法定标准之惯例。

在本节由 8 个罪名构成的体系中,有 4 个罪名属于以"金融票证"为载体进行诈骗的利用型犯罪,即:票据诈骗罪、金融凭证诈骗罪、信用证诈骗罪和信用卡诈骗罪。在《刑法》第 177 条的"伪造、变造金融票证罪"中,票据、金融凭证、信用证和信用卡等四种行为对象被统称为"金融票证"而设立为一个罪名;而在本节法定类罪中,我国立法者考虑到行为人利用票据、金融凭证、信用证和信用卡进行诈骗的社会危害性不尽相同,故分别设置了票据诈骗罪、金融凭证诈骗罪、信用证诈骗罪和信用卡诈骗罪等4个罪名,并没有对应和笼统地设立金融票证诈骗罪,从而与"伪造、变造金融票证罪"在罪名数量上形成"4∶1 的对应关系"。请参见本书4.4.5中"伪造、变造金融票证罪"的相关阐述。

在主观方面,该节犯罪的行为人必须出于故意,并且是目的犯。其中,集资诈骗罪和贷款诈骗罪是法定的目的犯。对于其他6个罪名,尽管刑法并未规定须以非法占有为目的,但依据2001年《全国法院审理金融犯罪案件工作座谈会纪要》关于"金融诈骗犯罪都是以非法占有为目的的犯罪"的表述,它们应属于非法定的目的犯。除了相关司法解释对"集资诈骗罪"的非法占有目的之认定情形予以特别规定之外,对于其他金融诈骗犯罪的非法占有目的之认定,应依据2001年《全国法院审理金融犯罪案件工作座谈会纪要》的如下规定:"具有下列情形之一的,可以认定为具有非法占有的目的:(1)明知没有归还能力而大量骗取资金的;(2)非法获取资金后逃跑的;(3)肆意挥霍骗取资金的;(4)使用骗取的资金进行违法犯罪活动的;(5)抽逃、转移资金、隐匿资产,以逃避返还资金的;(6)隐匿、销毁账目,或者搞假破产、假倒闭,以逃避返还资金的;(7)其他非法占有资金、拒不返还的行为。"

关于法定刑,针对该节犯罪的贪利性质,该节对全部罪名均规定了财产刑,以体现在经济上制裁犯罪分子。同时,出于严厉打击金融诈骗犯罪的立法考虑,1997年修订的《刑法》对集资诈骗罪、票据诈骗罪、金融凭证诈骗罪和信用证诈骗罪等4个罪名设立死刑,占该节罪名总数的一半之多。为了废除非暴力犯罪的死刑,《刑法修正案(八)》废除其中3个罪名的死刑,仅保留对集资诈骗罪的死刑规定。《刑法修正案(九)》进一步废除集资诈骗罪的死刑,至此金融诈骗罪中不再设有死刑。

### 4.5.1 集资诈骗罪

本罪是指自然人或者单位以非法占有为目的,使用诈骗方法非法集资,数额较大的行为。

**(1) 危害行为**:表现为以下两种行为的复合,缺一不可:

第一,"使用诈骗方法":这是本罪的本质要件。

在行为特征上,这是指行为人采取虚构事实或者隐瞒真相的方法来骗取集资款,具有诈骗罪的一般特性。在2022年最高人民法院《关于审理非法集资刑事案件具体应用法律若干问题的解释》第2条,列举了12种非法吸收公众存款的行为形态。如果行为人以非法占有为目的,使用诈骗方法实施上述行为之一的,依据该解释第7条的规定,以集资诈骗罪定罪处罚。随着时间的推移,新的集资诈骗手法层出不穷,例如假借网络借贷、投资入股、委托理财、提供养老服务、虚拟币交易等名义进行集资诈骗。

第二,"非法集资":这是本罪的体系性位置。

非法集资严重损害广大社会公众的利益,扰乱国家的金融管理秩序,而且会引发一系列恶性事件,直接影响到社会的稳定,社会危害性极大,故从1993年起国家通过一系列法律、法规和规章,从刑事、行政等方面加强对非法集资活动的监管和惩治。从刑事规制的角度看,"非法集资"不是一个独立的罪名,而是罪名体系,包括以下7个罪名:非法吸收公众存款罪;集资诈骗罪;擅自发行股票、公司、企业债券罪;欺诈发行证券罪;擅自设立金融机构罪;组织、领导传销活动罪;非法经营罪。其中,"非法吸收公众存款罪"是非法集资的基础罪名,集资诈骗罪是加重罪名,其法定最高刑为无期徒刑。

**(2)主观方面**:行为人必须出于故意,并且是法定的目的犯,即行为人在主观上具有非法占有集资款的目的。在非法集资的罪名体系中,集资诈骗罪与非法吸收公众存款罪以及欺诈发行证券罪,在客观上均表现为向社会公众非法募集资金,但区别的关键点在于行为人是否具有非法占有的目的。

依据2022年最高人民法院《关于审理非法集资刑事案件具体应用法律若干问题的解释》第7条,具有下列8种情形之一的,可以认定为"以非法占有为目的":

第一,集资后不用于生产经营活动或者用于生产经营活动与筹集资金规模明显不成比例,致使集资款不能返还的。该规定的前身是2001年《全国法院审理金融犯罪案件工作座谈会纪要》在"金融诈骗罪中非法占有目的的认定"的第1项所列举情形"明知没有归还能力而大量骗取资金的"。鉴于该情形在司法实践中不易掌握,故修正为目前的事后推定方式。

第二,肆意挥霍集资款,致使集资款不能返还的。该情形的成立具有"肆意"的度的限制。如果行为人将大部分资金用于投资或生产经营活动,而将少量资金用于个人消费或挥霍的,则不应仅以此认定具有非法占有的目的。该解释在第7条第1项和第2项所列举的两种情形,均以"集资款不能返还"为结果成立要件。这要求必须考察集资款的用途,不能仅凭数额较大的非法集资款不能返还的结果,就推定行为人具有非法占有的目的。

第三,携带集资款逃匿的。在2001年《全国法院审理金融犯罪案件工作座谈会纪要》中,该情形被表述为"非法获取资金后逃跑"。为了彻底否定评价行为人逃避刑事追究的主观恶性,该解释将"逃跑"一词修改为"逃匿"。同时,逃匿必须与"携款"的事实状态相随,才足以体现行为人非法占有的主观目的。如果行为人基于筹资、躲避债务等原因而逃匿,却没有携带集资款,则不符合本情形的规定。

第四,将集资款用于违法犯罪活动的。这是基于严厉打击的刑事政策考虑所设立的一种法律拟制,已经为许多司法解释所采用。

第五,抽逃、转移资金、隐匿财产,逃避返还资金的。

第六,隐匿、销毁账目,或者搞假破产、假倒闭,逃避返还资金的。

第七,拒不交代资金去向,逃避返还资金的。该解释在第7条第5项至第7项所列举的情形,均以"逃避返还资金"为成立要件,这表明行为人具有拒绝返还集资款的主观目的。

第八,其他可以认定非法占有目的的情形。该情形属于"兜底"条款。

关于集资诈骗罪的非法占有之目的,既可以产生在非法集资之前,也可以产生在非法集资的过程中。对于非法占有目的之认定,依据2022年《关于审理非法集资刑事案件具体应用法律若干问题的解释》第7条,采取不以"部分"决定"全部"的立场,即:行为人部分非法集资行为具有非法占有目的的,对该部分非法集资行为所涉集资款以集资诈骗罪定罪处罚;非法集资共同犯罪中部分行为人具有非法占有目的,其他行为人没有非法占有集资款的共同故意和行为的,对具有非法占有目的的行为人以集资诈骗罪定罪处罚。

**(3) 定量标准**:我国《刑法》第192条将"数额较大"设定为本罪的入罪门槛。依据2022年《关于审理非法集资刑事案件具体应用法律若干问题的解释》第8条,这是指集资诈骗数额在10万元以上的情形。

**周某集资诈骗案**[①]:被告人周某在2011年注册成立某投资公司,担任法定代表人。公司上线运营投资网络平台,借款人(发标人)在网络平台注册、缴纳会费后,可发布各种招标信息,吸引投资人投资。投资人在网络平台注册成为会员后可参与投标,通过银行汇款等方式将投资款汇至周某公布在网站上的其8个个人账户或第三方支付平台账户。借款人可直接从周某处取得所融资金。项目完成后,借款人返还资金,周某将收益给予投标人。在运行前期,周某通过网络平台为13个借款人提供170万余元的融资服务,因部分借款人未能还清借款造成公司亏损。此后,周某陆续虚构34个借款人,并利用上述虚假身份自行发布大量虚假抵押标、宝石标等,以支付投资人约20%的年化收益率及额外奖励等为诱饵,向社会不特定公众募集资金。所募资金未进入公司账户,全部由周某个人掌控和支配。除部分用于归还投资人到期的本金及收益外,其余主要用于购买房产、高档车辆、首饰等。这些资产绝大部分登记在周某名下或供周某个人使用。至案发,周某通过投资网络平台累计向全国1586名不特定对象非法集资共计10.3亿余元,除支付本金及收益回报6.91亿余元外,尚有3.56亿余元无法归还。

---

① 最高人民检察院第十批指导性案例(检例第40号):周某集资诈骗案。

2015年8月，某市中级法院作出一审判决，以集资诈骗罪判处被告人周某有期徒刑15年，并处罚金人民币50万元。某市检察院向某省高级法院提出抗诉，被告人周某也提出上诉。2016年4月，某省高级法院经二审后认为，《刑法修正案（九）》取消了集资诈骗罪死刑的规定，根据从旧兼从轻原则，一审法院判处周某有期徒刑15年符合修订后的法律规定。上诉人周某具有集资诈骗的主观故意及客观行为，原审定性准确，故裁定维持原判。

该案的"要旨"认为："网络借贷信息中介机构或其控制人，利用网络借贷平台发布虚假信息，非法建立资金池募集资金，所得资金大部分未用于生产经营活动，主要用于借新还旧和个人挥霍，无法归还所募资金数额巨大，应认定为具有非法占有目的，以集资诈骗罪追究刑事责任。"对比可见，对于本案中"以非法占有为目的"之认定，就是以2010年最高人民法院《关于审理非法集资刑事案件具体应用法律若干问题的解释》的相关规定为纲要，对应地解析其在网络借贷中具体适用的问题。同时，该案的"指导意义"指出：是否具有非法占有目的，是正确区分非法吸收公众存款罪和集资诈骗罪的关键。对非法占有目的的认定，应当围绕融资项目真实性、资金去向、归还能力等事实、证据进行综合判断。行为人将所吸收资金大部分未用于生产经营活动，或名义上投入生产经营，但又通过各种方式抽逃转移资金，或供其个人肆意挥霍，归还本息主要通过借新还旧来实现，造成数额巨大的募集资金无法归还的，可以认定具有非法占有的目的。

### 4.5.2 贷款诈骗罪

本罪是指自然人以非法占有为目的，使用虚构事实或者隐瞒真相的方法，诈骗银行或者其他金融机构的贷款，数额较大的行为。

根据关于规范金融机构贷款业务的办法和指引，借款人在提出贷款申请时，应恪守诚实守信原则，按照贷款人要求的方式和内容，提供真实、完整和有效的申请材料。同时，为确保信贷资金的安全，我国对银行贷款实行担保原则。正是针对贷款申请和担保环节的要求，行为人会相应地采取虚构事实或隐瞒真相的行为，诱使金融机构相信其具有"合法的"贷款条件，从而使得金融机构的贷款环节成为持续的被害部位。

**(1) 危害行为**：表现为自然人实施以下五种贷款诈骗的行为类型之一：
第一，编造引进资金、项目等虚假理由的；
第二，使用虚假的经济合同的；
第三，使用虚假的证明文件的；
第四，使用虚假的产权证明作担保或者超出抵押物价值重复担保的；
第五，以其他方法诈骗贷款的。

通过以上所列举的不法手段,可以看出贷款诈骗罪发生的时空特征是在贷款的申请和担保环节,并且以诈骗的方法非法获取贷款。如果行为人采用合法的手段获取贷款之后,在借款合同的履行期间没有按规定的用途使用贷款,到期没有归还贷款的,则不符合贷款诈骗罪的客观构成要件,不能以本罪定罪处罚。

**(2) 主观方面**:行为人必须出于故意,并且是法定的目的犯,即行为人在主观上具有非法占有贷款的目的。

这是本罪与骗取贷款罪的最大区别点。虽然两罪均是针对贷款而实施的犯罪类型,在主观上也是出于故意,但骗取贷款罪的构成,不以行为人具有非法占有贷款的目的为要件。根据2001年《全国法院审理金融犯罪案件工作座谈会纪要》中"严格区分贷款诈骗与贷款纠纷的界限"的规定,"对于确有证据证明行为人不具有非法占有的目的,因不具备贷款的条件而采取了欺骗手段获取贷款,案发时有能力履行还贷义务,或者案发时不能归还贷款是因为意志以外的原因,如因经营不善、被骗、市场风险等,不应以贷款诈骗罪定罪处罚。"

如前所述,2001年《全国法院审理金融犯罪案件工作座谈会纪要》列出可以认定为具有非法占有目的之七种情形。需要注意的是,这些情形均须以通过诈骗的方法非法获取贷款为客观前提。如果行为人在贷款的申请和担保环节,采用合法的手段获取贷款之后,却以抽逃或转移资金、隐匿资产、隐匿或销毁账目、搞假破产或假倒闭等手段逃避返还贷款,尽管其具有非法占有目的之认定情形,但鉴于行为发生在借款合同的履行期间,不具备贷款诈骗罪的时空特征和定性要求,故不应认定为贷款诈骗罪。倘若构成犯罪,只能涉嫌合同诈骗罪或者普通诈骗罪。

**吴某某贷款诈骗案**:上诉人吴某某在担任某市镁厂厂长、某铸造有限公司总经理期间,于1997年12月期间分别用3600多平方米厂房和机器设备作抵押,与某市城建信用社和某城市信用社签订贷款250万元和310万元的借款合同。上述贷款合同到期后,经两个信用社多次催要,吴某某均没有偿还借款。1998年9月,吴某某擅自将镁厂的全部建筑物及厂区土地(包含上述两项贷款抵押物)作价400万元,一次性转让给某厂厂长王某某,并对其隐瞒了镁厂已有部分建筑抵押给信用社的事实。吴某某从转让镁厂中收到分期给付的300万元现金后,并未用于偿还贷款。1998年10月,吴某某以镁厂名义向某中级法院起诉,要求认定其与王某某的转让合同无效。该案经一审和二审审理后,认定吴某某与两家银行所签订的抵押合同因未到有关部门登记而无效,吴某某与王某某之间所签订的转让合同合法有效,至此造成银行不能通过抵押的财产收回贷款。吴某某所欠银行贷款的本金及利息在二审期间已由其弟全部代为还清。某省高级法院二审后认为:上诉人吴某某在贷款当时没有采取欺诈手段,只是在还贷的过程中将抵押物卖掉。如果该抵押是合法有效的,银行可随时采取法律手段将抵押物收回,不会造成贷款不能收回的后果;且吴某某在转让抵押物后,确也采取了诉讼的手段欲将抵押物收回,因认定抵押合同无效才致使本案发生,故判决吴某某无罪,撤销原审认定其犯贷款诈骗罪、判处有期徒刑10年的判决。

**(3)犯罪主体**:依据我国《刑法》第200条关于单位犯金融诈骗罪的规定,本罪只能由自然人构成。

对于单位实施的贷款诈骗行为,根据2001年《全国法院审理金融犯罪案件工作座谈会纪要》的规定,既不能以贷款诈骗罪定罪处罚,也不能以贷款诈骗罪追究直接负责的主管人员和其他直接责任人员的刑事责任。但是,鉴于签订合同是贷款全流程的必备环节,对于单位明显地以非法占有为目的,利用签订、履行借款合同来诈骗银行或其他金融机构贷款,符合合同诈骗罪构成要件的,可以"合同诈骗罪"定罪处罚。

**(4)定量标准**:本罪是以"数额较大"作为入罪门槛。依据2022年《关于公安机关管辖的刑事案件立案追诉标准的规定(二)》第45条,诈骗贷款数额在5万元以上的,应予立案追诉。

### 4.5.3 票据诈骗罪

本罪是指自然人或者单位使用虚构事实或者隐瞒真相的方法,利用金融票据骗取财物,数额较大的行为。

**(1)危害行为**:表现为行为人以金融票据为载体,实施诈骗的行为。

所谓"票据",是指发票人依照《票据法》发行的、无条件支付一定金额,或委托他人无条件支付一定金额给收款人或持票人的一种有价证券。依据我国《票据法》,票据分为汇票、本票和支票。① 我国《票据法》第102条列举出七类应依法追究刑事责任的票据欺诈行为,除了第一类"伪造、变造票据"由伪造、变造金融票证罪规制和第七类"付款人同出票人、持票人恶意串通,实施前六项所列行为之一"由共犯调整之外,其他五种票据欺诈行为均体现在《刑法》第194条第1款所列举的以下五种行为类型之中,只是在法律用语和编序上予以了微调:

第一,明知是伪造、变造的汇票、本票、支票而使用。

所谓"使用",是指行为人将伪造、变造的汇票、本票和支票置于流通转让之行为。至于使用的方式,包括将伪造、变造的票据用于支付货款、结算款项、汇兑、有偿地转让、申请贷款等。关于该行为类型所作用的对象,从"明知"的术语可以看出是他人伪造、变造的票据。如果行为人使用的假票据是自己伪造、变造的,同时构成伪造、变造金融票证罪和票据诈骗罪的,应择一重罪处断。

---

① 关于这三种票据的内涵,参见本书4.4.5中伪造、变造金融票证罪的相关内容。

第二，明知是作废的汇票、本票、支票而使用。

"作废的票据"是与第一种行为类型相区别的行为对象，是指依据法律和有关规定，不再具有票据功能而不能予以使用的票据，包括过期的票据、无效的票据、依法宣布作废的票据等。例如，我国《票据法》第22条、第75条和第84条均规定，汇票、本票和支票必须记载若干法定的事项，若未记载其中之一的，则票据无效。

第三，冒用他人的汇票、本票、支票。

该行为类型的作用对象是真实有效的三种金融票据。所谓"冒用"，是指未经合法持票人的同意或授权，擅自以持票人的名义使用、转让自己不具备支配权利的他人票据之行为。鉴于汇票、本票和支票均是无因票据，持票人持票时不用明示原因，付款人付款时只认票不认人，票据行为赖以发生的原因并不影响票据的使用，故"冒用"成立的关键点是未经合法持票人的同意或授权。至于行为人所冒用的票据的渊源，例如窃取、骗取、捡拾或者以其他非法方式获取他人票据的，并不影响冒用行为的成立。如果冒用人获取他人票据的先前手段行为构成盗窃等犯罪，同时其后续的冒用行为也成立票据诈骗罪的，并不必然以"先前手段行为"而定性为盗窃罪等犯罪。

**张某票据诈骗案**：2008年6月，被告人张某采用翻围墙、撬门锁等手段，窃得林某某家的现金5000元及银行承兑汇票2张（出票金额分别为5万元）。后被告人张某以一张汇票向杨某兑换现金4万元，以另一张汇票向王某某偿付结欠的货款3万余元并兑换现金1.7万元。被害人林某某发现失窃后，于当日晚向公安机关报案，并于次日向两家付款行对失窃的银行承兑汇票进行电话挂失，后又以公示催告程序向两家付款行所在的法院申请宣告两张汇票无效。上述法院先后作出除权判决，宣告汇票无效。

一审法院审理后认为：被告人张某以非法占有为目的，秘密窃取他人现金5000元，数额较大，其行为构成盗窃罪，判处有期徒刑1年6个月；其隐瞒真相，以合法持票人的名义使用其所窃得的银行承兑汇票，骗取他人财物达8.7万余元，数额巨大，其行为构成票据诈骗罪，判处有期徒刑8年，数罪并罚后决定执行有期徒刑9年。一审宣判后，检察院提出抗诉，认为被告人具有非法占有他人财物的故意，而无诈骗的企图，对国家金融票据管理制度并未造成实际损害；其采用翻围墙、撬门锁等手段，实施了窃取现金和银行承兑汇票的犯罪行为，符合盗窃罪的构成要件。二审法院在审理后认为：被告人具有盗窃公私财物和利用窃得的银行承兑汇票实施诈骗的两个犯意，在客观行为上亦表现为既有先前秘密窃取行为，又有事后隐瞒事实真相、冒充合法持票人使用窃得的银行承兑汇票骗取他人财物的行为，被窃者和被骗者的损失分别由张某先前的盗窃行为与嗣后的诈骗行为所造成，分别侵犯了公私财物的所有权和国家对金融票据的管理制度,其行为符合盗窃罪和票据诈骗罪的构成要件,应以盗窃罪和票据诈骗罪予以数罪并罚,故裁定驳回抗诉,维持原判。

第四,签发空头支票或者与其预留印鉴不符的支票,骗取财物。

该行为类型的作用对象只是支票。为了规范支票的使用,我国《票据法》第87条和第88条明确规定:支票的出票人所签发的支票金额不得超过其付款时在付款人处实有的存款金额,禁止签发空头支票;支票的出票人不得签发与其预留本名的签名式样或者印鉴不符的支票。所谓"空头支票",是指出票人签发的支票金额超过其付款时在付款人处实有的存款金额的支票;"与其预留印鉴不符",是指票据出票人签发的支票上的印鉴与其预留在金融机构的不相符合,这既可以是与其预留的某一个印鉴不符,也可以是与其预留的所有印鉴都不相符。需要注意的是,该行为类型的成立,需要以"骗取财物"为充分条件。如果行为人出于延缓债务的履行等原因而签发空头支票的,则不能成立该行为类型而构成票据诈骗罪。

第五,汇票、本票的出票人签发无资金保证的汇票、本票或者在出票时作虚假记载,骗取财物。

该行为类型是专门针对汇票、本票的形态。为了规范汇票、本票的使用,确保出票人承担票据责任,我国《票据法》规定票据上的记载事项应当真实(第14条);汇票、本票的出票人必须具有支付票据金额的可靠资金来源(第21条和第74条)。这里的"虚假记载",是指在汇票、本票上记载与真实情况不一致的、除票据签章以外的票据事项之行为。关于虚假记载的事项,是指收款人和付款人名称、确定的金额、出票日期、地点等,不包括签章在内,否则构成票据的伪造,涉嫌伪造金融票证罪;至于虚假记载的手法,必须是在票据有关事项的空白处直接记载,而不是将原来已有的记载事项加以更改,否则就构成票据的变造,涉嫌变造金融票证罪。同时,该行为类型的时空特征是界定在"出票"环节,不包括汇票、本票的完整流程中的背书、承兑、保证、付款和追索权的行使等环节。该行为类型的成立,也需要以"骗取财物"为充分条件。

**(2) 主观方面**:行为人必须出于故意。

如果行为人在使用汇票、本票或者支票时,确实不知道该票据是伪造、变造或者作废的,或者被蒙骗而予以使用,则不构成此罪。虽然我国《刑法》第194条第1款在罪状的表述中没有规定以非法占有为目的,但是该条所列举的五种行为类型本身就表明行为人在主观上以非法占有目的为构成要件,属于非法定的目的犯。

**(3) 定量标准**:本罪是以"数额较大"作为入罪门槛。依据2022年《关于公安机关管辖的刑事案件立案追诉标准的规定(二)》第46条,进行金融票据诈骗活动,数额在5万元以上的,应予立案追诉。

### 4.5.4 金融凭证诈骗罪

本罪是指自然人或者单位使用伪造、变造的委托收款凭证、汇款凭证、银行存单等其他银行结算凭证,进行诈骗活动,数额较大的行为。

在客观方面,本罪表现为行为人使用伪造、变造的金融凭证进行诈骗活动。本罪的作用对象,特指"伪造、变造的金融凭证",包括委托收款凭证、汇款凭证、银行存单等其他银行结算凭证。在性质上,上述金融凭证属于金融票证,而不是金融票据,这是本罪与票据诈骗罪的第一种行为类型之显著区别点。对于金融凭证的内涵和外延,请参见本书4.4.5中伪造、变造金融票证罪的相关内容。

鉴于本罪与"票据诈骗罪"处于同一体系性位置,在主观方面和定量标准上,两罪均保持一致。如果行为人使用自己伪造、变造的金融凭证,同时构成本罪和伪造、变造金融票证罪的,应择一重罪处断。倘若行为人明知是伪造、变造的金融凭证,却在贷款的申请和担保环节加以使用,构成金融凭证诈骗罪,而据此骗取银行或者其他金融机构贷款的行为,同时构成贷款诈骗罪或骗取贷款罪的,也应择一重罪处断。

### 4.5.5 信用证诈骗罪

本罪是指自然人或者单位采用虚构事实或者隐瞒真相的方法,利用信用证诈骗财物的行为。

**(1) 危害行为**:表现为行为人以信用证为载体,实施诈骗的行为。

所谓"信用证",是指开证银行根据买方(通常为进口商)的请求,开给卖方(通常为出口商,也称作受益人)的一种保证付款的书面凭证。它是以买卖合同的确立为基础,又不依附于买卖合同的一种凭证,具有商业信用和银行信用,成为国际贸易中最为普遍的一种支付和结算方式,被认为是当代国际商业交往的"生命线"。然而,由于信用证涉及的当事人较多和适用领域的跨国性,银行审单时采取信用证与基础贸易相分离的书面认证,这暴露出信用证天然存在的局限性,致使不法行为人利用信用证的特有付款形式进行诈骗,涉案金额惊人,有的甚至上亿或者几百亿元,危害性极其严重。关于信用证诈骗罪的行为方式,我国《刑法》第195条列举了以下四种类型:

第一,使用伪造、变造的信用证或者附随的单据、文件。

所谓"附随的单据、文件",是指信用证使用时必须附随的提单、合同、运输单据、发票、保险单等书面凭据。按照国际惯例,在信用证方式下的付款原则是凭单付款。银行在付款时只审核有关的单据,不对货物负责。正是针对信用证付款的特性,行为人会相应地使用虚假的信用证或者附随的单据、文件,诱使开证行在形式相符的情况下无条件地付款,从而达到骗取财物的目的。曾有不法分子比喻说:"提单是一把打开浮动黄金仓库的钥匙,而伪造钥匙要比伪造名画容易得多"。如果行为人首先伪造或变造信用证,然后使用该虚假的信用证进行诈骗活动,同时构成伪造、变造金融票证罪和信用证诈骗罪的,应择一重罪处断。

第二,使用作废的信用证。

所谓"作废的信用证",是指过期的、失效的等没有法律效力的信用证。

第三,骗取信用证。

骗取信用证是指行为人采用虚构事实或者隐瞒真相的方法,欺骗银行为其开具信用证的行为。这是目前信用证诈骗的主要行为类型。例如,发生在1993年中国某某银行某中心支行的备用信用证诈骗案,就是一起骗取金额为100亿美元信用证的惊天大要案。[1] 在金融诈骗中,骗局的标的有两类:一类是有形、直接的标的,例如银行或第三方的资金;另一类是无形、间接的标的,例如银行开具的各种信用证、担保函以及各种资信证明文件等。实际上,诈骗犯骗取信用证等无形标的之最终目的,还是为了骗取有形标的。一旦他们骗取了银行开具的信用证,就会利用它们针对第三方进行各种诈骗活动。由于第三方是善意地取得备用信用证,依据有关民事法律原则和国际惯例,开具信用证的银行须承担保证付款责任,将面临巨大的损失。另外,如果行为人以骗取的信用证用作抵押,向银行申请贷款,同时构成信用证诈骗罪和贷款诈骗罪(或骗取贷款罪)的,应择一重罪处断。

第四,以其他方法进行信用证诈骗活动。

这是针对信用证诈骗犯罪的多样性、复杂性所作的一项"兜底"规定,例如利用"软条款"信用证进行的诈骗活动。所谓"软条款"信用证,也称为陷阱信用证,是指开证银行可以根据开证申请人的要求,随时单方面解除其保证付款责任的信用证。虽然该信用证在形式上齐备,但容易使受益人承担较大的风险,

---

[1] 在1993年3月,美籍华人梅某方、李某明由他人介绍,见到中国某某银行某中心支行行长赵某荣、副行长徐某国,向他们提交了虚假的"引资"承诺书和编造的公司简介等材料,谎称以亚联财团(实为皮包公司)的票据作为抵押,可以在国际金融市场为某中心支行引进100亿美元的资金,而该中心支行只需开具备用信用证作为引资的必要手续,不承担任何经济和法律责任,对引入的资金不还本、不付息等。同年4月,赵某荣等人未经授权,擅自与梅某方、李某明签订了3份引资协议书,并且在没有获得任何担保和抵押的情况下,开出1年期不可撤销可转让的200份总金额为100亿美元的备用信用证。诈骗得手后,李某明迅速将全部的信用证寄给他们的后台老板,并以此进一步实施诈骗。经查明,200张备用信用证的流向涉及加拿大、美国、英国、澳大利亚四国。此后,当澳大利亚等国外公司查询上述备用信用证的真实性、可靠性时,梅某方、李某明继续以某中心支行开具备用信用证不承担风险和资金很快就能引进的谎言,诱使赵某荣以某中心支行的名义,将两人拟定的对200份备用信用证的确认函发往国外。案发后,中国某某银行于1993年6月及时发表声明,并在有关国家警方和金融机构的配合下,某中心支行开具的100亿美元的备用信用证在注明的有效期内没有出现资金支付的严重后果。对此案,《人民日报》发表"罕见的大案,深刻的教训"的评论员文章。

而且以其所附条件的生效方式所表现的隐含虚假性,对受益人的欺骗更具隐蔽性。

**(2) 主观方面**:行为人必须出于故意。

虽然我国《刑法》第 195 条在罪状的表述中没有规定以非法占有为目的,但该条所列举的四种行为类型本身就表明行为人在主观上以非法占有目的为构成要件,属于非法定的目的犯。这是区分本罪与《刑法》第 175 条之一的"骗取金融票证罪"之关键点,尽管两罪均以信用证为行为对象,而且"骗取信用证"也是两罪所共同具有的行为形态。

**(3) 定量标准**:我国《刑法》第 195 条并未将"数额较大"作为信用证诈骗罪的入罪门槛,这在金融诈骗罪的八个罪名体系中是唯一的立法例。但是,在第二档次的法定刑中将"数额巨大或者有其他严重情节"设置为适用条件,又与其他七个金融诈骗罪的个罪保持一致。

### 4.5.6 信用卡诈骗罪

本罪是指自然人采用虚构事实或者隐瞒真相的方法,利用信用卡诈骗财物,数额较大的行为。

**(1) 危害行为**:表现为行为人以信用卡为载体,实施诈骗的行为。

关于信用卡的内涵,在不同法律规范中是有所发展和差异的。首先,在 1996 年中国人民银行发布的《信用卡业务管理办法》中,"信用卡"是指商业银行向个人和单位发行的具有转账结算、存取现金、消费信用等功能信用的支付工具。其次,1999 年中国人民银行发布《银行卡业务管理办法》,同时废止《信用卡业务管理办法》,开始使用"银行卡"一词。银行卡,是指"由商业银行(含邮政金融机构)向社会发行的具有消费信用、转账结算、存取现金等全部或部分功能的信用支付工具",包括信用卡和借记卡。以是否向发卡银行交存备用金为标准,信用卡分为贷记卡、准贷记卡两类;贷记卡是指发卡银行给予持卡人一定的信用额度,持卡人可在信用额度内先消费、后还款的信用卡;准贷记卡是指持卡人须先按发卡银行要求交存一定金额的备用金,当备用金账户余额不足支付时,可在发卡银行规定的信用额度内透支的信用卡。据此,信用卡是银行卡的一种分类形式,两者不是一个位阶上的概念。再次,依据全国人大常委会《关于〈中华人民共和国刑法〉有关信用卡规定的解释》的规定,借记卡也符合这一定义,故刑法学中的信用卡包括借记卡,即:刑法上的"信用卡"=金融业内的"银行卡",这突破了金融业界关于银行卡的分类界定。

关于我国规制信用卡的罪名体系,除了信用卡诈骗罪之外,还包括典型意义的伪造金融票证罪、妨害信用卡管理罪和窃取、收买、非法提供信用卡信息罪,以及以非法经营罪定罪处罚的信用卡套现行为。

对于信用卡诈骗罪的行为方式，我国《刑法》第 196 条列举了以下四种类型，其中前三种行为类型的作用对象实际上是指"银行卡"，涵盖信用卡和借记卡；鉴于借记卡不具备透支功能，第四种行为类型"恶意透支"的作用对象，是特指银行卡中的"信用卡"，不包括借记卡在内：

第一，使用伪造的信用卡，或者使用以虚假的身份证明骗领的信用卡。

所谓"使用"，是指行为人按照信用卡的法定功能，将非法的信用卡置于交付、结算和交易之行为。该行为类型的作用对象有两类：第一，伪造的信用卡，这是指《刑法》第 177 条"伪造金融票证罪"项下所规定的信用卡。变造他人的信用卡，在定性上属于伪造信用卡。第二，以虚假的身份证明骗领的信用卡，这是《刑法修正案（五）》第 2 条对信用卡诈骗罪的唯一修改之处，是指《刑法》第 177 条之一"妨害信用卡管理罪"项下所规定的信用卡。如果行为人首先伪造信用卡，然后使用该假卡进行诈骗活动，同时构成伪造金融票证罪和信用卡诈骗罪的，应择一重罪处断。

第二，使用作废的信用卡。

所谓"作废的信用卡"，是指因法定的原因而失去效用的信用卡，表现为信用卡超过有效使用期限而自动失效、持卡人中途停止使用并经发卡行销户、因挂失而失效的信用卡等形式。

第三，冒用他人的信用卡。

这是指行为人未经合法持卡人的同意或授权，而以持卡人的名义使用其真实有效的信用卡，骗取财物的行为。依据 2018 年"两高"《关于办理妨害信用卡管理刑事案件具体应用法律若干问题的解释》第 5 条，这包括以下情形：① 拾得他人信用卡并使用的；② 骗取他人信用卡并使用的；③ 窃取、收买、骗取或者以其他非法方式获取他人信用卡信息资料，并通过互联网、通讯终端等使用的[①]；④ 其他冒用他人信用卡的情形。由此可见，"冒用他人的信用卡"成立的关键点，是未经合法持卡人的同意或授权。至于冒用人获取他人信用卡的手段行为，例如捡拾、骗取、窃取、收买或者其他非法方式，并不影响冒用行为的成立。如果冒用人的上述先前手段行为构成盗窃罪、妨害信用卡管理罪或者窃取、收买、非法提供信用卡信息罪等其他犯罪，同时其后续的冒用行为也成立信用卡诈骗罪的，在原则上应择一重罪处断，并不必然以"先前手段行为"来定性。

需要指出的是，我国《刑法》第 196 条第 3 款关于"盗窃信用卡并使用的，依

---

① 在本书 4.4.9 洗钱罪中提及的潘某民等洗钱案中，关于阿元实施的上游犯罪的定性，直接决定着潘某民等人的下游行为是否构成洗钱罪。如果认为盗窃信用卡构成盗窃罪的，则潘某民等人的行为不符合洗钱罪关于法定七种上游犯罪的构成要件，只涉嫌《刑法》第 312 条的掩饰、隐瞒犯罪所得收益罪。最终，法院认定阿元实施的上游犯罪属于冒用他人的信用卡，涉嫌构成信用卡诈骗罪，而且没有证据证明潘某民等人与阿元在事先进行的信用卡诈骗罪之间存有通谋，故判决潘某民等人构成洗钱罪。

照盗窃罪定罪处罚"①的规定,在实质上是以获取他人信用卡的盗窃手段行为来定性,并没有采取择一重罪处断的立场。为了尊崇该法条所专门规定的法律效力,我们可以将其理解为一种例外的情形。同时,该条款中盗窃信用卡的作用对象,应理解为具有物理实体形态的信用卡卡片,这是因为在2018年"两高"《关于办理妨害信用卡管理刑事案件具体应用法律若干问题的解释》第5条中,"窃取"也成为非法获取他人信用卡的手段行为,只是该解释规定其所作用的对象是"信用卡信息资料",即虚拟的信用卡卡片。这是区分上述两个刑法规范关于盗窃信用卡认定问题的切分点。

第四,恶意透支。

所谓"透支",是信用卡的一项重要特色功能,是指持卡人在其信用卡账户上资金余额不足或为零的情况下,经过发卡行的批准,通过信用卡从银行获得短期、小额贷款而用于消费的行为。如果没有透支功能,信用卡只能作为结算凭证,就丧失了简便、灵活和应急性的特征。透支可以分为"善意透支"与"恶意透支",其中"善意透支"是指持卡人根据信用卡的管理规则,在规定的范围内进行短期的透支,或者虽然超过透支额度,但事先征得发卡行的同意和授权所进行的透支。但是,透支又是信用卡存在最大风险的功能,"恶意透支"可谓是其中的最大毒瘤。所谓"恶意透支",依据我国《刑法》第196条第2款,是指:"持卡人以非法占有为目的,超过规定限额或者规定期限透支,并且经发卡银行催收后仍不归还的行为。"

为了细化对恶意透支的司法认定,防止司法适用的扩大化,2018年"两高"《关于办理妨害信用卡管理刑事案件具体应用法律若干问题的解释》第6条在沿用上述定义的前两句话之基础上,将属于程序要件的第三句话限制性地界定为:"经发卡银行两次有效催收后超过3个月仍不归还"。对该定义进行拆分,"恶意透支"的成立须同时具备以下三个要件:

一是目的要件:以非法占有为目的。这是"恶意透支"与"善意透支"的分水岭。该司法解释规定有以下情形之一的,应当认定为该目的要件成立,但有证据证明持卡人确实不具有非法占有目的的除外:明知没有还款能力而大量透支,无法归还的;肆意挥霍透支的资金,无法归还的;透支后逃匿、改变联系方式,逃避银行催收的;抽逃、转移资金,隐匿财产,逃避还款的;使用透支的资金进行违法犯罪活动的;其他非法占有资金,拒不归还的行为。

二是行为要件:超过规定限额或者规定期限透支。

三是程序要件:经发卡银行两次"有效催收"后超过3个月仍不归还。关于

---

① 该款关于以盗窃罪定罪处罚的适用前提,是必须同时具备"盗窃信用卡"和"使用所盗窃的信用卡"。据此,如果行为人盗窃他人有效的信用卡,但并不予以使用的,则不能适用该条款。

"有效催收",该司法解释第 7 条在总结长期司法实践的基础上,界定为同时符合下列条件的催收:在透支超过规定限额或者规定期限后进行的;催收应当采用能够确认持卡人收悉的方式,但持卡人故意逃避催收的除外;两次催收至少间隔 30 日;符合催收的有关规定或者约定。对于是否属于有效催收,应当根据发卡银行提供的电话录音、信息送达记录、信函送达回执、电子邮件送达记录、持卡人或者其家属签字以及其他催收原始证据材料作出判断。

鉴于恶意透支的主体是持卡人,还需要具备目的要件,依据 2018 年"两高"《关于办理妨害信用卡管理刑事案件具体应用法律若干问题的解释》第 11 条,发卡银行违规以信用卡透支形式变相发放贷款,持卡人未按规定归还的,不适用"恶意透支"的规定。涉嫌构成其他犯罪的,以其他犯罪论处。

**(2) 主观方面**:行为人必须出于故意。

如果行为人在使用信用卡时,确实不知道该卡是伪造、骗领或者作废的,不构成此罪。虽然我国《刑法》第 196 条第 1 款在罪状的表述中没有规定以非法占有为目的,但是该条所列举的前三种行为类型本身就表明行为人在主观上以非法占有目的为构成要件,属于非法定的目的犯。至于恶意透支的行为类型,《刑法》第 196 条第 2 款对此的法定定义明确载明持卡人须以非法占有目的为构成要件。

**(3) 定量标准**:本罪是以"数额较大"作为入罪门槛。

在 2018 年"两高"《关于办理妨害信用卡管理刑事案件具体应用法律若干问题的解释》第 5 条和第 8 条,将"数额较大"的认定标准分为以下两种类型:一是对于前三种信用卡诈骗的行为,诈骗数额在 5000 元以上不满 5 万元的。二是恶意透支,数额在 5 万元以上不满 50 万元的。该数额是指公安机关刑事立案时尚未归还的实际透支的本金数额,不包括利息、复利、滞纳金、手续费等发卡银行收取的费用。归还或者支付的数额,应当认定为归还实际透支的本金。如果行为人在提起公诉前全部归还或者具有其他情节轻微情形的,可以不起诉;在一审判决前全部归还或者具有其他情节轻微情形的,可以免予刑事处罚。但是,曾因信用卡诈骗受过两次以上处罚的除外。

### 4.5.7 有价证券诈骗罪

本罪是指自然人使用伪造、变造的国库券或者国家发行的其他有价证券,进行诈骗活动,数额较大的行为。

关于本罪的行为对象,特指"国家有价证券",包括国库券或者国家发行的其他有价证券,不包括股票或者公司、企业债券。对于国家有价证券的内涵和外延,请参见本书 4.4.6 中伪造、变造国家有价证券罪的相关内容。倘若行为人使用伪造、变造的股票或者公司、企业债券进行诈骗活动,不能构成本罪,只能涉嫌普通诈骗罪。这在实质上是对国家发行的有价证券与非国家发行的有价证券采取"区别对待"的立场。有鉴于此,本罪名的称谓应限定为"(国家)有价证券诈骗罪"。如果行为人使用自己伪造、变造的国家有价证券,同时构成本罪和伪造、变造国家有价证券罪的,应择一重罪处断。

至于定量标准,本罪是以"数额较大"作为入罪门槛。依据 2022 年《关于公安机关管辖的刑事案件立案追诉标准的规定(二)》第 50 条,诈骗数额在 5 万元以上的,应予立案追诉。

### 4.5.8 保险诈骗罪

本罪是指投保人、被保险人或者受益人以非法占有为目的,采用虚构事实或者隐瞒真相的方法,利用保险活动骗取保险金,数额较大的行为。

**(1)危害行为**:行为人以保险活动为载体,实施诈骗的行为。

保险是一种精巧的机制,其科学性在于只要单位或个人参加保险,他们就与其他被保险人形成互助共济的关系,将风险从个人转移到团体,从共同建立的保险基金中,对其因意外所遭受的经济损失得到补偿。这本是众人协力、共同抵御风险的方法,是一种科学和先进的方法,但保险诈骗却大量吞噬着保险费用,损害着保险人和广大投保人的合法利益,严重破坏保险的融资功能,是保险机制的天敌。针对保险活动在各个阶段已经出现的诈骗问题,依据保险合同法律关系中的投保人和关系人参与保险活动的特点,我国《刑法》第 198 条第 1 款将保险诈骗罪的行为方式列举为以下五种类型:

第一,投保人故意虚构保险标的,骗取保险金。

这是围绕"保险标的"实施的诈骗类型,指不法投保人在保险合同的订立和履行过程中,故意虚构保险标的之客观存在性、质量和价值等事实,骗取保险金。"保险标的"是保险利益的载体,指作为保险对象的财产及有关利益或者人的寿命和身体。所谓"投保人",依据我国《保险法》第 10 条,是指与保险人订立保险合同,并按照合同约定负有支付保险费义务的人。

第二,投保人、被保险人或者受益人对发生的保险事故编造虚假的原因或者夸大损失的程度,骗取保险金。

这是围绕"真实的保险事故"实施的诈骗类型。所谓"保险事故",依据我国《保险法》第 16 条,是指保险合同约定的保险责任范围内的事故。"被保险人"是指其财产或者人身受保险合同保障,享有保险金请求权的人。投保人可以为被保险人;"受益人"是指人身保险合同中由被保险人或者投保人指定的享有保险金请求权的人。投保人、被保险人可以为受益人。由于引起保险事故的原因和保险标的之损失程度,是保险人确定保险金的依据,行为人就有针对性地在真实的保险事故发生后,对保险人本不应该理赔的事故原因进行虚假陈述或者隐瞒事实真相,骗取完全不应获得的保险金,或者在保险人应该理赔的情形下,蓄意夸大保险标的因保险事故导致的损失程度,从而获取超过其应得赔偿数额的保险金。

第三,投保人、被保险人或者受益人编造未曾发生的保险事故,骗取保险金。

这是围绕"虚假的保险事故"实施的诈骗类型,指投保人、被保险人或者受益人(三者可能是一人,也可能分别是三个人)在没有发生保险事故的情况下虚构事实,谎称保险标的因保险事故的发生而受到损失,从而骗取保险金的行为。

第四,投保人、被保险人故意造成财产损失的保险事故,骗取保险金。

这是以"财产保险"为载体实施的诈骗类型。所谓"财产保险",是以财产及其有关利益为保险标的的保险。根据财产保险合同的约定,在合同的有效期限内,当被保险人的投保财产因保险事故的发生而遭受损害时,保险人应承担赔偿保险金责任。在实际生活中,投保人、被保险人为了达到骗取赔偿金的目的,就人为地制造保险标的出险之保险事故,故意造成投保财产的损失,然后向保险公司索赔。

第五,投保人、受益人故意造成被保险人死亡、伤残或者疾病,骗取保险金。

这是以"人身保险"为载体实施的诈骗类型。所谓"人身保险",是以人的寿命和身体为保险标的的保险。在人身保险合同中,被保险人的死亡、伤残或者疾病是保险人承担给付保险金责任的条件,但这以保险事件的出现为前提,某些不法的投保人、受益人就有针对性地采取杀害、伤害、投放危险物质、遗弃、虐待等方法,促成被保险人的死亡、伤残或者患病,从而达到获取保险金的目的。

在上述所列举的五种行为类型中,"骗取保险金"是行为人的目的行为,即"保险金"是行为人实施保险诈骗的最终作用对象,这是指根据保险合同的约定,保险人对被保险人或受益人承担赔偿或者给付责任的最高限额。此外,关于上述第四种和第五种行为方式,是以保险合同划分为人身保险合同和财产保险合同的分类标准而独立设置的,在实质上可以将它们纳入以作案手法为标准设立的前三种行为类型之中。在实务中,行为人在实施第四种和第五种行为方式时,其手段行为会同时触犯其他犯罪,例如行为人采取放火、爆炸等手法,故意造成财产损失的保险事故,或者故意采取杀人、伤害、投放危险物质等方法,促成被保险人的死亡、伤残或者患病,并据此骗取保险金。在上述情况下,行为人为骗取保险金所采取的手段行为已经构成放火、爆炸、故意杀人、故意伤害、投放危险物质等独立的犯罪,而其目的行为构成保险诈骗罪,对此应依据我国《刑法》第198条第2款,依照数罪并罚的规定予以处罚,而不是采取择一重罪处断,以体现对该类行为人的严厉惩处,这是因为实行数罪并罚后对犯罪人决定执行的刑期要比不数罪并罚更高。

**王某峰、王某生故意杀人、保险诈骗案**:被告人王某峰与被害人朱某某相识后,起意先抢朱某某的钱后再买人寿保险来骗取保险金。1999年1月,王某峰乘朱某某睡熟时,用斧子猛击朱某某的头部数下,致其死亡,并搜走朱某某随身携带的5300余元。随后,王某峰用抢来的一部分钱先后在太平洋保险公司为自己购买人寿保险7份,保险金额总计14万余元。其后与其弟被告人王某生共同预谋杀死被害人刘某某,自己再借尸诈死实施保险诈骗。1999年3月,王某峰在将刘某某灌醉后,两人共同将刘某某捂死。次日晨,王某峰用事先准备好的汽油浇在尸体上和室内,点燃后逃往外地躲藏起来,王某生则向公安机关报案谎称死者系其兄,以骗取公安机关的证明后再向保险公司骗取保险金。因公安机关及时侦破此案,王某生尚未来得及向保险公司申请赔付。某中级法院经审理后认为:检察机关指控二被告人犯有保险诈骗罪,定性不准,不予支持。被告人王某峰为购买人寿保险而杀死朱某某抢劫财物,又为诈骗保险金与被告人王某生共同预谋并杀死刘某某,认定被告人王某峰犯故意杀人罪,判处死刑;犯抢劫罪,判处死刑,缓期二年执行,决定执行死刑,剥夺政治权利终身,并处没收个人全部财产;被告人王某生为帮助王某峰骗取保险金,与王某峰共同预谋并杀死刘某某,认定其犯故意杀人罪,判处死刑,剥夺政治权利终身。

案件的焦点:①该案中人身保险的被保险人是被告人王某峰,而不是被杀死的被害人刘某某,故本案不能适用《刑法》第198条第1款所列举的第五种行为类型。②《刑法》第198条第2款关于数罪并罚的规定,严格限定在所列举的第四种和第五种行为方式。在本案不能适用第198条第2款关于数罪并罚规定的前提下,对于两个被告人两次实施并完成的手段行为和最终目的行为保险诈骗,须分别进行评价:首先,为了获取保险诈骗所需的投保费,被告人王某峰以故意杀死被害人朱某某的方式取财,应定性为抢劫罪,而这是为目的行为保险诈骗去创造条件,同时构成保险诈骗罪(预备),应该择一重罪处断,以抢劫罪论处;其次,两个被告人杀死被害人刘某某的行为已经构成故意杀人罪,并以此编造未曾发生的保险事故来骗取保险金,同时构成保险诈骗罪(预备),应该择一重罪处断,以故意杀人罪论处。③区分保险诈骗是预备还是未遂的分水岭,是考察行为人是否已"着手"实施保险诈骗行为。关于"着手"的认定问题,应以行为人开始向保险人提出赔付保险金的申请为标准。当行为人制造已发生保险事故的假相,但尚未开始向保险公司实施索赔之前,其实行行为并没有对保护法益造成实际的危险,在实质上是为保险诈骗制造条件。据此,本案属于保险诈骗的预备。

**(2)犯罪主体:** 由于保险活动的载体是保险合同,只有保险合同的主体才能参加到保险合同法律关系中,故本罪的犯罪主体是特殊主体,必须是投保人、受益人和被保险人,自然人和单位均可构成。由于投保人、受益人和被保险人参与保险活动的特点不同,他们介入五种保险诈骗的行为类型就有差异。

在实践中,不法分子为了诱使保险公司上当,还会采取串通、行贿、说情等方法,使得参与保险事故调查的鉴定人、证明人、财产评估人提供虚假的证明文件。由于这些专业人员或中介人员故意出具的证明材料直接影响到保险事故调查结果的真伪,并最终影响到保险人是否作出赔偿的决定和支付保险金的多少,据此,我国《刑法》第198条第4款规定:"保险事故的鉴定人、证明人、财产评估人故意提供虚假的证明文件,为他人诈骗提供条件的,以保险诈骗的共犯论处。"如果上述专业人员或中介人员与实施保险诈骗的行为人不存在犯意联系,情节严重的,只能涉嫌《刑法》第229条的提供虚假证明文件罪。

**(3) 主观方面**:本罪的行为人必须出于故意。

虽然我国《刑法》第198条在罪状的表述中没有规定犯罪目的,但该条所列举的五种行为类型本身就表明行为人在主观上以骗取保险金的目的为构成要件,属于非法定的目的犯。

**(4) 定量标准**:本罪是以"数额较大"作为入罪门槛。依据2022年《关于公安机关管辖的刑事案件立案追诉标准的规定(二)》第51条,数额在5万元以上的,应予立案追诉。

**(5) 虚假理赔的认定**。对于"保险公司的工作人员利用职务上的便利,故意编造未曾发生的保险事故进行虚假理赔,骗取保险金归自己所有"的虚假理赔问题,在1997年修订的《刑法》实施之后不再作为一个独立的罪名,而是在第183条规定以保险公司工作人员的"主体身份"予以分别入罪:第一,国有保险公司的工作人员和国有保险公司委派到非国有保险公司从事公务的,依照贪污罪定罪处罚;第二,非国有保险公司的工作人员,以职务侵占罪论处。

## 4.6 危害税收征管罪

### 4.6.1 罪名体系的变迁和特点

税收是国家财政收入的重要来源,渗透于社会生活的各个领域,直接关系到国计民生,也是国家进行宏观调控的重要经济杠杆。为了加强对国家税收征管制度的保护,我国刑法设置了危害税收征管的罪名体系,并且根据情势的发展进行多次修改:

(1) 1979年《刑法》:仅以一个条文概括性地规定偷税罪和抗税罪,将法定最高刑设置为3年有期徒刑。

(2) 两个"补充规定":在1992年全国人大常委会《关于惩治偷税、抗税犯罪的补充规定》中,细化偷税罪和抗税罪的罪状,将法定最高刑提高到7年有期徒刑,同时增设骗取出口退税罪;后来,为了惩治虚开、伪造和非法出售增值税专用发票和其他发票进行偷税、骗税等犯罪活动,保障国家税收,1995年全国人大常委会《关于惩治虚开、伪造和非法出售增值税专用发票犯罪的决定》在将发票分为三类的基础上,大幅度地增设关于发票类的罪名。

(3) 1997年修订的《刑法》:基本沿袭和保留上述两个"补充规定"的规定,只是在立法体系上将12个罪名纳入独立设立的节罪名"危害税收征管罪"。

(4)《刑法修正案(七)》:对"偷税罪"予以实质性的修改。

(5)《刑法修正案(八)》:对该节犯罪进行"减法"和"加法"的调整:第一,废除"虚开增值税专用发票、用于骗取出口退税、抵扣税款发票罪"和"伪造、出售伪造的增值税专用发票罪"等两个罪名的死刑,至此该节类罪中不再设有死刑;第二,增设"虚开发票罪"和"持有伪造的发票罪"等两个罪名。

经过两个刑法修正案的修订,我国《刑法》分则第三章在第六节的第201条至第212条,对"危害税收征管罪"设立了14个罪名。为了便于综合理解,我们可以将其进行如下的学理分类:

(1)危害收退税管理的犯罪,包括4个罪名:偷税罪;抗税罪;逃避追缴欠税罪;骗取出口退税罪。

(2)发票类犯罪,包括10个罪名:虚开增值税专用发票、用于骗取出口退税、抵扣税款发票罪;伪造、出售伪造的增值税专用发票罪;非法出售增值税专用发票罪;非法购买增值税专用发票、购买伪造的增值税专用发票罪;非法制造、出售非法制造的用于骗取出口退税、抵扣税款发票罪;非法制造、出售非法制造的发票罪;非法出售用于骗取出口退税、抵扣税款发票罪;非法出售发票罪+虚开发票罪;持有伪造的发票罪。

从犯罪主体看,除了抗税罪之外,单位均可以构成本节的其他犯罪。根据《刑法》第211条和其他条文的规定,单位犯本节规定之罪的,对单位判处罚金,并对其直接负责的主管人员和其他直接责任人员,依照自然人犯此罪的量刑标准处罚,即实行双罚制。

关于法定刑的设置,在《刑法修正案(八)》废除本节的两个死罪后,该节罪名的法定最高刑是无期徒刑。同时,针对该节犯罪的贪利性质,对全部罪名均设置了罚金刑,并对处以7年以上有期徒刑的法定刑档次的罪名设立没收财产刑,以便从经济上制裁犯罪分子。根据我国《刑法》第212条,对行为人犯本节犯罪而被判处罚金、没收财产的,实行税务机关征缴优先原则,即在执行财产刑前,应当先由税务机关追缴税款和所骗取的出口退税款。

### 4.6.2 逃税罪

本罪是指纳税人、扣缴义务人采取欺骗、隐瞒手段进行虚假纳税申报或者不申报,逃避缴纳税款,或者不缴或者少缴已扣、已收税款,达到法定定量标准的行为。这是《刑法修正案（七）》第 3 条对《刑法》第 201 条原先的"偷税罪"修订而成。

**（1）危害行为**：在 1997 年修订的《刑法》和《税收征收管理法》第 63 条中，偷税的危害行为被列举细化为以下三种表现形式：第一，伪造、变造、隐匿、擅自销毁账簿、记账凭证；第二，在账簿上多列支出或者不列、少列收入；第三，经税务机关通知申报而拒不申报或者进行虚假的纳税申报。鉴于上述规定存在挂一漏万的缺陷，而且前两种偷税行为实际上只适用于单位，《刑法修正案（七）》采用概括式的立法技术，将逃税罪的行为方式界定为以下两种行为的复合：

其一，手段行为：采取欺骗、隐瞒手段进行虚假纳税申报或者不申报。

这是指在"纳税申报环节"实施的行为形态，具体表现为如下两种情形：一是"虚假纳税申报"：这属于"欺诈型"手段，是指在已经向税务机关提出纳税申报之后，采取欺骗、隐瞒手段进行虚假的纳税申报，例如向税务机关报送虚假的纳税申报表、财务报表、代扣代收代缴税款报告表或者其他纳税申报资料，在账簿上多列支出或者不列、少列收入等。二是"不申报"：这属于"规避型"手段，是指行为人明知自己必须按照法律、行政法规的规定办理纳税申报，却故意不进行申报。这不仅包括行为人采取欺骗、隐瞒手段的"智能式"不申报，还包括完全忽略申报义务的"霸王式"不申报。需要注意的是，在 1997 年修订的《刑法》中，"不申报"情形的成立，必须具备"经税务机关通知申报"的程序性条件，这在《刑法修正案（七）》已经被废止，其立法目的在于扩大适用范围，同时考虑到已经依法办理税务登记或者扣缴税款登记的纳税人、扣缴义务人，是无须经过税务机关书面通知申报的主体。

依据我国《刑法》第 204 条第 2 款，纳税人在缴纳税款后，以假报出口或者其他欺骗手段，骗取所缴纳的税款的，依照逃税罪定罪处罚。

其二，目的行为：纳税人逃避缴纳税款①，或者扣缴义务人不缴或者少缴已扣、已收税款。

如果行为人实施了伪造、变造、隐匿、擅自销毁账簿、记账凭证等手段行为，但并未逃避缴纳税款的，则不符合逃税罪的客观构成要件，只能涉嫌虚报注册资本罪或者隐匿、故意销毁会计账簿罪等。另外，我们需要注意"逃税"与"避税"的界限。仅从客观结果上看，逃税与避税都是纳税人不缴或者少缴税款的行为，但避税是纳税人、扣缴义务人通过选择合理的计税方法，有意识地减轻或者免除纳税负担的行为，故从客观行为的刑法评价看，避税并没有违反刑法和有关税法的规定，属于合法的行为，其与逃税存在本质上的区别。

---

① 在我国 1997 年修订的《刑法》和《税收征收管理法》第 63 条中，对于纳税人逃税的目的行为之表述是"不缴或者少缴应纳税款"。

**(2)犯罪主体**：两类特殊主体，只能由纳税人和扣缴义务人构成，包括自然人和单位。

依照我国《税收征收管理法》第4条，纳税人、扣缴义务人必须依照法律、行政法规的规定缴纳税款、代扣代缴、代收代缴税款。所谓"纳税人"，是指法律、行政法规规定负有纳税义务的单位和个人；"扣缴义务人"，是指法律、行政法规规定负有代扣代缴、代收代缴税款义务的单位和个人。

这里的纳税人、扣缴义务人，是广义的含义，包括以下两种类型：一是无需税务机关书面通知申报的主体：是指已经依法办理税务登记或者扣缴税款登记的纳税人、扣缴义务人；二是需要税务机关书面通知申报的主体：是指依法不需要办理税务登记的纳税人，以及尚未依法办理税务登记、扣缴税款登记的纳税人、扣缴义务人。由此可见，对于"无证经营者"（包括临时从事经营的纳税人），依据我国《税收征收管理法》第37条，其依然负有法定纳税义务，由税务机关核定和责令缴纳其应纳税额，故其可以成立逃税罪的犯罪主体。如果税务人员与纳税人通谋，共同实施逃税，情节严重的，以逃税罪的共犯论处，从重处罚。

**(3)主观方面**：行为人必须出于故意。

如果行为人出于过失而没有缴纳或足额缴纳税款，由于其并无逃避缴纳税款的目的，属于"漏税"行为，这是一般的税务违法行为，应当由有关税务管理部门依照税收法规予以处理。

**(4)定量标准**：逃税的行为必须达到法定定量标准的程度，才构成犯罪。

关于入罪标准，1997年修订的《刑法》将其界定为以下两种情形：一是纳税人偷税的数额占应纳税额的10%以上不满30%并且偷税数额在1万元以上不满10万元，或者扣缴义务人不缴或少缴已扣、已收税款的数额占应缴税额的10%以上并且数额在1万元以上；二是纳税人因偷税被税务机关给予两次行政处罚又偷税。《刑法修正案（七）》考虑到逃税的情况很复杂，同样的逃税数额在不同时期的社会危害程度并不等同，故将固化的具体逃税数额（1万元以上）修正为"数额较大"，由最高司法机关以司法解释的形式予以明确并适时调整。据此，根据实施逃税的两类主体之不同，逃税罪的入罪门槛标准分别是：

第一，纳税人：沿用1997年修订的《刑法》关于"数额+比例"的复合标准，将纳税人逃税的入罪门槛设置为"逃税数额较大+占应纳税额的10%以上"。所谓"逃税数额"，是指在确定的纳税期间，不缴或者少缴各税种税款的总额；"应纳税额"是指在某一法定纳税期限，税务机关核定的纳税期间应纳税额的总和。

第二，扣缴义务人：为了扩大适用范围，改变1997年修订的《刑法》所设置的复合标准模式，废除其中的比例标准，仅以其不缴或少缴已扣、已收税款"数额较大"的单一标准为入罪门槛。

依据2022年《关于公安机关管辖的刑事案件立案追诉标准的规定（二）》第52条，上述两类主体中的"数额较大"，均指相应数额在10万元以上。此外，依据《刑法》第201条第3款，两类行为主体多次逃税未经处理的，应按照累计数额计算。这里的"未经处理"，是指纳税人或者扣缴义务人在5年内多次实施偷税行为，但每次逃税数额均未达到构成逃税罪的数额标准，且未受行政处罚的情形。

为了巩固税源和扩大税基，体现宽严相济的刑事政策，《刑法修正案（七）》对逃税罪增设"不予追究刑事责任"的法定情形，在体系上作为《刑法》第201条第4款，适用于"经税务机关依法下达追缴通知后，补缴应纳税款，缴纳滞纳金，并且接受行政处罚的"行为人。但是，5年内曾因逃避缴纳税款受过刑事处罚或者被税务机关给予2次以上行政处罚的除外。由此可见，该法定情形只适用于特定条件下的初犯者。

### 4.6.3 抗税罪

本罪是指纳税人和扣缴义务人以暴力、威胁方法拒不缴纳税款的行为。

**（1）危害行为**：表现为以下两种行为的复合：

第一，手段行为：采用暴力、威胁方法。

这是抗税罪与逃税罪的根本区别。所谓"暴力"，是指冲击、打砸、破坏税务机关，或者对履行职责的税务人员人身进行殴打、捆绑、禁闭等打击或者强制行为，致使税务人员不能履行税收职责；"威胁"，是指对税务人员实行精神上的强制，致使税务人员不敢履行税收职责。同时，上述手段行为发生的时空特征是"当场性"。如果行为人在征税行为结束后报复性地实施暴力或者威胁行为，则不能构成抗税罪。

第二，目的行为：拒不缴纳税款。

如果行为人实施了暴力、威胁等手段行为，但不是为了拒绝缴纳税款，则不符合抗税罪的客观构成要件，只能涉嫌故意杀人罪、故意伤害罪和妨害公务罪等。如果行为人实施抗税行为致人重伤、死亡，同时构成故意伤害罪、故意杀人罪的，应择一重罪处断，以故意伤害罪或者故意杀人罪定罪处罚。倘若行为人对同一税款先是进行逃税，被税务部门发现责令其缴纳税款时，又以暴力、威胁手段抗拒缴纳的，同时构成逃税罪和抗税罪，实行数罪并罚。

**（2）犯罪主体**：特殊主体，只能由纳税人和扣缴义务人构成，但是单位不能成为本罪的主体。非纳税人、非扣缴义务人与纳税人或者扣缴义务人共同实施抗税行为的，以抗税罪的共犯论处。

**（3）主观方面**：行为人必须出于故意。

**（4）定量标准**：我国《刑法》第202条并未设置抗税罪的入罪门槛，但依

2022 年《关于公安机关管辖的刑事案件立案追诉标准的规定（二）》第 53 条，抗税涉嫌下列情形之一的，应予立案追诉：第一，造成税务工作人员轻微伤以上的；第二，以给税务工作人员及其亲友的生命、健康、财产等造成损害为威胁，抗拒缴纳税款的；第三，聚众抗拒缴纳税款的；第四，以其他暴力、威胁方法拒不缴纳税款的。

### 4.6.4 逃避追缴欠税罪

本罪是指纳税人欠缴应纳税款，采取转移或者隐匿财产的手段，致使税务机关无法追缴欠缴的税款，数额在 1 万元以上的行为。

**（1）危害行为**：表现为以下两种行为的复合：

第一，手段行为：采取转移或者隐匿财产的手段，致使税务机关无法追缴欠税。

这是成立本罪的前提，也是在客观方面区分本罪与逃税罪的界限之一。如果行为人仅拖欠应缴纳的税款，却没有采取转移或者隐匿财产的手段行为，则不构成本罪。

第二，目的行为：拖欠缴纳所欠缴的应纳税款。

如果行为人采取转移或者隐匿财产的手段行为，却没有拖欠应缴纳的税款，则不构成本罪，只能涉嫌妨害清算罪等其他犯罪。因此，本罪成立的前提是纳税人在事实上已经存在理应足额缴纳的税款（包括漏税款），即"欠缴的应纳税款"，这是本罪的行为对象。由此可见，本罪的时空特征表现为纳税人在纳税追缴环节故意拖欠缴纳所应纳的税款，而逃税罪是指纳税人在纳税申报环节实施逃避缴纳税款的行为，这是区分本罪与逃税罪的重要界限，两者在不同的纳税环节上共同构成完整的税收刑法保护阵地。如果纳税人已经因实施逃税而构成逃税罪，却在税务机关查处追缴的过程中，采取转移或者隐匿财产的手段逃避缴纳义务，同时构成逃避追缴欠税罪的，鉴于行为人是在两个不同的犯意支配下实施的独立危害行为，应实行数罪并罚。

**（2）犯罪主体**：特殊主体，只能由已欠缴应纳税款的纳税人构成，包括自然人和单位。与此相对应的是，逃税罪的犯罪主体泛指纳税人。

**（3）主观方面**：必须是出于故意，即明知自己在欠缴应纳税款的情况下，有能力缴纳而故意转移或者隐匿财产。过失不能构成本罪。关于"欠缴的应纳税款"的认定，并不以税务机关正式催缴作为本罪成立的程序要件，否则会限缩本罪的适用范围。

**（4）定量标准**：我国《刑法》第 203 条将本罪的入罪门槛固化为具体的"死数额"："欠缴应纳的税款数额在 1 万元以上"。在我国刑法修正案陆续将 1997

年修订的《刑法》中具体的数额犯修正为"数额较大"的背景下,本罪既有的定量标准规定也应与时俱进地改进。

### 4.6.5 骗取出口退税罪

本罪是指以假报出口或者其他欺骗手段,骗取国家出口退税款,数额较大的行为。

**(1) 行为对象**:国家出口退税款。

出口退税是指对于出口商品在国内已缴纳的增值税、消费税等税款,部分或全部退还给出口商的一种政策性措施,以便出口商品以不含税的成本进入国际市场,提高商品的竞争力,扩大出口创汇。然而,骗取出口退税的行为人却以国家出口退税活动为载体,将国家出口退税款作为骗取对象,造成国家税款的大量被侵蚀。因此,我国《税收征收管理法》第66条规定:以假报出口或者其他欺骗手段,骗取国家出口退税款,构成犯罪的,依法追究刑事责任。

在现实生活中,以出口退税款作为骗取对象的情形表现为:第一,行为人根本没有缴纳税款而凭空骗取:构成犯罪的,以骗取出口退税罪论处。第二,行为人已经缴纳税款而骗取:对于这种情形,我国《刑法》第204条第2款区别两种情况予以刑事处理:一是等额骗回所缴纳的税款的,实质上是行为人逃避缴纳税款,应以逃税罪论处;二是骗取的税款超过所缴纳的税款部分,即差额骗回的,这实际上是行为人凭空骗取,应以骗取出口退税罪论处。例如,行为人在已经缴纳100万元的税款后,以假报出口或者其他欺骗手段,最终骗取退税款150万元。在这种情形中,危害行为是由等额骗回与差额骗回共同构成一个整体的案件,其中等额骗回100万元的行为构成逃税罪,对差额骗回的50万元应以骗取出口退税罪论处,属于一个行为触犯数罪的想象竞合犯,应择一重罪处断。需要指出的是,本罪是完全依附于国家出口退税政策的罪名。倘若该政策将来被废止,则此罪也将不复存在。

**(2) 危害行为**:具体表现为以下两种欺骗手段之一:

第一,假报出口。

在目前,申报出口退税的行为人必须提交出口货物报关单(以证明货物确已出口)、外贸出口合同、出口销售发票、出口收汇核销单(以证明出口已经收汇)、增值税专用发票(以证明出口企业已经向供货企业支付税款)和税收专用缴款书(以证明供货企业已经将税款缴入国库)等单证。据此情形,2002年最高人民法院《关于审理骗取出口退税刑事案件具体应用法律若干问题的解释》第1条将"假报出口"界定为:以虚构已税货物出口事实为目的,具有下列情形之一的行为:① 伪造或者签订虚假的买卖合同;② 以伪造、变造或者其他非法手段取得出口货物报关单、出口收汇核销单、出口货物专用缴款书等有关出口退税单据、凭证;③ 虚开、伪造、非法购买增值税专用发票或者其他可以用于出口退税的发票;④ 其他虚构已税货物出口事实的行为。如果行为人实施骗取出口退税犯罪,同时构成虚开增值税专用发票罪等其他犯罪的,应择一重罪处断。

第二,其他欺骗手段。

根据2002年最高人民法院《关于审理骗取出口退税刑事案件具体应用法律若干问题的解释》第2条,这是指具有下列情形之一的行为:① 骗取出口货物退税资格的;② 将未纳税或者免税货物作为已税货物出口的;③ 虽有货物出口,但虚构该出口货物的品名、数量、单价等要素,骗取未实际纳税部分出口退税款的;④ 以其他手段骗取出口退税款的。此外,该《解释》第7条规定:行为人实施骗取国家出口退税行为,没有实际取得出口退税款的,则属于骗取出口退税罪的未遂犯,可以比照既遂犯从轻或者减轻处罚。

**(3) 犯罪主体**:一般主体,自然人和单位均可以构成。

出口退税的关联环节较多,涉及海关、税务、外汇管理、银行等众多部门的主体。在与出口退税相联系的代理出口业务中,经常出现以"四自三不见"的方式代理出口,即具有进出口经营权的公司或企业基于赚取提成费、好处费或者完成创汇任务的考虑,在不见出口商品、不见供货方、不见外商的情形下,同意或者默许代理出口业务的中间人自带客户、自带货源、自带汇票、自行报关。这种国家明令屡禁不止的违规行为,容易导致审查出口退税的环节缺失,致使出口退税款被骗取。为此,2002年最高人民法院《关于审理骗取出口退税刑事案件具体应用法律若干问题的解释》第6条规定:有进出口经营权的公司、企业,明知他人意欲骗取国家出口退税款,仍违反国家有关进出口经营的规定,允许他人自带客户、自带货源、自带汇票并自行报关,骗取国家出口退税款的,依据骗取出口退税罪定罪处罚。另外,该《解释》第8条规定:国家工作人员参与实施骗取出口退税犯罪活动的,依照本罪的规定从重处罚。

**(4) 主观方面**:本罪的行为人必须出于故意。虽然我国《刑法》第204条第1款在罪状的表述中没有规定以非法占有为目的,但该款所列举的行为类型本身就表明行为人在主观上以非法占有目的为构成要件,属于非法定的目的犯。

**(5) 定量标准**:本罪是以"数额较大"作为入罪门槛。依据2022年《关于公安机关管辖的刑事案件立案追诉标准的规定(二)》第55条,骗取国家出口退税款,数额在10万元以上的,应予立案追诉。

### 4.6.6 发票类犯罪:3种发票与5种行为之筛选组合

所谓"发票",依据我国《发票管理办法》第3条,是指在购销商品、提供或者接受服务以及从事其他经营活动中,开具、收取的收付款凭证。作为税务机关征收税款的重要依据,发票对加强税源监控和保障税收收入起着十分重要的作用。为了加强发票管理和财务监督,保障国家税收收入,我国《税收征收管理法》第21条规定,单位、个人在经营活动中,应当按照规定开具、使用、取得发票。同时,《发票管理办法》对发票的印制、领购、开具、取得、保管、缴销、罚则等内容予以了详细的规范;行为人违反有关规定构成犯罪的,依法追究刑事责任。

关于发票类犯罪,置于我国实行"以票管税"的传统税收管理体制的背景下,在实质上是逃税、骗取出口退税的先前行为和准备阶段。但鉴于一旦逃税、骗取出口退税的行为得以具体实施和完成,就会对国家税收造成极大的危害,故需要把保护阵地前移,实行"构成要件的前置化",将发票类犯罪独立设置为罪名体系,以便对行为人在实施发票类犯罪时就可以收网打击,而不必等到其从事具体的逃税、骗取出口退税行为,从而体现出明显的立法意义和司法价值。有鉴于此,在沿袭1995年《关于惩治虚开、伪造和非法出售增值税专用发票犯罪的决定》和经过《刑法修正案(八)》的修订之基础上,我国《刑法》从第205条至第210条之一集中设立了10个发票类罪名,与附属在其他法律规范中的刑事责任条款相对应,共同构成了追究发票类犯罪分子的刑事责任之法律体系。

#### 一、罪名结构之透析

该类罪的行为对象,是"正在流通的发票"。发票是在生产经营活动中产生的、由国家税务机关监制的收付款凭证,据此,由中国人民银行、财政部等其他部门印制发行的诸如人民币、车票、医院收费收据等,就不能成为发票类犯罪的行为对象。如果行为人将后者作为伪造的行为对象,只能涉嫌伪造货币、伪造有价票证、诈骗等犯罪。

从功能说的角度,目前我国的发票可分为"两个类别三种形态":一类是专用发票,它不仅具有普通发票所具有的记载价款以作为财务收支记账凭证的功能,还兼有更为特殊的作用,包括增值税专用发票和具有出口退税、抵扣税款功能的发票;另一类是普通发票,即不具有出口退税、抵扣税款功能的其他发票。据此,我国刑法将发票分为以下三种,并以此作为设立发票类罪名体系的基础:

(1) 增值税专用发票:这是指国家根据多环节征收、税不重征的增值税征管需要而设定的一种专用发票,它不仅具有普通发票的记载经营活动之功能,更是兼记货物或劳务所负担的增值税税额之功能,是购货方或出口方据以向税务机关申请抵扣税款或出口退税的法定凭证。

(2)用于(骗取)出口退税、抵扣税款发票①:依据2005年全国人大常委会《关于〈中华人民共和国刑法〉有关出口退税、抵扣税款的其他发票规定的解释》的规定,"出口退税、抵扣税款的其他发票,是指除增值税专用发票以外的,具有出口退税、抵扣税款功能的收付款凭证或者完税凭证"。具体包括农产品收购发票、海关进口增值税专用缴款书(简称"海关完税凭证")、接受境外应税服务取得的税收缴款凭证等。②

(3)(普通)发票:这是指上述两种专用发票之外的其他发票(包括增值税普通发票在内),具有"兜底"的性质。

另外,从时空特征看,只有"正在流通的"发票,才能成为该类犯罪的行为对象。为了规范发票的使用和发挥发票的功能,单位和个人在从事经营活动中必须使用税务当局统一印制、销售的规定格式的发票。如果行为人以使用为目的,伪造停止流通的发票,或者使用伪造的停止流通的发票的,则涉嫌诈骗罪。

关于危害行为,结合我国发票管理的印制、开具、领购、取得和保管之完整流程,我国刑法对发票类犯罪设置了以下五种行为类型:(1)虚开;(2)伪造或者擅自制造;(3)非法出售;(4)非法购买;(5)非法持有。需要指出的是,盗窃、骗取也属于妨害发票管理的行为类型,但《刑法》第210条将盗窃、骗取专用发票的形态明确规定以盗窃罪或者诈骗罪论处,并没有对此设立独立的罪名。盗窃、诈骗增值税专用发票或者其他发票后,又实施虚开、出售等犯罪的,按照其中的重罪定罪处罚,不实行数罪并罚。

综上所述,以重点保护增值税专用发票、兼顾保护用于出口退税、抵扣税款发票和普通发票为立法主线,我国刑事立法者将发票类犯罪的罪名体系设置如下表所示:

---

① 在"两高"罪名表对该类专用发票的称谓中,均加入了限定性词语"骗取"。这是机械地沿用相关条文罪状中的表述,但限缩了以该类专用发票为侵害对象的罪名适用范围,而且加重了举证责任,故建议取消该限定词,采用纯粹的中性词语来表述宾语。

② 在1996年最高人民法院《关于适用全国人大常委会〈关于惩治虚开、伪造和非法出售增值税专用发票犯罪的决定〉的若干问题的解释》第5条,将运输发票、废旧物品收购发票、农业产品收购发票等列为"用于骗取出口退税、抵扣税款的其他发票"。随着我国税收法律制度的发展,运输发票、废旧物品收购发票不再具有出口退税、抵扣税款的功能。

| 发票种类 \ 行为类型 | 虚开 | 擅自制造 伪造 | 出售（假票） | 非法出售（真票） | 非法购买/购买伪造的 | 盗窃/诈骗 | 持有 |
|---|---|---|---|---|---|---|---|
| 增值税专用发票 | [第205条]③ 虚开增值税专用发票、用于骗取出口退税、抵扣税款发票罪 |  | [第206条]③ 伪造、出售伪造的增值税专用发票罪 | [第207条]② 非法出售增值税专用发票罪 | [第208条]①② 非法购买增值税专用发票、购买伪造的增值税专用发票罪 | [第210条] 盗窃罪/诈骗罪拟制规定 | [第210条之一]④ 持有伪造的发票罪 |
| 用于骗取出口退税、抵扣税款的其他发票 | [第205条]③ 虚开增值税专用发票、用于骗取出口退税、抵扣税款发票罪 | [第209条]② 非法制造、出售非法制造的用于骗取出口退税、抵扣税款发票罪 | [第206条]③ 伪造、出售伪造的增值税专用发票罪 | [第209条]② 非法出售用于骗取出口退税、抵扣税款发票罪 |  |  |  |
| 不属于以上两类的其他发票 | [第205条之一]④ 虚开发票罪 | [第209条]② 非法制造、出售非法制造的发票罪 |  | [第209条]② 非法出售发票罪 |  |  |  |

① 根据我国《刑法》第208条第2款，非法购买增值税专用发票又虚开或者出售的，分别依照《刑法》第205条、第206条、第207条的规定定罪处罚。
② 根据我国《刑法》第211条，单位犯罪的，对单位判处罚金，并对其直接负责的主管人员和其他直接责任人员，依照各该条的规定处罚。
③ 根据《刑法修正案（八）》第32条、第34条分别删去了各自条文第2款，废除了死刑适用。
④ 根据《刑法修正案（八）》第33条、第35条新增。

由上图可见,虽然发票类犯罪只包括 10 个罪名,但刑事立法者在 5 种行为形态与 3 种行为对象(包括真票、假票)之间进行多重的组合搭配,还对 5 个罪名在罪状结构采取选择性罪名的形式,从而使得刑法保护范围得以大幅度地拓宽。其中,增值税专用发票是我国重点保护的对象,成为 5 种行为形态均规制的对象。

## 二、新解 10 个发票类罪名体系

从称谓为动宾词组的发票类犯罪之罪名结构看,10 个发票类犯罪的区别主要体现在 5 种行为形态对 3 种发票的筛选组合上。具体表现如下:

(一)虚开+3 种发票

(1)行为对象:在《刑法修正案(八)》增设"虚开(普通)发票罪"之后,3 种发票均可以成为虚开的行为对象,从而形成以下两个罪名:虚开增值税专用发票、用于骗取出口退税、抵扣税款发票罪(第 205 条,选择性罪名);虚开发票罪(第 205 条之一)。至于虚开的发票之真伪性,并非关键要素,不论是在真实的发票上虚开,还是在伪造的发票上虚开,均符合虚开的客观构成要件。

(2)虚开的含义:《发票管理办法》第 22 条规定:"开具发票应当按照规定的时限、顺序、栏目,全部联次一次性如实开具,并加盖发票专用章。"从广义上讲,一切不如实开具发票的行为均是虚开。依据 1996 年最高人民法院《关于适用全国人大常委会〈关于惩治虚开、伪造和非法出售增值税专用发票犯罪的决定〉的若干问题的解释》第 1 条,具有下列行为之一的,属于"虚开增值税专用发票":第一,没有货物购销或者没有提供或接受应税劳务而为他人、为自己、让他人为自己、介绍他人开具;第二,有货物购销或者提供或接受了应税劳务但为他人、为自己、让他人为自己、介绍他人开具数量或者金额不实的增值税专用发票;第三,进行了实际经营活动,但让他人为自己代开。因此,刑法意义上的虚开是狭义的性质,是指没有实际经营活动而开具,或者虽有经营活动,但开具的发票在数量或金额上不实,或让他人为自己代开增值税专用发票。如果行为人分次开具,或者不按纳税义务的发生时间而提前或滞后开具日期等,则不属于刑法意义上的虚开,而是一般意义的违法开具行为。

(3)虚开的形式:在《发票管理办法》第 22 条,虚开发票的行为类型包括为他人开具、为自己开具、让他人为自己开具、介绍他人开具与实际经营业务情况不符的发票。在这种从多维度严密虚开的行为类型之基础上,《刑法》第 205 条第 3 款将虚开也界定为四种形式:为他人虚开、为自己虚开、让他人为自己虚开、介绍他人虚开。这里的"他人",既包括单位,也包括个人。至于虚开的主体,不限于合法拥有发票的单位或者个人,还包括没有进行实际经营业务的单位或者个人,以及在合法拥有发票者与需求者之间进行牵线搭桥的行为人。从形式上看,只要行为人实施上述四种行为形式之一,且达到定量标准的,即可构成虚开型的发票类犯罪。

但是,根据 2004 年《全国法院经济犯罪案件审判工作座谈会》的精神,虚开增值税专用发票犯罪的主要客体是国家税收征管制度,如果虚开行为仅仅破坏了增值税专用发票管理秩序,但客观上不会造成国家税款流失的,则不应以虚开增值税专用发票犯罪论处。这实质上是将"虚开"界定为骗取国家税款的行为。由此对于实践中下列几种虚开行为,一般不宜认定为虚开增值税专用发票犯罪:第一,为虚增营业额、扩大销售收入或者制造虚假繁荣,相互对开或环开增值税专用发票的行为;第二,在货物销售过程中,一般纳税人为夸大销售业绩,虚增货物的销售环节,虚开进项增值税专用发票和销项增值税专用发票,但依法缴纳增值税并未造成国家税款损失的行为;第三,为夸大企业经济实力,通过虚开进项增值税专用发票虚增企业的固定资产、但并未利用增值税专用发票抵扣税款,国家税款亦未受到损失的行为。另外,最高人民法院在 2018 年 12 月发布第二批人民法院充分发挥审判职能作用保护产权和企业家合法权益典型案例中,对"张某强虚开增值税专用发票案"指出:不具有骗取国家税款的目的,未造成国家税款损失,其行为不构成虚开增值税专用发票罪。

(4) 竞合适用:在功能上,一些专用发票既可以用作出口退税或者抵扣税款,也可以作为普通发票而用于支出项目列入成本。如果在没有实际经营业务的情况下,单位或者个人接受并且使用这种发票,应如何定性?对此,应区分两方涉票的行为人来处理:第一,对于提供发票方,应按照其行为方式来定性:如果其收取开票费或好处费的,则属于"虚开";若以固定价格出售的,则属于"出售"型的发票类犯罪。第二,对于接受发票方,应以其使用发票的目的行为来认定:如果其直接将发票用于抵扣税款或者骗取出口退税的,则属于"虚开";若其不具有骗取税款的目的,只是用于冲减营业额或项目收入、虚增营业开支或业绩,以便不缴或者少缴税款的,则属于"逃税",而非虚开。如果接受发票方是通过非法购买真票,或者购买假票的手段行为而获得发票,构成"购买"型的发票类犯罪的,同时又将该发票实施抵扣税款或者逃避缴纳税款的目的行为,分别构成虚开型的发票类犯罪或者逃税罪的,应以目的行为来定性,而不宜实行数罪并罚。

(二) 源头性犯罪:伪造或者擅自制造+3 种发票

这是在印制发票环节出现的源头性犯罪,3 种发票均可以成为该种行为的对象,从而形成以下 3 个罪名:伪造增值税专用发票罪(第 206 条的选择性罪名);非法制造用于骗取出口退税、抵扣税款发票罪(第 209 条第 1 款的选择性罪名);非法制造发票罪(第 209 条第 2 款的选择性罪名)。

我国《税收征收管理法》第 22 条和《发票管理办法》第 7 条均规定:增值税专用发票由国务院税务主管部门指定的企业印制;其他发票,按照国务院税务主管部门的规定,分别由省、自治区、直辖市国家税务局、地方税务局指定企业印制。未经前款规定的税务机关指定,不得印制发票;禁止私自印制、伪造、变造发票。

所谓"伪造发票",是指单位或个人未经税务主管部门的依法指定,仿照真实的发票样式,使用各种方法非法制作假发票的行为。如果行为人制造发票的版样、防伪专用品、监制章或印制工具,或者与他人事前通谋,为他人提供用于伪造发票的上述物品的,应以伪造型的发票类犯罪论处。关于"变造"发票,刑法没有规定,但依据最高人民法院《关于适用全国人大常委会〈关于惩治虚开、伪造和非法出售增值税专用发票犯罪的决定〉的若干问题的解释》,变造增值税专用发票的,按照伪造增值税专用发票行为处理。只要行为人实施了伪造发票的行为,不论是否完成全部的印制工序,即构成伪造型的发票类犯罪。

基于我国对不同发票的印制要求不尽相同,对于3种发票的源头性犯罪之危害行为,刑法的规定也存在以下细微的差别:

(1)增值税专用发票:该种发票是国家税务总局指定中国印钞造币总公司,由后者根据印制合同的规定独家进行印制。只要其他单位或者个人印制增值税专用发票,就属于伪造的范畴,故《刑法》第206条只设置了"伪造"这种唯一的危害行为形态。

(2)用于出口退税、抵扣税款的发票和(普通)发票:依据《发票管理办法》第12条,印制发票的企业必须按照税务机关批准的式样和数量印制发票。为了加强对印制发票企业的监督管理,2006年国家税务总局在《关于加强普通发票集中印制管理的通知》中,要求逐步减少发票印制企业的数量,并对主要票种实施集中统一印制,实行政府采购管理。对于这两种发票,在实务中不仅存在伪造的典型问题,还表现出被指定的企业在印制发票的过程中,未经有关税务主管部门的批准,擅自地超数量或者不按照式样去印制发票。对此,《刑法》第209条对这两种发票设置了"伪造"和"擅自制造"两种危害行为形态,"两高"在罪名表中则统称为"非法制造"。

(三)非法出售+3种发票(真票+假票)

依据《发票管理办法》第24条,任何单位和个人应当按照发票管理规定使用发票,不得转借、转让、介绍他人转让发票。对于宽泛的转出型发票违规行为,我国刑法限缩为"非法出售",由此体现出刑法的谦抑原则。如果发票被非法出售,就有可能被他人利用,从而导致国家税款的流失。

所谓"出售",是指行为人有偿地转让之行为。至于非法出售的发票之真伪性,并非关键要素,这均会导致发票功能的紊乱和妨害发票管理制度,故我国刑法将真实和虚假的3种发票均纳入非法出售的行为对象,由此形成以下6个罪名:非法出售增值税专用发票罪(第207条);出售伪造的增值税专用发票罪;出售非法制造用于骗取出口退税、抵扣税款发票罪;非法出售用于骗取出口退税、抵扣税款发票罪;出售非法制造的发票罪;非法出售发票罪。其中后五个罪名分别是第206条、第209条的选择性罪名。

(四)非法购买+1种发票(真票+假票)

发票属于禁止买卖的凭证。依据《发票管理办法》第15条,需要领购发票的单位和个人,应当向主管税务机关办理发票领购手续。同时,《增值税专用发票使用规定》规定,符合条件的一般纳税人凭《发票领购簿》、IC卡和经办人身份证明领购专用发票。在3种发票中,刑法仅将增值税专用发票列为非法购买的行为对象,以强化对其的特殊保护。倘若行为人非法购买其他两种发票,则不构成非法购买型的发票类犯罪。至于非法购买的增值税专用发票之真伪性,并非关键要素,由此形成《刑法》第208条的1个选择性罪名:非法购买增值税专用发票、购买伪造的增值税专用发票罪。

所谓"购买",是指行为人有偿地获取之行为。如果行为人非法购买真实的或者伪造的增值税专用发票,又予以虚开或者出售的,则属于牵连犯的范畴,应依据《刑法》第208条第2款,以"目的行为"定性,分别以虚开增值税专用发票罪,或者非法出售增值税专用发票罪或出售伪造的增值税专用发票罪定罪处罚。

(五)非法持有+伪造的发票

行为人在实施发票类犯罪时,通常伴有非法持有假票的状态。为了严密刑事法网,防止在不能认定假票的来源或者流向行为时,可能导致无法追究犯罪嫌疑人的刑事责任,《刑法修正案(八)》新设立了"持有伪造的发票罪",在体系上作为《刑法》第210条之一,从而体现出持有型罪名的立法和司法价值。

本罪是我国刑法中持有型犯罪的类型之一,是指行为人将伪造的发票置于其实际支配、控制的状态。至于行为对象,是指伪造的发票,包括3种发票在内。关于控制的地点,可以是在行为人的现场,也包括行为人住所、交通工具或者其他藏匿地等。在主观方面,本罪的行为人必须出于故意,即明知是伪造的发票而予以控制,过失不构成本罪。

三、定量标准

在设置发票类犯罪成立的定量标准上,2022年《关于公安机关管辖的刑事案件立案追诉标准的规定(二)》第56条至第65条的规定,是立足于3种发票的不同功能和重要性,侧重地保护增值税专用发票与用于(骗取)出口退税、抵扣税款发票。这可以通过下述表格一目了然地反映出:

|  | 增值税专用发票 | 用于(骗取)出口退税、抵扣税款发票 | (普通)发票 |
| --- | --- | --- | --- |
| 虚开 | 虚开的税款数额≥10万元;致使国家税款损失数额≥5万元 | =增值税专用发票(均在同一款项) | 虚开金额累计≥50万元;虚开发票≥100份且票面金额累计≥30万元;5年内因虚开发票受过刑事处罚或者两次以上行政处罚,又虚开发票,数额达到上述两项标准60%以上的 |
| 伪造或擅自制造 | 票面税额累计≥10万元;发票数量≥10份且票面税额≥6万元;非法获利数额≥1万元 | =增值税专用发票(单独条款) | 发票数量≥100份且票面金额累计≥30万元;票面金额累计≥50万;非法获利数额≥1万元 |
| 非法出售+真票 | ="伪造"(单独条款) | ="伪造"(单独条款) | ="伪造"(单独条款) |
| 非法出售+假票 | ="伪造"(均在同一款项) | ="伪造"(均在同一款项) | ="伪造"(均在同一款项) |
| 非法购买+真票、假票 | 发票数量≥20份且票面税额≥10万元;票面税额累计≥20万元 | 无罪名 | 无罪名 |
| 非法持有 | 发票数量≥50份且票面税额累计≥25万元;票面税额累计≥50万元 | =增值税专用发票(均在同一款项) | 2倍于增值税专用发票 |

通过上述表格,我们可以看见一个"基本规律":鉴于涉案发票的"份数""票面额""非法获利数额",均能体现发票类犯罪的社会危害性,故2022年《关于公安机关管辖的刑事案件立案追诉标准的规定(二)》以此作为入罪门槛的三种计算依据。同时,在具体设置3种发票的起刑点上,司法解释是以增值税专用发票与用于(骗取)出口退税、抵扣税款发票为基础,然后以比例数额,对(普通)发票进行递增。

在适用定量标准的具体计算上,依据最高人民法院《关于适用全国人大常委会〈关于惩治虚开、伪造和非法出售增值税专用发票犯罪的决定〉的若干问题的解释》的规定,伪造并出售同一宗增值税专用发票的,数量或者票面额不重复计算。如果行为人非法购买真、伪两种增值税专用发票的,对数量累计计算,不实行数罪并罚。

## 4.7 侵犯知识产权罪

作为一种无形的财产权,"知识产权"是指权利人对于其创作的智力成果所依法享有的权利,既包括专利、商标、著作权、商业秘密等传统的权利,也包含不断扩展的新知识产权形式,例如植物新品种、集成电路布图设计等。随着知识产权在国民经济和科技发展中的作用愈发突出,我国陆续通过和修改《专利法》《商标法》《著作权法》等法律法规,逐步建立起较为完善的保护知识产权法律体系。

为了加强对知识产权的刑法保护,我国《刑法》分则在第三章中专设第七节,从第213条至第219条规定了以下7个罪名:假冒注册商标罪;销售假冒注册商标的商品罪;非法制造、销售非法制造的注册商标标识罪;假冒专利罪;侵犯著作权罪;销售侵权复制品罪;侵犯商业秘密罪,其中包括侵犯商标权的犯罪3个、侵犯著作权的犯罪2个,以及侵犯专利权、商业秘密权的犯罪各1个。后来,《刑法修正案(十一)》增设了"为境外窃取、刺探、收买、非法提供商业秘密罪"。至此,侵犯知识产权罪包括8个罪名。

从犯罪主体看,根据我国《刑法》第220条,单位可以构成本节的犯罪。对单位判处罚金,并对其直接负责的主管人员和其他直接责任人员,依照自然人犯本节各本罪的量刑标准处罚,即实行双罚制。依据有关司法解释的规定,明知他人实施侵犯知识产权犯罪,而为其提供贷款、资金、账号、发票、证明、许可证件,或者提供生产、经营场所或者运输、储存、代理进出口等便利条件、帮助,或者提供生产、制造侵权产品的主要原材料、辅助材料、半成品、包装材料、机械设备、标签标识、生产技术、配方等帮助,或者提供互联网接入、服务器托管、网络存储空间、通讯传输通道、代收费、费用结算等服务的,以侵犯知识产权犯罪的共犯论处。

在法定刑上,我国1997年修订的《刑法》对该节犯罪的法定最高刑设置为7年有期徒刑,并且对全部罪名均规定罚金。为了强化对知识产权的刑法保护力度,《刑法修正案(十一)》将假冒注册商标罪、销售假冒注册商标的商品罪、侵犯著作权罪、侵犯商业秘密罪等的法定最高刑提高到10年。依据2011年《关于办理侵犯知识产权刑事案件适用法律若干问题的意见》第16条,行为人实施侵犯知识产权犯罪,同时构成生产、销售伪劣商品犯罪的,依照处罚较重的规定定罪处罚。

### 4.7.1 假冒注册商标罪

本罪是指自然人或者单位未经注册商标所有人许可,在同一种商品、服务上使用与其注册商标相同的商标,情节严重的行为。

**(1) 危害行为**:表现为以下三个不可分割的行为要件:

第一,行为对象:他人已经注册的+商标。

所谓"商标",是指由文字、图形、数字、字母、三维标志、颜色等,或上述要素的组合而构成的商品标记,用以区别不同的商品生产者、经营者或者服务提供者的商品或服务来源。然而,只有具备形式要件的商标,才能成为商标侵权行为的对象。为了加强商标管理,保护商标专用权和维护商标信誉,我国《商标法》第3条、第39条、第40条和第56条规定:经商标局核准注册的商标为"注册商标",商标注册人才享有商标专有权,受法律保护,包括商品商标、服务商标和集体商标、证明商标。注册商标的专用权,以核准注册的商标和核定使用的商品为限。同时,注册商标的有效期为10年,自核准注册之日起计算。注册商标有效期满,未办理续展手续的,注销其注册商标。因此,行为人使用他人未经注册的商标,或者已经被注销注册的商标,则不构成商标侵权行为,更不能以假冒注册商标罪论处。

第二,实质要件:未经注册商标所有人的许可。

商标是商品生产者、经营者或者服务提供者开拓市场和创立信誉的重要工具,并且是一种无形的财产权,任何单位和个人在未经注册商标所有人许可、授权或依法转让的情况下,不得在同一种商品、服务上使用与其注册商标相同的商标,否则就影响注册商标所有人的商标信誉,侵犯其商标专有权,损害国家的商标管理制度。因此,是否经注册商标所有人的许可,是区分合法使用与非法使用他人注册商标行为的界限。有鉴于此,我国《商标法》第57条将未经商标注册人的许可而假冒注册商标的行为,列为七种侵犯注册商标专用权的行为之首,并在第67条第1款规定:"未经商标注册人许可,在同一种商品上使用与其注册商标相同的商标,构成犯罪的,除赔偿被侵权人的损失外,依法追究刑事责任。"

第三,特定条件:在同一种商品、服务上+使用与他人注册商标相同的商标。

关于"未经注册商标所有人的许可"之商标侵权行为,在我国《商标法》第57条有两种类型。但是,我国《刑法》并没有将所有类型的商标侵权行为均予以犯罪化,其排除了该条款关于"在同一种商品上使用与其注册商标近似的商标,或者在类似商品上使用与其注册商标相同或者近似的商标,容易导致混淆的"之第二种情形,只是沿用该条款所列的第一种类型,即适用于特定的条件,这是指必须同时具备以下三个条件:

一是使用的对象:"与其注册商标相同的商标"。首先,这必须是"相同的商标",而不是近似的商标。所谓"相同的商标",依据2004年"两高"《关于办理侵犯知识产权刑事案件具体应用法律若干问题的解释》第8条,是指与被假冒的注册商标完全相同,或者与被假冒的注册商标在视觉上基本无差别、足以对公众产生误导的商标。这与构成要素相近的"近似的商标",是两个不同的概念。其次,该商标必须是"与其注册商标相同"。依据 2020 年"两高"《关于办理侵犯知识产权刑事案件具体应用法律若干问题的解释(三)》第 1 条,这是指具有下列之一的情形:① 改变注册商标的字体、字母大小写或者文字横竖排列,与注册商标之间基本无差别的;② 改变注册商标的文字、字母、数字等之间的间距,与注册商标之间基本无差别的;③ 改变注册商标颜色,不影响体现注册商标显著特征的;④ 在注册商标上仅增加商品通用名称、型号等缺乏显著特征要素,不影响体现注册商标显著特征的;⑤ 与立体注册商标的三维标志及平面要素基本无差别的;⑥ 其他与注册商标基本无差别、足以对公众产生误导的商标。

二是使用的载体:同一种商品、服务,而不是在类似的商品、服务上。商标是区别商品或服务来源的静态性标志,而使用商标才能动态地发挥商标的作用。依据我国《商标法》第 48 条,商标的"使用",是指将商标用于商品、商品包装或者容器以及商品交易文书上,或者将商标用于广告宣传、展览以及其他商业活动中,用于识别商品来源的行为。而使用商标注册的商品分类,是商标注册工作的基础。所谓"同一种商品",是指按照《商标注册用商品和服务国际分类表》等规定,属于同一类别和名称相同的商品和服务,其外延要小于"类似商品"。依据 2011 年《关于办理侵犯知识产权刑事案件适用法律若干问题的意见》第 5 条,对于名称不同但指同一事物的商品,即在功能、用途、主要原料、消费对象、销售渠道等方面相同或者基本相同,相关公众一般认为是同一种事物的商品,可以认定为"同一种商品",即在认定时,应注重坚持客观条件和主观条件两个缺一不可的方面。至于"同一种服务",是《刑法修正案(十一)》第 17 条新增设的内容。

据此可见,在"商标"与"使用的商品、服务"之组合关系上,本罪的构成是限缩在"同一种商品、服务+相同的商标",由此排除了以下三种组合形式:同一种商品、服务+近似的商标;类似商品、服务+相同的商标;类似商品、服务+近似的商标。

三是使用的行为:依据 2004 年"两高"《关于办理侵犯知识产权刑事案件适用法律若干问题的解释》第 8 条,这里的"使用",是指将注册商标或者假冒的注册商标用于商品、商品包装或者容器以及产品说明书、商品交易文书,或者将注册商标或者假冒的注册商标用于广告宣传、展览以及其他商业活动等行为。

(2) **主观方面**:行为人必须出于故意。如果行为人出于过失,确实不知道某一商标已经被商标局核准注册,而在同一种商品上使用与他人注册商标相同的商标,则不能构成本罪。

(3) **定量标准**:本罪是以"情节严重"作为入罪门槛。依据 2004 年《关于办理侵犯知识产权刑事案件适用法律若干问题的解释》第 1 条,这是指具有下列之一的情形:① 非法经营数额在 5 万元以上或者违法所得数额在 3 万元以上的;② 假冒两种以上注册商标,非法经营数额在 3 万元以上或者违法所得数额在 2 万元以上的;③ 其他情节严重的情形。

**(4) 竞合适用**:注册商标与使用该商标的商品之间,存在"毛"与"皮"的紧密联系。在刑法设立"销售假冒注册商标的商品罪"之情形下,依据 2004 年"两高"《关于办理侵犯知识产权刑事案件具体应用法律若干问题的解释》第 13 条,实施假冒注册商标犯罪,又销售该假冒注册商标的商品,构成犯罪的,应当以假冒注册商标罪定罪处罚;实施假冒注册商标犯罪,又销售明知是他人的假冒注册商标的商品,构成犯罪的,应当实行数罪并罚。

### 4.7.2 销售假冒注册商标的商品罪

本罪是指自然人或者单位明知是假冒注册商标的商品而予以销售,违法所得数额较大或者有其他严重情节的行为。

**(1) 危害行为**:从称谓为动宾词组的罪名结构看,本罪的客观构成要素为:

第一,行为方式:销售。这是指非法地有偿提供的行为。至于销售的方式,并非关键。

第二,行为对象:假冒注册商标的商品。这是本罪与其他销售型犯罪的区别点。在功能上,如果假冒注册商标的商品属于伪劣产品,则出现本罪与销售伪劣产品罪之间竞合适用的问题。鉴于这属于同一个销售行为触犯数个罪名的想象竞合犯的范畴,应采取择一重罪处断的原则定罪处罚。

**(2) 主观方面**:本罪的行为人必须出于故意,即明知是假冒注册商标的商品。

依据我国《商标法》第 64 条,销售不知道是侵犯注册商标专用权的商品,能证明该商品是自己合法取得并说明提供者的,不承担赔偿责任。关于本罪中"明知"构成要素的认定,2004 年"两高"《关于办理侵犯知识产权刑事案件具体应用法律若干问题的解释》第 9 条界定为下列情形之一:第一,知道自己销售的商品上的注册商标被涂改、调换或者覆盖的;第二,因销售假冒注册商标的商品受到过行政处罚或者承担过民事责任、又销售同一种假冒注册商标的商品的;第三,伪造、涂改商标注册人授权文件或者知道该文件被伪造、涂改的;第四,其他知道或者应当知道是假冒注册商标的商品的情形。

**(3) 定量标准**:我国《刑法》第 214 条原先以"销售金额数额较大"作为入罪门槛,《刑法修正案(十一)》第 18 条修订为"违法所得数额较大或者有其他严重情节"。

### 4.7.3 非法制造、销售非法制造的注册商标标识罪

本罪是指自然人或者单位伪造、擅自制造他人注册商标标识,或者销售伪

造、擅自制造的注册商标标识,情节严重的行为。

从称谓为动宾词组的罪名结构看,本罪的客观构成要素为:

(1) 危害行为:伪造、擅自制造和销售。

所谓"伪造",是指在未经注册商标所有人许可的情形下,仿照他人注册商标标识的样式,使用各种方法非法制作的行为;"擅自制造",是指依法获得印制资格的行为人,擅自地超数量或者不按照样式去印制商标标识的行为。在"两高"的罪名表中,上述两种行为被统称为"非法制造"。所谓"销售",是指明知是非法制造的注册商标标识,而非法地有偿提供的行为。

(2) 行为对象:注册商标标识。

这里的他人注册商标的标识,是指在商品或其包装上附有由文字、图形或其组合所构成的商标图案的物质载体,例如商标纸、商标标牌、商标织带等。

至于定量标准,本罪是以"情节严重"作为入罪门槛。依据2004年"两高"《关于办理侵犯知识产权刑事案件具体应用法律若干问题的解释》第3条,这是指具有下列之一的情形:第一,伪造、擅自制造或者销售伪造、擅自制造的注册商标标识数量在2万件以上,或者非法经营数额在5万元以上,或者违法所得数额在3万元以上的;第二,伪造、擅自制造或者销售伪造、擅自制造两种以上注册商标标识数量在1万件以上,或者非法经营数额在3万元以上,或者违法所得数额在2万元以上的;第三,其他情节严重的情形。

### 4.7.4 假冒专利罪

本罪是指自然人或者单位违反国家的专利管理法规,假冒他人专利,情节严重的行为。

(1) **行为对象**:专利。

作为一种知识产权和无形的财产权,我国《专利法》将专利分为三类:发明、实用新型和外观设计。为了保护专利权人的合法权益,该法第68条规定,假冒专利构成犯罪的,依法追究刑事责任。

(2) **危害行为**:假冒。

关于假冒他人专利的行为形态,2001年《专利法实施细则》第84条规定为下列情形:第一,未经许可,在其制造或者销售的产品、产品的包装上标注他人的专利号;第二,未经许可,在广告或者其他宣传材料中使用他人的专利号,使人将所涉及的技术误认为是他人的专利技术;第三,未经许可,在合同中使用他人的专利号,使人将合同涉及的技术误认为是他人的专利技术;第四,伪造或者变造他人的专利证书、专利文件或者专利申请文件。在《刑法》第216条采取援引的简单罪状之情况背景下,为了便于司法操作,2004年《关于办理侵犯知识产权刑事案件具体应用法律若干问题的解释》第10条完全沿袭上述规定,将上列四种情形列为"假冒他人专利"的行为。

需要指出的是,在2010年修订的《专利法实施细则》中,将第84条修订为:"下列行为属于专利法第63条规定的假冒专利的行为:(一)在未被授予专利权的产品或者其包装上标注专利标识,专利权被宣告无效后或者终止后继续在产品或者其包装上标注专利标识,或者未经许可在产品或者产品包装上标注他人的专利号;(二)销售第(一)项所述产品;(三)在产品说明书等材料中将未被授予专利权的技术或者设计称为专利技术或者专利设计,将专利申请称为专利,或者未经许可使用他人的专利号,使公众将所涉及的技术或者设计误认为是专利技术或者专利设计;(四)伪造或者变造专利证书、专利文件或者专利申请文件;(五)其他使公众混淆,将未被授予专利权的技术或者设计误认为是专利技术或者专利设计的行为。"对此,司法解释应与时俱进地予以调整。

**(3) 定量标准**:本罪是以"情节严重"作为入罪门槛。依据2004年《关于办理侵犯知识产权刑事案件具体应用法律若干问题的解释》第4条,这是指具有下列之一的情形:① 非法经营数额在20万元以上或者违法所得数额在10万元以上的;② 给专利权人造成直接经济损失50万元以上的;③ 假冒两项以上他人专利,非法经营数额在10万元以上或者违法所得数额在5万元以上的;④ 其他情节严重的情形。

#### 4.7.5 侵犯著作权罪

本罪是指自然人或者单位以营利为目的,未经著作权人许可,侵犯他人的著作权或者与著作权有关的权利,违法所得数额较大或者有其他严重情节的行为。

**(1) 行为对象**:著作权和与著作权有关的权利。

作为知识产权的重要组成部分,著作权是指法律赋予作者或者其他著作权人因创作文学、艺术和科学作品而依法享有的专有权利。依据我国《著作权法》第10条,著作权包括17项人身权和财产权,涵盖了以下五个方面的内容:第一,发表权;第二,署名权;第三,修改权;第四,保护作品完整权;第五,许可他人行使、全部或者部分转让关于复制、发行、出租、展览、表演、放映、广播、信息网络传播、摄制、改编、翻译、汇编、应当由著作权人享有的其他权利等13项权利,并依照约定或者著作权法规定而获得报酬。

**(2) 危害行为**:实施侵犯他人著作权或者与著作权有关的行为。

在我国《著作权法》第53条,应依法追究刑事责任的著作权侵权行为有8种情形。然而,1997年修订的《刑法》仅从中选择4种情形加以修改而作为侵犯著作权罪的行为方式。后来,《刑法修正案(十一)》第20条扩充修订为以下6种行为形态:

第一,未经著作权人许可,复制发行、通过信息网络向公众传播其文字作品、音乐、美术、视听作品、计算机软件及法律、行政法规规定的其他作品。

所谓"未经著作权人许可",依据 2004 年《关于办理侵犯知识产权刑事案件具体应用法律若干问题的解释》第 11 条,是指没有得到著作权人授权,或者伪造、涂改著作权人授权许可文件,或者超出授权许可范围的情形。根据 2007 年《办理侵犯知识产权刑事案件具体应用法律若干问题的解释(二)》第 2 条,"复制发行",包括复制、发行或者既复制又发行的行为。至于"发行"的方式,包括总发行、批发、零售、通过信息网络传播以及出租、展销等活动;侵权产品的持有人通过广告、征订等方式推销侵权产品的,也属于"发行"。需要指出的是,"通过信息网络"向公众传播他人文字作品、音乐、电影、电视、录像作品、计算机软件及其他作品的行为,在有关司法解释中规定应当视为"复制发行",《刑法修正案(十一)》则在此升格为独立的行为形态。另外,在我国《著作权法》第 53 条第 1 项,应依法追究刑事责任的著作权侵权行为之形态,包括"复制、发行、表演、放映、广播、汇编、通过信息网络向公众传播其作品",其外延要宽泛于《刑法》第 217 条第 1 项的规定。

第二,出版他人享有专有出版权的图书。

我国《著作权法》第 33 条规定:"图书出版者对著作权人交付出版的作品,按照合同约定享有的专有出版权受法律保护,他人不得出版该作品。"同时,在第 53 条将"出版他人享有专有出版权的图书"的情形,列为第 2 项应依法追究刑事责任的著作权侵权行为。这与《刑法》第 217 条第 2 项的规定完全保持一致。

第三,未经录音录像制作者许可,复制发行、通过信息网络向公众传播其制作的录音录像。

在我国《著作权法》第 53 条,将"未经录音录像制作者许可,复制、发行、通过信息网络向公众传播其制作的录音录像制品的,本法另有规定的除外"之情形,列为第 4 项应依法追究刑事责任的著作权侵权行为。依据有关司法解释的规定,未经录音录像制作者许可,通过信息网络传播其制作的录音录像的行为,应当视为《刑法》第 217 条第 3 项规定的"复制发行"。《刑法修正案(十一)》则在此升格为独立的行为形态。

第四,未经表演者许可,复制发行录有其表演的录音录像制品,或者通过信息网络向公众传播其表演。这是《刑法修正案(十一)》新增设的行为形态。

第五,制作、出售假冒他人署名的美术作品。

在我国《著作权法》第 53 条,将"制作、出售假冒他人署名的作品"的情形,列为第 8 项应依法追究刑事责任的著作权侵权行为。然而,《刑法》第 217 条第 5 项则将该行为类型的对象限缩为"美术作品"。

第六,未经著作权人或者与著作权有关的权利人许可,故意避开或者破坏权利人为其作品、录音录像制品等采取的保护著作权或者与著作权有关的权利的技术措施。这是《刑法修正案(十一)》新增设的行为形态。

**(3) 主观方面**：行为人必须出于故意，并且是法定的目的犯，即以营利为目的。

如果行为人出于过失，例如误认为他人的著作权已经超过保护期，或者出于供教学、科研、个人观赏、学习等非营利目的而复制他人作品的，则不构成犯罪。关于"以营利为目的"的认定问题，依据2011年《关于办理侵犯知识产权刑事案件具体适用法律若干问题的意见》第10条，除销售外，是指具有下列之一的情形：第一，以在他人作品中刊登收费广告、捆绑第三方作品等方式直接或者间接收取费用的；第二，通过信息网络传播他人作品，或者利用他人上传的侵权作品，在网站或者网页上提供刊登收费广告服务，直接或者间接收取费用的；第三，以会员制方式通过信息网络传播他人作品，收取会员注册费或者其他费用的；第四，其他利用他人作品牟利的情形。

**(4) 定量标准**：本罪是以"违法所得数额较大或者有其他严重情节"作为入罪门槛。依据2008年《关于公安机关管辖的刑事案件立案追诉标准的规定(一)》第26条，涉嫌下列情形之一的，应予立案追诉：① 违法所得数额3万元以上的；② 非法经营数额5万元以上的；③ 对于《刑法》第217条第1项规定的行为，复制品数量合计500张(份)以上的；④ 对于《刑法》第217条第3项规定的行为，复制品数量合计500张(份)以上的；⑤ 其他情节严重的情形。

**(5) 竞合适用**。对于非法出版、复制、发行他人作品，构成犯罪的定性问题，根据1998年最高人民法院《关于审理非法出版物刑事案件具体应用法律若干问题的解释》第11条，是以非法经营罪定罪处罚。但是，在2007年"两高"《关于办理侵犯知识产权刑事案件具体应用法律若干问题的解释(二)》第2条，则规定按照侵犯著作权罪定罪处罚；在2011年《关于办理侵犯知识产权刑事案件具体适用法律若干问题的意见》第12条，再次重申按照侵犯著作权罪定罪处罚，并且强调"不认定为非法经营罪等其他犯罪"。这种司法解释的变化表明两罪是特殊罪名与普通罪名的关系，而非简单地采取择一重罪处断的原则定罪处罚。

依据2004年《关于办理侵犯知识产权刑事案件具体应用法律若干问题的解释》第14条，实施侵犯著作权犯罪，又销售该侵权复制品，构成犯罪的，应当以侵犯著作权罪定罪处罚。实施侵犯著作权犯罪，又销售明知是他人的侵权复制品，构成犯罪的，应当实行数罪并罚。

### 4.7.6 销售侵权复制品罪

本罪是指自然人或者单位以营利为目的，销售明知是侵犯他人著作权的侵权复制品，违法所得数额巨大或者有其他严重情节的行为。

从称谓为动宾词组的罪名结构看,本罪的客观构成要素为:

(1) 危害行为:销售。这是指明知是侵权复制品,而非法地有偿提供的行为。

(2) 行为对象:侵权复制品。这是特指侵犯他人著作权而衍生的侵权复制品,这是本罪与销售假冒注册商标的商品罪、销售非法制造的注册商标标识罪之间的重要区别点。

在主观方面,行为人必须出于故意,并且是法定的目的犯,即以营利为目的。

关于定量标准,我国《刑法》第218条原先以"违法所得数额巨大"作为入罪门槛,《刑法修正案(十一)》第21条则增设"有其他严重情节",并且将法定最高刑从3年调整为5年。依据2008年《关于公安机关管辖的刑事案件立案追诉标准的规定(一)》第27条,涉嫌下列情形之一的,应予立案追诉:违法所得数额10万元以上的;违法所得数额虽未达到上述数额标准,但尚未销售的侵权复制品货值金额达到30万元以上的。

### 4.7.7 侵犯商业秘密罪

本罪是指自然人或者单位侵犯权利人的商业秘密,情节严重的行为。

**(1) 行为对象**:权利人的商业秘密。

所谓"权利人",依据我国《刑法》第219条第3款,是指"商业秘密的所有人和经商业秘密所有人许可的商业秘密使用人"。至于"商业秘密"的内涵,原先的《刑法》第219条第3款予以定义,是指不为公众所知悉、能为权利人带来经济利益、具有实用性并经权利人采取保密措施的技术信息和经营信息。《刑法修正案(十一)》第21条则删除了该法定定义。但是,依据我国《反不正当竞争法》第9条,"商业秘密"是指"不为公众所知悉、具有商业价值并经权利人采取相应保密措施的技术信息、经营信息等商业信息"。这也是侵犯商业秘密罪与以"国家秘密、情报""军事秘密"为行为对象的犯罪之间的重要区别。关于具体内容和"力拓集团间谍门事件"的案例,请参见本书2.3.3的相关内容。

**(2) 危害行为**:实施侵犯他人商业秘密的行为。

我国《刑法》第219条将以下四种情形列为侵犯商业秘密罪的行为方式,《刑法修正案(十一)》则对其中的某些内容进行了微调:

第一,以盗窃、贿赂、欺诈、胁迫、电子侵入或者其他不正当手段获取权利人的商业秘密。

这是直接以商业秘密作为犯罪对象的行为类型,强调获取手段的不正当性,带有"第一手侵害"之意。《刑法修正案(十一)》保留了原先的盗窃、胁迫、其他不正当手段等三种类型,以"贿赂"取代过去的"利诱",并且增加了"电子侵入"这种新类型。

第二，披露、使用或者允许他人使用以前项手段获取的权利人的商业秘密。

这是以不正当手段获取商业秘密的行为人，进一步实施侵害商业秘密的行为类型，带有"第二手侵害"之意。所谓"披露"，是指将非法获得的商业秘密告知他人；"使用"，是指自己利用非法获取的商业秘密；"允许他人使用"，是指有偿或者无偿地允许第三人利用非法获取的商业秘密。

第三，违反保密义务或者违反权利人有关保守商业秘密的要求，披露、使用或者允许他人使用其所掌握的商业秘密。

这是指合法知悉商业秘密内容的行为人，以商业秘密作为犯罪对象的行为类型。《刑法修正案（十一）》以"违反保密义务"取代过去的"违反约定"，其余的未变。至于披露、使用或允许他人使用等三种具体的危害行为之内涵，与第二种行为方式相同。

第四，明知上述第一种至第三种行为，而获取、披露、使用或者允许他人使用该商业秘密。

这是我国《刑法》第219条第2款规定的"间接侵犯商业秘密"的行为，即第三者明知向其传授商业秘密的行为人具有上述违法行为，但依然获取、披露、使用或者允许他人使用该商业秘密。需要注意的是，《刑法修正案（十一）》保留了原先的三种行为类型，但增加了"允许他人使用"这种新类型。同时，删除了过去与"明知"并列的"应知"术语。①

**（3）主观方面**：行为人必须出于故意。

**（4）定量标准**：我国《刑法》第219条原先以"给商业秘密的权利人造成重大损失"作为入罪门槛，《刑法修正案（十一）》第21条则修订为"情节严重"。

依据2020年《关于修改侵犯商业秘密刑事案件立案追诉标准的决定》，侵犯商业秘密，涉嫌下列情形之一的，应予立案追诉：第一，给商业秘密权利人造成损失数额在30万元以上的；第二，因侵犯商业秘密违法所得数额在30万元以上的；第三，直接导致商业秘密的权利人因重大经营困难而破产、倒闭的；第四，其他给商业秘密权利人造成重大损失的情形。

### 4.7.8 为境外窃取、刺探、收买、非法提供商业秘密罪

本罪是指自然人或者单位为境外的机构、组织、人员窃取、刺探、收买、非法提供商业秘密的行为，俗称"商业间谍"。本罪是《刑法修正案（十一）》第23条新设立的罪名，在体系编排上作为《刑法》第219条之一。

从本罪的服务对象（境外的机构、组织、人员）以及行为手段（窃取、刺探、收

---

① 在我国《刑法》原先第219条第2款的规范表述上，"应知"是与"明知"并列地规定在一起，两者属于并列的同位概念；而在众多的司法解释中，"应知"则是"明知"的下位概念。有鉴于此，刑法理论界对"应知"所归属的主观心态产生激烈的争论，进而引起对侵犯商业秘密罪的罪过形式之重大分歧。

买、非法提供)来看,其与我国《刑法》第 111 条规定的"为境外窃取、刺探、收买、非法提供国家秘密、情报罪"是高度一致的。但是,本罪的行为对象是"商业秘密",这是本罪与以"国家秘密或者情报"(第 111 条)、"军事秘密"(第 431 条第 2 款的"为境外窃取、刺探、收买、非法提供军事秘密罪")为行为对象的犯罪之间的重要区别。

在危害行为方式中,所谓"窃取",是指通过盗取、秘密复制等非法手段取得商业秘密;"收买"是指通过金钱、物质或者其他利益换取商业秘密。

## 4.8 扰乱市场秩序罪

市场经济秩序是保证市场正常发展和有效运行的机制和规则,一般包括市场主体行为的秩序、市场客体机制的秩序和市场规则的秩序,是一个范围宽泛的有机整体。如前所述,为了加强对市场经济秩序的刑法保护,我国立法者在《刑法》分则第三章的前七节,依次对商品安全、对外贸易管理、公司企业管理、金融管理、税收征管、知识产权等关系国计民生的重要市场管理秩序予以特别的规定,故在体系上对它们单独设置了七节罪名。对于上述范围之外的"其他市场管理秩序",则在第三章的第八节设立一个"兜底"的类罪名体系,由此从第 221 条至 231 条规定了以下 13 个罪名:损害商业信誉、商品声誉罪;虚假广告罪;串通投标罪;合同诈骗罪;组织、领导传销活动罪;非法经营罪;强迫交易罪;伪造、倒卖伪造的有价票证罪;倒卖车票、船票罪;非法转让、倒卖土地使用权罪;提供虚假证明文件罪;出具证明文件重大失实罪;逃避商检罪。

从犯罪主体看,根据我国《刑法》第 231 条的规定,单位可以构成本节的犯罪。对单位判处罚金,并对其直接负责的主管人员和其他直接责任人员,依照自然人犯本节各本罪的量刑标准处罚,即实行双罚制。

在法定刑的设置上,该节犯罪的法定最高刑是无期徒刑,并且对全部罪名均规定罚金刑,还对部分罪名规定了没收财产。

### 4.8.1 损害商业信誉、商品声誉罪

本罪是指自然人或者单位捏造并散布虚伪事实,损害他人的商业信誉、商品声誉,给他人造成重大损失或者有其他严重情节的行为。

**(1) 行为对象**:商业信誉、商品声誉。

所谓"商业信誉",是指商品经营者或者服务提供者在商业活动中的信用度和名誉,可以比喻为"软黄金";至于"商品声誉",是指商品经营者或者服务提供者投放于市场的商品或者服务之知名度和良好称誉。商业信誉可以但不限于通过商品声誉而建立,其外延要大于商品声誉。在本罪为选择性罪名和存在竞合

适用的情形下,商品声誉应优先适用于商业信誉。

**(2) 危害行为**:捏造并散布虚伪事实。

这里的"捏造",是指完全或者部分地凭空编造虚假事实的行为;"散布",是指以各种方式使公众知悉行为人所捏造的虚假事实之行为。至于散布的方式,既可以是口头、书面的,也可以通过新闻媒介、信息网络等。鉴于两者之间是由并列连词来衔接,必须同时具备方可构成本罪。因此,对于违反商业道德的行为,消费者通过正常途径加以反映,或者新闻工作者通过正常采访而予以披露、批评,均不能成立本罪的危害行为。若仅从危害行为看,本罪与我国《刑法》第246条的诽谤罪具有相同之处,故本罪可以俗称为"商业诽谤罪"。但是,两罪在行为对象上有着明显的差异,诽谤罪所侵犯的客体是公民的名誉权。

**(3) 主观方面**:行为人必须出于故意。

**(4) 定量标准**:本罪是以"给他人造成重大损失或者有其他严重情节"作为入罪门槛。依据2022年《关于公安机关管辖的刑事案件立案追诉标准的规定(二)》第66条,涉嫌下列情形之一的,应予立案追诉:给他人造成直接经济损失数额在50万元以上的;虽未达到上述数额标准,但造成公司、企业等单位停业、停产6个月以上,或者破产的;其他给他人造成重大损失或者有其他严重情节的情形。

### 4.8.2 虚假广告罪

本罪是指广告主、广告经营者、广告发布者违反国家规定,利用广告对商品或者服务作虚假宣传,情节严重的行为。

**(1) 危害行为**:表现为以下三个不可分割的行为要件:

第一,以广告为载体实施犯罪。这里的"广告",是指商品经营者或者服务提供者通过一定媒介和形式,直接或者间接地介绍自己所推销的商品或者服务的商业广告。为了规范广告活动,保护消费者的合法权益,我国《广告法》第3条、第4条和第55条规定,广告应当真实、合法,不得含有虚假或者引人误解的内容,不得欺骗、误导消费者;如果广告主、广告经营者、广告发布者发布虚假广告,或者明知或应知广告虚假仍设计、制作、代理、发布,构成犯罪的,依法追究刑事责任。我国《反不正当竞争法》第8条也要求广告经营者不得对其商品的性能、功能、质量、销售状况、用户评价、曾获荣誉等作虚假或者引人误解的商业宣传,欺骗、误导消费者。经营者不得通过组织虚假交易等方式,帮助其他经营者进行虚假或者引人误解的商业宣传。

第二,违反国家级别的关于广告管理的规定。依据我国《刑法》第96条,这主要指全国人大常委会和国务院制定的《广告法》《反不正当竞争法》《广告管理条例》等法律法规,不包括原国家工商管理局发布的《广告管理条例实施细则》

等部门规章、地方性法规和地方政府规章。

第三，以虚假广告对商品或者服务进行宣传。所谓"虚假广告"，依据我国《广告法》第28条，是指以虚假或者引人误解的内容欺骗、误导消费者的广告，包括以下情形之一的广告：① 商品或者服务不存在的；② 商品的性能、功能、产地、用途、质量、规格、成分、价格、生产者、有效期限、销售状况、曾获荣誉等信息，或者服务的内容、提供者、形式、质量、价格、销售状况、曾获荣誉等信息，以及与商品或者服务有关的允诺等信息与实际情况不符，对购买行为有实质性影响的；③ 使用虚构、伪造或者无法验证的科研成果、统计资料、调查结果、文摘、引用语等信息作证明材料的；④ 虚构使用商品或者接受服务的效果的；⑤ 以虚假或者引人误解的内容欺骗、误导消费者的其他情形。

**(2) 犯罪主体**：特殊主体，必须是广告主、广告经营者和广告发布者，自然人和单位均可构成本罪。

根据我国《广告法》第2条，所谓"广告主"，是指为推销商品或者服务，自行或者委托他人设计、制作、发布广告的自然人、法人或者其他组织；"广告经营者"是指接受委托提供广告设计、制作、代理服务的自然人、法人或者其他组织；"广告发布者"是指为广告主或者广告主委托的广告经营者发布广告的自然人、法人或者其他组织。

**(3) 主观方面**：行为人必须出于故意，即明知是不真实的广告而作虚假宣传。过失不能构成本罪。

**(4) 定量标准**：本罪是以"严重情节"作为入罪门槛。依据2022年《关于公安机关管辖的刑事案件立案追诉标准的规定(二)》第67条，涉嫌下列情形之一的，应予立案追诉：① 违法所得数额在10万元以上的；② 假借预防、控制突发事件、传染病防治的名义，利用广告作虚假宣传，致使多人上当受骗，违法所得数额在3万元以上的；③ 利用广告对食品、药品作虚假宣传，违法所得数额在3万元以上的；④ 虽未达到上述数额标准，但二年内因利用广告作虚假宣传受过二次以上行政处罚，又利用广告作虚假宣传的；⑤ 造成严重危害后果或者恶劣社会影响的；⑥ 其他情节严重的情形。

**(5) 竞合适用**：在司法实务中，虚假广告一般表现为手段行为，是为目的的行为服务的。例如，行为人利用虚假的广告，对其生产、销售的伪劣商品进行虚假宣传，或以此损害他人的商业信誉、商品声誉；或者违反国家规定，利用广告为非法集资活动相关的商品或者服务作虚假宣传。在行为均构成犯罪的情形下，应采取择一重罪处断的原则定罪处罚。依据2022年最高人民法院《关于审理非法集资刑事案件具体应用法律若干问题的解释》第12条，行为人明知他人从事欺诈发行证券、非法吸收公众存款、擅自发行股票、公司、企业债券、集资诈骗或者组织、领导传销活动等集资犯罪活动，为其提供广告等宣传的，以相关犯罪的共犯论处。

### 4.8.3 串通投标罪

本罪是指投标人相互串通投标报价,损害招标人或者其他投标人的利益,情节严重,或者投标人与招标人串通投标,损害国家、集体、公民的合法利益之行为。

**(1) 危害行为**:行为人以招投标为平台,实施谋取中标或者排斥特定投标人的行为。

所谓"招投标",是在采购货物、工程或者服务中,在公平竞争的条件下,依法从众多的投标人中择优选定的一种国际惯例,一般包括招标、投标、开标、评标和定标等程序。为了规范招标投标活动,保护国家利益、社会公共利益和招标投标活动当事人的合法权益,我国《招标投标法》第 5 条、第 32 条和第 53 条规定,招标投标活动应当遵循公开、公平、公正和诚实信用的原则;投标人不得相互串通投标报价,损害招标人或者其他投标人的合法权益;投标人不得与招标人串通投标,损害国家利益、社会公共利益或者他人的合法权益。如果投标人相互串通投标或者与招标人串通投标,构成犯罪的,依法追究刑事责任。

本罪属于必要共同犯罪的形式,体现为以下两种行为类型:

第一,投标人相互串通投标报价:这是指针对投标标价,投标人私下串通,暗中联手予以抬高或者压低的行为。在我国《招标投标法实施条例》第 39 条和第 40 条,投标人相互串通投标的情形有 11 种,这是广义性质的范畴。然而,《刑法》第 223 条将投标人相互串通投标的形态限缩于"投标报价",不包括对投标报价之外的其他事项进行串通。

第二,投标人与招标人串通投标:依据我国《招标投标法实施条例》第 41 条,这是指具有下列情形之一的行为:① 招标人在开标前开启投标文件并将有关信息泄露给其他投标人;② 招标人直接或者间接向投标人泄露标底、评标委员会成员等信息;③ 招标人明示或者暗示投标人压低或者抬高投标报价;④ 招标人授意投标人撤换、修改投标文件;⑤ 招标人明示或者暗示投标人为特定投标人中标提供方便;⑥ 招标人与投标人为谋求特定投标人中标而采取的其他串通行为。

**(2) 犯罪主体**:特殊主体,必须是投标人与招标人,自然人和单位均可构成本罪。

依据我国《招标投标法》第 8 条和第 25 条,"招标人"是依法提出招标项目、进行招标的法人或者其他组织;"投标人"是响应招标、参加投标竞争的法人或者其他组织。

**(3) 主观方面**:行为人必须出于故意,即为了谋取中标或者排斥特定投标人,而有意实施串通投标行为的主观心理状态,过失不能构成本罪。

**(4) 定量标准**:本罪是以"情节严重"或者"损害国家、集体、公民的合法利益"作为入罪门槛。依据 2022 年《关于公安机关管辖的刑事案件立案追诉标准的规定(二)》第 68 条,涉嫌下列情形之一的,应予立案追诉:① 损害招标人、投标人或者国家、集体、公民的合法利益,造成直接经济损失数额在 50 万元以上的;② 违法所得数额在 20 万元以上的;③ 中标项目金额在 400 万元以上的;④ 采取威胁、欺骗或者贿赂等非法手段的;⑤ 虽未达到上述数额标准,但二年内因串通投标,受过行政处罚二次以上,又串通投标的;⑥ 其他情节严重的情形。

### 4.8.4 合同诈骗罪

本罪是指自然人或者单位以非法占有为目的,在签订、履行合同的过程中,骗取对方当事人财物,数额较大的行为。

**(1) 危害行为**:表现为行为人以签订、履行合同为载体,骗取对方当事人财物的行为。

在时空特征上,诈骗行为必须发生在签订、履行合同的过程中,而不能是在签订合同之前或者履行合同完毕。如果行为人以与合同无关的事由为借口而骗取他人财物的,也不能构成合同诈骗罪。因此,本罪中"合同"的界定,直接关系到本罪的适用范围。

鉴于本罪在罪名体系上被编排在"扰乱市场秩序罪"中,故从保护法益的立场出发,这里的"合同"是指在市场经济领域内反映市场交易内容的合同,这并不以典型的经济合同为限,但不包括与市场交易无关的各种合同或协议,诸如婚姻、收养等关系到身份的协议,以及由行政法、劳动法等调整的行政合同、劳务合同等。至于对方当事人是否为从事经营活动的市场主体,并不会与通过市场交易行为获取利润的合同本质内容产生必然联系,故对方当事人的主体资格不影响合同诈骗罪的成立,否则就人为地缩小了本罪的适用范围。另外,关于合同的形式,并不局限于书面合同,还包括发生在市场交易领域的口头合同。

合同是商品交换关系在法律上的表现形式,是明确双方当事人相互权利和义务的协议。根据我国有关法律规定,签订、履行合同必须贯彻诚实信用原则,不得采取欺诈、胁迫等手段。关于合同诈骗罪的行为方式,我国《刑法》第 224 条列举了以下五种类型:

第一,以虚构的单位或者冒用他人名义签订合同。这是围绕"合同主体"进行诈骗的形式,即行为人以根本不存在的单位,或者未经他人授权或者许可而以他人名义签订合同。

第二,以伪造、变造、作废的票据或者其他虚假的产权证明作担保。这是围绕"合同担保"进行诈骗的形式。

第三，没有实际履行能力，以先履行小额合同或者部分履行合同的方法，诱骗对方当事人继续签订和履行合同。这属于"钓鱼式"合同诈骗的形式。

第四，收受对方的当事人给付的货物、货款、预付款或者担保财产后逃匿。这属于"硬式"合同诈骗，即行为人根本没有履行合同的想法，签订合同只是其诈骗对方当事人财物的"道具"，这明显地表现出非法占有的目的。

第五，以其他方法骗取对方当事人财物。这是针对合同诈骗犯罪的多样性、复杂性所作的一项"兜底"规定，是指行为人采取上述四项规定以外的其他方法骗取对方当事人财物的行为。

**（2）主观方面**：行为人必须出于故意，并且是法定的目的犯，即行为人以非法占有为目的。这是划清合同诈骗罪与一般合同纠纷的界限。

一般而言，对于本罪中"以非法占有为目的"之认定，应当综合考虑以下各方面的情形：第一，在签订合同时，行为人是否具有实际履约能力；第二，在签订合同后，行为人是否具有履行合同的实际行为；第三，行为人对合同标的物的处置情况，例如是否具有肆意挥霍、从事非法活动，甚至携款潜逃等行为；第四，行为人未履行合同的具体缘由；第五，在不能履行合同后，行为人是否具有逃避履行义务的表现。如果行为人具有部分履行合同的能力，在以夸大履约能力的方法与对方当事人签订合同后，虽为履行合同作了积极的努力，但因发生行为人无法预料的客观事实，致使合同未能完全履行的，则应按一般的合同纠纷处理。此外，也可以参考2001年《全国法院审理金融犯罪案件工作座谈会纪要》关于以七种情形推定金融诈骗罪中非法占有目的成立的规定。关于具体内容，请查阅本书4.5金融诈骗罪的相关部分。

**（3）定量标准**：本罪是以"数额较大"作为入罪门槛。依据2022年《关于公安机关管辖的刑事案件立案追诉标准的规定（二）》第69条，实施合同诈骗而骗取对方当事人财物，数额在2万元以上的，应予立案追诉。

**（4）竞合适用**。我国刑法设置了多种诈骗型的罪名，例如金融诈骗罪、合同诈骗罪、第266条的诈骗罪等，并且在体系上散落在分则不同的章节。在诈骗型罪名体系中，《刑法》第266条的诈骗罪是普通罪名，其他的则是特殊罪名。进而细分，在特殊的诈骗罪名中，由于金融活动需要以合同为载体进行，金融诈骗的行为人基本上是利用签订、履行合同的平台来实施犯罪，故合同诈骗罪与金融诈骗罪会存在竞合适用的问题。鉴于金融诈骗罪是特殊罪名，合同诈骗罪是普通罪名，应采取特殊法优于普通法的原则，以金融诈骗罪定罪处罚。只有在特殊罪名不能成立的情形下，可以定性为普通罪名，这鲜明地体现为在单位不能构成贷款诈骗罪的前提下，若单位利用签订、履行借款合同诈骗贷款而构成犯罪时，应以合同诈骗罪定罪处罚。

### 4.8.5 组织、领导传销活动罪

本罪是指自然人或者单位组织、领导以推销商品、提供服务等经营活动为名,要求参加者以缴纳费用或者购买商品、服务等方式获得加入资格,并按照一定顺序组成层级,直接或者间接以发展人员的数量作为计酬或者返利依据,引诱、胁迫参加者继续发展他人参加,骗取财物,扰乱经济社会秩序的传销活动之行为。这是《刑法修正案(七)》第 4 条新设立的罪名,在体系编排上作为《刑法》第 224 条之一。

**(1) 危害行为:** 表现为行为人以传销活动为载体,骗取财物。

为了防止欺诈,国务院颁布的《禁止传销条例》第 2 条和第 7 条规定,所谓"传销",是指组织者或者经营者发展人员,通过对被发展人员以其直接或者间接发展的人员数量或者销售业绩为依据计算和给付报酬,或者要求被发展人员以交纳一定费用为条件取得加入资格等方式牟取非法利益,扰乱经济秩序,影响社会稳定的行为,包括下列三种表现行为:第一,"拉人头":组织者或者经营者通过发展人员,要求被发展人员发展其他人员加入,对发展的人员以其直接或者间接滚动发展的人员数量为依据计算和给付报酬(包括物质奖励和其他经济利益),牟取非法利益的;第二,"收入门费":组织者或者经营者通过发展人员,要求被发展人员交纳费用或者以认购商品等方式变相交纳费用,取得加入或者发展其他人员加入的资格,牟取非法利益的;第三,"团队计酬":组织者或者经营者通过发展人员,要求被发展人员发展其他人员加入,形成上下线关系,并以下线的销售业绩为依据计算和给付上线报酬,牟取非法利益的。

在借鉴和修改《禁止传销条例》的相关规定之基础上,《刑法修正案(七)》要求组织、领导传销活动罪的客观构成必须同时具备以下要素:

第一,"收入门费":是指以推销商品、提供服务等经营活动为名,要求参加者以缴纳费用或者购买商品、服务等方式获得加入资格。其中,"以……为名"是指欺骗公众加入传销组织的"道具","要求……"则是指参加者取得传销资格的途径。

第二,"定层级":是指按照一定顺序组成层级,以公司化模式进行运作。这是传销的组织结构特点。

第三,"拉人头":是指直接或者间接地以发展人员的数量作为计酬或者返利依据,引诱、胁迫参加者继续发展他人。这是传销的组织计酬方式特点。

第四,"骗取财物":这是传销活动的本质特征和最终目的,是指传销活动的组织者、领导者采取编造、歪曲国家政策,虚构、夸大经营、投资、服务项目及盈利前景,掩饰计酬、返利真实来源或者其他欺诈手段,从参与传销活动人员缴纳的费用或者购买商品、服务的费用中非法获利。至于参与传销活动人员是否认为

被骗,不影响骗取财物的认定。

第五,"扰乱经济社会秩序":这体现为传销活动的社会危害性,也是立法者将本罪编排在我国《刑法》分则第三章第八节"扰乱市场秩序罪"的出发点。

对比可见,在"传销"的行为类型上,本罪没有将"团队计酬"型纳入,仅包括"收入门费"和"拉人头"型传销,这是因为这两类传销行为都属于没有实际经营内容的诈骗行为,并且要求这两个条件须同时具备,而不是如同《禁止传销条例》中的选择性关系。

**(2)犯罪主体**:鉴于传销活动是聚众性行为,参与传销的一般人员具有违法者和受害者的双重性,为了分化和瓦解传销组织,防止打击范围过大,我国刑事立法者将本罪的犯罪主体限定为传销活动的"组织者"和"领导者",而不是简单地援用《禁止传销条例》中所规定的组织者或者经营者。自然人和单位均可构成本罪。

依据2022年《关于公安机关管辖的刑事案件立案追诉标准的规定(二)》第70条,下列人员可以认定为传销活动的组织者、领导者:一是在传销活动中起发起、策划、操纵作用的人员;二是在传销活动中承担管理、协调等职责的人员;三是在传销活动中承担宣传、培训等职责的人员;四是因组织、领导传销活动受过刑事追究,或者一年内因组织、领导传销活动受过行政处罚,又直接或者间接发展参与传销活动人员在15人以上且层级在三级以上的人员;五是其他对传销活动的实施、传销组织的建立、扩大等起关键作用的人员。但是,以单位名义实施组织、领导传销活动犯罪的,对于受单位指派,仅从事劳务性工作的人员,一般不予追究刑事责任。

**(3)主观方面**:行为人必须出于故意。依据《禁止传销条例》关于传销的定义和所列举的表现行为,行为人具有牟取非法利益的目的。

**(4)定量标准**:依据2022年《关于公安机关管辖的刑事案件立案追诉标准的规定(二)》第70条,涉嫌组织、领导的传销活动人员在30人以上且层级在三级以上,对组织者、领导者,应予立案追诉。

**(5)竞合适用**。在司法实务中,组织、领导传销活动经常与诈骗、集资诈骗等犯罪交织在一起,属于一个行为同时触犯两个罪名,构成想象竞合犯,应采取择一重罪处断的原则定罪处罚;犯组织、领导传销活动罪,并实施故意伤害、非法拘禁、敲诈勒索、妨害公务、聚众扰乱社会秩序、聚众冲击国家机关、聚众扰乱公共场所秩序、交通秩序等行为,构成犯罪的,依照数罪并罚的规定处罚。

关于本罪与非法经营罪的关系,在《刑法修正案(七)》新设立本罪之前,依据2001年最高人民法院《关于情节严重的传销或者变相传销行为如何定性问题的批复》(2013年被废止),对于从事传销或者变相传销活动,扰乱市场秩序,情节严重的,应以非法经营罪定罪处罚。这实质上是将三种形式的传销活动均定性为非法经营罪,具有广义和不细分的性质。后来,《刑法修正案(七)》考虑到"收入门费"和"拉人头"型传销属于既没有商品,也不提供服务,不存在真实的交易标的,实际上是没有"经营活动",不完全符合非法经营罪的特征,难以适用非法经营罪进行打击,造成办案中适用法律的困难,故为了更有利于打击组织传销的犯罪,在第4条新设立了组织、领导传销活动罪。① 据此,这就产生了如何认定"团队计酬"型传销的问题。从经营对象上看,"团队计酬"型传销是以下线的产品销售业绩为依据计付报酬,这是其赖以生存和发展的渠道,其途径是以销售产品的经营活动为平台,这与"收入门费"和"拉人头"型传销有较大的区别。有鉴于此,2013年最高人民法院、最高人民检察院、公安部《关于办理组织领导传销活动刑事案件适用法律若干问题的意见》第5条规定:对于单纯的"团队计酬"式传销活动,不作为犯罪处理;对于形式上采取"团队计酬"方式,但实质上属于"以发展人员的数量作为计酬或者返利依据"的传销活动,应以组织、领导传销活动罪定罪处罚。

#### 4.8.6 非法经营罪

本罪是指自然人或者单位违反国家规定,从事非法经营活动,扰乱市场秩序,情节严重的行为。它是在废除1979年《刑法》中的"口袋罪"投机倒把罪时所分解出的主要罪名。

**(1) 危害行为**:表现为以下两个不可分割的行为要件:

第一,前提条件:违反国家规定。依据我国《刑法》第96条,"国家规定"是指全国人大及其常委会制定的法律和决定,以及国务院制定的行政法规等。在2011年最高人民法院《关于准确理解和适用刑法中"国家规定"的有关问题的通知》第2条,要求准确把握有关刑事案件所涉及的"违反国家规定"的认定:对于违反地方性法规、部门规章的行为,不得认定为"违反国家规定";对被告人的行为是否"违反国家规定"存在争议的,应当作为法律适用问题,逐级向最高人民法院请示。

第二,从事非法经营活动。根据我国《反不正当竞争法》第2条,"经营"是指从事商品生产、经营或者提供服务的活动。对于非法经营罪的行为方式,我国《刑法》第225条列举为以下四种情形:

① 未经许可,经营法律、行政法规规定的专营、专卖物品或者其他限制买卖的物品。

所谓"专营、专卖物品",是指由法律、行政法规明确规定的由专门机构经营、买卖的物品,例如烟草、食盐、外汇、金银及其制品、烟花爆竹等;"其他限制

---

① 参见黄太云:《〈刑法修正案(七)〉解读》,载《人民检察》2009年第6期。

买卖的物品",是指国家在一定时期实行限制性买卖的物品。对于上述关系到日常生活和经营性活动的物品,我国实行特许经营的市场管理制度,任何单位和个人在未经国家有关行政部门核发经营许可证的情况下,不得擅自经营这些特控物品。

② 买卖进出口许可证、进出口原产地证明以及其他法律、行政法规规定的经营许可证或者批准文件。

所谓"进出口许可证",是指国家许可对外贸易经营者从事某种进出口业务的确认性证明,它也是海关对某种进出口货物或者物品查验放行的重要凭证;"进出口原产地证明",是指在进出口经营活动中,由有关机构对某一特定产品的原产地进行确认的证明文件,它是进出口的国家和地区根据原产地的不同,征收差别关税和实行其他进口差别待遇的证明;"其他法律、行政法规规定的经营许可证或者批准文件",是指国家有关部门许可企业、单位或者个人经营特定业务或物品的证件或批文,例如准运证、森林采伐证、矿产开发证、野生动物狩猎证等。上述经营许可凭证是国家对市场经济实行宏观调控的重要手段,不得进行买卖。

③ 未经国家有关主管部门批准,非法经营证券、期货、保险业务,或者非法从事资金支付结算业务。

这是《刑法修正案》第 8 条新增的行为类型,表现为扰乱国家对特定金融业务的许可限制管理。所谓"非法经营证券、期货、保险业务",是指未经国家有关主管部门批准,擅自从事证券、期货、保险业务。例如,依据 2008 年《关于整治非法证券活动有关问题的通知》,任何单位和个人经营证券业务,必须经证监会批准。未经批准的,属于非法经营证券业务,涉嫌犯罪的,以非法经营罪追究刑事责任;对于中介机构非法代理买卖非上市公司股票,涉嫌犯罪的,应当以非法经营罪追究刑事责任。所谓"非法从事资金支付结算业务",是逃避金融监管的"地下钱庄"①的表现形式之一,这是《刑法修正案(七)》第 5 条在该项增设的内容。

④ 从事其他严重扰乱市场秩序的非法经营行为。

这是一项抽象的概括性规定,具有"兜底"的性质,易于使非法经营罪在司法认定时呈现"口袋化"特征,故在理解和适用该项规定时,应秉持限缩的立场。在 2011 年最高人民法院《关于准确理解和适用刑法中"国家规定"的有关问题的通知》第 3 条,要求各级人民法院依法严格把握该项的适用范围:对被告人的行为是否属于该项情形,在有关司法解释未作明确规定时,应当作为法律适用问题,逐级向最高人民法院请示。这在实质上是适用该项规定的程序限制条件。

---

① "地下钱庄"不是一个规范的法律用语,是对未经国家有关主管部门批准,擅自从事跨境汇款、买卖外汇、资金支付结算业务等非法组织或个人的俗称。

纵观有关刑事立法和司法解释，涉及认定该项行为类型的规定如下：

第一，非法经营外汇。依据1998年全国人大常委会《关于惩治骗购外汇、逃汇和非法买卖外汇犯罪的决定》第4条，对于在国家规定的交易场所以外非法买卖外汇，扰乱市场秩序，情节严重的行为，依照该项界定的非法经营罪定罪处罚。

第二，非法经营出版物。依据1998年最高人民法院《关于审理非法出版物刑事案件具体应用法律若干问题的解释》第11条和第15条，对于以下两种非法经营出版物的行为，可以该项界定的非法经营罪定罪处罚：一是违反国家规定，出版、印刷、复制、发行严重危害社会秩序和扰乱市场秩序的非法出版物，情节严重的行为；二是非法从事出版物的出版、印刷、复制、发行业务，严重扰乱市场秩序，情节特别严重，构成犯罪的行为。

第三，非法经营国际或者港澳台电信业务。依据2000年最高人民法院《关于审理扰乱电信市场管理秩序具体应用法律若干问题的解释》第1条，对于违反国家规定，采用租用国际专线、私设转接设备或者其他方法，擅自经营国际电信业务或者涉港澳台电信业务进行营利活动，扰乱电信市场管理秩序，情节严重的行为，依照该项界定的非法经营罪定罪处罚。

第四，在生产、销售的饲料中添加盐酸克仑特罗（俗称"瘦肉精"）等禁止在饲料和动物饮用水中使用的药品，或者销售明知是添加有该类药品的饲料。依据2002年"两高"《关于办理非法生产、销售、使用禁止在饲料和动物饮用水中使用的药品等刑事案件具体应用法律若干问题的解释》第2条，对于上述情节严重的行为，依照该项界定的非法经营罪定罪处罚。

第五，违反国家在灾害期间有关市场经营、价格管理等规定，哄抬物价，牟取暴利的行为。依据2003年"两高"《关于办理妨害预防、控制突发传染病疫情等灾害的刑事案件的具体应用法律若干问题的解释》第6条，对于上述严重扰乱市场秩序，违法所得数额较大或者有其他严重情节的行为，依照该项界定的非法经营罪定罪，依法从重处罚。

第六，违反国家规定，擅自设立互联网上网服务营业场所，或者擅自从事互联网上网服务经营活动。依据2004年"两高"、公安部《关于依法开展打击淫秽色情网站专项行动有关工作的通知》，对于上述情节严重的行为，以非法经营罪追究刑事责任。

第七，未经国家批准擅自发行、销售彩票。依据2005年"两高"《关于办理赌博刑事案件具体应用法律若干问题的解释》第6条，对于上述构成犯罪的行为，依照该项界定的非法经营罪定罪处罚。

第八，信用卡套现。依据2018年"两高"修正后的《关于办理妨害信用卡管理刑事案件具体应用法律若干问题的解释》第12条，对于违反国家规定，使用销售点终端机具（POS 机）等方法，以虚构交易、虚开价格、现金退货等方式向信用卡持卡人直接支付现金，情节严重的行为，以非法经营罪定罪处罚。

第九，擅自发行基金份额募集基金。依据 2022 年最高人民法院修订的《关于审理非法集资刑事案件具体应用法律若干问题的解释》第 11 条，对于违反国家规定，未经依法核准擅自发行基金份额募集基金，情节严重的行为，以非法经营罪定罪处罚。

第十，违反国家规定，以营利为目的，通过信息网络有偿提供删除信息服务，或者明知是虚假信息，通过信息网络有偿提供发布信息等服务，扰乱市场秩序的行为。依据 2013 年"两高"《关于办理利用信息网络实施诽谤等刑事案件适用法律若干问题的解释》第 7 条，对于上述构成犯罪的行为，依照该项界定的非法经营罪定罪处罚。

第十一，非法生产、销售"伪基站"设备。依据 2014 年最高人民法院、最高人民检察院、公安部、国家安全部《关于依法办理非法生产销售使用"伪基站"设备案件的意见》第 1 条，对于上述构成犯罪的行为，以非法经营罪追究刑事责任。

第十二，违反国家规定，未经监管部门批准，或者超越经营范围，以营利为目的，经常性地向社会不特定对象发放贷款，扰乱金融市场秩序，情节严重的行为。依据 2019 年最高人民法院、最高人民检察院、公安部、司法部《关于办理非法放贷刑事案件若干问题的意见》第 1 条，对于上述构成犯罪的行为，依照该项界定的非法经营罪定罪处罚。

**王某军非法经营再审改判无罪案（最高人民法院指导性案例 97 号）**：2014 年 11 月至 2015 年 1 月期间，王某军未办理粮食收购许可证、未经工商行政管理机关核准登记并颁发营业执照，擅自无证照违法收购玉米，将所收购的玉米卖给分库，经营数额 21 万余元，非法获利 6000 元。2016 年 4 月，某市某区法院以非法经营罪判处王某军有期徒刑 1 年，缓刑 2 年，并处罚金 2 万元。一审宣判后，王某军未上诉，检察机关未抗诉，判决发生法律效力。2016 年 12 月，最高人民法院依法作出再审决定，指令该市中级人民法院对本案进行再审。2017 年 2 月的庭审中，控辩双方一致认为，王某军的行为虽然违反当时的行政法规，但不具备与我国《刑法》第 225 条规定的非法经营行为相当的社会危害性和刑事处罚必要性。经审理，中级人民法院认为原审被告人王某军没有办理粮食收购许可证及工商营业执照买卖玉米的事实清楚，其行为违反了当时的国家粮食流通管理有关规定，但尚未达到严重扰乱市场秩序的危害程度，不具备与我国《刑法》第 225 条规定的非法经营罪相当的社会危害性和刑事处罚的必要性，不构成非法经营罪，原判决适用法律错误。该案被写进最高人民法院 2017 年工作报告，认为最高人民法院指令再审该案并改判，对于明确非法经营罪的界限，防止非法经营罪的扩张滥用,促进粮食流通体制改革,具有重要意义。

**(2) 主观方面**:行为人必须出于故意,过失不能构成本罪。

**(3) 定量标准**:本罪是以"情节严重"作为入罪门槛。鉴于非法经营罪所侵害法益和行为类型的多样性,2022年《关于公安机关管辖的刑事案件立案追诉标准的规定(二)》第71条对非法经营烟草、特定金融业务、外汇、出版物、国际或者港澳台电信业务、信息服务、无线电设备、电子游戏设备或者其专用软件、特定食品经营活动、发放贷款等特殊非法经营活动而设立追诉标准;对于从事其他非法经营活动,则概括规定应予立案追诉的四种情形。

### 4.8.7 强迫交易罪

本罪是指自然人或者单位以暴力、威胁手段强迫交易,情节严重的行为。

**(1) 危害行为**:表现为以下两种行为的复合:

第一,手段行为:采用暴力、威胁方法。

所谓"暴力",是指对被强迫人实行身体强制,"威胁"是指对被强迫人形成心理强制,其本质在于使被强迫人不能或者不敢反抗,在违背其意志的情况下被迫答应交易。如果行为人采取欺骗、利诱等非暴力威胁方法进行交易,则不能构成本罪。

第二,目的行为:进行交易。

商品交易应遵循自愿和公平原则,强迫交易行为则违背市场交易原则,侵害消费者或经营者的合法权益。强迫交易具体表现为以下五种情形,其中后三种是《刑法修正案(八)》新增的内容:① 强买强卖商品;② 强迫他人提供或者接受服务;③ 强迫他人参与或者退出投标、拍卖;④ 强迫他人转让或者收购公司、企业的股份、债券或者其他资产;⑤ 强迫他人参与或者退出特定的经营活动。至于强迫交易的对象,既包括强迫他人与自己交易,也包含强迫他人与第三人交易。

在时空特征上,本罪表现为行为人以特定的合法交易、服务或者经营活动为载体,进行强迫交易。这是区分本罪与抢劫、敲诈勒索等犯罪之间的重要界限。如果行为人在交易、服务或者经营活动之外,使用暴力、威胁方法,强行劫取财物的,应认定为抢劫,不能以本罪论处。行为人在强迫对方达成交易后,也可能向被强迫人给付一定数额的钱物作为对价,从而表现出一种关联交易的存在。需要注意的是,即使事实上存在交易、服务或者经营活动,倘若行为人以非法占有为目的,以暴力、威胁手段迫使被害人交出与合理价钱、费用相差悬殊的钱物,则这种关联交易的存在就是一种表象,可以认定为是行为人实施抢劫罪的幌子。例如,2005年最高人民法院《关于审理抢劫、抢夺刑事案件适用法律若干问题的意见》第9条规定:"从事正常商品买卖、交易或者劳动服务的人,以暴力、胁迫手段迫使他人交出与合理价钱、费用相差不大钱物,情节严重的,以强迫交易罪定罪处罚;以非法占有为目的,以买卖、交易、服务为幌子采用暴力、胁迫手段迫使他人交出与合理价钱、费用相差悬殊的钱物的,以抢劫罪定罪处刑。"

**(2) 主观方面**:行为人必须出于故意,过失不能构成本罪。

**(3) 定量标准**:本罪是以"情节严重"作为入罪门槛。依据 2008 年最高人民检察院、公安部《关于公安机关管辖的刑事案件立案追诉标准的规定(一)》第 28 条,以暴力、威胁手段强买强卖商品、强迫他人提供或者接受服务,涉嫌下列情形之一的,应予立案追诉:① 造成被害人轻微伤或者其他严重后果的;② 造成直接经济损失 2000 元以上的;③ 强迫交易三次以上或者强迫三人以上交易的;④ 强迫交易数额 1 万元以上,或者违法所得数额 2000 元以上的;⑤ 强迫他人购买伪劣商品数额 5000 元以上,或者违法所得数额 1000 元以上的;⑥ 其他情节严重的情形。至于《刑法修正案(八)》新增的三种行为类型之立案追诉标准,至今尚未规定,可以参照上述标准执行。

### 4.8.8 涉有价票证、证明文件的犯罪

为了维护有价票证、证明文件等证件的公共信用和效能,我国刑法设置了以下 4 个相关罪名:伪造、倒卖伪造的有价票证罪;倒卖车票、船票罪;提供虚假证明文件罪;出具证明文件重大失实罪。从称谓为动宾词组的罪名结构看,本类 4 个罪名的区别主要体现在行为形态与行为对象的不同组合上,具体表现如下:

**(一) 伪造、倒卖伪造的有价票证罪**

本罪是指自然人或者单位伪造或者倒卖伪造的车票、船票、邮票或者其他有价票证,数额较大的行为。

(1) 行为对象:车票、船票、邮票或者其他有价票证。这里的"其他有价票证",是指具有一定价值和可予以流通或使用的凭证,包括货票、油票、彩票等。这是本罪有别于伪造金融票证、伪造国家有价证券、伪造增值税专用发票等其他伪造型犯罪的对象条件。

(2) 危害行为:伪造或者倒卖。这里的"伪造",是指印制有价票证的行为人,仿照真实的有价票证的形状、图案、面值、颜色等样式,使用各种方法非法制造假票证的行为,它是我国刑法中伪造型犯罪的类型之一。至于伪造的标准,一般应在外观或形式上足以使一般人误信为真实的有价票证。关于变造有价票证的问题,依据 2000 年最高人民法院《关于对变造、倒卖变造邮票行为如何适用法律问题的解释》的规定,对变造或者倒卖变造的邮票数额较大的,应当依照伪造、倒卖伪造的有价票证罪定罪处罚。所谓"倒卖",是指转手贩卖,一般表现为低价购入再高价售出。在本罪中,倒卖的对象必须是伪造的有价票证,而非真实的票证,这是本罪有别于"倒卖车票、船票罪"的重要区别点。如果行为人伪造

有价票证,又将其倒卖的,应定性为伪造有价票证罪,不实行数罪并罚。

(3)主观方面:故意犯。对于倒卖伪造的有价票证的行为人,其必须明知是伪造的有价票证,否则不成立犯罪。

(二)倒卖车票、船票罪

本罪是指自然人或者单位倒卖车票、船票,情节严重的行为。

(1)行为对象:车票、船票。该范围是特定的两类,不包括邮票、其他有价票证。

(2)危害行为:倒卖。这是指转手贩卖,一般表现为低价购入再高价售出。在本罪中,倒卖的对象必须是真实的有价票证,而非伪造的票证,这是本罪有别于"倒卖伪造的有价票证罪"的界限。

(三)提供虚假证明文件罪

本罪是指承担资产评估、验资、验证、会计、审计、法律服务、保荐、安全评价、环境影响评价、环境监测等职责的中介组织的人员,故意提供虚假的证明文件,情节严重的行为。

(1)行为对象:虚假的证明文件。这是指伪造的或者内容不真实的中介专业证明文件,既可以是全部内容不真实的文件,也包括在有关资料、数据、报表、结论等方面的部分内容不真实。

(2)危害行为:提供。这是指向他方交付文件的行为,其不同于伪造、变造、窃取、收买等行为态样。同时,《刑法修正案(十一)》第25条增设了三种适用第二档次法定刑的行为形态。

(3)犯罪主体:特殊主体,是指承担资产评估、验资、验证、会计、审计、法律服务、保荐、安全评价、环境影响评价、环境监测等职责的中介组织的人员。其中,《刑法修正案(十一)》增设了"保荐、安全评价、环境影响评价、环境监测"等四类组织。

(4)主观方面:故意,即行为人明知是虚假证明文件而有意提供。

依据《刑法》第229条第2款,行为人提供虚假证明文件罪,同时索取他人财物或者非法收受他人财物构成犯罪的,依照处罚较重的规定定罪处罚。

(四)出具证明文件重大失实罪

本罪是指承担资产评估、验资、验证、会计、审计、法律服务、保荐、安全评价、环境影响评价、环境监测等职责的中介组织的人员,严重不负责,出具的证明文件有重大失实,造成严重后果的行为。

(1)行为对象:中介专业证明文件,包括资产评估、验资、验证、会计、审计、法律服务、保荐、安全评价、环境影响评价、环境监测等中介领域的专业证明文件。

(2)危害行为:表现为以下两种行为的复合:第一,原因行为:严重不负责任;第二,结果行为:出具有重大失实的证明文件。

(3) **犯罪主体**:特殊主体,是指承担资产评估、验资、会计、审计、法律服务、保荐、安全评价、环境影响评价、环境监测等职责的中介组织的人员。

(4) **主观方面**:过失。这是本罪与"提供虚假证明文件罪"的重大区别点。

### 4.8.9 非法转让、倒卖土地使用权罪

本罪是指自然人或者单位以牟利为目的,违反土地管理法规,非法转让、倒卖土地使用权,情节严重的行为。

**(1) 危害行为**:表现为违反土地管理法规,非法转让、倒卖土地使用权的行为。

这里的"违反土地管理法规",不限于违反《土地管理法》,根据2001年全国人大常委会《关于〈中华人民共和国刑法〉第228条、第342条、第410条的解释》的立法解释,是指违反土地管理法、森林法、草原法等法律以及有关行政法规中关于土地管理的规定。依据《土地管理法》第2条、第10条和第12条,任何单位和个人不得侵占、买卖或者以其他形式非法转让土地,土地使用权可以依法转让;国有土地和农民集体所有的土地,可以依法确定给单位或者个人使用;土地所有权和使用权的登记,依照有关不动产登记的法律、法规执行。依法登记的土地所有权和使用权受法律保护,任何单位和个人不得侵犯。

本罪的行为对象是"土地使用权",是指土地使用者依照土地管理法规,对依法管理和持有的土地享有利用、承包经营和获得收益的权利。

本罪是选择性罪名,在危害行为方面,"非法转让"是指未经国家有关主管部门批准,擅自将土地使用权让与他人的行为;"非法倒卖"是指将自己获取的土地使用权转手贩卖给他人的行为。

**(2) 主观方面**:行为人必须出于故意,并且是法定的目的犯,即行为人在主观上以牟利为目的。

**(3) 定量标准**:本罪是以"情节严重"作为入罪门槛。依据2022年《关于公安机关管辖的刑事案件立案追诉标准的规定(二)》第72条,涉嫌下列情形之一的,应予立案追诉:非法转让、倒卖基本农田5亩以上的;非法转让、倒卖基本农田以外的耕地10亩以上的;非法转让、倒卖其他土地20亩以上的;违法所得数额在50万元以上的;虽未达到上述数额标准,但因非法转让、倒卖土地使用权受过行政处罚,又非法转让、倒卖土地的;其他情节严重的情形。

### 4.8.10 逃避商检罪

本罪是指自然人或者单位违反进出口商品检验法的规定,逃避商品检验,将必须经商检机构检验的进口商品未报经检验而擅自销售、使用,或者将必须经商

检机构检验的出口商品未报经检验合格而擅自出口,情节严重的行为。

**(1) 行为对象**:必须经商检机构检验的进出口商品。

为了保证进出口商品的质量,防止劣质、不符合标准的商品流入国内和输出国外,维护社会公共利益和进出口贸易有关各方的合法权益,我国《进出口商品检验法》第 5 条规定:列入必须实施检验的进出口商品目录的商品,由商检机构实施检验。如果进出口商品没有被列入目录之内,或者属于符合国家规定的免予检验条件并经国家商检部门审查批准的,则不能构成本罪。

**(2) 危害行为**:违反进出口商品检验法的规定,逃避进出口商品检验。

我国《进出口商品检验法》第 5 条和第 32 条规定:列入必须实施检验的进出口商品目录的进口商品未经检验的,不准销售、使用;列入目录的出口商品未经检验合格的,不准出口。如果违反本法规定,将必须经商检机构检验的进口商品未报经检验而擅自销售或者使用,或者将必须经商检机构检验的出口商品未报经检验合格而擅自出口,构成犯罪的,依法追究刑事责任。在此基础上,《刑法》第 230 条根据两类犯罪对象的不同,将本罪的具体行为方式列举如下:

① 进口商品:未报经检验而擅自销售、使用。这是指行为人在未报经商检机构检验的情况下,自行将商品在境内销售或者自行使用的行为。

② 出口商品:未报经检验合格而擅自出口。这是指行为人在未报经商检机构检验合格的情况下,自行出口的行为。正如本书"4.2 走私罪"所述,走私罪在客观方面表现为违反海关法规或者逃避海关监管,这是区分本罪与走私罪的主要界限。根据我国进出口商品的检验程序,对于必须实施检验的进出口商品,海关凭商检机构签发的货物通关证明验放。

**(3) 主观方面**:行为人必须出于故意,过失不能构成本罪。

**(4) 定量标准**:本罪是以"情节严重"作为入罪门槛。依据 2022 年《关于公安机关管辖的刑事案件立案追诉标准的规定(二)》第 75 条,涉嫌下列情形之一的,应予立案追诉:给国家、单位或者个人造成直接经济损失数额在 50 万元以上的;逃避商检的进出口货物货值金额在 300 万元以上的;导致病疫流行、灾害事故的;多次逃避商检的;引起国际经济贸易纠纷,严重影响国家对外贸易关系,或者严重损害国家声誉的;其他情节严重的情形。

# 第 5 章 侵犯公民人身权利、民主权利罪

侵犯公民人身权利、民主权利罪,是指故意或者过失地侵犯他人的人身权利和其他与人身直接相关的权利,非法剥夺、限制或者破坏公民自由行使宪法和法律所赋予的管理国家、参加政治活动和其他民主权利,以及妨害婚姻家庭权利的类型化犯罪。这是我国《刑法》分则第四章规定的类犯罪的总称,从第 232 条至第 262 条之二,共设置 43 个罪名。其中,《刑法修正案》(四)、(六)、(七)、(八)、(九)和(十一)分别在该章增设和修改了诸多罪名。

关于该类罪侵犯的客体,是公民的人身权利、民主权利和婚姻家庭权利。这是公民生存和发展所必需的最基本权利,也是保障公民行使其他权利的基础,最应受到我国刑法的保护。所谓"人身权利",是指公民依法享有的身体权利,以及其他与人身不可分离的权利,包括公民的生命权、健康权、性的自主权、人身自由权、人格权和名誉权等;"民主权利"是指宪法和法律规定的公民依法享有的管理国家、参加政治活动的权利和其他民主权利,包括选举权、被选举权、批评建议权、申诉权、控告权、检举权、宗教信仰自由权、少数民族风俗习惯权、通信自由权等;"婚姻家庭权利"是指公民依法享有的在婚姻家庭方面的权利,例如婚姻自由权、监护权等。

在我国《刑法》分则没有对本章进行法定的犯罪分类之背景下,为了便于系统理解其中众多罪名之间的内在联系,我们可以上述犯罪客体为标准,对本章的罪名体系进行学理分类。①

## 5.1 侵犯身体权的犯罪

身体权是自然人赖以生存的基础,包括生命权、健康权和性的自主权。由于身体权是公民最重要的人身权利,我国《刑法》分则第四章首先从第 232 条至第 237 条设立了以下 9 个侵犯身体权的犯罪:故意杀人罪;过失致人死亡罪;故意

---

① 以国家机关工作人员利用职权侵犯公民人身、民主权利为标准,我们也可以将本章中的以下 11 个罪名归为一个类型:非法拘禁罪;诬告陷害罪;非法搜查罪;非法侵入住宅罪;刑讯逼供罪;暴力取证罪;虐待被监管人罪;非法剥夺公民宗教信仰自由罪;侵犯少数民族风俗习惯罪;报复陷害罪;破坏选举罪。以上罪名属于国家监察委员会在本章中管辖的刑事案件。其中,刑讯逼供罪、暴力取证罪、虐待被监管人罪、非法剥夺公民宗教信仰自由罪、侵犯少数民族风俗习惯罪、报复陷害罪的犯罪主体,只能是国家机关工作人员。国家机关工作人员利用职权犯非法拘禁罪、诬告陷害罪、非法搜查罪、非法侵入住宅罪的,从重处罚。

伤害罪;组织出卖人体器官罪;过失致人重伤罪;强奸罪;负有照护职责人员性侵罪;强制猥亵、侮辱罪;猥亵儿童罪。

### 5.1.1 故意杀人罪

故意杀人罪,是指故意地非法剥夺他人生命的行为。

**(1) 行为对象**:有生命的自然人之生命。

首先,从外延上看,法人和野兽不能成为本罪的对象。如果非法杀害的对象是国家重点保护的珍贵、濒危野生动物,只能涉嫌构成《刑法》第341条第1款的危害珍贵、濒危野生动物罪;其次,在内涵上,自然人只有处于有生命的状态,才能成为本罪的对象。如果行为人以尸体作为侵害对象,只能涉嫌构成《刑法》第302条的侮辱、故意毁坏尸体、尸骨罪。据此,对于生命的开始和结束之界定,成为认定本罪的关键要素。

其一,生命的开始:以胎儿诞生过程的几个重要节点为界分,关于认定生命开始的标准,历来有"阵痛说""部分露出说""全部露出说""断脐带说"和"独立呼吸说"之争。在上述学说中,愈采纳节点在前的标准,则意味着生命权的保护圈也越大。在我国司法实务中,一般是以"独立呼吸说"作为通说,即当胎儿从母体脱离、能够独立呼吸时,就标志着生命的开始。在这个节点之前的母体腹中的胎儿,不能成为故意杀人罪的对象。如果行为人为了杀死胎儿而故意杀害怀孕的妇女,只能认定是针对孕妇的故意杀人罪,对胎儿则不存在该问题。

其二,生命的结束:其认定标准有"呼吸停止说""脉搏停止说"和"脑死亡说"之分。"脉搏停止说"是认定死亡的传统观点。目前在医学界,"脑死亡"逐渐成为判断死亡的标准。按照"脑死亡说"的观点,自然人在经医学判断为脑死亡的情形下,其仍有心跳和呼吸,这在医学上有利于器官移植技术的发展,而在刑法意义上则意味着生命权的保护圈在缩小。在刑法未对自然人的死亡标准予以明文规定的背景下,鉴于脑死亡的医学判断标准比较复杂,从保护生命权的角度出发,目前还是宜采取"脉搏停止说"。

**(2) 危害行为**:非法地剥夺他人的生命。

首先,从法律性质上看,剥夺他人生命的行为必须是非法的。虽然在正当防卫中将不法侵害人杀死、司法人员依法对罪犯执行死刑等行为,从表象上是剥夺了他人的生命,但它们属于合法剥夺他人生命的行为,故不能构成故意杀人罪。在我国尚未对安乐死予以合法化的背景下,实施积极的安乐死的行为,依然构成故意杀人罪。其次,关于剥夺生命的方法,刑法并未细化规定。只要行为人作用于他人的肉体或者精神,而终结他人的生命,均属于剥夺生命的行为。这一般表现为作为的形式,例如枪击、刀砍、绳勒、火焚、电击、棒杀、石砸等,也可以由不作为的形式构成。

**（3）犯罪主体**：一般主体。

依据《刑法》第17条第2款，已满14周岁不满16周岁的相对刑事责任能力人，犯故意杀人罪的，应当负刑事责任。根据《刑法修正案（十一）》在刑法第17条增设的第3款，已满12周岁不满14周岁的人，犯故意杀人罪，致人死亡，情节恶劣，经最高人民检察院核准追诉的，应当负刑事责任。

**（4）主观方面**：故意。

这是指行为人明知自己的行为会造成他人死亡的结果，而希望或者放任这种结果的发生。这是区分本罪与过失致人死亡罪的界限。至于故意杀人的动机，并不影响本罪的构成。但是，对于防卫过当杀人、义愤杀人、大义灭亲、因受被害人长期迫害或虐待而杀人等，可以在量刑时作为情节较轻的情形予以适当考虑。

**（5）与自杀关联行为的认定问题**。

自杀是指基于本人的自由意志而结束自己生命的行为，其在我国刑法中不是一个独立的罪名。然而，造成自杀的原因纷繁多样，有的情形会涉及刑事责任，甚至与故意杀人罪的界分问题。这包括以下情形：

第一，帮助自杀：这是指在明知他人已有自杀意图的情形下，为他人自杀提供便利条件的行为，例如提供自杀所用的工具等。在我国刑法不处罚自杀的背景下，虽然帮助行为与自杀之间存在因果关系，也不能以故意杀人罪对帮助自杀行为予以定性。但是，如果行为人基于自杀人的要求，而亲手剥夺了自杀人的生命，则这种受托杀人的行为符合故意杀人罪的构成要件，对受托的杀人者应以故意杀人罪论处。另外，依据2017年"两高"《关于办理组织、利用邪教组织破坏法律实施等刑事案件适用法律若干问题的解释》第11条，组织、利用邪教组织，制造、散布迷信邪说，组织、策划、煽动、胁迫、教唆、帮助其成员或他人实施自杀、自伤的，以故意杀人罪或者故意伤害罪定罪处罚。

第二，教唆自杀：这是指在他人没有自杀意图的情形下，故意唆使他人实行自杀的行为。虽然教唆自杀的行为人在主观上具有可谴责性，但客观结果是自杀人自己造成的，故不应将教唆自杀直接等同于故意杀人。但是，依据上述司法解释，对于教唆邪教组织成员或他人实施自杀、自伤的，应以故意杀人罪或者故意伤害罪定罪处罚。

第三，相约自杀：这是指两人以上经过约定，自愿地共同结束各自生命的行为。首先，如果相约的行为人均已自杀死亡，依据刑事诉讼法的有关规定，不存在追究刑事责任问题；其次，如果相约的行为人各自分别实施自杀行为，其中一方死亡，而另一方自杀未死亡的，则对自杀未遂方也不追究刑事责任。但是，如果是由相约自杀的一方先将对方杀死，自己继而自杀时未得逞，或者反悔而放弃自杀的，则应对自杀未遂方以故意杀人罪定罪处罚。

第四，逼迫他人自杀：这是指行为人凭借权势、经济或者某种优势的关系，故意强迫他人自杀的行为。这在表象上是自杀，但实质上是一种借被害人之手杀死被害人的情形，应以故意杀人罪论处。依据2017年"两高"《关于办理组织、利用邪教组织破坏法律实施等刑事案件适用法律若干问题的解释》第11条，组织、利用邪教组织，制造、散布迷信邪说，胁迫其成员或者他人实施自杀、自伤的，以故意杀人罪或者故意伤害罪定罪处罚。

第五，致人自杀：这是指行为人所实施的先前行为（原因力）引起他人自杀（结果）的情形。首先，应当考察导致自杀结果出现的原因力是否构成犯罪的定性问题。如果先前行为不构成犯罪，例如属于正当行为或者轻微违法行为的，则不存在追究刑事责任的问题。其次，在先前行为构成犯罪的前提下，则需要界定行为人对他人自杀的结果是否具有故意的心态：若没有故意的，一般按照先前行为论罪，并且将自杀结果作为量刑情节予以考虑；倘若行为人具有故意的，例如刑讯逼供致人死亡的，则按照刑法相关条文的规定以故意杀人罪论处，或者在故意伤害后逼迫被害人自杀的，则实行数罪并罚。

**（6）本罪与放火、爆炸等以危险类方法危害公共安全犯罪的区分。**

这两类犯罪均会造成被害人死亡的危害结果，但故意杀人罪侵犯的客体是某一个人或者某几个人的生命，不具有危害公共安全的性质；以放火、爆炸、决水、投放危险物质等危险类方法导致被害人死亡的犯罪，则是针对不特定的多数人的生命，具有危害公共安全的属性。因此，应以是否危及公共安全作为区分两者的标准：当行为人使用放火、爆炸等危险类方法去剥夺特定的人的生命，而不危及公共安全时，应以故意杀人罪论处；如果行为人以放火、爆炸等危险类方法杀人，而且危及公共安全的，则应当按照想象竞合犯的处理原则，择一重罪处断。

### 5.1.2 过失致人死亡罪

本罪是指行为人出于过失而导致他人死亡的行为。在1979年《刑法》中，本罪的称谓是"过失杀人罪"。

**（1）危害行为**：实施致人死亡的行为。

关于致人死亡的手段，刑法并未加以限制，只要其成为死亡结果的原因力。但是，依据《刑法》第233条中"本法另有规定的，依照规定"，如果过失致人死亡的手段行为构成其他犯罪的，例如失火罪、过失决水罪、过失爆炸罪、过失投放危险物质罪、交通肇事罪等，根据特别法优于普通法的原则，应以上述手段行为所构成的失火罪、交通肇事罪等犯罪论处，而不能以本罪定罪量刑。

**（2）主观方面**：过失。

这是指应当预见自己的行为可能发生致人死亡的危害结果，但因为疏忽大意而没有预见，或者已经预见而轻信能够避免，以致发生他人死亡结果的心理状态。行为人在实施过失致人死亡的行为时,主观上不仅没有剥夺他人生命的犯意,也不具有伤害他人的故意内容:前者是区分本罪与故意杀人罪的主要界限,后者是界分本罪与故意伤害(致人死亡)罪的标准。

### 5.1.3 故意伤害罪

本罪是指行为人故意地非法损害他人身体健康,致人轻伤、重伤或者死亡的行为。

**(1) 行为对象**:有生命的其他自然人之健康权。

这包括以下构成要素:第一,从外延上看,动物不能成为本罪的对象。如果行为人故意伤害动物的身体,只能涉嫌构成故意毁坏财物罪、非法狩猎罪或者危害珍贵、濒危野生动物罪等其他犯罪。第二,在内涵上,自然人只有处于有生命的状态,才能成为本罪的对象。据此,胎儿不能成为本罪的对象。行为人为了伤害胎儿而故意伤害怀孕的妇女,只能认定是针对孕妇的故意伤害罪。如果行为人以尸体作为伤害对象,也不能构成本罪,只能涉嫌构成《刑法》第302条的侮辱、故意毁坏尸体、尸骨罪。第三,侵犯的客体是身体健康权,即人体组织、器官结构的完整性或者功能的正常运作。这是区分本罪与故意杀人罪的主要界限之一。第四,在健康权的载体上,必须是他人的健康。如果行为人自我残害肌体,一般不构成本罪,或者涉嫌诬告陷害罪、战时自伤罪(《刑法》第434条)等其他犯罪。

**(2) 危害行为**:非法地损害他人的身体健康。

这体现为以下三个不可分割的方面:

第一,从法律性质上看,损害他人身体健康的行为必须是非法的。在正当防卫、紧急避险、依法执行公务、竞技体育、医务人员的医治过程中,都会从表象上损坏他人的身体健康,但只要属于合法的范畴,则不能构成故意伤害罪。

第二,关于非法损害的方法,刑法对此并没有加以限制,既可以是物理或化学的手段,也包括有形的或无形的方法,还可以是直接的或间接的手段。只要行为人作用于他人的肉体或者精神,损害他人的人体组织、器官结构或者造成功能障碍,均属于损害的行为。另一方面,关于《刑法》第234条第2款中"本法另有规定的,依照规定",是指行为人故意伤害的手段行为构成其他犯罪的,例如抢劫、绑架、强奸等其他犯罪中包含非法损害他人身体健康的内容,根据特别法优于普通法的原则,则应以上述手段行为所构成的抢劫罪、绑架罪、强奸罪等定罪量刑,不以故意伤害罪论处。此外,依据《刑法》第247条、第248条等相关条文的规定,刑讯逼供、暴力取证、虐待被监管人员致人伤残的,应以故意伤害罪定罪从重处罚。

第三,关于危害结果,《刑法》第234条划分为轻伤、重伤和致人死亡三种程度,并且设置了不同档次的法定刑。据此,在入罪的定量标准上,行为人必须造成他人轻伤以上的结果,才能构成故意伤害罪。若达到轻微伤害的程度,只能涉嫌构成寻衅滋事等其他犯罪。依据《刑法》第 95 条,重伤是指有下列情形之一的伤害:使人肢体残废或者毁人容貌的;使人丧失听觉、视觉或者其他器官机能的;其他对于人身健康有重大伤害的。根据 2014 年实施的《人体损伤程度鉴定标准》,"重伤"是指使人肢体残废、毁人容貌、丧失听觉、丧失视觉、丧失其他器官功能或者其他对于人身健康有重大伤害的损伤,包括重伤一级和重伤二级;"轻伤"是指使人肢体或者容貌损害,听觉、视觉或者其他器官功能部分障碍或者其他对于人身健康有中度伤害的损伤,包括轻伤一级和轻伤二级。关于人体损伤程度的鉴定原则,应以致伤因素对人体直接造成的原发性损伤及由损伤引起的并发症或者后遗症为依据,全面分析,综合鉴定。对于原发性损伤及其并发症,鉴定时应以损伤当时伤情为主,损伤的后果为辅;对于容貌损害或者组织器官功能障碍,鉴定时应以损伤的后果为主,损伤当时伤情为辅,综合鉴定。

**(3)犯罪主体**:一般主体。

依据《刑法》第 17 条第 2 款,已满 14 周岁不满 16 周岁的相对刑事责任能力人,犯故意伤害(致人重伤或者死亡)罪的,应当负刑事责任。根据《刑法修正案(十一)》在《刑法》第 17 条增设的第 3 款,已满 12 周岁不满 14 周岁的人,犯故意伤害罪,致人死亡或者以特别残忍手段致人重伤造成严重残疾,情节恶劣,经最高人民检察院核准追诉的,应当负刑事责任。

**(4)主观方面**:故意。

这是指行为人明知自己的行为会使得他人身体健康遭受轻伤以上的损害结果,而希望或者放任这种结果的发生。这是区分本罪与过失致人重伤罪的界限之一。至于故意伤害的动机如何,并不影响本罪的构成。

由于我国刑法将成立故意伤害罪的危害结果划分为轻伤、重伤和致人死亡三种程度,关于故意的内容是否包括对伤害程度的认识之问题,就在主观方面直接关系到本罪的成立和法定刑的适用。在司法实践中,一般是采取"唯结果论",即按照实际造成的伤害程度结果来处理。对此,在行为人对伤害程度具有确定性认识或者概然性认识的情形下,由于实际造成的伤害程度均在行为人的故意内容之中,上述处理原则并不会导致客观归罪,而且便于司法操作。但是,在另一方面,在行为人对被害人已经实施明显具有重伤故意内容的行为,只是出于意志以外的原因而未造成任何程度的伤害时,这符合故意犯罪的未遂形态,应以故意伤害致人重伤(未遂)论处。但若以"唯结果论"为处理原则,则会导致无法追究行为人故意伤害罪的刑事责任,或者只能寻求以寻衅滋事罪等其他犯罪定罪量刑,这在一定意义上还否定了故意伤害罪存在未遂的形态。因此,在认定本罪的主观方面时,应避免采取绝对的"唯结果论",还需要综合考察行为人对伤害程度的认识问题。尽管这会加重控诉方的举证责任,但却有利于贯彻主客观相统一的责任主义原则。

**(5) 故意伤害罪与故意杀人罪的区分。**

两罪在主观方面均表现为故意犯,故意伤害(致人轻伤或重伤)与故意杀人(未遂)、故意伤害(致人死亡)与故意杀人(既遂)在客观危害结果上也是相同的,但两罪的主要区分标准在于"故意的内容"不同:故意伤害罪是以他人的身体健康作为侵害的故意内容,而故意杀人罪则是行为人故意地侵害他人的生命。在理论层面,如果故意的内容十分明显,以此通说标准很容易区分两罪:凡具有杀人故意而侵犯他人人身的,均应认定为故意杀人罪;若只具有伤害故意而致人轻伤以上程度的,则应认定为故意伤害罪。至于实际造成的客观危害结果,只是在评价既遂或者未遂的形态时予以考虑,不会影响对行为性质的认定。

我们还应看到,在司法实践中,对于行为人的"故意内容"的认定,却是一个难点,例如行为人在模糊犯意的支配下而实施不顾后果的侵犯他人人身行为致人死亡。在此情形下,理论层面的区分标准就遇到司法操作的棘手问题。如果在故意致人死亡的案件中,确实难以认定故意的内容,为了慎重起见,同时考虑到杀人行为在实施过程中包含伤害行为,一般可以故意伤害罪论处。

### 5.1.4 组织出卖人体器官罪

本罪是指组织进行人体器官出卖的行为。这是《刑法修正案(八)》第37条新设立的罪名,在体系编排上作为《刑法》第234条之一。

**(1) 行为对象**:人体器官。

所谓"人体器官",是指由多种生物学组织在人体上结合成具有一定形态和功能的有机单位结构,例如心脏、肺脏、肝脏、肾脏或者胰腺等器官,包括活体器官和尸体器官。在我国器官的供体与受体之间存在供需矛盾的背景下,器官买卖"黑市"以及组织出卖人体器官的活动应运而生。鉴于人体器官与生命健康、伦理的紧密联系度,其在性质上完全不同于市场中的交易物品,故禁止人体器官的商业交易,是国际社会共同遵循的规则。依据我国《人体器官移植条例》第2条,从事人体细胞和角膜、骨髓等人体组织移植,不适用本条例。

**(2) 危害行为**:组织出卖。

这是指以下三种行为要素的组合,缺一不可:

第一,出卖:这是指有偿出让人体器官的行为,而不是捐献。由于该行为将人体器官作为商业营利的对象,损害人的尊严,违背人类伦理,故为法律所禁止。我国《人体器官移植条例》第3条规定:"任何组织或者个人不得以任何形式买卖人体器官,不得从事与买卖人体器官有关的活动。"从刑法所限定的"出卖"一词看,本罪的行为形态不包括收买,较之于"买卖"的范畴有所限缩。

第二，组织：这是指行为人策划、领导、指挥、招募他人进行人体器官出卖的行为。在一定意义上讲，出卖人体器官的行为人本身也是受害者，故刑法没有笼统地打击出卖行为，并未将出卖者直接将自己的人体器官出卖给他人的行为规定为犯罪，而是将犯罪圈限缩在"组织出卖"人体器官的形态上。从"组织"的内容看，必须是人体器官的出卖，因此，组织他人捐献人体器官的，则不构成本罪。至于组织的对象，既可以是一个特定或者多数不特定的出卖器官人，也可以是其他非出卖器官的协助人。

第三，从组织者与出卖人之间的互动关系看，"出卖"意味着出卖人或其近亲属的自愿行为，故本罪表现为"基于出卖人的自愿同意"而进行人体器官的出卖。如果出卖人体器官不是出于出卖人的真实同意，或者强迫、欺骗他人捐献人体器官，则组织者的行为已经超越本罪的实质特征，具有更加严重的反伦理性和社会危害性，理应予以更为严厉的刑法评价。有鉴于此，《刑法》第234条之一第2款和第3款分别规定：未经本人同意摘取其器官，或者摘取不满18周岁的人的器官，或者强迫、欺骗他人捐献器官的，依照故意伤害罪、故意杀人罪定罪处罚；违背本人生前意愿摘取其尸体器官，或者本人生前未表示同意，违反国家规定，违背其近亲属意愿摘取其尸体器官的，依照盗窃、侮辱、故意毁坏尸体、尸骨罪定罪处罚。关于上述两款规定，实际上是从刑法层面确认我国《人体器官移植条例》第7条和第25条的如下内容：人体器官捐献应当遵循自愿、无偿的原则。任何组织或者个人不得强迫、欺骗或者利诱他人捐献人体器官；违反本条例规定，有下列情形之一，构成犯罪的，依法追究刑事责任：未经公民本人同意摘取其活体器官的；公民生前表示不同意捐献其人体器官而摘取其尸体器官的；摘取未满18周岁公民的活体器官的。

（3）**犯罪主体**：出卖人体器官的组织者。

这是特指在出卖人体器官的活动中，发挥策划、领导、指挥、招募等核心作用的行为人，不包括一般的参加人员，以体现区别对待、分化打击的政策。

（4）**主观方面**：故意。

如果行为人不知事实真相，误以为是合法的人体器官捐献行为而参与招募活动的，则不能构成本罪。

### 5.1.5 过失致人重伤罪

本罪是指行为人出于过失而非法损害他人身体健康，致人重伤的行为。

（1）**危害行为**：实施致人重伤的行为。

关于致人重伤的手段，刑法并未加以限制，只要其成为重伤结果的原因力。但是，依据《刑法》第235条中"本法另有规定的，依照规定"，如果过失致人重伤的手段行为构成其他犯罪的，例如失火罪、过失决水罪、过失爆炸罪、交通肇事罪等,根据特别法优于普通法的原则,应以上述手段行为所构成的失火罪、交通肇事罪等犯罪论处。

在伤害程度上,本罪以重伤为成立要件。如果行为人过失致人轻伤的,不构成本罪,故不能简单地将本罪与故意伤害罪形成对应关系而称之为"过失伤害罪"。

**(2) 主观方面**:过失。

这是指应当预见自己的行为可能发生致人重伤的危害结果,但因为疏忽大意而没有预见,或者已经预见而轻信能够避免,以致发生他人重伤结果的心理状态。这是区分本罪与故意伤害(致人重伤)罪的主要界限。

### 5.1.6 强奸罪

本罪是指行为人违背女性的性意志,使用暴力、胁迫或者其他手段,与其发生性交,或者奸淫不满14周岁的幼女的行为。

依据《刑法》第236条第2款,奸淫幼女是强奸罪的法定从重处罚事由,据此,2002年"两高"在《关于执行〈中华人民共和国刑法〉确定罪名的补充规定》中取消了原先"奸淫幼女罪"的罪名,将《刑法》第236条统称为"强奸罪"。

**(1) 行为对象**:女性。

在我国现行的刑法规范中,男性尚不能成为强奸罪的行为对象。[①] 在行为人强行与男性发生性交的情形下,只能涉嫌故意伤害罪或者强制猥亵、侮辱罪等其他犯罪。至于被害女性是否已婚、患病、生活作风、思想品德等因素,均不影响强奸罪的构成。如果行为人明知是已经死亡的女性而进行奸淫的,则不能构成强奸罪,只能涉嫌侮辱尸体罪。另一方面,根据被害女性的性承诺能力和生理发育状况,我国刑法以被害女性是否已满14周岁为界限,将强奸罪的行为对象划分为以下两种情形,并且在成立的构成要件上有所区分:一是已满14周岁的女性;二是不满14周岁的幼女。

**(2) 危害行为**:本质特征+手段行为。

性自主权,是女性按照自己的性意志而决定是否性交的一种特有人身权,理应受到法律的严格保护。行为人"违背女性的性意志",在被害女性不同意性交,或者不能接受的性交方式之情形下,与之进行性交,则会严重侵害女性的身心健康和人格尊严,这是强奸罪的"本质特征"。

在强奸罪的罪状表述中,我国刑法没有规定"违背女性的性意志",但将这个抽象的本质特征具体外化为以下使被害女性处于"三不境地"的手段行为:

---

[①] 比较而言,在《国际刑事法院罗马规约》中,"性别"不是强奸罪成立的制约因素,男性和女性均属于强奸罪的被害人。

第一,"暴力":这是指使用殴打、捆绑、卡颈、堵嘴等不法的有形办法,直接对被害妇女的人身进行强制,使之处于"不能反抗"的境地,强行与之发生性交。

第二,"胁迫":这是指对被害妇女施以暴力威胁、恫吓或者精神上的强制,使之处于"不敢反抗"的境地而与其发生性交。这既可以是以杀伤被害妇女、加害被害妇女的亲属相威胁,也可以是揭发被害妇女的隐私、破坏其名誉、利用迷信相恐吓,还可以是利用职权、教养关系、从属关系以及被害妇女所处的特定环境相挟制、迫害等。

第三,"其他手段":这是指使用暴力或胁迫以外的、使被害女性处于"不知抗拒"的各种手段,例如组织和利用邪教组织、利用迷信相欺骗、趁被害女性熟睡或者患病之机、利用或者假冒为被害女性治病、冒充女性的丈夫或情人、利用或将被害女性灌醉或者麻醉状态进行奸淫等。

在上述三种所列举的手段行为中,前两种行为是从强制性层面,明显地反映出"违背女性的性意志",具有形式上的认定价值;至于"其他手段",则带有"兜底"的意义,具有实质的认定价值,要求不能仅以被害女性有无反抗表示作为认定的必要条件,而应考察被害女性是否给予"真正的同意"①。

此外,在认定是否"违背女性的性意志"上,还应注意以下问题:第一,"通奸":这是指双方当事人基于自愿而发生两性关系的行为,并不违背女性的性意志,这与强奸罪有着本质的区别。但是,依据相关司法文件的规定,男女双方先是通奸,后来女方不愿继续通奸,而男方纠缠不休,并以暴力或以败坏名誉等进行胁迫,强行与女方发生性行为的,以强奸罪论处。第二,行为人利用职务上的优越条件,引诱已满14周岁的女性,而女方基于互相利用而与之发生性行为的,这没有违背女性的性意志,对男方不能以强奸罪论处。第三,第一次性行为是违背女方的性意志,但事后并未告发,后来女方又多次自愿与该男子发生性行为的,一般不宜以强奸罪论处。第四,对于女精神病患者和女痴呆者,由于她们缺乏或者丧失正常的辨认或者控制行为的能力,没有性承诺能力,故相关司法文件规定:明知妇女是精神病患者或者程度严重的痴呆者,而与其发生性行为的,不论行为人采取什么手段,均视为违背女性的性意志,应以强奸罪论处;与间歇性精神病患者在未发病期间发生性行为,妇女本人同意的,不构成强奸罪。

由于不满14周岁的幼女缺乏辨别和反抗的能力,没有性承诺能力,其在生理和心理方面尚处于不成熟状态,这决定了被奸幼女的身心健康会受到摧残,影响其正常的发育和成长,因此,我国刑法将幼女列为特殊的保护对象,不要求行为人使用暴力、胁迫或者其他方法的手段行为。不论行为人采取何种手段,也无

---

① 在《国际刑事法院罗马规约》中,鉴于有关的人可能因自然、诱发或者与年龄有关的因素而无能力给予"真正的同意",故被害人的非真正同意性是成立强奸的关键性要素。

论幼女是否同意,只要与不满14周岁的幼女发生性交行为的,就符合强奸罪的客观要件。

(3) **犯罪主体**:一般主体。

依据《刑法》第17条第2款,已满14周岁不满16周岁的相对刑事责任能力人,犯强奸罪的,应当负刑事责任。鉴于我国现行刑法规范对于强奸罪行为对象的性别限定,这决定本罪的主体只能由男性构成,女性不能成为强奸罪的正犯。但是,如果女性教唆、帮助男性强奸其他妇女的,应以强奸罪的共犯论处。

关于丈夫能否成为强奸妻子的犯罪主体,即"婚内强奸"是否构成强奸罪,在刑法理论上是一个有争论的问题:一方面,从强奸罪的本质特征出发,认为无论是婚外或者婚内,只要违背妇女的性意志而强行发生性关系,婚内强奸均应以强奸罪论处;另一方面,由于在夫妻婚姻关系存续期间,夫妻之间有同居的义务,虽然强行与妻子发生性关系违背妻子的性意志,但这与强奸罪有着本质区别,故认为婚内强奸行为不成立犯罪。在我国司法实践中,对于婚内强奸,一般认为是不以强奸罪认定,但在帮助、教唆他人强奸妻子的情形下,或者在婚姻关系的非正常存续期间,例如婚姻关系已进入法定的解除程序时,则婚内强奸涉嫌构成强奸罪。

(4) **主观方面**:故意,并且具有与女性性交的目的。

这里的"性交",是指男性生殖器与女性生殖器的交媾,不包括口交、肛交等非自然的性交行为。① 如果行为人不以奸淫为目的,而是以搂抱、抠摸、吸吮妇女等性交之外的其他方式满足其性欲的,则不能构成强奸罪。如果涉嫌构成犯罪的,应以强制猥亵、侮辱罪等论处。

关于行为人奸淫幼女所构成的强奸罪,在主观方面是否要求其明知对方是不满14周岁的幼女,这在刑法和法学理论界存在争论。从保护不满14周岁的幼女出发,有观点认为只要与幼女发生性关系的,即成立强奸罪,不要求行为人在主观上出于明知。相反地,基于主客观相统一的责任主义原则,刑法学界通说认为行为人应在主观上认识到对方是不满14周岁的幼女。对此,2003年最高人民法院在《关于行为人不明知是不满14周岁的幼女双方自愿发生性关系是否构成强奸罪问题的批复》中规定:"行为人明知是不满14周岁的幼女而与其发生性关系,不论幼女是否自愿,均应依照刑法第236条第2款的规定,以强奸罪定罪处罚;行为人确实不知对方是不满14周岁的幼女,双方自愿发生性关系,未造成严重后果,情节显著轻微的,不认为是犯罪。"从总体上看,该司法解释确定行为人应以明知对方是幼女作为强奸罪的成立条件。但从该解释的后半段关

---

① 在《国际刑事法院罗马规约》中,"强奸"的定义更为宽泛,其被界定为:行为人侵入某人身体,其行为是导致以性器官不论如何轻微地进入被害人或行为人身体任一部位,或以任何物体或身体其他任何部位进入被害人的肛门或生殖器官。

于"确实不知"的定量要素等措辞看,打破了行为人在"不知"情形下即不构成犯罪的线性逻辑惯性,这在一定程度上又采取了妥协的立场。这里所说的"明知",既包括知道对方确实是幼女,也包括知道对方可能是幼女。

对于"明知"在司法实务中的认定问题,2013年《关于依法惩治性侵害未成年人犯罪的意见》第19条规定:"知道或者应当知道对方是不满14周岁的幼女,而实施奸淫等性侵害行为的,应当认定行为人'明知'对方是幼女。对于不满12周岁的被害人实施奸淫等性侵害行为的,应当认定行为人'明知'对方是幼女。对于已满12周岁不满14周岁的被害人,从其身体发育状况、言谈举止、衣着特征、生活作息规律等观察可能是幼女,而实施奸淫等性侵害行为的,应当认定行为人'明知'对方是幼女。"

**(5) 强奸既遂与未遂的认定标准。**

从男性强行性交的生理进程看,可以分为"接触说""插入说"和"射精说"。对于强奸妇女,在我国一般采取"插入说",作为认定强奸妇女既遂与未遂的标准;对于奸淫幼女,司法实务采取"接触说"。

**(6) 加重处罚事由的适用。**

《刑法》第236条第3款在规定强奸罪的基本刑之基础上,还规定以下六种加重处罚事由,处10年以上有期徒刑、无期徒刑或者死刑:

第一,强奸妇女、奸淫幼女情节恶劣的:这是指强奸的手段残酷、强奸孕妇、在社会造成恶劣影响等。

第二,强奸妇女、奸淫幼女多人的:这里的"多人",一般指三人以上。

第三,在公共场所当众强奸妇女、奸淫幼女的:这是指行为人在车站、码头、商场、公园、影剧院、展览会、运动场、公共交通工具等公共场所,当着众人的面公然强奸妇女、奸淫幼女。由于该种情形体现出行为人对公序良俗的蔑视,同时强化被害人的羞辱感,具有比一般强奸罪更为恶劣的社会影响和严重后果。

第四,二人以上轮奸的:这是指两个以上的男性出于共同强奸的故意,在同一接近的时间内,先后轮流对同一妇女或者幼女实行强奸的行为。在轮奸中,一人奸淫得逞,其他人因意志以外的原因而未得逞或者中止的,全案依然成立轮奸,但对未遂和中止者可以从轻、减轻或者免除处罚;如果两个以上的行为人均未得逞或者中止的,或者部分未得逞、部分中止的,则全案不成立轮奸,分别对各个参与人认定为强奸未遂或者中止。

第五,奸淫不满10周岁的幼女或者造成幼女伤害的:这是《刑法修正案(十一)》第26条新增设的事由。

第六,致使被害人重伤、死亡或者造成其他严重后果的:这是指行为人在强奸过程中,因使用暴力导致被害人的性器官受到严重损伤,甚至死亡。所谓造成其他严重后果,是指因强奸行为引起被害人自杀、精神失常等严重后果。如果行为人在强奸后为了灭口而故意实施杀人或者伤害行为的,则不能适用该种加重事由,应实行数罪并罚。

### 5.1.7 负有照护职责人员性侵罪

本罪是指对已满 14 周岁不满 16 周岁的未成年女性负有监护、收养、看护、教育、医疗等特殊职责的人员,与该未成年女性发生性关系的行为。这是《刑法修正案(十一)》第 27 条新设立的罪名,在体系编排上作为《刑法》第 236 条之一。

在犯罪主体上,本罪是特殊主体,只能由负有监护、收养、看护、教育、医疗等特殊职责的人员构成。

关于行为对象,本罪特指已满 14 周岁不满 16 周岁的未成年女性,不包括未成年男性。如果行为人与该年龄段的未成年女性发生性关系,同时又构成强奸罪的,则依据《刑法》第 236 条之一第 2 款的规定,依照处罚较重的规定定罪处罚。

### 5.1.8 强制猥亵、侮辱罪

本罪是指行为人以暴力、胁迫或者其他方法,强制猥亵他人,或者侮辱妇女的行为。其前身是 1997 年修订的《刑法》拆解"流氓罪"而分出的罪名,当时的称谓是"强制猥亵、侮辱妇女罪"。在《刑法修正案(九)》第 13 条对《刑法》第 237 条进行修订后,"两高"据此而将其更名为"强制猥亵、侮辱罪"。

**(1) 行为对象**:他人。

在《刑法修正案(九)》颁布前,本罪的行为对象局限于妇女,不包括男性和不满 14 周岁的儿童。《刑法修正案(九)》则将第 237 条第 1 款中强制猥亵对象的"妇女"一词,修改为无性别界分的"他人",由此扩大本罪的犯罪圈,已满 14 周岁的男性也可成为强制猥亵的行为对象。需要注意的是,在外延上,本罪的行为对象不包括未满 14 周岁的儿童,否则涉嫌构成第 237 条第 3 款规定的"猥亵儿童罪"。

**(2) 危害行为**:体现为行为人以暴力、胁迫或者其他方法,采用性交之外的其他方式,强制性地侵犯他人的性自主权的行为,其本质特征是"违背他人的性意志"。这具体表现以下两种行为类型:

第一,强制猥亵:这是指以性交以外的方法,强制性地对他人实施具有性性质的行为。从互动关系看,强制猥亵没有性别的特殊限制,既可以发生在异性之间,也可以发生于同性之间。这不仅包括行为人亲自对被害人的直接实施,或者强制他人对被害人实施,还包括强制被害人对自己或者对他人实施猥亵行为。然而,不是所有的猥亵行为均构成犯罪,其具有"强制性"的条件限制,即只有以暴力、胁迫或者其他方法猥亵他人,才符合本罪的客观要求,从而体现出违背被害人的性自主权的本质特征。例如,窥阴癖者偷视他人的私密身体部位,如果缺少强制性,则不满足本罪的客观构成条件。这里的"暴力、胁迫或者其他方法",具有与强奸罪中关于使被害人处于"三不境地"的手段行为之相同含义。

第二,强制侮辱妇女:这是指强制性地以淫秽下流的动作或者语言,损害妇女的人格尊严之行为。从静态的外延看,猥亵行为应包括侮辱行为在内。然而,从刑事立法变迁看,"侮辱妇女"原是"流氓罪"的一种行为形态,1997年修订的《刑法》在分解该"口袋罪"时,将"侮辱妇女"冠以强制性的手段限定,且与"强制猥亵"并列规定而独立设置为罪名,由此在立法层面导致两者是不同的行为。与强制猥亵罪不同,该行为是专门针对妇女实施的类型;在具体形态上,一般表现为行为人对妇女的非私密身体部位的强制性接触。例如,在将被害妇女强制以后,暴露自己的性器官,或者面对妇女手淫,或者强迫妇女观看他人的性活动等。

在本质特征上,本罪与强奸罪具有同质性,均表现为行为人在被害人不是出于"真正的同意"之情形下,以强制手段侵犯他人的性自主权。但是,性自主权是一个广义的概念,强奸罪是行为人违背女性的性意志,强行与其发生性交的行为;本罪则是指采用性交之外的其他方式,侵犯他人性自主权的行为,两罪从不同侧面共同构成刑法的保护圈,由此体现出两罪之间的差异。

**(3) 主观方面**:故意,一般出于追求性刺激的目的。

比较而言,《刑法》第246条规定的"侮辱罪",在客观方面也带有侮辱一词,但在主观方面体现在行为人基于公然地贬损特定他人的名誉,并非为了满足个人的性欲望,且要公然地进行;强制侮辱罪的行为对象限定于妇女,行为人一般是出于满足性刺激的目的,其行为具有性的性质,而且无须公然地实施。依据《刑法》第237条第2款,聚众或者在公共场所当众犯强制猥亵、侮辱罪的,属于加重处罚情节。

### 5.1.9 猥亵儿童罪

本罪是指行为人猥亵不满14周岁的儿童之行为。

关于行为对象,本罪特指不满14周岁的儿童,而且没有性别的界分。在客观方面,表现为采用性交以外的方法,对儿童实施具有性性质的行为,并且不要求行为人使用暴力、胁迫或者其他方法的强制性手段行为。这是本罪与强制猥亵罪的区别点。

依据《刑法》原先第237条第3款,猥亵儿童的,依照强制猥亵、侮辱罪的法定刑从重处罚。《刑法修正案(十一)》第28条则改变了这种援引法定刑的模式,对本罪设置独立的法定刑,并且规定了处以第二档次法定刑的以下四种情形:(1) 猥亵儿童多人或者多次的;(2) 聚众猥亵儿童的,或者在公共场所当众猥亵儿童,情节恶劣的;(3) 造成儿童伤害或者其他严重后果的;(4) 猥亵手段恶劣或者有其他恶劣情节的。

## 5.2 侵犯人身自由权的犯罪

人身自由权,是公民参加各种社会活动和享受其他权利的基本前提。我国《宪法》第 37 条规定:"中华人民共和国公民的人身自由不受侵犯。任何公民,非经人民检察院批准或者决定或者人民法院决定,并由公安机关执行,不受逮捕。禁止非法拘禁和以其他方法非法剥夺或者限制公民的人身自由,禁止非法搜查公民的身体。"为了保护公民的人身自由权利,我国《刑法》分则第四章从第 238 条至第 242 条、第 244 条至第 245 条、第 247 条和第 248 条设立了以下 12 个罪名:非法拘禁罪;绑架罪;拐卖妇女、儿童罪;收买被拐卖的妇女、儿童罪;聚众阻碍解救被收买的妇女、儿童罪;强迫劳动罪;雇用童工从事危重劳动罪;非法搜查罪;非法侵入住宅罪;刑讯逼供罪;暴力取证罪;虐待被监管人罪。

### 5.2.1 非法拘禁罪

本罪是指行为人以非法拘禁或者其他方法,非法剥夺他人人身自由的行为。

**(1) 危害行为**:这体现为以下三个不可分割的方面:

第一,从法律性质上看,剥夺他人人身自由的行为必须是非法的。从表象上看,司法机关依法对犯罪嫌疑人或被告人采取的拘留、逮捕等强制措施,公民依法扭送通缉犯,或者被害人为了戒毒等事由而嘱托他人将自己关闭在特定场所等行为,在客观上也剥夺了他人人身自由,但只要属于合法的范畴,则不能构成非法拘禁罪。

第二,关于本罪的实施方法,《刑法》第 238 条第 1 款采取"列举+概括"式的规定:① 非法拘禁:这是最为常见的剥夺方法,是指行为人违背他人的真实意志,以强制性的手段使他人丧失行动的自由;② 其他方法:这既可以是直接的或者间接的手段,也可以是有形的或者无形的方法。在被害人具有离开特定场所的意思时,只要行为人作用于他人的身体,强行使得被害人处于丧失行动自由的状态,均属于剥夺他人人身自由的方法。

第三,非法拘禁属于持续犯。在非法拘禁行为实施后,被害人的人身自由被非法剥夺的不法状态会在一定时间内持续存在。至于拘禁时间的长短,刑法并未规定。但是,依据 2021 年"两高"《关于常见犯罪的量刑指导意见(试行)》的规定,这可以根据非法拘禁的人数、拘禁时间、致人伤亡后果等事实加以综合判断。这也可以借鉴 2006 年最高人民检察院《关于渎职侵权犯罪案件立案标准的规定》第 2 条第 1 项对于国家机关工作人员利用职权非法拘禁案的立案标准：① 非法剥夺他人人身自由 24 小时以上的；② 非法剥夺他人人身自由，并使用械具或者捆绑等恶劣手段，或者实施殴打、侮辱、虐待行为的；③ 非法拘禁，造成被拘禁人轻伤、重伤、死亡的；④ 非法拘禁，情节严重，导致被拘禁人自杀、自残造成重伤、死亡，或者精神失常的；⑤ 非法拘禁 3 人次以上的；⑥ 司法工作人员对明知是没有违法犯罪事实的人而非法拘禁的；⑦ 其他非法拘禁应予追究刑事责任的情形。

**(2) 主观方面**：故意。

对于为索取债务而非法扣押、拘禁他人的行为，鉴于索债并不侵犯他人的财产所有权、索债的手段却非法剥夺他人人身自由，《刑法》第 238 条第 3 款规定以非法拘禁罪论处。这里的"债务"，依据 2000 年最高人民法院《关于对为索取法律不予保护的债务非法拘禁他人行为如何定罪问题的解释》，既包括合法的债务和权益，也包括高利贷、赌债等法律不予保护的债务。

**(3) 司法适用**：在司法认定时，应该注意区分以下情形：

第一，转化犯：在非法拘禁他人的过程中，如果行为人故意对被拘禁人使用暴力，导致被害人伤残、伤亡的，则表明行为人非法拘禁的性质已经发生转变，对此应依据《刑法》第 238 条第 2 款的规定，认定为故意伤害罪或者故意杀人罪。

第二，结果加重犯：在非法拘禁过程中，行为人过失致人重伤或者死亡的，行为人非法拘禁的性质并未发生转变，仍应定性为非法拘禁罪，但构成本罪的加重处罚事由。

第三，法定从重处罚事由：根据《刑法》第 238 条，犯非法拘禁罪，具有殴打、侮辱情节的，从重处罚；国家机关工作人员利用职权犯本罪的，从重处罚。

### 5.2.2 绑架罪

本罪是指自然人以勒索财物为目的绑架他人或偷盗婴幼儿，或者绑架他人作为人质的行为。

其前身是 1991 年全国人大常委会在《关于严惩拐卖、绑架妇女、儿童的犯罪分子的决定》第 2 条第 3 款规定的"绑架勒索罪"。1997 年修订的《刑法》对此罪进行修改，罪名的称谓也相应地变更为"绑架罪"。为了处理情况复杂的绑架案件的需要，体现罪责刑相适应原则，《刑法修正案(七)》第 6 条对本罪的法定刑予以修改，增设了"情节较轻"的档次，规定"处 5 年以上 10 年以下有期徒刑，并处罚金"。《刑法修正案(九)》则再次对本罪法定刑的设置予以修订。

**(1) 危害行为**：表现为自然人实施以下两种行为类型之一：

第一，绑架他人：俗称"绑票"，这是指行为人强行控制他人，并以此要挟与被绑架人有关的第三人，在特定期限内交出一定的财物，或者满足其他非法目的而赎人。这是典型的绑架行为类型。

第二，偷盗婴幼儿：这是一种非典型的绑架类型，源于1991年全国人大常委会在《关于严惩拐卖、绑架妇女、儿童的犯罪分子的决定》第2条第2款设立的"偷盗婴幼儿罪"。1997年修订的《刑法》以本罪关于"以出卖或者勒索财物为目的"之主观目的为标准而拆分本罪，在第239条第3款将"以勒索财物为目的偷盗婴幼儿"列为绑架罪的情形之一。这是指行为人秘密地带走不满6周岁的婴幼儿，使其脱离监护人或者看护人①，并且勒令婴幼儿的监护人或者看护人交付一定财物而赎人的行为。

关于绑架的行为方式，在我国刑法对于绑架罪的罪状表述中没有具体规定，但一般表现为行为人使用暴力、胁迫或者其他方法，对被绑架人的身体进行强行控制，使被绑架人处于不能反抗、不敢反抗或者不知反抗的境地。这是绑架罪有别于敲诈勒索罪的主要界限之一。同时，在绑架行为中，必然伴有在一定时间内非法剥夺被绑架人的人身自由之状态。虽然这种状态在表象上类似于非法拘禁罪，但在行为的指向对象、犯罪目的等方面，绑架罪与非法拘禁罪之间存在本质上的区别。

**(2) 行为对象**：被绑架人和第三人。

从绑架罪的实施模式看，行为人首先强行控制被绑架人或者偷盗婴幼儿，然后指向第三人，利用第三人担忧被绑架人或婴幼儿的安危的心理，以此来勒索财物或者满足其他不法目的，即绑架行为的指向对象是被绑架人之外的"第三人"。这一般是被绑架人或婴幼儿的近亲属或者相关的其他人，既可以是自然人，也包括单位或者国家。

行为对象的不同，是区分绑架罪与抢劫罪的主要界限之一。在客观方面，两罪都表现为以暴力、胁迫等手段强取他人的财物。但是，绑架罪的行为人是以被绑架人或婴幼儿的安危为要挟，以此为"桥梁"来勒索第三人，在行为对象中呈现出与第三人(知道被绑架人被强行控制的事实)的"三角"互动结构；而在抢劫罪中，行为人是当场对被害人施加暴力或者威胁而强行取财，其所要挟的被害人和劫财行为的指向对象具有同一性，即行为人与被害人是"一对一"的互动结构。

**(3) 犯罪主体**：一般主体。

达到已满16周岁的完全刑事责任年龄、具有刑事责任能力的自然人，均可构成本罪。需要注意的是，在相对刑事责任年龄段的已满14周岁不满16周岁的人承担刑事责任之八种法定情形中，《刑法》第17条第2款并没有列举出绑

---

① 依据2016年最高人民法院《关于审理拐卖妇女儿童犯罪案件具体应用法律若干问题的解释》第1条，对婴幼儿采取欺骗、利诱等手段，使其脱离监护人或者看护人的，视为"偷盗婴幼儿"。

架罪。同时,对于行为人在犯绑架罪后杀害被绑架人的危害性极大的情形,1997年修订的《刑法》第 239 条第 1 款规定以绑架罪论处,由此就产生立法的实然规定(不能追究刑事责任)与实践的应然需求(应该承担刑事责任)之矛盾。为了解决该问题,2001 年最高人民法院刑一庭审判长会议在《关于已满 14 周岁不满 16 周岁的人绑架并杀害被绑架人的行为如何适用法律问题的研究意见》中认为:《刑法》第 17 条第 2 款中的"故意杀人"泛指一种犯罪行为,而不是特指故意杀人罪这一具体罪名;所谓"绑架并杀害被绑架人的",实质上是绑架和故意杀人两个行为的结合规定。虽然已满 14 周岁不满 16 周岁的人不对绑架行为负刑事责任,但仍应对故意杀人行为负刑事责任,故应以故意杀人罪追究其刑事责任①;至于已满 16 周岁的人绑架并杀害被绑架人的,仍应直接以绑架罪定罪处罚。

对于最高人民法院的上述意见,最高人民检察院并不认同,便向全国人大常委会提交解释。对此,2002 年全国人大常委会法制工作委员会在《关于已满 14 周岁不满 16 周岁的人承担刑事责任范围问题的答复意见》中指出:"刑法第 17 条第 2 款规定的八种犯罪,是指具体犯罪行为而不是具体罪名。……只要故意实施了杀人、伤害行为并且造成了致人重伤、死亡后果的,都应负刑事责任。……对司法实践中出现的已满 14 周岁不满 16 周岁的人绑架人质后杀害被绑架人……的行为,依据刑法是应当追究其刑事责任的。"但是,该意见只是明确应该追究刑事责任,并未指出应认定的罪名,这依然留下检法两家认识不统一的问题。②

**(4) 主观方面**:故意,并且具有勒索财物或者以他人作为人质的目的。

根据行为人主观目的之不同,我国刑法规定以下两种类型的绑架罪:

第一,以勒索财物为目的,绑架他人,或者偷盗婴幼儿:这又称为"掳人勒赎",是指行为人强行控制被绑架人或者偷盗婴幼儿,并以此要挟与其有关的第三人,在特定期限内交出一定的财物而赎人。由此可见,这种类型的绑架行为,既侵犯被绑架人的人身权利,也侵犯第三人的财产所有权。这里的"财物",不局限于钱财,还包括其他财产性利益。从互动关系看,绑架与勒索财物之间存在相互依存的关系:如果行为人只有绑架行为,而没有勒索财物,则不能构成绑架

---

① 按照这一解释的逻辑思路,在《刑法修正案(九)》第 14 条对《刑法》第 239 条第 2 款进行修改,将"故意伤害被绑架人,致人重伤、死亡"与"杀害被绑架人"并列规定为适用无期徒刑或者死刑的法定情形之后,虽然已满 14 周岁不满 16 周岁的人不对绑架行为负刑事责任,但仍应对故意伤害行为负刑事责任,应以故意伤害罪追究其刑事责任。

② 在 2003 年最高人民检察院《关于相对刑事责任年龄的人承担刑事责任范围有关问题的答复》中,最高人民检察院法律政策研究室指出:"相对刑事责任年龄的人实施了刑法第 17 条第 2 款规定的行为,应当追究刑事责任的,其罪名应当根据所触犯的刑法分则具体条文认定。对于绑架后杀害被绑架人的,其罪名应认定为绑架罪。"

罪,只能涉嫌非法拘禁罪或者拐卖妇女、儿童罪。这也是区分本罪与拐卖妇女、儿童罪的界限,后者在客观方面也包括绑架的方式,但却是以出卖为目的;倘若行为人仅以威胁性语言勒令被害人交付财物,而没有绑架他人,也不能构成本罪,可能涉嫌敲诈勒索罪。

第二,以作为人质为目的,绑架他人:这是指行为人出于政治性目的或其他目的,强行控制他人作为人质。

**(5) 绑架罪的未遂与既遂之认定。**

由于绑架罪的构成要件中含有目的要素,刑法理论对该问题的区分标准存在争论。如前所述,从实施模式看,绑架罪属于"复合行为",是由手段行为(强行控制他人或者偷盗婴幼儿)与目的行为(指向第三人的行为)共同组成。只要行为人完成其中之一的行为,即构成既遂。其解释原理等同于关于抢劫罪的未遂与既遂之认定。至于行为人完成手段行为之后,目的行为是否实现,并不影响绑架罪既遂的成立。

**(6) 关于《刑法》第 239 条第 2 款的理解。**

该款源于 1997 年修订的《刑法》第 239 条第 1 款。《刑法修正案(七)》第 6 条完全保留原文的内容,只是在体例上将其单列为第 2 款,其原文是:"犯前款罪,致使被绑架人死亡或者杀害被绑架人的,处死刑,并处没收财产。"① 从具体内容看,该条款是绑架罪适用绝对死刑的两种法定情形。在《刑法修正案(九)》中,鉴于"致使被绑架人死亡"的行为人是出于过失的心态,尚未达到必须适用死刑的主观恶性程度,而且考虑到绝对死刑的立法不能适应复杂形势的要求,显得过于僵硬,需要有选择性的刑种予以配套适用,故第 14 条对此款进行如下的修改:"犯前款罪,杀害被绑架人的,或者故意伤害被绑架人,致人重伤、死亡的,处无期徒刑或者死刑,并处没收财产。"

从法定刑看,该款增设无期徒刑的刑种,且与死刑并列规定,改变了绝对死刑的立法模式。② 在适用的法定条件上,该款依然设立两种情形:一是"杀害被绑架人":俗称"撕票",这是原条款就设立的情形,是指行为人故意杀死被绑架人的行为。虽然此行为包括故意杀人,但在定性上只能定绑架罪,不应另定故意杀人罪,也不实行数罪并罚。二是"故意伤害被绑架人,致人重伤、死亡":这是新设立的情形,取代了原先规定的"致使被绑架人死亡",是指行为人故意非法伤害被绑架人的身体,造成重伤、死亡的伤害结果,不包括轻伤在内。

---

① 《刑法修正案(七)》第 6 条还改变了过去绑架罪仅有一个档次法定刑的重刑结构设置,增加了"情节较轻"的法定刑档次,规定"处 5 年以上 10 年以下有期徒刑,并处罚金"。

② 这对将来修改我国《刑法》第 121 条"劫持航空器罪"中的绝对死刑规定,具有借鉴意义。

### 5.2.3 涉及拐卖妇女、儿童的犯罪

妇女、儿童的人身自由,受到我国宪法的保护,不容非法侵犯。然而,不法分子将妇女、儿童进行商品化、工具化和奴役化的拐卖,不仅严重摧残妇女、儿童的身心健康,而且给被害人的家庭造成巨大的精神伤害和痛苦,是一种严重侵犯公民人身自由和基本人权的犯罪行为,并由此引发一系列社会问题,可谓是文明社会的现代奴隶制,历来是我国从严惩治的重点。对此,我国《刑法》设置以下3个涉拐卖妇女、儿童的罪名:拐卖妇女、儿童罪;收买被拐卖的妇女、儿童罪;聚众阻碍解救被收买的妇女、儿童罪①。其中,拐卖妇女、儿童罪是源头和核心的罪名。

**(一) 拐卖妇女、儿童罪**

本罪是指自然人以出卖为目的,拐骗、绑架、收买、贩卖、接送、中转妇女、儿童或者偷盗婴幼儿的行为。这是1991年全国人大常委会在《关于严惩拐卖、绑架妇女、儿童的犯罪分子的决定》第1条设立的罪名。1997年修订的《刑法》第240条全盘予以吸收,只是新增两种加重处罚事由。

**(1) 行为对象**:妇女、儿童。

这里的"妇女",既包括具有中国国籍的妇女,也包括拥有外国国籍和无国籍的妇女。至于被拐卖的妇女是否具有身份证明,或者是否属于女性亲属、具有从事卖淫活动等特殊身份,并不影响对拐卖妇女涉案人员的定罪处罚;这里的"儿童",是指不满14周岁的人,不分性别,包括亲生子女或者亲属、偷盗或捡拾的儿童等。其中,不满1周岁的是婴儿,1周岁以上不满6周岁的为幼儿。

在1979年《刑法》第141条,曾设有"拐卖人口罪",其行为对象"人口"的外延要远宽泛于本罪。由于该罪现已被废止,拐卖已满14周岁的男性,则不能构成拐卖妇女、儿童罪,只能涉嫌强迫劳动罪、非法拘禁罪等其他犯罪。关于两性人,在医学上尚不能严格地归入妇女的范畴,故行为人明知是已满14周岁的两性人而以出卖为目的实施拐卖的,也不能以本罪定罪处罚。但是,如果行为人因对象的认识错误,误将两性人视为妇女而拐卖的,则属于对象不能犯的未遂,应以拐卖妇女罪(未遂)论处。

**(2) 危害行为**:拐卖妇女、儿童的实施和流程,涉及诸多环节。根据《刑法》第240条第2款,本罪在客观方面表现为自然人实施以下六种行为类型之一:

第一,拐骗:这是指以欺骗、利诱等方法,将妇女、儿童置于自己的控制支配

---

① 广义的"涉拐"罪名,还包括我国《刑法》分则第九章"渎职罪"中的两个罪名:不解救被拐卖、绑架妇女、儿童罪(第416条第1款);阻碍解救被拐卖、绑架妇女、儿童罪(第416条第2款)。

之下。

第二,绑架:这是指以暴力、胁迫或者其他方法,对妇女、儿童的身体进行强行控制的行为。

第三,收买:这是指以金钱或者其他财产性利益买取妇女、儿童的行为。

第四,贩卖:这是指将妇女、儿童有偿地出售给他人的行为。

第五,接送:这是指接应、运送被拐卖妇女、儿童的行为。

第六,中转:这是指为拐卖妇女、儿童的罪犯完成整个活动而提供中间场所或者其他便利条件的行为。

另外,根据《刑法》第240条第1款第6项,以出卖为目的,偷盗不满6周岁的婴幼儿的,以本罪论处。这源于1991年全国人大常委会在《关于严惩拐卖、绑架妇女、儿童的犯罪分子的决定》第2条第2款设立的"偷盗婴幼儿罪"。在1997年修订的《刑法》中,以本罪"以出卖或者勒索财物为目的"之主观目的为标准,拆分本罪,将"以出卖为目的偷盗婴幼儿"列为拐卖妇女、儿童罪的情形之一。在危害行为上,这种情形等同于绑架罪中的偷盗婴幼儿,但两者的主观目的完全不同,后者要求以勒索财物为目的。

本罪是选择性罪名,只要行为人以出卖为目的,实施上述行为之一的,就可构成拐卖妇女、儿童罪。行为人同时实施两种或者两种以上行为的,仍定一罪,不实行数罪并罚。

(3) **犯罪主体**:一般主体。

依据2010年最高人民法院、最高人民检察院、公安部、司法部《关于依法惩治拐卖妇女儿童犯罪的意见》的有关规定,医疗机构、社会福利机构等单位的工作人员以非法获利为目的,将所诊疗、护理、抚养的儿童贩卖给他人的,以拐卖儿童罪论处。有关场所的经营管理人员事前与拐卖妇女的犯罪人通谋的,对该经营管理人员以拐卖妇女罪的共犯论处;明知他人拐卖妇女、儿童,仍然向其提供被拐卖妇女、儿童的健康证明、出生证明或者其他帮助的,以拐卖妇女、儿童罪的共犯论处;明知他人系拐卖儿童的"人贩子",仍然利用从事诊疗、福利救助等工作的便利或者了解被拐卖方情况的条件,居间介绍的,以拐卖儿童罪的共犯论处。

(4) **主观方面**:故意,并且具有出卖的目的。

2010年最高人民法院、最高人民检察院、公安部等《关于打击拐卖妇女儿童犯罪有关问题的通知》第4条再次强调:"凡是拐卖妇女、儿童的,不论是哪个环节,只要是以出卖为目的,有拐骗、绑架、收买、贩卖、接送、中转、窝藏妇女、儿童的行为之一的,不论拐卖人数多少,是否获利,均应以拐卖妇女、儿童罪追究刑事责任。"如果行为人拐卖妇女、儿童是出于勒索财物、成婚、收养、奴役、强迫卖淫等目的,则涉嫌构成绑架罪、拐骗儿童罪等其他犯罪,不能构成本罪。

**(5) 加重处罚事由的适用。**

《刑法》第 240 条第 1 款在规定拐卖妇女、儿童罪的基本刑之基础上,还规定以下八种加重处罚事由,处 10 年以上有期徒刑或者无期徒刑;情节特别严重的,处死刑,并处没收财产:

第一,拐卖妇女、儿童集团的首要分子:这是指在拐卖妇女、儿童的犯罪集团中起组织、策划、指挥作用的犯罪分子。犯罪集团实施拐卖犯罪的涉案人数众多,且互为依托、共享信息,致使拐卖案件高发,社会危害性极大,应是刑事打击的重点。需要注意的是,既然首要分子已被列为本罪的加重处罚事由,就不得将其再次作为从重处罚的情节,否则会出现重复评价的问题。

第二,拐卖妇女、儿童 3 人以上:这既可以表现为行为人在一次拐卖行动中涉及 3 名以上的妇女或儿童,也可以是在多次拐卖的行动中累计涉及 3 名以上的妇女或儿童,但行为人连续拐卖同一个妇女、儿童 3 次以上的,不应计入拐卖的人数。

第三,奸淫被拐卖的妇女:这是"基本行为+加重行为"的结构,是指行为人在拐卖妇女的过程中,使用暴力、胁迫或者其他手段,与被拐卖的妇女发生性关系的情形。该情形中的奸淫行为原本构成强奸罪,应以拐卖妇女罪与强奸罪实行数罪并罚。但是,考虑到倘若两罪都只能适用第一档次的法定刑,即使实行数罪并罚,对行为人实际处以的刑罚也有封顶,这并不能体现出刑法的打击效果。有鉴于此,若将这种情形直接列为本罪的加重处罚事由,而不适用数罪并罚的规定,就有可能对行为人处以无期徒刑,乃至死刑,从而提升刑罚的惩罚力度。

第四,诱骗、强迫被拐卖的妇女卖淫或者将被拐卖的妇女卖给他人迫使其卖淫:这是"基本行为+加重行为"的结构,是指行为人在拐卖妇女的过程中,又实施了符合《刑法》第 359 条引诱卖淫罪或者《刑法》第 358 条强迫卖淫罪特征的加重行为。这原本应以拐卖妇女罪与引诱卖淫罪、强迫卖淫罪实行数罪并罚,但出于与上种情形关于提升刑罚的惩罚力度之相同考量,将这种情形直接列为本罪的加重处罚事由,而排除数罪并罚的适用。

第五,以出卖为目的,使用暴力、胁迫或者麻醉方法绑架妇女、儿童:这源于 1991 年全国人大常委会在《关于严惩拐卖、绑架妇女、儿童的犯罪分子的决定》第 2 条第 1 款设立的"绑架妇女、儿童罪"。1997 年修订的《刑法》取消了本罪,将原先规定纳入拐卖妇女、儿童罪,并且作为加重处罚事由。该情形的危害行为限定于暴力、胁迫或者麻醉方法,而且在主观方面要求"以出卖为目的",这有别于绑架罪的以下两个构成特征:未对危害方法进行限定;犯罪目的是勒索财物或以他人作为人质。

第六,以出卖为目的,偷盗婴幼儿:这是 1997 年修订的《刑法》新设立的加重处罚事由。如前所述,其源于 1997 年修订的《刑法》对过去"偷盗婴幼儿罪"

的拆分,具有鲜明的刑事立法沿革的痕迹。但是,从该种情形的结构和危害性看,其应属于基本的行为类型,无须将其列入本罪的加重处罚事由。

第七,造成被拐卖的妇女、儿童或者其亲属重伤、死亡或者其他严重后果:这是指行为人拐卖妇女、儿童的行为,直接或者间接地导致被拐卖的妇女、儿童或者其亲属重伤、死亡或者造成其他严重后果。需要注意的是,对于被拐卖的妇女、儿童或者其亲属自杀、精神失常或者出现其他严重后果的,尚须进一步考察拐卖行为与这些严重后果之间的因果关系。只有在因果关系成立的情况下,才应认定这种加重处罚事由成立。如果行为人在拐卖妇女、儿童的过程中,故意杀害或者伤害妇女、儿童,或者为了排除拐卖的障碍而故意杀害、伤害被拐卖人的亲属的,则不能适用该加重处罚事由,应以拐卖妇女、儿童罪与故意杀人罪实行数罪并罚。

第八,将妇女、儿童卖往境外:这是指行为人通过正常的或者非法的出境途径,将妇女、儿童从我国境内卖往国(边)境之外的情形。这其中包含《刑法》第321条"运送他人偷越国(边)境罪"的内容,但鉴于刑法已经将其单列为本罪的加重处罚事由,故不宜另定运送他人偷越国(边)境罪,也不能与拐卖妇女、儿童罪实行数罪并罚。从危害行为的流向看,从境外将妇女、儿童卖往我国国(边)境之内的,则不属于这种情形。

(二) 收买被拐卖的妇女、儿童罪

本罪是指自然人不以出卖为目的,收买被拐卖的妇女、儿童的行为。

从称谓为动宾词组的罪名结构看,本罪的客观构成要素为:

(1) 危害行为:收买。这是指行为人以金钱或者其他财产性利益进行买取的行为。

(2) 行为对象:仅限于被拐卖的妇女、儿童。这里的被拐卖,应作广义理解,包括拐卖妇女、儿童罪中七种行为所针对的妇女、儿童。

关于主观方面,行为人必须出于故意,即明知是被拐卖的妇女、儿童而予以收买。如果行为人确实不知道对方是被拐卖的妇女、儿童,则不能构成本罪。同时,本罪的行为人不是以出卖为目的,一般表现为行为人欲与被收买者建立婚姻家庭关系或者其他稳定的社会关系,这是本罪与拐卖妇女、儿童罪的重要区分界限。反之,行为人以出卖为目的而收买,则收买行为是拐卖妇女、儿童的一个中间环节,应根据《刑法》第241条第5款,以拐卖妇女、儿童罪定罪处罚。

依据2010年《关于依法惩治拐卖妇女儿童犯罪的意见》第21条,"明知他人收买被拐卖的妇女、儿童,仍然向其提供被收买妇女、儿童的户籍证明、出生证明或者其他帮助的,以收买被拐卖的妇女、儿童罪的共犯论处,但是,收买人未被追究刑事责任的除外。"如果行为人收买被拐卖的妇女、儿童,强行与其发生性关系的,或者非法剥夺、限制其人身自由或者有伤害、侮辱等犯罪行为的,依据

《刑法》第241条第2款和第3款,应分别以强奸罪、非法拘禁罪、故意伤害罪、侮辱罪等论处;如果行为人收买被拐卖的妇女、儿童后,又进行强奸、故意伤害、非法拘禁、侮辱,或者组织、强迫卖淫或者组织乞讨、进行违反治安管理活动等,构成其他犯罪的,则依照数罪并罚的规定处罚。

需要注意的是,依据1997年修订的《刑法》第241条第6款,行为人在收买被拐卖的妇女、儿童之后,尚不能认定其构成本罪,还需要考察是否具有该款所规定的以下情形:"按照被买妇女的意愿,不阻碍其返回原居住地的,对被买儿童没有虐待行为,不阻碍对其进行解救的,可以不追究刑事责任。"该款实质上是在本罪构成要件之外增设的、为限制本罪处罚范围而提升行为可罚性的客观处罚条件。但是,考虑到收买被拐卖的妇女、儿童行为会诱发、助长"人贩子"去实施拐卖犯罪,并滋生出非法拘禁、强奸、伤害等其他犯罪,故为了铲除"买方市场",从源头上遏制和严厉打击拐卖妇女、儿童的犯罪分子,《刑法修正案(九)》第15条将该款修改为:"收买被拐卖的妇女、儿童,对被买儿童没有虐待行为,不阻碍对其进行解救的,可以从轻处罚;按照被买妇女的意愿,不阻碍其返回原居住地的,可以从轻或者减轻处罚。"由此可见,关于该款的法律后果,已经从之前的"不追究刑事责任"变化为"从轻或者减轻处罚",脱离了限缩刑罚处罚范围的原先立法旨趣。

(三)聚众阻碍解救被收买的妇女、儿童罪

本罪是指首要分子聚集多人,或者其他参与者使用暴力、威胁方法,聚众阻碍国家机关工作人员解救被收买的妇女、儿童的行为。

在客观方面,本罪是聚合犯,表现在行为人以聚众方式,阻碍国家机关工作人员解救被收买的妇女、儿童。从本质上看,本罪属于一种妨害公务的行为。鉴于恢复被拐卖妇女、儿童的人身自由和严厉打击的立法需要,《刑法》第242条第2款将其独立设置为一个处罚较重的罪名,其与妨害公务罪是特殊罪名与普通罪名的关系。

关于犯罪主体,本罪分为两类,并且设置不同的法定刑:(1)首要分子:这是指在聚众阻碍解救中起组织、策划、指挥作用的行为人,处5年以下有期徒刑或者拘役;(2)其他参与者:必须以使用暴力、威胁方法为前提,依照妨害公务罪的规定处罚。

### 5.2.4 涉及劳动权的犯罪

(一)强迫劳动罪

本罪是指自然人和单位以暴力、威胁或者限制人身自由的方法强迫他人劳动,或者明知他人实施强迫劳动的行为,而为其招募、运送人员或者有其他协助强迫他人劳动的行为。

鉴于该行为违背劳动者的真实意愿,将劳动者视为"奴隶"使用,是一种严重践踏劳动者人权的行为,在我国决定加入《联合国打击跨国有组织犯罪公约关于预防、禁止和惩治贩运人口特别是妇女和儿童行为的补充议定书》[①]的背景下,基于严厉打击这类犯罪的需要,《刑法修正案(八)》第38条对1997年修订的《刑法》第244条关于本罪的罪状和法定刑进行修改。

**(1) 危害行为**:表现在行为人实施以下两种行为类型之一:

第一,直接强迫他人劳动:这是指以暴力、威胁或者限制人身自由的方法强迫他人劳动。依据我国《劳动法》第96条,用人单位以暴力、威胁或者非法限制人身自由的手段强迫劳动,构成犯罪的,对责任人员依法追究刑事责任。"暴力、威胁"这两种强迫手段是《刑法修正案(八)》所增列的。所谓"暴力",是指对劳动者实施殴打、伤害等侵犯人身的行为,使其不能反抗;"威胁"是指对劳动者施以精神强制,使其不敢反抗;"限制人身自由的方法"是指以不让劳动者外出、扣留身份证件等方法,对其人身自由予以非法限制,强迫其劳动。从危害程度看,这种手段尚未达到"剥夺人身自由"的程度,否则构成非法拘禁罪与本罪之间的竞合关系。

第二,协助强迫他人劳动:这是指明知他人实施强迫劳动的行为,而为其招募、运送人员或者有其他协助强迫他人劳动的行为。从实质上看,该情形属于正犯的帮助犯范畴。但是,鉴于这种行为类型助长了强迫劳动犯罪,《刑法修正案(八)》以专门的条款将其正犯化。所谓"招募",是指面向特定或者不特定的群体征招、招聘人员的行为;"运送"是指利用各种工具或者方式运输人员的行为;"其他协助强迫他人劳动行为"是指除招募、运送人员之外,为强迫劳动的单位和个人而转移、窝藏或接收人员的行为。

**(2) 行为对象**:他人。

在1997年修订的《刑法》中,本罪的行为对象限定为"职工",这是指与用人单位建立劳动关系的劳动者。而在司法实践中,有的用人单位通常不与劳动者签订劳动合同,若在其场所发生强迫劳动,就无法以本罪论处。有鉴于此,《刑法修正案(八)》将本罪的行为对象由"职工"修改为"他人",其中包括非法招募的人员等,由此扩大了本罪的保护范围。

---

① 该议定书于2000年11月15日由第55届联合国大会通过,并于2003年12月25日生效。在2009年12月26日,全国人大常委会经表决决定加入。依据该议定书第5条的要求,各缔约国均应采取必要的立法和其他措施,将本议定书第3条所列故意行为规定为刑事犯罪。其中第3条规定:"人口贩运"系指为剥削目的而通过暴力威胁或使用暴力手段,或通过其他形式的胁迫,通过诱拐、欺诈、欺骗、滥用权力或滥用脆弱境况,或通过授受酬金或利益取得对另一人有控制权的某人的同意等手段招募、运送、转移、窝藏或接收人员;剥削应至少包括利用他人卖淫进行剥削或其他形式的性剥削、强迫劳动或服务、奴役或类似奴役的做法、劳役或切除器官。为剥削目的而招募、运送、转移、窝藏或接收儿童,即使并不涉及上述任何手段,也应视为"人口贩运"。

**(3) 犯罪主体**：一般主体，自然人和单位均可以构成。

为了充分保护劳动者的权益，《刑法修正案（八）》将本罪的犯罪主体由"用人单位"扩大为一般主体。至于单位或者个人是否与劳动者建立劳动关系，并非关键。

**(4) 主观方面**：故意。

如果行为人不知事实真相，误以为是合法的招工活动而参与招募、运送人员的，则不能构成本罪。

（二）雇用童工从事危重劳动罪

本罪是指行为人违反劳动管理法规，雇用未满16周岁的未成年人从事超强度体力劳动的，或者从事高空、井下作业的，或者在爆炸性、易燃性、放射性、毒害性等危险环境下从事劳动，情节严重的行为。这是《刑法修正案（四）》第4条新设立的罪名，在体系编排上作为《刑法》第244条之一。

关于本罪的行为对象，必须是未满16周岁的未成年人。依据我国《劳动法》第15条，禁止用人单位招用未满16周岁的未成年人。文艺、体育和特种工艺单位招用未满16周岁的未成年人，必须依照国家有关规定，履行审批手续，并保障其接受义务教育的权利。该法第64条还规定，不得安排未成年工从事矿山井下、有毒有害、国家规定的第四级体力劳动强度的劳动和其他禁忌从事的劳动。

在客观方面，本罪表现在行为人雇用未满16周岁的未成年人，实施以下三种行为类型之一：(1) 从事超强度体力劳动：是指从事国家规定的第四级体力劳动强度的劳动；(2) 从事高空、井下作业；(3) 在爆炸性、易燃性、放射性、毒害性等危险环境下从事劳动。

至于定量标准，本罪是以"情节严重"作为入罪门槛。依据2008年《关于公安机关管辖的刑事案件立案追诉标准的规定（一）》第32条，这是指下列情形之一：(1) 造成未满16周岁的未成年人伤亡或者对其身体健康造成严重危害的；(2) 雇用未满16周岁的未成年人3人以上的；(3) 以强迫、欺骗等手段雇用未满16周岁的未成年人从事危重劳动的；(4) 其他情节严重的情形。

根据《刑法》第244条之一第2款，行为人雇用童工从事危重劳动，如果造成事故，又构成诸如重大责任事故罪、重大劳动安全事故罪等其他犯罪的，则依照数罪并罚的规定处罚。如果行为人雇用未满16周岁的未成年人，并且以暴力、威胁或者限制人身自由的方法强迫其从事危重劳动，同时构成雇用童工从事危重劳动罪与强迫劳动罪的，依照处罚较重的犯罪定罪处罚。

### 5.2.5 与司法活动相关联的侵犯人身自由犯罪

依据我国《宪法》第37条和第39条，我国公民的人身自由不受侵犯，禁止非法搜查公民的身体;我国公民的住宅不受侵犯,禁止非法搜查或者非法侵入公民的住宅。在侵犯公民人身自由权的犯罪中,有以下 5 个罪名是与司法活动相关联的:非法搜查罪;非法侵入住宅罪;刑讯逼供罪;暴力取证罪;虐待被监管人罪。

（一）非法搜查罪

本罪是指自然人非法地对他人的身体或者住宅进行搜查的行为。

本罪的行为对象是特定的,仅指他人的身体或者住宅。在外延上,这里的"身体",应指他人的肉体和贴身的着装;至于"住宅",是指与外界相对隔离的、供公民生活起居的住所,不包括办公室、学校、公共娱乐场所等。

本罪是合法搜查的反向对称,在客观方面表现为无权进行搜查的个人,或者有权进行搜查的人员滥用职权或违反法律规定的程序而进行非法的搜查。司法工作人员滥用职权犯本罪的,从重处罚。

（二）非法侵入住宅罪

本罪是指没有法律依据或者未经合法的住宅居住人的同意,非法进入他人住宅的行为。

本罪的行为对象是他人的住宅,是指与外界相对隔离的、供公民生活起居的住所。这是公民人身、财产和隐私安全以及人格尊严的基本保障,受到法律的保护。这里的"他人",是指住宅的合法居住者,既包括住宅的所有权人,也可以是住宅的承租人、寄宿人等。

在客观方面,本罪表现在行为人实施了非法侵入的行为。从法律性质上看,进入他人住宅的行为必须是非法的。对于具有法律依据的合法进入者(例如司法机关依法定程序)、紧急避险等行为人,都从表象上进入他人的住宅,但只要属于合法的范畴,则不能构成本罪。至于"侵入",主要是指未经合法的住宅居住人的许可而进入他人的住宅。对于侵入的方式,可以是公开的,也可能是秘密的,并不以实施暴力作为必要条件。

司法工作人员滥用职权犯本罪的,从重处罚。如果行为人为了实施入户盗窃、抢劫、强奸等其他犯罪而将侵入住宅作为必经手段,均已构成犯罪的,则应择一重罪处断,而不宜实行数罪并罚。倘若行为人的目的行为不构成犯罪,但非法侵入他人住宅的行为构成犯罪的,可以非法侵入住宅罪定罪处罚。

（三）刑讯逼供罪

本罪是指司法工作人员对犯罪嫌疑人、被告人使用肉刑或者变相肉刑,逼取口供的行为。

**(1) 行为对象**:限定为犯罪嫌疑人和被告人,不包括正在服刑的罪犯和普通的民众。

在国际社会,鉴于酷刑构成对人类尊严的严重侵犯,《世界人权宣言》第 5

条和《公民权利和政治权利国际公约》第7条都强调禁止对任何人施以酷刑。在1975年和1984年,联合国大会分别通过两个专门禁止酷刑的国际性法律文件:《保护人人不受酷刑和其他残忍、不人道或有辱人格待遇或处罚宣言》(简称《反酷刑宣言》)以及《禁止酷刑和其他残忍、不人道或有辱人格的待遇或处罚公约》(简称《反酷刑公约》)。其中,《反酷刑公约》第1条第1款规定:"酷刑系指为了向某人或第三者取得情报或供状,为了他或第三者所作或被怀疑所作的行为对他加以处罚,或为了恐吓或威胁他或第三者,或为了基于任何一种歧视的任何理由,蓄意使某人在肉体或精神上遭受剧烈疼痛或痛苦的任何行为,而这种疼痛或痛苦又是由公职人员或以官方身份行使职权的其他人所造成或在其唆使、同意或默许下造成的。纯因法律制裁而引起或法律制裁所固有或随附的疼痛或痛苦,则不包括在内。"在《国际刑事法院罗马规约》中,酷刑则被规定为危害人类罪、战争罪项下的一种类型。

**(2) 危害行为**:表现为手段行为与目的行为之复合:

第一,手段行为:行为人使用肉刑或者变相肉刑。所谓"肉刑",是指对犯罪嫌疑人或者被告人的肉体实施暴力,使其肉体遭受剧烈痛苦的手段,例如捆绑、吊打等;"变相肉刑"是指采用类似于暴力的手段,针对犯罪嫌疑人或者被告人的身体进行折磨,例如罚站、罚饿、不许睡觉、强烈的精神刺激等。

第二,目的行为:逼取口供,即迫使被告人在违背真实意愿的情形下作出某种供述。

**(3) 特殊主体**:司法工作人员。

依据《刑法》第94条,这是指有侦查、检察、审判、监管职责的工作人员。

**(4) 主观方面**:故意,并且具有逼取口供的目的。

至于行为人实施刑讯逼供的动机,不影响本罪的成立。

**(5) 定量标准**:《刑法》第247条未作规定,但依据2006年最高人民检察院《关于渎职侵权犯罪案件立案标准的规定》,刑讯逼供涉嫌下列情形之一的,应予立案:以殴打、捆绑、违法使用械具等恶劣手段逼取口供的;以较长时间冻、饿、晒、烤等手段逼取口供,严重损害犯罪嫌疑人、被告人身体健康的;刑讯逼供造成犯罪嫌疑人、被告人轻伤、重伤、死亡的;刑讯逼供,情节严重,导致犯罪嫌疑人、被告人自杀、自残造成重伤、死亡,或者精神失常的;刑讯逼供,造成错案的;刑讯逼供3人次以上的;纵容、授意、指使、强迫他人刑讯逼供,具有上述情形之一的;其他刑讯逼供应予追究刑事责任的情形。

**(6) 转化犯**:根据《刑法》第247条,刑讯逼供致人伤残、死亡的,应以故意伤害罪或者故意杀人罪定罪,从重处罚。这属于转化犯的范畴,适用的前提条件是刑讯逼供直接造成被害人重伤或者严重残疾、死亡的结果,不包括自残、自杀的情形。

### （四）暴力取证罪

本罪是指司法工作人员以暴力逼取证人证言的行为。

在客观方面，表现为司法工作人员使用暴力，逼取证人证言的行为。这里的手段行为局限在"暴力"，是指对证人的人身实施殴打、捆绑等不法的有形行为。本罪的行为对象是证人，是指在刑事诉讼中，向司法机关提供自己所知道的案件情况的诉讼参与人，还包括被害人、鉴定人在内，属于广义的范畴。

关于主观方面，行为人是出于故意，并且具有逼取证人证言的目的。

在体系性位置上，本罪与刑讯逼供罪并列规定在《刑法》第247条，故暴力取证致人伤残、死亡的，构成转化犯，应以故意伤害罪或者故意杀人罪定罪，从重处罚。同时，刑法也未规定本罪的定量标准，但2006年最高人民检察院《关于渎职侵权犯罪案件立案标准的规定》设立七种关于对暴力取证应予立案的情形。

### （五）虐待被监管人罪

本罪是指监狱、拘留所、看守所、拘役所、劳教所等监管机构的监管人员对被监管人进行殴打或者体罚虐待，情节严重的行为。

**(1) 行为对象**：被监管人。

这是指依法被限制人身自由的人，包括已决犯、未决犯、被劳教人员、被行政拘留人员、被司法拘留人员以及其他依法被监管的人员。

**(2) 危害行为**：表现为殴打或者体罚虐待被监管人的行为，这包括直接实施和指使被监管人实施的两种形式。

这里的"体罚虐待"，是指对被监管人实行肉体或者精神上的折磨行为，例如冻饿、晒烤、凌辱人格等。如果行为人对被监管人实施具有性性质的虐待行为，同时构成强奸罪或者强制猥亵、侮辱罪的，则应择一重罪处断。

**(3) 特殊的犯罪主体**：监狱、拘留所、看守所、拘役所、劳教所等监管机构的监管人员。

这与本罪的行为对象形成对应关系。

**(4) 主观方面**：故意。

至于行为人实施虐待的动机，不影响本罪的成立。

**(5) 定量标准**：依据《刑法》第248条，本罪是以"情节严重"作为入罪门槛。根据2006年最高人民检察院《关于渎职侵权犯罪案件立案标准的规定》，涉嫌下列情形之一的，应予立案：以殴打、捆绑、违法使用械具等恶劣手段虐待被监管人的；以较长时间冻、饿、晒、烤等手段虐待被监管人，严重损害其身体健康的；虐待造成被监管人轻伤、重伤、死亡的；虐待被监管人，情节严重，导致被监管人自杀、自残造成重伤、死亡，或者精神失常的；殴打或者体罚虐待3人次以上的；指使被监管人殴打、体罚虐待其他被监管人，具有上述情形之一的；其他情节严重的情形。

虐待被监管人致人伤残、死亡的,应以故意伤害罪或者故意杀人罪定罪,从重处罚。这与刑讯逼供罪、暴力取证罪一样,均属于转化犯的范畴。

## 5.3 侵犯人格权和名誉权的犯罪

公民的人格尊严和名誉权,是我国公民依法享有的基本权利,受到国家法律的严格保护,不容非法侵犯和损害。我国《宪法》第 38 条规定:"中华人民共和国公民的人格尊严不受侵犯。禁止用任何方法对公民进行侮辱、诽谤和诬告陷害。"与此相配套,我国《刑法》分则第四章在第 243 条和第 246 条设立以下 3 个侵犯人格权和名誉权的犯罪:侮辱罪;诽谤罪;诬告陷害罪。

### 5.3.1 侮辱罪

本罪是指自然人以暴力或者其他方法,公然地损害他人的名誉,情节严重的行为。

**(1) 行为对象**:特定的他人。

所谓"特定",并不要求一定是指名道姓,只要对被害人的特征予以具体的描绘,使得第三人知道是针对何人的,就应视为有特定的侮辱对象。如果是针对无特定对象的"喊大街式"谩骂,则不构成本罪。这既可以是针对一个人实施,也可以是数人,但不包括法人(单位)在内,男性和女性均可成为本罪的行为对象。行为人侮辱尸体的,则不构成本罪,涉嫌构成侮辱尸体罪。

**(2) 危害行为**:表现为以暴力或者其他方法,公然地侮辱他人。

在时空特征上,本罪体现为"公然性",是指在不特定的多数人面前实施侮辱行为,这也是本罪与诽谤罪的区别点之一。至于被害人是否在场,并非关键。

在行为方式上,主要表现为以下几种形式:

第一,暴力侮辱:这是指对被害人的身体施以强制力而损害他人的名誉,例如强剪被害人的头发、以污秽物泼人等。比较而言,《刑法》第 237 条第 1 款设立的强制侮辱罪,也可以表现为暴力形式,但行为对象限定于妇女,危害行为具有性的性质,而且无需公然地实施。如果行为人对妇女实施具有性性质的暴力侮辱行为,例如强行脱光妇女的衣服、强力逼迫妇女跳裸体舞等,则涉嫌构成强制侮辱罪。另外,如果行为人以伤害他人身体健康的手段进行侮辱,造成轻伤以上后果的,应以故意伤害罪论处。

第二,言词侮辱:这是指以言语对被害人进行诋毁、辱骂。

第三,文字或者图画侮辱:这是指以标语、报刊、出版物、信件、漫画等形式对被害人进行侮辱。

第四,利用信息网络的侮辱:这是与时俱进的新型侮辱方式。依据 2000 年全国人大常委会《关于维护互联网安全的决定》第 4 条第 1 项,利用互联网侮辱他人或者捏造事实诽谤他人,构成犯罪的,依照刑法有关规定追究刑事责任,其中包括本罪在内。

**(3) 主观方面**:故意,并且具有损害他人名誉的目的。

**(4) 定量标准**:依据《刑法》第 246 条,本罪是以"情节严重"作为入罪门槛。这是指侮辱的手段恶劣,造成被害人精神失常、自残、自杀等严重后果等情形。

根据《刑法》第 246 条第 2 款,犯本罪,告诉的才处理,但是"严重危害社会秩序和国家利益"的除外。这是指除了"例外"情形之外,被害人没有直接向人民法院告发的,法院则不受理。鉴于网络侮辱、诽谤的被害人进行个人调查取证的局限性和难度,《刑法修正案(九)》在第 246 条增设第 3 款,规定对于通过信息网络实施侮辱或者诽谤的行为,被害人向人民法院告诉,但提供证据确有困难的,人民法院可以要求公安机关提供协助。

### 5.3.2 诽谤罪

本罪是指自然人故意地捏造并散布虚构的事实,损害他人的人格或名誉,情节严重的行为。

在体系性位置上,《刑法》将诽谤罪与侮辱罪并列地规定在第 246 条,故两罪具有许多共同之处,主要区别点在于危害行为。本罪不以公然实施作为成立要件,表现为以下两个必须同时具备的行为要件:

(1) 捏造事实:这是指无中生有、凭空地编造事实。如果行为人散布的是客观存在的事实,即使这有损于他人的名誉,也不构成诽谤罪。

(2) 散布捏造的事实:这是指将捏造的事实加以扩散,既可以表现为言语散布,也可以是利用报刊、书信、出版物或者图画等方式的散布,在现今则体现在利用信息网络的散布。依据 2013 年"两高"《关于办理利用信息网络实施诽谤等刑事案件适用法律若干问题的解释》第 1 条,捏造损害他人名誉的事实,在信息网络上散布,或组织、指使人员在信息网络上散布的;或者将信息网络上涉及他人的原始信息内容篡改为损害他人名誉的事实,在信息网络上散布,或组织、指使人员在信息网络上散布的;或者明知是捏造的损害他人名誉的事实,在信息网络上散布,应当认定为"捏造事实诽谤他人"。

至于定量标准,依据《刑法》第 246 条,本罪是以"情节严重"作为入罪门槛。依据《关于办理利用信息网络实施诽谤等刑事案件适用法律若干问题的解释》第 2 条,这主要表现为下列情形之一:同一诽谤信息实际被点击、浏览次数达到 5000 次以上,或者被转发次数达到 500 次以上的;造成被害人或者其近亲属精神失常、自残、自杀等严重后果的;2 年内曾因诽谤受过行政处罚,又诽谤他人的;其他情节严重的情形。

与侮辱罪一样,诽谤罪也属于告诉才处理的案件,但是"严重危害社会秩序和国家利益"的除外。关于应予以立案追诉的"例外"情形,依据《关于办理利用信息网络实施诽谤等刑事案件适用法律若干问题的解释》第3条,主要表现为下列情形之一:引发群体性事件的;引发公共秩序混乱的;引发民族、宗教冲突的;诽谤多人,造成恶劣社会影响的;损害国家形象,严重危害国家利益的;造成恶劣国际影响的;其他严重危害社会秩序和国家利益的情形。

### 5.3.3 诬告陷害罪

本罪是指自然人捏造犯罪事实,向有关国家机关进行虚假告发,意图使他人受到刑事追究,情节严重的行为。

**(1) 危害行为**:表现为以下三种行为要素的组合,缺一不可:

第一,捏造犯罪事实。我国《宪法》第41条规定,我国公民对于任何国家机关和国家工作人员的违法失职行为,有向有关国家机关提出申诉、控告或者检举的权利,但是不得捏造或者歪曲事实进行诬告陷害。所谓"捏造",是指无中生有、凭空地编造事实。同时,捏造的内容必须是犯罪事实,才有可能使被诬陷人受到错误的刑事追究。如果行为人捏造的只是一般的事实,则不能构成诬告陷害罪,可能涉嫌构成诽谤罪。

第二,进行虚假告发:这是构成本罪的基础条件。诬告是手段,陷害是目的,两者共同构成一个整体。如果行为人捏造他人的犯罪事实而没有进行告发,就无法假借司法机关来实现其诬陷的目的。至于告发的形式,既可以是书面或者口头的,也可以是当面告发、投信告发或者转托他人告发;告发的材料可以是署名的,也可以是匿名的。关于告发的对象,不仅可以向司法机关告发,还可以向其他有关国家机关或者人员告发,而诽谤罪是向不特定的多数人扩散所捏造的事实。这是区分诽谤罪与诬告陷害罪的界限之一。

第三,行为对象:针对特定的他人实施。这不要求一定是具体的指名道姓,只要通过告发的事实,使人能看出被诬陷的对象即可。如果行为人仅捏造某种犯罪事实(例如谎称被骗而报案等),而没有针对具体的人进行诬陷,则不能构成本罪。

**(2) 犯罪主体**:一般主体,只能由自然人构成。

根据《刑法》第243条第2款,国家机关工作人员犯本罪的,从重处罚。

**(3) 主观方面**:故意,并且具有使他人受到刑事追究的目的。

这是本罪与报复陷害罪的主要区别点,后罪的目的是泄愤报复他人。同时,这也是区分诬告与错告的主要界限:错告是行为人对情况不清楚,或者认识片面而在控告、检举中发生差错,并不具有陷害他人的目的。依据《刑法》第243条第3款:"不是有意诬陷,而是错告,或者检举失实的,不适用前两款的规定。"这里的目的内容是"刑事追究",不局限于刑事处罚,还包括刑事拘留、逮捕等具体的刑事诉讼活动。无论犯罪动机如何,也不论被诬陷人是否受到实际的刑事追究,均不影响本罪的成立。

**(4) 定量标准**:依据《刑法》第 243 条第 1 款,本罪是以"情节严重"作为入罪门槛。这是指诬陷的手段恶劣,多次进行诬陷,造成被害人精神失常、自残、自杀等严重后果,或者造成恶劣社会影响等情形。

## 5.4 侵犯公民民主权利的犯罪

所谓民主权利,是指宪法和法律赋予公民依法参加管理国家和正常社会活动的基本权利。例如,我国《宪法》第 34 条、第 36 条和第 40 条规定,我国年满 18 周岁的公民都有选举权和被选举权;我国公民有宗教信仰自由;我国公民的通信自由和通信秘密受法律的保护。为了保护公民自由行使自己的民主权利,依法惩治对公民的合法民主权利进行剥夺、限制和妨害的非法行为,我国《刑法》分则第四章从第 249 条至第 256 条设立以下 10 个侵犯公民民主权利的罪名:煽动民族仇恨、民族歧视罪;出版歧视、侮辱少数民族作品罪;非法剥夺公民宗教信仰自由罪;侵犯少数民族风俗习惯罪;侵犯通信自由罪;私自开拆、隐匿、毁弃邮件、电报罪;侵犯公民个人信息罪;报复陷害罪;打击报复会计、统计人员罪;破坏选举罪。

### 5.4.1 侵犯民族权利的犯罪

我国是一个多民族组成的国家。我国《宪法》第 4 条规定,各民族一律平等,国家保障各少数民族的合法权利和利益,禁止对任何民族的歧视和压迫。为了反对民族歧视,保护宗教信仰自由,尊重少数民族的风俗习惯,我国刑法设立以下 4 个罪名:煽动民族仇恨、民族歧视罪;出版歧视、侮辱少数民族作品罪;非法剥夺公民宗教信仰自由罪;侵犯少数民族风俗习惯罪。

(一)煽动民族仇恨、民族歧视罪

本罪是指自然人以各种方法,公开鼓动民族仇恨、民族歧视,情节严重的行为。

这是我国刑法中的煽动型罪名之一,在客观方面表现为向不特定人或者多数人鼓动、激起不同民族之间的相互敌对、歧视的状态。

(二)出版歧视、侮辱少数民族作品罪

本罪是指在出版物中刊载歧视、侮辱少数民族的内容,情节恶劣,造成严重后果的行为。

在危害行为上,本罪表现为在报纸、杂志、图书、画册、音像制品、影视作品、电子出版物等出版物中,登载或者转载对少数民族予以贬低、蔑视或者羞辱的内容。

(三) 非法剥夺公民宗教信仰自由罪

本罪是指国家机关工作人员非法剥夺公民的宗教信仰自由,情节严重的行为。

关于行为对象,是公民的宗教信仰自由,包括公民是否信仰的自由、信仰何种宗教或者教派的自由、是否参加宗教仪式的自由等。这里的"宗教",不包括邪教组织、会道门等,其在存在和活动上应具有合法性。

在危害行为上,本罪表现为行为人违反法律法规,剥夺他人的宗教信仰自由,例如以暴力、胁迫或其他非法手段干涉他人的宗教信仰自由;对信仰宗教的公民进行打击、迫害;非法干涉公民的正当宗教活动;非法封闭或捣毁合法的宗教场所及其他宗教设施等。

在体系性位置上,《刑法》将本罪与"侵犯少数民族风俗习惯罪"并列地规定在第251条,故两罪具有许多共同之处,犯罪主体均是国家机关工作人员。

(四) 侵犯少数民族风俗习惯罪

本罪是指国家机关工作人员非法干涉、破坏少数民族的风俗习惯,或者强迫少数民族改变风俗习惯,情节严重的行为。

关于行为对象,是少数民族的风俗习惯,这是指我国各少数民族在长期历史文化中形成的、具有本民族特色的伦理道德、风俗民情和生活习惯等,是整个少数民族的约定俗成。

### 5.4.2 侵犯通信权利的犯罪

(一) 侵犯通信自由罪

本罪是指自然人隐匿、毁弃或者非法开拆他人信件,侵犯公民通信自由权利,情节严重的行为。

关于行为对象,是他人的信件,包括信函、明信片、传真、电子邮件等。依据2000年全国人大常委会《关于维护互联网安全的决定》第4条,非法截获、篡改、删除他人电子邮件或者其他数据资料,侵犯公民通信自由和通信秘密,构成犯罪的,依照本罪追究刑事责任。

在危害行为上,本罪表现为以下三种法定形式:

(1) 隐匿:这是指私自将他人的信件隐藏起来,使他人无法收到的行为。

(2) 毁弃:这是指将他人的信件故意损毁、丢弃,致使他人无法查收的行为。

(3) 非法开拆:这是指违反国家有关规定,未经投寄人或者收件人的同意,擅自拆开他人信件的行为。

### (二) 私自开拆、隐匿、毁弃邮件、电报罪

本罪是指邮政工作人员私自开拆或者隐匿、毁弃邮件、电报的行为。

在危害行为上,本罪与侵犯通信自由罪都表现为行为人开拆、隐匿或者毁弃的三种形态。但是,本罪的行为对象是邮件、电报,要宽泛于侵犯通信自由罪中的信件。这里的"邮件",不仅包括邮政部门寄递的信件,还包含邮包、印刷品、汇款通知等;至于"电报",是早期普遍运用的通信方法,是指以电信号发送出去的编码。随着现代移动通信技术的迅速发展和应用,电报业务逐渐淡出通信领域,具有刑法沿革方面的"考古"意义。

关于犯罪主体,是特殊主体,特指邮政工作人员,是指邮政部门的营业员、投递员、接发员、押运员以及受邮政部门委托的代办员,也包括快递公司的工作人员。这是本罪与侵犯通信自由罪的区别点之一。

依据《刑法》第253条第2款,行为人私自开拆、隐匿、毁弃邮件而窃取财物的,应以盗窃罪定罪,从重处罚。

### 5.4.3 其他侵犯公民民主权利的犯罪

#### (一) 侵犯公民个人信息罪

本罪是指自然人或者单位违反国家有关规定,向他人出售或者提供公民个人信息,或者窃取或以其他方法非法获取公民个人信息,情节严重的行为。

其前身是《刑法修正案(七)》第7条增设的"出售、非法提供公民个人信息罪"和"非法获取公民个人信息罪",在体系性位置上作为《刑法》第253条之一。《刑法修正案(九)》则对该条予以修改,将犯罪主体扩大为一般主体,而不再局限于国家机关或者金融、电信、交通、教育、医疗等单位的工作人员。

**(1) 行为对象**:公民个人信息。

所谓"公民个人信息",是与公民的人身和财产安全、个人隐私密切相关的信息。依据2017年"两高"《关于办理侵犯公民个人信息刑事案件适用法律若干问题的解释》第1条,这是指"以电子或者其他方式记录的能够单独或者与其他信息结合识别特定自然人身份或者反映特定自然人活动情况的各种信息,包括姓名、身份证件号码、通信通讯联系方式、住址、账号密码、财产状况、行踪轨迹等"。

**(2) 危害行为**:表现为以下两个不可分割的行为要件:

第一,前提条件:违反国家有关规定。

这是指"违反法律、行政法规、部门规章有关公民个人信息保护的规定"。需要注意的是,其内涵不同于非法经营罪、违法发放贷款罪等罪状中的"违反国家规定"。"有关"两个字之差,决定了本罪违反的规范外延要大于其他犯罪类型,并不局限在"国字号"层面的规范。

第二,在客观方面,本罪的危害行为方式包括以下三种情形:

① 出售：这是指行为人以谋取对价为条件，将自己掌握的公民个人信息提供给他人的行为。

② 非法提供：这是指行为人不以获得对价为条件，非法地让他人获得自己掌握的公民个人信息的行为。根据上述《关于办理侵犯公民个人信息刑事案件适用法律若干问题的解释》第3条，向特定人提供公民个人信息，以及通过信息网络或者其他途径发布公民个人信息的，应当认定为"提供公民个人信息"；未经被收集者同意，将合法收集的公民个人信息向他人提供的，属于"提供公民个人信息"，但是经过处理无法识别特定个人且不能复原的除外。

以上两种行为形态侧重于公民个人信息的"非法提供端"，为侵犯公民个人信息犯罪的蔓延提供了条件。其中的"他人"，是指获取方，包括单位和个人。从加害方的身份来看，不仅包括一般人出售或者非法提供公民个人信息，还包含在履行职责或者提供服务的正当过程中获得公民个人信息的特殊主体，违反国家有关规定而向他人出售或者提供。由于这种人员完全背离了正当业务活动的尽职要求，在一定程度上属于滥用职权的范畴，故《刑法》第253条之一的第2款将其列为本罪从重处罚的法定情形。

③ 窃取或者以其他方法非法获取：这是侵犯公民个人信息犯罪的源头性行为，强调的是公民个人信息的"非法获取端"，这是指行为人以窃取手段，或者以窃取之外的其他方法，非法获取公民个人信息，例如通过购买、收受、交换等方式获取公民个人信息，或者在履行职责、提供服务过程中收集公民个人信息。

根据上述《关于办理侵犯公民个人信息刑事案件适用法律若干问题的解释》第11条，非法获取公民个人信息后又出售或者提供的，公民个人信息的条数不重复计算；向不同单位或者个人分别出售、提供同一公民个人信息的，公民个人信息的条数累计计算。

**(3) 定量标准**：本罪是以"情节严重"作为入罪门槛。上述《关于办理侵犯公民个人信息刑事案件适用法律若干问题的解释》第5条和第6条确立了10种以上不同类型的认定情形。

(二) 报复陷害罪

本罪是指国家机关工作人员滥用职权、假公济私，对控告人、申诉人、批评人、举报人实行报复陷害的行为。

**(1) 行为对象**：这是指特定的以下四种人：

第一，控告人：这是指告发、检举国家工作人员违法失职的人。

第二，申诉人：这是指对自己或者他人所受的处分不服，向原处理机关或者上级机关提出自己申诉意见，请求改变原来处分的人。

第三，批评人：这是指对国家机关或者国家工作人员的缺点、错误提出批评的人。

第四，举报人：这是指检举、揭发犯罪事实或者线索的人。

**(2) 危害行为**：表现为以下两个不可分割的要件：

第一，对行为对象实施报复陷害的行为，例如非法克扣、停发工资、奖金或者其他福利；降职、降薪或者调动、解聘、开除工作；压制专业技术职称的评定等。

第二，国家机关工作人员滥用职权、假公济私，即以工作为名，为徇私情而违背职责的规定。

**(3) 犯罪主体**：特殊主体，只能由国家机关工作人员构成。

如果行为人采取的报复陷害行为与其职权没有联系，则不构成本罪。这也是本罪与诬告陷害罪的区别点之一。

(三) 打击报复会计、统计人员罪

本罪是指公司、企业、事业单位、机关、团体的领导人员，对依法履行职责，抵制违反会计法、统计法行为的会计、统计人员实行打击报复，情节恶劣的行为。

为了保证会计、统计资料的真实性、准确性、完整性和及时性，我国《会计法》第5条和《统计法》第6条均规定：任何单位或者个人不得对依法履行职责或者拒绝、抵制违法行为的会计、统计人员打击报复；构成犯罪的，依法追究刑事责任。在客观方面，本罪表现在行为人对依法履行职责、抵制违反会计法、统计法行为的会计、统计人员，实行打击报复，例如降级、撤职、调离工作岗位、解聘或者开除等。

犯罪主体是特殊主体，只能由公司、企业、事业单位、机关、团体的领导人员构成。

(四) 破坏选举罪

本罪是指在选举各级人民代表大会代表和国家机关领导人员时，以暴力、威胁、欺骗、贿赂、伪造选举文件、虚报选举票数等手段，破坏选举或者妨害选民和代表自由行使选举权和被选举权，情节严重的行为。

本罪的行为对象是特定的选举，仅限于各级人民代表大会代表和国家机关领导人员的选举。从我国国情出发，这也包括各级党委、中国共产党和各大民主党派代表的选举，但不包括居民委员会、村民委员会、企事业单位、人民团体、民间机构等内部工作人员的选举。

在客观方面，本罪表现为以暴力、威胁、欺骗、贿赂、伪造选举文件、虚报选举票数等手段，破坏选举，或者妨害选民和代表自由行使选举权和被选举权。如果行为人以贿赂、伪造选举文件等手段破坏选举，同时构成本罪以及行贿罪或伪造国家机关公文、证件、印章罪的，则应择一重罪论处。

## 5.5 妨害婚姻家庭的犯罪

我国《刑法》分则第四章从第257条至第262条之二，设置了以下9个妨害婚姻家庭的犯罪：暴力干涉婚姻自由罪；重婚罪；破坏军婚罪；虐待罪；虐待被监护、看护人罪;遗弃罪;拐骗儿童罪;组织残疾人、儿童乞讨罪;组织未成年人进行违反治安管理活动罪。在 1979 年《刑法》中,这是分则的八个章罪名之一。在现行《刑法》的体系性位置上,则被纳入侵犯公民人身权利、民主权利罪。

### 5.5.1 妨害婚姻的犯罪

(一) 暴力干涉婚姻自由罪

本罪是指以暴力手段,干涉他人婚姻自由的行为。

依据我国《婚姻法》的规定,我国实行婚姻自由的婚姻制度,结婚必须男女双方完全自愿,男女双方都有申请离婚的权利,任何人不得横加干涉和强制。在客观方面,本罪表现在行为人以暴力手段,干涉他人的结婚自由或者离婚自由。这里的"暴力",是指使用殴打、捆绑、拘禁、强抢等手段,对他人的人身实行强制或者打击,致使受害人无法行使婚姻自由的权利。这是本罪构成的前提条件,不包括胁迫等方法。

如果行为人以故意杀人或者伤害、非法拘禁等手段干涉他人婚姻自由,同时构成本罪以及故意杀人罪、故意伤害罪或者非法拘禁罪的,则应择一重罪论处;倘若行为人在暴力干涉婚姻自由的过程中,过失致使被害人死亡的,则属于本罪的加重处罚事由。

根据《刑法》第 257 条第 3 款,暴力干涉他人婚姻自由,没有致使被害人死亡的,告诉的才处理。

(二) 重婚罪

本罪是指有配偶而与他人结婚,或者明知他人有配偶而与之结婚的行为。

根据我国《婚姻法》,我国实行一夫一妻的婚姻制度,禁止重婚。在客观方面,本罪表现为以下两种情形:

(1) 已婚者与他人结婚:即有配偶的男女中的任何一方,在本人婚姻关系依法存续期间,又与他人成立婚姻关系。

(2) 相婚者明知他人有配偶而与之结婚:即本人虽然没有结婚,但明知对方是有妇(夫)之夫(妇)而与其成立婚姻关系。

至于危害行为方式,既可以是通过非法手段骗取的登记结婚,也可以是未经婚姻登记手续、以夫妻关系长期共同生活的事实婚姻,但不包括通奸或者临时同居。

在主观方面,行为人必须出于故意。如果无配偶的一方因蒙受欺骗,确实不知道对方已有配偶而与之成立婚姻关系,则无配偶一方不构成重婚罪,有配偶方构成本罪。

(三) 破坏军婚罪

本罪是指明知是现役军人的配偶而与之同居或者结婚的行为。

为了彰显对现役军人的婚姻关系之特殊保护,本罪的行为对象限定为"现役军人的配偶",这是指与现役军人成立合法婚姻关系的人,但不包括未婚夫、未婚妻,也不包括复员退伍和转业的军人、警察的配偶。

在客观方面,本罪表现在行为人与现役军人的配偶同居或者结婚,包括以下两种危害行为方式:

(1) 同居:这是指双方在一定时期内,公开或者秘密地在一起姘居生活。与此相比较,重婚罪的危害行为则不包括同居,这是本罪与重婚罪的区别点。

(2) 结婚:包括登记结婚和事实婚姻。

从规范意义上看,"通奸"不属于破坏军婚罪的行为类型。但是,在长期的通奸行为可以评价为同居关系的情形下,则在客观方面符合本罪的构成要件。依据《刑法》第 259 条第 2 款,利用职权、从属关系,以胁迫手段奸淫现役军人的妻子,以强奸罪定罪处罚。

在主观方面,行为人必须出于故意,即明知对方是现役军人的配偶,而与之同居或者结婚的心理状态。如果行为人确实不知道对方是现役军人的配偶,不构成本罪。

### 5.5.2 虐待类犯罪

依据行为对象的不同,对于虐待行为,我国刑法设置了以下 5 个规制的罪名:虐待被监管人罪(第 248 条);虐待罪(第 260 条);虐待被监护、看护人罪(第 260 条之一);虐待部属罪(第 443 条);虐待俘虏罪(第 448 条)。

(一) 虐待罪

本罪是指对共同生活的家庭成员进行肉体或者精神上的摧残、折磨,情节恶劣的行为。

关于行为对象,是"共同生活的家庭成员"。这是指基于婚姻、血缘、收养等纽带,被害人与加害人之间存在一定的抚养、扶养或者赡养的家庭关系。

在犯罪主体上,本罪只能由自然人构成。这是本罪与虐待被监护、看护人罪的区别点之一。

在客观方面,本罪表现在行为人对被害人持续地实施肉体或者精神上的摧残、折磨行为,例如殴打、冻饿、强迫过度劳动、限制人身自由、恐吓、侮辱、谩骂等。同时,虐待罪属于继续犯,行为人须在一定时期内持续地侵害同一个行为对象。如果行为人偶尔地实施虐待行为,则不构成本罪。

至于定量标准,依据《刑法》第 260 条,本罪是以"情节恶劣"作为入罪门槛。根据 2015 年"两高"、公安部、司法部《关于依法办理家庭暴力犯罪案件的意见》第 17 条,这主要表现为虐待持续时间较长、次数较多;虐待手段残忍;虐待造成被害人轻微伤或者患较严重疾病;对未成年人、老年人、残疾人、孕妇、哺乳期妇女、重病患者实施较为严重的虐待行为等情形。

行为人在虐待的过程中,过失导致被害人重伤或者死亡的,或者因虐待致使被害人不堪忍受而自残、自杀,导致重伤或者死亡的,属于本罪的加重处罚事由。但是,如果行为人在主观上具有希望或者放任被害人重伤或者死亡的故意,持凶器实施暴力,暴力手段残忍,暴力程度较强,直接或者立即造成被害人重伤或者死亡的,则应以故意伤害罪或者故意杀人罪定罪处罚。

根据《刑法》第 260 条第 3 款,虐待家庭成员,没有致使被害人重伤、死亡的,告诉的才处理,但是"被害人没有能力告诉,或者因受到强制、威吓无法告诉"的除外。这里的"除外"情形,是《刑法修正案(九)》第 18 条针对被害人处于相对弱势、举证能力有限的情形而新增设的规定,以便更加有力地保护被害人的合法权益。

(二) 虐待被监护、看护人罪

本罪是指对未成年人、老年人、患病的人、残疾人等负有监护、看护职责的人,虐待被监护、看护的人,情节恶劣的行为。

本罪的行为对象是"被监护、看护的人",包括未成年人、老年人、患病的人、残疾人等。鉴于《刑法》第 260 条将家庭成员限定为虐待罪的行为对象,对于虐待家庭成员以外的被监护、看护人,则存在着刑事立法上的盲区,有的司法机关以寻衅滋事罪来追究类似的行为,这不利于对那些不存在家庭关系的特殊群体之刑法保护。有鉴于此,《刑法修正案(九)》第 19 条新设立本罪,在体系编排上作为《刑法》第 260 条之一。

在客观方面,本罪的危害行为与普通虐待罪具有共性,表现在行为人违反监护、看护职责,对被害人持续地实施肉体或者精神上的摧残、折磨行为。这既包括殴打、冻饿、捆绑、恐吓、侮辱等作为方式,也包含有病不予治疗等不作为方式。同时,虐待行为必须具有持续性,偶尔的虐待行为不能构成本罪。

至于犯罪主体,是与本罪的行为对象形成反向对应关系,特指负有监护、看护职责的人,但其与被监护、被看护人不具有家庭成员的关系,自然人和单位均可构成本罪。这是本罪与虐待罪的区别点之一。

如果行为人实施虐待行为,同时构成其他犯罪的,则依据《刑法》第 260 条之一第 3 款的规定,依照处罚较重的规定定罪处罚。

### 5.5.3 遗弃罪

本罪是指对于年老、年幼、患病或者其他没有独立生活能力的人,负有扶养义务而拒绝扶养,情节恶劣的行为。

关于本罪的行为对象,是"年老、年幼、患病或者其他没有独立生活能力的人"。这是本罪与《刑法》第 444 条遗弃伤病军人罪的区别点之一。

在客观方面,本罪是不作为犯,必须同时具备以下条件:

(1) 应为:这是指行为人负有扶养的义务,包括法律、业务等所确立的义务来源。

(2) 能为:具有扶养能力。

(3) 不为:拒不扶养。例如,不提供生活供给,将生活不能自理的被害人弃置在福利院、医院、派出所等单位或者广场、车站等行人较多的场所等。但是,对于希望或者放任被害人死亡,不履行必要的扶养义务,致使被害人因缺乏生活照料而死亡,或者将生活不能自理的被害人带至荒山野岭等人迹罕至的场所扔弃,使被害人难以得到他人救助的,应以故意杀人罪定罪处罚。

至于定量标准,依据《刑法》第261条,本罪是以"情节恶劣"作为入罪门槛。根据2015年《关于依法办理家庭暴力犯罪案件的意见》第17条,这主要表现为对被害人长期不予照顾、不提供生活来源;驱赶、逼迫被害人离家,致使被害人流离失所或者生存困难;遗弃患严重疾病或者生活不能自理的被害人;遗弃致使被害人身体严重损害或者造成其他严重后果等情形。

### 5.5.4 针对儿童的犯罪

在我国刑法上,"儿童"是指不满14周岁的人。其中,不满1周岁的是婴儿,1周岁以上不满6周岁的为幼儿。为了加强对儿童的保护,我国刑法对针对儿童的犯罪设置了以下罪名体系:(1)猥亵儿童罪(第237条第3款);(2)绑架罪(第239条):以勒索财物为目的,绑架儿童,或者偷盗婴幼儿;(3)拐卖儿童罪(第240条):以出卖为目的,拐骗、绑架、收买、贩卖、接送、中转儿童或者偷盗婴幼儿;(4)雇用童工从事危重劳动罪(第244条之一);(5)拐骗儿童罪(第262条);(6)组织残疾人、儿童乞讨罪(第262条之一);(7)组织未成年人进行违反治安管理活动罪(第262条之二)。鉴于之前的有关章节已论述前四个罪名,以下简要地介绍如下三个针对儿童的犯罪。

(一)拐骗儿童罪

本罪是指行为人拐骗不满14周岁的未成年人,脱离家庭或者监护人的行为。

从称谓为动宾词组的罪名结构看,本罪的危害行为表现为"拐骗":这是指以欺骗、利诱等方法,使行为对象脱离家庭或者监护人,将其置于自己的控制支配之下。这既可以是直接针对儿童实施,也可以是针对儿童的家长或者监护人实施。所谓"监护人",是指未成年人的父母以及其他依法履行监护职责,保护被监护人的人身、财产以及其他合法权益的人。

至于主观方面,行为人必须出于故意,并且不以出卖为目的,例如为了收养或者使唤、奴役等。尽管拐骗也是拐卖儿童的一种行为类型,但行为人是否以出卖为目的之"二分法",是区分本罪与拐卖儿童罪的关键点,"以出卖为目的"是后罪的关键性构成要件。依据2010年"两高"、公安部、司法部《关于依法惩治拐卖妇女儿童犯罪的意见》第15条第2款,以抚养为目的偷盗婴幼儿或者拐骗儿童,之后予以出卖的,以拐卖儿童罪论处。

(二) 组织残疾人、儿童乞讨罪

本罪是指以暴力、胁迫手段组织残疾人或者不满14周岁的未成年人乞讨的行为。这是《刑法修正案(六)》第17条新设立的罪名,在体系编排上作为《刑法》第262条之一。

关于本罪的行为对象,特指"残疾人"和"不满14周岁的未成年人"。如果行为人组织该对象之外的人员乞讨,不构成本罪。

在客观方面,本罪表现在行为人以暴力、胁迫手段,组织特定的对象进行乞讨的行为。这是指以下两种行为要素的组合,缺一不可:

(1) 组织乞讨:这是指行为人策划、领导、指挥特定的被害人进行乞讨的行为。"乞讨"是指乞求施舍。依据我国《治安管理处罚法》第41条,胁迫、诱骗或者利用他人乞讨的,或者反复纠缠、强行讨要或者以其他滋扰他人的方式乞讨的,属于违反治安管理的行为。对比可见,刑法没有笼统地打击乞讨的行为,而是将犯罪圈限缩在"组织乞讨"的形态上,只处罚组织者。

(2) 以暴力、胁迫手段。

在一般意义上看,"组织"是指采用纠集、整合的手段而组成和控制某个群体,既包括诱骗、招募等非强迫性方式,也包含暴力、胁迫等强迫性形式。依据我国《未成年人保护法》第54条,禁止胁迫、诱骗、利用未成年人乞讨。然而,在本罪的构成要件上,刑法将"组织"的手段限定于暴力和胁迫,排除了诱骗等方式,其适用范围有所限缩。如果行为人在组织过程中使用暴力、胁迫手段,同时构成本罪以及故意伤害、非法拘禁等犯罪的,依照处罚较重的规定定罪处罚。

至于主观方面,行为人必须出于故意。如果行为人确实不知道对方是儿童,不构成本罪。

(三) 组织未成年人进行违反治安管理活动罪

本罪是指组织未成年人进行盗窃、诈骗、抢夺、敲诈勒索等违反治安管理活动的行为。这是《刑法修正案(七)》第8条新设立的罪名,在体系编排上作为《刑法》第262条之二。

本罪的行为对象是"未成年人"。依据我国《未成年人保护法》第2条,这是指未满18周岁的公民。在外延上,其宽泛于儿童。

在动宾词组的罪名结构上,本罪与"组织残疾人、儿童乞讨罪"相同,危害行为也表现为"组织"。然而,本罪的"组织"是一般意义的概念,并没有诸如组织残疾人、儿童乞讨罪中受到暴力、胁迫手段的限制,还包括诱骗、招募、容留等非强迫性的组织行为。同时,关于本罪的组织目的,特指进行盗窃、诈骗、抢夺、敲诈勒索等违反治安管理活动,这是本罪与"组织残疾人、儿童乞讨罪"的另一区别点。

至于主观方面,行为人必须出于故意。如果行为人确实不知道对方是未成年人,不构成本罪。

# 第6章 侵犯财产罪

侵犯财产罪,是指行为人以非法占有为目的而不法取得公私财物,或者故意毁损财产价值,或者不履行支付义务的类型化犯罪。这是我国《刑法》分则第五章规定的类犯罪的总称,从第263条至第276条之一设置以下13个具体犯罪:抢劫罪;盗窃罪;诈骗罪;抢夺罪;聚众哄抢罪;侵占罪;职务侵占罪;挪用资金罪;挪用特定款物罪;敲诈勒索罪;故意毁坏财物罪;破坏生产经营罪;拒不支付劳动报酬罪[①]。对于贪污罪,1979年《刑法》将其归置于该类罪中,1997年修订的《刑法》则将之移出本章。

关于该类罪侵犯的客体,是公共财产和公民私人财产的所有权,其内涵和外延已在《刑法》第91条和第92条予以界定。如果行为人侵占的是无主物,或者是已经被原所有人自动放弃所有权的物品,均不会发生非法侵犯财产所有权的问题。但是,古文化遗址、古墓葬和在我国境内地下、内水和领海中遗存的一切文物以及所有人不明的埋藏物、隐藏物,根据我国《文物保护法》等有关规定,均属于国家所有,不能将它们视为无主物而任意侵占。此外,他人非法占有的财物,例如赌博犯占有的赌资、盗窃犯所得的赃款赃物等,原本就属于国家、集体或者他人所有,只是出于他人的非法行为而暂时脱离原合法所有人的实际控制和管理,应当依法追缴或者没收,因此,以不法手段侵犯他人非法占有的财物,例如抢劫毒品、假币、淫秽物品、赌资、赃款、赃物等违禁品(俗称"黑吃黑"),应当视为侵犯公私财产所有权的一种特殊形式,以抢劫罪定性,所抢劫的违禁品数量作为量刑情节予以考虑。

在法定刑的设置上,针对该章犯罪的贪利性质,对绝大多数罪名规定了罚金刑。同时,为了废除非暴力犯罪的死刑,《刑法修正案(八)》彻底废除了盗窃罪的死刑。鉴于抢劫罪是最严重的侵犯财产罪,目前仅保留对其的死刑适用。

---

① 鉴于本章中的职务侵占罪、挪用资金罪和挪用特定款物罪等三罪,与贪污罪、挪用公款罪之间存在着共性和差异点,为了便于有针对性地进行比较分析和节约篇幅,本书打破在本章也专节阐述上述三罪的传统惯例,在此不再单列表述。至于三罪的具体内容,请参见本书第8章"贪污贿赂罪"中的相关部分。

## 6.1 抢 劫 罪

抢劫罪是指自然人以非法占有为目的,以暴力、胁迫或者其他方法,强行劫取公私财物的行为。

### 6.1.1 抢劫罪的构成要素

**(1) 危害行为**:是指行为人当场使用暴力、胁迫或者其他方法,强行劫取公私财物的行为,表现为手段行为与目的行为之结合。

在手段行为上,自然人当场实施以下三类行为之一,使被害人处于"三不境地":

第一,暴力:这是指行为人针对被害人的身体实施不法的有形行为,使之处于"不能反抗"的境地。

至于暴力的强度,只要足以遏制被害人的反抗,其手段可以是多种多样,例如围困、禁闭、捆绑、殴打、伤害等。这其中是否包含暴力程度最高的故意杀人在内?对此,以故意杀人是否作为劫取财物的手段为标准,2001年最高人民法院《关于抢劫过程中故意杀人案件如何定罪问题的批复》采取"二分法"的规定:"行为人为劫取财物而预谋故意杀人,或者在劫取财物过程中,为制服被害人反抗而故意杀人的,以抢劫罪定罪处罚。"反之,如果故意杀人不是抢劫的手段,"行为人实施抢劫后,为灭口而故意杀人的,以抢劫罪和故意杀人罪定罪,实行数罪并罚。"

第二,胁迫:这是指对被害人以暴力相威胁或者实行精神强制,使之处于"不敢反抗"的境地。这通常是以明确的语言相威胁,也可以使用某种动作、制造威胁氛围等。

第三,其他方法:这是指行为人对被害人使用酒精灌醉、药物麻醉、施加催眠术等暴力、胁迫以外的其他强制方法,使之陷于"不知反抗"的境地。需要指出的是,这种境地的出现,必须是行为人的"制造型",而不是"利用型",即必须是行为人对被害人的身体直接施加某种手段所造成。如果行为人只是利用被害人自己所造成的熟睡、醉酒等状态而乘机当场取得财物的,则不能构成抢劫罪,只能涉嫌盗窃等犯罪。

至于目的行为,是指行为人当场强行劫取公私财物的行为。"当场取财",是抢劫罪的重要特征之一。由于诸如房屋等不动产的所有权转移,需要经过法定部门登记审核程序才能完成,这决定着行为人不能当场取得所有权,故房屋等不动产难以成为抢劫罪的对象。

在2005年最高人民法院《关于审理抢劫、抢夺刑事案件适用法律若干问的意见》第 9 条中,劫取财物是否具有"当场性",成为抢劫罪与绑架罪的区分标准之一,认为抢劫罪表现在行为人劫取财物一般应在同一时间、同一地点,具有"当场性",而绑架罪中的劫取财物一般不具有"当场性"。但是,该标准难以应用于某些特殊案件。

**案例**:犯罪嫌疑人 A 截住被害人 B,要求其交出钱,因 B 没带钱,A 就将 B 挟持到宾馆,称弄不到钱就砍掉 B 的手。第二天,A 带着 B 去其公司拿了 400 元,后又强行要 B 打电话给其朋友,只称借钱,并未透露自己被挟持的事实。

在该案,A 不是在实施犯罪的地点劫取财物,从表象上看不具有取财的"当场性",这是否不能认定为抢劫罪呢?本书认为,对于"当场取财"的理解,不应将其仅局限在犯罪现场的这个点,而应扩展到行为人在实施手段行为之后、没有明显时间隔断地强行劫取财物的整个时空。据此,对于本案这种抢劫性勒索财物的行为,可以抢劫罪论处。同时,关于绑架罪与抢劫罪的区分界限,也不能仅局限在劫取财物是否具有"当场性",加害人与行为对象的互动结构应是区分两罪的主要界限。在该案中,虽然出现了第三方 B 的朋友,但是他并不了解 B 被挟持的事实,加害人与被害人在实质上呈现"一对一"的互动结构,故不能以绑架罪定性。根据 2005 年《关于审理抢劫、抢夺刑事案件适用法律若干问题的意见》第 9 条,"绑架过程中又当场劫取被害人随身携带财物的,同时触犯绑架罪和抢劫罪的,应择一重罪定罪处罚。"

**(2) 行为对象**:复杂客体,包括人身权和财产权。

从抢劫罪的实施模式看,行为人是通过暴力等手段行为直接作用于被害人,从而间接地取得公私财物,由此手段行为侵犯被害人的人身权,目的行为则侵犯着公私财产的所有权。这是抢劫罪的本质特征,也是其有别于其他侵犯财产个罪的主要标志。例如,抢夺罪在客观方面也带有"抢"字,但其表现在行为人直接作用于财物而公然夺走,并没有加害于被害人的人身,只是侵犯公私财物的所有权,这是"两抢"犯罪之间的显著区别点。

鉴于抢劫罪侵犯的是复杂客体,行为人只要劫取财物的,或者造成他人轻伤以上后果的,即具备复杂客体之一或者同时具备两者的,均应认定为抢劫既遂;反之,既未劫取财物,又未造成他人人身伤害后果的,则属于抢劫未遂。

**(3) 犯罪主体**:一般主体。

依据《刑法》第 17 条第 2 款,已满 14 周岁不满 16 周岁的相对刑事责任能力人,犯抢劫罪的,应当负刑事责任。

**(4) 主观方面**:故意,并且具有非法占有的目的。

如果行为人为了索取债务而使用暴力、胁迫手段的,一般不以抢劫罪定罪处罚,只能涉嫌故意伤害、非法拘禁等犯罪。

## 6.1.2 抢劫罪的认定

**（一）转化型抢劫罪**

我国《刑法》第269条规定："犯盗窃、诈骗、抢夺罪，为窝藏赃物、抗拒抓捕或者毁灭罪证而当场使用暴力或者以暴力相威胁的，依照本法第263条的规定定罪处罚。"该条规定的是盗窃、诈骗、抢夺等三个先前行为，因某些因素的介入而在犯罪性质上转化为抢劫罪的情况。由于转化型抢劫罪与典型的抢劫罪有所不同，也可称为"准抢劫罪"，在定性上应认定为抢劫罪，也应按抢劫罪的法定刑处罚。这种转化型抢劫罪的成立，必须同时具备以下三个条件：

（1）前提条件：仅限定在盗窃、诈骗、抢夺三种行为。

上述三种先前行为是从定性角度而言，并不要求达到构成犯罪的程度，也一般不考察它们是否达到既遂的状态。

（2）客观条件：当场使用暴力或者以暴力相威胁。

这是抢劫罪的核心罪质，也是三种先前行为"摇身一变"为抢劫罪的基础性要件。所谓"当场"，是指在盗窃、诈骗、抢夺的现场，以及行为人刚离开现场即被人发现并抓捕的情形。如果行为人在盗窃、诈骗、抢夺犯罪行为完成以后，没有被及时发觉，而是在以后的其他时间、地点对抓捕者实施暴力或者以暴力相威胁，则不属于本条处理的范围。对于以摆脱的方式逃脱抓捕，暴力强度较小，未造成轻伤以上后果的，可不认定为"使用暴力"，不以抢劫罪论处；这里的"威胁"，必须冠以暴力的限定。如果仅以语言相威胁的，则不能转化为抢劫罪。

（3）主观条件：出于三种特定目的之一。

所谓"窝藏赃物"，是指行为人为防护已到手的赃物不被追回；"抗拒抓捕"，是指行为人抗拒公安机关或者任何公民，特别是失主对他的抓获、扭送；"毁灭罪证"，是指毁坏、消灭在作案现场上遗留的证据。如果行为人不是出于以上目的，即使当场使用暴力或者以暴力相威胁，也不能适用本条，例如行为人为了劫取财物而实施暴力或者以暴力相威胁，则应直接认定为抢劫罪，不存在转化的问题。

**（二）携带凶器抢夺转化为抢劫**

《刑法》第267条第2款规定："携带凶器抢夺的，依照本法第263条的规定定罪处罚。"从文意上理解，行为人只要在携带凶器的状态下进行抢夺，就在犯罪性质上转化为抢劫罪。但是，携带凶器的状态纷繁多样，例如行为人不是为了犯罪而携带国家非禁止个人携带的器械，或者被害人根本没有察觉到此状态等。如果将这些情形也以抢劫罪论处，则会违背抢劫罪在危害行为上的罪质要求，导致抢劫罪的打击面过于扩大。

在2005年《审理抢劫、抢夺刑事案件适用法律若干问题的意见》第4条，根

据所携带的器械之法律性质,将"携带凶器抢夺"限缩于以下两种情形:

(1)随身携带枪支、爆炸物、管制刀具等国家禁止个人携带的器械进行抢夺。由于这种携带行为是一种违法行为,故该规定采取纯粹的客观状态立场。

(2)为了实施犯罪而携带其他器械进行抢夺。随身携带国家禁止个人携带以外的其他器械,本身并不是一种法律禁止行为,故该规定在客观状态之外,要求加入主观要素。如果有证据证明该器械确实不是为了实施犯罪而准备的,则不以抢劫罪定罪。另外,行为人将随身携带的凶器有意加以显示、能为被害人察觉到的,则直接以抢劫罪定罪处罚,不存在转化犯的问题。

(三)抢劫罪与其他相近的非法占有财物犯罪之界分

除了在本节前一部分所论及的抢劫罪与抢夺罪、绑架罪的区别之外,在非法占有财物的犯罪体系中,需要注意抢劫罪与以下相近的犯罪之界分:

1. 抢劫罪与敲诈勒索罪

两罪均表现为"勒索(财物)"的行为形态特征,其中敲诈勒索罪是基础性罪名,其在犯罪构成特征上可以包纳抢劫罪在内,特别是抢劫罪的以暴力或者胁迫手段、当场对被害人发出威胁、当场取财等特征,均可以被敲诈勒索罪所涵盖,这会导致对两罪的界分存在较大的难点。但是,两罪之间最大的区别点在于暴力、胁迫手段的程度:"是否足以完全压制被害人的反抗",即面对行为人当场发出的威胁手段,被害人对于处分财物是否具有选择的意志自由:如果被害人陷入"三不境地"而没有选择余地、不得不当场交出财物,则符合抢劫罪的本质特征;反之,倘若被害人陷入恐惧,但尚具有相对的选择余地,则以敲诈勒索罪论处。

2. 抢劫罪与强迫交易罪

在手段行为上,抢劫罪与强迫交易罪均表现为采用暴力、威胁方法。但是,诚如在本书4.8.7强迫交易罪中所述,两罪在时空特征上有着显著的区别:强迫交易罪表现在行为人以特定的合法交易、服务或者经营活动为载体,而抢劫罪则无此限制。以非法占有为目的,以买卖、交易、服务为幌子采用暴力、胁迫手段迫使他人交出与合理价钱、费用相差悬殊的钱物的,以抢劫罪定罪处刑。

3. 抢劫罪与寻衅滋事罪

强拿硬要公私财物是寻衅滋事罪的一种行为形态,这与抢劫罪的目的行为具有重合性。然而,在手段行为上,寻衅滋事罪一般表现在行为人没有严重侵犯他人的人身权利。在司法实践中,对于未成年人使用或威胁使用轻微暴力而强抢少量财物的行为,一般不宜以抢劫罪定罪处罚,可以寻衅滋事罪定罪处罚。此外,寻衅滋事罪的行为人在强拿硬要时,具有寻求刺激、逞强要横等目的,而抢劫罪的主观方面只体现为非法占有他人财物的目的。

(四)利用自己先前行为的情势而"顺手牵羊"的认定

对于行为人在实施伤害、强奸等先前犯罪行为后,又临时起意而非法占有他人财物("顺手牵羊")的情形,2005年《关于审理抢劫、抢夺刑事案件适用法律若干问题的意见》第8条以被害人是否失去知觉为标准,采取如下的"二分法":(1)在被害人未失去知觉的情形下,利用被害人不能反抗、不敢反抗的处境,临时起意劫取他人财物的:将"顺手牵羊"定性为抢劫罪①,与前行为实行数罪并罚;(2)在被害人失去知觉或者没有发觉的情形下,以及实施故意杀人犯罪行为之后,临时起意拿走他人财物的:将"顺手牵羊"定性为盗窃罪,与前行为实行数罪并罚。

### 6.1.3 抢劫罪的法定加重处罚情形

根据我国《刑法》第263条,犯抢劫罪的,处3年以上10年以下有期徒刑,并处罚金;有下列八种加重处罚情形之一的,处10年以上有期徒刑、无期徒刑或者死刑,并处罚金或者没收财产:

**1. 入户抢劫**

该情形主要聚焦在以下两个关键字的认定:

(1)"入":这是指行为人在进入他人住所前,须以侵害户内人员的人身、财产等犯罪为目的,即限定于非法目的产生的时空性,其外延要远小于"在户"。如果行为人经户内人员允许入户之后临时起意抢劫,或者在户内临时起意实施盗窃、诈骗等犯罪而转化为抢劫的,不应认定为"入户抢劫"。

(2)"户":这是指供他人家庭生活(功能特征),并且与外界相对隔离(场所特征)的住所,这在法律上具有高度的私密性,绝对禁止外人的非法侵入,包括封闭的院落、牧民帐篷、渔民作为家庭生活场所的渔船、为生活租用的房屋等。至于集体宿舍、旅店宾馆、临时搭建的工棚、学校、办公楼、公共娱乐场所、商店等,它们具有场所特征,但一般不具有功能特征,故只能称之为"室",其外延要大于"户"。但是,在特定情况下,如果这些场所确实同时具有上述两个特性的,可以认定为"户"。例如,对于部分时间从事经营、部分时间用于生活起居的场所,如果行为人进入其中的生活场所实施抢劫的,或者在非营业时间强行入内或者骗开房门入内抢劫的,依据2016年最高人民法院《关于审理抢劫刑事案件适用法律若干问题的指导意见》第2条,应认定为"入户抢劫";对于场所之间没有明确隔离,行为人在营业时间入内实施抢劫的,不予认定为"入户抢劫"。

对于行为人入户盗窃被发现而符合《刑法》第269条转化型抢劫罪的条件,能否认定为"入户抢劫",则需要考察行为人当场使用的暴力或者暴力胁迫行为是否发生在户内:如果是,则可以认定;反之,则不能认定。

---

① 由于我国刑法设置了抢夺罪,在被害人未失去知觉的情形下,"顺手牵羊"的行为存在可以定性为抢夺罪的空间。例如,在行为人实施伤害后,被害人处于清醒状态,其手提包在其控制范围之外,而行为人临时起意夺走手提包。

### 2. 在公共交通工具上抢劫

对于该情形的认定，主要聚焦在以下两个关键词：

（1）"在……上"：这是指行为人针对公共交通工具上的旅客、司售、乘务人员实施抢劫，包括本人身处公共交通工具上，或者在车下拦截公共交通工具。如果行为人抢劫的对象是公共交通工具的本体，则不能适用该种情形，只能涉嫌"抢劫数额巨大"的加重处罚情形。

（2）"公共交通工具"：依据2016年《关于审理抢劫刑事案件适用法律若干问题的指导意见》第2条，这是指在从事旅客运输的各种公共汽车，大、中型出租车，火车，地铁，轻轨，轮船，飞机等，但不包含小型出租车。这也包括不具有商业营运执照，但实际从事旅客运输的大、中型交通工具（俗称"黑车"）；接送职工的单位班车、接送师生的校车等大、中型交通工具。在时空特征上，其必须处于运营的状态，不包括在未运营的公共交通工具上实施抢劫。

### 3. 抢劫银行或者其他金融机构

这是指行为人针对银行或者其他金融机构的经营资金、有价证券和客户的资金等实施抢劫。这里的"金融机构"没有所有制的限定，包括国有、非国有、境外银行在我国的分行等广义的范畴。抢劫正在使用中的银行或者其他金融机构的运钞车的，视为适用该种情形。

### 4. 多次抢劫或者抢劫数额巨大

这里的"多次"，是指三次以上，包括本数在内。依据2005年《关于审理抢劫、抢夺刑事案件适用法律若干问题的意见》第3条，对于"多次"的认定，应以行为人实施的每一次抢劫行为均已构成犯罪为前提；对于行为人基于一个犯意实施犯罪（例如在同一地点同时对在场的多人实施抢劫）的，或者基于同一犯意在同一地点实施连续抢劫犯罪（例如在同一地点连续地对途经此地的多人进行抢劫）的，或者在一次犯罪中对一栋居民楼房中的几户居民连续实施入户抢劫的，一般应认定为一次犯罪。

所谓"抢劫数额巨大"，参照各地认定盗窃罪数额巨大的标准执行。依据相关司法解释，关于抢劫数额的认定，以实际抢劫到的财物数额为依据，还需要注意以下情形：（1）对以数额巨大的财物为明确目标，由于意志以外的原因，未能抢到财物或实际抢得的财物数额不大的，应同时认定"抢劫数额巨大"和犯罪未遂的情节，结合未遂犯的处理原则量刑。（2）抢劫信用卡后使用、消费的，以行为人实际使用、消费的数额为抢劫数额。由于行为人意志以外的原因无法实际使用、消费的部分，虽不计入抢劫数额，但应作为量刑情节考虑。（3）通过银行转账或者电子支付、手机银行等支付平台获取抢劫财物的，以行为人实际获取的财物为抢劫数额。（4）为抢劫其他财物，劫取机动车辆当作犯罪工具或者逃跑工具使用的，被劫取机动车辆的价值计入抢劫数额；为实施抢劫以外的其他犯罪劫取机动车辆的,以抢劫罪和实施的其他犯罪实行数罪并罚。

**5. 抢劫致人重伤、死亡**

这既包括过失致人重伤、死亡,也包含故意致人重伤、死亡。同时,抢劫行为与被害人的重伤、死亡之间,必须存在因果关系,这是该情形的适用前提。

**6. 冒充军警人员抢劫**

对于该情形的认定,聚焦在动宾词组中的以下两个关键词:

(1)"军警人员":这是对冒充对象的限定,特指:① 军人。包括武装警察,其范围见《刑法》第 450 条。② 警察。依据我国《人民警察法》,这包括公安、国家安全、监狱、劳动教养管理机关的人民警察和法院、检察院的司法警察。

对于行为人冒充正在执行公务的警察,以"抓赌""抓嫖"、没收赌资或者罚款为名非法占有财物的行为,则需要考察行为人在实施上述行为中是否使用暴力或者暴力威胁:如果是,则以抢劫罪定罪处罚,并且适用该种加重处罚情形;反之,则不能认定为抢劫罪,若构成犯罪的,以招摇撞骗罪从重处罚。但是,行为人冒充军警之外的他人(例如治安联防队员等),实施上述同样行为的,也需要考察行为人是否使用暴力或者暴力威胁:如果是,以抢劫罪定罪处罚,但不能适用该种加重处罚情形;反之,构成犯罪的,以敲诈勒索罪定罪处罚。

(2)"冒充":这是指行为人以假借对象的身份或者形象出现①,可以表现为非军警冒充军警,或者真军人冒充警察,或者真警察冒充军人等多种组合形式。但是,如果军警人员利用自身的真实身份(例如"李逵"以自己的真实形象出现)实施抢劫的,能否适用该种情形呢?对于这个以往争议较大的问题,2016 年《关于审理抢劫刑事案件适用法律若干问题的指导意见》第 2 条规定,不予认定"冒充军警人员抢劫",但应依法从重处罚。至于冒充的方式,可以是身穿军警制服、出示军警证件、携佩枪支、口头宣称等,足以使他人误认为是军警人员。

**7. 持枪抢劫**

该情形聚焦在以下两个关键字的认定:

(1)"持":从文意上理解,这是指行为人在持有枪支的状态下进行抢劫。但是,也许行为人携带枪支,但未使用,或者被害人根本没有察觉到行为人持枪状态等。如果将这些情况也适用于该种加重处罚情形,则不符合立法旨趣,会导致打击面过大。在 2000 年最高人民法院《关于审理抢劫案件具体应用法律若干问题的解释》第 5 条,将"持枪"界定在行为人使用枪支,或者向被害人显示持有、佩带的枪支。这实际上是考虑到加害人与被害人之间的互动关系,将"持"限缩于动态的情形,排除了行为人在静态持有的状态。

(2)"枪":对于其概念和范围,依据 2000 年最高人民法院《关于审理抢劫

---

① 例如,《水浒传》中的"李鬼"冒充"李逵"。

案件具体应用法律若干问题的解释》第5条,适用《枪支管理法》的规定。据此,行为人持有弹药、爆炸物、危险物质、不能击发子弹的仿真枪支、假枪、废枪等实施抢劫,即使被害人感受到巨大的威胁性,也不能适用该种情形。

**8. 抢劫军用物资或者抢险、救灾、救济物资**

对于该情形的认定,聚焦在抢劫对象的特定性,仅指以下两类物资:

(1)军用物资:这是指除武器装备以外,供军事上使用的其他物品。首先,从功能看,该情形排除了民用物资,乃至"警用"物资的适用;其次,军用物资的范围很广,但枪支、弹药、爆炸物等武器装备不适用该情形,而应采取特别法优于普通法的原则,依照《刑法》第127条第2款,认定为抢劫枪支、弹药、爆炸物罪,这就排除了抢劫罪的定性,当然也就不能适用加重处罚的情形。

(2)抢险、救灾、救济物资:相对于"挪用特定款物罪"的七种特定对象(救灾、抢险、防汛、优抚、扶贫、移民、救济的款物),该情形只抽出其中的三种。

# 6.2 抢 夺 罪

抢夺罪是指自然人以非法占有为目的,当场夺取数额较大的公私财物,或者多次抢夺的行为。

**(1)危害行为**:表现为以下两种形式:

第一,当场夺取公私财物:这是指行为人直接针对他人支配的财物,施加强制力,当场将其转为自己控制。在打击对象上,抢夺罪的行为人是针对财物施加强制力量,行为与财物之间呈现直接的对应关系,即"对物施力",从而在犯罪客体上体现为单一客体,这是本罪有别于其他犯罪的分水岭。例如,抢劫罪是行为人针对被害人的人身实施侵害,以此间接地将财物转为己有,在行为与财物之间呈现间接的逻辑关系,即"对人施力",从而在犯罪客体上表现为复杂客体,由此反映出"两抢"犯罪之间的区分界点。在本罪中,至于行为人是否在公共场合实施,被害人是否有防备,被抢夺的财物是否被他人紧密控制,并不影响抢夺罪的认定,否则会人为地缩小本罪的适用范围。

"对物施力"是抢夺罪的本质特征,这并不意味着抢夺不能造成被害人的伤亡。从司法解释的变迁看,2002年最高人民法院《关于审理抢夺刑事案件具体应用法律若干问题的解释》第5条采取想象竞合犯的立场,规定:"实施抢夺公私财物行为,构成抢夺罪,同时造成被害人重伤、死亡等后果,构成过失致人重伤罪、过失致人死亡罪等犯罪的,依照处罚较重的规定定罪处罚。"虽然2013年"两高"《关于办理抢夺刑事案件适用法律若干问题的解释》废止了前述司法解释,但在第2条至第4条规定抢夺罪的"其他严重情节""其他特别严重情节"中,均列有"导致他人轻伤、重伤、死亡"的情形。由此可见,司法解释是承认抢夺罪可以容纳被害人伤亡的情形,故不能简单地认为"抢夺+伤亡结果=抢劫",进而得出"抢夺定性向抢劫靠"的不合理结论。需要注意的是,这里所说的抢夺造成被害人伤亡的情形,要求抢夺行为人对伤害结果是出于过失的心态。倘若抢夺行为人明知自己对物施力的行为会造成被害人伤亡的结果,却放任这种结果发生的,则不能定性为抢夺罪。例如,对于行为人驾驶机动车、非机动车夺取他人财物的行为,2013年《关于办理抢夺刑事案件适用法律若干问题的解释》第6条规定具有下列情形之一的,应当以抢劫罪定罪处罚:夺取他人财物时因被害人不放手而强行夺取的;驾驶车辆逼挤、撞击或者强行逼倒他人夺取财物的;明知会致人伤亡仍然强行夺取并放任造成财物持有人轻伤以上后果的。

第二,多次抢夺:这是指一年内抢夺三次以上。需要指出的是,在2013年《关于办理抢夺刑事案件适用法律若干问题的解释》第2条至第4条,均将"一年内抢夺三次以上"列为数额较大、严重情节以及特别严重情节等法定刑的适用情形。在《刑法修正案(九)》将"多次抢夺"增设为抢夺罪成立的独立形态后,该司法解释早于《刑法修正案(九)》的上述规定就不能再次适用,否则有将"多次抢夺"在定性和量刑中重复评价的不合理之处。

(2) 主观方面:故意,并且具有非法占有的目的。

如果行为人为了夺回自己依法所有的财物而使用抢夺手段的,不以抢夺罪定罪处罚。

(3) 定量标准:当场夺取公私财物必须达到"数额较大"的程度,才能构成抢夺罪。对此,采取与2013年"两高"《关于办理盗窃刑事案件适用法律若干问题的解释》相同的解释技术,《关于办理抢夺刑事案件适用法律若干问题的解释》也将定量标准界定为以下三大板块的内容:

第一是一般条款:第1条将"数额较大"规定为抢夺公私财物价值1000元至3000元以上。各省、自治区、直辖市高级人民法院、人民检察院可以根据本地区经济发展状况,并考虑社会治安状况,在前述数额幅度内,确定本地区执行的具体数额标准,报最高人民法院、最高人民检察院批准。

第二是打折条款:为了避免绝对的"唯数额论",该司法解释第2条实行"数额减半+情节"的模式,规定抢夺公私财物,具有下列情形之一的,"数额较大"的标准可以按照前条规定标准的50%确定:曾因抢劫、抢夺或者聚众哄抢受过刑事处罚的;一年内曾因抢夺或者哄抢受过行政处罚的;一年内抢夺三次以上的;驾驶机动车、非机动车抢夺的;组织、控制未成年人抢夺的;抢夺老年人、未成年人、孕妇、携带婴幼儿的人、残疾人、丧失劳动能力人的财物的;在医院抢夺病人或者其亲友财物的;抢夺救灾、抢险、防汛、优抚、扶贫、移民、救济款物的;自然灾害、事故灾害、社会安全事件等突发事件期间,在事件发生地抢夺的;导致他人轻伤或者精神失常等严重后果的。

第三是从宽条款：为了体现宽严相济的刑事政策，该司法解释第5条从"宽"的方面规定，抢夺公私财物数额较大，但未造成他人轻伤以上伤害，行为人系初犯，认罪、悔罪、退赃、退赔，且具有下列情形之一的，可以认定为犯罪情节轻微，不起诉或者免予刑事处罚；必要时，由有关部门依法予以行政处罚：具有法定从宽处罚情节的；没有参与分赃或者获赃较少，且不是主犯的；被害人谅解的；其他情节轻微、危害不大的。

**（4）抢夺罪与聚众哄抢罪的界分。**

聚众哄抢罪是指聚集多人，采取哄闹的方法，公然夺取数额较大的公私财物，或者情节严重的行为。本罪是聚众性犯罪，人数在三人以上，多则几十人以上，而且犯罪主体是特殊主体，《刑法》第268条规定首要分子和积极参加者才负刑事责任。从行为特征看，本罪具有抢夺的内容，从严格意义上讲可以归入抢夺罪，无需单独设立为罪名。

需要指出的是，三人以上通谋夺取数额较大的公私财物，可以成立抢夺罪的共同犯罪。而聚众哄抢罪中的三人以上夺取公私财物，是基于偶然事件而聚合在一起，行为人在夺取财物之前事先缺乏通谋。这是聚众哄抢罪在单独设罪的情形下与抢夺罪的界分点。

## 6.3 敲诈勒索罪

敲诈勒索罪是指自然人以非法占有为目的，威胁或者要挟他人，索取数额较大的公私财物，或者多次敲诈勒索的行为。

**（1）危害行为**：表现为以下两种形式：

第一，敲诈索取公私财物：这是指行为人向被害人实施敲诈行为，被害人基于恐惧心理而交付财物。这表现在以下行为人与被害人之间互动的基本结构：

首先，从行为人实施敲诈的形式看，既包括以暴力相威胁，也可以揭发隐私、破坏名誉、毁坏财产等非暴力手段相要挟；既可以当面发出，也可以通过书信、电话、第三人转达等方式来间接地发出；至于行为人实现威胁或者要挟的方法，则在所不问，只要达到致使被害人产生恐惧心理的程度，这不仅包括言语、行动等，也包括以在信息网络上发布、删除等方式处理网络信息为由等。

其次，行为人实施敲诈行为的指向，是索取财物。如果行为人仅为了发泄不满而威胁或者要挟他人，则不能构成本罪。关于行为人索取到财物的时间节点，既可以是在敲诈的当场取得，也可以在威胁发出之后的一段时间内取财。

最后，从被害人的角度看，其基于恐惧心理而被迫向对方交付财物。出于恐惧心理，是违背被害人意志自由的典型特征，也是被迫向对方交付财物的原因力，这是本罪有别于诈骗（陷于认识错误）等互动型犯罪的重要界限。如果被害人出于恐惧而被迫处分财产之外的权益,例如发生性关系、改变航空器的航向等,则不能构成本罪,只能涉嫌强奸罪、劫持航空器罪等。

第二,多次敲诈勒索:这是《刑法修正案(八)》增设的成立敲诈勒索罪的一种独立形态,指在2年内敲诈勒索3次以上。

**(2) 主观方面**:故意,并且具有非法占有的目的。

如果行为人为了维护自己的权利,例如索回自己依法所有的财物,或者行使自己的损害赔偿请求权而使用胁迫手段的,则不构成本罪。

**(3) 定量标准**:索取公私财物必须达到"数额较大"的程度,才能构成敲诈勒索罪。对此,采取与2013年"两高"《关于办理盗窃刑事案件适用法律若干问题的解释》相同的解释技术,2013年"两高"《关于办理敲诈勒索刑事案件适用法律若干问题的解释》也将定量标准界定为以下三大板块的内容:

第一是一般条款:第1条将"数额较大"规定为敲诈勒索公私财物价值2000元至5000元以上。各省、自治区、直辖市高级人民法院、人民检察院可以根据本地区经济发展状况和社会治安状况,在前述数额幅度内,共同研究确定本地区执行的具体数额标准,报最高人民法院、最高人民检察院批准。

第二是打折条款:为了避免绝对的"唯数额论",该司法解释第2条实行"数额减半+情节"的模式,规定敲诈勒索公私财物,具有下列情形之一的,"数额较大"的标准可以按照前条规定标准的50%确定(俗称"打折条款"):曾因敲诈勒索受过刑事处罚的;一年内曾因敲诈勒索受过行政处罚的;对未成年人、残疾人、老年人或者丧失劳动能力人敲诈勒索的;以将要实施放火、爆炸等危害公共安全犯罪或者故意杀人、绑架等严重侵犯公民人身权利犯罪相威胁敲诈勒索的;以黑恶势力名义敲诈勒索的;利用或者冒充国家机关工作人员、军人、新闻工作者等特殊身份敲诈勒索的;造成其他严重后果的。

第三是从宽条款:为了体现宽严相济的刑事政策,该司法解释第5条从"宽"的方面规定,敲诈勒索公私财物数额较大,行为人认罪、悔罪、退赃、退赔,并具有下列情形之一的,可以认定为犯罪情节轻微,不起诉或者免予刑事处罚,由有关部门依法予以行政处罚:具有法定从宽处罚情节的;没有参与分赃或者获赃较少且不是主犯的;被害人谅解的;其他情节轻微、危害不大的。

**(4) 敲诈勒索罪与其他勒索型犯罪的界分**。

从行为特征看,抢劫罪、绑架罪、敲诈勒索罪都具有"勒索财物"的共性,即行为人对被害人施以外力,并且利用被害人的恐惧心理而非法取财,三罪均属于勒索型犯罪。具体而言,抢劫罪是行为人对被害人直接地实施暴力或者胁迫手段,并且当场非法取财;绑架罪的前身是"绑架勒索罪",是行为人强行控制被绑架人,并以此要挟与其有关的第三人,要求在特定期限内交出一定的财物而赎人,以此间接地非法取财;敲诈勒索罪则兼具上述两罪的许多特点,是勒索型犯罪的基础性罪名。

关于敲诈勒索罪与抢劫罪之间的界分,在于被害人面对行为人当场发出的威胁手段,其在处分财物时是否具有选择的意志自由。即使被害人陷入恐惧,但威胁手段不足以完全抑制自己的反抗,其尚具有相对的选择余地,则以敲诈勒索罪论处。另外,两罪在实现威胁的时间上不同:对于抢劫罪,行为人所扬言的威胁能够当场实现;敲诈勒索罪所扬言的威胁内容一般不具有立即实现的性质,从威胁发出到予以实现之间有一定的时间间隔,使得被害人有一定的回旋余地。

至于敲诈勒索罪与绑架罪的区分点,是前罪的行为人在勒索财物时,并没有强行控制被绑架人。例如,行为人实际上未完全控制他人时,却声称绑架了人质来威胁索财,则涉嫌敲诈勒索罪,不构成绑架罪。

## 6.4 盗窃罪

盗窃罪是指自然人以非法占有为目的,秘密窃取数额较大的公私财物,或者多次、入户或者携带凶器窃取,或者扒窃的行为。这历来是我国刑事发案率最高的犯罪类型。[①]

从我国刑事立法变迁的简要脉络看,1979年《刑法》将盗窃罪与诈骗罪、抢夺罪规定在同一条文中,而且没有设置死刑;在1982年全国人大常委会《关于严惩严重破坏经济的罪犯的决定》中,对盗窃罪增设了死刑;在1997年修订的《刑法》中,取消了惯窃罪(常习惯犯),虽然保留死刑,但限定在盗窃金融机构和珍贵文物等两种法定情形;对于盗窃罪,《刑法修正案(八)》进行了"减法"(彻底废除盗窃罪的死刑)和"加法"(增设入户盗窃、携带凶器盗窃、扒窃为盗窃罪的成立情形)。此外,为了指导司法实践,最高司法机关通过了一系列关于办理盗窃罪案件的司法解释。

### 6.4.1 盗窃罪的构成要素

**(1) 行为对象**:公私财物。

这是一个泛化的集合体概念,却涉及盗窃罪成立的范围,故需细化其属性。这具体表现为以下特征:

第一,价值性:某个物质能够成为盗窃罪的对象,首要的条件是必须具有价值。从分类角度看,价值包括交换价值和使用价值。"使用价值"是指物质能够满足人们使用需求的效用,它是价值的物质承担体,是形成交换的必要条件,其

---

[①] 在过去,盗窃罪约占到一审刑事案件结案数的25%。依据张军检察长在第十三届全国人民代表大会第四次会议上的《最高人民检察院工作报告》(2021年3月8日),在2020年,全国检察机关起诉盗窃罪204197人,占刑事案件起诉总数(157万人)的13%,排位第二,仅次于危险驾驶罪(29万多人)。

外延要宽泛于交换价值。基于这种特性,从外延看,盗窃罪的对象不应仅限定在具有交换(经济)价值的物质。例如日记、书信、留做纪念的婴儿毛发等物品,对于盗窃人来说毫无交换价值,但对被害人具有极大的使用价值,理应成为盗窃罪的对象。

第二,可转移性:从人们常说的"窃国大盗"一词的语义看,"国家"仿佛可以成为盗窃的对象,但在刑法意义上,由于"国家"不具有可转移性,故不能成为盗窃罪的行为对象。同理适用于"不动产"。但是,能与不动产相分离而又不丧失原物价值的附着物,例如土地上生长的农作物和树木、建筑物上的门窗等,可以成为盗窃罪的对象。

第三,法定性:在我国刑法中,有诸多罪名带有广义盗窃的称谓,但鉴于刑法对以下物质予以特别罪名的规定,故它们不能成为盗窃罪的行为对象:为境外窃取国家秘密、情报罪(第111条);盗窃枪支、弹药、爆炸物、危险物质罪(第127条);盗窃国家机关公文、证件、印章罪(第280条第1款);盗窃尸体、尸骨、骨灰罪(第302条);窃取国有档案罪(第329条第1款);盗窃武装部队公文、证件、印章罪(第375条第1款);盗窃武装部队专用标志罪(第375条第3款);为境外窃取军事秘密罪(第431条第2款);盗窃武器装备、军用物资罪(第438条)。另外,对于遗弃物、遗忘物、埋藏物等物品,基于立法的考虑,也不能成为盗窃罪的对象。至于《刑法》第210条第1款将增值税专用发票和用于骗取出口退税、抵扣税款的其他发票,列为盗窃罪的对象,则属于注意规定。

在所有权属性上,盗窃罪的对象必须是他人所有的财物,这意味着我们在认定盗窃罪的行为对象时,只要确定行为人对公私财物不具有所有权即可,不需要进一步地确定具体的所有权人是谁。例如,对于行为人秘密窃取游客在寺庙功德箱里敬奉的香火钱,我们只需确定行为人对之没有所有权,可以忽略其在私法意义上是否属于游客或者寺庙的所有权之争。

在外在形式上,公私财物的种类纷繁多样,我们需要重点考察以下财物能否成为盗窃罪的对象:

第一,违禁品:这是指毒品、假币、淫秽物品等法律禁止个人持有、流通的物品,依法应当收归国家所有。违禁品在"黑市"具有一定的价额,但由于法律禁止流通而不承认这种数额,故对于盗窃违禁品的行为,相关司法解释规定按盗窃罪处理,不计数额,根据情节轻重来量刑。

第二,赃物和被依法没收的财物:在所有权上,它们并非无主物,而是属于他人或者国家。从刑事政策考虑,若不将它们界定为盗窃的行为对象,则无异于放纵"黑吃黑"。

第三,无形物:在传统学说中,盗窃罪的对象一般是具有外在样态的有形物品。随着时代的发展,电力、热能、核能、煤气、天然气、太阳能、电信码号、上网账号、密码、虚拟货币等无形物，开始步入人们的生活。在它们具有使用价值性和可转移性的基本条件下，我国刑法和相关司法解释均将无形物纳入盗窃罪的对象范围。需要指出的是，对于科技成果，1992年"两高"司法解释规定其可以成为盗窃罪的对象，但在1997年修订的《刑法》第219条设立侵犯商业秘密罪之后，盗窃科技成果的行为则被定性为该罪的一种行为形态，而不再成立盗窃罪。

第四，信用卡：这是一种交易和服务的支付凭证和信用凭证，需要在实际生活中通过使用、消费，才能将其中的财产转化为己有。有鉴于此，《刑法》第196条第3款规定：盗窃信用卡并使用的，以盗窃罪定罪处罚。但是，倘若行为人盗窃信用卡后，未实际使用、消费的，则难以计算盗窃数额。

第五，财产凭证：这是指表示一定财产利益的凭据，包括有价支付凭证、有价证券和有价票证，它们是一定的财产价值之载体，有别于货币。鉴于财产凭证的特殊属性，2013年"两高"《关于办理盗窃刑事案件适用法律若干问题的解释》第5条将其分为两类，按照下列方法认定盗窃数额：一是盗窃不记名、不挂失的财产凭证：这意味着行为人非法占有该凭证所记载的财产，应当按票面数额和盗窃时应得的孳息、奖金或者奖品等可得收益一并计算盗窃数额；二是盗窃记名的财产凭证：行为人须以记名人的身份兑现该凭证，才能非法占有所记载的财产，因此，已经兑现的，按照兑现部分的财物价值计算盗窃数额；没有兑现，但失主无法通过挂失、补领、补办手续等方式避免损失的，按照给失主造成的实际损失计算盗窃数额。

第六，家庭成员或者近亲属的财物：考虑到该财物在所有权关系上存在血缘、家庭共有的特殊性，2013年"两高"《关于办理盗窃刑事案件适用法律若干问题的解释》第8条规定："偷拿家庭成员或者近亲属的财物，获得谅解的，一般可以不认为是犯罪；追究刑事责任的，应当酌情从宽。"这体现出在刑事处理上有别于普通盗窃的立场。

从以上公私财物的种类可见，我国刑法中盗窃罪的对象已经突破"财物"的字面定义，实质上包括了财产性利益在内。

（2）**危害行为**：表现在行为人实施以下五种行为类型之一：

第一，秘密窃取：这是指行为人采取自认为未被财物的所有者、保管者或者经手者察觉的方法，私自将他人的财物取走的行为。"秘密性"是传统盗窃罪的典型特征，成为其有别于抢劫罪、抢夺罪、诈骗罪等其他占有型侵犯财产罪的重要界分点。这是指行为人在实施占有行为时，"自认为"没有被财物的所有者、保管者或者经手者发觉，具有相对的主观性。至于进入和离开现场的方式，是否实际上已被当场发觉，或者是否事后立即被发觉，或者是否在光天化日之下实施，均不影响"秘密性"的成立。例如，行为人在暗中窃取公私财物时，已经为被害人所察觉，但被害人基于某种原因任其行窃的，也属于盗窃行为。但是，倘若行为人当时明知已经为被害人发觉,而依然将财物夺走的,则其行为已具有公然性,涉嫌抢夺等犯罪。

所谓"窃取",是指以秘密手段将他人的财物置于自己或者第三人占有的过程。如果行为人仅破坏他人对财物的先前占有关系,却没有将财物转移到自己或者第三人的控制之下,则不能成立盗窃,只能涉嫌故意毁坏财物等犯罪。基于财物的不同属性,窃取的形态也存有差异。例如,以是否可以复制为标准,财物可以分为以下两种:一是对于不可复制的财物,窃取一般表现为行为人进行空间位置的转移,这是传统意义上的窃取形态;二是对于可复制的财物,则体现为窃取载体中的信息,然后将信息转化为物质性利益,例如盗接他人的通信线路,复制他人的电信码号,盗用他人公共信息网络上网账号、密码上网等。

第二,多次盗窃:这是指二年内盗窃三次以上。该情形在成立盗窃罪时,需要同时具备以下两个条件:一是在时间条件上,以两年为计算周期;二是次数条件,以三次为入罪基数。为了防止重复评价,对于受过刑事处罚的盗窃行为,不能计入次数。

第三,入户盗窃:这是指非法进入供他人家庭生活、与外界相对隔离的住所盗窃。与抢劫罪的第一种加重处罚事由(入户抢劫)一样,这里也使用"入户"一词,而且相关司法解释对两罪中"入"与"户"的含义界定也具有高度的一致性。但是,"入户"在两罪中的地位完全不同:在盗窃罪,这是入罪的法定情形之一;而对于抢劫罪,这是法定刑中的加重处罚事由。需要指出的是,这里的"入"和"盗窃"在成立盗窃罪的该种法定情形时,不要求它们以构成犯罪(例如非法侵入住宅罪、盗窃罪)为前提,即我们只需从行为性质上予以认定,无须考察定量要素。

第四,携带凶器盗窃:这是指携带枪支、爆炸物、管制刀具等国家禁止个人携带的器械盗窃,或者为了实施违法犯罪携带其他足以危害他人人身安全的器械盗窃。从静态用语看,与《刑法》第267条第2款关于"携带凶器抢夺的",依照抢劫罪定罪处罚的规定一样,这里也使用"携带凶器"的动宾词组。然而,该词组在两罪中的地位完全不同:在这里,这是盗窃的入罪法定情形之一;而在《刑法》第267条第2款,则是抢夺转化为抢劫罪的法定前提。需要指出的是,2013年"两高"《关于办理盗窃刑事案件适用法律若干问题的解释》第3条也根据所携带的器械之法律性质,将该词组在盗窃罪中的含义区分为两种情形,但在界定时有所差别:一是对于"国家禁止个人携带的器械",在携带上没有"随身"的限制条件;二是对于"为了实施犯罪而携带其他器械",则限缩了器械的外延,要求其"足以危害他人人身安全"。有鉴于此,在认定这里的"携带"时,不应限定在"随身"的范畴,只要器械处于行为人的现实掌控下即可成立。

第五,扒窃:这是指在公共场所或者公共交通工具上,盗窃他人随身携带的财物。该情形在成立盗窃罪时,需要同时具备以下两个条件:一是在时空上,必须发生在"公共场所"和"公共交通工具",由此体现该行为发生的高度流动性;二是在财物的属性上,限定在他人的"随身携带",这是指他人对财物的直接支配或者控制的占有状态,包括被害人贴身带有的财物,以及虽未依附于身,但置于身体周边可以直接接触、检查的财物。

**(3)犯罪主体**:在传统意义上,盗窃罪只能由自然人构成。

需要注意的是,2013年"两高"《关于办理盗窃刑事案件适用法律若干问题的解释》第13条规定:单位组织、指使盗窃,符合盗窃罪的规定,以盗窃罪追究组织者、指使者、直接实施者的刑事责任。

**(4)主观方面**:故意,并且具有非法占有公私财物的目的。

至于行为人是将公私财物非法占为己有,还是为第三人或者单位非法占有,均不影响盗窃罪的成立。在认定行为人的故意内容时,在定性方面,要求行为人认识到对象应处于他人的实际控制或者可能支配之下,即对行为对象的所有权属性有所认识。如果行为人不可能认识到财物是他人所有而占有的,则不能成立盗窃罪。

在定量方面,财物数额是传统盗窃罪的入罪标准,这是否要求行为人明知行为对象的价值应在数额较大以上呢?数额属于盗窃罪的客观要素,但并不能完全脱离行为人的主观故意,故从主客观相统一的角度出发,在认定行为人的主观故意时,财物数额应成为行为人的故意内容。具体而言,在行为人确定地认识,或者概然地认识到财物数额的情形下,其所窃取财物的实际数额并没有超出主观认识的范围,故可以实际数额予以认定。但是,我们不应绝对地采用"实际数额说",这实质上是排除行为人对于财物数额应有认识的要求,会导致在一些特殊情形下放纵罪犯(例如行为人意欲窃取巨款,但由于意志以外的原因而分文未得),或者客观归罪(诸如"天价葡萄案"[①])的不合理结论。

### 6.4.2 盗窃罪的定量标准

以数额是否成为盗窃罪的入罪要求为标准,我们可以将盗窃罪的五种行为归入以下两种类型,并且体现不同的定量标准:

**1. 数额犯**

这是针对秘密窃取的行为类型而言。

传统的盗窃罪是一种典型的数额犯,必须达到"数额较大"的程度。2013年"两高"《关于办理盗窃刑事案件适用法律若干问题的解释》将此定量标准界定

---

① 在2003年,三名农民工偷吃了某农科院林果研究所10年苦心研究并投入40万元科研经费的"天价葡萄"。起初,市物价局对葡萄的直接损失作出11220元的鉴定结论。检察机关认为葡萄估价的证据不足,退回补充侦查,随后估价被改变为376元,几名农民工据此被免予追究刑事责任。

为以下三大板块的内容：

第一是一般条款：第 1 条将"数额较大"规定为盗窃公私财物价值 1000 元至 3000 元以上。各省、自治区、直辖市高级人民法院、高级人民检察院可以根据本地区经济发展状况，并考虑社会治安状况，在前述数额幅度内，确定本地区执行的具体数额标准，报最高人民法院、最高人民检察院批准。

第二是打折条款：为了避免绝对的"唯数额论"，该司法解释第 2 条实行"数额减半+情节"的模式，规定盗窃公私财物，具有下列情形之一的，"数额较大"的标准可以按照前条规定标准的 50% 确定：(1) 曾因盗窃受过刑事处罚的；(2) 一年内曾因盗窃受过行政处罚的；(3) 组织、控制未成年人盗窃的；(4) 自然灾害、事故灾害、社会安全事件等突发事件期间，在事件发生地盗窃的；(5) 盗窃残疾人、孤寡老人、丧失劳动能力人的财物的；(6) 在医院盗窃病人或者其亲友财物的；(7) 盗窃救灾、抢险、防汛、优抚、扶贫、移民、救济款物的；(8) 因盗窃造成严重后果的。

第三是从宽条款：为了体现宽严相济的刑事政策，该司法解释第 7 条从"宽"的方面规定，盗窃公私财物数额较大，行为人认罪、悔罪、退赃、退赔，且具有下列情形之一，情节轻微的，可以不起诉或者免予刑事处罚；必要时，由有关部门予以行政处罚：(1) 具有法定从宽处罚情节的；(2) 没有参与分赃或者获赃较少且不是主犯的；(3) 被害人谅解的；(4) 其他情节轻微、危害不大的。

在对盗窃罪一般实行"以赃计罪"的原则下，对盗窃数额的计算就成为定罪量刑的基本前提。为了指导司法操作，《关于办理盗窃刑事案件适用法律若干问题的解释》第 4 条规定：被盗财物有有效价格证明的，根据有效价格证明认定；无有效价格证明，或者根据价格证明认定盗窃数额明显不合理的，应当按照有关规定委托估价机构估价。同时，该条和第 5 条还规定了对外币、电力、燃气、自来水、有价支付凭证、有价证券、有价票证，以及他人电信码号的电信设备和设施等特殊财物的盗窃数额计算问题。如果盗窃行为给失主造成的损失大于盗窃数额的，损失数额可以作为量刑情节考虑，即损失数额不计算在盗窃数额之内。

**2. 非数额犯**

这是针对多次盗窃、入户盗窃、携带凶器盗窃、扒窃等四种行为类型。

财物数额不是上述四种行为成立盗窃罪的入罪标准，它们分别具有成立犯罪的其他要素，诸如犯罪的次数、地点、状态、时空特征等，请参见 6.4.1 盗窃罪的构成要素中"危害行为"的相关内容。需要注意的是，《关于办理盗窃刑事案件适用法律若干问题的解释》第 6 条在设立"其他严重情节"或者"其他特别严重情节"的标准时，对于入户盗窃、携带凶器盗窃，采取"（同一档次）数额的减半+情节"的模式，这表明在第二档次以上的法定刑中，数额成为入户盗窃、携带凶器盗窃的适用标准，但这并不包括多次盗窃、扒窃在内。

### 6.4.3 盗窃罪的司法适用

**(一) 盗窃罪的未遂与既遂之认定标准:"控制说"**

关于区分盗窃罪的未遂与既遂标准,在刑法理论上有"接触说""隐匿说""转移说""失控说""控制说""失控+控制说"等观点,它们分别以行为对象是否达到核心动词的状态为界分标准。由于这些关键词处于盗窃整个过程的不同临界点,采用不同观点会导致对案件处理的差别问题。具体而言,"接触说"过于严厉,基本上否定盗窃的未遂形态;在实际生活中,有许多行为人在盗窃后并不隐匿的情形,故"隐匿说"并不周延;对于以无形物、可复制的财物为行为对象的盗窃而言,"转移说"则不存在适用的空间;"失控说"是以失主(财物的所有者、保管者或者经手者)为考虑点,但在财物失控与被告人控制财物之间,有时会存在剥离的情形;至于"失控+控制说",实质上兼顾了失控说与控制说,是两种学说的折中。

依据刑法总论关于既遂与未遂的理论,构成要件是否齐备应成为区分盗窃罪的既未遂的标准,即应坚持主客观相统一的立场,在客观方面考察行为人是否对他人的财物建立起新的占有状态,而不是"失控说"所界定的仅仅打破他人的先前占有关系;在主观方面,行为人具有非法占有的目的是盗窃罪的成立要件,这就要求以行为人为着眼点。对比可见,在以上众多的学说中,唯有"控制说"满足上述主客观两方面的考察点,其理应成为盗窃罪的未遂与既遂之认定标准。同时,在适用"控制说"时,应将"控制"的含义理解为实际控制,即行为人对财物的事实控制,而不是形式意义的绝对控制,否则就会限缩盗窃罪既遂的范畴。

盗窃罪作为侵犯财产类犯罪,一般是以盗窃数额较大的财物为入罪标准,而盗窃未遂不存在盗窃数额的问题。对此,《关于办理盗窃刑事案件适用法律若干问题的解释》第12条采取折中的立场,并没有对所有的盗窃未遂都予以刑事追究,而是限定在以下三种情形:(1) 以数额巨大[①]的财物为盗窃目标的;(2) 以珍贵文物为盗窃目标的;(3) 其他情节严重的情形。

同时,鉴于既遂与未遂是不同的犯罪形态,在盗窃既有既遂、又有未遂的情况下,就不能简单地累加数额后予以处罚,而应分别以下情形予以处理:第一,既遂与未遂达到不同量刑幅度的,依照处罚较重的规定处罚;第二,达到同一量刑幅度的,以盗窃罪既遂处罚。

**(二) 盗窃罪与其他犯罪的关联认定**

(1) 盗窃广播电视设施、公用电信设施或者电力设备,同时构成盗窃罪和破

---

① 依据2013年"两高"《关于办理盗窃刑事案件适用法律若干问题的解释》第1条,盗窃公私财物价值3万元至10万元以上、30万元至50万元以上的,应当分别认定为"数额巨大""数额特别巨大"。

坏广播电视设施、公用电信设施罪或者破坏电力设备罪的,依照刑法处罚较重的规定定罪处罚。

（2）行为人采用破坏性手段盗窃公私财物,造成其他财物损毁的,以盗窃罪从重处罚;同时构成盗窃罪和其他犯罪的,择一重罪从重处罚。

（3）实施盗窃犯罪后,为掩盖罪行或者报复等,故意毁坏其他财物构成犯罪的,以盗窃罪和构成的其他犯罪数罪并罚。

（4）盗窃行为未构成犯罪,但损毁财物构成其他犯罪的,以其他犯罪定罪处罚。

（5）偷开他人机动车的,依据2013年"两高"《关于办理盗窃刑事案件适用法律若干问题的解释》第10条,按照下列情形处理:第一,偷开机动车,导致车辆丢失的,以盗窃罪定罪处罚;第二,为盗窃其他财物,偷开机动车作为犯罪工具使用后非法占有车辆,或者将车辆遗弃导致丢失的,被盗车辆的价值计入盗窃数额;第三,为实施其他犯罪,偷开机动车作为犯罪工具使用后非法占有车辆,或者将车辆遗弃导致丢失的,以盗窃罪和其他犯罪数罪并罚;将车辆送回未造成丢失的,按照其所实施的其他犯罪从重处罚。

## 6.5 诈 骗 罪

诈骗罪是指自然人以非法占有为目的,使用虚构事实或者隐瞒真相的方法,骗取数额较大的公私财物之行为。

### 6.5.1 基本构造:交付型侵财的互动关系

与盗窃罪属于行为人单方实施的夺取型犯罪相异,诈骗罪则是交付型的侵犯财产犯罪类型,在行为人与被害人之间存在互动关系,由此在基本构造上表现为:

**（1）行为人**:实施欺骗行为,致使被害人陷入处分财物的错误认识。

尽管欺骗的手段、方法多种多样,但可以归纳为以下两种类型:第一,虚构事实:这是指捏造客观上不存在的事实,或者虚假记载事实,即"无中生有",表现为作为的形式。这既可以是全部事实的捏造,也可以是对部分事实的虚构。第二,隐瞒真相:这是指掩盖客观上存在的事实,即"有中变无",这一般表现为不作为的形式,例如故意遗漏、误导性陈述等。

作为诈骗罪的欺骗行为,其内容必须是"使被害人陷入处分财物的错误认识",这是诈骗罪基本构造中的核心环节,也是行为人与被害人之间形成互动关系的纽带。在现实生活中,有的不法活动的行为人也会实施欺骗,甚至用来追求某些非法的经济利益,但因欺骗行为与被害人陷入处分财物的错误认识之间不存在因果关系,故不能构成诈骗罪。例如,以出卖营利为目的,使用介绍工作、婚姻等欺骗手段,拐卖妇女的,则属于侵犯公民人身权利的犯罪。

**（2）被害人**：陷于错误认识而处分财物。

首先,被害人陷于错误认识是成立诈骗罪的前提条件。从表象上看,诈骗罪的被害人是"自愿"地处分财物,但原因力是基于错误认识而掉入行为人设置的圈套,在实质上是违背被害人的意志,这是诈骗罪有别于抢劫等犯罪的标志。对于抢劫罪而言,被害人也有处分财物的行为,但这是基于身体受到强制而被迫为之,在形式上就违背被害人的自由意志。

其次,被害人具有"处分财物"的行为,即将财物交付给行为人或者第三人占有,这是区分诈骗罪与盗窃罪的分水岭。① 如果被害人对财物没有进行处分,例如,行为人将被害人骗出室外而窃物、转移被害人的注意力后拿走财物、试穿衣服后携衣逃走、以借打手机为名却携机逃走等,则不能构成诈骗罪,只能涉嫌盗窃罪。② 在认定"处分财物"这个关键词时,我们需要注意以下构成要素：

一是处分主体：必须是对财物享有处分权利的人（包括自然人和法人）。据此,幼儿、精神病人等不具有行为能力的自然人,不能成为诈骗罪的被害人。

关于机器,从表象上看没有主体意识,在传统意义上不能成为诈骗罪的被骗者,故出现"机器不能被骗"的传统理论。但是,在现代社会中,这应区分是否为智能机器而重新予以审视。例如,随着科技的进步,ATM 等智能机器日趋增多,它们是依据有意识的人设定的程序而独立运行,在实质上代表着其"主人"的意志,其处分财物的行为应视为其背后的"主人"行为,这是民商法中"仆人过错,主人负责"的代理责任制度之基本要求。从本质上看,"欺骗机器"实际上是欺骗设置机器的主体。在司法实践中,2008 年最高人民检察院《关于拾得他人信用卡并在自动柜员机（ATM 机）上使用的行为如何定性问题的批复》规定：拾得他人信用卡并在自动柜员机上使用的行为,属于"冒用他人信用卡"的情形,构成犯罪的,以信用卡诈骗罪追究刑事责任。

二是客观方面：这不仅表现为直接交付转移财物,也可以体现为减免债务、未收取应缴纳的财物等,例如以欺诈、伪造证明材料或者其他手段骗取养老、医疗、工伤、失业、生育等社会保险金或者其他社会保障待遇;使用伪造、变造、盗窃的武装部队车辆号牌,骗免养路费、通行费等各种规费;以虚假、冒用的身份证件

---

① 有观点主张以"主要（决定）手段"来区分诈骗罪与盗窃罪,这存在操作标准不明确、易导致以事先的准备行为或者事后的掩盖行为来定性的问题,违背应以行为人的取财行为来认定的原则,故不宜采用。

② 在最高人民法院指导案例 27 号"臧进泉等盗窃、诈骗案"的裁判要点中,规定行为人利用信息网络,诱骗他人点击虚假链接而实际通过预先植入的计算机程序窃取财物构成犯罪的,以盗窃罪定罪处罚;虚构可供交易的商品或者服务,欺骗他人点击付款链接而骗取财物构成犯罪的,以诈骗罪定罪处罚。

办理入网手续并使用移动电话,造成电信资费损失等。

三是主观方面:必须具有处分意思,即被害人已经认识到自己是将财物交付给他人占有。

关于处分意思的认定,"严格说"认为被害人应全面认识到财物的性质、种类、数量、价值等内容;"折中说"则主张被害人应该认识到所交付财物的性质、种类等,不要求完整地认识到财物的数量、价格等内容。从定性角度看,如果被害人没有认识到财物的"性质""种类",则表明其对处分财物缺乏基础性认识,就更谈不上处分意思,例如行为人在购买的方便面盒子里搁入其他贵重物品,被害人对该物品毫无认识,只能涉嫌盗窃罪;从定量角度看,倘若被害人认识到所处分财物的性质、种类等定性因素,只是陷入行为人设置的圈套,对财物的数量、价格等程度内容产生错误的认识,例如"吃车皮""遥控磅秤"、在同种物品上偷换便宜条码等,则表明行为人已经对财物有处分意思,符合诈骗罪成立的前提条件,故应定性为诈骗。对比可见,"折中说"更为合理宜行。

### 6.5.2 诈骗罪的定量标准

依据《刑法》第 266 条,诈骗公私财物必须达到"数额较大"的程度,才能构成诈骗罪。2011 年"两高"《关于办理诈骗刑事案件具体应用法律若干问题的解释》第 1 条将"数额较大"规定为诈骗公私财物价值 3000 元至 1 万元以上。各省、自治区、直辖市高级人民法院、高级人民检察院可以结合本地区经济社会发展状况,在前述的数额幅度内,共同研究确定本地区执行的具体数额标准,报最高人民法院、最高人民检察院备案。

"数额较大"是诈骗的入罪标准,但诈骗未遂不存在数额的问题。对此,上述司法解释第 5 条规定:"诈骗未遂,以数额巨大[①]的财物为诈骗目标的,或者具有其他严重情节的,应当定罪处罚。"鉴于电信诈骗案件取证难、诈骗数额难以查清的客观情况,该司法解释第 5 条规定可以依据发送诈骗信息或者拨打诈骗电话的数量、诈骗手段和危害等,以诈骗罪(未遂)定罪处罚。同时,鉴于既遂与未遂是不同的犯罪形态,在诈骗既有既遂、又有未遂的情况下,该司法解释第 6 条规定:既遂与未遂达到不同量刑幅度的,依照处罚较重的规定处罚;达到同一量刑幅度的,以诈骗罪既遂处罚。这均与 2013 年"两高"《关于办理盗窃刑事案件适用法律若干问题的解释》关于盗窃未遂的认定立场属于同一思路。

为了体现宽严相济的刑事政策,上述司法解释第 2 条从"严"的方面规定:诈骗公私财物达到前述的数额标准,具有下列情形之一的,可以酌情从严惩处:

---

① 依据 2011 年"两高"《关于办理诈骗刑事案件具体应用法律若干问题的解释》第 1 条,诈骗公私财物价值 3 万元至 10 万元以上、50 万元以上的,应当分别认定为"数额巨大""数额特别巨大"。

(1) 通过发送短信、拨打电话或者利用互联网、广播电视、报纸杂志等发布虚假信息,对不特定多数人实施诈骗的;(2) 诈骗救灾、抢险、防汛、优抚、扶贫、移民、救济、医疗款物的;(3) 以赈灾募捐名义实施诈骗的;(4) 诈骗残疾人、老年人或者丧失劳动能力人的财物的;(5) 造成被害人自杀、精神失常或者其他严重后果的。

同时,上述司法解释第3条从"宽"的方面规定:诈骗公私财物虽已达到数额较大的标准,但具有下列情形之一,且行为人认罪、悔罪的,可以不起诉或者免予刑事处罚:(1) 具有法定从宽处罚情节的;(2) 一审宣判前全部退赃、退赔的;(3) 没有参与分赃或者获赃较少且不是主犯的;(4) 被害人谅解的;(5) 其他情节轻微、危害不大的。对于诈骗近亲属财物的案件,该司法解释第4条采取区别对待的处理原则:近亲属谅解的,一般可不按犯罪处理;确有追究刑事责任必要的,具体处理也应酌情从宽。

### 6.5.3 诈骗罪的司法适用

(一) 诈骗罪与金融诈骗罪、合同诈骗罪的界限

对于诈骗犯罪的刑事规制,我国《刑法》除了在第266条予以一般性的规定之外,在其他的条文中也有专门的规定,例如《刑法》分则第3章第5节规定的金融诈骗罪、第224条规定的合同诈骗罪等。据此,我国《刑法》关于诈骗的罪名体系细分为以下两种类型:一种是"普通的诈骗罪",即《刑法》第266条所规定的诈骗罪;另一种是"特殊的诈骗罪",既包括金融诈骗罪、合同诈骗罪、骗取出口退税罪、骗购外汇罪等典型的诈骗罪名,也包括虚假广告罪、虚报注册资本罪、虚假出资罪、欺诈发行证券罪等其他非典型的罪名。

依据我国《刑法》第266条中"本法另有规定的,依照规定"的原则,对于刑法条文中专门规定的金融诈骗罪、合同诈骗罪等,应当按照特别法优于普通法的原则,依照该条文的专门规定定罪量刑,而不再适用《刑法》第266条的普通诈骗罪。

(二) 诈骗罪与电信诈骗、信息网络诈骗等的关系

随着通讯、互联网等技术的快速发展和走进人们生活,利用通讯、互联网等技术手段实施的诈骗犯罪活动也日趋增多。作为一种新型的诈骗方法,电信、信息网络等诈骗具有集团化、专业化作案的特点,危害严重,影响恶劣。但是,从本质上看,电信、信息网络等诈骗是行为人利用通信工具、信息网络为载体实施诈骗的一种形态,并没有脱离传统诈骗罪的虚构事实、隐瞒真相之特征,为此2016年"两高"、公安部《关于办理电信网络诈骗等刑事案件适用法律若干问题的意见》等规范性文件,从法律适用的层面依法予以惩治。从目前诈骗的罪名体系看,我国立法者并没有将电信诈骗、信息网络诈骗单独设置为新的罪名,故谈不

上其与诈骗罪的竞合适用问题。

(三) "拆东墙补西墙"的认定

在实践中,有的行为人多次进行诈骗,并且以后次诈骗所得财物来归还前次诈骗财物,即俗称的"拆东墙补西墙"。对于这种情况的处理,有的观点认为每次诈骗均属既遂,应将诈骗数额累计计算;也有观点认为行为人并未实际占有所归还的财物,从刑事政策出发,不应累计计算已经归还的数额。1996年最高人民法院《关于审理诈骗案件具体应用法律的若干问题的解释》实际上采取后种观点,规定在计算诈骗数额时,应当将案发前已经归还的数额扣除,按实际未归还的数额认定,量刑时可将多次行骗的数额作为从重情节予以考虑。

(四) 共犯与竞合的问题

在传统诈骗罪中,加害人直接与被害人形成"一对一"的互动关系。但在新型的诈骗活动中,会出现为诈骗分子提供设备、技术支持或者转移、提取赃款等的第三方人员。为了有效地切断诈骗犯罪的第三方链条,2011年"两高"《关于办理诈骗刑事案件具体应用法律若干问题的解释》第7条规定:"明知他人实施诈骗犯罪,为其提供信用卡、手机卡、通讯工具、通讯传输通道、网络技术支持、费用结算等帮助的,以共同犯罪论处。"

关于诈骗罪与招摇撞骗罪的竞合处理,上述司法解释第8条规定:冒充国家机关工作人员进行诈骗,同时构成诈骗罪和招摇撞骗罪的,依照处罚较重的规定定罪处罚。

## 6.6 侵 占 罪

侵占罪是指自然人以非法占有为目的,将代为保管的他人财物或者遗忘物、埋藏物非法占为己有,数额较大,且拒不交还的行为。

**(1) 行为对象**:限定为以下三种具有特定的所有权关系、受到法律保护的他人财物:

第一,代为保管物:这是指行为人基于担保、租赁、寄存、借用等法律关系,或者事实上管理或习惯,拥有管理权或者持有权的他人财物,即形成"合法持有"关系的他人财物。行为人通过盗窃、诈骗等非法手段而持有他人的财物,或者对他人财物不存在事实上的持有关系,则不能构成本罪。关于"保管"的来源,既包括经他人的委托而代为保管,也包含未经他人委托而基于某种事实自行代为保管("无因管理"),即存在法律上的持有与事实上的持有。这里的"他人",在外延上包括公民个人和单位。

第二,遗忘物:这是指他人暂时失去占有、脱离其实际控制范围的物品。当所有人或持有人在特定场所内遗忘物品时,如果场所管理者能够有效地取得对遗忘物的占有或者控制,则该物品不属于遗忘物。需要注意的是,遗忘物不同于遗弃物,后者是无主物的一种,行为人丧失财物的控制是出于其本意,拾得人可因单方事实行为取得所有权,对此不存在侵犯财产所有权的问题;遗忘物也不同于遗失物,后者属于民法上的概念,是指所有人完全丧失控制的财物。

第三,埋藏物:这是指掩藏在地下或者其他物品之中、所有权明确属于他人(包括国家、集体等单位)的物品。

侵占罪的上述三种行为对象具有特定的时空属性,即行为人在实施侵占行为时,其已经先前就合法地持有、控制了这些财物,特别是代为保管人属于身份犯的范畴,被害人很容易识别出行为人,故对侵占罪案件的侦破难度、所投入的司法资源要远小于公诉案件。有鉴于此,我国《刑法》将侵占罪设置为纯正的自诉案件,在第270条第3款规定"本条罪,告诉的才处理"。这是侵占罪有别于盗窃罪的主要界限之一。对于盗窃罪,行为人在非法占有他人财物时,对象并不在其实际控制之下。

**(2)危害行为**:表现为以下两个不可分割的要件:

第一,实体要件:"非法占有":这是指行为人在无权占有的情况下,任意地处分(例如消费、买卖、赠与、冲抵债务等)代为保管物、遗忘物或者埋藏物,或者非法转移所有权,从而排除权利人对它们的所有权,致使先前的"合法持有"关系发生了行为性质的根本变化。

第二,程序要件:"拒不交还":即行为人在其非法占有的情况被发现,当所有人、持有人或者相关人员、机构向其明确提出退还或交出的主张时,依然拒不交还。如果行为人在接到交还的主张之后,在法院受理案件之前予以交还的,则不能构成本罪。至于行为人拒不交还的意思表示方式,则不限制在语言表示,还包括使用、挥霍、赠予、逃避等外在的客观行为。这也是侵占罪有别于盗窃罪的界限之一:侵占罪是行为人通过拒不交还的方式来达到其非法占有的目的,而盗窃罪的成立则无需此程序要件。

**(3)主观方面**:故意,并且具有非法占有的目的。

行为人出于对委托关系或者事实的认识错误,或者是基于过失而将代为保管物、遗忘物或者埋藏物占为己有,则不构成本罪。如果行为人不以非法占有为目的而毁损上述他人财物的,只能涉嫌故意毁坏财物罪。

**(4)定量标准**:《刑法》第270条以侵占财物是否"数额较大"作为入罪门槛,但司法解释尚未予以细化规定。

## 6.7 毁损型侵财犯罪

毁损型侵财犯罪是指行为人不以非法占有为目的,故意毁损公私财产价值的侵犯财产类犯罪,包括故意毁坏财物罪和破坏生产经营罪。

### 6.7.1 故意毁坏财物罪

本罪是指自然人故意非法地毁灭或者损坏公私财物,数额较大或者情节严重的行为。

在危害行为上,本罪表现为以下两种形式:(1)毁灭财物:是指消除某一财物的物理存在形态,或者破坏某一财物的全部功能或价值。(2)损坏财物:是指破坏某一财物的部分功能或者价值。至于行为人毁灭或者损坏的方法,则在所不问。同时,从法律性质上看,毁灭或者损坏的行为必须是非法的。在正当防卫、紧急避险、依法执行公务等过程中,都会从表象上毁灭或者损坏公私财物,但只要属于合法的范畴,则不能构成本罪。

关于行为对象,是泛指的公私财物。如果毁坏的财物是刑法另有规定的,例如交通工具、交通设施、农用地等,则根据特别法优于普通法的原则,应以破坏交通工具罪、破坏交通设施罪、非法占用农用地罪等论处。

在主观方面,行为人是出于故意,即明知自己的行为会毁坏公私财物,并且希望或者放任这种危害结果的发生。

至于定量标准,本罪是以"数额较大或者情节严重"作为入罪门槛。依据2008年《关于公安机关管辖的刑事案件立案追诉标准的规定(一)》第33条,涉嫌下列情形之一的,应予立案追诉:(1)造成公私财物损失5000元以上的;(2)毁坏公私财物3次以上的;(3)纠集3人以上公然毁坏公私财物的;(4)其他情节严重的情形。

行为人实施先前犯罪之后,为了掩盖罪行或者报复等而故意毁坏财物,同时构成犯罪的,对前罪和故意毁坏财物罪进行数罪并罚;先前行为未构成犯罪,但毁坏财物构成犯罪的,则以故意毁坏财物罪论处。

### 6.7.2 破坏生产经营罪

本罪是指自然人以泄愤报复或者其他个人目的,毁坏机器设备、残害耕畜或者以其他方法破坏生产经营的行为。本罪的前身是1979年《刑法》中的"破坏集体生产罪",在罪名体系上设置在破坏社会主义经济秩序罪。

关于本罪的行为对象,是与生产、流通、交换、分配环节有关的各种设备和资料。同时,在时空特征上,这些对象必须表现为"正在使用中"的形态。如果行为人破坏未使用的生产设备和资料,不足以影响生产经营活动的正常进行,则不能构成本罪。

在危害行为上,本罪表现为以下三种形式:(1)毁坏机器设备;(2)残害耕畜;(3)以其他方法破坏生产经营。这里的"其他方法",是指《刑法》第276条列举的上述两种破坏生产设备和资料之外的、足以破坏生产经营活动的方法,例如使用暴力或者胁迫、欺诈等诡计性手段,利用计算机黑客等高技术手段等。由此可见,故意毁坏财物也是破坏生产经营的方式,由此会发生故意毁坏财物罪与本罪的竞合适用关系,应依照处罚较重的规定定罪处罚。如果故意毁坏财物没有破坏生产经营的活动,只能构成故意毁坏财物罪。

至于主观方面,行为人是出于故意,即明知自己的行为会破坏生产经营活动,并且希望或者放任这种危害结果的发生。同时,本罪是法定目的犯,行为人须出于泄愤报复或者其他个人目的。这里的"其他个人目的"是概括性规定,指因与生产经营活动有关的原因而产生的个人目的。

在定量标准上,《刑法》第276条并没有明确设置入罪门槛。但是,依据2008年《关于公安机关管辖的刑事案件立案追诉标准的规定(一)》第34条,本罪的定量标准基本上是与故意毁坏财物罪持平,涉嫌下列情形之一的,应予立案追诉:(1)造成公私财物损失5000元以上的;(2)破坏生产经营3次以上的;(3)纠集3人以上公然破坏生产经营的;(4)其他破坏生产经营应予追究刑事责任的情形。

## 6.8 拒不支付劳动报酬罪

本罪是指以转移财产、逃匿等方法逃避支付劳动者的劳动报酬,或者有能力支付而不支付劳动者的劳动报酬,数额较大,经政府有关部门责令支付仍不支付的行为。这是我国《刑法修正案(八)》第41条新设立的罪名,以便切实维护劳动者的合法权益,在体系编排上作为《刑法》第276条之一。①

**(1)行为对象**:劳动者的劳动报酬。

依据我国《劳动法》《劳动合同法》等规定,"劳动报酬"是指劳动者基于与用人单位之间建立的劳动关系而依法应得的工资收入,包括工资、奖金、津贴、补贴、延长工作时间的工资报酬及特殊情况下支付的工资等。这不同于劳务报酬,

---

① 考虑到拒不支付劳动报酬罪对劳动者财产权的侵犯,《刑法修正案(八)》将该罪编排在"侵犯财产罪"的体系框架下。然而,该罪与《刑法》第276条破坏生产经营罪相比较,完全不属于同一性质的侵犯财产类型(前者属于拒付型,而后者是毁损型),故《刑法修正案(八)》将该罪编排为第276条之一,值得商榷。本书认为,将此罪编序在《刑法》第244条"强迫劳动罪"的项下,作为《刑法》第244条之二,更为适宜。

后者不是基于劳动关系而产生,属于普通民事法律关系调整的范畴。如果产生劳务报酬纠纷的,应通过民事程序解决。

(2) **危害行为**:表现为以下两个不可分割的要件:

第一,实体要件:逃避支付或者有能力支付而不支付。这包括以下两种法定形式:一是以转移财产、逃匿等方法逃避支付,例如以逃避支付劳动报酬为目的,隐匿财产、恶意清偿、虚构债务、虚假破产、虚假倒闭或者以其他方法转移、处分财产的;逃跑或者藏匿的;隐匿、销毁或者篡改账目、职工名册、工资支付记录、考勤记录等与劳动报酬相关的材料的。二是有能力支付而不支付。这属于不作为犯的范畴。

第二,程序要件:经政府有关部门责令支付仍不支付。这里的"政府有关部门",是指人力资源和社会保障部门或政府其他有关部门,包括劳动法律法规确定的有相关执法权或者被赋予劳动监察权的政府职能部门;所谓"经责令支付仍不支付",是指行为人在知悉责令支付的文书(限期整改指令书、行政处理决定书等)后,其在指定的期限内仍不支付。如果行为人逃匿而无法将责令支付的文书送交其本人、同住成年家属或者所在单位负责收件的人,有关部门已通过在行为人的住所地、生产经营场所等地张贴责令支付文书等方式责令支付,并采用拍照、录像等方式记录的,应视为"经政府有关部门责令支付"。倘若行为人在经政府有关部门责令后立即支付劳动报酬的,则不成立本罪。

(3) **犯罪主体**:特殊主体。

这是指负有向劳动者支付劳动报酬义务的自然人和单位,其中包括具备合法用工资格和不具备用工主体资格(包工头)的单位或者个人、用人单位的实际控制人。

(4) **主观方面**:故意,并且具有逃避支付劳动报酬的目的。

如果行为人出于过失而在客观上没有支付劳动者报酬的,则不成立本罪。

(5) **定量标准**:本罪是以"数额较大"作为入罪门槛。依据2013年最高人民法院《关于审理拒不支付劳动报酬刑事案件适用法律若干问题的解释》第3条,这是指具有下列之一的情形:拒不支付1名劳动者3个月以上的劳动报酬,且数额在5000元至2万元以上的;拒不支付10名以上劳动者的劳动报酬,且数额累计在3万元至10万元以上的。各高级人民法院可以根据本地区经济社会发展状况,在前款规定的数额幅度内,研究确定本地区执行的具体数额标准,报最高人民法院备案。

# 第 7 章　妨害社会管理秩序罪

妨害社会管理秩序罪,是指行为人故意或者过失地妨害国家对社会公共生活的管理制度,破坏稳定有序的社会秩序,情节或者后果严重的类型化犯罪。这是我国《刑法》分则第六章从第 277 条至第 367 条规定的类犯罪总称,共设置 146 个具体犯罪,约占全部罪名总数的 30%,是我国《刑法》分则中规模最大的类罪,致使该章的罪名呈现"大肚子"的态样。

为了便于归类检索,我国刑法再次以同类犯罪客体为标准,将第六章细分为以下 9 节罪名,从而形成一个完整的罪刑结构体系:扰乱公共秩序罪;妨害司法罪;妨害国(边)境管理罪;妨害文物管理罪;危害公共卫生罪;破坏环境资源保护罪;毒品类犯罪;卖淫类犯罪;淫秽物品类犯罪。对比可见,作为妨害社会管理秩序罪侵犯的法益,"社会管理秩序"是一个狭义的概念,不包括已经由其他刑法章节所保护的国家安全和政治秩序、公共安全秩序、经济秩序、人身权、财产权、国防利益等社会秩序。

## 7.1　扰乱公共秩序罪

扰乱公共秩序罪,是指行为人妨害国家对日常公共生活的管理,扰乱社会公共秩序,情节严重或者造成严重后果的行为。这是我国《刑法》分则第六章第一节从第 277 条至 304 条规定的类罪名,共设置 56 个罪名,是第六章中数量最多的节罪名。

从动宾词组的结构看,扰乱公共秩序罪所侵犯的法益是"公共秩序",是指在公共生活规则下确立的有序状态。这与第六章第二节至第九节的节罪名相比较,其内涵相对概括笼统,由此导致该节在实质上成为第六章的"兜底"节罪名。众多的《刑法修正案》在对第六章增设罪名时,均将许多新罪在体系上纳入该节之中。

### 7.1.1　妨害公务罪

本罪是指自然人以暴力、威胁的方法,阻碍国家机关工作人员、人大代表、红十字会工作人员依法执行职务、履行职责,或者未使用暴力、威胁方法,故意阻碍国家安全机关、公安机关依法执行国家安全工作任务,造成严重后果的行为。

**(1) 行为对象**:特指《刑法》第 277 条第 1 款至第 4 款列举的以下四种正在

依法执行职务或者履行职责的人员：国家机关工作人员；全国人民代表大会和地方各级人民代表大会的代表；在自然灾害和突发事件中，正在依法履行职责的红十字会工作人员；正在依法执行国家安全工作任务的国家安全机关、公安机关工作人员。

此外，根据有关司法解释的规定，依法执行行政执法职务的国有事业单位人员、国家机关中受委托从事行政执法活动的事业编制人员、依法行使盐业管理职务的行政执法人员、烟草专卖执法人员、草原监督检查人员等，也可以成为本罪的行为对象。但是，这里不包括外国公务员，也不包含军人在内。依据《刑法》第368条，以暴力、威胁方法阻碍军人依法执行职务的，涉嫌成立"阻碍军人执行职务罪"。

对于暴力袭击正在依法执行职务的警察之刑事规制，先是《刑法修正案（九）》第21条在第277条增设第5款，作为妨害公务罪"从重处罚"的法定情节。后来，《刑法修正案（十一）》第31条再次修订该款，将暴力袭击警察行为独立成罪，设置了两个档次的法定刑："处3年以下有期徒刑、拘役或者管制；使用枪支、管制刀具，或者以驾驶机动车撞击等手段，严重危及其人身安全的，处3年以上7年以下有期徒刑。"

在时空特征上，以上人员必须处于"正在依法执行职务或者履行职责"的状态，才能成立本罪。首先，这要求行为对象在执行职务时，必须具备"合法性"，即在职务权限范围内、依照法定的程序来执行职务；其次，"执行职务或者履行职责"的时间节点，是正在执行的过程，而不是尚未开始或者已经结束的时态。

（2）**危害行为**：根据行为对象的不同，妨害公务的行为分为以下两种类型：

第一，使用暴力、威胁方法：针对的是上述所列举行为对象中的前三种，即依法执行职务的国家机关工作人员、人大代表、红十字会工作人员。这里的"暴力"，是指对行为对象的身体实施打击或者强制，例如殴打、伤害、捆绑等；"威胁"是指对行为对象进行精神上的恐吓。

第二，未使用暴力、威胁方法：只针对依法执行国家安全工作任务的国家安全机关、公安机关的工作人员。在这种类型中，行为人是否使用暴力、威胁方法，并不是构成要素，但要求具备"造成严重后果"的定量特征，而这是第一种行为方式所不要求的。

（3）**主观方面**：故意。

行为人基于过失而阻碍依法执行职务的，不构成本罪。至于行为人阻碍公务的动机，并非关键。

在司法实践中，行为人实施先前犯罪，在依法执行职务或者履行职责的国家机关工作人员对其进行查处时，如果行为人以暴力、威胁的方法予以阻碍，同时构成犯罪的,对前罪和妨碍公务罪予以数罪并罚①;先前行为未构成犯罪,但妨碍公务构成犯罪的,则以妨碍公务罪论处。

### 7.1.2 招摇撞骗罪

本罪是指自然人冒充国家机关工作人员进行招摇撞骗的行为。

在危害行为上,本罪表现在以下两个不可分割的要件:

(1)冒充国家机关工作人员:这里的"冒充",是指非国家机关工作人员假冒国家机关工作人员的身份,或者此种国家机关工作人员假冒他种国家机关工作人员的身份。由此可见,本罪含有诈骗的因素。同时,行为人冒充的对象,必须是国家机关工作人员,而不是事业单位、国有公司或者企业、人民团体等人员。根据《刑法》第279条第2款,冒充人民警察招摇撞骗的,从重处罚。

(2)招摇撞骗:这是指披上国家机关工作人员的"外衣"进行炫耀,以骗取财物、荣誉、政治或者经济待遇、学位、职位、城镇户口、婚姻等非法利益。由于"财物"可以成为本罪的指向标的,这致使本罪与诈骗罪存在竞合适用的关系。如果行为人冒充国家机关工作人员进行招摇撞骗,骗取数额较大的他人财物,则构成本罪与诈骗罪的想象竞合犯,应择一重罪处罚。

关于主观方面,行为人是出于故意,并且具有谋取非法利益的目的。

### 7.1.3 涉公文、证件、印章、身份证件的犯罪

我国国家机关和相关单位在行使管理和服务职能时,会借助包括公文、证件、印章在内的文件和凭证,公民也会经常使用身份证等证明自己身份的证件。这些均是社会日常公共生活中不可缺少的有机组成部分。为了加强对它们的刑法保护,我国《刑法》在第280条和第280条之一,设立了5个涉公文、证件、印章、身份证件的犯罪。这些保护对象的内涵分别是:

(1)公文:这是指国家机关在职权范围内制作的各种公务书面文件,例如决定、命令、决议、通知、报告、信函、电文等。

(2)证件:这是指国家机关制作的用以证明身份、权利义务关系或者有关事实的凭证。

(3)印章:这是指国家机关刻制的带有文字与图记的公章或者专用章。如果私人印鉴、图章用于国家机关公务活动的,也应视为印章。

(4)身份证件:这是由国家有关机关制作的、能够证明公民真实身份的证件,包括身份证、护照、社会保障卡、驾驶证等,它们是社会公共信用的象征。

---

① 例如,我国《刑法》第157条第2款规定,以暴力、威胁方法抗拒缉私的,应以走私罪和妨碍公务罪进行数罪并罚。

在危害行为上，我国《刑法》在第 280 条和第 280 条之一设立以下 8 个行为形态：(1) 伪造：这是指没有制作权的行为人，仿照真实对象的形状、图案、色彩、质地等特征，非法制作的行为。这是我国刑法中伪造型犯罪之一，具体内容参见本书 4.4.2 之部分。(2) 变造：这是指以真实对象为基本材料，采用剪贴、挖补、涂改、修描等方法进行加工处理，变更其内容的行为。(3) 买卖：这是指以出卖为目的，非法购买、出售的行为。(4) 盗窃：这是指秘密窃取的行为。(5) 抢夺：这是指向对象施加强制力，当场将其转为自己控制。(6) 毁灭：这是指使对象失去效用的行为。(7) 使用：这是指使得某种物品得以应用的行为。(8) 盗用：这是指未经许可而以他人的名义使用。

从称谓为动宾词组的罪名结构看，5 个涉公文、证件、印章、身份证件的犯罪之区别，主要体现在 8 种行为形态与 4 种对象的筛选搭配上。具体表现如下：

**1. 伪造、变造、买卖；盗窃、抢夺、毁灭＋国家机关公文、证件、印章（第 280 条第 1 款）**

上述三种对象，均是国家机关行使职权的文件、凭证和标志。在危害的行为类型上，不仅设置了伪造、变造、买卖等三种形态，还设立"盗窃、抢夺、毁灭"等三种形态而将其单独成立为选择性罪名，这在《刑法》第 280 条的框架下具有显著的差异，明显体现出刑法对国家机关的特殊保护。但是，这里不包括武装部队的公文、证件、印章在内。依据《刑法》第 375 条第 1 款，伪造、变造、买卖或者盗窃、抢夺武装部队公文、证件、印章的，以"伪造、变造、买卖武装部队公文、证件、印章罪""盗窃、抢夺武装部队公文、证件、印章罪"论处。

根据有关法律和司法解释，对于下列构成犯罪的情形，以本罪论处：(1) 买卖伪造、变造的海关签发的报关单、进口证明、外汇管理部门核准等凭证和单据或者国家机关的其他公文、证件、印章的；(2) 伪造、变造、买卖机动车牌证及机动车入户、过户、验证的有关证明文件的；(3) 伪造、变造、买卖林木采伐许可证、木材运输证件、森林、林木、林地权属证书，占用或者征用林地审核同意书、育林基金等缴费收据以及其他国家机关批准的林业证件的；(4) 伪造、变造、买卖国家机关颁发的野生动物允许进出口证明书、特许猎捕证、狩猎证、驯养繁殖许可证等公文、证件的；(5) 伪造、变造、买卖各级人民政府设立的行使行政管理权的临时性机构的公文、证件、印章的。如果买卖允许进出口证明书等经营许可证明，同时触犯本罪和非法经营罪的，依照处罚较重的规定定罪处罚。

**2. 伪造＋公司、企业、事业单位、人民团体印章（第 280 条第 2 款）**

在行为对象上，该款没有规定"公文""证件"。同时，针对这种对象，在危害的行为类型上只有"伪造"，没有设置"变造""买卖"，这是本罪与第 280 条第 1 款的区别，由此体现出刑法在保护对象上区别对待的立场，也带出司法实践的适用问题。例如，对于普遍存在的伪造或者贩卖高等院校学历、学位证明行为，鉴于行为对象或者危害行为类型不属于该款的规定范畴,司法机关难以直接适用第 280 条第 2 款予以打击。为了解决该尴尬难题,2001 年"两高"《关于办理伪造、贩卖伪造的高等院校学历、学位证明刑事案件如何适用法律问题的解释》,规定:"对于伪造高等院校印章制作学历、学位证明的行为,应当依照刑法第 280 条第 2 款的规定,以伪造事业单位印章罪定罪处罚。明知是伪造高等院校印章制作的学历、学位证明而贩卖的,以伪造事业单位印章罪的共犯论处。"由于印章是高等院校学历、学位证明的有机组成部分,行为人在伪造高等院校学历、学位证明时,必然要去伪造印章,故上述司法解释采取"曲线救国"的路径予以规定,是一个应予肯定的精致解决方法。以上述司法解释的思路为参考,2002 年公安部在《关于对伪造学生证及贩卖、使用伪造学生证的行为如何处理问题的批复》中,将"学生证"也纳入本罪的适用范围。

**3. 伪造、变造、买卖+身份证件(第 280 条第 3 款)**

本罪是经过《刑法修正案(九)》第 22 条的修订而成,不仅在行为类型上增设"买卖",而且采取列举式加概括式的规定,将行为对象从过去单一的"居民身份证",扩大到"护照、社会保障卡、驾驶证等依法可以用于证明身份的证件"。

**4. 使用+虚假身份证件、盗用+身份证件(第 280 条之一)**

为了加强对身份证件的刑法保护,《刑法修正案(九)》第 23 条增设此选择性罪名,作为《刑法》第 280 条之一。在使用虚假身份证件罪中,由于"使用"是中性词,其行为对象必须是带有否定评价的"虚假身份证件",而且行为人在主观上需要明知该对象的虚假性质而使用,否则不能构成本罪。如果行为人为了诈骗他人财物、偷越国境等而使用虚假身份证件、盗用身份证件,同时构成其他犯罪的,则依照处罚较重的规定定罪处罚。

### 7.1.4 计算机信息系统(网络)犯罪

面对计算机在我国的出现和发展,1997 年修订的《刑法》设立了计算机类型的犯罪,其外延要远远小于现在的信息网络犯罪,带有当时浓厚的时代色彩,但奠定了现在计算机信息系统(网络)犯罪的模板。后来,《刑法修正案(七)》与《刑法修正案(九)》增设了若干罪名,织密了打击计算机信息系统(网络)犯罪的刑事法网。据此,计算机信息系统(网络)犯罪分为以下两大类型:

(1)"利用型":这不属于独立的罪名,是以计算机信息系统(网络)为工具进行犯罪的类型。《刑法》第 287 条规定,利用计算机实施金融诈骗、盗窃、贪污、挪用公款、窃取国家秘密或者其他犯罪的,按照刑法有关规定定罪处罚。例如,根据 2012 年最高人民法院研究室《关于利用计算机窃取他人游戏币非法销售获利如何定性问题的研究意见》,利用计算机窃取他人游戏币,非法销售获利的,宜以非法获取计算机信息系统数据罪定罪处罚。

（2）"作用型"：即犯罪行为直接作用于计算机信息系统（网络）本体的类型，包括非法侵入计算机信息系统罪；非法获取计算机信息系统数据、非法控制计算机信息系统罪；提供侵入、非法控制计算机信息系统的程序、工具罪；破坏计算机信息系统罪；拒不履行信息网络安全管理义务罪；非法利用信息网络罪；帮助信息网络犯罪活动罪等7个罪名。具体表现如下：

（一）非法侵入计算机信息系统罪

本罪是指自然人和单位违反国家规定，侵入国家事务、国防建设、尖端科学技术领域的计算机信息系统的行为。

从称谓为动宾词组的罪名结构看，本罪的三个关键词具体表现如下：

**（1）行为对象**：计算机信息系统。

根据2011年"两高"《关于办理危害计算机信息系统安全刑事案件应用法律若干问题的解释》第11条，计算机信息系统是指具备自动处理数据功能的系统，包括计算机、网络设备、通信设备、自动化控制设备等。

**（2）危害行为**：侵入国家事务、国防建设、尖端科学技术领域的计算机信息系统。

所谓"侵入"，是在未经有关主管部门授权或超越授权的情况下，通过终端接入有关计算机信息系统的行为。同时，被侵入的计算机信息系统具有专属性，必须是以下法定的三个重要领域：国家事务、国防建设和尖端科学技术领域，否则不构成本罪。根据2007年最高人民法院《关于审理危害军事通信刑事案件具体应用法律若干问题的解释》，违反国家规定，侵入国家事务、国防建设、尖端科学技术领域的计算机信息系统，尚未对军事通信造成破坏的，依照本罪定罪处罚；对军事通信造成破坏，同时构成破坏军事通信罪或者其他计算机犯罪的，依照处罚较重的规定定罪处罚。

**（3）主观方面**：故意。

行为人过失地接入上述计算机信息系统，经系统安全提示后仍不断开连接的，应当认为具有本罪的故意。

（二）非法获取计算机信息系统数据、非法控制计算机信息系统罪

本罪是指自然人和单位违反国家规定，侵入国家事务、国防建设、尖端科学技术领域以外的计算机信息系统或者采用其他技术手段，获取该计算机信息系统中存储、处理或者传输的数据，或者对该计算机信息系统实施非法控制，情节严重的行为。本罪是《刑法修正案（七）》第9条增设的罪名。

**（1）行为对象**：三个重要领域之外的计算机信息系统以及系统中存储、处理或传输的数据。

对于计算机信息系统的刑法保护，在1997年修订的《刑法》中，是限定在与国家安全紧密相连的三个重要领域，专门设置了"非法侵入计算机信息系统

罪"。随着我国计算机系统的普遍应用,有必要扩大保护范围,故《刑法修正案(七)》将"侵入前款规定以外的计算机信息系统"纳入新增本罪的规制范围,由此形成了保护计算机系统安全的对象"二分法":重要领域与非重要领域。这也是本罪与"非法侵入计算机信息系统罪"的重要区别点。

(2) **危害行为**:表现为"手段+状态"的复合行为结构。其中,"侵入系统或者采用其他技术手段"是两罪共有的手段方式,"非法获取或者控制"则是区分两罪的状态标准。这具体表现如下:

第一,侵入系统或采用其他技术手段,非法获取该计算机信息系统中存储、处理或传输的数据。这既包括合法用户超越访问权限的接入①,也包括非法用户侵入系统后获取数据的行为。需要注意的是,该方式包括"侵入+非法获取"的复合手段。如果行为人单纯侵入而没有获取其中的信息,则不构成本罪的既遂。与此相比较,对于非法侵入计算机信息系统罪,行为人只要非法侵入,即构成本罪的既遂,不需要实际获取这些系统中的信息,也由此体现出对重要领域中计算机信息系统的特殊保护旨趣。

第二,侵入系统或采用其他技术手段,对该计算机信息系统实施非法控制。这里的"非法控制",是指违反他人意志,部分或完全控制他人的计算机信息系统。另外,明知是他人非法控制的计算机信息系统,却利用该信息系统的控制权的,也可理解为"非法控制"。

根据 2011 年"两高"《关于办理危害计算机信息系统安全刑事案件应用法律若干问题的解释》第 7 条,明知是非法获取计算机信息系统数据犯罪所获取的数据、非法控制计算机信息系统犯罪所获取的计算机信息系统控制权,而予以转移、收购、代为销售或者以其他方法掩饰、隐瞒,违法所得 5000 元以上的,应当以掩饰、隐瞒犯罪所得罪定罪处罚。

(3) **主观方面**:故意。

(4) **定量标准**:本罪是以"情节严重"作为入罪门槛。根据 2011 年"两高"《关于办理危害计算机信息系统安全刑事案件应用法律若干问题的解释》第 1 条,这是指具有下列的情形之一:第一,获取支付结算、证券交易、期货交易等网络金融服务的身份认证信息 10 组以上的;第二,获取第 1 项以外的身份认证信息 500 组以上的;第三,非法控制计算机信息系统 20 台以上的;第四,违法所得 5000 元以上或者造成经济损失 1 万元以上的;第五,其他情节严重的情形。

(三) 提供侵入、非法控制计算机信息系统的程序、工具罪

本罪是指自然人和单位提供专门用于侵入、非法控制计算机信息系统的程

---

① 参见最高人民检察院第 9 批指导性案例(检例第 36 号):卫某某、龚某、薛某某非法获取计算机信息系统数据案。

序、工具,或者明知他人实施侵入、非法控制计算机信息系统的违法犯罪行为而为其提供程序、工具,情节严重的行为。本罪是《刑法修正案(七)》第 9 条增设的罪名。

从称谓为动宾词组的罪名结构看,本罪的危害行为表现为"提供"。至于提供的方式,是否有偿,并非关键。

从行为对象看,"程序和工具"被划分为两类:(1)"专门用于侵入、非法控制计算机信息系统的程序、工具":这一类型具有"黑色"特性。只要行为人认识到该类工具而提供的,则具备本罪的主观故意。根据 2011 年《关于办理危害计算机信息系统安全刑事案件应用法律若干问题的解释》第 2 条,这是指具有避开或者突破计算机信息系统安全保护措施,未经授权或者超越授权获取计算机信息系统数据的功能的程序、工具,或者对计算机信息系统实施控制的功能的程序、工具。(2)一般的程序、工具:其具有"中立的"特性。对此,行为人需要"明知"他人在实施侵入、非法控制计算机信息系统的违法犯罪,才具备本罪的主观故意。

关于定量标准,本罪是以"情节严重"作为入罪门槛。根据 2011 年《关于办理危害计算机信息系统安全刑事案件应用法律若干问题的解释》第 3 条,这是指具有下列的情形之一:(1)提供能够用于非法获取支付结算、证券交易、期货交易等网络金融服务身份认证信息的专门性程序、工具 5 人次以上的;(2)提供第 1 项以外的专门用于侵入、非法控制计算机信息系统的程序、工具 20 人次以上的;(3)明知他人实施非法获取支付结算、证券交易、期货交易等网络金融服务身份认证信息的违法犯罪行为而为其提供程序、工具 5 人次以上的;(4)明知他人实施第 3 项以外的侵入、非法控制计算机信息系统的违法犯罪行为而为其提供程序、工具 20 人次以上的;(5)违法所得 5000 元以上或者造成经济损失 1 万元以上的;(6)其他情节严重的情形。

(四) 破坏计算机信息系统罪

本罪是指自然人和单位违反国家规定,对计算机信息系统功能进行删除、修改、增加、干扰,造成计算机信息系统不能正常运行,或者对计算机信息系统中存储、处理或和传输的数据和应用程序进行删除、修改、增加的操作,或者故意制作、传播计算机病毒等破坏性程序,影响计算机系统正常运行,后果严重的行为。

**(1) 行为对象**:计算机信息系统。这与前述计算机犯罪的内涵相同。

**(2) 危害行为**:属于"破坏型"犯罪类型,构成要件行为划分为以下三种形态:

第一,对计算机信息系统功能进行删除、修改、增加、干扰,造成计算机信息系统不能正常运行。这里的"计算机信息系统",应理解为按照目标程序、算法设定,在计算机系统内,对信息进行特定加工、处理、存储、检索等操作的功能。

依据有关的指导性案例,诸如企业的机械远程监控系统、环境质量监测系统等,均属于计算机信息系统。从危害程度看,这种形态要求造成计算机信息系统"不能正常运行",这既包括使计算机信息系统无法运行,也包括使其不按原有设计运行。

第二,对计算机信息系统中存储、处理或传输的数据和应用程序进行删除、修改、增加的操作。在这种形态中,"数据"和"应用程序"是侵害对象,这有别于其他两种行为形态的"计算机信息系统",而且没有危害程度的要求,这意味着只要实施相应的行为,即使计算机信息系统依然在正常运行,也成立第二种类型的本罪。

第三,故意制作、传播计算机病毒等破坏性程序,影响计算机系统正常运行。这里的"计算机病毒等破坏性程序",根据2011年《关于办理危害计算机信息系统安全刑事案件应用法律若干问题的解释》第5条,是指具有下列特征之一的程序:能够通过网络、存储介质、文件等媒介,将自身的部分、全部或者变种进行复制、传播,并破坏计算机系统功能、数据或者应用程序的;能够在预先设定条件下自动触发,并破坏计算机系统功能、数据或者应用程序的;其他专门设计用于破坏计算机系统功能、数据或者应用程序的程序。从危害程度看,这种形态的用语是"影响",要低于第一种形态的"不能正常运行"。

利用计算机病毒等破坏性程序作为窃取他人财物或实施其他犯罪的,根据《刑法》第287条的规定,按照刑法有关规定定罪处罚。依据有关的指导性案例,"DNS劫持""修改域名解析服务器指向""冒用购物网站买家进入网站内部评价系统删改购物评价""修改被害人手机登录密码,远程锁定智能手机终端"等行为,属于破坏计算机信息系统的行为;对企业的机械远程监控系统、环境质量监测系统、交警部门存储交通违章信息的计算机信息系统等进行破坏,使其不能正常运行,后果严重的,构成破坏计算机信息系统罪。

**(3) 主观方面**:故意。

**(4) 定量标准**:本罪是以"后果严重"作为入罪门槛。在2011年《关于办理危害计算机信息系统安全刑事案件应用法律若干问题的解释》第4条和第6条,分别规定前两种形态和第三种形态中的"后果严重"的认定情形。

(五)拒不履行信息网络安全管理义务罪

本罪是指网络服务提供者不履行法律、行政法规规定的信息网络安全管理义务,经监管部门责令采取改正措施而拒不改正,造成严重后果或者情节严重的行为。这是《刑法修正案(九)》第28条增设的罪名,作为《刑法》第286条之一。

**(1) 危害行为**:表现为以下两个不可分割的要件:

第一,实体要件:不履行法律、行政法规规定的信息网络安全管理义务。

关于信息网络安全管理义务,我国《网络安全法》第21条规定:"……网络运营者应当按照网络安全等级保护制度的要求,履行下列安全保护义务,保障网络免受干扰、破坏或者未经授权的访问,防止网络数据泄露或者被窃取、篡改:(一)制定内部安全管理制度和操作规程,确定网络安全负责人,落实网络安全保护责任;(二)采取防范计算机病毒和网络攻击、网络侵入等危害网络安全行为的技术措施;(三)采取监测、记录网络运行状态、网络安全事件的技术措施,并按照规定留存相关的网络日志不少于6个月;(四)采取数据分类、重要数据备份和加密等措施;(五)法律、行政法规规定的其他义务。"另外,该法第25条规定:"网络运营者应当制定网络安全事件应急预案,及时处置系统漏洞、计算机病毒、网络攻击、网络侵入等安全风险;在发生危害网络安全的事件时,立即启动应急预案,采取相应的补救措施,并按照规定向有关主管部门报告。"

第二,程序要件:经有关监管部门责令改正而拒不改正。

这里的"监管部门",是指网信、电信、公安等根据法律、行政法规的规定承担信息网络安全监管职责的部门。至于"责令"的方式,应以整改通知书或者其他文书形式作出。如果行为人在经监管部门责令改正后履行信息网络安全管理义务的,则不成立本罪。

**(2)犯罪主体**:特殊主体,是指网络服务提供者。

根据2019年"两高"《关于办理非法利用信息网络、帮助信息网络犯罪活动等刑事案件适用法律若干问题的解释》第1条,提供下列服务的单位和个人,应当认定为"网络服务提供者":网络接入、域名注册解析等信息网络接入、计算、存储、传输服务;信息发布、搜索引擎、即时通讯、网络支付、网络预约、网络购物、网络游戏、网络直播、网站建设、安全防护、广告推广、应用商店等信息网络应用服务;利用信息网络提供的电子政务、通信、能源、交通、水利、金融、教育、医疗等公共服务。

**(3)主观方面**:故意。

网络服务提供者在明知被监管部门责令采取改正措施后,仍不改正。

**(4)定量标准**:根据《刑法》第286条之一第1款,网络服务提供者经监管部门责令改正而拒不改正,有下列情形之一的,成立本罪:致使违法信息大量传播的;致使用户信息泄露,造成严重后果的;致使刑事案件证据灭失,情节严重的;有其他严重情节的。鉴于上述四种情形的复杂性和特殊性,《关于办理非法利用信息网络、帮助信息网络犯罪活动等刑事案件适用法律若干问题的解释》第3条至第6条分别逐一规定了认定标准。

依据其他相关司法解释的规定,网络信息服务提供者不履行法律、行政法规规定的信息网络安全管理义务,经监管部门责令采取改正措施而拒不改正,致使公民个人信息泄露,造成严重后果的;致使诈骗信息大量传播,或者用户信息泄露造成严重后果的,以本罪论处。同时构成其他犯罪的,依照处罚较重的规定定罪处罚。

(六) 非法利用信息网络罪

本罪是指自然人和单位利用信息网络，实施三种法定行为之一，情节严重的行为。这是《刑法修正案(九)》第29条增设的罪名，作为《刑法》第287条之一。

**(1) 危害行为**：表现为利用信息网络，实施以下三种法定行为形式之一：第一，设立用于实施诈骗、传授犯罪方法、制作或者销售违禁物品、管制物品等违法犯罪活动的网站、通讯群组；第二，发布有关制作或者销售毒品、枪支、淫秽物品等违禁物品、管制物品或者其他违法犯罪信息；第三，为实施诈骗等违法犯罪活动发布信息。

具体归类上述三种行为方式，行为人利用信息网络这个在表象上是中立的技术平台，但实施了以下两类带有"违法犯罪"性质的行为：

一是设立网站、通讯群组。这包括以实施违法犯罪活动为目的而设立，或者设立后主要用于实施违法犯罪活动的网站、通讯群组的情形。

二是发布违法犯罪信息。这包括利用信息网络提供信息的链接、截屏、二维码、访问账号密码及其他指引访问服务的情形。

这里的"违法犯罪"，依据2019年《关于办理非法利用信息网络、帮助信息网络犯罪活动等刑事案件适用法律若干问题的解释》第7条，包括犯罪行为和属于刑法分则规定的行为类型但尚未构成犯罪的违法行为。行为人只要具有上述客观行为之一，就成立本罪的既遂。

根据其他相关司法解释，行为人利用信息网络发布招嫖的违法信息；设立用于实施传授制造毒品、非法生产制毒物品的方法，贩卖毒品，非法买卖制毒物品或组织他人吸食、注射毒品等违法犯罪活动的网站、通讯群组，或者发布实施前述违法犯罪活动的信息；设立用于实施非法获取、出售或者提供公民个人信息违法犯罪活动的网站、通讯群组的，以本罪论处。

本罪的立法旨趣是预备行为犯罪化。根据《刑法》第287条之一的第3款，实施本罪行为，同时构成其他犯罪的，依照处罚较重的规定定罪处罚。

**(2) 主观方面**：故意。

行为人明知自己利用信息网络所进行的活动，具有违法犯罪活动的性质，却依然实施该行为。由此可见，本罪的实行行为人是自己本人，而非他人，这是本罪与"帮助信息网络犯罪活动罪"的重要界分点之一。

**(3) 定量标准**：本罪是以"严重情节"作为入罪门槛。鉴于非法利用信息网络情形的复杂性，2019年《关于办理非法利用信息网络、帮助信息网络犯罪活动等刑事案件适用法律若干问题的解释》第10条细化规定了七种认定标准。

(七) 帮助信息网络犯罪活动罪

本罪是指自然人和单位明知他人利用信息网络实施犯罪，为其犯罪提供互联网接入、服务器托管、网络存储、通讯传输等技术支持,或者提供广告推广、支付结算等帮助,情节严重的行为。这是《刑法修正案(九)》第29条增设的罪名,作为《刑法》第287条之二。

**(1) 危害行为**:从罪状描述看,本罪使用了两个"提供"的帮助型语义结构,表现为行为人为利用信息网络实施犯罪的他人,实施以下两种"提供"行为之一:

第一,提供互联网接入、服务器托管、网络存储、通讯传输等技术支持。

这里的"互联网接入",是指访问互联网或者在互联网发布信息的通路;"服务器托管",是指将服务器和相关设备托管在数据中心机房;"网络存储",是指通过网络存储、管理数据的载体,比如常见的网盘、云存储等;"通讯传输",是指用户间实现信息传输的通路。

第二,提供广告推广、支付结算等帮助。

本罪属于帮助犯的范畴,但在刑事立法上将其单独成立为犯罪,使得帮助行为脱离对被帮助者所实施上游犯罪的依附性,意蕴司法适用的便捷性。即使他人最后没有实施上游犯罪,也并不排除提供帮助的行为人构成本罪的既遂。

**(2) 主观方面**:故意。

行为人明知他人利用信息网络实施犯罪而为其提供技术帮助。但是,行为人与被帮助者存在通谋,则成立实行行为的共犯。

关于"明知"的认定,2019年《关于办理非法利用信息网络、帮助信息网络犯罪活动等刑事案件适用法律若干问题的解释》第11条规定,为他人实施犯罪提供技术支持或者帮助,具有下列情形之一的,可以认定行为人明知他人利用信息网络实施犯罪,但是有相反证据的除外;第一,经监管部门告知后仍然实施有关行为的;第二,接到举报后不履行法定管理职责的;第三,交易价格或者方式明显异常的;第四,提供专门用于违法犯罪的程序、工具或者其他技术支持、帮助的;第五,频繁采用隐蔽上网、加密通信、销毁数据等措施或者使用虚假身份,逃避监管或者规避调查的;第六,为他人逃避监管或者规避调查提供技术支持、帮助的;第七,其他足以认定行为人明知的情形。

**(3) 定量标准**:本罪是以"严重情节"作为入罪门槛。

鉴于非法利用信息网络情形的复杂性,2019年《关于办理非法利用信息网络、帮助信息网络犯罪活动等刑事案件适用法律若干问题的解释》第12条细化规定了七种认定标准:① 为3个以上对象提供帮助的;② 支付结算金额20万元以上的;③ 以投放广告等方式提供资金5万元以上的;④ 违法所得1万元以上的;⑤ 两年内曾因非法利用信息网络、帮助信息网络犯罪活动、危害计算机信息系统安全受过行政处罚,又帮助信息网络犯罪活动的;⑥ 被帮助对象实施的犯罪造成严重后果的;⑦ 其他情节严重的情形。实施这七种规定的行为,确因客观条件限制无法查证被帮助对象是否达到犯罪的程度,但相关数额总计达到前述第 2 种至第 4 种行为规定标准 5 倍以上,或者造成特别严重后果的,应当以帮助信息网络犯罪活动罪追究行为人的刑事责任。

### 7.1.5 聚众型犯罪

聚众,是指聚集 3 人以上的多人。这既包括首要分子亲自纠集众人,也包括利用已经聚集的众人。我国《刑法》在本节中,规定了 6 个典型的聚众型犯罪,属于必要的共同犯罪形式。

(一)聚众扰乱社会秩序罪

本罪是指聚众扰乱社会秩序,情节严重,致使工作、生产、营业和教学、科研、医疗无法进行,造成严重损失的行为。

在刑事处罚上,采取了"区别对待、分化打击"的政策,对本罪的首要分子与积极参加者设置了两个不同档次的法定刑。

(二)聚众冲击国家机关罪

本罪是指聚众冲击国家机关,致使国家机关工作无法进行,造成严重损失的行为。本罪的行为对象,是国家机关。

在刑事处罚上,对本罪的首要分子与积极参加者设置了两个不同档次的法定刑。

(三)聚众扰乱公共场所秩序、交通秩序罪

本罪是指聚众扰乱车站、码头、民用航空站、商场、公园、影剧院、展览会、运动场或者其他公共场所秩序,聚众堵塞交通或者破坏交通秩序,抗拒、阻碍国家治安管理人员依法执行职务,情节严重的行为。

在本罪的三种行为形态中,抗拒、阻碍国家治安管理人员依法执行职务的行为,并不以行为人使用暴力、威胁方法为要件,这是本罪与妨害公务罪的不同点。如果实施本罪行为,同时构成妨害公务罪的,应择一重处断。根据《刑法》第 291 条,本罪只处罚首要分子。

(四)聚众斗殴罪

本罪是指首要分子和积极参加者聚集多人,参与斗殴,扰乱社会公共秩序的行为。这是 1997 年修订的《刑法》拆解"流氓罪"而分出的罪名。从成立本罪的人数条件看,参与人数应在 3 人以上,但并不要求参与斗殴的各方都在 3 人以上。本罪也不局限于双方之间进行斗殴,多人多方之间进行斗殴的,也成立本罪。

在主观方面,行为人是出于故意,但不以参与的各方都具有故意为要件。在司法实践中,仅有一方具有聚众斗殴故意,也可能成立本罪。

实施本罪,致人重伤、死亡的,构成转化犯,以故意伤害罪、故意杀人罪定罪处罚。对于聚众斗殴,既致人死亡,又致人轻伤的,以故意杀人罪定罪处罚,不以故意杀人罪和故意伤害罪实行数罪并罚。

(五) 聚众淫乱罪

本罪是指聚集多人,集体实施淫乱活动的行为。这是 1997 年修订的《刑法》拆解"流氓罪"而分出的罪名。这里的"淫乱",是指进行性交以及其他刺激性欲望、满足性欲的行为,不要求具有公然性。

使用强奸或者强制猥亵方式强迫妇女参加聚众淫乱活动的,应以强奸罪或者强制猥亵罪与本罪实行数罪并罚。根据《刑法》第 301 条第 1 款,本罪只处罚首要分子与多次参加聚众淫乱的人。

(六) 引诱未成年人聚众淫乱罪

本罪是指引诱未成年人参加聚众淫乱活动的行为。这里的"引诱",是指以金钱、物质或其他利益为诱饵,通过语言、表演、示范、观看影像等手段,引诱未成年人参加聚众淫乱活动。"未成年人",是指不满 18 周岁的未成年男女。对于"参加",不要求引诱未成年人实际上从事淫乱活动,引诱未成年人观看他人从事淫乱活动的,也成立本罪。

依照《刑法》第 301 条第 2 款,构成本罪的,依照聚众淫乱罪从重处罚。

### 7.1.6 寻衅滋事罪

本罪是指随意殴打他人,或者追逐、拦截、辱骂、恐吓他人,或者强拿硬要或任意损毁、占用公私财物,或者在公共场所起哄闹事,情节恶劣、情节严重或者后果严重的行为。

关于寻衅滋事罪的行为方式,我国《刑法》第 293 条列举了以下四种类型:

**(1) 随意殴打他人,情节恶劣。**

基于寻衅滋事罪是 1997 年修订的《刑法》拆解"流氓罪"而分出的罪名,这里的"随意",是对主观上流氓动机的沿用。在 2013 年"两高"《关于办理寻衅滋事刑事案件适用法律若干问题的解释》第 1 条第 1 款中规定的"无事生非型"寻衅滋事行为中,这表述为"行为人为寻求刺激、发泄情绪、逞强耍横等"。但是,在该条第 2 款对寻衅滋事行为划分的第二种类型"借故生非型"中,并没有设置流氓动机的要求,规定行为人因日常生活中的偶发矛盾纠纷,实施《刑法》第 293 条规定的行为的,也应当认定为寻衅滋事,但矛盾系由被害人故意引发或者被害人对矛盾激化负有主要责任的除外。

至于随意殴打的对象,既可以是陌生人,也可以是相识的人。在一般情况下,对不特定对象进行殴打,明显体现出行为人的随意性。但是,在法定条件下,对特定对象实施殴打行为,也可以认定为寻衅滋事。例如,2013 年"两高"《关于办理寻衅滋事刑事案件适用法律若干问题的解释》第 1 条第 3 款规定,行为人在婚恋、家庭、邻里、债务等纠纷中,实施《刑法》第293条规定的殴打等行为的,鉴于作案对象相对特定,一般不认定为寻衅滋事,但经有关部门批评制止或者处理处罚后,继续实施前列行为,破坏社会秩序的除外。

对于该种行为形态,以"情节恶劣"作为入罪门槛。根据2013年"两高"《关于办理寻衅滋事刑事案件适用法律若干问题的解释》第2条,这是指具有下列的情形之一:致1人以上轻伤或者2人以上轻微伤的;引起他人精神失常、自杀等严重后果的;多次随意殴打他人的;持凶器随意殴打他人的;随意殴打精神病人、残疾人、流浪乞讨人员、老年人、孕妇、未成年人,造成恶劣社会影响的;在公共场所随意殴打他人,造成公共场所秩序严重混乱的;其他情节恶劣的情形。

**(2) 追逐、拦截、辱骂、恐吓他人,情节恶劣。**

"追逐、拦截、辱骂",是指追赶、拦挡、侮辱或者谩骂他人,往往是以妇女为行为对象;至于"恐吓",是《刑法修正案(八)》第42条增设的行为,是指以要挟的话语或者手段,威胁、吓唬他人。关于恐吓的方式和内容,纷繁多样,只要足以使被害人产生心理恐惧。

对于该种行为形态,以"情节恶劣"作为入罪门槛。根据《关于办理寻衅滋事刑事案件适用法律若干问题的解释》第3条,这是指具有下列的情形之一:多次追逐、拦截、辱骂、恐吓他人,造成恶劣社会影响的;持凶器追逐、拦截、辱骂、恐吓他人的;追逐、拦截、辱骂、恐吓精神病人、残疾人、流浪乞讨人员、老年人、孕妇、未成年人,造成恶劣社会影响的;引起他人精神失常、自杀等严重后果的;严重影响他人的工作、生活、生产、经营的;其他情节恶劣的情形。

**(3) 强拿硬要或任意损毁、占用公私财物,情节严重。**

这是指以强横的手段,强行索要他人的商品、财物,或者随心所欲地损坏、毁灭公私财物的行为。

对于该种行为形态,以"情节严重"作为入罪门槛。根据《关于办理寻衅滋事刑事案件适用法律若干问题的解释》第4条,这是指具有下列的情形之一:强拿硬要公私财物价值1000元以上,或者任意损毁、占用公私财物价值2000元以上的;多次强拿硬要或者任意损毁、占用公私财物,造成恶劣社会影响的;强拿硬要或者任意损毁、占用精神病人、残疾人、流浪乞讨人员、老年人、孕妇、未成年人的财物,造成恶劣社会影响的;引起他人精神失常、自杀等严重后果的;严重影响他人的工作、生活、生产、经营的;其他情节严重的情形。

**(4) 在公共场所起哄闹事,造成公共场所秩序严重混乱。**

这是指在公共场所无事生非,制造事端,扰乱公共场所秩序的行为。公共场所秩序,是公共秩序中的一个重要方面。该项行为形态具有特定的时空特征,必须发生在"公共场所",而寻衅滋事罪的其他三项行为则没有该特征的要求。

根据2013年"两高"《关于办理利用信息网络实施诽谤等刑事案件适用法

律若干问题的解释》第5条和2020年"两高"、公安部、司法部《关于依法惩治妨害新型冠状病毒感染肺炎疫情防控违法犯罪的意见》第6条,编造虚假信息,或者明知是编造的虚假信息,在信息网络上散布,或者组织、指使人员在信息网络上散布,起哄闹事,造成公共秩序严重混乱的,以寻衅滋事罪定罪处罚。这在一定意义上,将"信息网络"划定为"公共场所"的范畴。

对于该种行为形态,以"造成公共场所秩序严重混乱"作为入罪门槛。根据《关于办理寻衅滋事刑事案件适用法律若干问题的解释》第5条,这应当根据公共场所的性质、公共活动的重要程度、公共场所的人数、起哄闹事的时间、公共场所受影响的范围与程度等因素,综合判断认定。

在主观方面,行为人是出于故意。关于犯罪动机,这是以往流氓罪的重要构成特征,一般表现为行为人在寻求精神刺激、发泄不良情绪、耍威风或者取乐等动机支配下,故意用寻衅滋事的方法,公然蔑视国家法律和社会公德,破坏社会公共秩序。目前,在"无事生非型"寻衅滋事行为中,该动机依然是主观方面的基本特征。但是,在"借故生非型"寻衅滋事行为中,该动机并不重要。因此,在司法适用中,不应将犯罪动机绝对化,作为认定本罪与其他犯罪的分水岭。

行为人实施寻衅滋事行为,同时符合寻衅滋事罪和故意杀人罪、故意伤害罪、故意毁坏财物罪、敲诈勒索罪、抢夺罪、抢劫罪等罪的构成要件,依据《关于办理寻衅滋事刑事案件适用法律若干问题的解释》第7条,依照处罚较重的犯罪定罪处罚。

### 7.1.7 组织、领导、参加黑社会性质组织罪

本罪是指组织、领导黑社会性质的组织,或者参加黑社会性质的组织进行违法活动的行为。

**(1) 危害行为**:表现为以下三种行为形态:

第一,组织:这是指发起、策划、创建黑社会性质的组织之行为。

第二,领导:这是指在黑社会性质的组织中处于领导地位,对该组织及其运行、活动进行决策、指挥、协调、管理的行为。

第三,参加:这是指加入黑社会性质的组织,接受黑社会性质组织的领导和管理的行为。其中,又分为两种情形:一是积极参加,是指多次积极参与黑社会性质组织的违法犯罪活动,或者积极参与较严重的黑社会性质组织的犯罪活动且作用突出,以及其他在组织中起重要作用的行为;二是其他参加,是指接受黑社会性质组织的领导和管理的行为。

**(2) 黑社会性质的组织**:作为本罪称谓的关键词"黑社会性质的组织",依据《刑法》第294条第5款,应当同时具备以下特征:第一,形成较稳定的犯罪组织,人数较多,有明确的组织者、领导者,骨干成员基本固定;第二,有组织地通过

违法犯罪活动或者其他手段获取经济利益,具有一定的经济实力,以支持该组织的活动;第三,以暴力、威胁或者其他手段,有组织地多次进行违法犯罪活动,为非作恶,欺压、残害群众;第四,通过实施违法犯罪活动,或者利用国家工作人员的包庇或者纵容,称霸一方,在一定区域或者行业内,形成非法控制或者重大影响,严重破坏经济、社会生活秩序。

从刑事立法沿革看,上述四个特征是《刑法修正案(八)》第43条吸纳2002年全国人大常委会《关于〈中华人民共和国刑法〉第294条第1款的解释》的规定,体现了"打早打小"的刑事政策。可以从以下关于组织特征、经济特征、行为特征和非法控制(危害性)特征等四个方面来界定黑社会性质组织的成立:

第一,组织特征。

相关司法解释从人员和结构两个方面,对黑社会性质组织的组织特征进行了界定。这体现在:有明确的组织者、领导者,骨干成员基本稳定;组织结构较为稳定,并有比较明确的层级和职责分工。黑社会性质组织应当具有一定规模,人数较多,组织成员一般在10人以上。同时,鉴于黑社会性质组织有一个渐进发展的过程,对黑社会性质组织的存在时间、成员人数问题,不宜作出"一刀切"的规定。但是,存在、发展时间明显过短、犯罪活动尚不突出的,一般不应认定为黑社会性质组织。

第二,经济特征。

具有一定的经济实力,是黑社会性质组织称霸一方的基础。在实践中,黑社会性质组织的敛财方式具有多样性,不仅会通过实施赌博、敲诈、贩毒等违法犯罪活动攫取经济利益,而且还会通过开办公司、企业等方式"以商养黑""以黑护商"。至于其财产是通过非法手段聚敛,还是通过合法的方式获取,只要将其中部分或全部用于违法犯罪活动或者维系犯罪组织的生存、发展即可;无论获利后的分配和使用形式如何变化,只要在客观上能够起到豢养组织成员、维护组织稳定、壮大组织势力的作用即可。

第三,行为特征。

暴力性、胁迫性和有组织性,是黑社会性质组织在行为方式上的主要特征。暴力或以暴力相威胁,始终是黑社会性质组织实施违法犯罪活动的基本手段,但也包括"其他手段",诸如暴力、威胁色彩并不明显,但实际上是以组织的势力、影响和犯罪能力为依托,以暴力、威胁的现实可能性为基础,在利用组织势力和影响已对他人形成心理强制或威慑的情况下,进行所谓的"谈判""协商""调解"以及使用滋扰、纠缠、哄闹、聚众造势等手段。

第四,非法控制(危害性)特征:本质特征。

称霸一方,在一定区域或者行业内,形成非法控制或者重大影响,从而严重危害经济、社会生活秩序,是黑社会性质组织的本质特征,也是黑社会性质组织区别于一般犯罪集团的关键所在。关于黑社会性质组织所控制和影响的"一定区域",应具备一定空间范围,并承载一定的社会功能,需要结合一定地域范围内的人口数量、流量、经济规模等因素综合评判;至于"一定行业",是指在一定区域内存在的同类生产、经营活动,这既包括合法行业,也包括黄、赌、毒等非法行业。这些行业一般涉及生产、流通、交换、消费等一个或多个市场环节。

关于恶势力与黑社会性质组织之间的区分,根据有关司法解释,"恶势力是指经常纠集在一起,以暴力、威胁或者其他手段,在一定区域或者行业内多次实施违法犯罪活动,为非作恶,欺压百姓,扰乱经济、社会生活秩序,造成较为恶劣的社会影响,但尚未形成黑社会性质组织的违法犯罪组织。"至于恶势力犯罪集团,是指"符合恶势力全部认定条件,同时又符合犯罪集团法定条件的犯罪组织"。恶势力集团属于一般的犯罪集团,只要3人以上就可以成立,这是区分黑社会性质组织和恶势力集团的外观标志。同时,恶势力集团成员的联系相对松散,规模较小,组织结构较为松散。

**(3) 犯罪主体**:一般主体。

作为一种组织罪,在刑事处罚上,对本罪的行为人采取了"区别对待,分化打击"的政策,设置了三个不同档次的法定刑:第一,组织者、领导者:处7年以上有期徒刑;第二,积极参加者:处3年以上7年以下有期徒刑;第三,其他参加者:处3年以下有期徒刑、拘役、管制或者剥夺政治权利。其中,《刑法修正案(八)》上调了组织者、领导者的刑事责任,将法定最高刑由10年提高到15年,并且对所有的犯罪主体均增设了财产刑。

对于组织者、领导者,应当按照其所组织、领导的黑社会性质组织所犯的全部罪行处罚。组织者、领导者对于具体犯罪所承担的刑事责任,应当根据其在该起犯罪中的具体地位、作用来确定;对于黑社会性质组织的参加者,应当按照其所参与的犯罪,根据其在具体犯罪中的地位和作用处罚。

**(4) 主观方面**:直接故意。

根据有关司法解释的规定,不要求黑社会性质组织的成员在主观上认为自己参加的是黑社会性质组织,只要其知道或者应当知道该组织具有一定规模,且是以实施违法犯罪为主要活动。

### 7.1.8 赌博类犯罪

(一) 赌博罪

本罪是指以营利为目的,聚众赌博或者以赌博为业的行为。

**(1) 危害行为**:表现为以下两种行为形态:

第一,聚众赌博:这是指组织不特定的多数人参加赌博。聚众者自己不参加赌博,但从中渔利的,也成立本罪。根据2005年"两高"《关于办理赌博刑事案件具体应用法律若干问题的解释》第1条,以营利为目的,组织3人以上赌博,抽头渔利数额累计达到5000元以上的,或者赌资数额累计达到5万元以上的,或者参赌人数累计达到20人以上的,属于"聚众赌博"。

第二,以赌博为业:这是指经常参加赌博活动的行为。这种行为属于常业惯犯的范畴。

**(2)主观方面**:直接故意,并且具有营利的目的。

行为人为了获取钱财,即使实际上没有赢钱甚至是输钱,也不影响本罪的成立。但是,不以营利为目的,进行带有少量财物输赢的娱乐活动,以及提供棋牌室等娱乐场所,只收取正常的场所和服务费用的经营行为等,不以赌博论处。

明知他人实施赌博犯罪活动,而为其提供资金、计算机网络、通讯、费用结算等直接帮助的,以赌博罪的共犯论处。

(二)开设赌场罪

本罪是指为他人赌博设立、提供场所的行为。本罪是《刑法修正案(六)》第18条将其从赌博罪的行为形态中剥离而独立成罪。《刑法修正案(十一)》第36条又提高了本罪的法定刑。

**(1)危害行为**:表现为提供赌博场所、设定赌博方式、提供赌具、筹码、资金等组织赌博的行为。

在传统的赌博中,场所、赌具、筹码等均为实物和具有物理属性。随着网络高速发展,可以通过网络等虚拟场所进行赌博,使得赌博更加快捷、方便。据此,2005年《关于办理赌博刑事案件具体应用法律若干问题的解释》第2条规定,在计算机网络上建立赌博网站,或者为赌博网站担任代理,接受投注的,属于"开设赌场"。同时,根据2010年"两高"、公安部《关于办理网络赌博犯罪案件适用法律若干问题的意见》第1条,利用互联网、移动通讯终端等传输赌博视频、数据,组织赌博活动,具有下列情形之一的,属于"开设赌场":建立赌博网站并接受投注的;建立赌博网站并提供给他人组织赌博的;为赌博网站担任代理并接受投注的;参与赌博网站利润分成的。

关于设置赌博机组织赌博的认定问题,依据2014年"两高"、公安部《关于办理利用赌博机开设赌场案件适用法律若干问题的意见》,设置具有退币、退分、退钢珠等赌博功能的电子游戏设施设备,并以现金、有价证券等贵重款物作为奖品,或者以回购奖品方式给予他人现金、有价证券等贵重款物,组织赌博活动的,应当认定为"开设赌场"行为。

**(2)主观方面**:直接故意,并且具有营利的目的。

**最高人民法院第106号指导案例:谢某军等四人开设赌场案**:谢某军等四人以营利为目的,通过邀请人员加入微信群,利用微信群进行控制管理,以抢红包方式进行赌博,在一段时间内持续组织赌博活动的行为,属于"开设赌场"。

该案的裁判要旨可归纳为:"以营利为目的""邀请人员""进行管理控制"以及"一段时间内持续组织"。其中,最后两个特征也是开设赌场罪与聚众赌博型赌博罪的重要区分点。另外,从两罪搭建赌博平台的切入点看,也存在不同点:开设赌场罪聚焦的是"场所",而聚众赌博型赌博罪瞄着的是"人"。

根据 2010 年《关于办理网络赌博犯罪案件适用法律若干问题的意见》第 2 条,明知是赌博网站,而为其提供下列服务或者帮助的,属于开设赌场罪的共同犯罪:第一,为赌博网站提供互联网接入、服务器托管、网络存储空间、通讯传输通道、投放广告、发展会员、软件开发、技术支持等服务,收取服务费数额在 2 万元以上的;第二,为赌博网站提供资金支付结算服务,收取服务费数额在 1 万元以上或者帮助收取赌资 20 万元以上的;第三,为 10 个以上赌博网站投放与网址、赔率等信息有关的广告或者为赌博网站投放广告累计 100 条以上的。

明知他人利用赌博机开设赌场,具有下列情形之一的,以开设赌场罪的共犯论处:提供赌博机、资金、场地、技术支持、资金结算服务的;受雇参与赌场经营管理并分成的;为开设赌场者组织客源,收取回扣、手续费的;参与赌场管理并领取高额固定工资的;提供其他直接帮助的。

(三) 组织参与国(境)外赌博罪

本罪是指组织中华人民共和国公民参与国(境)外赌博,数额巨大或者有其他严重情节的行为。这是《刑法修正案(十一)》第 36 条新增的罪名。

## 7.2 妨害司法罪

本节罪设置了侵犯司法机关正常活动的罪名体系,具体包括 20 个罪名。

### 7.2.1 伪证罪

本罪是指在刑事诉讼中,证人、鉴定人、记录人、翻译人对与案件有重要关系的情节,故意作虚假证明、鉴定、记录、翻译,意图陷害他人或者隐匿罪证的行为。

**(1) 危害行为**:表现为在刑事诉讼中,对于与案件有重要关系的情节,作虚假的证明、鉴定、记录、翻译。

本罪具有特定的时空特征,必须发生在"刑事诉讼"的过程中,不包括民事诉讼与行政诉讼。这是本罪与诬告陷害罪的区别点之一,后罪是发生在诉讼活动开始以前。

关于伪证的内容,必须是"与案件有重要关系的情节",这是指能够影响定罪量刑的案件情节,即对是否构成犯罪、犯罪的性质或者罪行的轻重有重大影响的情节。如果对与案件关系不重要的情节作了虚假的证明、鉴定、记录、翻译,不构成伪证罪。

至于"虚假"的含义,存在主观说和客观说之争。主观说认为,虚假陈述应当以证人的主观记忆为标准。证人根据自己的记忆作出诚实的陈述,即使该陈述与客观事实相反也不构成伪证罪;客观说认为,虚假是指违反客观事实。陈述的内容与客观事实相反的场合,才是虚假陈述。正如有学者所言,如果联系主观内容考虑,虚假应是违反证人的记忆与实际体验且不符合客观事实的陈述,如果违反证人的记忆与实际体验但符合客观事实,就不可能妨害司法活动,不成立伪证罪。就客观说而言,如果证人的记忆与实际体验相符,但与客观事实不相符合,则行为人没有伪证罪的故意,也不成立伪证罪。①

**(2) 犯罪主体**:特殊主体,仅包括证人、鉴定人、记录人、翻译人等特定的四种人员。

所谓"证人",是指向司法机关就自己所知道的刑事案件情况作出陈述的人员;"鉴定人",是指对刑事案件中某些专门性问题进行鉴定,并作出专业结论的人员;"记录人",是指在司法机关对案件进行侦查、起诉和审判的过程中,担任文字记录的人员;"翻译人",是指受司法机关指派或者聘请,担任外国语、民族语或者哑语翻译的人员。

通说认为,被害人不能成为伪证罪的主体,这是因为在我国刑事诉讼法中,证人与被害人是不同的概念。既然刑法没有将被害人规定在伪证罪的主体范围中,对被害人的伪证行为就不能用伪证罪来规制。②

**(3) 主观方面**:直接故意,并且具有陷害他人或者隐匿罪证的目的。

这是本罪与诬告陷害罪的主要区别点,后罪的犯罪目的只有陷害一种类型。

如果证人基于记忆不清楚而对案件作出与事实不符的证明,鉴定人、记录人、翻译人基于业务水平问题而作出错误的鉴定结论,或者错记、漏记,或者错译、漏译的,鉴于他们在主观上没有罪过,不成立伪证罪。

### 7.2.2 虚假诉讼罪

本罪是指自然人或者单位以捏造的事实提起民事诉讼,妨害司法秩序或者严重侵害他人合法权益的行为。这是《刑法修正案(九)》第 35 条新增的罪名,在体系编排上作为第 307 条之一。

**(1) 危害行为**:表现为以下两个不可分割的行为要件:

第一,基本行为:捏造事实。

所谓捏造事实,是指无中生有、凭空编造足以引起民事法律关系产生、变更或者消灭的客观情况。这既包括行为人自己亲自实施,也包括唆使他人帮助伪

---

① 参见张明楷:《刑法学》(第六版),法律出版社 2021 年版,第 1420 页。
② 参见周道鸾、张军主编:《刑法罪名精释》(第四版),人民法院出版社 2013 年版,第 761 页。

造或毁灭证据、提供虚假鉴定意见等。但是,行为人对真实的事实在情节上进行夸大或者缩小,即篡改部分案件事实,则不属于捏造事实。由此可见,虚假诉讼罪的行为方式仅限定在"无中生有型"行为,不包括"部分篡改型"行为。

依据2018年"两高"《关于办理虚假诉讼刑事案件适用法律若干问题的解释》第1条,采取伪造证据、虚假陈述等手段,实施下列行为之一,捏造民事法律关系,虚构民事纠纷,向人民法院提起民事诉讼的,应当认定为虚假诉讼罪中的"以捏造的事实提起民事诉讼":与夫妻一方恶意串通,捏造夫妻共同债务的;与他人恶意串通,捏造债权债务关系和以物抵债协议的;与公司、企业的法定代表人、董事、监事、经理或者其他管理人员恶意串通,捏造公司、企业债务或者担保义务的;捏造知识产权侵权关系或者不正当竞争关系的;在破产案件审理过程中申报捏造的债权的;与被执行人恶意串通,捏造债权或者对查封、扣押、冻结财产的优先权、担保物权的;单方或者与他人恶意串通,捏造身份、合同、侵权、继承等民事法律关系的其他行为。

隐瞒债务已经全部清偿的事实,向人民法院提起民事诉讼,要求他人履行债务的,这属于消极的捏造事实行为,其社会危害性与积极的捏造事实行为并无实质不同,以"以捏造的事实提起民事诉讼"论。向人民法院申请执行基于捏造的事实作出的仲裁裁决、公证债权文书,或者在民事执行过程中以捏造的事实对执行标的提出异议、申请参与执行财产分配的,属于虚假诉讼罪中的"以捏造的事实提起民事诉讼"。

第二,诉讼载体:向法院提起民事诉讼。

行为人仅捏造事实,但没有提起民事诉讼,则不构成本罪。这里的"民事诉讼",是指包括起诉、立案、开庭、审判、审判监督、执行等民事诉讼程序。如果行为人以捏造的犯罪事实提起刑事告诉,不构成本罪,涉嫌成立诬告陷害罪。同样,行为人以捏造的事实提起行政诉讼,或者向仲裁机构提起虚假仲裁,也不构成本罪。

**(2) 主观方面**:直接故意。

**(3) 定量标准**:本罪是以"妨害司法秩序或者严重侵害他人合法权益"作为入罪门槛。依据2018年"两高"《关于办理虚假诉讼刑事案件适用法律若干问题的解释》第2条,这是指具有下列之一的情形:致使人民法院基于捏造的事实采取财产保全或者行为保全措施的;致使人民法院开庭审理,干扰正常司法活动的;致使人民法院基于捏造的事实作出裁判文书、制作财产分配方案,或者立案执行基于捏造的事实作出的仲裁裁决、公证债权文书的;多次以捏造的事实提起民事诉讼的;曾因以捏造的事实提起民事诉讼被采取民事诉讼强制措施或者受过刑事追究的;其他妨害司法秩序或者严重侵害他人合法权益的情形。

**(4) 竞合适用**。

依据《刑法》第 307 条之一第 3 款和《关于办理虚假诉讼刑事案件适用法律若干问题的解释》第 4 条,行为人实施虚假诉讼行为,非法占有他人财产或者逃避合法债务,又构成诈骗罪,职务侵占罪,拒不执行判决、裁定罪,贪污罪等犯罪的,依照处罚较重的规定定罪从重处罚。

依据《刑法》第 307 条之一第 4 款和上述司法解释第 5 条,司法工作人员利用职权,与他人共同实施虚假诉讼行为的,从重处罚;同时构成滥用职权罪,民事枉法裁判罪,执行判决、裁定滥用职权罪等犯罪的,依照处罚较重的规定定罪从重处罚。

### 7.2.3 窝藏、包庇罪

本罪是指明知是犯罪的人而为其提供隐藏处所、财物,帮助其逃匿或者作假证明包庇的行为。

**(1) 行为对象**:犯罪的人。

我国有学者认为,本罪行为对象中的"犯罪的人",只要是"实施了客观犯罪行为的人"即可,而不要求达到"实施了符合特定犯罪构成行为,需要追究其刑事责任的人"的程度。例如,父母窝藏或者包庇自己 13 周岁、犯有杀人行为的孩子。尽管孩子因为不满 14 周岁而不能追究其刑事责任,但由于其客观上实施了杀人犯罪行为,属于"犯罪的人",因此,对其窝藏或者包庇的父母就要构成窝藏、包庇罪。① 本书认为,对于本罪行为对象的"犯罪的人",应该从两个方面来理解适用:

第一,在刑事程序方面,应以犯罪的事实成立为认定前提,即采取"事实成立说",而不是"罪名成立说"。如果被窝藏、包庇的人实施的犯罪事实清楚,证据确实、充分,但尚未到案、尚未依法裁判或者因不具有刑事责任能力依法未予追究刑事责任的,并不影响窝藏、包庇罪的认定。

第二,在刑事实体方面,应以被窝藏、包庇的人的行为构成犯罪为前提。如果被窝藏、包庇的人归案后被宣告无罪的,应依照法定程序宣告窝藏、包庇行为人无罪。这均已体现在 2021 年"两高"《关于办理窝藏、包庇刑事案件适用法律若干问题的解释》第 6 条之中。

**(2) 危害行为**:表现为窝藏与包庇两种行为形态,由此形成选择性罪名。

第一,窝藏:这是指采取提供隐藏处所、财物等方式,帮助犯罪的人逃匿的行为。依据 2021 年"两高"《关于办理窝藏、包庇刑事案件适用法律若干问题的解释》第 1 条,窝藏的行为方式包括:为犯罪的人提供房屋或者其他可以用于隐藏的处所,或者提供车辆、船只、航空器等交通工具,或者提供手机等通讯工具,或

---

① 参见黎宏:《刑法学各论》(第二版),法律出版社 2016 年版,第 408 页。

者提供金钱等情形。保证人在犯罪的人取保候审期间,协助其逃匿,或者明知犯罪的人的藏匿地点、联系方式,但拒绝向司法机关提供的,对保证人以窝藏罪定罪处罚。此外,《刑法》第 362 条规定,旅馆业、饮食服务业、文化娱乐业、出租汽车业等单位的人员,在公安机关查处卖淫、嫖娼活动时,为违法犯罪分子通风报信,情节严重的,应以窝藏罪定罪处罚。

第二,包庇:这在法条罪状中的表述为"作假证明包庇"。依据 2021 年"两高"《关于办理窝藏、包庇刑事案件适用法律若干问题的解释》第 2 条,这是指故意向司法机关作虚假陈述或者提供虚假证明,以证明犯罪的人没有实施犯罪行为,或者犯罪的人所实施行为不构成犯罪的,或者犯罪的人具有法定从轻、减轻、免除处罚情节的行为。同时,该司法解释认为,"故意顶替犯罪的人欺骗司法机关"也属于包庇的行为形态。

关于窝藏与包庇的区别点,主要体现在直接作用对象上:窝藏行为的特征在于行为人向犯罪分子的逃匿提供直接的支持,即帮助逃匿行为的直接作用对象是犯罪分子;包庇直接作用的对象,是司法机关。在帮助犯罪分子逃匿上,窝藏与包庇是一体两面的关系。[①]

**(3) 主观方面**:表现为行为人明知他人是犯罪的人而加以窝藏、包庇,并且具有帮助犯罪的人逃匿的目的,或者帮助犯罪的人逃避刑事追究、获得从宽处罚的目的。但是,事前通谋的,以共同犯罪论处。

依据 2021 年《关于办理窝藏、包庇刑事案件适用法律若干问题的解释》第 5 条,虽然行为人实施了提供隐藏处所、财物等行为,但现有证据不能证明行为人知道犯罪的人实施了犯罪行为的,不能认定为"明知"。这应当根据案件的客观事实,结合行为人的认知能力,接触被窝藏、包庇的犯罪人的情况,以及行为人和犯罪人的供述等主、客观因素进行认定。

**(4) 竞合适用**。

依据 2021 年《关于办理窝藏、包庇刑事案件适用法律若干问题的解释》第 7 条和第 8 条,为帮助同一个犯罪的人逃避刑事处罚,实施窝藏、包庇行为,又实施洗钱行为,或者掩饰、隐瞒犯罪所得及其收益行为,或者帮助毁灭证据行为,或者伪证行为的,依照处罚较重的犯罪定罪,并从重处罚,不实行数罪并罚;共同犯罪人之间互相实施的窝藏、包庇行为,不以窝藏、包庇罪定罪处罚,但对共同犯罪以外的犯罪人实施窝藏、包庇行为的,以所犯共同犯罪和窝藏、包庇罪并罚。

### 7.2.4 掩饰、隐瞒犯罪所得、犯罪所得收益罪

本罪是指明知是犯罪所得及其产生的收益,予以窝藏、转移、收购、代为销售或者以其他方法掩饰、隐瞒的行为。

---

① 参见葛恒浩:《包庇罪行为类型的解释论重构》,载《法商研究》2015 年第 6 期。

**(1) 双重属性**：传统属性(妨碍司法活动)+次生属性(洗钱罪名体系)。

本罪的前身是1979年《刑法》中的"窝赃、销赃罪"。1997年修订的《刑法》第312条将其修订为"窝藏、转移、收购、销售赃物罪",在罪名体系上处于"妨害司法罪",其在本质属性上属于传统的赃物罪,侵害法益的核心特征是加大司法机关追缴犯罪所得的难度,妨碍司法机关追究上游犯罪的正常活动。

为了使我国反洗钱融入国际合作框架,基于我国自2002年起申请加入反洗钱国际组织"金融行动特别工作组"(FATF)的急切需要,《刑法修正案(六)》对第312条进行了修订,赋予本罪反洗钱的次生属性。根据FATF在《40+9项建议》的要求,我国在满足第一项核心标准"洗钱犯罪化"时,对于上游犯罪的范围,至少应包括指定犯罪类型中的20种犯罪。但我国当时《刑法》第191条洗钱罪所列举的几类上游犯罪类型,还没有达到一半的门槛条件。对此,立法机关经研究,认为洗钱罪是针对一些通常可能有巨大犯罪所得的严重犯罪而为其洗钱的行为所作的特别规定,虽然《刑法》第312条的具体罪名没有称为洗钱罪,实质上也符合有关国际公约要求。在此思路下,《刑法修正案(六)》采取"两条腿走路"的立法方法,一方面在洗钱罪中增加三种上游犯罪类型,另一方面则对第312条"动手术",将其纳入我国反洗钱的罪名体系中,以满足我国加入FATF的基本条件。通过追溯上述立法变迁,本罪具有"双重属性":既"身在"妨害司法罪,也"肩扛"反洗钱的大旗。

具体而言,《刑法修正案(六)》第19条对《刑法》第312条的修订,主要体现在以下三个方面:第一,行为对象:为了与洗钱罪保持一致,将"犯罪所得的赃物"修订为"犯罪所得及其产生的收益";第二,行为方式:在保留以往四种方式的基础上,又加入第五种"以其他方法掩饰、隐瞒"的"兜底"类型;第三,法定刑:增设"情节严重"的档次。在此基础上,"两高"将过去"窝藏、转移、收购、销售赃物罪"的罪名称谓,修改为"掩饰、隐瞒犯罪所得、犯罪所得收益罪",这更符合现代意义上洗钱的行为方式和行为对象之特征。后来在2009年,为了回应FATF在评估报告对本罪只能由自然人构成而与洗钱罪名体系不协调的批评,《刑法修正案(七)》又再次修改本罪,将单位增设为本罪的犯罪主体。

**(2) 行为对象**：包括"犯罪所得"和"犯罪产生的收益"两种类型,由此形成选择性罪名。

《刑法修正案(六)》拓宽了本罪的行为对象。根据2015年最高人民法院《关于审理掩饰、隐瞒犯罪所得、犯罪所得收益刑事案件适用法律若干问题的解释》,所谓"犯罪所得",是指通过犯罪直接得到的赃款、赃物;"犯罪产生的收益",是指上游犯罪的行为人对犯罪所得进行处理后得到的孳息、租金等,可以简称为"犯罪收益"。①

从刑事程序上看,在认定本罪的行为对象时,应采取"事实成立说",而不是"罪名成立说",即以上游犯罪的事实成立为前提。即使上游犯罪尚未依法裁判,但查证属实的,也不影响本罪的认定;如果上游犯罪事实经查证属实,但因行为人未达到刑事责任年龄等原因依法不予追究刑事责任的,也不影响本罪的认定。鉴于本罪是选择性罪名,应当根据具体犯罪行为及其指向的对象,确定适用的罪名。

**(3)危害行为**:在罪状中属于"列举+兜底"的规定,表现为以下五种行为方式:

第一,窝藏:这是指为犯罪分子提供藏匿犯罪所得及其收益的处所。例如,收受赃物、有偿或者无偿地寄藏赃物等。

第二,转移:这是指使犯罪所得及其收益离开原处的地点。至于是有偿或者无偿、通过何种工具、转移的距离远近、行为人是否接触或伴随赃物,则在所不问。

第三,收购:这是指有偿地取得犯罪所得及其收益的行为,包括买赃自用、为他人使用而买赃。

第四,代为销售:这是指接受犯罪分子的委托而为其代为销售犯罪所得及其收益的行为,既包括把赃物卖给他人、介绍买卖赃物、推销赃物、明知为赃物而层层转手变卖,也包括以低价买进、高价卖出的行为等。

第五,其他掩饰、隐瞒的方法:这是《刑法修正案(六)》新加入的"兜底"行为方式,是指明知是犯罪所得及其产生的收益,而居间介绍买卖,收受,持有,使用,加工,提供资金账户,协助将财物转换为现金、金融票据、有价证券,协助将资金转移、汇往境外等。

**(4)主观方面**:表现为行为人明知是犯罪所得及其产生的收益,却加以掩饰、隐瞒的心理状态。

对于本罪规定的"明知",应当结合被告人的认知能力,接触他人犯罪所得及其收益的情况,犯罪所得及其收益的种类、数额,犯罪所得及其收益的转换、转移方式以及被告人的供述等主、客观因素进行认定。如果不能证明行为人在主观上认识到是犯罪所得及其收益的,不能认定为"明知"。

从"明知"的程度看,"明知"可以划分为"必然知道"与"可能知道",即对于犯罪所得及其收益的认识,行为人包括知道"肯定是"与"可能是"两种情形,据此司法人员在认定本罪行为人的主观认识时,不应仅仅局限在"必然认识"的绝

---

① "两高"对该罪的"掩饰、隐瞒犯罪所得、犯罪所得收益罪"之罪名称谓,可以简洁地修改为"掩饰、隐瞒犯罪所得、犯罪收益罪"。

对性标准,也应适用"可能认识"的高概率性标准。

**(5) 竞合适用。**

根据 2015 年《关于审理掩饰、隐瞒犯罪所得、犯罪所得收益刑事案件适用法律若干问题的解释》第 5 条,事前与盗窃、抢劫、诈骗、抢夺等犯罪分子通谋,掩饰、隐瞒犯罪所得及其产生的收益的,以盗窃、抢劫、诈骗、抢夺等犯罪的共犯论处。

关于本罪与洗钱罪的关系,在《刑法修正案(六)》将本罪纳入反洗钱的罪名体系之后,本罪与洗钱罪呈现出普通法与特殊法的法条竞合关系。行为人掩饰、隐瞒犯罪所得及其产生的收益,构成洗钱罪,同时又构成本罪的,依照属于特别罪名的洗钱罪定罪处罚。

## 7.3 妨害国(边)境管理罪

本节罪设置了侵犯我国国(边)境管理制度的罪名体系,具体包括 8 个罪名。在学理上可以划分为偷越国(边)境、涉出入境证件以及破坏界碑、界桩和永久性测量标志等三大类别犯罪。

### 7.3.1 偷越国(边)境类犯罪

所谓"国(边)境",是指中国与其他国家或者地区,中国内地与香港、澳门特别行政区和中国大陆与台湾地区之间的交界处。为了规范出境入境管理,对于出入境的条件和程序,我国《出境入境管理法》进行了明确的规定。"出境",是指由中国内地前往其他国家或者地区,由中国内地前往香港、澳门特别行政区,由中国大陆前往台湾地区;"入境",是指由其他国家或者地区进入中国内地,由香港、澳门特别行政区进入中国内地,由台湾地区进入中国大陆。

偷越,是指非法出入。根据 2012 年"两高"《关于办理妨害国(边)境管理刑事案件应用法律若干问题的解释》第 6 条,下列情形均属于"偷越国(边)境"行为:(1) 没有出入境证件出入国(边)境或者逃避接受边防检查的;(2) 使用伪造、变造、无效的出入境证件出入国(边)境的;(3) 使用他人出入境证件出入国(边)境的;(4) 使用以虚假的出入境事由、隐瞒真实身份、冒用他人身份证件等方式骗取的出入境证件出入国(边)境的;(5) 采用其他方式非法出入国(边)境的。

在主观方面,本类罪的行为人是出于故意。依据 2022 年最高人民法院等《关于依法惩治妨害国(边)境管理违法犯罪的意见》,对于妨害国(边)境管理案件所涉"主观明知"的认定,应当结合行为实施的过程、方式、被查获时的情形和环境,行为人的认知能力、既往经历、与同案人的关系、非法获利等,审查相关辩解是否明显违背常理,综合分析判断。在组织他人偷越国(边)境、运送他人偷越国(边)境等案件中,具有下列情形之一的,可以认定行为人主观明知,但行为人作出合理解释或者有相反证据证明的除外:(1)使用遮蔽、伪装、改装等隐蔽方式接送、容留偷越国(边)境人员的;(2)与其他妨害国(边)境管理行为人使用同一通讯群组、暗语等进行联络的;(3)采取绕关避卡等方式躲避边境检查,或者出境前、入境后途经边境地区的时间、路线等明显违反常理的;(4)接受执法检查时故意提供虚假的身份、事由、地点、联系方式等信息的;(5)支付、收取或者约定的报酬明显不合理的;(6)遇到执法检查时企图逃跑、阻碍、抗拒执法检查,或者毁灭证据的;(7)其他足以认定行为人明知的情形。

依据上述《意见》,事前与组织、运送他人偷越国(边)境的犯罪分子通谋,在偷越国(边)境人员出境前或者入境后,提供接驳、容留、藏匿等帮助的,以组织他人偷越国(边)境罪或者运送他人偷越国(边)境罪的共同犯罪论处。对于"人数"的认定,以实际组织、运送的人数计算;未到案人员经查证属实的,应当计算在内。

从动宾词组的罪名结构看,本节3个偷越国(边)境类犯罪的区别,主要体现在行为态样的不同,具体表现如下:

(一)组织他人偷越国(边)境罪

本罪是指领导、策划、指挥他人偷越国(边)境,或者在首要分子指挥下,实施拉拢、引诱、介绍他人偷越国(边)境等的行为。

在客观方面,本罪的关键词是"组织"行为,俗称"蛇头",这是偷越国(边)境类犯罪的源头性行为,历来是刑事打击的重心,《刑法》第318条也配置了较重的法定刑,最高可处无期徒刑。犯本罪,对被组织人有杀害、伤害、强奸、拐卖等犯罪行为,或者对检查人员有杀害、伤害等犯罪行为的,依照数罪并罚的规定处罚。

依据上述《意见》,对于具有下列情形之一的,应当认定为"组织他人偷越国(边)境"行为:(1)组织他人通过虚构事实、隐瞒真相等方式掩盖非法出入境目的,骗取出入境边防检查机关核准出入境的;(2)组织依法限定在我国边境地区停留、活动的人员,违反国(边)境管理法规,非法进入我国非边境地区的。

根据2012年《关于办理妨害国(边)境管理刑事案件应用法律若干问题的解释》第8条,实施组织他人偷越国(边)境犯罪,同时构成骗取出境证件罪、提供伪造、变造的出入境证件罪、出售出入境证件罪、运送他人偷越国(边)境罪的,依照处罚较重的规定定罪处罚。

以组织他人偷越国(边)境为目的,招募、拉拢、引诱、介绍、培训偷越国(边)境人员,策划、安排偷越国(边)境行为,在他人偷越国(边)境之前或者偷越国(边)境过程中被查获的,应当以组织他人偷越国(边)境罪(未遂)论处。

### (二) 运送他人偷越国(边)境罪

本罪是指违反国(边)境管理法规,使用车辆、船只等交通工具运送他人,或者徒步带领他人通过隐蔽路线逃避边防检查,偷越国(边)境的行为。

在客观方面,本罪的关键词是"运送"行为,属于对他人偷越国(边)境的行为进行帮助的范畴。关于本罪的行为对象,必须是准备偷越国(边)境的他人;至于被运送人是否最终偷越国(边)境,不影响本罪的成立。

依据2022年《关于依法惩治妨害国(边)境管理违法犯罪的意见》,明知是偷越国(边)境人员,分段运送其前往国(边)境的,应当以本罪定罪处罚;徒步带领他人通过隐蔽路线逃避边防检查偷越国(边)境的,属于运送他人偷越国(边)境。但是,领导、策划、指挥他人偷越国(边)境,并实施徒步带领行为的,以组织他人偷越国(边)境罪论处。

根据《刑法》第321条第2款和第3款,在运送他人偷越国(边)境中造成被运送人重伤、死亡,或者以暴力、威胁方法抗拒检查的,处7年以上有期徒刑,并处罚金;运送他人偷越国(边)境,对被运送人有杀害、伤害、强奸、拐卖等犯罪行为,或者对检查人员有杀害、伤害等犯罪行为的,依照数罪并罚的规定处罚。

### (三) 偷越国(边)境罪

本罪是指违反国(边)境管理法规,偷越国(边)境,情节严重的行为。

在客观方面,本罪的关键词是"偷越"行为,这是偷越国(边)境类犯罪的基础行为。因此,《刑法》第322条设置了较轻的法定刑,规定处1年以下有期徒刑、拘役或者管制,并处罚金。为严厉打击恐怖主义犯罪,《刑法修正案(九)》增加了加重法定刑档次:"为参加恐怖活动组织、接受恐怖活动培训或者实施恐怖活动,偷越国(边)境的,处1年以上3年以下有期徒刑,并处罚金。"

至于定量标准,本罪是以"严重情节"作为入罪门槛。根据2012年《关于办理妨害国(边)境管理刑事案件应用法律若干问题的解释》第5条,这是具有下列之一的情形:(1) 在境外实施损害国家利益行为的;(2) 偷越国(边)境三次以上或者三人以上结伙偷越国(边)境的;(3) 拉拢、引诱他人一起偷越国(边)境的;(4) 勾结境外组织、人员偷越国(边)境的;(5) 因偷越国(边)境被行政处罚后一年内又偷越国(边)境的;(6) 其他情节严重的情形。

依据2022年《关于依法惩治妨害国(边)境管理违法犯罪的意见》,上述第6项"其他情节严重的情形",包括:(1) 犯罪后为逃避刑事追究偷越国(边)境的;(2) 破坏边境物理隔离设施后,偷越国(边)境的;(3) 以实施电信网络诈骗、开设赌场等犯罪为目的,偷越国(边)境的;(4) 曾因妨害国(边)境管理犯罪被判处刑罚,刑罚执行完毕后2年内又偷越国(边)境的。对于实施偷越国(边)境犯罪,又实施妨害公务、袭警、妨害传染病防治等行为,并符合有关犯罪构成的,应当数罪并罚。

### 7.3.2 涉出入境证件犯罪

依据我国《出境入境管理法》第9条,中国公民出境入境,应当依法申请办理护照或者其他旅行证件。中国公民前往其他国家或者地区,还需要取得前往国签证或者其他入境许可证明。为了强化对出入境证件的刑法保护,我国刑法设置了三个以出入境证件为犯罪对象的罪名。

(一) 骗取出境证件罪

本罪是指自然人或单位以劳务输出、经贸往来或者其他名义,弄虚作假,骗取护照、签证等出境证件,为组织他人偷越国(边)境使用的行为。

在客观方面,本罪的关键词是"骗取"行为,表现为弄虚作假,骗取护照、签证等出境证件。根据2012年《关于办理妨害国(边)境管理刑事案件应用法律若干问题的解释》第2条,"弄虚作假"是指为组织他人偷越国(边)境,编造出境事由、身份信息或者相关的境外关系证明的行为。本罪的行为对象仅指"出境证件",包括护照或者代替护照使用的国际旅行证件,中华人民共和国海员证,中华人民共和国出入境通行证,中华人民共和国旅行证,中国公民往来香港、澳门、台湾地区证件,边境地区出入境通行证,签证、签注,出国(境)证明、名单,以及其他出境时需要查验的资料。

关于犯罪主体,自然人和单位均可以构成本罪。依据2022年《关于依法惩治妨害国(边)境管理违法犯罪的意见》,明知他人实施骗取出境证件犯罪,提供虚假证明、邀请函件以及面签培训等帮助的,以骗取出境证件罪的共同犯罪论处;事前与组织他人偷越国(边)境的犯罪分子通谋,为其提供虚假证明、邀请函件以及面签培训等帮助,骗取入境签证等入境证件,为组织他人偷越国(边)境使用的,以组织他人偷越国(边)境罪的共同犯罪论处。

在主观方面,行为人必须出于故意,并且具有"为组织他人偷越国(边)境使用"的目的。

(二) 提供伪造、变造的出入境证件罪

本罪是指为他人提供伪造、变造的护照、签证等出入境证件的行为。

关于本罪的行为对象,必须是伪造、变造的护照、签证等出入境证件。所谓"伪造",是指没有制作出入境证件权限的行为人,非法制作假证件的行为;"变造"是指在真实的出入境证件上,通过涂改、拼接、修描等方法进行加工处理,改变所载内容的行为。

在危害行为上,本罪限定在"为他人提供",不包括伪造和变造证件的本体行为,否则涉嫌伪造、变造国家机关公文、证件、印章罪和伪造、变造身份证件罪。这里的"提供",包括有偿提供和无偿提供。

### (三) 出售出入境证件罪

本罪是指向他人出售护照、签证等出入境证件的行为。

关于本罪的行为对象,是真实的护照、签证等出入境证件。如果出售的是伪造、变造的出入境证件,则以提供伪造、变造的出入境证件罪处理。这里的"出售",是指有偿转让,包括出售自己的出入境证件,也包括倒卖他人的出入境证件。

#### 7.3.3 破坏界碑、界桩和永久性测量标志犯罪

### (一) 破坏界碑、界桩罪

本罪是指故意破坏国家边境的界碑、界桩的行为。

本罪的行为对象,是国家边境的界碑、界桩。这是辨识中国与邻国之间边界的标记物。关于界碑和界桩,两者的功能均相同,都是中国与邻国国界的分界标志,只是形状不同。

在危害行为上,本罪表现为"破坏",这是指致使界碑和界桩失去原有的标志安全和使用效能的行为,包括捣毁、损坏、拆除、盗走等。至于一般的涂抹界碑、界桩,若没有使界碑和界桩失去分界功能的行为,不应以本罪定性。

### (二) 破坏永久性测量标志罪

本罪是指故意破坏永久性测量标志的行为。

所谓"测量标志",是国家经济建设和科学研究的基础设施。根据我国《测量标志保护条例》,其包括永久性测量标志与临时性测量标志,但后者不在本罪的刑法规制范围之内。关于本罪的行为对象,仅指永久性测量标志。根据我国《测绘法》第 41 条,这是指"各等级的三角点、基线点、导线点、军用控制点、重力点、天文点、水准点和卫星定位点的觇标和标石标志,以及用于地形测图、工程测量和形变测量的固定标志和海底大地点设施"。据此,本罪在体系性位置上处于妨害国(边)境管理罪,但规制的范围并不局限于国(边)境上的永久性测量标志,还包括《测绘法》规定的行政区域界线、土地等权属界址线。

在危害行为上,本罪表现为"破坏",这是指一切致使永久性测量标志失去原有的标志安全和使用效能的行为,例如损毁、擅自移动等。

## 7.4 妨害文物管理罪

根据我国《文物保护法》第 2 条第 1 款和第 3 款,文物是指:(1) 具有历史、艺术、科学价值的古文化遗址、古墓葬、古建筑、石窟寺和石刻、壁画;(2) 与重大历史事件、革命运动或者著名人物有关的以及具有重要纪念意义、教育意义或者史料价值的近代现代重要史迹、实物、代表性建筑;(3) 历史上各时代珍贵的艺

术品、工艺美术品;(4)历史上各时代重要的文献资料以及具有历史、艺术、科学价值的手稿和图书资料等;(5)反映历史上各时代、各民族社会制度、社会生产、社会生活的代表性实物。具有科学价值的古脊椎动物化石和古人类化石同文物一样受国家保护。此外,2005年全国人大常委会《关于〈中华人民共和国刑法〉有关文物的规定适用于具有科学价值的古脊椎动物化石、古人类化石的解释》规定:"刑法有关文物的规定,适用于具有科学价值的古脊椎动物化石、古人类化石。"

为了加强对文物的保护,继承优秀的历史文化遗产,本节罪设置了侵犯国家文物管理制度的罪名体系,具体包括10个罪名。在学理上,可以划分为以下四大类别犯罪:(1)损毁文物型犯罪;(2)出售、赠送、倒卖文物型犯罪;(3)盗掘文物型犯罪;(4)涉国有档案类犯罪。

### 7.4.1 损毁文物型犯罪

(一)故意损毁文物罪

本罪是指故意损毁国家保护的珍贵文物或者被确定为全国重点文物保护单位、省级文物保护单位的文物的行为。

**(1)行为对象**:文物,但并不是指所有的文物,而是有所选择。

以是否可移动为标准,我国《文物保护法》第3条将文物分为两大类别:(1)可移动文物,包括:珍贵文物和一般文物。其中,珍贵文物又分为:一级文物、二级文物和三级文物。(2)不可移动文物:依据历史、艺术、科学价值,分别确定其为三级:全国重点文物保护单位;省级文物保护单位;市、县级文物保护单位。

至于本罪的行为对象,是在上述文物类别中有选择的情形,是特指:珍贵文物,或者被确定为全国重点文物保护单位、省级文物保护单位的文物。根据2015年"两高"《关于办理妨害文物管理等刑事案件适用法律若干问题的解释》,全国重点文物保护单位、省级文物保护单位的本体,应当被认定为本罪中的"被确定为全国重点文物保护单位、省级文物保护单位的文物"。

**(2)危害行为**:表现为作用于不可再生的文物而进行损毁,即损坏和毁灭文物,致使文物的历史、艺术、科学价值减少或者丧失。

**(3)犯罪主体**:自然人。

如果公司、企业、事业单位、机关、团体等单位故意损毁文物的,追究组织者、策划者、实施者的刑事责任。

**(4)主观方面**:行为人必须出于故意。

(二)过失损毁文物罪

本罪是指过失损毁国家保护的珍贵文物或者被确定为全国重点文物保护单

位、省级文物保护单位的文物,造成严重后果的行为。

关于本罪的行为对象、危害行为和犯罪主体,与故意损毁文物罪相同,主要区别点在于主观方面。本罪的行为人是出于过失,即应当预见到自己的行为会损坏国家保护的珍贵文物或者被确定为全国重点文物保护单位、省级文物保护单位的文物,因为疏忽大意而没有预见,或者已经预见而轻信能够避免。

至于定量标准,本罪是以"造成严重后果"作为入罪门槛,这是指具有下列之一的情形:(1)造成5件以上三级文物损毁的;(2)造成二级以上文物损毁的;(3)致使全国重点文物保护单位、省级文物保护单位的本体严重损毁或者灭失的。

(三)故意损毁名胜古迹罪

本罪是指故意损毁国家保护的名胜古迹,情节严重的行为。

关于本罪的危害行为、犯罪主体和主观方面,与故意损毁文物罪相同,主要区别点在于行为对象。

本罪的行为对象,是国家保护的名胜古迹。根据2015年《关于办理妨害文物管理等刑事案件适用法律若干问题的解释》,风景名胜区的核心景区以及未被确定为全国重点文物保护单位、省级文物保护单位的古文化遗址、古墓葬、古建筑、石窟寺、石刻、壁画、近代现代重要史迹和代表性建筑等不可移动文物的本体,应当认定为本罪中的"国家保护的名胜古迹"。需要注意的是,故意损毁风景名胜区内被确定为全国重点文物保护单位、省级文物保护单位的文物的,则以故意损毁文物罪定罪处罚。

至于定量标准,本罪是以"情节严重"作为入罪门槛,这是指具有下列之一的情形:(1)致使名胜古迹严重损毁或者灭失的;(2)多次损毁或者损毁多处名胜古迹的;(3)其他情节严重的情形。

### 7.4.2 出售、赠送、倒卖文物型犯罪

(一)非法向外国人出售、赠送珍贵文物罪

本罪是指自然人或者单位违反文物保护法规,将收藏的国家禁止出口的珍贵文物私自出售或者私自赠送给外国人的行为。

**(1) 行为对象**:收藏的国家禁止出口的珍贵文物。

我国《文物保护法》第5条第6款规定:"国有文物所有权受法律保护,不容侵犯。"同时,该法第六章规定了"文物出境进境"的管理内容,其中第60条规定:国有文物、非国有文物中的珍贵文物和国家规定禁止出境的其他文物,不得出境。依据2015年《关于办理妨害文物管理等刑事案件适用法律若干问题的解释》,对于本罪中的国家禁止出口的珍贵文物,依照《文物保护法》规定的"国家禁止出境的文物"的范围认定。鉴于本罪的立法目的是禁止我国的珍贵文物流

至境外,这里的珍贵文物,不论是合法收藏的,还是非法收藏的,都在本罪的规制范围之内。

**(2) 危害行为**:私自出售或者私自赠送给外国人。

这是指未经有关部门批准,有偿或者无偿转让。所谓外国人,包括外国人、无国籍人以及外国组织。从本罪的立法目的考察,这里的外国人,也应该包括香港、澳门和台湾地区的居民和单位。

**(3) 犯罪主体**:自然人和单位均可构成。

从本罪行为对象的接受方是外国人可推知,本罪的犯罪主体仅限于中国大陆的居民和单位。

**(4) 主观方面**:行为人必须出于故意。

(二) 倒卖文物罪

本罪是指自然人或者单位以牟利为目的,倒卖国家禁止经营的文物,情节严重的行为。

**(1) 行为对象**:国家禁止经营的文物。

这是指我国《文物保护法》所规定的"国家禁止买卖的文物"。依据我国《文物保护法》第51条,公民、法人和其他组织不得买卖下列文物:第一,国有文物,但是国家允许的除外。第二,非国有馆藏珍贵文物。第三,国有不可移动文物中的壁画、雕塑、建筑构件等。第四,来源不符合本法第50条规定的文物,即不是通过以下合法方式取得的文物:依法继承或者接受赠与;从文物商店购买;从经营文物拍卖的拍卖企业购买;公民个人合法所有的文物相互交换或者依法转让;国家规定的其他合法方式。

**(2) 危害行为**:倒卖。

根据2015年《关于办理妨害文物管理等刑事案件适用法律若干问题的解释》,这里的"倒卖",是指:出售或者为出售而收购、运输、储存。据此,在传统的"出售"之基础上,"倒卖"的形态还包括买入再卖出,也包括为收购而运输、储存。

**(3) 犯罪主体**:自然人和单位均可构成。

**(4) 主观方面**:行为人必须出于故意,同时以牟利为目的。

**(5) 定量标准**:本罪是以"情节严重"作为入罪门槛。依据上述司法解释第6条,这是指具有下列之一的情形:倒卖三级文物的;交易数额在5万元以上的;其他情节严重的情形。

(三) 非法出售、私赠文物藏品罪

本罪是指国有博物馆、图书馆等单位违反文物保护法规,将国家保护的文物藏品出售或者私自送给非国有单位或者个人的行为。

依据我国《文物保护法》第36条第1款,博物馆、图书馆和其他文物收藏单位对收藏的文物,必须区分文物等级,建立严格的管理制度,并报主管的文物行政部门备案。同时在第 44 条规定:"禁止国有文物收藏单位将馆藏文物赠与、出租或者出售给其他单位、个人。"

关于本罪的行为对象,是国有单位所有的国家保护的文物藏品。至于危害行为,表现为出售或者私自赠送,即未经有关部门批准而有偿或者无偿转让。

在犯罪主体上,本罪属于单位犯罪,是国有博物馆、图书馆以及其他文物收藏单位。

### 7.4.3 盗掘文物型犯罪

(一) 盗掘古文化遗址、古墓葬罪

本罪是指盗掘具有历史、艺术、科学价值的古文化遗址、古墓葬的行为。

关于本罪的行为对象,是具有历史、艺术、科学价值的古文化遗址、古墓葬。这里的"古文化遗址",是指古代人类营建的建筑群体,或者利用和加工自然环境而遗留的场所、痕迹等;"古墓葬"是泛指古代人类对死者进行埋葬的遗迹,包括墓穴、葬具、随葬器物和墓地等。另外,2015 年《关于办理妨害文物管理等刑事案件适用法律若干问题的解释》第 8 条指出:"古文化遗址、古墓葬"包括水下古文化遗址、古墓葬,并不以公布为不可移动文物的古文化遗址、古墓葬为限。

至于危害行为,本罪表现为盗掘。我国《文物保护法》第 27 条规定:"一切考古发掘工作,必须履行报批手续;从事考古发掘的单位,应当经国务院文物行政部门批准。地下埋藏的文物,任何单位或者个人都不得私自发掘。"据此,这里的"盗掘",是与"发掘"相对应的一个概念,意指未经国家有关文物行政部门批准而私自挖掘。至于是秘密发掘,还是公开发掘,则在所不问。根据 2015 年《关于办理妨害文物管理等刑事案件适用法律若干问题的解释》,实施盗掘行为,已损害古文化遗址、古墓葬的历史、艺术、科学价值的,应当认定为盗掘古文化遗址、古墓葬罪的既遂。

在犯罪主体上,本罪由自然人构成。如果公司、企业、事业单位、机关、团体等单位盗掘古文化遗址、古墓葬的,追究组织者、策划者、实施者的刑事责任。

关于主观方面,行为人必须出于故意。

本罪属于"妨害文物管理罪"中的重罪,故《刑法》第 328 条设置了较重的法定刑。虽然《刑法修正案(八)》第 45 条废除了本罪的死刑,但有下列情形之一的,处 10 年以上有期徒刑或者无期徒刑,并处罚金或者没收财产:(1) 盗掘确定为全国重点文物保护单位和省级文物保护单位的古文化遗址、古墓葬的;(2) 盗掘古文化遗址、古墓葬集团的首要分子;(3) 多次盗掘古文化遗址、古墓葬的;(4) 盗掘古文化遗址、古墓葬,并盗窃珍贵文物或者造成珍贵文物严重破坏的。

(二) 盗掘古人类化石、古脊椎动物化石罪

本罪是指盗掘国家保护的具有科学价值的古人类化石和古脊椎动物化石的行为。

关于本罪的危害行为、犯罪主体和主观方面,与盗掘古文化遗址、古墓葬罪相同,主要区别点在于行为对象。

本罪的行为对象,是具有科学价值的古人类化石和古脊椎动物化石。根据我国《古人类化石和古脊椎动物化石保护管理办法》,这是指古猿化石、古人类化石以及与人类活动有关的第四纪古脊椎动物化石。在分类上,其分为珍贵化石和一般化石。其中,珍贵化石分为三级。

根据《刑法》第328条第2款,犯本罪的,依照盗掘古文化遗址、古墓葬罪的规定处罚。

### 7.4.4 涉国有档案类犯罪

依据我国《档案法》第2条,档案是指"过去和现在的机关、团体、企业事业单位和其他组织以及个人从事经济、政治、文化、社会、生态文明、军事、外事、科技等方面活动直接形成的对国家和社会具有保存价值的各种文字、图表、声像等不同形式的历史记录"。但是,本类罪的行为对象并不是全部的档案,仅限于国有档案,不包括非国有档案。

为了加强对档案的有效保护,本类罪设置了侵犯国家档案管理制度和国家对档案所有权的罪名体系,具体包括两个罪名。在罪状结构上,属于选择性罪名,主要表现为危害行为的不同。但是,在犯罪主体与主观方面均相同,体现为自然人出于故意的心态。根据我国《刑法》第329条第3款,犯本类罪,同时又构成本法规定的其他犯罪的,依照处罚较重的规定定罪处罚。

(一) 抢夺、窃取国有档案罪

本罪是指抢夺、窃取国家所有的档案的行为。

在危害行为,本罪表现为抢夺、窃取。这里的"抢夺",是指公然夺取;"窃取"是以秘密手段取得。本罪与侵犯财产罪中的抢夺罪、盗窃罪,是特别罪名与普通罪名的关系。在法条竞合的情形下,前者优于后者的适用。

(二) 擅自出卖、转让国有档案罪

本罪是指违反档案法的规定,擅自出卖、转让国家所有的档案,情节严重的行为。

在危害行为,本罪表现为违反档案法的规定,擅自出卖、转让。根据我国《档案法》第23条,禁止买卖属于国家所有的档案。国有企业事业单位资产转让时,转让有关档案的具体办法,由国家档案主管部门制定。在法律责任上,我国《档案法》第48条和第51条规定,单位或者个人买卖或者非法转让属于国家

所有的档案的,依法给予处分;构成犯罪的,依法追究刑事责任。所谓"擅自出卖",是指未经有关档案主管部门批准而有偿出让;"擅自转让",是指未经有关档案主管部门批准而无偿转让或者有偿交换。

至于定量标准,本罪是以"情节严重"作为入罪门槛。这可以综合档案的重要性,擅自出卖、转让国有档案的次数、数量,造成的后果等因素加以掌握。

## 7.5 危害公共卫生罪

我国1997年修订的《刑法》在本节设置了妨害传染病防治管理制度、就诊人的生命健康权和公共卫生安全的罪名体系,具体包括11个罪名。《刑法修正案(十一)》又增设了两个罪名:非法采集人类遗传资源、走私人类遗传资源材料罪(第334条之一)和非法植入基因编辑、克隆胚胎罪(第336条之一),共计13个罪名。

### 7.5.1 妨害传染病防治罪

本罪是指自然人和单位违反传染病防治法的规定,实施特定的危害行为,引起甲类传染病以及依法确定采取甲类传染病预防、控制措施的传染病传播或者有传播严重危险的行为。《刑法修正案(十一)》第37条对本罪予以修订。

**(1) 危害行为**:表现为行为人实施以下五种特定行为类型之一:

第一,供水单位供应的饮用水不符合国家规定的卫生标准的;

第二,拒绝按照疾病预防控制机构提出的卫生要求,对传染病病原体污染的污水、污物、场所和物品进行消毒处理的;

第三,准许或者纵容传染病病人、病原携带者和疑似传染病病人从事国务院卫生行政部门规定禁止从事的易使该传染病扩散的工作的;

第四,出售、运输疫区中被传染病病原体污染或者可能被传染病病原体污染的物品,未进行消毒处理的;

第五,拒绝执行县级以上人民政府、疾病预防控制机构依照传染病防治法提出的预防、控制措施的。

其中,上述第四种行为类型是《刑法修正案(十一)》增设的特定行为形态。对于本罪中多发的第五种行为类型,《刑法修正案(十一)》将提出预防、控制措施的主体,从原先的"卫生防疫机构"扩大为"县级以上人民政府、疾病预防控制机构",以便适应更为复杂的防治传染病传播的刑事规制需要,例如行为人故意隐瞒出入境或疫情高发地区旅居史,拒不执行隔离规定,造成疫情扩散的重大风险等。

**(2) 规制对象**:引起甲类传染病以及依法确定采取甲类传染病预防、控制措施的传染病传播,或者有传播严重危险。

这里的"传染病",具体是指:

第一,甲类传染病:依据我国《传染病防治法》第3条,传染病分为甲类、乙类和丙类。其中,"甲类传染病"是指:鼠疫、霍乱。

第二,依法确定采取甲类传染病预防、控制措施的传染病:这是《刑法修正案(十一)》增设的传染病类型。在这之前,鉴于本罪的规制对象必须是甲类传染病,而"非典"未被列入,致使本罪无法应用于2003年防控"非典"疫情。后来,2008年《关于公安机关管辖的刑事案件立案追诉标准的规定(一)》第49条将"按照甲类管理的传染病"纳入本罪的规制范畴,这是指:乙类传染病中传染性非典型肺炎、炭疽中的肺炭疽、人感染高致病性禽流感以及国务院卫生行政部门根据需要报经国务院批准公布实施的其他需要按甲类管理的乙类传染病和突发原因不明的传染病。我国《传染病防治法》在第4条规定对乙类传染病和突发原因不明的传染病需要采取甲类传染病的预防、控制措施的,由国务院卫生行政部门及时报经国务院批准后予以公布、实施。

2020年1月,国家卫生健康委员会发布《公告》,将新冠肺炎纳入乙类传染病,并采取甲类传染病的预防、控制措施。这意味着新冠肺炎被划入"准甲类传染病"的范畴,这是我国汲取防控"非典"的经验,在突发性公共卫生事件防控领域的重大进步,也突破了妨害传染病防治罪难以应用于疫情防控的致命"瓶颈"。据此,在司法实务中极少适用的妨害传染病防治罪被激活,开始步入疫情防控的司法战场。最后,《刑法修正案(十一)》则在立法层面将其固化下来。

这里的"引起……传播",是指造成传染病传播的实害结果;"有传播严重危险"是指具有引起传染病传播的抽象危险。

(3)**犯罪主体**:自然人和单位均可构成。

(4)**主观方面**:行为人出于过失,对其行为引起传染病传播或者有传播的后果或者严重危险状态,并不具有故意的心态。

(5)**司法适用**。

在司法实践中,应当严格区分本罪与以危险方法危害公共安全罪的适用。依据相关司法解释的规定,故意传播新型冠状病毒感染肺炎病原体,具有下列情形之一,危害公共安全的,应以危险方法危害公共安全罪定罪处罚:其一,已经确诊的新型冠状病毒感染肺炎病人、病原携带者,拒绝隔离治疗或者隔离期未满擅自脱离隔离治疗,并进入公共场所或者公共交通工具的。其二,新型冠状病毒感染肺炎疑似病人拒绝隔离治疗或者隔离期未满擅自脱离隔离治疗,并进入公共场所或者公共交通工具,造成新型冠状病毒传播的。其他拒绝执行卫生防疫机构依照传染病防治法提出的防控措施,引起新型冠状病毒传播或者有传播严重危险的,以妨害传染病防治罪定罪处罚。对于以危险方法危害公共安全罪的适用,在犯罪主体和行为人对自己感染的身份认识上,具有严格的适用条件,以防止本罪在司法实务中的扩大应用。

**苟某妨害传染病防治案**:2020年1月,被告人苟某在国家卫生健康委员会宣布对新冠肺炎采取甲类传染病预防、控制措施后,在疫情排查工作中,多次故意隐瞒其去武汉市的行踪轨迹、密切接触人员情况,造成900余人被整体隔离、3名亲属被确诊感染的严重后果。据公开报道,警方最早对苟某是以涉嫌以危险方法危害公共安全罪立案侦查。检察机关最终以妨害传染病防治罪提起公诉。2020年3月,法院经审理认为,被告人苟某明知应当如实报告武汉旅居史却故意隐瞒,拒绝执行隔离等防控措施,引起新型冠状病毒传播的严重危险,其行为构成妨害传染病防治罪,判处有期徒刑1年。该判决确立了本罪与以危险方法危害公共安全罪之间的界分标准。这既在法律适用层面上有利于精准打击妨害疫情防控犯罪,防止了"一刀切"的机械操作和重刑主义,也有利于消除群众的对抗情绪,有效地推进疫情防控工作,实现办案的政治效果、社会效果和法律效果的有机统一。

### 7.5.2 涉血液类犯罪

血液,是维持人体生命活动的基本物质。为保证医疗临床用血需要和安全,保障献血者和用血者的身体健康,我国颁行了一系列关于血液管理的法律规范。其中,《献血法》第18条规定:行为人非法采集血液的,或者血站、医疗机构出售无偿献血的血液的,或者非法组织他人出卖血液的,由县级以上地方人民政府卫生行政部门予以取缔,没收违法所得,可以并处10万元以下的罚款;构成犯罪的,依法追究刑事责任。与此相衔接,《刑法》设置了4个涉血液类罪名。

(一) 非法组织卖血罪

本罪是指自然人非法组织他人出卖血液的行为。

依据《献血法》第2条和第18条,国家实行无偿献血制度,禁止非法组织他人出卖血液。在危害行为,本罪表现为"非法组织",这是指领导、策划、动员他人出卖血液。

根据《刑法》第333条第2款,非法组织他人出卖血液,对他人造成伤害的,依照故意伤害罪定罪处罚。

(二) 强迫卖血罪

本罪是指自然人以暴力、威胁方法,强迫他人出卖血液的行为。

在危害行为,本罪表现为以暴力、威胁方法强迫他人出卖血液。这里的"暴力",是指使用殴打、捆绑、禁闭等不法的有形办法,直接对他人人身进行强制,使之处于"不能反抗"的境地;"胁迫"是指对他人施以暴力威胁、恫吓或者精神上的强制,使之处于"不敢反抗"的境地。

根据《刑法》第 333 条第 2 款,以暴力、威胁方法强迫他人出卖血液,对他人造成伤害的,依照故意伤害罪定罪处罚。

(三) 非法采集、供应血液、制作、供应血液制品罪

本罪是指自然人非法采集、供应血液或者制作、供应血液制品,不符合国家规定的标准,足以危害人体健康的行为。

本罪的行为对象,是血液和血液制品。根据 2008 年"两高"《关于办理非法采供血液等刑事案件具体应用法律若干问题的解释》第 8 条,这里的"血液",是指全血、成分血和特殊血液成分;"血液制品",是指各种人血浆蛋白制品。

在危害行为,本罪表现为非法采集、供应血液或者制作、供应血液制品的行为。根据上述司法解释第 1 条,这是指未经国家主管部门批准或者超过批准的业务范围,采集、供应血液或者制作、供应血液制品。

本罪属于具体危险犯。至于定量标准,本罪是以"不符合国家规定的标准,足以危害人体健康"作为入罪门槛。依据上述司法解释第 2 条,这是指具有下列之一的情形:(1) 采集、供应的血液含有艾滋病病毒、乙型肝炎病毒、丙型肝炎病毒、梅毒螺旋体等病原微生物的;(2) 制作、供应的血液制品含有艾滋病病毒、乙型肝炎病毒、丙型肝炎病毒、梅毒螺旋体等病原微生物,或者将含有上述病原微生物的血液用于制作血液制品的;(3) 使用不符合国家规定的药品、诊断试剂、卫生器材,或者重复使用一次性采血器材采集血液,造成传染病传播危险的;(4) 违反规定对献血者、供血浆者超量、频繁采集血液、血浆,足以危害人体健康的;(5) 其他不符合国家有关采集、供应血液或者制作、供应血液制品的规定标准,足以危害人体健康的。

(四) 采集、供应血液、制作、供应血液制品事故罪

本罪是指经国家主管部门批准采集、供应血液或者制作、供应血液制品的部门,不依照规定进行检测或者违背其他操作规定,造成危害他人身体健康后果的行为。

在危害行为,本罪表现为不依照规定进行检测或者违背其他操作规定的行为。根据 2008 年《关于办理非法采供血液等刑事案件具体应用法律若干问题的解释》第 5 条,这是指具有下列之一的情形:(1) 血站未用两个企业生产的试剂对艾滋病病毒抗体、乙型肝炎病毒表面抗原、丙型肝炎病毒抗体、梅毒抗体进行两次检测的;(2) 单采血浆站不依照规定对艾滋病病毒抗体、乙型肝炎病毒表面抗原、丙型肝炎病毒抗体、梅毒抗体进行检测的;(3) 血液制品生产企业在投料生产前未用主管部门批准和检定合格的试剂进行复检的;(4) 血站、单采血浆站和血液制品生产企业使用的诊断试剂没有生产单位名称、生产批准文号或者经检定不合格的;(5) 采供血机构在采集检验标本、采集血液和成分血分离时,使用没有生产单位名称、生产批准文号或者超过有效期的一次性注射器等采血器

材的;(6)不依照国家规定的标准和要求包装、储存、运输血液、原料血浆的;(7)对国家规定检测项目结果呈阳性的血液未及时按照规定予以清除的;(8)不具备相应资格的医务人员进行采血、检验操作的;(9)对献血者、供血浆者超量、频繁采集血液、血浆的;(10)采供血机构采集血液、血浆前,未对献血者或供血浆者进行身份识别,采集冒名顶替者、健康检查不合格者血液、血浆的;(11)血站擅自采集原料血浆,单采血浆站擅自采集临床用血或者向医疗机构供应原料血浆的;(12)重复使用一次性采血器材的;(13)其他不依照规定进行检测或者违背操作规定的。

本罪属于责任事故类犯罪类型。至于定量标准,本罪是以"造成危害他人身体健康后果"作为入罪门槛。依据上述司法解释第6条,这是指具有下列之一的情形:(1)造成献血者、供血浆者、受血者感染艾滋病病毒、乙型肝炎病毒、丙型肝炎病毒、梅毒螺旋体或者其他经血液传播的病原微生物的;(2)造成献血者、供血浆者、受血者重度贫血、造血功能障碍或者其他器官组织损伤导致功能障碍等身体严重危害的;(3)造成其他危害他人身体健康后果的。

关于犯罪主体,本罪是特殊的单位犯罪,这是指"经国家主管部门批准采集、供应血液或者制作、供应血液制品的部门"。其中,"采供血机构",包括血液中心、中心血站、中心血库、脐带血造血干细胞库和国家卫生行政主管部门根据医学发展需要批准、设置的其他类型血库、单采血浆站。

### 7.5.3 医疗事故罪

本罪是指医务人员由于严重不负责任,造成就诊人死亡或者严重损害就诊人身体健康的行为。

**(1) 危害行为**:表现为严重不负责任的行为。

根据2008年《关于公安机关管辖的刑事案件立案追诉标准的规定(一)》第56条,这是指具有下列之一的情形:擅离职守的;无正当理由拒绝对危急就诊人实行必要的医疗救治的;未经批准擅自开展试验性医疗的;严重违反查对、复核制度的;使用未经批准使用的药品、消毒药剂、医疗器械的;严重违反国家法律法规及有明确规定的诊疗技术规范、常规的;其他严重不负责任的情形。

**(2) 犯罪主体**:身份犯,限于医务人员。

这是指经考核合格,并经过卫生行政机关批准,取得行医资格,从事医疗实践工作的各类医务人员。从规制行医主体的罪名体系来看,医疗事故罪与非法行医罪是互补对应的关系:本罪的主体是取得医生执业资格的人;相对应地,非法行医罪的主体是未取得医生执业资格的人。同时,我国《医疗事故处理条例》规制的主体,是医疗机构及其医务人员。

**(3) 主观方面**:行为人是出于过失,即应当预见到自己严重不负责任的行为会造成就诊人死亡或者严重损害就诊人身体健康,却没有预见,或者已经预见而轻信能够避免的心态。

**(4) 定量标准**:本罪属于责任事故类犯罪类型,是以"造成就诊人死亡或者严重损害就诊人身体健康"作为入罪门槛。其中,根据2008年《关于公安机关管辖的刑事案件立案追诉标准的规定(一)》第56条,"严重损害就诊人身体健康",是指造成就诊人严重残疾、重伤、感染艾滋病、病毒性肝炎等难以治愈的疾病或者其他严重损害就诊人身体健康的后果。

**(5) 本罪与医疗事故的界分**。

所谓"医疗事故",根据我国《医疗事故处理条例》第2条,是指医疗机构及其医务人员在医疗活动中,违反医疗卫生管理法律、行政法规、部门规章和诊疗护理规范、常规,过失造成患者人身损害的事故。在法律责任上,该《条例》第55条规定对发生医疗事故的有关医务人员,依照刑法关于医疗事故罪的规定,依法追究刑事责任;尚不够刑事处罚的,依法给予行政处分或者纪律处分。根据对患者人身造成的损害程度,该《条例》第4条将医疗事故分为四级:一级医疗事故:造成患者死亡、重度残疾的;二级医疗事故:造成患者中度残疾、器官组织损伤导致严重功能障碍的;三级医疗事故:造成患者轻度残疾、器官组织损伤导致一般功能障碍的;四级医疗事故:造成患者明显人身损害的其他后果的。

对比可见,医疗事故罪要求"造成就诊人死亡或者严重损害就诊人身体健康",具有更高的入罪门槛条件,相当于只有二级及以上的医疗事故,才涉嫌构成医疗事故罪。

### 7.5.4 非法行医罪

本罪是指未取得医生执业资格的人非法行医,情节严重的行为。

**(1) 危害行为**:表现为未取得医生执业资格的人非法行医。

这里的"行医",是指从事医疗活动、医疗行为,应参考我国《医疗机构管理条例实施细则》中诊疗活动、医疗美容的规定来认定。其中,诊疗活动,是指通过各种检查,使用药物、器械及手术等方法,对疾病作出判断和消除疾病、缓解病情、减轻痛苦、改善功能、延长生命、帮助患者恢复健康的活动。

根据2016年最高人民法院《关于审理非法行医刑事案件具体应用法律若干问题的解释》第1条,本罪的危害行为是指具有下列之一的情形:未取得或者以非法手段取得医师资格从事医疗活动的;被依法吊销医师执业证书期间从事医疗活动的;未取得乡村医生执业证书,从事乡村医疗活动的;家庭接生员实施家庭接生以外的医疗行为的。

**(2) 犯罪主体**:未取得医生执业资格的人。

对于本罪关键词"非法"的认定,主要聚焦在对犯罪主体的认定,这在罪状中描述为"未取得医生执业资格"。对此,在理论界和实务界存在认识上的分歧。具体而言,"医师资格说"以是否取得医师资格为标准,落脚在未取得或者以非法手段取得医师资格的情形,这有利于司法操作,但未考虑到执业医师、乡村医生、家庭接生员等人员的复杂医疗行为。如果"一刀切"地将他们均划入本罪的犯罪主体,并不符合我国的国情,并且应严格区分刑法意义上的非法行医罪和行政法规规定的非法行医行为。有鉴于此,2016年最高人民法院《关于审理非法行医刑事案件具体应用法律若干问题的解释》在采取"医师资格说"的基础上,对执业医师、乡村医生、家庭接生员进行条件方面的限定,要求被依法吊销执业证书的医师、未取得执业证书的乡村医生、实施家庭接生以外的家庭接生员,才能成为本罪的犯罪主体。

**(3) 主观方面**:行为人必须出自故意,但不要求以营利为目的。

**(4) 定量标准**:《医疗事故处理条例》第61条规定:非法行医,造成患者人身损害,不属于医疗事故,触犯刑律的,依法追究刑事责任。本罪是以"情节严重"作为本罪的入罪门槛。根据2016年最高人民法院《关于审理非法行医刑事案件具体应用法律若干问题的解释》第2条,这是具有下列之一的情形:造成就诊人轻度残疾、器官组织损伤导致一般功能障碍的;造成甲类传染病传播、流行或者有传播、流行危险的;使用假药、劣药或不符合国家规定标准的卫生材料、医疗器械,足以严重危害人体健康的;非法行医被卫生行政部门行政处罚两次以后,再次非法行医的;其他情节严重的情形。

**(5) 竞合适用**。

根据上述司法解释第5条,实施非法行医犯罪,同时构成生产、销售、提供假药罪,生产、销售、提供劣药罪,诈骗罪等其他犯罪的,依照刑法处罚较重的规定定罪处罚。

## 7.6 破坏环境资源保护罪

为了加强对环境资源的保护,保障公众健康,维护生态安全,本节设置了破坏国家环境保护制度的罪名体系,具体包括16个罪名。除了基础性罪名"污染环境罪"之外,在学理上可以将其他罪名划分为以下五大类别犯罪:(1)涉固体废物类犯罪;(2)涉野生动物类犯罪;(3)涉保护地类犯罪;(4)涉采矿类犯罪;(5)涉植物林木类犯罪。

### 7.6.1 污染环境罪

本罪是指自然人或者单位违反国家规定,排放、倾倒或者处置有放射性的废物、含传染病病原体的废物、有毒物质或者其他有害物质,严重污染环境的行为。《刑法修正案(八)》和《刑法修正案(十一)》两次对本罪进行修订。

**(1) 规制对象**:《刑法》第338条列举出了四种足以严重污染环境的物质,可以划分为以下三大类别:

第一,危险"废物":这是指有放射性的废物、含传染病病原体的废物。

这里的"有放射性"和"含传染病病原体",其含义基本上等同于"投放危险物质罪"中的两种投放对象"放射性物质"和"传染病病原体物质":前者是指能够自然地向外辐射能量、对人体和动物具有某种损害作用的物质;后者是指病毒、细菌等能引起相互传播疾病的微生物和寄生虫的统称。但是,在本罪中,这两种物质均被冠以"废物"的限定语,即含有这两种物质的废弃物,才是本罪的行为对象,而不是这两种物质本身。

第二,"有毒物质":根据2016年"两高"《关于办理环境污染刑事案件适用法律若干问题的解释》第15条,这是指下列物质:① 危险废物,是指列入国家危险废物名录,或者根据国家规定的危险废物鉴别标准和鉴别方法认定的,具有危险特性的废物;②《关于持久性有机污染物的斯德哥尔摩公约》附件所列物质;③ 含重金属的污染物;④ 其他具有毒性,可能污染环境的物质。

第三,"其他有害物质":这是指除了上述所列举的三项废物和有毒物质之外的、对人体和环境有害的普通污染物,带有"兜底"的性质。根据2019年《关于办理环境污染刑事案件有关问题座谈会纪要》第9条,常见的"有害物质"主要有:工业危险废物以外的其他工业固体废物;未经处理的生活垃圾;有害大气污染物、受控消耗臭氧层物质和有害水污染物;在利用和处置过程中必然产生有毒有害物质的其他物质;国务院生态环境保护主管部门会同国务院卫生主管部门公布的有毒有害污染物名录中的有关物质等。

**(2) 危害行为**:表现为违反国家规定,对污染物进行排放、倾倒或者处置。

《刑法修正案(八)》第46条删除了原先条文中"向土地、水体、大气"的术语,以掩隐污染物被排放、倾倒或者处置的空间领域,也可以减轻举证责任。但是,与之相联系的具体三种手段行为"排放、倾倒、处置"却沿袭至今,还明显带有污染物形态的特点。据此,这里的"排放",是指针对液态污染物、气态污染物的弃置行为;"倾倒",是指针对固体污染物、液态污染物的留置行为;"处置",是指用其他方法来解决污染物的存在、数量、体积、性能、成分等的行为,例如燃烧、填埋等。根据2016年"两高"《关于办理环境污染刑事案件适用法律若干问题的解释》第16条,无危险废物经营许可证,以营利为目的,从危险废物中提取物质作为原材料或者燃料,并具有超标排放污染物、非法倾倒污染物或者其他违法造成环境污染的情形的行为,应认定为"非法处置危险废物"。

根据2016年《关于办理环境污染刑事案件适用法律若干问题的解释》第6

条,无危险废物经营许可证从事收集、贮存、利用、处置危险废物经营活动,严重污染环境的,按照污染环境罪定罪处罚;同时构成非法经营罪的,依照处罚较重的规定定罪处罚。

根据2019年《关于办理环境污染刑事案件有关问题座谈会纪要》第8条,对名为运输、贮存、利用,实为排放、倾倒、处置的行为,应当认定为非法排放、倾倒、处置行为。例如,未采取相应防范措施将没有利用价值的危险废物长期贮存、搁置,放任危险废物或者其有毒有害成分大量扬散、流失、泄漏、挥发,污染环境的。

**(3) 犯罪主体**:自然人和单位。

明知他人无危险废物经营许可证,向其提供或者委托其收集、贮存、利用、处置危险废物,严重污染环境的,以共同犯罪论处。

针对刑事追究单位缺失的实务问题,为了重点打击出资者、经营者和主要获利者,根据2019年《关于办理环境污染刑事案件有关问题座谈会纪要》第1条,为了单位利益,实施环境污染行为,并具有下列情形之一的,应当认定为单位犯罪:经单位决策机构按照决策程序决定的;经单位实际控制人、主要负责人或者授权的分管负责人决定、同意的;单位实际控制人、主要负责人或者授权的分管负责人得知单位成员个人实施环境污染犯罪行为,并未加以制止或者及时采取措施,而是予以追认、纵容或者默许的;使用单位营业执照、合同书、公章、印鉴等对外开展活动,并调用单位车辆、船舶、生产设备、原辅材料等实施环境污染犯罪行为的。

**(4) 主观方面**:行为人必须出于故意。

关于本罪的主观方面,理论界和实务界存在争议。根据2019年《关于办理环境污染刑事案件有关问题座谈会纪要》第3条,判断犯罪嫌疑人、被告人是否具有环境污染犯罪的故意,应当依据犯罪嫌疑人、被告人的任职情况、职业经历、专业背景、培训经历、本人因同类行为受到行政处罚或者刑事追究情况以及污染物种类、污染方式、资金流向等证据,结合其供述,进行综合分析判断。在实践中,具有下列情形之一,犯罪嫌疑人、被告人不能作出合理解释的,可以认定其故意实施环境污染犯罪,但有证据证明确系不知情的除外:企业没有依法通过环境影响评价,或者未依法取得排污许可证,排放污染物,或者已经通过环境影响评价并且防治污染设施验收合格后,擅自更改工艺流程、原辅材料,导致产生新的污染物质的;不使用验收合格的防治污染设施或者不按规范要求使用的;防治污染设施发生故障,发现后不及时排除,继续生产放任污染物排放的;生态环境部门责令限制生产、停产整治或者予以行政处罚后,继续生产放任污染物排放的;将危险废物委托第三方处置,没有尽到查验经营许可的义务,或者委托处置费用明显低于市场价格或者处置成本的;通过暗管、渗井、渗坑、裂隙、溶洞、灌注等逃避监管的方式排放污染物的;通过篡改、伪造监测数据的方式排放污染物的;其他足以认定的情形。

**(5) 定量标准**:《刑法修正案(八)》第46条对原先标准"造成重大环境污染事故,致使公私财产遭受重大损失或者人身伤亡的严重后果"进行修订,确立以"严重污染环境"作为入罪门槛。

根据2016年《关于办理环境污染刑事案件适用法律若干问题的解释》第1条,"严重污染环境"是具有下列之一的情形:① 在饮用水水源一级保护区、自然保护区核心区排放、倾倒、处置有放射性的废物、含传染病病原体的废物、有毒物质的;② 非法排放、倾倒、处置危险废物3吨以上的;③ 排放、倾倒、处置含铅、汞、镉、铬、砷、铊、锑的污染物,超过国家或者地方污染物排放标准3倍以上的;④ 排放、倾倒、处置含镍、铜、锌、银、钒、锰、钴的污染物,超过国家或者地方污染物排放标准10倍以上的;⑤ 通过暗管、渗井、渗坑、裂隙、溶洞、灌注等逃避监管的方式排放、倾倒、处置有放射性的废物、含传染病病原体的废物、有毒物质的;⑥ 2年内曾因违反国家规定,排放、倾倒、处置有放射性的废物、含传染病病原体的废物、有毒物质受过2次以上行政处罚,又实施前列行为的;⑦ 重点排污单位篡改、伪造自动监测数据或者干扰自动监测设施,排放化学需氧量、氨氮、二氧化硫、氮氧化物等污染物的;⑧ 违法减少防治污染设施运行支出100万元以上的;⑨ 违法所得或者致使公私财产损失30万元以上的;⑩ 造成生态环境严重损害的;⑪ 致使乡镇以上集中式饮用水水源取水中断12小时以上的;⑫ 致使基本农田、防护林地、特种用途林地5亩以上,其他农用地10亩以上,其他土地20亩以上基本功能丧失或者遭受永久性破坏的;⑬ 致使森林或者其他林木死亡50立方米以上,或者幼树死亡2500株以上的;⑭ 致使疏散、转移群众5000人以上的;⑮ 致使30人以上中毒的;⑯ 致使3人以上轻伤、轻度残疾或者器官组织损伤导致一般功能障碍的;⑰ 致使1人以上重伤、中度残疾或者器官组织损伤导致严重功能障碍的;⑱ 其他严重污染环境的情形。

依据2019年《关于办理环境污染刑事案件有关问题座谈会纪要》第7条,对重污染天气预警期间,违反国家规定,超标排放二氧化硫、氮氧化物,受过行政处罚后又实施上述行为或者具有其他严重情节的,可以认定为"其他严重污染环境的情形"追究刑事责任。

**(6) 司法适用**。

第一,竞合适用:《刑法修正案(十一)》第40条除了增设第三档次的法定刑之外,还在第338条增加第2款:实施污染环境的行为,同时构成其他犯罪的,依照处罚较重的规定定罪处罚。

根据2016年《关于办理环境污染刑事案件适用法律若干问题的解释》第8条,违反国家规定,排放、倾倒、处置含有毒害性、放射性、传染病病原体等物质的污染物,同时构成污染环境罪、非法处置进口的固体废物罪、投放危险物质罪等犯罪的,依照处罚较重的规定定罪处罚。

第二,关于投放危险物质罪的适用:为了落实重典治理污染的精神,形成对环境污染违法犯罪的强大震慑,根据 2019 年《关于办理环境污染刑事案件有关问题座谈会纪要》第 6 条,在司法实践中对环境污染行为适用投放危险物质罪追究刑事责任时,对于行为人明知其排放、倾倒、处置的污染物含有毒害性、放射性、传染病病原体等危险物质,仍实施环境污染行为放任其危害公共安全,造成重大人员伤亡、重大公私财产损失等严重后果,以污染环境罪论处明显不足以罚当其罪的,可以按投放危险物质罪定罪量刑。在实践中,此类情形主要是向饮用水水源保护区,饮用水供水单位取水口和出水口,南水北调水库、干渠、涵洞等配套工程,重要渔业水体以及自然保护区核心区等特殊保护区域,排放、倾倒、处置毒害性极强的污染物,危害公共安全并造成严重后果的情形。

第三,关于犯罪未遂的认定:根据上述 2019 年《座谈会纪要》第 2 条,对于行为人已经着手实施非法排放、倾倒、处置有毒有害污染物的行为,由于有关部门查处或者其他意志以外的原因未得逞的情形,可以污染环境罪(未遂)追究刑事责任。

### 7.6.2 涉固体废物类犯罪

所谓"固体废物",根据我国《固体废物污染环境防治法》第 124 条,是指"在生产、生活和其他活动中产生的丧失原有利用价值或者虽未丧失利用价值但被抛弃或者放弃的固态、半固态和置于容器中的气态的物品、物质以及法律、行政法规规定纳入固体废物管理的物品、物质。经无害化加工处理,并且符合强制性国家产品质量标准,不会危害公众健康和生态安全,或者根据固体废物鉴别标准和鉴别程序认定为不属于固体废物的除外"。为了防治固体废物对环境的污染,保障公众健康,防范污染环境风险,我国建立对固体废物的管理制度。其中,刑法设置了"非法处置进口的固体废物罪"和"擅自进口固体废物罪"两个罪名,自然人和单位均可以成犯罪主体;在主观方面,行为人均出于故意。

(一)非法处置进口的固体废物罪

本罪是指违反国家规定,将境外的固体废物进境倾倒、堆放、处置的行为。

关于行为对象,是境外的固体废物。

我国《固体废物污染环境防治法》第 23 条规定:禁止中国境外的固体废物进境倾倒、堆放、处置。至于危害行为,本罪表现为违反国家规定,将境外的固体废物进境倾倒、堆放、处置。这里的"倾倒",是指向地面、水体等区域弃置固体废物的行为。"堆放",是指留置固体废物的行为。"处置",是指将固体废物焚烧和用其他改变固体废物的物理、化学、生物特性的方法,达到减少已产生的固体废物数量、缩小固体废物体积、减少或者消除其危险成分的活动,或者将固体废物最终置于符合环境保护规定要求的填埋场的活动。

(二) 擅自进口固体废物罪

本罪是指未经国务院有关主管部门许可,擅自进口固体废物用作原料,造成重大环境污染事故,致使公私财产遭受重大损失或者严重危害人体健康的行为。

为了规范固体废物进口环境管理,根据我国《固体废物进口管理办法》第20条,进口列入限制进口目录的固体废物,应当经国务院环境保护行政主管部门会同国务院对外贸易主管部门审查许可。进口列入自动许可进口目录的固体废物,应当依法办理自动许可手续。关于危害行为,本罪表现为未经国务院有关主管部门许可,擅自进口固体废物用作原料,造成重大环境污染事故。

本罪中的"擅自进口",是指未经国务院有关主管部门批准,将中国境外的固体废物运入境内的行为。同时,本罪在危害行为上的构成,要求擅自进口的固体废物,必须是能够用作原料的废物。与此相对应,如果行为人以原料利用为名,进口不能用作原料的固体废物、液态废物和气态废物的,依据我国《刑法》第339条第3款,则依照走私废物罪的规定定罪处罚。

至于定量标准,本罪是以"致使公私财产遭受重大损失或者严重危害人体健康"作为入罪门槛。

### 7.6.3 涉野生动物类犯罪

所谓"野生动物",是指珍贵、濒危的陆生、水生野生动物和有重要生态、科学、社会价值的陆生野生动物。为了强化对野生动物资源的刑法保护,保护生态环境,我国刑法设置了4个以野生动物为犯罪对象的罪名。其中,自然人和单位均可以成为犯罪主体;在主观方面,行为人均出于故意。

(一) 危害珍贵、濒危野生动物罪

本罪是指非法猎捕、杀害国家重点保护的珍贵、濒危野生动物,或者非法收购、运输、出售国家重点保护的珍贵、濒危野生动物及其制品的行为。

**(1) 行为对象**:国家重点保护的珍贵、濒危野生动物及其制品。

所谓"野生动物及其制品",根据我国《野生动物保护法》第2条,是指野生动物的整体(含卵、蛋)、部分及其衍生物。为了保护野生动物,拯救珍贵、濒危野生动物,维护生物多样性和生态平衡,根据《野生动物保护法》,我国对野生动物实行分类分级保护,其中对珍贵、濒危的野生动物实行重点保护,将其划分为一级保护野生动物和二级保护野生动物。

本罪所规制的"国家重点保护的珍贵、濒危野生动物",是指列入《国家重点保护野生动物名录》的野生动物;经国务院野生动物保护主管部门核准按照国家重点保护的野生动物管理的野生动物。

**(2)危害行为**:非法猎捕、杀害以及非法收购、运输、出售。

本罪是针对国家重点保护的珍贵、濒危野生动物及其制品而实施的危害行为,《刑法》第341条第1款规定两类共计5种方式,这在"两高"的罪名表中,统称为"危害"。这与"危害国家重点保护植物罪"的刑事立法技术相同。

其一,非法猎捕、杀害:这是本罪的第一类危害行为,仅指向珍贵、濒危野生动物,不包括制品。根据《野生动物保护法》第21条,禁止猎捕、杀害国家重点保护野生动物。同时,该法第45条是涉及法律责任,规定行为人在相关自然保护区域、禁猎(渔)区、禁猎(渔)期猎捕国家重点保护野生动物;未取得特许猎捕证、未按照特许猎捕证规定猎捕、杀害国家重点保护野生动物;或者使用禁用的工具、方法猎捕国家重点保护野生动物,构成犯罪的,依法追究刑事责任。

其二,非法收购、运输、出售:这是本罪的第二类危害行为,既指向珍贵、濒危野生动物,也针对制品。根据《野生动物保护法》第27条,禁止出售、购买、利用国家重点保护野生动物及其制品;该法第33条还规定:运输、携带、寄递国家重点保护野生动物及其制品出县境的,应当持有或者附有规定的许可证、批准文件的副本或者专用标识,以及检疫证明。

这里的"收购",包括以营利、自用等为目的的购买行为①;"运输"包括采用携带、邮寄、利用他人、使用交通工具等方法进行运送的行为;"出售"包括出卖和以营利为目的的加工利用行为。

**(3)定量标准**:依据2022年"两高"《关于办理破坏野生动物资源刑事案件适用法律若干问题的解释》第6条,实施《刑法》第341条第1款规定的行为,价值2万元以上不满20万元的,以第一档次法定刑处罚。

(二)非法狩猎罪

本罪是指违反狩猎法规,在禁猎区、禁猎期或者使用禁用的工具、方法进行狩猎,破坏野生动物资源,情节严重的行为。

在客观方面,本罪表现为以下三个不可分割的内容:

(1)违反狩猎法规:这是指违反《野生动物保护法》以及地方人民政府颁布的关于保护野生动物资源的规定。根据《野生动物保护法》第20条和第24条,在相关自然保护区域和禁猎(渔)区、禁猎(渔)期内,禁止猎捕以及其他妨碍野生动物生息繁衍的活动,但法律法规另有规定的除外;禁止使用毒药、爆炸物、电击或者电子诱捕装置以及猎套、猎夹、地枪、排铳等工具进行猎捕,禁止使用夜间照明行猎、歼灭性围猎、捣毁巢穴、火攻、烟熏、网捕等方法进行猎捕,但因科学研究确需网捕、电子诱捕的除外。

---

① 2014年全国人大常委会《关于〈中华人民共和国刑法〉第341条、第312条的解释》规定:"知道或者应当知道是国家重点保护的珍贵、濒危野生动物及其制品,为食用或者其他目的而非法购买的,属于刑法第341条第1款规定的非法收购国家重点保护的珍贵、濒危野生动物及其制品的行为。"

（2）行为对象：从本罪与危害珍贵、濒危野生动物罪，非法猎捕、收购、运输、出售陆生野生动物罪以及非法捕捞水产品罪所规制对象的补充关系看，本罪的行为对象是珍贵、濒危野生动物之外的一般陆生动物。

（3）特定的时空和手段特征：要求在禁猎区、禁猎期或者使用禁用的工具、方法进行狩猎。

至于定量标准，本罪是以"情节严重"作为入罪门槛。依据2022年《关于办理破坏野生动物资源刑事案件适用法律若干问题的解释》第7条，这是指具有下列之一的情形：非法猎捕野生动物价值1万元以上的；在禁猎区使用禁用的工具或者方法狩猎的；在禁猎期使用禁用的工具或者方法狩猎的；其他情节严重的情形。

为了贯彻宽严相济的刑事政策，根据猎获物的数量、价值和狩猎方法、工具等，认为对野生动物资源危害明显较轻的，综合考虑猎捕的动机、目的、行为人自愿接受行政处罚、积极修复生态环境等情节，可以认定为犯罪情节轻微，不起诉或者免予刑事处罚；情节显著轻微危害不大的，不作为犯罪处理。

（三）非法猎捕、收购、运输、出售陆生野生动物罪

本罪是指违反野生动物保护管理法规，以食用为目的，非法猎捕、收购、运输、出售在野外环境自然生长繁殖的陆生野生动物，情节严重的行为。这是《刑法修正案（十一）》第41条增设的罪名。

根据《野生动物保护法》第10条，有重要生态、科学、社会价值的陆生野生动物名录，由国务院野生动物保护主管部门组织科学评估后制定、调整并公布。同时，第30条中明确规定：禁止为食用非法购买国家重点保护的野生动物及其制品。在2020年全国人大常委会《关于全面禁止非法野生动物交易、革除滥食野生动物陋习、切实保障人民群众生命健康安全的决定》中，要求全面禁止食用国家保护的"有重要生态、科学、社会价值的陆生野生动物"以及其他陆生野生动物，包括人工繁育、人工饲养的陆生野生动物。

关于危害行为，本罪表现为猎捕、收购、运输、出售等四种方式，其内在含义等同于危害珍贵、濒危野生动物罪的规定。至于法条竞合，行为人实施本罪的危害行为，同时构成非法狩猎罪的，应以非法猎捕陆生野生动物罪定罪处罚。

在主观方面，本罪是目的犯，要求"以食用为目的"，这是本罪与危害珍贵、濒危野生动物罪，非法狩猎罪以及非法捕捞水产品罪之间的主要区别点。依据2022年《关于办理破坏野生动物资源刑事案件适用法律若干问题的解释》第11条，对于"以食用为目的"，应当综合涉案动物及其制品的特征，被查获的地点，加工、包装情况，以及可以证明来源、用途的标识、证明等证据作出认定。具有下列情形之一的，可以认定为"以食用为目的"：（1）将相关野生动物及其制品在餐饮单位、饮食摊点、超市等场所作为食品销售或者运往上述场所的；（2）通过

包装、说明书、广告等介绍相关野生动物及其制品的食用价值或者方法的；(3)其他足以认定以食用为目的的情形。

至于定量标准，本罪是以"情节严重"作为入罪门槛。依据上述2022年司法解释第8条，这是指具有下列之一的情形：(1)非法猎捕、收购、运输、出售有重要生态、科学、社会价值的陆生野生动物或者地方重点保护陆生野生动物价值1万元以上的；(2)非法猎捕、收购、运输、出售第1项规定以外的其他陆生野生动物价值5万元以上的；(3)其他情节严重的情形。

**(四)非法捕捞水产品罪**

本罪是指违反保护水产资源法规，在禁渔区、禁渔期或者使用禁用的工具、方法捕捞水产品，情节严重的行为。

在客观方面，本罪表现为以下三个不可分割的内容：

(1)违反保护水产资源法规：这是指违反《渔业法》和国务院、省级地方人民政府渔业行政主管部门关于保护水产资源的规定。为了加强渔业资源的保护、增殖、开发和合理利用，我国《渔业法》第30条和第38条规定：禁止使用炸鱼、毒鱼、电鱼等破坏渔业资源的方法进行捕捞。禁止制造、销售、使用禁用的渔具。禁止在禁渔区、禁渔期进行捕捞。禁止使用小于最小网目尺寸的网具进行捕捞。捕捞的渔获物中幼鱼不得超过规定的比例。在禁渔区或者禁渔期内禁止销售非法捕捞的渔获物。如果构成犯罪的，依法追究刑事责任。至于重点保护的渔业资源品种及其可捕捞标准、禁渔区和禁渔期、禁止使用或者限制使用的渔具和捕捞方法、最小网目尺寸以及其他保护渔业资源的措施，由国务院渔业行政主管部门或者省、自治区、直辖市人民政府渔业行政主管部门规定。

(2)行为对象：根据《野生动物保护法》第2条，珍贵、濒危的水生野生动物以外的其他水生野生动物的保护，适用《渔业法》等有关法律的规定。《渔业法》第37条规定：国家对白鳍豚等珍贵、濒危水生野生动物实行重点保护，防止其灭绝；禁止捕杀、伤害国家重点保护的水生野生动物。因此，本罪的规制对象是珍贵、濒危水生野生动物之外的其他水产品。如果行为人非法捕捞国家重点保护的珍贵、濒危水生野生动物的，则以危害珍贵、濒危野生动物罪论处。

(3)特定的时空和手段特征：要求在禁渔区、禁渔期或者使用禁用的工具、方法捕捞。这里的"禁渔区"，是全面禁止一切捕捞生产或禁止部分作业方式进行捕捞的水域；"禁渔期"是指县级以上人民政府渔业行政主管部门为保护渔业资源而规定的禁止捕捞的期限；"禁用的工具、方法"，是指使用小于最小网目尺寸的网具，或者使用炸鱼、毒鱼、电鱼等破坏渔业资源的方法进行捕捞。

至于定量标准，本罪是以"情节严重"作为入罪门槛。依据2022年《关于办理破坏野生动物资源刑事案件适用法律若干问题的解释》第3条，这是指具有下列之一的情形：(1)非法捕捞水产品500公斤以上或者价值1万元以上的；

(2)非法捕捞有重要经济价值的水生动物苗种、怀卵亲体或者在水产种质资源保护区内捕捞水产品50公斤以上或者价值1000元以上的;(3)在禁渔区使用电鱼、毒鱼、炸鱼等严重破坏渔业资源的禁用方法或者禁用工具捕捞的;(4)在禁渔期使用电鱼、毒鱼、炸鱼等严重破坏渔业资源的禁用方法或者禁用工具捕捞的;(5)其他情节严重的情形。

### 7.6.4 涉保护地类犯罪

合理利用土地和切实保护耕地是我国的基本国策。为了加强土地管理,保护、开发土地资源,合理利用土地,我国刑法在本节设置了2个以农用地、自然保护地为犯罪对象的罪名。① 其中,自然人和单位均可以成为犯罪主体;在主观方面,行为人均出于故意。

(一)非法占用农用地罪

本罪是指违反土地管理法规,非法占用耕地、林地等农用地,改变被占用土地用途,数量较大,造成耕地、林地等农用地大量毁坏的行为。

**(1)行为对象**:耕地、林地等农用地。

关于本罪的规制对象,在1997年修订的《刑法》中,只有"耕地",《刑法修正案(二)》则扩大为"农用地"。依据《土地管理法》第4条,"农用地"是指直接用于农业生产的土地,包括耕地、林地、草地、农田水利用地、养殖水面等。

**(2)危害行为**:表现为以下两个不可分割的内容:

第一,违反土地管理法规:依据2001年全国人大常委会《关于〈中华人民共和国刑法〉第228条、第342条、第410条的解释》,这是指违反土地管理法、森林法、草原法等法律以及有关行政法规中关于土地管理的规定。例如,《土地管理法》及其实施条例等明确规定,国家编制土地利用总体规划,规定土地用途,将土地分为农用地、建设用地和未利用地;严格限制农用地转为建设用地。使用土地的单位和个人必须严格按照土地利用总体规划确定的用途使用土地。国家对耕地实行特殊保护,严守耕地保护红线,严格控制耕地转为林地、草地、园地等其他农用地。

第二,非法占用耕地、林地等农用地,改变被占用土地用途:这是指违反土地利用总体规划,未经依法批准或者骗取批准,擅自将耕地等农用地转为建设用地或转为其他用途的行为,例如在农用地上建窑、建坟、建房、挖沙、采石、采矿、取土、堆放或者排放废弃物,或者进行其他非农业、非林业建设等。

**(3)定量标准**:本罪是以"数量较大,造成耕地、林地等农用地大量毁坏"作

---

① 从广义角度看,我国《刑法》中涉保护地类犯罪的罪名,还包括:非法转让、倒卖土地使用权罪(第228条)、非法批准征收、征用、占用土地罪和非法低价出让国有土地使用权罪(第410条)。

为入罪门槛。针对农用地的不同类型,有关司法解释分别对耕地、林地、草原规定了不同的认定情形:

其一,耕地:依据2000年最高人民法院《关于审理破坏土地资源刑事案件具体应用法律若干问题的解释》第3条,"数量较大",是指非法占用基本农田5亩以上或者非法占用基本农田以外的耕地10亩以上;"造成耕地大量毁坏",是指行为人非法占用耕地,造成基本农田5亩以上或者基本农田以外的耕地10亩以上种植条件严重毁坏或者严重污染。

其二,林地:依据2005年最高人民法院《关于审理破坏林地资源刑事案件具体应用法律若干问题的解释》第1条,这是指具有下列之一的情形:非法占用并毁坏防护林地、特种用途林地数量分别或者合计达到5亩以上;非法占用并毁坏其他林地数量达到10亩以上;非法占用并毁坏本条前两项规定的林地,数量分别达到相应规定的数量标准的50%以上;非法占用并毁坏本条前两项规定的林地,其中一项数量达到相应规定的数量标准的50%以上,且两项数量合计达到该项规定的数量标准。

其三,草原:依据2012年最高人民法院《关于审理破坏草原资源刑事案件应用法律若干问题的解释》第2条,"数量较大",是指非法占用草原,改变被占用草原用途,数量在20亩以上的,或者曾因非法占用草原受过行政处罚,在3年内又非法占用草原,改变被占用草原用途,数量在10亩以上;"造成草原大量毁坏",是指具有下列之一的情形:开垦草原种植粮食作物、经济作物、林木的;在草原上建窑、建房、修路、挖砂、采石、采矿、取土、剥取草皮的;在草原上堆放或者排放废弃物,造成草原的原有植被严重毁坏或者严重污染的;违反草原保护、建设、利用规划种植牧草和饲料作物,造成草原沙化或者水土严重流失的;其他造成草原严重毁坏的情形。

(二)破坏自然保护地罪

本罪是指违反自然保护地管理法规,在国家公园、国家级自然保护区进行开垦、开发活动或者修建建筑物,造成严重后果或者有其他恶劣情节的行为。这是《刑法修正案(十一)》第42条增设的罪名,在体系上作为第342条之一。

行为人实施破坏自然保护地的行为,同时构成其他犯罪的,依照处罚较重的规定定罪处罚。

### 7.6.5 涉采矿类犯罪

矿产资源,是指由地质作用形成的,具有利用价值的,呈固态、液态、气态的自然资源。依据《矿产资源分类细目》,矿产资源包括:能源矿产、金属矿产、非金属矿产和水气矿产。为了加强对矿产资源的开发利用和保护工作,我国《刑法》在本节设置了两个以矿产资源为犯罪对象的罪名:非法采矿罪和破坏性采矿罪。其中,自然人和单位均可以成为犯罪主体;在主观方面,行为人均出于故意。

依据2011年最高人民法院《关于进一步加强危害生产安全刑事案件审判工作的意见》,违反安全生产管理规定,非法采矿、破坏性采矿,造成重大伤亡事故或者其他严重后果,同时构成危害生产安全犯罪和破坏环境资源保护犯罪的,依照数罪并罚的规定处罚。

(一)非法采矿罪

本罪是违反矿产资源法的规定,未取得采矿许可证擅自采矿,擅自进入国家规划矿区、对国民经济具有重要价值的矿区和他人矿区范围采矿,或者擅自开采国家规定实行保护性开采的特定矿种,情节严重的行为。

**(1) 危害行为**:表现为以下两个不可分割的行为要件:

第一,前提条件:违反矿产资源法。

这是指违反《矿产资源法》《水法》等法律、行政法规有关矿产资源开发、利用、保护和管理的规定。

第二,未取得采矿许可证,擅自从事非法采矿活动。

根据我国《矿产资源法》及其实施细则的规定,开采矿产资源,必须依法分别申请、经批准取得采矿权,并办理登记;从事矿产资源开采的,必须符合规定的资质条件。国家对矿产资源的开采,实行许可证制度。开采矿产资源,必须依法申请登记,领取采矿许可证,取得采矿权。同时,对于法律责任,《矿产资源法》第39条明确规定:违反本法规定,未取得采矿许可证擅自采矿的,擅自进入国家规划矿区、对国民经济具有重要价值的矿区范围采矿的,擅自开采国家规定实行保护性开采的特定矿种的,责令停止开采、赔偿损失,没收采出的矿产品和违法所得,可以并处罚款;拒不停止开采,造成矿产资源破坏的,依照刑法有关规定对直接责任人员追究刑事责任。

所谓"未取得采矿许可证",依据2016年"两高"《关于办理非法采矿、破坏性采矿刑事案件适用法律若干问题的解释》第2条,是指具备下列之一的情形的:无许可证的;许可证被注销、吊销、撤销的;超越许可证规定的矿区范围或者开采范围的;超出许可证规定的矿种的(共生、伴生矿种除外);其他未取得许可证的情形。

在具体的危害行为方式上,与《矿产资源法》相配套,我国《刑法》第343条第1款列举了以下三种"擅自"情形:

① 擅自采矿。

② 擅自进入国家规划矿区、对国民经济具有重要价值的矿区和他人矿区范围采矿。依据《矿产资源法实施细则》,这里的"国家规划矿区",是指国家根据建设规划和矿产资源规划,为建设大、中型矿山划定的矿产资源分布区域;"对

国民经济具有重要价值的矿区",是指国家根据国民经济发展需要划定的,尚未列入国家建设规划的,储量大、质量好,具有开发前景的矿产资源保护区域。

③ 擅自开采国家规定实行保护性开采的特定矿种。依据《矿产资源法实施细则》,这是指国务院根据国民经济建设和高科技发展的需要,以及资源稀缺、贵重程度确定的,由国务院有关主管部门按照国家计划批准开采的矿种。

另外,依据上述 2016 年司法解释的第 4 条和第 5 条,行为人未取得河道采砂许可证而在河道范围内采砂,或者未取得海砂开采海域使用权证,且未取得采矿许可证而采挖海砂的,虽不具有一般意义的"情节严重",但严重影响河势稳定,危害防洪安全的,或者造成海岸线严重破坏的,应认定为"情节严重",以非法采矿罪定罪处罚。

需要指出的是,在 1997 年修订的《刑法》关于本罪的构成要件中,还规定了"经责令停止开采后拒不停止开采"之程序性要件。《刑法修正案(八)》第 47 条则予以删除。

**(2) 犯罪主体**:自然人和单位。

依据上述 2016 年司法解释第 7 条和第 11 条,为了体现区别对待的政策,对受雇佣为非法采矿、破坏性采矿犯罪提供劳务的人员,除参与利润分成或者领取高额固定工资的以外,一般不以犯罪论处,但曾因非法采矿、破坏性采矿受过处罚的除外。另外,明知是犯罪所得的矿产品及其产生的收益,事前通谋,而予以窝藏、转移、收购、代为销售或者以其他方法掩饰、隐瞒的,以共同犯罪论处。

**(3) 定量标准**:《刑法修正案(八)》第 47 条对原先标准"造成矿产资源破坏"进行修订,确立了以"情节严重"作为入罪门槛。依据上述司法解释的第 3 条,这是指具有下列之一的情形:开采的矿产品价值或者造成矿产资源破坏的价值在 10 万元至 30 万元以上的;在国家规划矿区、对国民经济具有重要价值的矿区采矿,开采国家规定实行保护性开采的特定矿种,或者在禁采区、禁采期内采矿,开采的矿产品价值或者造成矿产资源破坏的价值在 5 万元至 15 万元以上的;2 年内曾因非法采矿受过两次以上行政处罚,又实施非法采矿行为的;造成生态环境严重损害的;其他情节严重的情形。

多次非法采矿构成犯罪,依法应当追诉的,或者 2 年内多次非法采矿未经处理的,价值数额累计计算。

(二) 破坏性采矿罪

本罪是指违反矿产资源法的规定,采取破坏性的开采方法开采矿产资源,造成矿产资源严重破坏的行为。

根据《矿产资源法》第 3 条和第 44 条,禁止任何组织或者个人用任何手段破坏矿产资源。违反本法规定,采取破坏性的开采方法开采矿产资源的,处以罚款,可以吊销采矿许可证;造成矿产资源严重破坏的,依照刑法有关规定对直接责任人员追究刑事责任。

关于危害行为,本罪表现为违反矿产资源法的规定,采取破坏性的开采方法开采矿产资源。这是指行为人违反地质矿产主管部门审查批准的矿产资源开发利用方案而开采矿产资源,并造成矿产资源严重破坏的行为。由此可见,本罪是行为人在取得采矿许可证的情形下,采用破坏性手段来采矿,这也是本罪与非法采矿罪之间的区别点:后罪表现在行为人在未取得采矿许可证的情况下,擅自从事非法采矿的行为。

至于犯罪主体,本罪特指取得采矿许可证的个人或者单位。与此相比较,非法采矿罪则无此限制。

对于定量标准,本罪是以"造成矿产资源严重破坏"作为入罪门槛。依据2016年"两高"《关于办理非法采矿、破坏性采矿刑事案件适用法律若干问题的解释》第6条和第8条,这是指造成矿产资源破坏的价值在50万元至100万元以上,或者造成国家规划矿区、对国民经济具有重要价值的矿区和国家规定实行保护性开采的特定矿种资源破坏的价值在25万元至50万元以上的情形。多次破坏性采矿构成犯罪,依法应当追诉的,或者2年内多次破坏性采矿未经处理的,价值数额累计计算。

### 7.6.6 涉植物林木类犯罪

为了维护生物多样性,保障植物生态安全,加强对国家重点植物的保护,我国刑法在本节设置了5个以植物林木为犯罪对象的罪名。其中,自然人和单位均可以成犯罪主体;在主观方面,行为人均出于故意。

(一) 危害国家重点保护植物罪

本罪是指违反国家规定,非法采伐、毁坏珍贵树木或者国家重点保护的其他植物,或者非法收购、运输、加工、出售珍贵树木或者国家重点保护的其他植物及其制品的行为。《刑法修正案(四)》第6条对本罪的罪状内容进行了若干重大修改。

**(1) 行为对象:国家重点保护植物。**

在1997年修订的《刑法》中,本罪的行为对象只有"珍贵树木"。为了扩大本罪的规制范围,《刑法修正案(四)》增加了带有"兜底"性质的保护对象:"国家重点保护的其他植物"。在"两高"的罪名表中,将两者统称为"国家重点保护植物"。

依据2008年《关于公安机关管辖的刑事案件立案追诉标准的规定(一)》第70条,国家重点保护植物是指由省级以上林业主管部门或者其他部门确定的具有重大历史纪念意义、科学研究价值或者年代久远的古树名木,国家禁止、限制出口的珍贵树木以及列入《国家重点保护野生植物名录》的树木或者其他植物。

**(2) 危害行为**：非法采伐、毁坏，或者非法收购、运输、加工、出售。

这里的"非法性"，在《刑法》第344条的罪状中表现为"违反国家规定"，这是指违反《森林法》和其他有关植物保护的国家法律、法规的规定。这是《刑法修正案（四）》的修订内容之一。对比可见，1997年修订的《刑法》的用语是"违反森林法的规定"。

本罪针对国家重点保护植物及其制品而实施的危害行为，《刑法》第344条规定两类共计6种方式，这在"两高"的罪名表中，统称为"危害"。这与"危害珍贵、濒危野生动物罪"的刑事立法技术相同。

第一，非法采伐、毁坏：这是本罪的第一类危害行为，仅指向国家重点保护植物，不包括制品。我国《森林法》第40条规定：国家保护古树名木和珍贵树木。禁止破坏古树名木和珍贵树木及其生存的自然环境。

这里的"非法采伐"，是指违反国家规定，擅自砍伐或者采集；"毁坏"，是指影响国家重点保护植物的正常生长，或者致使死亡的行为，例如毁林采种或者违反操作技术规程而采脂、挖笋、掘根、剥树皮以及过度修枝等。

第二，非法收购、运输、加工、出售：这是本罪的第二类危害行为，既指向国家重点保护植物，也针对制品。这是《刑法修正案（四）》第6条增设的行为类型。我国《森林法》第78条和第82条规定，违反本法规定，收购、加工、运输明知是盗伐、滥伐等非法来源的林木的，予以没收违法所得、罚款等行政处罚；构成犯罪的，依法追究刑事责任。

这里的"收购"，是指有偿地取得的行为，包括以营利、自用等为目的的购买行为；"运输"，是指采用携带、邮寄、利用他人、使用交通工具等方法进行运送的行为；"加工"，是指将原料或者半成品进行制作的行为；"出售"，是指有偿地转让的行为。

依据2000年最高人民法院《关于审理破坏森林资源刑事案件具体应用法律若干问题的解释》第8条，行为人盗伐、滥伐珍贵树木，同时构成危害国家重点保护植物罪、盗伐林木罪、滥伐林木罪的，依照处罚较重的规定定罪处罚。

（二）非法引进、释放、丢弃外来入侵物种罪

本罪是指违反国家规定，非法引进、释放或者丢弃外来入侵物种，情节严重的行为。这是《刑法修正案（十一）》第43条增设的罪名，在体系上作为第344条之一。

（三）盗伐林木罪

本罪是指盗伐森林或者其他林木，数量较大的行为。

**(1) 行为对象**：森林和其他林木。

为了保护、培育和合理利用森林资源，保障森林生态安全，依据我国《森林法》第83条，"森林"是指大面积的原始森林和人造林，包括乔木林、竹林和国家

特别规定的灌木林。按照用途,森林可以分为防护林、特种用途林、用材林、经济林和能源林;"林木",包括树木和竹子。

从本罪罪状含有"盗"的内涵看,属于本单位或者本人所有的林木,不能成为本罪对象,但可以成为滥伐林木罪的行为对象。另外,将国家、集体、他人所有并且已经伐倒的树木窃为己有的,以及偷砍他人房前屋后、自留地种植的零星树木,数额较大的,或者多次盗伐的,以盗窃罪定罪处罚。

从外延看,本罪的行为对象不包括珍贵树木,这属于危害国家重点保护植物罪的特殊规制对象,也是其与本罪之间的重要区别点。但是,如果在行为人盗伐的林木中,既有珍贵林木,又有其他林木者,则以危害国家重点保护植物罪和本罪,实行数罪并罚。

**(2) 危害行为**:盗伐。

依据2000年最高人民法院《关于审理破坏森林资源刑事案件具体应用法律若干问题的解释》第3条,"盗伐",是指以非法占有为目的,实施下列之一的行为:擅自砍伐国家、集体、他人所有或者他人承包经营管理的森林或者其他林木;擅自砍伐本单位或者本人承包经营管理的森林或者其他林木;在林木采伐许可证规定的地点以外采伐国家、集体、他人所有或者他人承包经营管理的森林或者其他林木。

在主观方面,本罪要求行为人具有非法占有的目的。如果出于毁坏目的而盗伐国家、集体或他人所有林木的,涉嫌构成危害国家重点保护植物罪,或者故意毁坏财物罪。

**(3) 定量标准**:本罪是以"数量较大"作为入罪门槛。依据2000年《关于审理破坏森林资源刑事案件具体应用法律若干问题的解释》第4条,这是指以2至5立方米或者幼树100至200株为起点。同时,该司法解释第7条和第17条规定:林木数量以立木蓄积计算;"幼树",是指胸径5厘米以下的树木。对于一年内多次盗伐、滥伐少量林木未经处罚的,累计其盗伐、滥伐林木的数量,构成犯罪的,依法追究刑事责任。

(四) 滥伐林木罪

本罪是指违反森林法的规定,滥伐森林或者其他林木,数量较大的行为。

依据我国《森林法》第56条规定,采伐林地上的林木应当申请采伐许可证,并按照采伐许可证的规定进行采伐。关于危害行为,本罪表现为"滥伐"。依据2000年《关于审理破坏森林资源刑事案件具体应用法律若干问题的解释》第5条,这是指具有下列情形之一的行为:

第一,未经林业行政主管部门及法律规定的其他主管部门批准并核发林木采伐许可证,或者虽持有林木采伐许可证,但违反林木采伐许可证规定的时间、数量、树种或者方式,任意采伐本单位所有或者本人所有的森林或者其他林

木的;

第二,超过林木采伐许可证规定的数量采伐他人所有的森林或者其他林木的;

第三,林木权属争议一方在林木权属确权之前,擅自砍伐森林或者其他林木,数量较大的。

根据有关批复规定,违反森林法的规定,在林木采伐许可证规定的地点以外,采伐本单位或者本人所有的森林或者其他林木的,除农村居民采伐自留地和房前屋后个人所有的零星林木以外,属于上述司法解释的第一种情形。

至于定量标准,本罪是以"数量较大"作为入罪门槛。依据上述司法解释第6条,这是指以10至20立方米或者幼树500至1000株为起点。

(五)非法收购、运输盗伐、滥伐的林木罪

本罪是指非法收购、运输明知是盗伐、滥伐的林木,情节严重的行为。

本罪的行为对象,是盗伐、滥伐的林木。

至于危害行为,本罪表现为非法收购和非法运输,立法旨趣在于打击危害森林或者其他林木生态的"下游行为端"。其中,"非法运输"是《刑法修正案(四)》第7条增设的行为方式,同时删除了"在林区"的特定时空要求和"以牟利为目的"的主观要件,以便扩大本罪的规制范围。

本罪主观方面中的关键词"明知",是指知道或者应当知道。依据2000年最高人民法院《关于审理破坏森林资源刑事案件具体应用法律若干问题的解释》第10条,采取可反驳的客观推定的认定立场。具有下列之一的情形,可以视为"应当知道",但是有证据证明确属被蒙骗的除外:(1)在非法的木材交易场所或者销售单位收购木材的;(2)收购以明显低于市场价格出售的木材的;(3)收购违反规定出售的木材的。

至于定量标准,本罪是以"情节严重"作为入罪门槛。依据上述司法解释的第11条,这是指具有下列之一的情形:(1)非法收购盗伐、滥伐的林木20立方米以上或者幼树1000株以上的;(2)非法收购盗伐、滥伐的珍贵树木2立方米以上或者5株以上的;(3)其他情节严重的情形。

## 7.7 毒品类犯罪

毒品,依据我国《刑法》第357条的法定概念,是指"鸦片、海洛因、甲基苯丙胺(冰毒)、吗啡、大麻、可卡因以及国家规定管制的其他能够使人形成瘾癖的麻醉药品和精神药品"。我国《禁毒法》第2条关于毒品的定义,与之相同。

鉴于毒品的"非法生产、需求及贩运的巨大规模和上升趋势,构成了对人类健康和幸福的严重威胁,并对社会的经济、文化及政治基础带来了不利影响"[1],国际社会开始通力合作和加大了对毒品活动的打击力度。1988年12月,《联合国禁止非法贩运麻醉药品和精神药物公约》得以通过。为了履行我国缔结该公约的国际义务,并且遏制在我国日趋严峻的毒品犯罪,1990年全国人大常委会通过《关于禁毒的决定》。在吸收该决定的基础上,1997年修订的《刑法》在分则第六章的第七节,专门设置由11个罪名构成的打击毒品犯罪的刑事规制体系。《刑法修正案(十一)》第44条又增设了"妨害兴奋剂管理罪",在体系编排上作为第355条之一[2],至此本节共计12个罪名。为了严惩主观恶性深、人身危险性大的毒品再犯,我国《刑法》第356条规定,因走私、贩卖、运输、制造、非法持有毒品罪被判过刑,又犯本节毒品犯罪的,从重处罚。

### 7.7.1 走私、贩卖、运输、制造毒品罪

本罪是指走私、贩卖、运输、制造毒品的行为。

**(1) 危害行为**:走私、贩卖、运输、制造。

在称谓上,本罪与第六章第七节的节罪名是一样的,但本罪是毒品犯罪的源头性行为类型,属于选择性罪名,仅包括以下四种行为形态:

第一,走私毒品:指明知是毒品而非法将其运输、携带、邮寄进出国(边)境的行为。直接向走私人非法收购走私进口的毒品,或者在内海、领海运输、收购、贩卖毒品的,以走私毒品罪论处。

从体系性解释出发,走私毒品属于走私类犯罪,故应以逃避海关监管为成立的前提。如果行为人非法携带、运输、邮寄毒品进出国(边)境,并未逃避海关监管,例如有权从事麻醉药品和精神药品进出口业务的单位在从事该业务时,不严格依照国家规定办理,擅自更改部分进出口麻醉药品、精神药品种类、扩大部分药品进出口数量的,虽然其违反毒品管理法规,却未逃避海关监管,则不构成走私毒品罪,涉嫌成立运输毒品罪或者非法持有毒品罪。

第二,贩卖毒品:是指明知是毒品而非法销售,或者以贩卖为目的而非法收买的行为。

依据2015年《全国法院毒品犯罪审判工作座谈会纪要》,行为人在为他人代购仅用于吸食的毒品时,在交通、食宿等必要开销之外收取介绍费、劳务费,或者以贩卖为目的收取部分毒品作为酬劳的,应视为从中牟利,属于变相加价贩卖毒品,以贩卖毒品罪定罪处罚。

---

[1] 参见1988年《联合国禁止非法贩运麻醉药品和精神药物公约》引言。
[2] 该罪是指引诱、教唆、欺骗运动员使用兴奋剂参加国内、国际重大体育竞赛,或者明知运动员参加上述竞赛而向其提供兴奋剂,情节严重的行为。组织、强迫运动员使用兴奋剂参加国内、国际重大体育竞赛的,从重处罚。

贩毒者为了调剂各自的毒品种类与数量而相互交易毒品的,应认定为贩卖毒品罪。单纯为吸毒者寻找、联系贩卖者的,仍属购买毒品的行为,不应当认定为贩卖毒品的共犯。

第三,运输毒品:是指明知是毒品而采用携带、寄递、托运、利用他人或者使用交通工具等方法,非法运送毒品的行为。

依据2015年《全国法院毒品犯罪审判工作座谈会纪要》,吸毒者在运输毒品过程中被查获,没有证据证明其是为了实施贩卖毒品等其他犯罪,但毒品数量达到较大以上的,以运输毒品罪定罪处罚。另外,行为人为吸毒者代购毒品,在运输过程中被查获,没有证据证明托购者、代购者是为了实施贩卖毒品等其他犯罪,但毒品数量达到较大以上,对托购者、代购者以运输毒品罪的共犯论处。由此可见,在证据不足以认定贩卖毒品罪等其他犯罪成立时,本罪具有一定的堵截性作用。

第四,制造毒品:是指非法利用毒品原植物直接提炼或者用化学方法加工、配制毒品,或者以改变毒品成分和效用为目的,用混合等物理方法加工、配制毒品的行为。

依据2008年《全国部分法院审理毒品犯罪案件工作座谈会纪要》,为便于隐蔽运输、销售、使用、欺骗购买者,或者为了增重,对毒品掺杂使假,添加或者去除其他非毒品物质,不属于制造毒品的行为。已经制造出粗制毒品或者半成品的,以制造毒品罪的既遂论处。

(2) **犯罪主体**:个人或单位。

已满14周岁不满16周岁的相对刑事责任年龄段的人,实施贩卖毒品的,应当承担刑事责任。单位犯本罪的,对单位判处罚金,并对其直接负责的主管人员和其他直接责任人员,依照相应条款的规定处罚。

依据2015年《全国法院毒品犯罪审判工作座谈会纪要》,两人以上同行运输毒品的,应当从是否明知他人带有毒品,有无共同运输毒品的意思联络,有无实施配合、掩护他人运输毒品的行为等方面综合审查认定是否构成共同犯罪。受雇于同一雇主同行运输毒品,但受雇者之间没有共同犯罪故意,或者虽然明知他人受雇运输毒品,但各自的运输行为相对独立,既没有实施配合、掩护他人运输毒品的行为,又分别按照各自运输的毒品数量领取报酬的,不应认定为共同犯罪。受雇于同一雇主分段运输同一宗毒品,但受雇者之间没有犯罪共谋的,也不应认定为共同犯罪。雇用他人运输毒品的雇主,及其他对受雇者起到一定组织、指挥作用的人员,与各受雇者分别构成运输毒品罪的共同犯罪,对运输的全部毒品数量承担刑事责任。

依据2008年《全国部分法院审理毒品犯罪案件工作座谈会纪要》,明知他人实施毒品犯罪而为其居间介绍、代购代卖的,无论是否牟利,都以相关毒品犯罪的共犯论处。

**(3) 主观方面**：行为人必须出于故意,即明知自己走私、贩卖、运输、制造的对象是毒品。

对于涉案毒品"明知"的认定,是司法实践中的难点问题,制约了司法机关对毒品犯罪的查处。依据2008年《全国部分法院审理毒品犯罪案件工作座谈会纪要》,在判定被告人对涉案毒品是否"明知"时,要进行综合分析判断。具有下列情形之一,被告人不能作出合理解释的,可以认定其"明知"是毒品,但有证据证明确属被蒙骗的除外:第一,执法人员在口岸、机场、车站、港口和其他检查站点检查时,要求行为人申报为他人携带的物品和其他疑似毒品物,并告知其法律责任,而行为人未如实申报,在其携带的物品中查获毒品的;第二,以伪报、藏匿、伪装等蒙蔽手段,逃避海关、边防等检查,在其携带、运输、邮寄的物品中查获毒品的;第三,执法人员检查时,有逃跑、丢弃携带物品或者逃避、抗拒检查等行为,在其携带或者丢弃的物品中查获毒品的;第四,体内或者贴身隐秘处藏匿毒品的;第五,为获取不同寻常的高额、不等值报酬为他人携带、运输物品,从中查获毒品的;第六,采用高度隐蔽的方式携带、运输物品,从中查获毒品的;第七,采用高度隐蔽的方式交接物品,明显违背合法物品惯常交接方式,从中查获毒品的;第八,行程路线故意绕开检查站点,在其携带、运输的物品中查获毒品的;第九,以虚假身份或者地址办理托运手续,在其托运的物品中查获毒品的;第十,有其他证据足以认定行为人应当知道的。

对于制造毒品罪主观故意中的"明知",依据2012年最高人民检察院、公安部《关于公安机关管辖的刑事案件立案追诉标准的规定（三）》,是指行为人知道或者应当知道所实施的是制造毒品行为。具备下列之一的情形,结合行为人的供述和其他证据综合审查判断,可以认定其"应当知道",但有证据证明确属被蒙骗的除外：购置了专门用于制造毒品的设备、工具、制毒物品或者配制方案的;为获取不同寻常的高额或者不等值的报酬为他人制造物品,经检验是毒品的;在偏远、隐蔽场所制造,或者采取对制造设备进行伪装等方式制造物品,经检验是毒品的;制造人员在执法人员检查时,有逃跑、抗拒检查等行为,在现场查获制造出的物品,经检验是毒品的;有其他证据足以证明行为人应当知道的。

行为人误将假的毒品作为真毒品而走私、贩卖、运输、制造的,构成本罪未遂。但是,明知是假毒品而当作真毒品出售的,涉嫌构成诈骗罪。

**(4) 定量标准**：本罪是毒品犯罪的源头性行为类型,是我国打击毒品犯罪的重点。犯本罪者,无论数量多少、纯度多高,一律构成本罪。

有下列情形之一的,处15年有期徒刑、无期徒刑或者死刑,并处没收财产：走私、贩卖、运输、制造鸦片1000克以上、海洛因或者甲基苯丙胺50克以上或者其他毒品数量大的;走私、贩卖、运输、制造毒品集团的首要分子;武装掩护走私、贩卖、运输、制造毒品的；以暴力抗拒检查、拘留、逮捕，情节严重的；参与有组织的国际贩毒活动的。

利用、教唆未成年人走私、贩卖、运输、制造毒品，或者向未成年人出售毒品的，从重处罚。

**(5) 司法认定。**

第一，毒品数量的认定：对多次走私、贩卖、运输、制造毒品，未经处理的，毒品数量累计计算。

根据《刑法》第357条，毒品的数量，以查证属实的走私、贩卖、运输、制造、非法持有毒品的数量计算，不以纯度折算。依据2015年《全国法院毒品犯罪审判工作座谈会纪要》，涉案毒品纯度明显低于同类毒品的正常纯度的，量刑时可以酌情考虑。制造毒品案件中，毒品成品、半成品的数量应当全部认定为制造毒品的数量；对于无法再加工出成品、半成品的废液、废料，则不应计入制造毒品的数量。

对于不同种类毒品的数量计算，依据上述《纪要》，走私、贩卖、运输、制造、非法持有两种以上毒品的，可以将不同种类的毒品分别折算为海洛因的数量，以折算后累加的毒品总量作为量刑的根据。对于既未规定定罪量刑数量标准，又不具备折算条件的毒品，综合考虑其致瘾癖性、社会危害性、数量、纯度等因素依法量刑。

第二，吸毒者实施毒品犯罪的数量计算：依据2008年《全国部分法院审理毒品犯罪案件工作座谈会纪要》，吸毒者在购买、运输、存储毒品过程中被查获的，如没有证据证明其是为了实施贩卖等其他毒品犯罪行为，毒品数量未超过非法持有毒品罪的最低数量标准的，一般不定罪处罚；查获毒品数量达到较大以上的，应以其实际实施的毒品犯罪行为定罪处罚。对于以贩养吸的被告人，其被查获的毒品数量应认定为其犯罪的数量，但量刑时应考虑被告人吸食毒品的情节，酌情处理；被告人购买了一定数量的毒品后，部分已被其吸食的，应当按能证明的贩卖数量及查获的毒品数量认定其贩毒的数量，已被吸食部分不计入在内。另外，依据2015年《全国法院毒品犯罪审判工作座谈会纪要》，对于有吸毒情节的贩毒人员，一般应当按照其购买的毒品数量认定其贩卖毒品的数量，量刑时酌情考虑其吸食毒品的情节；购买的毒品数量无法查明的，按照能够证明的贩卖数量及查获的毒品数量认定其贩毒数量；确有证据证明其购买的部分毒品并非用于贩卖的，不应计入其贩毒数量。

第三，居间介绍买卖毒品的认定：依据2015年《全国法院毒品犯罪审判工作座谈会纪要》，居间介绍者在毒品交易中处于中间人地位，发挥介绍联络作用，通常与交易一方构成共同犯罪，但不以牟利为要件。在司法实践中，应区别情形认定：① 居间介绍者受贩毒者委托，为其介绍联络购毒者的，与贩毒者构成贩卖毒品罪的共同犯罪;② 明知购毒者以贩卖为目的购买毒品,受委托为其介绍联络贩毒者的,与购毒者构成贩卖毒品罪的共同犯罪;③ 受以吸食为目的的购毒者委托,为其介绍联络贩毒者,毒品数量达到非法持有毒品罪的最低数量标准的,一般与购毒者构成非法持有毒品罪的共同犯罪;④ 同时与贩毒者、购毒者共谋,联络促成双方交易的,通常认定与贩毒者构成贩卖毒品罪的共同犯罪。居间介绍者实施为毒品交易主体提供交易信息、介绍交易对象等帮助行为,对促成交易起次要、辅助作用的,应当认定为从犯;对于以居间介绍者的身份介入毒品交易,但在交易中超出居间介绍者的地位,对交易的发起和达成起重要作用的被告人,可以认定为主犯。

第四,法条竞合适用:实施《刑法》第287条之一、第287条之二的行为,构成非法利用信息网络罪或帮助信息网络犯罪活动罪,同时构成本罪的,依照处罚较重的规定定罪处罚。

依据2008年《全国部分法院审理毒品犯罪案件工作座谈会纪要》,盗窃、抢夺、抢劫毒品的,分别以盗窃罪、抢夺罪或者抢劫罪定罪,但不计犯罪数额,根据情节轻重予以定罪量刑。盗窃、抢夺、抢劫毒品后又实施其他毒品犯罪的,对盗窃罪、抢夺罪、抢劫罪和所犯的具体毒品犯罪分别定罪,依法数罪并罚。

### 7.7.2 非法持有毒品罪

本罪是指非法持有鸦片200克以上不满1000克,海洛因或者甲基苯丙胺10克以上不满50克,或者数量较大的其他毒品之行为。

该罪是我国刑法中持有型犯罪的类型之一。关于危害行为,表现为"持有",是指行为人以占有、携带、藏有或者其他方式,将毒品置于其实际支配、控制的状态。这既包括行为人直接地持有毒品的情形,也包含间接地持有毒品的情况。至于控制的地点、时间的长短,并不影响持有的成立。

在主观方面,行为人必须出于故意,即明知自己持有的对象是毒品。依据2008年《全国部分法院审理毒品犯罪案件工作座谈会纪要》,在判定被告人对持有毒品是否"明知"时,要进行综合分析判断。关于推定认定的标准,等同于走私、贩卖、运输、制造毒品罪的相关内容。

依据2008年《全国部分法院审理毒品犯罪案件工作座谈会纪要》和2015年《全国法院毒品犯罪审判工作座谈会纪要》,在证据不足以认定涉案毒品的来源行为和去向行为而以相应的罪名定罪时,以持有毒品的状态行为来定性,由此发挥本罪的堵截性司法价值。这具体表现为:

(1)贩毒人员:其被抓获后,对于从其住所、车辆等处查获的毒品,一般均应认定为其贩卖的毒品。确有证据证明查获的毒品并非贩毒人员用于贩卖,其行为构成非法持有毒品罪、窝藏毒品罪等其他犯罪的,依法定罪处罚。

（2）吸毒者：其在购买、存储毒品过程中被查获，没有证据证明其是为了实施贩卖等其他毒品犯罪行为，毒品数量达到非法持有毒品罪的最低数量标准的，以非法持有毒品罪定罪处罚。

（3）托购者、代购者：有证据证明行为人不以牟利为目的，为他人代购仅用于吸食的毒品，数量超过非法持有毒品罪的最低数量标准的，对托购者、代购者应以非法持有毒品罪定罪。

（4）购毒者：其接收贩毒者通过物流寄递方式交付的毒品，没有证据证明其是为了实施贩卖毒品等其他犯罪，毒品数量达到非法持有毒品罪的最低数量标准的，一般以非法持有毒品罪定罪处罚。

（5）代收者：其明知是物流寄递的毒品而代购毒者接收，没有证据证明其与购毒者有实施贩卖、运输毒品等犯罪的共同故意，毒品数量达到非法持有毒品罪的最低数量标准的，对代收者以非法持有毒品罪定罪处罚。

至于定量标准，《刑法》第348条区分不同类型的毒品，设置了以下不同的"数量"入罪门槛：（1）鸦片：200克以上不满1000克；（2）海洛因或者甲基苯丙胺：10克以上不满50克；（3）其他毒品：数量较大。该定量标准等同于走私、贩卖、运输、制造毒品罪中的"其他毒品数量较大"，具体规定在2016年最高人民法院《关于审理毒品犯罪案件适用法律若干问题的解释》第2条。

### 7.7.3 包庇毒品犯罪分子罪

本罪是指明知是走私、贩卖、运输、制造毒品的犯罪分子而包庇的行为。

关于危害行为，表现为"包庇"。依据2012年《关于公安机关管辖的刑事案件立案追诉标准的规定（三）》，其行为方式包括：（1）作虚假证明，帮助掩盖罪行的；（2）帮助隐藏、转移或者毁灭证据的；（3）帮助取得虚假身份或者身份证件的；（4）以其他方式包庇犯罪分子的。

本罪的行为对象，特指毒品犯罪的源头性犯罪，仅包括走私、贩卖、运输、制造毒品罪，而不是广义的毒品犯罪分子。这也是本罪与《刑法》第310条关于包庇罪的主要区别点，后者的行为对象是毒品犯罪以外的犯罪分子。两罪是包庇罪中的特殊罪名与普通罪名的法律关系。

在主观方面，行为人必须出于故意，即明知自己包庇的对象是毒品犯罪分子。

根据《刑法》第349条第2款和第3款，缉毒人员或者其他国家机关工作人员掩护、包庇走私、贩卖、运输、制造毒品的犯罪分子的，从重处罚；对于事先通谋的，实施包庇走私、贩卖、运输、制造毒品的犯罪分子的行为，以走私、贩卖、运输、制造毒品罪的共犯论处。

### 7.7.4 窝藏、转移、隐瞒毒品、毒赃罪

本罪是指明知是毒品或者毒品犯罪所得的财物,而加以窝藏、转移、隐瞒的行为。

本罪的行为对象有以下两个:(1)毒品:这是指《刑法》第 357 条明确的法定定义;(2)毒赃:这是"两高"在罪名表中的简称,是指《刑法》第 349 条的用语(毒品)"犯罪所得的财物"。据此,产生毒赃的上游犯罪,是广义的毒品犯罪,而不局限在走私、贩卖、运输、制造毒品罪,否则就不恰当地缩小了毒赃的上游犯罪范围。

本罪是选择性罪名,危害行为包括以下三种情形:(1)窝藏:这是指提供隐藏的处所;(2)转移:这是指从一处挪至另一处;(3)隐瞒:这是以误导、操纵等行为方式,致使有关机关难以确定物品的来源。

在主观方面,行为人必须出于故意,即明知是毒品或者毒品犯罪所得的财物。

在体系性定位上,本罪不仅属于毒品犯罪的类型,而且是我国反洗钱罪名体系的有机组成部分之一。从行为对象"毒赃"和行为手段"隐瞒"的视角看,本罪与《刑法》第 191 条的洗钱罪产生竞合关系,应依照处罚较重的规定定罪处罚。

对于事先通谋的,实施窝藏、转移、隐瞒毒品、毒赃的行为,以上游犯罪的共犯论处。

### 7.7.5 涉制毒物品类犯罪

为了从外围遏制毒品产生的源头性犯罪,防止某些原料、配剂、毒品原植物以及种子、幼苗被用于制造毒品,我国刑法设置了涉及制毒物品类犯罪,包括 3 个罪名。在主观方面,行为人均出于故意。

(一)非法生产、买卖、运输制毒物品、走私制毒物品罪

本罪是指个人或者单位违反国家规定,非法生产、买卖、运输醋酸酐、乙醚、三氯甲烷或者其他用于制造毒品的原料、配剂,或者携带上述物品进出境,情节较重的行为。

**(1)行为对象**:制毒物品。

依据我国《刑法》第 350 条采取"列举+兜底"的规定,本罪的行为对象包括:醋酸酐、乙醚、三氯甲烷或者其他用于制造毒品的原料、配剂。

至于"制毒物品"的具体品种范围,按照国家关于易制毒化学品管理的规定确定。例如,依据《易制毒化学品管理条例》,易制毒化学品分为三类;第一类是可以用于制毒的主要原料,第二类、第三类是可以用于制毒的化学配剂。至于易制毒化学品的具体分类和品种,在该条例的附表列示。另外,为了刑事规制麻黄

碱类复方制剂的使用,2012年"两高"、公安部颁行了《关于办理走私、非法买卖麻黄碱类复方制剂等刑事案件适用法律若干问题的意见》。

**(2)危害行为**:非法生产、买卖、运输以及走私。

为了加强易制毒化学品管理,规范易制毒化学品的生产、经营、购买、运输和进口、出口行为,防止易制毒化学品被用于制造毒品,我国《禁毒法》第21条和第22条分别规定:国家对易制毒化学品的生产、经营、购买、运输和进口、出口实行许可制度。禁止非法生产、买卖、运输、储存、提供、持有、使用和走私麻醉药品、精神药品和易制毒化学品。

本罪是选择性罪名,危害行为包括以下四种情形:

第一,非法生产:依据《易制毒化学品管理条例》,申请生产第一类易制毒化学品,应当经有关行政主管部门审批,取得生产许可证后,方可进行生产;生产第二类、第三类易制毒化学品的,应当自生产之日起30日内,将生产的品种、数量等情况,向所在地的设区的市级人民政府安全生产监督管理部门备案。这里的"非法生产",是指未经有关行政主管部门审批和取得生产许可证,或者未取得备案证明而加工、制作或者提炼的行为。这是《刑法修正案(九)》第41条增设的行为类型。

第二,非法买卖:依据《易制毒化学品管理条例》,申请购买第一类易制毒化学品,应当经有关行政主管部门审批,取得购买许可证;购买第二类、第三类易制毒化学品的,应当在购买前将所需购买的品种、数量,向所在地的县级人民政府公安机关备案。这里的"非法买卖",依据2012年《关于公安机关管辖的刑事案件立案追诉标准的规定(三)》,是指违反国家规定,实施下列情形之一的行为:未经许可或者备案,擅自购买、销售易制毒化学品的;超出许可证明或者备案证明的品种、数量范围购买、销售易制毒化学品的;使用他人的或者伪造、变造、失效的许可证明或者备案证明购买、销售易制毒化学品的;经营单位违反规定,向无购买许可证明、备案证明的单位、个人销售易制毒化学品的,或者明知购买者使用他人的或者伪造、变造、失效的购买许可证明、备案证明,向其销售易制毒化学品的;以其他方式非法买卖易制毒化学品的。另外,为了非法买卖制毒物品而采用生产、加工、提炼等方法非法制造易制毒化学品的,以非法买卖制毒物品罪(预备)论处。

第三,非法运输:依据《易制毒化学品管理条例》,经审批取得易制毒化学品运输许可证后,方可运输。这里的"非法运输"是指未取得易制毒化学品运输许可证,而采用携带、寄递、托运、利用他人或者使用交通工具等方法,将制毒物品在我国境内运送转的行为。

第四,走私:依据《易制毒化学品管理条例》,申请进口或者出口易制毒化学品,应当经有关主管部门审批,取得进口或者出口许可证后,方可从事进口、出口活动。进口、出口或者过境、转运、通运易制毒化学品的,应当如实向海关申报,并提交进口或者出口许可证。海关凭许可证办理通关手续。这里的"走私",是指未取得进出口许可证,逃避海关监管,将制毒物品进出国(边)境的行为。明知他人实施走私制毒物品犯罪,而为其运输、储存、代理进出口或者以其他方式提供便利的,以走私制毒物品罪的共犯论处。

**(3) 主观方面**:行为人必须出于故意,即明知自己生产、买卖、运输、走私的对象是制毒物品。

依据2012年《关于公安机关管辖的刑事案件立案追诉标准的规定(三)》,对于走私或者非法买卖制毒物品行为,有下列情形之一,且查获了易制毒化学品,结合犯罪嫌疑人、被告人的供述和其他证据,经综合审查判断,可以认定其"明知"是制毒物品而走私或者非法买卖,但有证据证明确属被蒙骗的除外:改变产品形状、包装或者使用虚假标签、商标等产品标志的;以藏匿、夹带或者其他隐蔽方式运输、携带易制毒化学品逃避检查的;抗拒检查或者在检查时丢弃货物逃跑的;以伪报、藏匿、伪装等蒙蔽手段逃避海关、边防等检查的;选择不设海关或者边防检查站的路段绕行出入境的;以虚假身份、地址办理托运、邮寄手续的;以其他方法隐瞒真相,逃避对易制毒化学品依法监管的。

根据《刑法》第350条第2款,明知他人制造毒品而为其生产、买卖、运输制毒物品的,以制造毒品罪的共犯论处。

**(4) 定量标准**:本罪是以"情节较重"作为入罪门槛。

依据2016年《关于审理毒品犯罪案件适用法律若干问题的解释》第7条,这里的"情节较重"包括以下两种类型:第一类是相应的制毒物品达到特定数量,具体划分七类特定物品和一类"兜底"的其他制毒物品;另一类是"打折条款",是指达到前款规定的数量标准最低值的50%,且具有特定的七种情形之一。

易制毒化学品生产、经营、购买、运输单位或者个人未办理许可证明或者备案证明,生产、销售、购买、运输易制毒化学品,确实用于合法生产、生活需要的,不以制毒物品犯罪论处。

**(二) 非法种植毒品原植物罪**

本罪是指非法种植罂粟、大麻等毒品原植物,数量较大,或者经公安机关处理后又种植,或者抗拒铲除的行为。

本罪的行为对象,是毒品原植物,这是指大麻、罂粟等可以用于提炼、加工成鸦片、海洛因、吗啡、可卡因等麻醉药品和精神药品的原植物。为加强麻醉药品和精神药品的管理,我国《禁毒法》第19条第1款规定:"国家对麻醉药品药用原植物种植实行管制。禁止非法种植罂粟、古柯植物、大麻植物以及国家规定管制的可以用于提炼加工毒品的其他原植物。禁止走私或者非法买卖、运输、携带、持有未经灭活的毒品原植物种子或者幼苗。"同时,《麻醉药品和精神药品管理条例》第 7 条和第 8 条规定:国家根据麻醉药品和精神药品的医疗、国家储备和企业生产所需原料的需要确定需求总量,对麻醉药品药用原植物的种植实行总量控制;麻醉药品药用原植物种植企业应当根据年度种植计划,种植麻醉药品药用原植物。

在危害行为上,本罪包括以下三种情形:

(1)非法种植:本罪的"非法",是指行为人违反《麻醉药品和精神药品管理条例》等有关法规,未经批准或者超出计划而种植毒品原植物;这里的"种植",是指播种、育苗、移栽、插苗、施肥、灌溉、割取津液或者收取种子等行为。

(2)经公安机关处理后又种植:这是指在公安机关依据《治安管理处罚法》等法律法规进行批评教育、拘留或者罚款等处罚之后,再次种植的情形。

(3)抗拒铲除:根据《刑法》第 351 条第 1 款,非法种植罂粟、大麻等毒品原植物的,一律强制铲除。这里的"抗拒铲除",是指行为人拒绝有关机关铲除非法种植的毒品原植物的要求,或者有关部门在强制铲除毒品原植物时,行为人以暴力、胁迫或者其他方法进行对抗的情形。

在定量标准上,对于第一种危害行为"非法种植",本罪是以"数量较大"作为入罪门槛。依据 2012 年《关于公安机关管辖的刑事案件立案追诉标准的规定(三)》第 7 条,这是指具有下列之一的情形:(1)非法种植罂粟 500 株以上的;(2)非法种植大麻 5000 株以上的;(3)非法种植罂粟 200 平方米以上、大麻 2000 平方米以上或者其他毒品原植物面积较大,尚未出苗的。至于非法种植毒品原植物的株数,一般应以实际查获的数量为准。因种植面积较大,难以逐株清点数目的,可以抽样测算每平方米平均株数后,按实际种植面积测算出种植总株数。

根据《刑法》第 351 条第 3 款,非法种植罂粟或者其他毒品原植物,在收获前自动铲除的,可以免除处罚。

(三)非法买卖、运输、携带、持有毒品原植物种子、幼苗罪

本罪是指非法买卖、运输、携带、持有未经灭活的罂粟等毒品原植物种子或者幼苗,数量较大的行为。

关于本罪的行为对象,是未经灭活的罂粟等毒品原植物种子、幼苗。从植物学原理看,对于罂粟、大麻等毒品原植物的种子或者幼苗,如果未经灭活处理,仍然具有繁殖能力,极有可能落地生根而成为植物成品。这里的"未经灭活",是指没有通过物理或化学手段,对植物的繁殖和生长机能进行消灭处理。

在危害行为上,本罪包括以下四种情形:(1)非法买卖:这是指以出卖为目的,非法购买、出售毒品原植物种子、幼苗的行为;(2)非法运输:这是指采用寄递、托运、利用他人或者使用交通工具等方法,非法运送毒品原植物种子、幼苗的

行为;(3) 非法携带:这是指违反国家有关规定,随身携带毒品原植物种子、幼苗的行为;(4) 非法持有:这是指违反国家有关规定,以占有、藏有或者其他方式,将毒品原植物种子、幼苗置于其实际支配、控制的状态。本罪是我国刑法中持有型犯罪的类型之一。鉴于"携带"在本罪中属于单列的行为形态,故一般意义的"持有"中就不包括"携带"在内。

至于定量标准,本罪是以"数量较大"作为入罪门槛。依据2012年《关于公安机关管辖的刑事案件立案追诉标准的规定(三)》第8条,这是指具有下列之一的情形:(1) 罂粟种子50克以上、罂粟幼苗5000株以上的;(2) 大麻种子50千克以上、大麻幼苗5万株以上的;(3) 其他毒品原植物种子或者幼苗数量较大的。

### 7.7.6 涉吸毒的关联犯罪

吸毒不仅严重损害身心健康,而且侵犯国家对毒品的管制制度。基于多重刑事政策的考量,在吸毒没有独立成罪的底蕴下①,为了从外围遏制和堵截吸毒行为,我国刑法设置了涉及吸毒的关联犯罪,包括4个罪名。在主观方面,行为人均出于故意。

(一) 引诱、教唆、欺骗他人吸毒罪

本罪是指引诱、教唆、欺骗他人吸食、注射毒品的行为。

在危害行为上,本罪包括以下三种情形:(1) 引诱:这是指以金钱或其他方式,诱使他人吸毒的行为;(2) 教唆:这是指怂恿、唆使他人吸毒的行为;(3) 欺骗:这是指以虚构事实或者隐瞒真相的方法,致使他人吸毒。

行为人开设网站、利用网络聊天室等组织他人共同吸毒,构成引诱、教唆、欺骗他人吸毒罪等犯罪的,依法本罪定罪处罚。

引诱、教唆、欺骗他人吸毒,但他人未吸毒的,构成本罪的未遂。

行为人实施本罪行为,又向对方贩卖毒品的,以本罪和贩卖毒品罪实行数罪并罚。

根据《刑法》第353条第3款,引诱、教唆、欺骗未成年人吸食、注射毒品的,从重处罚。

(二) 强迫他人吸毒罪

本罪是指违背他人意志,强迫他人吸食、注射毒品的行为。

在危害行为上,本罪的本质特征是违背他人意志。这里的"强迫"手段,依据2012年《关于公安机关管辖的刑事案件立案追诉标准的规定(三)》第10条,

---

① 我国《禁毒法》第62条规定:吸食、注射毒品的,依法给予治安管理处罚。吸毒人员主动到公安机关登记或者到有资质的医疗机构接受戒毒治疗的,不予处罚。

包括暴力、胁迫或者其他强制手段,其含义等同于强奸罪与抢劫罪的"三不境地"。至于行为对象是否吸毒者,不影响本罪的成立。

根据《刑法》第 353 条第 3 款,强迫未成年人吸食、注射毒品的,从重处罚。

(三) 容留他人吸毒罪

本罪是指容留他人吸食、注射毒品的行为。

在危害行为上,本罪的关键词是"容留"。从文义解释看,这是指允许他人在自己管理的场所里吸毒,或者将该场所提供给他人吸毒。至于提供场所是有偿还是无偿的,或者是主动还是被动的,则在所不问。

至于定量标准,依据 2016 年《关于审理毒品犯罪案件适用法律若干问题的解释》第 12 条,具有下列情形之一的,以本罪定罪处罚:(1) 一次容留多人吸食、注射毒品的;(2) 二年内多次容留他人吸食、注射毒品的;(3) 二年内曾因容留他人吸食、注射毒品受过行政处罚的;(4) 容留未成年人吸食、注射毒品的;(5) 以牟利为目的容留他人吸食、注射毒品的;(6) 容留他人吸食、注射毒品造成严重后果的;(7) 其他应当追究刑事责任的情形。

行为人向他人贩卖毒品后,又容留其吸食、注射毒品,或者容留他人吸食、注射毒品并向其贩卖毒品,符合容留他人吸毒罪的定罪条件的,以贩卖毒品罪和容留他人吸毒罪实行数罪并罚。

容留近亲属吸食、注射毒品,情节显著轻微危害不大的,不作为犯罪处理;需要追究刑事责任的,可以酌情从宽处罚。

(四) 非法提供麻醉药品、精神药品罪

本罪是指依法从事生产、运输、管理、使用国家管制的麻醉药品、精神药品的单位或者个人,违反国家规定,向吸食、注射毒品的人提供国家规定管制的能够使人形成瘾癖的麻醉药品、精神药品的行为。

从称谓为动宾词组的本罪结构看,本罪的行为对象是"国家规定管制的能够使人形成瘾癖的麻醉药品、精神药品"。为了保证麻醉药品和精神药品的合法、安全、合理使用,防止流入非法渠道,我国颁行了《麻醉药品和精神药品管理条例》等法律文件。所谓的"麻醉药品",是指连续使用后易产生生理依赖性、能成瘾癖的药品;"精神药品",是指直接作用于中枢神经系统,使之兴奋或抑制,连续使用能产生依赖性的药品,分为第一类精神药品和第二类精神药品。关于其具体范围,依据《麻醉药品和精神药品管理条例》第 3 条,是指列入麻醉药品目录、精神药品目录的药品和其他物质。

在危害行为上,本罪表现为"非法提供",即行为人违反《麻醉药品和精神药品管理条例》等国家有关毒品管理的法律规定而予以提供。该条例从种植到使用各个环节,对麻醉药品、精神药品进行规范管理;违反有关规定,构成犯罪的,依法追究刑事责任。需要注意的是,这里的"提供对象",必须是吸食、注射毒品的人。如果行为人向走私、贩卖毒品的犯罪分子有偿或无偿提供上述麻醉药品、精神药品的,根据《刑法》第 355 条第 1 款,则以走私、贩卖毒品罪定罪处罚。

关于犯罪主体,是特殊主体,是依法从事生产、运输、管理、使用国家管制的麻醉药品、精神药品的人员,包括自然人与单位。

在主观方面,行为人必须出于故意,并且不具有牟利的目的。根据《刑法》第 355 条第 1 款,如果行为人以牟利为目的,向吸食、注射毒品的人提供国家规定管制的能够使人形成瘾癖的麻醉药品、精神药品的,以贩卖毒品罪定罪处罚。

至于定量标准,依据 2016 年《关于审理毒品犯罪案件适用法律若干问题的解释》第 13 条,具有下列情形之一的,以本罪定罪处罚:(1) 非法提供麻醉药品、精神药品达到《刑法》第 347 条第 3 款或者本解释第 2 条规定的"数量较大"标准最低值的 50%,不满"数量较大"标准的;(2) 二年内曾因非法提供麻醉药品、精神药品受过行政处罚的;(3) 向多人或者多次非法提供麻醉药品、精神药品的;(4) 向吸食、注射毒品的未成年人非法提供麻醉药品、精神药品的;(5) 非法提供麻醉药品、精神药品造成严重后果的;(6) 其他应当追究刑事责任的情形。

## 7.8 卖淫类犯罪

所谓"卖淫",是指以金钱、财物等为对价,自愿与不特定的对方发生性关系的行为。基于多重刑事政策的考量,在卖淫没有独立成罪的底蕴下,为了从外围遏制和堵截卖淫行为,保护国家对社会风尚的管理秩序和卖淫关联人员的身心健康,我国刑法设置了涉及卖淫的关联犯罪,包括 6 个罪名。

在主观方面,行为人均出于故意。同时,为了警示和阻止旅馆业、饮食服务业、文化娱乐业、出租汽车业等特定单位被卖淫的关联犯罪分子所利用,根据我国《刑法》第 361 条,对于这些特定单位的人员,利用本单位的条件,组织、强迫、引诱、容留、介绍他人卖淫的,依照相关的罪名定罪处罚。前述特定单位的主要负责人犯前款罪的,从重处罚。

### 7.8.1 两个重罪:组织卖淫罪和强迫卖淫罪

组织卖淫罪,是指以招募、雇佣、纠集等手段,管理或者控制他人卖淫的行为。

强迫卖淫罪,是指使用暴力、胁迫或者其他强制方法,迫使他人卖淫的行为。

两罪属于卖淫类犯罪中的重罪,被同时规定在《刑法》第 358 条,处 5 年以上 10 年以下有期徒刑,并处罚金;情节严重的,处 10 年以上有期徒刑或者无期徒刑,并处罚金或者没收财产。在两罪的法定刑中,原先还带有死刑,《刑法修正案(九)》予以废除。

在危害行为上,组织他人卖淫,是指以招募、雇佣、纠集等手段,管理或者控制三人以上的他人卖淫的行为。如果仅组织一名或者两名人员进行卖淫的,不构成本罪。依据2017年"两高"《关于办理组织、强迫、引诱、容留、介绍卖淫刑事案件适用法律若干问题的解释》第1条,组织卖淫者是否设置固定的卖淫场所、组织卖淫者人数多少、规模大小,不影响组织卖淫行为的认定。另外,卖淫者自己实施组织他人卖淫行为的,也构成本罪。至于卖淫者的性别,没有限制,向异性或同性卖淫,不影响定性。

强迫卖淫,是迫使他人卖淫,这里的"强迫"手段,包括暴力、胁迫或者其他强制手段,其含义等同于强迫他人吸毒罪。至于强迫的内容,可以是迫使无卖淫意愿的人去卖淫,也可以是迫使原先卖淫但不愿继续卖淫的人卖淫等,其本质特征是违背卖淫人的自由意志。

根据《刑法》第358条第3款,犯组织卖淫罪、强迫卖淫罪,并有杀害、伤害、强奸、绑架等犯罪行为的,依照数罪并罚的规定处罚。这是《刑法修正案(九)》第42条增设的规定,与《刑法》第318条关于组织他人偷越国(边)境罪的精神保持一致,既可以对这些重罪不设置死刑,也可以起到严厉惩治的司法效果。另外,依据相关司法解释的规定,在组织卖淫犯罪活动中,对被组织卖淫的人有引诱、容留、介绍卖淫行为的,依照处罚较重的规定定罪处罚。但是,对被组织卖淫的人以外的其他人有引诱、容留、介绍卖淫行为的,应当分别定罪,实行数罪并罚。收买被拐卖的妇女、儿童后又组织、强迫卖淫的,依照数罪并罚的规定处罚。

根据《刑法》第358条第2款,组织、强迫未成年人卖淫的,从重处罚。至于组织、强迫卖淫的次数,作为酌定情节在量刑时考虑。

### 7.8.2 协助组织卖淫罪

本罪是指为组织卖淫的人招募、运送人员或者有其他协助组织他人卖淫行为。《刑法修正案(八)》第48条细化了本罪的罪状。

从犯罪结构看,本罪属于帮助型犯罪类型。在危害行为上,表现在行为人替组织卖淫的人,实施了招募、运送人员或者其他协助行为。这里的"招募",是指为组织卖淫的人招聘、挑选、征集卖淫的人员;"运送",是指使卖淫人从一处至另一处的空间移动行为;"其他协助行为",是本罪"兜底"的行为方式,包括充当保镖、打手、管账人等。依据2017年"两高"《关于办理组织、强迫、引诱、容留、介绍卖淫刑事案件适用法律若干问题的解释》第4条,在具有营业执照的会所、洗浴中心等经营场所担任保洁员、收银员、保安员等,从事一般服务性、劳务性工作,仅领取正常薪酬,且无前款所列协助组织卖淫行为的,不认定为协助组织卖淫罪。

从表象上看,本罪属于组织卖淫罪的共同犯罪类型。但是,鉴于《刑法》第358条第4款将本罪独立设置为一种罪名,在法律适用上,就不能将协助组织卖淫罪的行为人再认定为组织卖淫罪的从犯。但是,依据上述 2017 年"两高"《解释》第 7 条,对于组织、强迫卖淫者实施的杀害、伤害、强奸、绑架等犯罪行为的,依照数罪并罚的规定处罚。协助组织卖淫行为人也参与实施上述行为的,以共同犯罪论处。

### 7.8.3 本节的其他三个罪名

(一) 引诱、容留、介绍卖淫罪

本罪是指诱使他人卖淫,或者为他人卖淫提供场所,或者为卖淫人进行介绍的行为。

本罪为选择性罪名。在危害行为上,包括以下三种情形:

(1) 引诱:其含义等同于引诱他人吸毒罪。这是指以金钱或其他方式,诱使他人卖淫的行为。

(2) 容留:其含义等同于容留他人吸毒罪。这是指允许他人在自己管理的场所里卖淫,或者将该场所提供给他人卖淫。至于提供场所,是有偿还是无偿的,或者是主动还是被动的,则在所不问。

(3) 介绍:是指在卖淫者与嫖客之间进行居间撮合的行为。依据上述 2017 年"两高"《解释》第 8 条,利用信息网络发布招嫖的违法信息,情节严重的,以非法利用信息网络罪定罪处罚。同时构成介绍卖淫罪的,依照处罚较重的规定定罪处罚。

引诱、容留、介绍他人卖淫,是否以营利为目的,不影响犯罪的成立。至于引诱、容留、介绍卖淫的次数,作为酌定情节在量刑时考虑。

(二) 引诱幼女卖淫罪

本罪是指引诱不满 14 周岁的幼女卖淫的行为。

在危害行为上,本罪的关键词是"引诱",其含义等同于引诱他人吸毒罪和引诱卖淫罪。

本罪与引诱卖淫罪是法条竞合的关系。根据特别法优先于一般法的原则,构成属于特别罪名的本罪的,不再以引诱卖淫罪论处。依据上述 2017 年"两高"《解释》第 8 条,在被引诱卖淫的人员中,既有不满 14 周岁的幼女,又有其他人员的,分别以引诱幼女卖淫罪和引诱卖淫罪定罪,实行数罪并罚。

对未成年人负有特殊职责的人员、与幼女有共同家庭生活关系的人员、国家工作人员,实施组织、强迫、引诱、容留、介绍未成年人卖淫等性侵害犯罪的,依法从严惩处。

(三) 传播性病罪

本罪是指明知自己患有梅毒、淋病等严重性病而卖淫或者嫖娼的行为。

在危害行为上,本罪表现为通过卖淫、嫖娼的途径,传播严重性病。这里的

"嫖娼",是指以金钱、财物等为对价,与不特定的卖淫方发生性关系的行为。所谓的"严重性病",包括梅毒、淋病。至于其他性病,是否认定为"严重性病",依据上述2017年"两高"《解释》第11条,应当根据《传染病防治法》和《性病防治管理办法》的规定,在国家卫生健康主管部门规定实行性病监测的性病范围内,依照其危害、特点与梅毒、淋病相当的原则,从严掌握。

至于传播性病的行为,是否实际造成他人患上严重性病的后果,不影响本罪的成立。

在主观方面,行为人必须出于故意,即明知自己患有严重性病。依据上述2017年《解释》第11条,具有下列之一情形的,应当认定为"明知"的成立:(1)有证据证明曾到医院或者其他医疗机构就医或者检查,被诊断为患有严重性病的;(2)根据本人的知识和经验,能够知道自己患有严重性病的;(3)通过其他方法能够证明行为人是"明知"的。

明知自己患有艾滋病或者感染艾滋病病毒而卖淫、嫖娼的,依据上述2017年《解释》第12条,以传播性病罪定罪,从重处罚。另外,行为人在明知自己感染艾滋病病毒的情形下,进行卖淫、嫖娼,或者故意不采取防范措施而与他人发生性关系,致使他人感染艾滋病病毒的,认定为"重伤",以故意伤害罪定罪处罚。

## 7.9 淫秽物品类犯罪

淫秽物品,依据我国《刑法》第367条的法定概念,是指"具体描绘性行为或者露骨宣扬色情的诲淫性的书刊、影片、录像带、录音带、图片及其他淫秽物品"。但是,有关人体生理、医学知识的科学著作,不是淫秽物品;包含有色情内容的有艺术价值的文学、艺术作品,不视为淫秽物品。上述法定概念中所列举载体后的"其他淫秽物品",包括具体描绘性行为或者露骨宣扬色情的诲淫性的视频文件、音频文件、电子刊物、图片、文章、短信息等互联网、移动通讯终端电子信息和声讯台语音信息。

随着新技术的快速发展,淫秽物品的种类不断衍生翻新,据此可以将其划为以下两种类别:(1)传统实物型,例如影碟、软件、录影带、音碟、录音带、扑克、书刊、画册、照片、画片等;(2)电子信息型,例如利用互联网、移动通讯终端、声讯台等形成的视频文件、音频文件以及电子的刊物、图片、文章、短信息等。另外,以制作、复制、出版、贩卖、传播淫秽电子信息为目的建立的网站,或者建立后主要从事制作、复制、出版、贩卖、传播淫秽电子信息活动的网站,为淫秽网站。

鉴于淫亵性地描绘或者宣扬色情性行为的淫秽物品,违背人们的正常性观念,严重伤害社会风化,为了保护国家对社会道德风尚的管理秩序和国家文化娱乐管理制度,我国刑法设置了涉及淫秽物品的关联犯罪,包括5个罪名。其中,自然人和单位均可以成犯罪主体。

### 7.9.1 制作、复制、出版、贩卖、传播淫秽物品牟利罪

本罪是指自然人和单位以牟利为目的,制作、复制、出版、贩卖、传播淫秽物品的行为。

**(1) 危害行为**:制作、复制、出版、贩卖、传播。

本罪属于选择性罪名,包括以下五种行为形态:

第一,制作:这是指通过录制、摄制、编写、加工、剪辑、绘制等行为方式,创造性形成淫秽物品的行为。

第二,复制:这是指在已有的淫秽物品的基础上,以复印、拓印、翻拍、转录、转刻等行为方式,使得淫秽物品成为复数的行为。

第三,出版:这是指编辑、印刷、发行淫秽物品的行为。这限定于正规的出版单位实施的行为。对于非法出版单位实施的出版行为,应归入本罪的制作、复制之行为样态。

第四,贩卖:这是指有偿地转让淫秽物品,或者以贩卖为目的而非法收买的行为。

第五,传播:这是指通过播放、出租、出借、赠送、公开陈列等各种途径,使得多数人或不特定人接触到淫秽物品或者内容的行为。

行为人实施上述两种方式以上行为的,只构成一罪,不实行数罪并罚。另外,行为人携带、持有、藏匿淫秽物品的状态行为,被上述实行行为所吸收,不能单独成立犯罪。

**(2) 犯罪主体**:个人或单位。

依据2010年"两高"《关于办理利用互联网、移动通讯终端、声讯台制作、复制、出版、贩卖、传播淫秽电子信息刑事案件具体应用法律若干问题的解释(二)》第4条、第6条和第7条,对于下列特定的主体,区分不同情形进行定罪处罚:

第一,网站建立者、直接负责的管理者:以牟利为目的,明知他人制作、复制、出版、贩卖、传播的是淫秽电子信息,允许或者放任他人在自己所有、管理的网站或者网页上发布,达到定量入罪标准的,以传播淫秽物品牟利罪定罪处罚。

第二,电信业务经营者、互联网信息服务提供者:明知是淫秽网站,为其提供互联网接入、服务器托管、网络存储空间、通讯传输通道、代收费等服务,并收取服务费,达到定量入罪标准的,对直接负责的主管人员和其他直接责任人员,以传播淫秽物品牟利罪定罪处罚。

第三,明知是淫秽网站,以牟利为目的,通过投放广告等方式向其直接或者

间接提供资金,或者提供费用结算服务的,达到定量入罪标准的,对直接负责的主管人员和其他直接责任人员,以制作、复制、出版、贩卖、传播淫秽物品牟利罪的共犯处罚。

出版单位与他人事前通谋,向其出售、出租或者以其他形式转让该出版单位的名称、书号、刊号、版号,他人实施本罪的,依据1998年最高人民法院《关于审理非法出版物刑事案件具体应用法律若干问题的解释》第16条,对该出版单位以共犯论处。

**(3) 主观方面**:行为人必须出于故意,并具有牟利目的。这是本罪中"传播淫秽物品牟利罪"与"传播淫秽物品罪"之间的最大区别点。

行为人以牟利为目的,利用互联网、移动通讯终端、聊天室、论坛、即时通信软件、电子邮件等方式,制作、复制、出版、贩卖、传播淫秽电子信息,或者利用网络云盘制作、复制、贩卖、传播淫秽电子信息牟利,达到定量入罪标准的,以本罪定罪处罚。

**(4) 定量标准**:鉴于淫秽物品具有传统实物型和电子信息型的复杂特点,1998年《关于审理非法出版物刑事案件具体应用法律若干问题的解释》、2004年"两高"《关于办理利用互联网、移动通讯终端、声讯台制作、复制、出版、贩卖、传播淫秽电子信息刑事案件具体应用法律若干问题的解释》以及上述2010年"两高"《解释》等司法解释确立了不同的定量入罪标准:

第一,传统实物型淫秽物品:一般以数量、人次为入罪的计量基数,以获利5000元至1万元以上为"兜底"情形。

第二,电子信息型淫秽物品:除了以数量为入罪的计量基数之外,还包括实际被点击数、注册会员数、违法所得等,并且以造成严重后果为"兜底"情形。同时,针对电子信息衍生类的淫秽物品,例如内容包含不满14周岁未成年人的淫秽电子信息,网站建立者、直接负责的管理者,电信业务经营者、互联网信息服务提供者,通过投放广告等方式向淫秽网站直接或者间接提供资金或提供费用结算服务者等类型,司法解释也有针对性地设置了不同的定量入罪标准。值得一提的是,面对日益复杂的电子信息型淫秽物品,有关司法解释并没有"唯数额论",强调综合考量的刑事政策立场。例如,鉴于网络云盘的特点,要求在追究刑事责任时,不应单纯考虑制作、复制、贩卖、传播淫秽电子信息的数量,还应充分考虑传播范围、违法所得、行为人一贯表现以及淫秽电子信息、传播对象是否涉及未成年人等情节,综合评估社会危害性,恰当裁量刑罚,确保罪责刑相适应。①

---

① 参见2017年最高人民法院、最高人民检察院《关于利用网络云盘制作、复制、贩卖、传播淫秽电子信息牟利行为定罪量刑问题的批复》第2条。

依据 2010 年"两高"《关于办理利用互联网、移动通讯终端、声讯台制作、复制、出版、贩卖、传播淫秽电子信息刑事案件具体应用法律若干问题的解释（二）》第 9 条，一年内多次实施制作、复制、出版、贩卖、传播淫秽电子信息行为未经处理，数量或者数额累计计算构成犯罪的，应当依法定罪处罚。

### 7.9.2 本节的其他四个罪名

(一) 传播淫秽物品罪

本罪是指自然人或者单位不以牟利为目的，传播淫秽的书刊、影片、音像、图片或者其他淫秽物品，情节严重的行为。

关于危害行为，本罪表现为在社会上传播淫秽的物品。这里的"传播"，是指通过播放、出租、出借、赠送、公开陈列等各种途径，使得多数人或不特定人接触到淫秽物品或者内容的行为。

在主观方面，本罪要求行为人出于故意，且不以牟利为目的。这是本罪与"传播淫秽物品牟利罪"之间的主要区别点。两罪从不同的维度，共同构成打击传播淫秽物品的刑事规制法网。例如，有关司法解释规定：行为人不以牟利为目的，利用互联网、移动通讯终端、聊天室、论坛、即时通信软件、电子邮件等方式，传播淫秽电子信息，达到定量入罪标准的，以本罪定罪处罚。反之，则以"传播淫秽物品牟利罪"论处。

依据上述 2010 年"两高"《解释（二）》第 3 条和第 5 条，利用互联网建立主要用于传播淫秽电子信息的群组，成员达到 30 人以上或者造成严重后果的，对建立者、管理者和主要传播者，以本罪定罪处罚；网站建立者、直接负责的管理者，明知他人制作、复制、出版、贩卖、传播的是淫秽电子信息，允许或者放任他人在自己所有、管理的网站或者网页上发布，达到定量入罪标准的，以本罪定罪处罚。

至于定量标准，本罪是以"情节严重"作为入罪门槛。鉴于淫秽物品具有传统实物型和电子信息型的复杂特点，有关司法解释确立了不同的定量入罪标准：

（1）传统实物型淫秽物品：要求向他人传播淫秽的书刊、影片、音像、图片等出版物达 300 至 600 人次以上，或者造成恶劣的社会影响。

（2）电子信息型淫秽物品：除了违法所得的计量基数之外，本类型的入罪标准情形等同于"传播淫秽物品牟利罪"，但在数量上要求是后罪的 2 倍以上。同时，针对内容包含不满 14 周岁未成年人的淫秽电子信息，数量也要求是后罪的 2 倍以上；对于网站建立者、直接负责的管理者，数量要求是后罪的 10 倍以上。

根据《刑法》第 364 条第 4 款，向不满 18 周岁的未成年人传播淫秽物品的，从重处罚。

(二) 为他人提供书号出版淫秽书刊罪

本罪是指自然人或者单位为他人提供书号，出版淫秽书刊的行为。

关于本罪的行为对象"书号"，依据 1998 年最高人民法院《关于审理非法出版物刑事案件具体应用法律若干问题的解释》第 9 条,不仅包括罪状描述中的书号,还包括刊号、版号。为他人提供版号,出版淫秽音像制品的,以本罪论处。至于提供,是有偿还是无偿的,在所不问。

在主观方面,本罪只能由过失构成。如果明知他人出版淫秽书刊而提供书号、刊号的,以出版淫秽物品牟利罪定罪处罚。

出版单位与他人事前通谋,向其出售、出租或者以其他形式转让该出版单位的名称、书号、刊号、版号,他人实施本罪的,依据上述 1998 年《解释》第 16 条,对该出版单位以共犯论处。

(三) 组织播放淫秽音像制品罪

本罪是指自然人或者单位组织播放淫秽的电影、录像等音像制品的行为。

关于危害行为,本罪表现为组织播放淫秽的音像制品。这里的"组织",是指策划、指挥、召集和安排观众,或者提供淫秽的音像制品、播放场所和设备等;"播放"是指通过有关设备,使得多数人或不特定人感受到淫秽音像制品中的内容。虽然"播放"也是"传播"的一种行为样态,但"传播淫秽物品罪"的行为对象是载有淫秽内容的物品本体,而本罪的播放行为对象是淫秽音像制品中的内容,这是两罪的主要区别点。

在主观方面,本罪要求行为人出于故意,且不以牟利为目的。如果行为人出于牟利目的而组织播放淫秽音像制品的,以传播淫秽物品牟利罪定罪处罚。

根据《刑法》第 364 条第 3 款,制作、复制淫秽的电影、录像等音像制品组织播放的,依照本罪从重处罚。

至于定量标准,依据 2008 年《关于公安机关管辖的刑事案件立案追诉标准的规定(一)》第 85 条,涉嫌下列情形之一的,应予立案追诉:(1) 组织播放 15 至 30 场次以上的;(2) 造成恶劣社会影响的。

(四) 组织淫秽表演罪

本罪是指自然人或者单位组织进行淫秽表演的行为。

关于危害行为,本罪表现为组织进行淫秽表演的行为。这里的"组织",是指以策划、指挥、召集、招募等手段,管理或者控制多人从事淫秽表演的行为。作为本罪的行为对象,"淫秽表演"是指宣扬性行为或者淫秽色情意识的诲淫性表演,包括形体或语言的表演形式。至于淫秽表演的内容,包括性交、脱衣舞、裸体舞等。这可以由本人进行,也可以是人与动物共同进行。至于表演的场合是否公开,是否有不特定多数人观看,在所不问。

至于定量标准,依据 2008 年《关于公安机关管辖的刑事案件立案追诉标准的规定(一)》第 86 条,涉嫌下列情形之一的,应予立案追诉:(1) 组织表演者进行裸体表演的;(2) 组织表演者利用性器官进行诲淫性表演的;(3) 组织表演者半裸体或者变相裸体表演并通过语言、动作具体描绘性行为的;(4) 其他组织进行淫秽表演应予追究刑事责任的情形。

# 第8章 贪污贿赂罪

贪污贿赂罪,是指国家工作人员利用职务上的便利,非法占有或者使用公共财物、收受贿赂或者获取其他非法利益,以及实施与贪污、受贿行为具有关联性或者对向性的犯罪。这是我国《刑法》分则第八章从第382条至第396条规定的类犯罪总称,共设置14个罪名,具体包括以下两种类型:(1) 贪污挪用型犯罪:包括贪污罪、挪用公款罪、巨额财产来源不明罪、隐瞒境外存款罪、私分国有资产罪、私分罚没财物罪;(2) 贿赂犯罪:包括受贿罪、单位受贿罪、利用影响力受贿罪、行贿罪、对有影响力的人行贿罪、对单位行贿罪、介绍贿赂罪、单位行贿罪。

在本质特征上,贪污贿赂罪是国家工作人员直接或者间接地利用职务上的便利,以实现与公务活动相背离的个人非法目的,不仅破坏国家工作人员职务行为的廉洁性,还会侵犯到公共财物的所有权。

在我国,惩治贪污贿赂罪经历了一个长期的刑事立法变迁过程:(1) 新中国成立后不久,1952年《惩治贪污条例》采取"大贪污罪"①的做法,将受贿、假公济私也纳入惩治范围;(2) 在1979年《刑法》中,贪污罪被归入侵犯财产罪,将受贿罪、行贿罪、介绍贿赂罪设置在渎职罪;(3) 为了严惩日趋严重的贪污贿赂犯罪,1982年全国人大常委会在《关于严惩严重破坏经济的罪犯的决定》中,将受贿罪的法定最高刑由15年提高到无期徒刑和死刑,并且在1988年《关于惩治贪污罪贿赂罪的补充规定》增设以下5个罪名:挪用公款罪、单位受贿罪、单位行贿罪、巨额财产来源不明罪和隐瞒境外存款罪;(4) 为了彰显对贪污贿赂罪的从严惩治,在罪名体系上,1997年修订的《刑法》将贪污贿赂罪独立设置为十大章罪名之一;(5)《刑法修正案(七)》增设了利用影响力受贿罪,并且修改了巨额财产来源不明罪的法定刑;(6)《刑法修正案(九)》不仅增设了对有影响力的人行贿罪,还对贪污罪的法定刑适用进行了重大修订,并且对行贿罪等多个罪名增设了罚金刑。

## 8.1 贪 污 罪

贪污罪是指国家工作人员利用职务上的便利,侵吞、窃取、骗取或者以其他

---

① 该《条例》第2条规定:"一切国家机关、企业、学校及其附属机构的工作人员,凡侵吞、盗窃、骗取、套取国家财物,强索他人财物,收受贿赂以及其他假公济私违法取利之行为,均为贪污罪。"

手段,非法占有公共财物,数额较大或者有其他较重情节的行为。

### 8.1.1 构成要素

**(1) 行为对象**:公共财物。

根据《刑法》第91条,公共财产包括以下财产:① 国有财产;② 劳动群众集体所有的财产;③ 用于扶贫和其他公益事业的社会捐助或者专职基金的财产;④ 在国家机关、国有公司、企业、集体企业和人民团体管理、使用或者运输中的私人财产。根据《刑法》第394条,国家工作人员在国内公务活动或者对外交往中接受的礼物,也属于公共财物。目前,贪污罪的行为对象呈现扩张的趋势,诸如技术成果等知识产权、不动产、土地使用权等财产性利益也被纳入。

这是贪污罪与职务侵占罪的主要区分点之一,后罪的行为对象是非公共财物。

对于公共财产的认定,关键不在于某一财产在法律上的最终所有权属关系,而是行为当时该财产的占有、持有及与之相对应的法律责任关系。

**(2) 危害行为**:表现在行为人利用职务上的便利,侵吞、窃取、骗取或者以其他手段非法占有公共财物。这体现为以下两个不可分割的要件:

第一,利用职务上的便利。

这是与职务行为廉洁性紧密相连的行为要素,表现为贪污这种职务犯罪的本质条件,是指行为人利用职务范围内主管、管理、经营、经手公共财物的职权和方便条件。

所谓"主管",是指不具体负责经手、管理公共财物,但具有审批、调拨、转移、使用或者以其他方式支配公共财物的职权;"管理"是指看管、维护、保护公共财物的职权;"经营"是指利用公共财物进行营利或者非营利活动的职权;"经手"是指领取、支出等经办公共财物的职权,其对公共财物具有临时控制权。需要说明的是,这既包括直接利用本人职务上的便利,也包括利用职务上有隶属、制约关系的其他国家工作人员的职权,即间接利用职务之便。同时,应注意区分"职务上的便利"与"工作上的便利"之间的差别,后者是指行为人利用与其职务无关的、仅因工作关系对作案环境比较熟悉,或者凭其身份便于进出本单位,或者易于接近作案目标的方便条件。如果行为人单纯利用与其职务无关的方便条件,例如因工作关系而熟悉作案环境、易于接近公共财物,则只是利用非职务性质的工作之便,不属于利用职务上的便利,故不成立贪污罪。

第二,非法占有公共财物。

《刑法》第382条明文列举以下四种非法占有本人主管、管理、经营或经手的公共财物的行为手段:① 侵吞:是指采取涂改账目、收入不记账等方法,将公共财物非法据为己有。② 窃取:是指采取监守自盗的方法,非法占有公共财物的行为。③ 骗取：是指以虚构事实或隐瞒真相的手段，将公共财物非法据为己有。例如，利用职务之便冒领公共财物，或者谎报亏损而非法占有公共财物。需要指出的是，通过侵吞、窃取手段实施的贪污行为也可能伴有欺骗手段，区分行为方式的关键在于行为人占有公共财物的实行行为的性质。④ 其他手段：带有"兜底"的情形，是指采取侵吞、窃取、骗取以外的方法，利用职务上的便利非法占有公共财物的行为，例如行为人将公共财物低价非法转卖给他人，或者低价非法转让国有股份。

根据《刑法》第394条，国家工作人员在国内公务活动或者在对外交往中接受礼物，依照国家规定应当交公而不交公的，也是贪污的一种特殊手段。

**（3）犯罪主体**：特殊主体，特指国家工作人员以及受国有单位委托而管理、经营国有财产的人员。

这是贪污罪与职务侵占罪的关键区分点，具体是指以下两种法定类型：

其一，国家工作人员。

这是与职务行为廉洁性紧密相连的身份要素。根据《刑法》第93条的界定，国家工作人员包括以下四类人员：

第一类是国家机关工作人员：指在国家机关中从事公务的人员，包括在各级国家权力机关、行政机关、监察机关、审判机关、检察机关和军事机关中从事公务的人员。根据有关规定，对于参照国家公务员进行管理的人员，例如在中国共产党机关、政协机关、名为事业单位或企业同时被授予一定政府管理职能或公共管理职能的组织机构中从事公务的人员，以国家机关工作人员论（准国家机关工作人员）。此外，依据2002年全国人大常委会《关于〈中华人民共和国刑法〉第九章渎职罪主体适用问题的解释》，在依照法律、法规规定行使国家行政管理职权的组织中从事公务的人员，或者在受国家机关委托代表国家行使职权的组织中从事公务的人员，或者虽未列入国家机关人员编制但在国家机关中从事公务的人员，视为国家机关工作人员。

第二类是在国有公司、企业、事业单位、人民团体中从事公务的人员：这里的"国有公司"，是指依照公司法成立、财产全部属于国家所有的公司，例如国有独资公司。国有资本控股或者参股的股份有限公司，不属于国有公司①；"国有企业"是指财产全部属于国家所有的非公司化经济组织；"国有事业单位"是指受国家机关领导、所需经费由国家划拨的非生产经营性单位，例如国有医院、科研

---

① 对于国家控股或者参股的公司工作人员，只有在公司中从事公务的人员，才能够成为国家工作人员。2001年最高人民法院在《关于在国有资本控股、参股的股份有限公司中从事管理工作的人员利用职务便利非法占有本公司财物如何定罪问题的批复》指出，在国有资本控股、参股的股份有限公司中从事管理工作的人员，除受国家机关、国有公司、企业、事业单位委派从事公务的以外，不属于国家工作人员。对其利用职务上的便利，将本单位财物非法占为己有，数额较大的，应当以职务侵占罪定罪处罚。

机构、体育、广播电视、新闻出版等单位;"人民团体"是指由国家组织成立的、按照其各自特点组成的、从事特定社会活动的各种群众性组织,例如各民主党派、各级工会、共青团、妇联、青联等组织。

第三类是国家机关、国有公司、企业、事业单位委派到非国有公司、企业、事业单位、社会团体从事公务的人员:根据 2003 年《全国法院审理经济犯罪案件工作座谈会纪要》的相关规定,这里的"委派",即委任、派遣,包括任命、指派、提名、批准等形式。其中,"委派"的主体不仅包括刑法明确规定的国家机关、国有公司、企业、事业单位,还包括国家出资企业中负有管理、监督国有资产职责的组织。至于被委派的人,不论其具有何种身份,只要是接受有关国有单位的委派,代表它们在非国有单位中从事组织、领导、监督、经营、管理等工作,都可以认定为该种情形的国家工作人员。但是,国有公司、企业改制为股份有限公司后,原国有公司、企业的工作人员和股份有限公司新任命的人员中,除了代表国有投资主体行使监督、管理职权的人之外,不以国家工作人员论。

第四类是其他依照法律从事公务的人员:根据 2003 年《全国法院审理经济犯罪案件工作座谈会纪要》的相关规定,该类人员应当具有两个特征:一是在特定条件下行使国家管理职能;二是依照法律规定从事公务。这具体包括:依法履行职责的各级人民代表大会代表和人民政协委员;依法履行审判职责的人民陪审员;协助乡镇人民政府、街道办事处从事行政管理工作的村民委员会、居民委员会等农村和城市基层组织人员;其他由法律授权从事公务的人员。此外,依据全国人大常委会的相关立法解释,村民委员会等村基层组织人员协助人民政府从事下列行政管理工作,也属于该类人员:救灾、抢险、防汛、优抚、扶贫、移民、救济款物的管理;社会捐助公益事业款物的管理;国有土地的经营和管理;土地征用补偿费用的管理;代征、代缴税款;有关计划生育、户籍、征兵工作;协助人民政府从事的其他行政管理工作。

| | 时空特征 | 本质特征 |
|---|---|---|
| 《刑法》第 93 条界定的"国家工作人员" | 国家机关 | 从事公务 |
| | 国有公司、企业、事业单位、人民团体 | |
| | 国家机关、国有公司、企业、事业单位委派到非国有公司、企业、事业单位、社会团体 | |
| | 其他 | |

其二,受国有单位委托而管理、经营国有财产的人员。

《刑法》第 382 条第 2 款规定:"受国家机关、国有公司、企业、事业单位、人民团体委托管理、经营国有财产的人员,利用职务上的便利,侵吞、窃取、骗取或者以其他手段非法占有国有财物的,以贪污论。"从逻辑关系看,此类人员不在《刑法》第 93 条界定的国家工作人员之列,但在立法技术上,该款规定使贪污罪的主体范围从国家工作人员的限制中得以扩大,属于法律拟制,但仅限定于贪污罪的适用。依据2003年《全国法院审理经济犯罪案件工作座谈会纪要》的相关规定,这里的"受委托管理、经营国有财产",是指因承包、租赁、临时聘用等管理、经营国有财产。需要注意的是,这里的关键词"委托",与前述第三类国家工作人员中的"委派"是一字之差,但表现出不同的法律性质:"委托"是平等主体之间的一种民事法律关系,人员在被委托之前或者之后均不是国家工作人员;而"委派"则是一种行政法律关系,人员在被委派之后就是国家工作人员。

在认定贪污罪的主体时,不仅应明确上述人员的法定种类,还必须把握这些人员共同的本质特征"从事公务":这是指他们代表国家机关、国有公司、企业、事业单位、人民团体等履行组织、领导、监督、管理等职责,具有国家代表性、职能性和管理性,主要表现为国家机关工作人员依法履行与职权相联系的公共事务职责,或者国有公司的董事、经理、监事、会计、出纳人员等管理、监督国有财产等职务活动。相对应的,不具备职权内容的活动、技术服务工作,例如售货员、售票员等所从事的工作,则不认为是公务,只能属于"劳务"的范畴。需要注意的是,在理解"从事公务"时,应当立足于从事与职权相关的职务活动,而不能仅局限于身份。换言之,具有国家工作人员身份的人员,在没有从事与其职权相关的职务活动时,不能成立贪污罪的犯罪主体;反之,不具有国家工作人员身份的人员,通过非法手段"取得"国家工作人员身份,并从事与职权相关的职务活动时,仍然应当被认定为国家工作人员。①

**(4) 主观方面**:*直接故意,并且具有非法占有公共财物的目的。*

这是区分贪污罪与挪用公款罪的关键之所在。至于赃款的去向,并不影响非法占有目的的认定。依据2016年"两高"《关于办理贪污贿赂刑事案件适用法律若干问题的解释》第16条,国家工作人员出于贪污的故意,非法占有公共财物之后,将赃款赃物用于单位公务支出或者社会捐赠的,不影响贪污罪的认定,但量刑时可以酌情考虑。同时,行为人将非法取得的公共财物交由特定关系人占有的,也不影响非法占有目的的认定。

---

① 2004年最高人民法院研究室在《关于对行为人通过伪造国家机关公文、证件担任国家工作人员职务并利用职务上的便利侵占本单位财物、收受贿赂、挪用本单位资金等行为如何适用法律问题的答复》中指出:行为人通过伪造国家机关公文、证件担任国家工作人员职务以后,又利用职务上的便利实施侵占本单位财物、收受贿赂、挪用本单位资金等行为,构成犯罪的,应当分别以伪造国家机关公文、证件罪和相应的贪污罪、受贿罪、挪用公款罪等追究刑事责任,实行数罪并罚。2004年最高人民检察院法律政策研究室在《关于国家机关、国有公司、企业委派到非国有公司、企业从事公务但尚未依照规定程序获取该单位职务的人员是否适用刑法第九十三条第二款问题的答复》中指出:对于国家机关、国有公司、企业委派到非国有公司、企业从事公务但尚未依照规定程序获取该单位职务的人员,涉嫌职务犯罪的,可以依照《刑法》第93条第2款关于"国家机关、国有公司、企业委派到非国有公司、企业、事业单位、社会团体从事公务的人员","以国家工作人员论"的规定追究刑事责任。

### 8.1.2 定量标准:入罪与量刑标准

**1. 二元的入罪标准:"数额+情节"**

关于贪污罪的法定刑设置,1997 年修订的《刑法》第 383 条采取以"犯罪数额"为主的一元入罪标准,先判断数额再判断情节,"犯罪情节"依附于数额,基本处于附属地位,而且将 5000 元、5 万元、10 万元作为不同档次法定刑的具体起刑点。《刑法修正案(九)》则对此予以修订,确立"数额+情节"并重的二元入罪标准,将数额和情节都作为认定社会危害性的实质依据,并且以数额较大、数额巨大、数额特别巨大等抽象数额,取代机械和被动的"死数额"标准,以便动态地反映出不同时期贪污犯罪的不法程度。

根据 2016 年"两高"《关于办理贪污贿赂刑事案件适用法律若干问题的解释》第 1 条,贪污罪的入罪定量标准被界定为以下两大板块的内容:

(1)一般条款:贪污数额在 3 万元以上不满 20 万元的,应当认定为"数额较大"。

(2)"打折条款":贪污数额在 1 万元以上不满 3 万元,具有下列情形之一的,应当认定为"其他较重情节":① 贪污救灾、抢险、防汛、优抚、扶贫、移民、救济、防疫、社会捐助等特定款物的;② 曾因贪污、受贿、挪用公款受过党纪、行政处分的;③ 曾因故意犯罪受过刑事追究的;④ 赃款赃物用于非法活动的;⑤ 拒不交待赃款赃物去向或者拒不配合追缴工作,致使无法追缴的;⑥ 造成恶劣影响或者其他严重后果的。

**2. 量刑标准**

根据《刑法》第 383 条第 1 款,贪污数额巨大或者有其他严重情节的,处 3 年以上 10 年以下有期徒刑,并处罚金或者没收财产;贪污数额特别巨大或者有其他特别严重情节的,处 10 年以上有期徒刑或者无期徒刑,并处罚金或者没收财产;数额特别巨大,并使国家和人民利益遭受特别重大损失的,处无期徒刑或者死刑,并处没收财产。

对于以上贪污罪的数额加重犯、情节加重犯的成立条件,2016 年"两高"《关于办理贪污贿赂刑事案件适用法律若干问题的解释》第 2 条和第 3 条细化为:(1)贪污数额在 20 万元以上不满 300 万元的,应当认定为"数额巨大";(2)贪污数额在 10 万元以上不满 20 万元,具有入罪标准中打折条款的六种情形之一的,应当认定为"其他严重情节";(3)贪污数额在 300 万元以上的,应当认定为"数额特别巨大";(4)贪污数额在 150 万元以上不满 300 万元,具有入罪标准中打折条款的六种情形之一的,应当认定为"其他特别严重情节"。依据《刑法》第 383 条第 2 款,对多次贪污未经处理的,按照累计贪污数额处罚。

**3. 终身监禁的适用问题**

《刑法》第 383 条第 4 款规定,犯贪污罪被判处死刑缓期执行的,法院根据犯罪情节等情况可以同时决定在其死刑缓期执行二年期满依法减为无期徒刑后，终身监禁，不得减刑、假释。在《关于办理贪污贿赂刑事案件适用法律若干问题的解释》第4条，从两个方面明确了终身监禁的具体适用：(1) 在实体方面，明确了终身监禁适用的情形，即主要针对那些判处死刑立即执行过重、判处一般死缓又偏轻的重大贪污受贿罪犯，可以决定终身监禁；(2) 在程序方面，明确了凡是决定终身监禁的，在一审、二审予以死缓裁判的同时，应当一并作出终身监禁的决定，而不能等到死缓执行期间届满再视情而定，以此强调一旦决定终身监禁，则不受执行期间服刑表现(例如重大立功)的影响，带有"坐穿牢底"之蕴意。

在性质上，终身监禁不是一个独立的刑种，而是介于死刑立即执行与一般死缓之间特殊的刑罚执行措施，其具有明显的依附性：首先，终身监禁的适用前提是犯贪污罪的犯罪分子被依法判处死刑缓期执行，它依附于死刑缓期执行制度而存在；其次，终身监禁又依附于无期徒刑执行制度。在裁判决定其死刑缓期执行二年期满依法减为无期徒刑后，同时决定终身监禁，不得减刑、假释。

### 8.1.3 司法认定

(一) 贪污罪的既未遂界定标准："实际控制说"

依据2003年《全国法院审理经济犯罪案件工作座谈会纪要》的相关规定，贪污罪是一种以非法占有为目的的财产型职务犯罪，与盗窃、诈骗、抢夺等侵犯财产罪一样，应以行为人是否实际控制财物作为区分贪污罪既遂与未遂的标准，即采用"实际控制说"。如果行为人利用职务上的便利，实施了虚假平账等贪污行为，但公共财物尚未实际转移，或者尚未被行为人控制就被查获的，应当认定为贪污未遂。至于行为人实际控制公共财物后，是否将财物据为己有，不影响贪污既遂的认定。

(二) 贪污罪的共犯形态

依据《刑法》第382条第3款，与前述法定类型的人员勾结，伙同贪污的，以共犯论处。根据2003年《全国法院审理经济犯罪案件工作座谈会纪要》的相关规定，贪污罪的共同犯罪形态可以区分为以下两种情形：(1) 对于他人与国家工作人员勾结，利用国家工作人员的职务便利，共同非法占有单位财物的行为，以贪污罪共犯论处。(2) 对于在公司、企业或者其他单位中，非国家工作人员与国家工作人员勾结，分别利用各自的职务便利，共同将本单位财物非法占有的，应当尽量区分主从犯，按照主犯的犯罪性质定罪。在司法实践中，如果根据案件的实际情况，各共同犯罪人在共同犯罪中的地位、作用相当，难以区分主从犯的，可以贪污罪定罪处罚。

需要指出的是，从实行犯的角度看，国家工作人员以外的人员不能成为贪污罪的犯罪主体。但是，如果站在实行犯共犯的角度，非国家工作人员与国家工作人员相互勾结,利用国家工作人员的职权进行贪污的,则应以贪污罪的共犯论处。

(三) 贪污罪与职务侵占罪等其他犯罪的区别

在客观方面,贪污罪与职务侵占罪都体现为通过侵吞、窃取、骗取或者其他手段非法占有财物,在主观方面也均表现为直接故意,并且具有非法占有的目的。但是,两罪的关键区别点在于犯罪主体:贪污罪的主体是特殊主体,包括两种法定类型的人员,即国家工作人员以及受国有单位委托而管理、经营国有财产的人员;职务侵占罪的主体,则是上述特定主体之外的非国家工作人员。从某种意义上说,贪污罪是特殊主体的职务侵占罪[①]。另外,两罪的行为对象也有所不同:贪污罪的行为对象是公共财物,而职务侵占罪的行为对象不是公共财物。

窃取、骗取手段,是贪污罪与盗窃罪、诈骗罪共同具有的行为方式,它们在主观方面也均相同。但是,贪污罪中的窃取、骗取手段,必须是结合行为人利用职务上的便利进行,而盗窃罪、诈骗罪则不存在该问题。因此,是否利用职务上的便利来窃取、骗取财物,是区别贪污罪与盗窃罪、诈骗罪的关键之所在。退而言之,即使行为人具有国家工作人员的特殊主体身份,但其并未利用职务便利而是利用工作便利窃取、骗取财物的,则应以盗窃罪、诈骗罪论处。

## 8.2 挪用公款罪

挪用公款罪,是指国家工作人员利用职务上的便利,挪用公款归个人使用,进行非法活动的,或者挪用公款数额较大、进行营利活动的,或者挪用公款数额较大、超过 3 个月未还的行为。

### 8.2.1 构成要素

**(1) 行为对象**:公款。

从狭义概念看,公款,是指公共的货币资金,其形式包括现金、银行存单等。鉴于 1988 年全国人大常委会在《关于惩治贪污贿赂罪的补充规定》中设立本罪之时,货币资金是当时最为主要的资产载体,本罪中"公款"的称谓带有浓郁的时代色彩。

从实质解释看,公款是以货币、金融票证、有价证券等形式存在的公共财产。这是本罪与挪用资金罪的主要区别点之一。

---

[①] 根据 2016 年"两高"《关于办理贪污贿赂刑事案件适用法律若干问题的解释》第 11 条,职务侵占罪的入罪和量刑标准,按照贪污罪相对应的数额标准规定的 2 倍、5 倍执行。但是,依据 2022 年修订的《关于公安机关管辖的刑事案件立案追诉标准的规定(二)》第 76 条,立案追诉职务侵占罪的入罪数额是在 3 万元以上,与贪污罪持平。

从规范层面看,关于公款的外延与认定,根据《刑法》第 384 条第 2 款以及相关司法解释的规定,挪用用于"救灾、抢险、防汛、优抚、扶贫、移民、救济款物"归个人使用的,以挪用公款罪定罪,从重处罚。① 挪用失业保险基金和下岗职工基本生活保障资金,属于挪用救济款物。但是,挪用"非特定公物"归个人使用的,不以挪用公款罪论处;如果构成其他犯罪的,依照刑法的相关规定定罪处罚。②

**(2) 危害行为**:表现在利用职务上的便利,挪用公款归个人使用,并且进行法定的三种用途之一的使用。这具体体现为以下三个不可分割的要件:

第一,利用职务上的便利。

这是成立本罪的本质条件,其含义与贪污罪相同,是指行为人利用职务范围内主管、管理、经手公共财物的职权和方便条件。

第二,挪用公款+归个人使用。

"挪用",是指未经批准,擅自改变单位对公款的占有状态。从本质上看,该行为侵犯了国有单位对于公款的占有权,这是本罪的本质特征。关于"挪"与"用"之间的关系,根据 2003 年《全国法院审理经济犯罪案件工作座谈会纪要》,挪用公款后尚未进行实际使用的,只要同时具备"数额较大"和"超过 3 个月未还"的构成要件,应当认定为挪用公款罪,但可以酌情从轻处罚。

鉴于公款被挪用后的走向繁多(例如挪作其他公共用途等),为了对挪用公款罪的适用范围进行限缩,《刑法》第 384 条规定在挪用行为的形式要件成立之后,将"归个人使用"作为本罪延伸的客观构成要素,即将"公款私用"界定为本罪危害行为的核心。对于"归个人使用"的认定,2002 年全国人大常委会在《关于〈中华人民共和国刑法〉第 384 条第 1 款的解释》中,规定挪用公款有下列情形之一的,属于挪用公款"归个人使用":将公款供本人、亲友或者其他自然人使用的;以个人名义将公款供其他单位使用的;个人决定以单位名义将公款供其他单位使用,谋取个人利益的。③ 该立法解释对于关键词"个人"的界定,实际上是将"自然人"和"其他单位"均纳入,并且设置了不同的条件组合:对于"自然人":既包括本人、亲友,也包括其他自然人,并且没有"以个人名义"和"谋取个

---

① 上述法定的 7 种款物,也可以成为《刑法》第 273 条"挪用特定款物罪"的行为对象,但是该罪要求挪用的目的是挪作其他"公用",没有专款专用,而不是归个人使用。这是两种挪用型犯罪的最大区别。

② 参见 2000 年最高人民检察院《关于国家工作人员挪用非特定公物能否定罪的请示的批复》。

③ 在该立法解释颁行之前,对于"归个人使用"是否包括给单位使用的问题,存在一个法律解释的变化过程:(1)1998 年最高人民法院《关于审理挪用公款案件具体应用法律若干问题的解释》规定:"挪用公款给私有公司、私有企业使用的,属于挪用公款归个人使用。"这排除了给国有和集体公司、企业使用的情形;(2)2001 年最高人民法院《关于如何认定挪用公款归个人使用有关问题的解释》中规定:国家工作人员利用职务上的便利,以个人名义,将公款借给其他自然人或者私营独资企业、私营合伙企业等使用的,或者为谋取个人利益,以个人名义将公款借给其他单位使用的,属于挪用公款归个人使用。据此,排除了"以单位的名义"将公款借给其他自然人或者单位使用的情形。

人利益"的特殊条件限定；对于"其他单位"：这需要区分是"以个人名义"还是"以单位名义"两种情形。对于前者，没有谋取个人利益的要求；对于"以单位名义"供其他单位使用的，要求同时以"谋取个人利益"为成立条件。反之，经单位领导集体研究决定将公款给个人使用，或者单位负责人为了单位的利益，决定将公款给个人使用的，则不以挪用公款罪定罪处罚。上述行为致使单位遭受重大损失，构成其他犯罪的，依照刑法的有关规定对责任人员定罪处罚。这里的"其他单位"，既包括私有公司、企业，也包括国有公司、企业以及集体公司、企业。

依据2003年《全国法院审理经济犯罪案件工作座谈会纪要》的相关规定，对于行为人逃避财务监管，或者与使用人约定以个人名义进行，或者借款、还款都以个人名义进行，将公款给其他单位使用的，应认定为"以个人名义"。至于"个人决定"，既包括行为人在职权范围内决定，也包括超越职权范围决定。对于"谋取个人利益"，既包括行为人与使用人事先约定谋取个人利益实际尚未获取的情况，也包括虽未事先约定但实际已获取了个人利益的情况。其中的"个人利益"，既包括不正当利益，也包括正当利益；既包括财产性利益，也包括非财产性利益，但这种非财产性利益应当是具体的实际利益，例如升学、就业等。

第三，进行法定的三种用途之一的使用。

《刑法》第384条在确立"挪用公款归个人使用"的客观构成要素之后，鉴于"归个人使用"的类型是多种多样的，为了体现本罪的违法性内容，以"挪用用途"为标准，将"归个人使用"细化为法定的三种使用情形，并且搭配不同的定量标准（挪用的数额+挪用的时间）。如下图所示：

| 挪用用途 | 挪用的数额<br>（较大） | 挪用的时间<br>（超过3个月未还） |
| --- | --- | --- |
| 非法活动 | ×<br>（3万元） | × |
| 营利活动 | √<br>（5万元） | × |
| 个人使用 | √<br>（5万元） | √ |

这里的"非法活动"，既包括犯罪活动，也包括其他违法活动。对于挪用公款进行"非法活动"的使用，《刑法》第384条并未规定挪用数额和时间的定量限定条件。但是，根据2016年"两高"《关于办理贪污贿赂刑事案件适用法律若干问题的解释》，挪用公款归个人使用，进行非法活动，数额在3万元以上的，应当以挪用公款罪追究刑事责任。在司法适用中，对于挪用公款进行非法活动，构成其他犯罪的，依照数罪并罚的规定处罚。

对于挪用公款进行"营利活动"的使用，在定量标准上，有数额较大的要求。

根据上述《关于办理贪污贿赂刑事案件适用法律若干问题的解释》，要求挪用数额在5万元以上。但是，没有挪用时间和是否归还的限定条件。在案发前部分或者全部归还本息的，可以从轻处罚；情节轻微的，可以免除处罚。依据相关规定，挪用公款存入银行、用于集资、购买股票、国债等，属于挪用公款进行营利活动。所获取的利息、收益等违法所得，应当追缴，但不计入挪用公款的数额。另外，挪用公款归个人用于公司、企业注册资本验资证明的，应当认定为挪用公款进行营利活动。

挪用公款进行"个人使用"，是指前述两种用途之外的公款使用，例如用于自己或者其他个人的生活、非经营性支出等合法用途。因此，在定量标准上有更高的设置，既有数额较大（在5万元以上）的要求，也有挪用时间超过3个月未还的限制条件，才能构成挪用公款罪。依据相关规定，挪用正在生息或者需要支付利息的公款归个人使用，数额较大，超过3个月但在案发前全部归还本金的，可以从轻处罚或者免除处罚。给国家、集体造成的利息损失应予追缴。挪用公款数额巨大，超过3个月，案发前全部归还的，可以酌情从轻处罚。

**（3）犯罪主体**：特殊主体，特指国家工作人员。

这是本罪与挪用资金罪的关键区分点，后罪的犯罪主体是非国家工作人员。依据《刑法》第272条第2款，国有公司、企业或者其他国有单位中从事公务的人员和国有公司、企业或者其他国有单位委派到非国有公司、企业以及其他单位从事公务的人员，实施挪用资金行为的，依照挪用公款罪定罪处罚。同时，《刑法》第185条第2款规定，国有金融机构工作人员和国有金融机构委派到非国有金融机构从事公务的人员，利用职务上的便利，挪用本单位或者客户资金的，依照挪用公款罪定罪处罚。

需要指出的是，正如在贪污罪部分所述，《刑法》第382条第2款关于受国有单位委托而管理、经营国有财产的人员的规定属于法律拟制，其适用范围仅限于贪污罪，不能适用于本罪。据此，2000年最高人民法院在《关于对受委托管理、经营国有财产人员挪用国有资金行为如何定罪问题的批复》中明确指出：对于受国家机关、国有公司、企业、事业单位、人民团体委托，管理、经营国有财产的非国家工作人员，利用职务上的便利，挪用国有资金归个人使用构成犯罪的，应当依照挪用资金罪定罪处罚。

挪用公款给他人使用，使用人与挪用人共谋，指使或者参与策划取得挪用款的，以挪用公款罪的共犯定罪处罚。

**（4）主观方面**：直接故意，并且具有非法占用公共财物的目的。

行为人具有非法"占用"公款的目的，这是区分本罪与贪污罪的关键之所在。如果行为人是以非法"占有"为目的，则应以贪污罪定罪处罚。"占用"与"占有"之间，一字之差，性质迥异。

对于"占用"的认定,可以比喻为"借鸡下蛋",行为人在主观上还是想把"鸡(公款)"归还。依据2003年《全国法院审理经济犯罪案件工作座谈会纪要》的相关规定,对挪用公款是否转化为贪污,应当按照主客观相一致的原则进行具体判断。在司法实践中,具有以下情形之一的,可以认定行为人具有非法占有公款的目的,应当以贪污罪定罪处罚:第一,行为人携带挪用的公款潜逃的;第二,行为人挪用公款后采取虚假发票平账、销毁有关账目等手段,使所挪用的公款已难以在单位财务账目上反映出来,且没有归还行为的;第三,行为人截取单位收入不入账,非法占有,使所占有的公款难以在单位财务账目上反映出来,且没有归还行为的;第四,有证据证明行为人有能力归还所挪用的公款而拒不归还,并隐瞒挪用的公款去向的。

### 8.2.2 司法认定

**1. 定量与量刑标准**

根据2016年"两高"《关于办理贪污贿赂刑事案件适用法律若干问题的解释》第5条和第6条,对于挪用公款罪归个人使用的三种法定类型,其入罪标准被划分为以下两大板块的内容:

(1)进行非法活动:数额在3万元以上的,应当以挪用公款罪追究刑事责任;数额在300万元以上的,应当认定为"数额巨大"。具有下列情形之一的,应当认定为"情节严重":第一,挪用公款数额在100万元以上的;第二,挪用救灾、抢险、防汛、优抚、扶贫、移民、救济特定款物,数额在50万元以上不满100万元的;第三,挪用公款不退还,数额在50万元以上不满100万元的;第四,其他严重的情节。

(2)进行营利活动或者超过3个月未还,数额在5万元以上的,应当认定为"数额较大";数额在500万元以上的,应当认定为"数额巨大"。具有下列情形之一的,应当认定为"情节严重":第一,挪用公款数额在200万元以上的;第二,挪用救灾、抢险、防汛、优抚、扶贫、移民、救济特定款物,数额在100万元以上不满200万元的;第三,挪用公款不退还,数额在100万元以上不满200万元的;第四,其他严重的情节。

多次挪用公款不还,挪用公款数额累计计算;多次挪用公款,并以后次挪用的公款归还前次挪用的公款,挪用公款数额以案发时未还的实际数额认定。

**2. 挪用公款罪与挪用资金罪的区别**

在客观方面,两罪都属于"挪用型"犯罪,在主观方面也均表现为直接故意,并且具有非法占用的目的。但是,两罪的关键区别点在于犯罪主体不同:挪用公款罪的犯罪主体是特殊主体,必须是国家工作人员;挪用资金罪的主体,则是公司、企业或者其他单位的工作人员。另外,两罪的行为对象也有所不同:挪用公款罪的行为对象是公款,而挪用资金罪的行为对象是单位的资金,由此决定了两罪在刑法分则中的体系性位置也有差别:前者处于贪污贿赂罪,后者位于侵犯财产罪。

至于定量标准,根据2016年"两高"《关于办理贪污贿赂刑事案件适用法律若干问题的解释》第11条,对于挪用资金罪中的"数额较大"以及"进行非法活动"情形的数额起点,按照挪用公款罪相对应的数额标准规定的2倍执行。后来,依据2022年《关于公安机关管辖的刑事案件立案追诉标准的规定(二)》第77条,立案追诉挪用资金罪的入罪数额标准,与挪用公款罪持平。

## 8.3 其他贪污挪用型犯罪

(一) 巨额财产来源不明罪

本罪是指国家工作人员的财产、支出明显超过合法收入,差额巨大,不能说明来源的行为。《刑法修正案(七)》第14条对本罪增设第二档次的法定刑。

关于危害行为,本罪表现为以下两个不可分割的要件:

(1) 基础事实要件:财产、支出明显超过合法收入,差额巨大。

依据2003年《全国法院审理经济犯罪案件工作座谈会纪要》的相关规定,行为人所有的"财产",包括房产、家具、生活用品、学习用品及股票、债券、存款等动产和不动产;行为人的"支出",包括合法支出和不合法的支出,例如日常生活、工作、学习费用、罚款及向他人行贿的财物等;行为人的"合法收入",包括工资、奖金、稿酬、继承等法律和政策允许的各种收入。简而言之,该要件在实质上就是"算一笔账":计算出财产、支出这两项静态和动态的资产,与其合法收入之间的差额,是否达到巨大的程度。这里的"差额巨大",根据1999年最高人民检察院《关于人民检察院直接受理立案侦查案件立案标准的规定(试行)》,是指数额在30万元以上的。对于财产的差额部分,依据《刑法》第395条第1款的规定,予以追缴。

(2) 程序要件:不能说明。

前述的基础事实是一种财产状态,为了防止客观归罪,不能仅据此就推定涉案的国家工作人员构成此罪,在控方对差额巨大的财产状态进行调查证实的同时,应设置允许涉案国家工作人员进行说明的程序要件。如果行为人能够说明其财产的来源,则不构成本罪。这属于"可反驳的事实推定"。依据2003年《全国法院审理经济犯罪案件工作座谈会纪要》的相关规定,"不能说明"包括以下情况:行为人拒不说明财产来源;行为人无法说明财产的具体来源;行为人所说的财产来源经司法机关查证并不属实;行为人所说的财产来源因线索不具体等原因,司法机关无法查实,但能排除存在来源合法的可能性和合理性的。

本罪的犯罪主体是特殊主体,为国家工作人员。

在主观方面,行为人必须是出于故意。

在司法认定本罪中,涉案的国家工作人员在说明差额巨大的财产时,关于财产的来源会出现以下两种情形:第一,合法来源的行为:当然不成立本罪;第二,非法来源的行为:例如贪污、受贿、走私等犯罪,司法机关对此进行查证属实的,应以产生该财产的非法行为(上游行为)来认定,属于持有状态的本罪就被吸收,不能再认定为本罪。但是,如果司法机关在证明国家工作人员实施的贪污、挪用公款、受贿等犯罪时,同时发现行为人拥有差额巨大的财产,但其不能说明来源的,应认定为巨额财产来源不明罪,并对相关犯罪与巨额财产来源不明罪,实行数罪并罚。

(二) 隐瞒境外存款罪

本罪是指国家工作人员对于在境外的数额较大的存款,违反国家应当申报的规定,隐瞒不报的行为。

关于本罪的行为对象,是境外存款。这不限于现金,还包括债券、股票等有价证券。如果国家工作人员在境外的存款,是通过贪污受贿或其他犯罪所得的,则以所涉嫌的上游犯罪论处,不再认定为本罪。

在危害行为上,本罪表现为在境外有数额较大的存款,但违反国家应当申报的规定,实行隐瞒不报的行为。如果在国家工作人员隐瞒的境外存款中,有一部分能够说明来源,另外一部分不能说明来源,而且均已经达到定罪标准的,应以本罪和巨额财产来源不明罪,实行数罪并罚。

本罪的犯罪主体是特殊主体,为国家工作人员。

在主观方面,行为人必须出于故意,即行为人明知自己的境外存款应当申报而故意隐瞒不报。如果行为人是基于客观上的原因未及时申报的,不能构成本罪。

在定量标准上,本罪以"数额较大"作为入罪门槛。根据1999年最高人民检察院《关于人民检察院直接受理立案侦查案件立案标准的规定(试行)》,涉嫌隐瞒境外存款,折合人民币数额在30万元以上的,应予立案。

(三) 私分国有资产罪

本罪是指国家机关、国有公司、企业、事业单位、人民团体,违反国家规定,以单位名义将国有资产集体私分给个人,数额较大的行为。

本罪的行为对象是国有资产。根据1999年最高人民检察院《关于人民检察院直接受理立案侦查案件立案标准的规定(试行)》,这是指国家依法取得和认定的,或者国家以各种形式对企业投资和投资收益、国家向行政事业单位拨款等形成的资产。

在危害行为上,本罪表现为以下三个不可分割的部分:(1)违反国家规定;

根据《刑法》第 96 条,这是指违反全国人民代表大会及其常务委员会制定的法律和决定,国务院制定的行政法规、规定的行政措施、发布的决定和命令。(2) 以单位名义:这是指由单位负责人决定,或者由单位决策机构决定,或者由单位全体成员集体讨论决定,即本罪体现的是单位的集体意思。鉴于贪污罪是个人实施非法占有公共财产的行为,如果不是以单位名义,只是单位内部少数人进行私分,或者在单位领导层私分,属于共同贪污行为。(3) 集体私分:这是本罪的实行行为,是指经过集体讨论决定,按照一定的分配方案,经过会计造册、领导审批等程序,将国有资产分发给本单位的有关人员,具有较大范围内的公开性。对比可见,贪污罪是以侵吞、窃取、骗取等不为人所知或者他人不知实情的方式实施,具有相当的隐蔽性。由此可见,私分国有资产罪是从贪污罪中分离出来的罪名,但在"分"与"贪"方面,其与贪污罪具有本质的区别。

本罪是纯正的单位犯,犯罪主体是国家机关、国有公司、企业、事业单位、人民团体。这也是本罪与贪污罪的区别点之一,后罪表现为自然人犯罪。

至于定量标准上,本罪是以"数额较大"作为入罪门槛。根据 1999 年最高人民检察院《关于人民检察院直接受理立案侦查案件立案标准的规定(试行)》,涉嫌私分国有资产,累计数额在 10 万元以上的,应予立案。

(四) 私分罚没财物罪

本罪是指司法机关、行政执法机关违反国家规定,将应当上缴国家的罚没财物,以单位名义集体私分给个人的行为。

在危害行为上,本罪表现为以单位名义,将应当上缴国家的罚没财物私分给个人。这里的行为对象"罚没财物",是指司法机关、行政执法机关依法对公民、法人和其他组织实施处罚所得的罚款以及追缴、没收的财物。根据《刑法》第 91 条第 2 款,罚没财物在法律性质上属于公共财产,禁止私分。这既包括司法机关、行政执法机关依法罚没的财物,也包括违法罚没的财物。

本罪是纯正的单位犯,犯罪主体是司法机关、行政执法机关。

本罪与私分国有资产罪相比较,在客观方面都属于"私分型"犯罪,主观方面也均表现为直接故意。但是,两罪的关键区别点在于:(1) 行为对象的不同:私分国有资产罪的对象是国有资产,本罪仅限于罚没的财物。从本质上看,罚没财物也属于国有资产,故本罪是一种特殊的私分国有资产犯罪,两罪形成特别罪名与普通罪名的竞合关系。(2) 犯罪主体也有所不同:私分国有资产罪的主体是广义的国有单位,包括国家机关以及国有公司、企业、事业单位、人民团体;本罪的犯罪主体仅限于司法机关和行政执法机关,属于国家机关的组成部分。

至于定量标准,根据 1999 年最高人民检察院《关于人民检察院直接受理立案侦查案件立案标准的规定(试行)》,涉嫌私分罚没财物,累计数额在 10 万元以上的,应予立案。

## 8.4 受贿罪

受贿罪，是指国家工作人员利用职务上的便利，索取他人财物，或者非法收受他人财物，为他人谋取利益的行为。

### 8.4.1 构成要素

**(1) 行为对象**：财物。

受贿罪的本质是"权钱交易"，破坏国家工作人员职务行为的廉洁性。在《刑法》第385条的罪状描述中，受贿罪的行为对象是"财物"，这体现为国家工作人员利用职务行为索取的不正当对价物。对于关键词"财物"的理解，应辩证地予以把握。

首先，"财物"不仅包括货币、物品等传统的有形物，还包括财产性利益。依据2016年"两高"《关于办理贪污贿赂刑事案件适用法律若干问题的解释》第12条，"财产性利益"包括可以折算为货币的物质利益，诸如房屋装修、债务免除等，以及需要支付货币的其他利益，例如会员服务、旅游等。至于犯罪的具体数额，以实际支付或者应当支付的数额为准。另外，收受银行卡的，不论受贿人是否实际取出或者消费，卡内的存款数额一般应全额认定为受贿数额。使用银行卡透支的，如果由给予银行卡的一方承担还款责任，透支数额也应当认定为受贿数额。如果国家工作人员利用职务上的便利为请托人谋取利益，收受请托人房屋、汽车等物品，未变更权属登记或者借用他人名义办理权属变更登记的，不影响受贿的认定。

其次，诸如名誉、性贿赂、业绩、信息等"非财产性利益"，一般不能成为本罪的行为对象。以"性贿赂"为例：如果请托人直接为国家工作人员提供性服务的，这种性服务利益在性质上迥异于"财物"，无法确定受贿数额，故不能成为本罪的行为对象；但是，在性贿赂的背后，隐藏着某种利益的交换。倘若请托人为国家工作人员支付卖淫者等提供性服务的费用，则相应的费用可以认定为财物。因此，对于"非财产性利益"能否成为本罪的行为对象，还需要具体分析。

**(2) 危害行为**：表现为利用职务上的便利，索取他人财物，或者非法收受他人财物，为他人谋取利益的行为。

其一，本质条件：利用职务上的便利。

这是与职务行为廉洁性紧密相连的行为要素，表现为受贿这种职务犯罪的本质条件。依据2003年《全国法院审理经济犯罪案件工作座谈会纪要》，这既包括利用本人职务上主管、负责、承办某项公共事务的职权，也包括利用职务上有隶属、制约关系的其他国家工作人员的职权。概而言之,这里的"利用",包括直接利用与间接利用两种类型。担任单位领导职务的国家工作人员通过不属于自己主管的下级部门的国家工作人员的职务为他人谋取利益的,应当认定为"利用职务上的便利"为他人谋取利益。

其二,两种直接受贿类型:索取型受贿和收受型受贿。

索取型受贿简称为"索贿",这是指国家工作人员利用职务上的便利,主动向他人索要财物的行为。在此行为类型中,国家工作人员的受贿行为具有主动性,表现出更深的主观恶性。至于索要财物的方式,既可以是明示的,也可以是暗示的;既可以直接向对方索要,也可以通过第三人向对方索要。需要注意的是,索取型受贿罪的成立,不要求行为人具有"为他人谋取利益"的要件。

收受型受贿,是指国家工作人员在请托人主动给付贿赂的情况下,消极地收受他人财物,并且利用职务上的便利,为他人谋取利益的行为。在此行为类型中,国家工作人员的行为具有被动性。与索取型受贿罪不同的是,国家工作人员必须具备"为他人谋取利益"的要件,才能成立收受型受贿罪。

关于"为他人谋取利益"的体系性定位,理论界有主观要素说与客观要素说之争。鉴于受贿罪的本质是破坏国家工作人员职务行为的廉洁性,为了防止不适当地缩小受贿罪的处罚范围,我国有关司法解释并不要求行为人已经实施或者已经完成相关的职务行为,将承诺"为他人谋取利益"也纳入司法打击的范畴。早在2003年《全国法院审理经济犯罪案件工作座谈会纪要》中就规定"为他人谋取利益"包括承诺、实施和实现三个阶段的行为。只要具有其中一个阶段的行为,如国家工作人员收受他人财物时,根据他人提出的具体请托事项,承诺为他人谋取利益的,就具备了为他人谋取利益的要件。后来,2016年《关于办理贪污贿赂刑事案件适用法律若干问题的解释》沿用上述精神,在第13条规定具有下列情形之一的,应当认定为"为他人谋取利益":实际或者承诺为他人谋取利益的;明知他人有具体请托事项的;履职时未被请托,但事后基于该履职事由收受他人财物的。其中,这里的承诺,既包括真实承诺,也包含虚假承诺。

对于"为他人谋取利益"的认定,其中"利益"的范围和性质,包括物质利益和非物质利益、正当利益和不正当利益。至于国家工作人员谋取利益的手段,既包括合法手段,也包含非法手段。换言之,不论是"贪赃不枉法",还是"贪赃枉法",为他人谋取的利益是否实现,均不影响认定。

其三,斡旋受贿:对应于"直接受贿"。

从形式逻辑的角度看,索取型受贿和收受型受贿,属于国家工作人员直接利用自己职务上的便利进行受贿,可以划入"直接受贿"的类型。与此相对应,国家工作人员也可以不直接利用自身职权实施受贿,其处于居间斡旋的角色,这种受贿类型是"斡旋受贿"。根据《刑法》第388条,这是指国家工作人员利用本人职权或者地位形成的便利条件,通过其他国家工作人员职务上的行为,为请托人谋取不正当利益,索取请托人财物或者收受请托人财物的行为。

相比于"直接受贿"类型,"斡旋受贿"具有以下显著的不同构成要件:一是利用本人职权或者地位形成的便利条件。依据2003年《全国法院审理经济犯罪案件工作座谈会纪要》,这是指行为人与被其利用的国家工作人员之间在职务上虽然没有隶属、制约关系,但是行为人利用了本人职权或者地位产生的影响和一定的工作联系,如单位内不同部门的国家工作人员之间、上下级单位没有职务上隶属、制约关系的国家工作人员之间、有工作联系的不同单位的国家工作人员之间等。该《纪要》对"利用职务上的便利"的界定与《刑法》的相关规定相比较,有着明显的区别。概而言之,该《纪要》的基本区分思路是:在行为人与被其利用的国家工作人员之间,如果存在职务上的隶属、制约关系的,属于直接受贿,适用《刑法》第385条规定的"直接受贿";倘若存在影响、工作联系关系的,则属于《刑法》第388条规定的斡旋受贿。对于国家工作人员职务行为而言,影响、工作联系关系的制约力,弱于隶属、制约关系。二是必须是谋取"不正当"利益。参照2008年"两高"《关于办理商业贿赂刑事案件适用法律若干问题的意见》的界定,这里的"不正当利益",是指违反法律、法规、规章或者政策规定的利益。这与收受型受贿罪关于"为他人谋取利益"的构成要素(包括正当利益和不正当利益)相比较,限缩了适用范围。从立法技术上讲,鉴于斡旋受贿属于居间的受贿,立法者通过谋取"不正当"之客观要素来相对地提升了"直接受贿"类型的社会危害性程度。

综上所述,我国刑法关于受贿罪的行为类型以及构成要素之规定,可以进行如下图所示的界分:

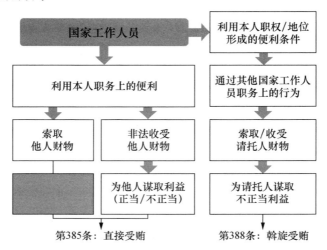

其四,经济往来中的受贿。

根据《刑法》第 385 条第 2 款,国家工作人员在经济往来中,违反国家规定,收受各种名义的回扣、手续费,归个人所有的,以受贿论处。该类受贿发生的时空特征是"在经济往来"中,并且将收受的回扣、手续费"归个人所有"。如果国家工作人员收受回扣、手续费,归单位所有,或者用于集体福利或者奖励的,则不构成此类受贿罪,可能涉嫌单位受贿罪等。这里的"回扣",是指经营者或其委托代理人在账外暗中给予对方单位或个人的财物;"手续费",是指行为人在依据法定职权办理一定事务时非法收取的"报酬"。

其五,收受财物的"时间差"。

对于在职时为请托人谋利,离职后收受财物的认定问题,依据 2007 年"两高"《关于办理受贿刑事案件适用法律若干问题的意见》第 10 条,国家工作人员利用职务上的便利为请托人谋取利益之前或者之后,约定在其离职后收受请托人财物,并在离职后收受的,以受贿论处。国家工作人员利用职务上的便利为请托人谋取利益,离职前后连续收受请托人财物的,离职前后收受部分均应计入受贿数额。

其六,收受贿赂的形式:实质认定。

对于司法实践中出现的花样繁多的新型受贿犯罪,需要进行"穿透式"审查,围绕"权钱交易"的实质特征予以把握,不应纠缠于形式层面的手段行为。2007 年"两高"《关于办理受贿刑事案件适用法律若干问题的意见》对此进行以下类型上的划分:

一是以交易形式收受贿赂:国家工作人员利用职务上的便利为请托人谋取利益,以明显低于市场的价格向请托人购买房屋、汽车等物品,或者以明显高于市场的价格向请托人出售房屋、汽车等物品,或者以其他交易形式非法收受请托人财物的,以受贿论处。至于受贿数额,按照交易时当地市场价格与实际支付价格的差额计算。

二是以干股形式收受贿赂:"干股"是指未出资而获得的股份。国家工作人员利用职务上的便利为请托人谋取利益,收受请托人提供的干股的,以受贿论处。进行了股权转让登记,或者相关证据证明股份发生了实际转让的,受贿数额按转让行为时股份价值计算,所分红利按受贿孳息处理;股份未实际转让,以股份分红名义获取利益的,实际获利数额应当认定为受贿数额。

三是以开办公司等合作投资名义收受贿赂:国家工作人员利用职务上的便利为请托人谋取利益,由请托人出资,"合作"开办公司或者进行其他"合作"投资的,或者以合作开办公司或者其他合作投资的名义获取"利润",没有实际出资和参与管理、经营的,以受贿论处。

四是以委托请托人投资证券、期货或者其他委托理财的名义收受贿赂:国家工作人员利用职务上的便利为请托人谋取利益,以委托请托人投资证券、期货或者其他委托理财的名义,未实际出资而获取"收益",或者虽然实际出资,但获取"收益"明显高于出资应得收益的,以受贿论处。

五是以赌博形式收受贿赂:国家工作人员利用职务上的便利为请托人谋取利益,通过赌博方式收受请托人财物的,构成受贿。

六是特定关系人①"挂名"领取薪酬:国家工作人员利用职务上的便利为请托人谋取利益,要求或者接受请托人以给特定关系人安排工作为名,使特定关系人不实际工作却获取所谓薪酬的,以受贿论处。

七是由特定关系人收受贿赂:国家工作人员利用职务上的便利为请托人谋取利益,授意请托人以本《意见》所列形式,将有关财物给予特定关系人的,以受贿论处。

**(3) 犯罪主体**:特殊主体,特指国家工作人员。

这是本罪与非国家工作人员受贿罪的根本区别点。对于国家工作人员,《刑法》第93条将其划分为四种类型,其含义详见前述的贪污罪相关部分。另外,如前所述,对于受国有单位委托而管理、经营国有财产的人员,其适用范围仅限于贪污罪,也不能适用于受贿罪。

《刑法》第382条第3款专门规定贪污罪的共犯,但对受贿罪的共犯,却没有设置专门的条文。1988年全国人大常委会在《关于惩治贪污罪贿赂罪的补充规定》中曾规定:与国家工作人员勾结,伙同受贿的,以共犯论处。2003年《全国法院审理经济犯罪案件工作座谈会纪要》规定:非国家工作人员与国家工作人员勾结伙同受贿的,应当以受贿罪的共犯追究刑事责任。非国家工作人员是否构成受贿罪共犯,取决于双方有无共同受贿的故意和行为。后来,若干司法解释细化了共犯的认定问题。例如,2007年"两高"《关于办理受贿刑事案件适用法律若干问题的意见》第7条规定:特定关系人与国家工作人员通谋,共同实施受贿行为的,对特定关系人以受贿罪的共犯论处。特定关系人以外的其他人与国家工作人员通谋,由国家工作人员利用职务上的便利为请托人谋取利益,收受请托人财物后双方共同占有的,以受贿罪的共犯论处。

对于非国家工作人员与国家工作人员通谋,共同收受他人财物,构成共同犯罪的,依据2008年"两高"《关于办理商业贿赂刑事案件适用法律若干问题的意见》第11条,根据双方利用职务便利的具体情形分别认定:利用国家工作人员的职务便利为他人谋取利益的,以受贿罪追究刑事责任;利用非国家工作人员的职务便利为他人谋取利益的,以非国家工作人员受贿罪追究刑事责任;分别利用

---

① 依据该《意见》第11条,"特定关系人",是指与国家工作人员有近亲属、情妇(夫)以及其他共同利益关系的人。对于上述后两者的称谓,《刑法修正案(七)》第13条合并称为"关系密切的人"。

各自的职务便利为他人谋取利益的,按照主犯的犯罪性质追究刑事责任,不能分清主从犯的,可以受贿罪追究刑事责任。

**(4) 主观方面**:故意。

基于受贿罪的"权钱交易"结构,行为人在主观方面需要认识到收受财物与职务行为之间的对价关联性。如果行为人不知道自己收受财物的,或者没有收受财物的意思,不成立受贿罪。根据2007年"两高"《关于办理受贿刑事案件适用法律若干问题的意见》第9条,国家工作人员收受请托人财物后及时退还或者上交的,不是受贿。但是,如果特定关系人索取、收受他人财物,国家工作人员知道后未退还或者上交的,依据2016年"两高"《关于办理贪污贿赂刑事案件适用法律若干问题的解释》第16条,应当认定国家工作人员具有受贿故意。

### 8.4.2 援引式法定刑与适用

根据《刑法》第386条,对犯受贿罪的,根据受贿所得数额及情节,采取"援引式法定刑",依照贪污罪的规定处罚。索贿的从重处罚。

与贪污罪一样,《刑法修正案(九)》对受贿罪也确立"数额+情节"并重的二元入罪标准,将数额和情节都作为认定社会危害性的实质依据。根据2016年"两高"《关于办理贪污贿赂刑事案件适用法律若干问题的解释》第1条,受贿罪的入罪定量标准被界定为以下两大板块的内容:

(1) 一般条款:受贿数额在3万元以上不满20万元的,应当认定为"数额较大"。

(2) "打折条款":受贿数额在1万元以上不满3万元,具有下列情形之一的,应当认定为"其他较重情节":① 曾因贪污、受贿、挪用公款受过党纪、行政处分的;② 曾因故意犯罪受过刑事追究的;③ 赃款赃物用于非法活动的;④ 拒不交待赃款赃物去向或者拒不配合追缴工作,致使无法追缴的;⑤ 造成恶劣影响或者其他严重后果的;⑥ 多次索贿的;⑦ 为他人谋取不正当利益,致使公共财产、国家和人民利益遭受损失的;⑧ 为他人谋取职务提拔、调整的。

对于受贿罪的数额加重犯、情节加重犯的成立条件,上述2016年《解释》第2条和第3条细化为:(1) 受贿数额在20万元以上不满300万元的,应当认定为"数额巨大";(2) 受贿数额在10万元以上不满20万元,具有入罪标准中"打折条款"的八种情形之一的,应当认定为"其他严重情节";(3) 受贿数额在300万元以上的,应当认定为"数额特别巨大";(4) 受贿数额在150万元以上不满300万元,具有入罪标准中"打折条款"的八种情形之一的,应当认定为"其他特别严重情节"。

关于死刑与终身监禁的司法适用,根据上述2016年《解释》第4条,受贿数额特别巨大,犯罪情节特别严重、社会影响特别恶劣、给国家和人民利益造成特别重大损失的,可以判处死刑。符合前款规定的情形,但具有自首、立功,如实供述自己罪行、真诚悔罪、积极退赃,或者避免、减少损害结果的发生等情节,不是必须立即执行的,可以判处死刑缓期二年执行,同时裁判决定在其死刑缓期执行二年期满依法减为无期徒刑后,终身监禁,不得减刑、假释。

依据上述 2016 年《解释》第 15 条和第 16 条,对多次受贿未经处理的,累计计算受贿数额。国家工作人员出于受贿的故意,收受他人财物之后,将赃款赃物用于单位公务支出或者社会捐赠的,不影响受贿罪的认定,但量刑时可以酌情考虑。

### 8.4.3 司法适用

(一) 本罪与非国家工作人员受贿罪的区别

在客观方面,两罪都属于"贿赂型"犯罪,在主观方面也均表现为直接故意。但是,两罪的关键区别点在于犯罪主体不同:本罪的犯罪主体是特殊主体,必须是国家工作人员;非国家工作人员受贿罪的主体,则是公司、企业或者其他单位的工作人员。两罪在刑法分则中的体系性位置也有差别:本罪处于贪污贿赂罪,后者位于妨害对公司、企业管理秩序罪。有鉴于此,根据 2016 年"两高"《关于办理贪污贿赂刑事案件适用法律若干问题的解释》第 11 条,对于非国家工作人员受贿罪中的"数额较大""数额巨大"的数额起点,按照本《解释》关于受贿罪相对应的数额标准规定的 2 倍、5 倍执行。

(二) 受贿罪的既遂标准

关于受贿罪既遂与未遂的区分标准,在理论上可谓众说纷纭。从受贿罪行为人的主观故意方面出发,无论是收受型受贿还是索取型受贿,都意在取得相关财物。只有当行为人切实取得或者实际控制了相关财物,才能认为行为人的犯罪既遂。同时,在刑法对受贿罪确立"数额+情节"的二元入罪标准的前提下,受贿罪在性质上也具有侵犯财产犯罪的一面,因此,以"实际控制说"作为受贿罪的既遂标准更具合理性。

(三) 罪数形态

根据 2016 年"两高"《关于办理贪污贿赂刑事案件适用法律若干问题的解释》第 17 条,国家工作人员利用职务上的便利,收受他人财物,为他人谋取利益,同时构成受贿罪和《刑法》分则第三章第三节、第九章规定的渎职犯罪的,除刑法另有规定外,以受贿罪和渎职犯罪数罪并罚。这里的"刑法另有规定",主要是指《刑法》第 399 条第 4 款的规定,即司法工作人员收受贿赂,有该条前三款规定的徇私枉法、民事、行政枉法裁判等行为,同时又构成受贿罪的,依照处罚较重的规定定罪处罚。

## 8.5 其他贿赂犯罪

以行贿方与受贿方的对向关系为主轴,再辅以犯罪主体界分为自然人与单位,经过刑事立法的发展,我国已经形成规制贿赂犯罪的严密罪名体系。如下图所示:

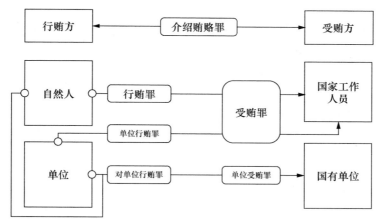

(一) 单位受贿罪

本罪是指国家机关、国有公司、企业、事业单位、人民团体,索取、非法收受他人财物,为他人谋取利益,情节严重的行为。

在危害行为上,本罪表现为两种受贿形式:索取他人财物和非法收受他人财物,而且必须同时具备为他人谋取利益的条件。由此可见,与受贿罪不同的是,本罪对索取型贿赂的构成,也要求具有为他人谋取利益的条件。根据《刑法》第387条第2款,国家机关、国有公司、企业、事业单位、人民团体,在经济往来中,在账外暗中收受各种名义的回扣、手续费的,以受贿论。

本罪是纯正的单位犯,犯罪主体为国家机关、国有公司、企业、事业单位、人民团体。这是本罪与受贿罪的关键区分点,也明显体现在两罪的罪名称谓上。

至于定量标准,本罪是以"情节严重"作为入罪门槛。根据1999年最高人民检察院《关于检察院直接受理立案侦查案件立案标准的规定(试行)》,涉嫌下列情形之一的,应予立案:(1)单位受贿数额在10万元以上的;(2)单位受贿数额不满10万元,但具有下列情形之一的:故意刁难、要挟有关单位、个人,造成恶劣影响的;强行索取财物的;致使国家或者社会利益遭受重大损失的。

(二) 利用影响力受贿罪

本罪是指国家工作人员的近亲属或者其他与该国家工作人员关系密切的人,通过该国家工作人员职务上的行为,或者利用该国家工作人员职权或者地位形成的便利条件,通过其他国家工作人员职务上的行为,以及离职的国家工作人员或者其近亲属以及其他与其关系密切的人,利用该离职的国家工作人员原职权或者地位形成的便利条件,为请托人谋取不正当利益,索取请托人财物或者收受请托人财物,数额较大或者有其他较重情节的行为。这是《刑法修正案(七)》第 13 条新设立的罪名,在体系编排上作为《刑法》第 388 条之一。

在危害行为上,为请托人谋取不正当利益,索取请托人财物或者收受请托人财物,是本罪中基本的客观构成要素,体现出"权钱交易"本质特征中的一个侧面。鉴于利用职务行为的主体具有多样化的特点,受贿罪只是规制现职的国家工作人员直接或者间接地利用自己职务上的便利,而对于现职的国家工作人员之外的人员,虽然其身份是非国家工作人员,但也会利用该国家工作人员职务的影响力进行"权钱交易",根据《联合国反腐败公约》和我国反腐败的形势所需,也需要有针对性地将这些人员纳入反贿赂的刑事规制范畴。有鉴于此,《刑法修正案(七)》将现职的国家工作人员之外的人员确立为以下三种类型,并且设置了本罪不同的受贿形式:

(1)国家工作人员的近亲属或者关系密切的人:通过该国家工作人员职务上的行为,或者利用该国家工作人员职权或者地位形成的便利条件,通过其他国家工作人员职务上的行为。需要指出的是,该行为主体在实施这种类型的利用影响力受贿罪时,不能与现职的国家工作人员形成通谋关系,否则构成受贿罪的共犯。

(2)离职的国家工作人员:利用其原职权或者地位形成的便利条件。

(3)离职的国家工作人员的近亲属以及关系密切的人:利用该离职的国家工作人员原职权或者地位形成的便利条件。

至于定量标准,本罪是以"数额较大或者有其他较重情节"作为入罪门槛。根据 2016 年"两高"《关于办理贪污贿赂刑事案件适用法律若干问题的解释》第 10 条第 1 款,对于本罪的定罪量刑适用标准,参照受贿罪的规定执行。

(三)行贿罪

本罪是指为谋取不正当利益,给予国家工作人员以财物的行为。

鉴于行贿罪和受贿罪是对向性犯罪关系,本罪的行为对象是国家工作人员。这是本罪与对非国家工作人员行贿罪的根本区别点。

在危害行为上,本罪表现为违反国家规定,给予国家工作人员以财物。在行为方式上,主要有三种类型:(1)主动行贿:为谋取不正当利益,主动给予国家工作人员以财物。(2)被动行贿:被国家工作人员勒索而给予国家工作人员以财物,并且实际上获得了不正当利益。根据《刑法》第 389 条第 3 款,因被勒索给予国家工作人员以财物,没有获得不正当利益的,不是行贿。这表明在被动行贿的情况下,行贿人必须获得不正当利益,才能成立行贿罪。行为人为了谋取正当利益,或者为了谋取不正当利益但没有获得不正当利益时,均不成立行贿罪。(3)经济往来中的行贿:根据《刑法》第389条第2款,在经济往来中,违反国家规定,给予国家工作人员以财物,数额较大的,或者违反国家规定,给予国家工作人员以各种名义的回扣、手续费的,以行贿论。

至于犯罪主体,本罪为一般主体,只能由自然人构成。这是本罪与单位行贿罪的主要区别点。

在主观方面,行为人必须出于故意,并具有谋取不正当利益的目的。根据2012年"两高"《关于办理行贿刑事案件具体应用法律若干问题的解释》第12条,行贿犯罪中的"谋取不正当利益",是指行贿人谋取的利益违反法律、法规、规章、政策规定,或者要求国家工作人员违反法律、法规、规章、政策、行业规范的规定,为自己提供帮助或者方便条件。违背公平、公正原则,在经济、组织人事管理等活动中,谋取竞争优势的,应当认定为"谋取不正当利益"。行为人谋取不正当利益的行为构成犯罪的,应当与行贿罪实行数罪并罚。

至于定量标准,《刑法》第390条对本罪并未设置。但是,根据2016年"两高"《关于办理贪污贿赂刑事案件适用法律若干问题的解释》第7条,为谋取不正当利益,向国家工作人员行贿,数额在3万元以上的,应当以行贿罪追究刑事责任。行贿数额在1万元以上不满3万元,具有下列情形之一的,应当以行贿罪追究刑事责任:(1)向3人以上行贿的;(2)将违法所得用于行贿的;(3)通过行贿谋取职务提拔、调整的;(4)向负有食品、药品、安全生产、环境保护等监督管理职责的国家工作人员行贿,实施非法活动的;(5)向司法工作人员行贿,影响司法公正的;(6)造成经济损失数额在50万元以上不满100万元的。多次行贿未经处理的,按照累计行贿数额处罚。

根据《刑法》第390条第2款,行贿人在被追诉前主动交待行贿行为的,可以从轻或者减轻处罚。其中,犯罪较轻的,对侦破重大案件起关键作用的,或者有重大立功表现的,可以减轻或者免除处罚。根据2016年"两高"《关于办理贪污贿赂刑事案件适用法律若干问题的解释》第14条,根据行贿犯罪的事实、情节,可能被判处3年有期徒刑以下刑罚的,可以认定为"犯罪较轻"。根据犯罪的事实、情节,已经或者可能被判处10年有期徒刑以上刑罚的,或者案件在本省、自治区、直辖市或者全国范围内有较大影响的,可以认定为"重大案件"。具有下列情形之一的,可以认定为"对侦破重大案件起关键作用":(1)主动交待办案机关未掌握的重大案件线索的;(2)主动交待的犯罪线索不属于重大案件的线索,但该线索对于重大案件侦破有重要作用的;(3)主动交待行贿事实,对于重大案件的证据收集有重要作用的;(4)主动交待行贿事实,对于重大案件的追逃、追赃有重要作用的。

(四) 对有影响力的人行贿罪

本罪是指自然人或者单位为谋取不正当利益,向国家工作人员的近亲属或者其他与该国家工作人员关系密切的人,或者向离职的国家工作人员或者其近亲属以及其他与其关系密切的人行贿的行为。

这是《刑法修正案(九)》第46条新设立的罪名,在体系编排上作为《刑法》第390条之一。其立法旨趣是面对《刑法修正案(七)》设立了"利用影响力受贿罪"的情况下,为了严密刑事法网和填补立法上的处罚漏洞,需要将对有影响力的人行贿的行为规定为犯罪。

鉴于本罪和利用影响力受贿罪是对向性犯罪关系,本罪的行为对象是对国家工作人员有影响力的人。这主要包括以下三种类型人员:(1) 国家工作人员的近亲属或者其他与该国家工作人员关系密切的人;(2) 离职的国家工作人员;(3) 离职的国家工作人员的近亲属以及其他与其关系密切的人。

在危害行为上,本罪表现在行为人给予对国家工作人员有影响力的人以财物。

关于主观方面,行为人必须出于故意,并具有谋取不正当利益的目的。对此,参照相关司法解释对行贿罪的规定来理解适用。

至于定量标准,根据2016年"两高"《关于办理贪污贿赂刑事案件适用法律若干问题的解释》第10条,对有影响力的人行贿罪的定罪量刑适用标准,参照行贿罪的规定执行。单位对有影响力的人行贿数额在20万元以上的,应当以本罪追究刑事责任。

(五) 对单位行贿罪

本罪是指自然人或者单位为谋取不正当利益,给予国家机关、国有公司、企业、事业单位、人民团体以财物,或者在经济往来中,违反国家规定,给予各种名义的回扣、手续费的行为。

鉴于本罪和单位受贿罪是对向性犯罪关系,本罪的行为对象是国家机关、国有公司、企业、事业单位、人民团体。这是本罪与行贿罪的主要区别点,后罪的行为对象是国家工作人员。

在危害行为上,本罪表现为给予国家机关、国有公司、企业、事业单位、人民团体以财物,或者在经济往来中,违反国家规定,给予各种名义的回扣、手续费。

关于主观方面,参照相关司法解释对行贿罪的规定来理解适用。

至于定量标准,《刑法》第391条对本罪并未设置。但是,根据1999年最高人民检察院《关于人民检察院直接受理立案侦查案件立案标准的规定(试行)》,涉嫌下列情形之一的,应予立案:(1) 个人行贿数额在10万元以上、单位行贿数额在20万元以上的;(2) 个人行贿数额不满10万元、单位行贿数额在10万元以上不满20万元,但具有下列情形之一的:为谋取非法利益而行贿的;向3个以上单位行贿的;向党政机关、司法机关、行政执法机关行贿的;致使国家或者社会利益遭受重大损失的。

(六) 介绍贿赂罪

本罪是指向国家工作人员介绍贿赂,情节严重的行为。

在危害行为上,本罪表现为向国家工作人员介绍贿赂。这是指在行贿人和国家工作人员之间进行沟通、牵线撮合,促使行贿与受贿得以进行的行为。

本罪与斡旋受贿行为具有实质性的区别。斡旋受贿要求以利用本人职权或者地位形成的便利条件为前提;介绍贿赂则不以此为要件,行为人可以是利用亲情、友情关系,在行贿人与受贿人之间进行沟通、牵线撮合。另外,斡旋受贿成立受贿罪,应以斡旋人收受请托人财物为要件,而介绍贿赂罪不以此为要件。即使介绍贿赂人没有收受财物的,也可成立犯罪。在司法实践中,国家工作人员利用本人职权或者地位形成的便利条件,为请托人谋取不正当利益;同时,为促使请托人谋取不正当利益的进行,该国家工作人员又在请托人和其他国家工作人员之间沟通关系、撮合条件,介绍请托人向其他国家工作人员行贿。对于上述情形,行为人既构成受贿罪,又构成介绍贿赂罪,实行数罪并罚。①

根据《刑法》第392条第2款,介绍贿赂人在被追诉前主动交待介绍贿赂行为的,可以减轻或者免除处罚。

(七) 单位行贿罪

本罪是指单位为谋取不正当利益而行贿,或者违反国家规定,给予国家工作人员以回扣、手续费,情节严重的行为。

鉴于本罪和受贿罪是对向性犯罪关系,本罪的行为对象是国家工作人员。

在危害行为上,本罪表现为给予国家工作人员以财物,或者违反国家规定,给予国家工作人员以回扣、手续费。

本罪是纯正的单位犯,犯罪主体为单位。这是本罪与行贿罪的关键区分点,也体现在两罪的罪名称谓上。

关于主观方面,与行贿罪相同,参照相关司法解释对行贿罪的规定来理解适用。

至于定量标准,本罪是以"情节严重"作为入罪门槛。根据1999年最高人民检察院《关于人民检察院直接受理立案侦查案件立案标准的规定(试行)》,涉嫌下列情形之一的,应予立案:(1) 单位行贿数额在20万元以上的;(2) 单位为谋取不正当利益而行贿,数额在10万元以上不满20万元,但具有下列情形之一的:为谋取非法利益而行贿的;向3人以上行贿的;向党政领导、司法工作人员、行政执法人员行贿的;致使国家或者社会利益遭受重大损失的。

---

① 参见李文峰:《贪污贿赂犯罪认定实务与案例解析》,中国检察出版社2011年版,第559页。

# 第 9 章 渎 职 罪

渎职罪,是指国家机关工作人员滥用职权、玩忽职守,或者利用职权徇私舞弊,致使公共财产、国家和人民利益遭受重大损失的类型化犯罪。这是我国《刑法》分则第九章从第 397 条至第 419 条规定的类犯罪总称,共设置了 37 个罪名。

## 9.1 概 述

在我国,惩治渎职罪的刑事立法经历了一个变迁过程。在 1979 年《刑法》中,渎职罪是分则中独立的八大章罪名之一,但只有 9 个罪名;1997 年修订的《刑法》继续专章设置渎职罪,但考虑到之前渎职罪的规定过于笼统,法定刑偏轻①,故在对 1979 年《刑法》规定的 5 个罪名进行体系性位置"搬家"②之外,在分则第九章共规定 33 个罪名,从而严密了罪名体系;后来,四个刑法修正案增设了 4 个罪名,分别是:《刑法修正案(四)》增设"执行判决、裁定失职罪"和"执行判决、裁定滥用职权罪";《刑法修正案(六)》增设"枉法仲裁罪";《刑法修正案(八)》和《刑法修正案(十一)》分别增设和修订了"食品、药品监管渎职罪"。

在本质特征上,渎职罪侵犯国家公务行为的公正性,妨害国家机关的正常活动。为了维护国家机关活动的公正、合法进行,要求代表国家机关实施公务活动的国家机关工作人员,在行使职权时必须具备"三性":正当性、勤政性和公正廉明性。作为动宾词组称谓的渎职罪,其行为方式"(亵)渎"的作用对象,是与以上履行公职的"三性"相联系的,由此渎职罪在客观方面表现为以下三种形态:(1)滥用职权:在权限或者程序上不正当地行使职权,即违反履行公职的正当性。1979 年《刑法》没有单设此罪,而是将其作为玩忽职守罪的一种类型。(2)玩忽职守:在负责任或者认真行使职权上,违反履行公职的勤政性,不履行或不正确履行应尽的职责。(3)徇私舞弊:在不徇私情、不弄虚作假或者不隐瞒事实上,违反履行公职的公正廉明性。需要说明的是,对于前两种行为形态,1997 年修订的《刑法》都设置为独立的罪名;至于徇私舞弊,则改变了 1979 年《刑法》单独设罪的模式,并没有把它设立为独立的罪名,或者将其设置为滥用

---

① 例如,玩忽职守罪的法定最高刑为 5 年。
② 具体而言,受贿罪、行贿罪和介绍贿赂罪 3 个罪名,被移植到第八章贪污贿赂罪;体罚虐待被监管人罪和妨害邮电通讯罪 2 个罪名,被移入第四章。至于泄露国家重要机密罪、玩忽职守罪、徇私舞弊罪和私放罪犯罪等其他 4 个罪名,也有调整与修改。

职权罪或者玩忽职守罪的加重处罚情节①,或者作为诸如徇私舞弊不移交刑事案件罪、商检徇私舞弊罪、动植物检疫徇私舞弊罪等许多其他渎职犯罪的构成要件。此外,对于滥用职权和玩忽职守犯罪,我国刑法采取一般规定与特别规定相结合的立法模式,这体现在《刑法》第397条第1款的后句规定:"本法另有规定的,依照规定。"例如,在我国《刑法》分则第九章中,除了第397条规定的一般意义的玩忽职守罪之外,诸如失职致使在押人员脱逃罪、环境监管失职罪、传染病防治失职罪、商检失职罪、动植物检疫失职罪等,均具有玩忽职守的特征,属于特别的玩忽职守犯罪类型,由此形成普通罪名与特别罪名之间的法条竞合关系。

关于渎职罪的犯罪主体,除了故意泄露国家秘密罪、过失泄露国家秘密罪之外,都是特殊主体,特指国家机关工作人员,其外延要小于国家工作人员,仅是国家工作人员的一种分类形式,两者是种属关系。至于国家机关工作人员的内涵,请参见在贪污贿赂罪章节中的相关论述。鉴于实施渎职犯罪的主体之复杂性,2002年全国人大常委会《关于〈中华人民共和国刑法〉第九章渎职罪主体适用问题的解释》,对渎职罪的适用主体进行了立法解释,规定以下三类人员有渎职行为,构成犯罪的,依照《刑法》关于渎职罪的规定追究刑事责任:(1)在依照法律、法规规定行使国家行政管理职权的组织中从事公务的人员;(2)在受国家机关委托代表国家机关行使职权的组织中从事公务的人员;(3)虽未列入国家机关人员编制,但在国家机关中从事公务的人员。由此可见,该立法解释对渎职罪的主体认定,是采取"行使职权说",而不是拘泥于"身份说"。同时,根据2012年"两高"《关于办理渎职刑事案件适用法律若干问题的解释(一)》第7条,依法或者受委托行使国家行政管理职权的公司、企业、事业单位的工作人员,在行使行政管理职权时滥用职权或者玩忽职守,构成犯罪的,应当根据上述2002年全国人大常委会的《解释》的规定,适用渎职罪的规定追究刑事责任。

依据最高人民检察院的有关批复、答复,下列人员应认定为国家机关工作人员,可以成为渎职犯罪的主体:(1)属于行政执法事业单位的镇财政所中按国家机关在编干部管理的工作人员,是国家机关工作人员;(2)合同制民警在依法执行公务期间,属其他依照法律从事公务的人员,应以国家机关工作人员论;(3)经人事部门任命,但为工人编制的乡(镇)工商所所长,依法履行工商行政

---

① 我国《刑法》第397条第2款规定:"国家机关工作人员徇私舞弊,犯前款罪的,处5年以下有期徒刑或者拘役;情节特别严重的,处5年以上10年以下有期徒刑。……"这说明徇私舞弊是滥用职权罪和玩忽职守罪的加重处罚情节。根据2003年《全国法院审理经济犯罪案件工作座谈会纪要》的规定,徇私舞弊型渎职犯罪的"徇私"应理解为徇个人私情、私利。国家机关工作人员为了本单位的利益,实施滥用职权、玩忽职守行为,构成犯罪的,依照《刑法》第397条第1款的规定定罪处罚。换言之,徇单位之私的,不能适用该款的加重处罚情节。

管理职责时,属其他根据法律从事公务的人员,应以国家机关工作人员论;(4)企业事业单位的公安机构在机构改革过程中虽尚未列入公安机关建制,其工作人员在行使侦查职责时,实施渎职侵权行为的,可以成为渎职侵权犯罪的行为主体;(5)海事局负责行使国家水上安全监督和防止船舶污染及海上设施检验、航海保障的管理职权,是国家执法监督机构,海事局及其分支机构工作人员在从事上述公务活动中,属于国家机关工作人员。

根据 2012 年"两高"《关于办理渎职刑事案件适用法律若干问题的解释(一)》第 3 条,国家机关工作人员实施渎职犯罪并收受贿赂,同时构成受贿罪的,除刑法另有规定外,以渎职犯罪和受贿罪数罪并罚。另外,国家机关工作人员与他人共谋,利用其职务行为帮助他人实施其他犯罪行为,同时构成渎职犯罪和共谋实施的其他犯罪共犯的,根据上述《解释》第 4 条的规定,依照处罚较重的规定定罪处罚。但是,国家机关工作人员与他人共谋,既利用其职务行为帮助他人实施其他犯罪,又以非职务行为与他人共同实施该其他犯罪行为,同时构成渎职犯罪和其他犯罪的共犯的,则依照数罪并罚的规定定罪处罚。

以犯罪主体为标准,渎职罪可以界分为以下两类:(1)一般国家机关工作人员的渎职罪:例如滥用职权罪、玩忽职守罪;(2)特定国家机关工作人员的渎职罪:这以部门职能为标准来划分和排序,包括:司法、行政执法、税务、林业、环境保护、卫生行政、海关、商检、动植物检疫、出入境管理和其他国家机关的人员的犯罪。

## 9.2 滥用职权罪

本罪是指国家机关工作人员滥用职权,致使公共财产、国家和人民利益遭受重大损失的行为。

**(1) 危害行为**:表现为违反权限或者程序的要求,不正当地行使职权。

在实体的权限方面,本罪体现在行为人超越权限范围,违法决定、处理相关事项。这既包括行为人行使了属于其他国家机关的专有职权,也包括行为人行使了具有上下级关系的、但属于特定级别国家机关的职权。这一般表现为上级对下级相关职权的滥用,但也包括下级对上级职权的滥用。

在程序的权限方面,本罪体现在行为人虽未超越权限范围,却违反有关规定,擅自决定、处理的情形。例如,对于有关重大事项、重要干部任免、重要项目安排、大额资金的使用等问题的决策,应当由单位民主集中讨论后作出决定,但行为人违背"三重一大"制度要求,擅自作出有关决定的,即属于滥用职权。

**(2) 犯罪主体**:特殊主体,只能由国家机关工作人员构成。

**(3) 主观方面**:行为人出于故意,即明知自己滥用职权的行为会给公共财产、国家和人民利益造成重大损失,希望或放任该危害结果的发生。

**(4) 定量标准**:根据《刑法》第 397 条第 1 款,本罪是以"致使公共财产、国家和人民利益遭受重大损失"作为入罪门槛,处 3 年以下有期徒刑或者拘役。根据 2012 年"两高"《关于办理渎职刑事案件适用法律若干问题的解释(一)》第 1 条,这是指具有下列之一的情形:造成死亡 1 人以上,或者重伤 3 人以上,或者轻伤 9 人以上,或者重伤 2 人、轻伤 3 人以上,或者重伤 1 人、轻伤 6 人以上的;造成经济损失 30 万元以上的;造成恶劣社会影响的;其他致使公共财产、国家和人民利益遭受重大损失的情形。

**罗甲、罗乙、朱某、罗丙滥用职权案**[①]:四名被告人先后被某街道办事处招聘为某街执法队协管员,工作职责是街道城市管理协管工作,包括动态巡查,参与街道、社区日常性的城管工作;劝阻和制止并督促改正违反城市管理法规的行为;配合综合执法部门,开展集中统一整治行动等。工作任务包括坚持巡查与守点相结合,及时劝导中心城区的乱摆卖行为等。罗甲、罗乙分别担任协管员队长和副队长。上述四名被告人上班时,身着统一发放的迷彩服,臂上戴着写有"某街城市管理督导员"的红袖章,手持一根木棍。2010 年 8 月至 2011 年 9 月期间,四名被告人利用职务便利,先后多次向多名无照商贩索要少量现金、香烟等,后放弃履行职责,允许给予好处的无照商贩在严禁乱摆卖的地段非法占道经营,导致该地段的无照商贩非法占道经营十分严重,几百档流动商贩恣意乱摆卖,严重影响市容市貌和环境卫生,给周边商铺和住户的经营、生活、出行造成极大不便,引起群众的强烈不满,城市管理执法部门执法人员在依法执行公务过程中遭遇多次暴力抗法,数名执法人员受伤住院,造成恶劣的社会影响。

2011 年 12 月,某区检察院以四名被告人犯滥用职权罪提起公诉。2012 年 4 月,某区法院一审判决认为:被告人身为虽未列入国家机关人员编制但在国家机关中从事公务的人员,在代表国家行使职权时,长期不正确履行职权,大肆勒索辖区部分无照商贩的钱财,造成无照商贩非法占道经营十分严重,暴力抗法事件不断发生,社会影响相当恶劣,其行为构成滥用职权罪,分别判处有期徒刑一年六个月不等。本判决表明,未列入国家机关人员编制但在国家机关中从事公务的人员,可以被认定为本罪的犯罪主体,也即本案表明我国司法实践对"国家机关工作人员"的认定采取"职权说"。同时,在代表国家行使职权时,即使是在自己既有职权范围内,若是不正确履行职权,亦符合本罪的危害行为类型。此外,滥用职权罪之危害结果"致使公共财产、国家和人民利益遭受重大损失",并非仅限于经济损失,还包含"造成恶劣社会影响"等其他结果。

---

① 最高人民检察院第二批指导性案例(检例第 6 号):罗甲、罗乙、朱某、罗丙滥用职权案。

## 9.3 玩忽职守罪

本罪是指国家机关工作人员严重不负责任,不履行或者不认真履行职责,致使公共财产、国家和人民利益遭受重大损失的行为。

**(1) 危害行为**:表现为不履行或者不认真履行应尽的职责。

其一,不履行职责:这是指行为人在应当履行和能够履行职责的情形下,却不履行其职责,即"应为、能为而不为",体现为不作为的玩忽职守类型。例如擅离职守、放弃职守、拒绝履行职守或者不及时履行职守等。

其二,不认真履行职责:这是指行为人在履行职责过程中,违反职责规定,不严肃认真地对待其职责。

**(2) 犯罪主体**:特殊主体,只能由国家机关工作人员构成。

**(3) 主观方面**:过失。

从立法原意看,1997年修订的《刑法》将属于故意犯的滥用职权,从玩忽职守罪中分解出来,以保持玩忽职守罪隶属于过失犯的本来面目。

**(4) 定量标准**:根据《刑法》第397条第1款,本罪是以"致使公共财产、国家和人民利益遭受重大损失"作为入罪门槛。关于具体的认定情形,与滥用职权罪相同。

**周某平、陈某舟玩忽职守案**[①]:被告人周某平在担任某镇国土资源所所长期间,对周某甲等人非法占用土地开发的14宗商品房,未按照有关规定的要求,履行好巡查、制止、报告的职责,在开发商没有取得土地使用权等手续的情况下,不认真履行工作职责,对违法占地行为制止不力,未及时报告,从而导致违法占地建房成为事实,其中农用地17.06亩,被非法占用的农用地种植条件严重毁坏,无法复垦。被告人陈某舟在担任该镇规划建设办公室主任期间,在明知周某甲未办理建设工程规划许可证、建设工程施工许可证就开工建设的情况下,违规收取该项目配套费3万元后,没有认真履行工作职责,放弃监管,任其施工,致使被告人周某甲非法占地建房成为事实,其中非法占用农用地10.07亩,被非法占用的农用地种植条件严重毁坏,无法复垦。

某县法院经审理认为,被告人周某平在担任国土资源所所长期间,对周某甲非法占用农用地建房的行为未能及时上报制止;被告人陈某舟在担任规划建设办公室主任期间,对周某甲非法占用农用地建房的行为制止不力,致使国家和人民利益遭受重大损失,均已构成玩忽职守罪。鉴于周某平等人能够当庭认罪,且犯罪情节轻微,免予刑事处罚。最高人民法院在2017年将本案选为典型案例,

---

① 参见湖北省孝昌县人民法院刑事判决书(2013)鄂孝昌刑初字第00121号。

认为:一些地方对违法建设行为负有监管、查处职责的少数国家工作人员,滥用职权或者玩忽职守,对违法建设行为疏于履行监管职责,对违法建设行为置若罔闻,致使国家和人民利益遭受重大损失。此类纵容违法建设的行为,既助长违法者的"气焰",又给守法者造成误导,形成了违法建设的"攀比"效应。本案的意义在于,面对被告人周某平等人疏于履行职责,法院以玩忽职守罪依法追究其刑事责任,对于督促国家工作人员依法履行监管职责、积极查处违法建设行为,确保城乡规划法的全面落实具有重要现实意义。

## 9.4 涉保守国家秘密类犯罪

根据我国《保守国家保密法》的相关规定,"国家秘密"是关系国家安全和利益,根据法定程序确定,在一定时间内只限一定范围的人员知悉的事项。下列涉及国家安全和利益的事项,泄露后可能损害国家在政治、经济、国防、外交等领域的安全和利益的,应当确定为国家秘密:(1) 国家事务重大决策中的秘密事项;(2) 国防建设和武装力量活动中的秘密事项;(3) 外交和外事活动中的秘密事项以及对外承担保密义务的秘密事项;(4) 国民经济和社会发展中的秘密事项;(5) 科学技术中的秘密事项;(6) 维护国家安全活动和追查刑事犯罪中的秘密事项;(7) 经国家保密行政管理部门确定的其他秘密事项。政党的秘密事项中符合前述规定的,属于国家秘密。关于国家秘密的密级,分为绝密、机密、秘密三级。

国家秘密受法律保护。一切单位和公民都有保守国家秘密的义务。任何危害国家秘密安全的行为,都必须受到法律追究。为了加强对国家秘密的刑法保护,我国刑法设置了2个涉保守国家秘密的罪名。

(一) 故意泄露国家秘密罪

本罪是指国家机关工作人员或者非国家机关工作人员违反保守国家秘密法的规定,故意泄露国家秘密,情节严重的行为。

在危害行为上,本罪表现为违反保守国家秘密法,使国家秘密被不应知悉者知悉,或者使国家秘密超出了限定的接触范围。至于泄露的方式,没有任何限制。行为人将国家秘密通过互联网予以发布的,也成立本罪的客观方面。

关于本罪的犯罪主体,一般由国家机关工作人员构成。依据《刑法》第398条第2款,非国家机关工作人员故意泄露国家秘密的,也成立本罪。

在主观方面,行为人必须出于故意。至于行为人出于何种动机而泄露国家秘密,不影响故意的认定。这是本罪与过失泄露国家秘密罪的关键区分点,也体现在两罪罪名称谓中关键词的不同。

至于定量标准,本罪是以"情节较重"作为入罪门槛。根据2006年最高人民检察院《关于渎职侵权犯罪案件立案标准的规定》的相关规定,涉嫌下列情形之一的,应予立案:(1)泄露绝密级国家秘密1项(件)以上的;(2)泄露机密级国家秘密2项(件)以上的;(3)泄露秘密级国家秘密3项(件)以上的;(4)向非境外机构、组织、人员泄露国家秘密,造成或者可能造成危害社会稳定、经济发展、国防安全或者其他严重危害后果的;(5)通过口头、书面或者网络等方式向公众散布、传播国家秘密的;(6)利用职权指使或者强迫他人违反国家保守秘密法的规定泄露国家秘密的;(7)以牟取私利为目的泄露国家秘密的;(8)其他情节严重的情形。

(二)过失泄露国家秘密罪

本罪是指国家机关工作人员或者非国家机关工作人员违反保守国家秘密法的规定,过失泄露国家秘密,情节严重的行为。

在危害行为上,本罪表现为违反保守国家秘密法,泄露国家秘密,或者遗失国家秘密载体,致使国家秘密被不应知悉者知悉或者超出了限定的接触范围。

鉴于《刑法》第398条将本罪与故意泄露国家秘密罪并列规定在同一条款中,两罪的犯罪主体是相同的。据此,两罪的法定刑也相同,将侵害同一法益的故意犯与过失犯予以相同的刑法否定性评价,不进行差别对待,由此也体现出对国家秘密的特殊保护。

在主观方面,行为人必须出于过失,包括疏忽大意的过失和过于自信的过失。

至于定量标准,本罪是以"情节较重"作为入罪门槛。根据2006年最高人民检察院《关于渎职侵权犯罪案件立案标准的规定》的相关规定,涉嫌下列情形之一的,应予立案:(1)泄露绝密级国家秘密1项(件)以上的;(2)泄露机密级国家秘密3项(件)以上的;(3)泄露秘密级国家秘密4项(件)以上的;(4)违反保密规定,将涉及国家秘密的计算机或者计算机信息系统与互联网相连接,泄露国家秘密的;(5)泄露国家秘密或者遗失国家秘密载体,隐瞒不报、不如实提供有关情况或者不采取补救措施的;(6)其他情节严重的情形。

## 9.5 司法机关工作人员的渎职罪

司法是社会公平正义的最后一道防线。为维护司法工作人员职务行为的公正性以及保护公民对司法机关公正性的信赖,我国刑法设置了8个罪名,对司法工作人员在司法活动中的渎职行为进行全面的刑事规制。依据《刑法》第94条,"司法工作人员"是指有侦查、检察、审判、监管职责的工作人员。

(一)徇私枉法罪

本罪是指司法工作人员徇私枉法、徇情枉法,对明知是无罪的人而使他受追诉、对明知是有罪的人而故意包庇不使他受追诉,或者在刑事审判活动中故意违背事实和法律作枉法裁判的行为。

在时空特征上,本罪必须发生在刑事诉讼活动中。如果行为人在民事诉讼和行政诉讼中进行枉法裁判,不成立本罪,涉嫌民事、行政枉法裁判罪。

关于危害行为,本罪包括以下三种情形:

(1) 对明知是无罪的人而使他受追诉(将"白"变"黑"):这主要是指对明知是没有犯罪事实或者其他依法不应当追究刑事责任的人,采取伪造、隐匿、毁灭证据或者其他隐瞒事实、违反法律的手段,以追究刑事责任为目的立案、侦查、起诉、审判。

(2) 对明知是有罪的人而故意包庇不使他受追诉(将"黑"变"白"):这主要是指:第一,对明知是有犯罪事实需要进行追诉的人,采取伪造、隐匿、毁灭证据或者其他隐瞒事实、违反法律的手段,故意包庇使其不受立案、侦查、起诉、审判;第二,采取伪造、隐匿、毁灭证据或者其他隐瞒事实、违反法律的手段,故意使罪重的人受较轻的追诉,或使罪轻的人受较重的追诉;第三,在立案后,采取伪造、隐匿、毁灭证据或者其他隐瞒事实、违反法律的手段,应当采取强制措施而不采取强制措施,或者虽然采取强制措施,但中断侦查或者超过法定期限不采取任何措施,实际放任不管,以及违法撤销、变更强制措施,致使犯罪嫌疑人、被告人实际脱离司法机关侦控。

(3) 在刑事审判活动中故意违背事实和法律作枉法判决、裁定:这主要是指有罪判无罪、无罪判有罪,或者重罪轻判、轻罪重判。

在主观方面,行为人必须出于故意,并要求出于徇私、徇情的动机。过失不成立本罪。

在司法实践中,如果司法工作人员利用职务上的便利,通过作假证明包庇明知是犯罪的人,或者以暴力、威胁等方法阻止证人作证或指使他人作伪证,或者通过帮助当事人毁灭、伪造证据的方法,实施枉法行为的,则成立徇私枉法罪与包庇罪、妨害作证罪或者帮助毁灭、伪造证据罪的想象竞合犯,依照处罚较重的规定定罪处罚。

根据《刑法》第399条第4款,司法工作人员收受贿赂[①],实施徇私枉法行为,同时又构成受贿罪的,依照处罚较重的规定定罪处罚。

(二) 民事、行政枉法裁判罪

本罪是指司法工作人员在民事、行政审判活动中故意违背事实和法律作枉法裁判,情节严重的行为。

本罪的时空特征是限定在民事、行政审判活动中,在危害行为上表现为司法

---

① 1997年修订的《刑法》的用语是"贪赃枉法",《刑法修正案(四)》修改为"收受贿赂"。

工作人员作出违背事实和法律的判决、裁定。

关于犯罪主体，行为人是在民事、行政诉讼活动中负有审判职责的司法工作人员。

在主观方面，行为人必须出于故意。过失不成立本罪。

至于定量标准，本罪是以"情节严重"作为入罪门槛。根据2006年最高人民检察院《关于渎职侵权犯罪案件立案标准的规定》的相关规定，这是指涉嫌下列之一的情形：(1) 枉法裁判，致使当事人或者其近亲属自杀、自残造成重伤、死亡，或者精神失常的；(2) 枉法裁判，造成个人财产直接经济损失10万元以上，或者直接经济损失不满10万元，但间接经济损失50万元以上的；(3) 枉法裁判，造成法人或者其他组织财产直接经济损失20万元以上，或者直接经济损失不满20万元，但间接经济损失100万元以上的；(4) 伪造、变造有关材料、证据，制造假案枉法裁判的；(5) 串通当事人制造伪证、毁灭证据或者篡改庭审笔录而枉法裁判的；(6) 徇私情、私利，明知是伪造、变造的证据予以采信，或者故意对应当采信的证据不予采信，或者故意违反法定程序，或者故意错误适用法律而枉法裁判的；(7) 其他情节严重的情形。

根据《刑法》第399条第4款，司法工作人员收受贿赂，实施民事、行政枉法裁判行为，同时又构成受贿罪的，依照处罚较重的规定定罪处罚。

（三）执行判决、裁定失职罪

本罪是指司法工作人员在执行判决、裁定活动中，严重不负责任，不依法采取诉讼保全措施、不履行法定执行职责，或者违法采取诉讼保全措施、强制执行措施，致使当事人或者其他人的利益遭受重大损失的行为。这是《刑法修正案（四）》第8条新设立的罪名。

在危害行为上，本罪表现为司法工作人员在执行生效判决、裁定活动中，严重不负责任，体现为玩忽职守类型。这是本罪与规定在同一条款中"执行判决、裁定滥用职权罪"的最大区别点，后罪体现为滥用职权类型。至于行为方式，具体表现在对于法院依法作出的发生法律效力的判决、裁定（包括民事、行政和刑事等三个方面），行为人不依法采取诉讼保全措施、不履行法定执行职责，或者违法采取诉讼保全措施、强制执行措施。

关于犯罪主体，行为人是执行生效判决、裁定的司法工作人员。

在主观方面，行为人必须出于过失。

至于定量标准，本罪是以"致使当事人或者其他人的利益遭受重大损失"作为入罪门槛。根据2006年最高人民检察院《关于渎职侵权犯罪案件立案标准的规定》的相关规定，涉嫌下列情形之一的，应予立案：(1) 致使当事人或者其近亲属自杀、自残造成重伤、死亡或者精神失常的；(2) 造成个人财产直接经济损失15万元以上，或者直接经济损失虽不满15万元，但间接经济损失75万元以上的;(3)造成法人或者其他组织财产直接经济损失30万元以上,或者直接经济损失不满30万元,但间接经济损失150万元以上的;(4)造成公司、企业等单位停业、停产1年以上,或者破产的;(5)其他致使当事人或者其他人的利益遭受重大损失的情形。

根据《刑法》第399条第4款,司法工作人员收受贿赂,实施本罪行为,同时又构成受贿罪的,依照处罚较重的规定定罪处罚。

(四) 执行判决、裁定滥用职权罪

本罪是指司法工作人员在执行判决、裁定活动中,滥用职权,不依法采取诉讼保全措施、不履行法定执行职责,或者违法采取诉讼保全措施、强制执行措施,致使当事人或者其他人的利益遭受重大损失的行为。这是《刑法修正案(四)》第8条新设立的罪名。

在罪名的体系性位置上,本罪与"执行判决、裁定失职罪"共同规定在《刑法》第399条第3款,在犯罪主体和危害行为方式方面,两罪具有共性。但是,在本罪的主观方面,行为人必须出于故意,而且在本质上属于滥用职权类型。这是本罪与执行判决、裁定失职罪的区别之处。

在定量标准上,本罪是以"致使当事人或者其他人的利益遭受重大损失"作为入罪门槛。根据2006年最高人民检察院《关于渎职侵权犯罪案件立案标准的规定》的相关规定,涉嫌下列情形之一的,应予立案:(1)致使当事人或者其近亲属自杀、自残造成重伤、死亡或者精神失常的;(2)造成个人财产直接经济损失10万元以上,或者直接经济损失不满10万元,但间接经济损失50万元以上的;(3)造成法人或者其他组织财产直接经济损失20万元以上,或者直接经济损失不满20万元,但间接经济损失100万元以上的;(4)造成公司、企业等单位停业、停产6个月以上,或者破产的;(5)其他致使当事人或者其他人的利益遭受重大损失的情形。对比可见,在立案标准上,本罪与"执行判决、裁定失职罪"的模型相同。鉴于本罪属于故意犯罪,在上述第(2)至第(4)项情形中,下调了具体数额标准。

根据《刑法》第399条第4款,司法工作人员收受贿赂,实施本罪行为,同时又构成受贿罪的,依照处罚较重的规定定罪处罚。

(五) 枉法仲裁罪

本罪是指依法承担仲裁职责的人员,在仲裁活动中故意违背事实和法律作枉法裁决,情节严重的行为。这是《刑法修正案(六)》第20条新设立的罪名,在体系编排上作为《刑法》第399条之一。

本罪的时空特征是限定在仲裁活动中,在危害行为上表现为违背事实和法律作枉法裁决。

关于犯罪主体,行为人是依法承担仲裁职责的人员。

在主观方面,行为人必须出于故意,即行为人明知是违背事实和法律而进行裁决,希望或者放任这种结果的发生。过失不成立本罪。

至于定量标准,本罪是以"情节严重"作为入罪门槛。

(六) 私放在押人员罪

本罪是指司法工作人员私放在押的犯罪嫌疑人、被告人或者罪犯的行为。

在危害行为上,本罪表现为私放在押的犯罪嫌疑人、被告人或者罪犯。这里的"私放",体现为积极的作为形式,是指行为人非法将犯罪嫌疑人、被告人或者罪犯释放,致使其实际脱离监管机关的控制范围。私放在羁押场所和押解途中的犯罪嫌疑人、被告人或者罪犯,也成立"私放"。

关于犯罪主体,行为人是负有监管职责的司法工作人员,主要是指狱政管理机关的工作人员。依据最高人民检察院的有关解释,工人等非监管机关在编监管人员,在被监管机关聘用受委托履行监管职责时,也成立本罪的犯罪主体。

在主观方面,行为人必须出于故意。

至于定量标准,根据2006年最高人民检察院《关于渎职侵权犯罪案件立案标准的规定》的相关规定,涉嫌下列情形之一的,应予立案:(1) 私自将在押的犯罪嫌疑人、被告人、罪犯放走,或者授意、指使、强迫他人将在押的犯罪嫌疑人、被告人、罪犯放走的;(2) 伪造、变造有关法律文书、证明材料,以使在押的犯罪嫌疑人、被告人、罪犯逃跑或者被释放的;(3) 为私放在押的犯罪嫌疑人、被告人、罪犯,故意向其通风报信、提供条件,致使该在押的犯罪嫌疑人、被告人、罪犯脱逃的;(4) 其他私放在押的犯罪嫌疑人、被告人、罪犯应予追究刑事责任的情形。

(七) 失职致使在押人员脱逃罪

本罪是指司法工作人员由于严重不负责任,致使在押的犯罪嫌疑人、被告人或者罪犯脱逃,造成严重后果的行为。

在危害行为上,本罪属于玩忽职守类型,具体表现为严重不负责任,不履行或者不认真履行职责,致使在押的犯罪嫌疑人、被告人、罪犯脱逃。

鉴于《刑法》第400条将本罪与"私放在押人员罪"并列规定在同一条款中,两罪的犯罪主体是相同的。

在主观方面,行为人必须出于过失。这是本罪与私放在押人员罪的区别之处。

至于定量标准,本罪是以"造成严重后果"作为入罪门槛。根据2006年最高人民检察院《关于渎职侵权犯罪案件立案标准的规定》的相关规定,涉嫌下列情形之一的,应予立案:(1) 致使依法可能判处或者已经判处10年以上有期徒刑、无期徒刑、死刑的犯罪嫌疑人、被告人、罪犯脱逃的;(2) 致使犯罪嫌疑人、被告人、罪犯脱逃3人次以上的;(3) 犯罪嫌疑人、被告人、罪犯脱逃以后,打击报复报案人、控告人、举报人、被害人、证人和司法工作人员等,或者继续犯罪的;(4)其他致使在押的犯罪嫌疑人、被告人、罪犯脱逃,造成严重后果的情形。

(八)徇私舞弊减刑、假释、暂予监外执行罪

本罪是指司法工作人员徇私舞弊,对不符合减刑、假释、暂予监外执行条件的罪犯,予以减刑、假释或者暂予监外执行的行为。

在危害行为上,本罪属于徇私舞弊类型,具体表现在对于不符合减刑、假释、暂予监外执行条件的罪犯,司法工作人员徇私舞弊,却予以减刑、假释或者暂予监外执行。

关于犯罪主体,行为人是负有减刑、假释、暂予监外执行职责的司法工作人员。

在主观方面,行为人必须出于故意,且具有徇私的动机。

至于定量标准,根据2006年最高人民检察院《关于渎职侵权犯罪案件立案标准的规定》的相关规定,涉嫌下列情形之一的,应予立案:(1)刑罚执行机关的工作人员对不符合减刑、假释、暂予监外执行条件的罪犯,捏造事实,伪造材料,违法报请减刑、假释、暂予监外执行的;(2)审判人员对不符合减刑、假释、暂予监外执行条件的罪犯,徇私舞弊,违法裁定减刑、假释或者违法决定暂予监外执行的;(3)监狱管理机关、公安机关的工作人员对不符合暂予监外执行条件的罪犯,徇私舞弊,违法批准暂予监外执行的;(4)不具有报请、裁定、决定或者批准减刑、假释、暂予监外执行权的司法工作人员利用职务上的便利,伪造有关材料,导致不符合减刑、假释、暂予监外执行条件的罪犯被减刑、假释、暂予监外执行的;(5)其他徇私舞弊减刑、假释、暂予监外执行应予追究刑事责任的情形。

## 9.6 特定国家机关工作人员的渎职罪

在依法治国的基本方略中,依法行政是重要内容之一。行政机关等特定国家机关工作人员的职务行为,不仅与公民的基本权利和经济发展相联系,甚至关系到社会稳定。为了维护国家行政机关公正性的形象,保护公民对行政机关活动的信赖,保证公民基本权利的实现,我国《刑法》设置了25个罪名,对特定国家机关工作人员在行政活动中的某些渎职行为进行了刑事规制。

(一)徇私舞弊不移交刑事案件罪

本罪是指行政执法人员徇私舞弊,对依法应当移交司法机关追究刑事责任的案件不移交,情节严重的行为。

在危害行为上,本罪属于徇私舞弊类型,具体表现在对于依法应当移交司法机关追究刑事责任的案件,却不移交。根据有关法律规定,行政执法人员在查处违法案件的过程中,发现涉嫌构成犯罪而应追究刑事责任的,应当依法将案件移

送司法机关处理。这是案件行刑衔接的必然要求。

关于犯罪主体,行为人是负有移交刑事案件职责的行政执法人员,包括工商行政管理、税务、监察等部门的工作人员。

在主观方面,行为人必须出于故意,且具有徇私的动机。

至于定量标准,本罪是以"情节严重"作为入罪门槛。根据2006年最高人民检察院《关于渎职侵权犯罪案件立案标准的规定》的相关规定,涉嫌下列情形之一的,应予立案:(1)对依法可能判处3年以上有期徒刑、无期徒刑、死刑的犯罪案件不移交的;(2)不移交刑事案件涉及3人次以上的;(3)司法机关提出意见后,无正当理由仍然不予移交的;(4)以罚代刑,放纵犯罪嫌疑人,致使犯罪嫌疑人继续进行违法犯罪活动的;(5)行政执法部门主管领导阻止移交的;(6)隐瞒、毁灭证据,伪造材料,改变刑事案件性质的;(7)直接负责的主管人员和其他直接责任人员为牟取本单位私利而不移交刑事案件,情节严重的;(8)其他情节严重的情形。

(二)滥用管理公司、证券职权罪

本罪是指工商行政管理、证券管理等国家有关主管部门的工作人员,徇私舞弊,滥用职权,对不符合法律规定条件的公司设立、登记申请或者股票、债券发行、上市申请,予以批准或者登记,致使公共财产、国家和人民利益遭受重大损失的行为,以及上级部门、当地政府强令登记机关及其工作人员实施上述行为的行为。

在危害行为上,本罪兼具徇私舞弊和滥用职权的类型,具体表现在对于不符合法律规定条件的公司设立、登记申请或者股票、债券发行、上市申请,行为人徇私舞弊,滥用职权,却予以批准或者登记。

关于犯罪主体,行为人是负有管理公司、证券职责的国家有关主管部门的国家机关工作人员,具体表现为工商行政管理、证券管理等部门的国家机关工作人员。根据《刑法》第403条第2款,上级部门强令登记机关及其工作人员实施上述行为的,对其直接负责的主管人员,依照本罪进行处罚。

在主观方面,行为人必须出于故意,且具有徇私的动机。

至于定量标准,本罪是以"致使公共财产、国家和人民利益遭受重大损失"作为入罪门槛。根据2006年最高人民检察院《关于渎职侵权犯罪案件立案标准的规定》的相关规定,涉嫌下列情形之一的,应予立案:(1)造成直接经济损失50万元以上的;(2)工商行政管理部门的工作人员对不符合法律规定条件的公司设立、登记申请,违法予以批准、登记,严重扰乱市场秩序的;(3)金融证券管理机构工作人员对不符合法律规定条件的股票、债券发行、上市申请,违法予以批准,严重损害公众利益,或者严重扰乱金融秩序的;(4)工商行政管理部门、金融证券管理机构的工作人员对不符合法律规定条件的公司设立、登记申请或者股票、债券发行、上市申请,违法予以批准或者登记,致使犯罪行为得逞的;(5)上级部门、当地政府直接负责的主管人员强令登记机关及其工作人员,对不符合法律规定条件的公司设立、登记申请或者股票、债券发行、上市申请予以批准或者登记,致使公共财产、国家或者人民利益遭受重大损失的;(6)其他致使公共财产、国家和人民利益遭受重大损失的情形。

(三)徇私舞弊不征、少征税款罪

本罪是指税务机关的工作人员徇私舞弊,不征或者少征应征税款,致使国家税收遭受重大损失的行为。

在危害行为上,本罪属于徇私舞弊类型,具体表现为不征或者少征应征税款。所谓"应征税款",是指税务机关根据法律规定的税种、税率等要求,应当依法向纳税人征收的税款。

关于犯罪主体,行为人是税务机关的工作人员。

在主观方面,行为人必须出于故意,且具有徇私的动机。

至于定量标准,本罪是以"致使国家税收遭受重大损失"作为入罪门槛。根据2006年最高人民检察院《关于渎职侵权犯罪案件立案标准的规定》的相关规定,涉嫌下列情形之一的,应予立案:(1)徇私舞弊不征、少征应征税款,致使国家税收损失累计达10万元以上的;(2)上级主管部门工作人员指使税务机关工作人员徇私舞弊不征、少征应征税款,致使国家税收损失累计达10万元以上的;(3)徇私舞弊不征、少征应征税款不满10万元,但具有索取或者收受贿赂或者其他恶劣情节的;(4)其他致使国家税收遭受重大损失的情形。

(四)徇私舞弊发售发票、抵扣税款、出口退税罪

本罪是指税务机关的工作人员违反法律、行政法规的规定,在办理发售发票、抵扣税款、出口退税工作中,徇私舞弊,致使国家利益遭受重大损失的行为。

在危害行为上,本罪属于徇私舞弊类型,具体表现为在办理发售发票、抵扣税款、出口退税工作中,违反法律、行政法规的规定办理相关的业务。

关于犯罪主体,行为人是税务机关的工作人员。

在主观方面,行为人必须出于故意,且具有徇私的动机。

至于定量标准,本罪是以"致使国家利益遭受重大损失"作为入罪门槛。根据2006年最高人民检察院《关于渎职侵权犯罪案件立案标准的规定》的相关规定,涉嫌下列情形之一的,应予立案:(1)徇私舞弊,致使国家税收损失累计达10万元以上的;(2)徇私舞弊,致使国家税收损失累计不满10万元,但发售增值税专用发票25份以上或者其他发票50份以上或者增值税专用发票与其他发票合计50份以上,或者具有索取、收受贿赂或者其他恶劣情节的;(3)其他致使国家利益遭受重大损失的情形。

## (五) 违法提供出口退税凭证罪

本罪是指税务机关工作人员之外的其他国家机关工作人员,违反国家规定,在提供出口货物报关单、出口收汇核销单等出口退税凭证的工作中,徇私舞弊,致使国家利益遭受重大损失的行为。

在危害行为上,本罪属于徇私舞弊类型,具体表现为在提供出口货物报关单、出口收汇核销单等出口退税凭证的工作中,违反国家规定办理相关的业务。

关于犯罪主体,行为人是税务机关工作人员之外的其他国家机关工作人员,主要是指海关、外汇管理等国家机关工作人员。

在主观方面,行为人必须出于故意,且具有徇私的动机。

至于定量标准,本罪是以"致使国家利益遭受重大损失"作为入罪门槛。根据2006年最高人民检察院《关于渎职侵权犯罪案件立案标准的规定》的相关规定,涉嫌下列情形之一的,应予立案:(1)徇私舞弊,致使国家税收损失累计达10万元以上的;(2)徇私舞弊,致使国家税收损失累计不满10万元,但具有索取、收受贿赂或者其他恶劣情节的;(3)其他致使国家利益遭受重大损失的情形。

## (六) 国家机关工作人员签订、履行合同失职被骗罪

本罪是指国家机关工作人员在签订、履行合同过程中,因严重不负责任被诈骗,致使国家利益遭受重大损失的行为。

在危害行为上,本罪属于玩忽职守类型,具体表现为在签订、履行合同过程中,因严重不负责任,不履行或者不认真履行职责而被诈骗。本罪是针对被害方设立的罪名,其与针对加害方而设置的"合同诈骗罪"形成对向关系。

关于犯罪主体,行为人是国家机关工作人员。如果国有公司、企业、事业单位直接负责的主管人员,在签订、履行合同过程中,因严重不负责任被诈骗的,则成立《刑法》第167条规定的"签订、履行合同失职被骗罪"。这是两罪之间的最大区别点,也体现在两罪罪名称谓中主语的不同。

在主观方面,行为人必须出于过失。

至于定量标准,本罪是以"致使国家利益遭受重大损失"作为入罪门槛。根据2006年最高人民检察院《关于渎职侵权犯罪案件立案标准的规定》的相关规定,涉嫌下列情形之一的,应予立案:(1)造成直接经济损失30万元以上,或者直接经济损失不满30万元,但间接经济损失150万元以上的;(2)其他致使国家利益遭受重大损失的情形。

## (七) 违法发放林木采伐许可证罪

本罪是指林业主管部门的工作人员违反森林法的规定,超过批准的年采伐限额发放林木采伐许可证,或者违反规定滥发林木采伐许可证,情节严重,致使森林遭受严重破坏的行为。

在危害行为上,本罪表现为两种形式:(1)违反森林法的规定,超过批准的年采伐限额发放林木采伐许可证;(2)违反规定,滥发林木采伐许可证。

关于犯罪主体,行为人是林业主管部门的工作人员。如果林业主管部门工作人员之外的国家机关工作人员,违反森林法的规定,滥用职权或者玩忽职守,致使林木被滥伐达到入罪的数量条件,或者致使国家重点保护的其他植物被采伐、毁坏后果严重的,或者致使国家严禁采伐的林木被采伐、毁坏情节恶劣的,根据2006年最高人民检察院《关于渎职侵权犯罪案件立案标准的规定》的相关规定,以滥用职权罪或者玩忽职守罪追究刑事责任。

在主观方面,行为人必须出于故意。

至于定量标准,本罪是以"情节严重,致使森林遭受严重破坏"作为入罪门槛。根据上述《关于渎职侵权犯罪案件立案标准的规定》的相关规定,涉嫌下列情形之一的,应予立案:(1)发放林木采伐许可证允许采伐数量累计超过批准的年采伐限额,导致林木被超限额采伐10立方米以上的;(2)滥发林木采伐许可证,导致林木被滥伐20立方米以上,或者导致幼树被滥伐1000株以上的;(3)滥发林木采伐许可证,导致防护林、特种用途林被滥伐5立方米以上,或者幼树被滥伐200株以上的;(4)滥发林木采伐许可证,导致珍贵树木或者国家重点保护的其他树木被滥伐的;(5)滥发林木采伐许可证,导致国家禁止采伐的林木被采伐的;(6)其他情节严重,致使森林遭受严重破坏的情形。

(八)环境监管失职罪

本罪是指负有环境保护监督管理职责的国家机关工作人员严重不负责任,导致发生重大环境污染事故,致使公私财产遭受重大损失或者造成人身伤亡的严重后果的行为。

在危害行为上,本罪属于玩忽职守类型,具体表现为严重不负责任,不履行或者不认真履行职责,导致发生重大环境污染事故。

关于犯罪主体,行为人是负有环境保护监督管理职责的国家机关工作人员。比较而言,重大环境污染事故罪的犯罪主体,是一般主体。这是两罪的主要区别点。

在主观方面,行为人必须出于过失。

至于定量标准,本罪是以"致使公私财产遭受重大损失或者造成人身伤亡的严重后果"作为入罪门槛。根据2016年"两高"《关于办理环境污染刑事案件适用法律若干问题的解释》第2条,这是指致使公私财产损失30万元以上,或者具有下列之一的情形:(1)造成生态环境严重损害的;(2)致使乡镇以上集中式饮用水水源取水中断12小时以上的;(3)致使基本农田、防护林地、特种用途林地5亩以上,其他农用地10亩以上,其他土地20亩以上基本功能丧失或者遭受永久性破坏的;(4)致使森林或者其他林木死亡50立方米以上,或者幼树死亡

2500株以上的;(5)致使疏散、转移群众5000人以上的;(6)致使30人以上中毒的;(7)致使3人以上轻伤、轻度残疾或者器官组织损伤导致一般功能障碍的;(8)致使1人以上重伤、中度残疾或者器官组织损伤导致严重功能障碍的。

（九）食品、药品监管渎职罪

本罪是指负有食品、药品安全监督管理职责的国家机关工作人员，滥用职权或者玩忽职守，实施法定的监管渎职行为，造成严重后果或者有其他严重情节的行为。这是《刑法修正案（八）》第49条新设立的罪名，在体系编排上作为《刑法》第408条之一。《刑法修正案（十一）》又对本罪予以了修订。

在危害行为上，本罪兼具滥用职权和玩忽职守的类型，具体表现在对食品、药品安全监督管理有关的事项，实施下列行为之一：(1)瞒报、谎报食品安全事故、药品安全事件的;(2)对发现的严重食品药品安全违法行为未按规定查处的;(3)在药品和特殊食品审批审评过程中，对不符合条件的申请准予许可的;(4)依法应当移交司法机关追究刑事责任不移交的;(5)有其他滥用职权或者玩忽职守行为的。这是《刑法修正案（十一）》列举的五种关于食品、药品监管渎职行为方式。

关于犯罪主体，行为人是负有食品、药品安全监督管理职责的国家机关工作人员。

在主观方面，行为人实施滥用职权形态时表现为故意，实施玩忽职守形态时则体现为过失。

至于本罪的定量标准，原先的入罪门槛是"导致发生重大食品安全事故或者造成其他严重后果"，《刑法修正案（十一）》则修订为"造成严重后果或者有其他严重情节"。

依据《刑法》第408条之一第2款，徇私舞弊犯食品、药品监管渎职罪的，从重处罚。

对于负有食品、药品安全监督管理职责的国家机关工作人员，根据2021年"两高"《关于办理危害食品安全刑事案件适用法律若干问题的解释》第20条和2022年"两高"《关于办理危害药品安全刑事案件适用法律若干问题的解释》第14条的规定，需要区分下列情形进行司法认定：(1)滥用职权或者玩忽职守，构成本罪，同时构成商检徇私舞弊罪、商检失职罪、放纵制售伪劣商品犯罪行为罪等其他渎职犯罪的，依照处罚较重的规定定罪处罚。(2)滥用职权或者玩忽职守，不构成本罪，但构成前款规定的其他渎职犯罪的，依照该其他犯罪定罪处罚。(3)与他人共谋，利用其职务便利帮助他人实施危害食品、药品安全犯罪行为，同时构成渎职犯罪和危害食品、药品安全犯罪共犯的，依照处罚较重的规定定罪从重处罚。

### （十）传染病防治失职罪

本罪是指从事传染病防治的政府卫生行政部门的工作人员严重不负责任，导致传染病传播或者流行，情节严重的行为。

在危害行为上，本罪属于玩忽职守类型，具体表现为有关工作人员严重不负责任，不履行或者不认真履行传染病防治监管职责，导致传染病传播或者流行。

关于犯罪主体，行为人是从事传染病防治的政府卫生行政部门的工作人员。根据2020年"两高"、公安部、司法部《关于依法惩治妨害新型冠状病毒感染肺炎疫情防控违法犯罪的意见》的规定，在疫情防控工作中，卫生行政部门的工作人员严重不负责任，不履行或者不认真履行防治监管职责，导致新型冠状病毒感染肺炎传播或者流行，情节严重的，以传染病防治失职罪定罪处罚。

在主观方面，行为人必须出于过失。

至于定量标准，本罪是以"情节较重"作为入罪门槛。根据2006年最高人民检察院《关于渎职侵权犯罪案件立案标准的规定》的相关规定，涉嫌下列情形之一的，应予立案：（1）导致甲类传染病传播的；（2）导致乙类、丙类传染病流行的；（3）因传染病传播或者流行，造成人员重伤或者死亡的；（4）因传染病传播或者流行，严重影响正常的生产、生活秩序的；（5）在国家对突发传染病疫情等灾害采取预防、控制措施后，对发生突发传染病疫情等灾害的地区或者突发传染病病人、病原携带者、疑似突发传染病病人，未按照预防、控制突发传染病疫情等灾害工作规范的要求做好防疫、检疫、隔离、防护、救治等工作，或者采取的预防、控制措施不当，造成传染范围扩大或者疫情、灾情加重的；（6）在国家对突发传染病疫情等灾害采取预防、控制措施后，隐瞒、缓报、谎报或者授意、指使、强令他人隐瞒、缓报、谎报疫情、灾情，造成传染范围扩大或者疫情、灾情加重的；（7）在国家对突发传染病疫情等灾害采取预防、控制措施后，拒不执行突发传染病疫情等灾害应急处理指挥机构的决定、命令，造成传染范围扩大或者疫情、灾情加重的；（8）其他情节严重的情形。

### （十一）非法批准征收、征用、占用土地罪

本罪是指国家机关工作人员徇私舞弊，违反土地管理法规，滥用职权，非法批准征收、征用、占用土地，情节严重的行为。

在危害行为上，本罪属于徇私舞弊类型，具体表现为违反土地管理法规，滥用职权，非法批准征收、征用、占用土地。依据2001年全国人大常委会《关于〈中华人民共和国刑法〉第228条、第342条、第410条的解释》的规定，这里的"违反土地管理法规"，是指违反土地管理法、森林法、草原法等法律以及有关行政法规中关于土地管理的规定；"非法批准征收、征用、占用土地"，是指非法批准征收、征用、占用耕地、林地等农用地以及其他土地。

关于犯罪主体，行为人是负有土地审批管理权限的国家机关工作人员。

在主观方面,行为人必须出于故意,且具有徇私的动机。

至于定量标准,本罪是以"情节较重"作为入罪门槛。根据2006年最高人民检察院《关于渎职侵权犯罪案件立案标准的规定》的相关规定,涉嫌下列情形之一的,应予立案:(1) 非法批准征用、占用基本农田10亩以上的;(2) 非法批准征用、占用基本农田以外的耕地30亩以上的;(3) 非法批准征用、占用其他土地50亩以上的;(4) 虽未达到上述数量标准,但造成有关单位、个人直接经济损失30万元以上,或者造成耕地大量毁坏或者植被遭到严重破坏的;(5) 非法批准征用、占用土地,影响群众生产、生活,引起纠纷,造成恶劣影响或者其他严重后果的;(6) 非法批准征用、占用防护林地、特种用途林地分别或者合计10亩以上的;(7) 非法批准征用、占用其他林地20亩以上的;(8) 非法批准征用、占用林地造成直接经济损失30万元以上,或者造成防护林地、特种用途林地分别或者合计5亩以上或者其他林地10亩以上毁坏的;(9) 其他情节严重的情形。

(十二) 非法低价出让国有土地使用权罪

本罪是指国家机关工作人员徇私舞弊,违反土地管理法规,滥用职权,非法低价出让国有土地使用权,情节严重的行为。

在罪名的体系性位置上,本罪与"非法批准征收、征用、占用土地罪"共同规定在《刑法》第410条,在犯罪主体和主观方面,两罪具有共性。但是,在危害行为上,虽然两罪均属于徇私舞弊类型,都表现为违反土地管理法规,滥用职权,但本罪的具体行为方式是行为人非法低价出让国有土地使用权。这是本罪与非法批准征收、征用、占用土地罪的重要区别点。

至于定量标准,本罪是以"情节较重"作为入罪门槛。根据2006年最高人民检察院《关于渎职侵权犯罪案件立案标准的规定》的相关规定,有下列情形之一的,应予立案:(1) 非法低价出让国有土地30亩以上,并且出让价额低于国家规定的最低价额标准的60%的;(2) 造成国有土地资产流失价额30万元以上的;(3) 非法低价出让国有土地使用权,影响群众生产、生活,引起纠纷,造成恶劣影响或者其他严重后果的;(4) 非法低价出让林地合计30亩以上,并且出让价额低于国家规定的最低价额标准的60%的;(5) 造成国有资产流失30万元以上的;(6) 其他情节严重的情形。

(十三) 放纵走私罪

本罪是指海关工作人员徇私舞弊,放纵走私,情节严重的行为。

在危害行为上,本罪属于徇私舞弊类型,具体表现为放纵走私。这一般是指消极的不作为。

关于犯罪主体,行为人是海关工作人员。

在主观方面,行为人必须出于故意,且具有徇私的动机。依据2002年"两高"、海关总署《关于办理走私刑事案件适用法律若干问题的意见》的有关规定,如果海关工作人员与走私分子通谋,在放纵走私过程中,以积极的行为配合走私分子逃避海关监管或者在放纵走私之后分得赃款的,应以共同走私犯罪追究刑事责任。海关工作人员收受贿赂又放纵走私的,应以受贿罪和放纵走私罪数罪并罚。

至于定量标准,本罪是以"情节较重"作为入罪门槛。根据2006年最高人民检察院《关于渎职侵权犯罪案件立案标准的规定》的相关规定,涉嫌下列情形之一的,应予立案:(1) 放纵走私犯罪的;(2) 因放纵走私致使国家应收税额损失累计达10万元以上的;(3) 放纵走私行为3起次以上的;(4) 放纵走私行为,具有索取或者收受贿赂情节的;(5) 其他情节严重的情形。

(十四) 商检徇私舞弊罪

本罪是指国家商检部门、商检机构的工作人员徇私舞弊,伪造检验结果的行为。

在危害行为上,本罪属于徇私舞弊类型,具体表现为伪造商检检验结果。

关于犯罪主体,行为人是国家商检部门、商检机构的工作人员。这主要是指出入境检验检疫机关、检验检疫机构的工作人员。

在主观方面,行为人必须出于故意,且具有徇私的动机。

至于定量标准,根据2006年最高人民检察院《关于渎职侵权犯罪案件立案标准的规定》的相关规定,涉嫌下列情形之一的,应予立案:(1) 采取伪造、变造的手段对报检的商品的单证、印章、标志、封识、质量认证标志等作虚假的证明或者出具不真实的证明结论的;(2) 将送检的合格商品检验为不合格,或者将不合格商品检验为合格的;(3) 对明知是不合格的商品,不检验而出具合格检验结果的;(4) 其他伪造检验结果应予追究刑事责任的情形。

(十五) 商检失职罪

本罪是指国家商检部门、商检机构的工作人员严重不负责任,对应当检验的物品不检验,或者延误检验出证、错误出证,致使国家利益遭受重大损失的行为。

在危害行为上,本罪属于玩忽职守类型,具体表现为严重不负责任,对应当检验的物品不检验,或者延误检验出证、错误出证。

关于犯罪主体,本罪与"商检徇私舞弊罪"共同规定在《刑法》第412条,援用该罪的行为人规定。

在主观方面,行为人必须出于过失。

至于定量标准,本罪是以"国家利益遭受重大损失"作为入罪门槛。根据2006年最高人民检察院《关于渎职侵权犯罪案件立案标准的规定》的相关规定,涉嫌下列情形之一的,应予立案:(1) 致使不合格的食品、药品、医疗器械等商品出入境,严重危害生命健康的;(2) 造成个人财产直接经济损失15万元以上,或者直接经济损失不满15万元,但间接经济损失75万元以上的;(3) 造成公共财产、法人或者其他组织财产直接经济损失 30 万元以上,或者直接经济损失不满 30 万元,但间接经济损失 150 万元以上的;(4) 未经检验,出具合格检验结果,致使国家禁止进口的固体废物、液态废物和气态废物等进入境内的;(5) 不检验或者延误检验出证、错误出证,引起国际经济贸易纠纷,严重影响国家对外经贸关系,或者严重损害国家声誉的;(6) 其他致使国家利益遭受重大损失的情形。

(十六) 动植物检疫徇私舞弊罪

本罪是指动植物检疫机关的检疫工作人员徇私舞弊,伪造检疫结果的行为。

在危害行为上,本罪属于徇私舞弊类型,具体表现为伪造检疫结果。

关于犯罪主体,行为人是动植物检疫机关的检疫工作人员。这主要是指出入境检验检疫机关、检验检疫机构的工作人员。

在主观方面,行为人必须出于故意,且具有徇私的动机。

至于定量标准,根据 2006 年最高人民检察院《关于渎职侵权犯罪案件立案标准的规定》的相关规定,涉嫌下列情形之一的,应予立案:(1) 采取伪造、变造的手段对检疫的单证、印章、标志、封识等作虚假的证明或者出具不真实的结论的;(2) 将送检的合格动植物检疫为不合格,或者将不合格动植物检疫为合格的;(3) 对明知是不合格的动植物,不检疫而出具合格检疫结果的;(4) 其他伪造检疫结果应予追究刑事责任的情形。

(十七) 动植物检疫失职罪

本罪是指动植物检疫机关的检疫工作人员严重不负责任,对应当检疫的检疫物不检疫,或者延误检疫出证、错误出证,致使国家利益遭受重大损失的行为。

在危害行为上,本罪属于玩忽职守类型,具体表现为严重不负责任,对应当检验的物品不检验,或者延误检验出证、错误出证。

关于犯罪主体,本罪与"动植物检疫徇私舞弊罪"共同规定在《刑法》第 413 条,援用该罪的行为人规定。

在主观方面,行为人必须出于过失。

至于定量标准,本罪是以"国家利益遭受重大损失"作为入罪门槛。根据 2006 年最高人民检察院《关于渎职侵权犯罪案件立案标准的规定》的相关规定,涉嫌下列情形之一的,应予立案:(1) 导致疫情发生,造成人员重伤或者死亡的;(2) 导致重大疫情发生、传播或者流行的;(3) 造成个人财产直接经济损失 15 万元以上,或者直接经济损失不满 15 万元,但间接经济损失 75 万元以上的;(4) 造成公共财产或者法人、其他组织财产直接经济损失 30 万元以上,或者直接经济损失不满 30 万元,但间接经济损失 150 万元以上的;(5) 不检疫或者延误检疫出证、错误出证,引起国际经济贸易纠纷,严重影响国家对外经贸关系,或者严重损害国家声誉的;(6) 其他致使国家利益遭受重大损失的情形。

(十八) 放纵制售伪劣商品犯罪行为罪

本罪是指对生产、销售伪劣商品犯罪行为负有追究职责的国家机关工作人员,徇私舞弊,不履行法律规定的追究职责,情节严重的行为。

在危害行为上,本罪属于徇私舞弊类型,具体表现为不履行法律规定的对生产、销售伪劣商品犯罪行为进行追究的职责。

关于犯罪主体,行为人是对生产、销售伪劣商品犯罪行为负有追究职责的国家机关工作人员。

在主观方面,行为人必须出于故意,且具有徇私的动机。

至于定量标准,根据2006年最高人民检察院《关于渎职侵权犯罪案件立案标准的规定》的相关规定,涉嫌下列情形之一的,应予立案:(1)放纵生产、销售假药或者有毒、有害食品犯罪行为的;(2)放纵生产、销售伪劣农药、兽药、化肥、种子犯罪行为的;(3)放纵依法可能判处3年有期徒刑以上刑罚的生产、销售伪劣商品犯罪行为的;(4)对生产、销售伪劣商品犯罪行为不履行追究职责,致使生产、销售伪劣商品犯罪行为得以继续的;(5)3次以上不履行追究职责,或者对3个以上有生产、销售伪劣商品犯罪行为的单位或者个人不履行追究职责的;(6)其他情节严重的情形。

(十九) 办理偷越国(边)境人员出入境证件罪

本罪是指负责办理护照、签证以及其他出入境证件的国家机关工作人员,对明知是企图偷越国(边)境的人员,予以办理出入境证件的行为。

在危害行为上,表现为对明知是企图偷越国(边)境的人员,予以办理出入境证件。

关于犯罪主体,行为人是负责办理护照、签证以及其他出入境证件的国家机关工作人员。

在主观方面,行为人必须出于故意。

(二十) 放行偷越国(边)境人员罪

本罪是指边防、海关等国家机关工作人员,对明知是偷越国(边)境的人员予以放行的行为。

在危害行为上,表现为对明知是偷越国(边)境的人员予以放行。

关于犯罪主体,行为人是边防、海关等国家机关工作人员。

在主观方面,行为人必须出于故意。

(二十一) 不解救被拐卖、绑架的妇女、儿童罪

本罪是指对被拐卖、绑架的妇女、儿童负有解救职责的国家机关工作人员,接到被拐卖、绑架的妇女、儿童及其亲属的解救要求或者接到其他人的举报,而对被拐卖、绑架的妇女、儿童不进行解救,造成严重后果的行为。

在危害行为上,表现为相关人员接到被拐卖、绑架的妇女、儿童及其亲属的

解救要求或者接到其他人的举报,而对被拐卖、绑架的妇女、儿童不进行解救。本罪的成立需要具备程序要件,即接到特定人员的解救要求或者其他人的举报。

关于犯罪主体,行为人是对被拐卖、绑架的妇女、儿童负有解救职责的国家机关工作人员。

在主观方面,行为人必须出于故意。

至于定量标准,本罪是以"造成严重后果"作为入罪门槛。根据2006年最高人民检察院《关于渎职侵权犯罪案件立案标准的规定》的相关规定,涉嫌下列情形之一的,应予立案:(1)导致被拐卖、绑架的妇女、儿童或者其家属重伤、死亡或者精神失常的;(2)导致被拐卖、绑架的妇女、儿童被转移、隐匿、转卖,不能及时进行解救的;(3)对被拐卖、绑架的妇女、儿童不进行解救3人次以上的;(4)对被拐卖、绑架的妇女、儿童不进行解救,造成恶劣社会影响的;(5)其他造成严重后果的情形。

(二十二)阻碍解救被拐卖、绑架的妇女、儿童罪

本罪是指对被拐卖、绑架的妇女、儿童负有解救职责的国家机关工作人员,利用职务阻碍解救的行为。

在危害行为上,表现为利用职务阻碍解救被拐卖、绑架的妇女、儿童。这主要体现为以下行为方式:(1)利用职权,禁止、阻止或者妨碍有关部门、人员解救被拐卖、绑架的妇女、儿童;(2)利用职务上的便利,向拐卖、绑架者或者收买者通风报信,妨碍解救工作正常进行;(3)其他利用职务阻碍解救被拐卖、绑架的妇女、儿童应予追究刑事责任的情形。根据2006年最高人民检察院《关于渎职侵权犯罪案件立案标准的规定》的相关规定,涉嫌上述情形之一的,应予立案。

关于犯罪主体,本罪与"不解救被拐卖、绑架的妇女、儿童罪"共同规定在《刑法》第416条,两罪的主体范围相同。

在主观方面,行为人必须出于故意。

(二十三)帮助犯罪分子逃避处罚罪

本罪是指有查禁犯罪活动职责的国家机关工作人员,向犯罪分子通风报信、提供便利,帮助犯罪分子逃避处罚的行为。

在危害行为上,表现为相关人员向犯罪分子通风报信、提供便利,帮助犯罪分子逃避处罚。至于犯罪分子是否实际上逃避处罚,不影响本罪的成立。这里的"逃避处罚",仅指逃避刑事处罚,不包括行政处罚。

关于犯罪主体,行为人是负有查禁犯罪活动职责的司法及公安、国家安全、海关、税务等国家机关工作人员。这是本罪与窝藏罪的重要区别点。虽然两罪都是帮助犯罪分子的行为,但窝藏罪的犯罪主体是一般主体,不要求行为人利用职务上的便利。

在主观方面,行为人必须出于故意。

至于定量标准,根据 2006 年最高人民检察院《关于渎职侵权犯罪案件立案标准的规定》的相关规定,涉嫌下列情形之一的,应予立案:(1)向犯罪分子泄漏有关部门查禁犯罪活动的部署、人员、措施、时间、地点等情况的;(2)向犯罪分子提供钱物、交通工具、通讯设备、隐藏处所等便利条件的;(3)向犯罪分子泄漏案情的;(4)帮助、示意犯罪分子隐匿、毁灭、伪造证据,或者串供、翻供的;(5)其他帮助犯罪分子逃避处罚应予追究刑事责任的情形。

(二十四)招收公务员、学生徇私舞弊罪

本罪是指国家机关工作人员在招收公务员、学生工作中徇私舞弊,情节严重的行为。

在危害行为上,本罪属于徇私舞弊类型,具体表现为在招收公务员工作中徇私舞弊,或者在省级以上教育行政部门组织招收学生的工作中徇私舞弊。

关于犯罪主体,行为人是负有招录公务员、学生权限的国家机关工作人员。

在主观方面,行为人必须出于故意,且具有徇私的动机。

至于定量标准,本罪是以"情节严重"作为入罪门槛。根据 2006 年最高人民检察院《关于渎职侵权犯罪案件立案标准的规定》的相关规定,涉嫌下列情形之一的,应予立案:(1)徇私舞弊,利用职务便利,伪造、变造人事、户口档案、考试成绩或者其他影响招收工作的有关资料,或者明知是伪造、变造的上述材料而予以认可的;(2)徇私舞弊,利用职务便利,帮助 5 名以上考生作弊的;(3)徇私舞弊招收不合格的公务员、学生 3 人次以上的;(4)因徇私舞弊招收不合格的公务员、学生,导致被排挤的合格人员或者其近亲属自杀、自残造成重伤、死亡,或者精神失常的;(5)因徇私舞弊招收公务员、学生,导致该项招收工作重新进行的;(6)其他情节严重的情形。

(二十五)失职造成珍贵文物损毁、流失罪

本罪是指国家机关工作人员严重不负责任,造成珍贵文物损毁或者流失,后果严重的行为。

在危害行为上,本罪属于玩忽职守类型,具体表现为严重不负责任,造成珍贵文物损毁或者流失。

关于犯罪主体,行为人是国家机关工作人员,主要是指文物行政管理部门、公安机关、工商行政管理部门、海关等国家机关的工作人员。

在主观方面,行为人必须出于过失。

至于定量标准,本罪是以"后果严重"作为入罪门槛。根据 2015 年"两高"《关于办理妨害文物管理等刑事案件适用法律若干问题的解释》第 10 条,涉嫌下列情形之一的,应予立案:(1)导致二级以上文物或者 5 件以上三级文物损毁或者流失的;(2)导致全国重点文物保护单位、省级文物保护单位的本体严重损毁或者灭失的;(3)其他后果严重的情形。